吳榮曾
劉華祝 等 注譯

新譯漢書（三）

志 ㈠

三民書局 印行

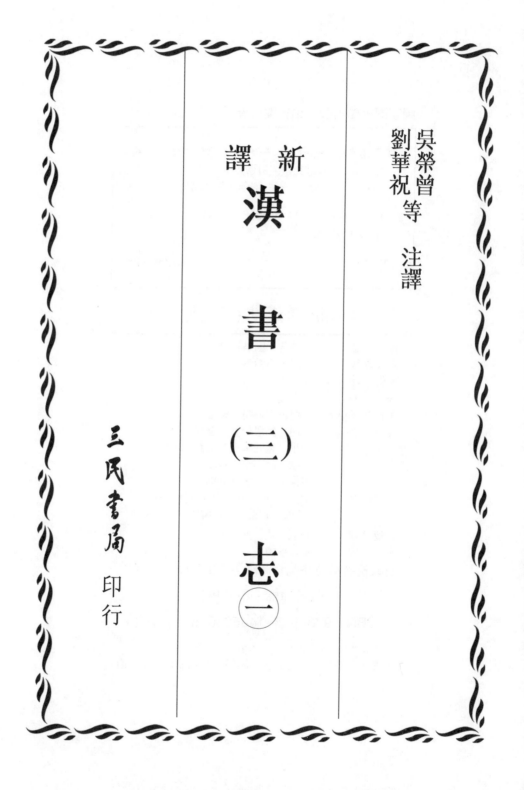

國家圖書館出版品預行編目資料

新譯漢書(三)志㈠／吳榮曾,劉華祝等注譯.－－初版一刷.－－臺北市: 三民, 2013
面；　公分.－－(古籍今注新譯叢書)

ISBN 978-957-14-5650-8　(平裝)

1.漢書 2.注釋

622.101　　　101003240

© 新譯漢書(三)志㈠

注譯者	吳榮曾　劉華祝等
責任編輯	三民古籍編輯小組
美術設計	陳宛琳
發行人	劉振強
著作財產權人	三民書局股份有限公司
發行所	三民書局股份有限公司 地址　臺北市復興北路386號 電話　(02)25006600 郵撥帳號　0009998-5
門市部	(復北店) 臺北市復興北路386號 (重南店) 臺北市重慶南路一段61號
出版日期	初版一刷　2013年6月
編號	S 033510

行政院新聞局登記證局版臺業字第〇二〇〇號

ISBN　978-957-14-5650-8　(平裝)

http://www.sanmin.com.tw　三民網路書店

新譯漢書 目次

第三冊

卷二十一上

律曆志第一上

【題解】《史記》有〈律書〉和〈曆書〉兩篇，分別記述有關樂律和曆法等方面的內容，《漢書》將二者合為一篇，故稱為〈律曆志〉。以後各朝正史，也大多沿用這個篇名。《漢書・律曆志》內容包括「律志」、「曆法沿革」、「三統曆法」和「世經」四部分，分為上、下兩分卷。其結構和分工如下：上卷的前半部分記載樂律音階和原理，以及長度、重量、容積等的量度單位；後半部分為曆議，論述曆法的起源、發展歷史和曆法中的一些基本數據的來歷，以及與音樂、爻象的關係等。下卷為《三統曆》的曆法，也叫曆術，共分統母、紀母、五步、統術、紀術、歲術、世經七目。《漢書・律曆志》中記載的「三統曆法」是中國正史中最早的曆法名篇，其體例雖然摹仿《史記・曆書》，但內容卻要豐富得多，從而它比《史記・曆書》具有更重要的歷史價值。

1 虞書❶曰：「乃同律度量衡❷。」所以齊遠近，立民信也。自伏戲畫八卦，由數起❸，至黃帝、堯、舜而大備。三代稽古，法度章焉。周衰官失，孔子陳後王之法❹，曰：「謹權量，審法度，修廢官，舉逸民，四方之政行矣。」漢興，北平侯張蒼首律曆事❺，孝武帝時樂官考正❻。至元始中王莽秉政，欲燿名譽，徵天下通知鐘律❼者百餘人，使羲和劉歆等典領條奏❽，言之最詳。故刪其偽辭，取正義，著于篇❾。

2 一曰備數，二曰和聲，三曰審度，四曰嘉量，五曰權衡❿。參五以變⓫，錯綜其數，稽之於古今，效之於氣物，和之於心耳，考之於經傳，咸得其實，靡不協同⓬。

3 數者，一、十、百、千、萬也，所以算數事物⓭，順性命之理也⓮。書⓯曰：「先其算命⓰。」本起於黃鐘之數⓱，始於一而三之⓲，三三積之，歷十二辰之數⓳，十有七萬七千一百四十七⓴，而五數備矣㉑。其算法用竹㉒，徑一分，長六寸，二百七十一枚而成六觚，為一握㉓。徑象乾律黃鐘之一㉔，而長象坤呂林鐘之長㉕。其數以易大衍之數五十㉖，其用四十九，成陽六爻㉗，得周流六虛之象也㉘。夫推曆生律制器㉙，規圓矩方，權重衡平，準繩嘉量，探賾索隱，鉤深致遠，莫不用焉。度長短者不失豪氂，量多少者不失圭撮㉚，權輕重者不失黍絫㉛。紀於一，協於十，長於百，大於千，衍於萬，其法在算術。宣於天下，小學是則㉜。職在太史，羲和掌之㉝。

4 聲者，宮、商、角、徵、羽也㉞。所以作樂者，諧八音㉟，蕩滌人之邪意，全其正性，移風易俗也。八音：土曰塤㊱，匏曰笙㊲，皮曰鼓㊳，竹曰管㊴，絲曰絃㊵，石曰磬㊶，金曰鐘㊷，木曰柷㊸。五聲和，八音諧，而樂成㊹。商之為言章也，物成孰可章度也。角，觸也，物觸地而出，戴芒角也。宮，中也，居中央，暢四方，唱始施生，為四聲綱也。徵，祉也，物盛大而緐祉也。羽，宇也，物聚臧，宇覆之也。夫聲者，中於宮，觸於角，祉於徵，章於商，宇於羽，故四聲為宮紀也㊺。協之五行，則角為木，五常為仁，五事為貌；商為金，為義，為言；徵為火，為禮，為視；羽為水，為智，為聽；宮為土，為信，為思㊻。以君、臣、民、事、物言之，則宮為君，商為臣，角為民，徵為事，羽為物㊼。唱和有象，故言君臣位事之體也㊽。

5 五聲之本，生於黃鐘之律。九寸為宮，或損或益，以定商、角、徵、羽㊾。九六相生，陰陽之應也㊿。律十有二(51)，陽六為律，陰六為呂。律以統氣類物(52)，一曰黃鐘，二曰太族，三曰姑洗，四曰蕤賓，五曰夷則，六曰亡射。呂以旅陽宣氣(53)，一曰林鐘，二曰南呂，三曰應鐘，四曰大呂，五曰夾鐘，六曰中呂。有三統之義[54]焉。其傳曰[55]，黃帝之所作也。黃帝使泠綸，自大夏之西，崑崙之陰，取竹之解谷生[56]，其竅厚均者，斷兩節間而吹之，以為黃鐘之宮。制十二筩以聽鳳之鳴[57]，其雄鳴為六，雌鳴亦六，比黃鐘之宮，而皆可以生之，是為律本[58]。至治之世，天地之氣合以生風[59]。天地之風氣正[60]，十二律定。

6 黃鐘：黃者，中之色，君之服也；鐘者，種也。天之中數五，五為聲，聲上宮，五聲莫大焉。地之中數六，六為律，律有形有色，色上黃，五色莫盛焉。故陽氣施種於黃泉，孳萌萬物，為六氣元也。以黃色名元氣律者，著宮聲也。宮以九唱六，變動不居，周流六虛。始於子，在十一月[61]。大呂：呂，旅也，言陰大，旅助黃鐘宣氣而牙物也。位於丑，在十二月[62]。太族：族，奏也，言陽氣大，奏地而達物也。位於寅，在正月[63]。夾鐘：言陰夾助太族宣四方之氣而出種物也。位於卯，在二月[64]。姑洗：洗，絜也，言陽氣洗物辜絜之也。位於辰，在三月[65]。中呂，言微陰始起未成，著於其中旅助姑洗宣氣齊物也。位於巳，在四月[66]。蕤賓：蕤，繼也；賓，導也，言陽始導陰氣使繼養物也。位於午，在五月[67]。林鐘：林，君也，言陰氣受任，助蕤賓君主種物使長大楙盛也。位於未，在六月[68]。夷則：則，法也，言陽氣正法度，而使陰氣夷當傷之物也。位於申，在七月[69]。南呂：南，任也，言陰氣旅助夷則任成萬物也。位於酉，在八月[70]。亡射：射，厭也，言陽氣究物，而使陰氣畢剝落之，終而復始，亡厭已也。位於戌，在九月[71]。應鐘：言陰氣應亡射，該臧萬物而雜陽閡種也。位於亥，在十月[72]。

7 三統者，天施，地化，人事之紀也[73]。十一月，乾之初九[74]，陽氣伏於地下，始著為一[75]，萬物萌動，鐘於太陰[76]，故黃鐘為天統，律長九寸。九者，所以究極中和[77]，為萬物元也。易曰：「立天之道，曰陰與陽。」六月，坤之初六[78]，陰氣受任於太陽[79]，繼養化柔，萬物生長，楙之於未，令種剛彊大，故林鐘為地統，律長六寸。六者，所以含陽之施，楙之於六合[80]之內，令剛柔有體也。「立地之道，曰柔與剛。」「乾知太始[81]，坤作成物。」正月，乾之九三，萬物棣通[82]，族出於寅，人奉而成之，仁以養之，義以行之，令事物各得其理。寅，木也，為仁。其聲，商也，為義。故太族為人統，律長八寸，象八卦，宓戲氏之所以順天地，通神明，類萬物之情也[83]。「立人之道，曰仁與義。」「在天成象，在地成形[84]。」「后以裁成天地之道，輔相天地之宜[85]，以左右民。」此三律之謂矣，是為三統。

8 其於三正[86]也，黃鐘，子，為天正；林鐘，未之衝丑[87]，為地正；太族，寅，為人正。三正正始，是以地正適其始紐於陽東北丑位。易曰：「東北喪朋，迺終有慶。」答應之道也[88]。及黃鐘為宮，則太族、姑洗、林鐘、南呂皆以正聲應[89]，無有忽微[90]，不復與它律為役者[91]，同心一統之義也。非黃鐘而它律，雖當其月自宮者，則其和應之律[92]有空積忽微[93]，不得其正。此黃鐘至尊，亡與並也。

9 易曰：「參天兩地而倚數[94]。」天之數始於一，終於二十有五[95]。其義紀之以三，故置一得三，又二十五分之六，凡二十五置，終天之數，得八十一[96]，以天地五位之合終於十者乘之，為八百一十分，應曆一統千五百三十九歲之章數，黃鐘之實也[97]。繇[98]此之義，起十二律之周徑[99]。地之數始於二，終於三十[100]。其義紀之以兩，故置一得二，凡三十置，終地之數，得六十[101]，以地中數六乘之，為三百六十分，當期之日，林鐘之實[102]。人者，繼天順地，序氣成物，統八卦，調八風，理八政[103]，正八節，諧八音，舞八佾[104]，監八方，被八荒[105]，以終天地之功，故八八六十四。其義極天地之變，以天地五位之合終於十者乘之，為六百四十分，以應六十四卦，大族之實也。書曰：「天功，人其代之。」[106]天兼地，人則天[107]，故以五位之合乘焉，「唯天為大，唯堯則之[108]」之象也。地以中數乘者，陰道理內，在中餽[109]之象也。三統相通，故黃鐘、林鐘、太族律長皆全寸而亡餘分也。

10 天之中數五，地之中數六，而二者為合[110]。六為虛，五為聲，周流於六虛。虛者，爻律夫陰陽[111]，登降運行[112]，列為十二，而律呂和矣。太極元氣[113]，函三為一[114]。極，中也；元，始也。行於十二辰，始動於子[115]。參之於丑，得三[116]。又參之於寅，得九。又參之於卯，得二十七。又參之於辰，得八十一。又參之於巳，得二百四十三。又參之於午，得七百二十九。又參之於未，得二千一百八十七。又參之於申，得六千五百六十一。又參之於酉，得萬九千六百八十三。又參之於戌，得五萬九千四十九。又參之於亥，得十七萬七千一百四十七[117]。此陰陽合德，氣鍾於子[118]，化生萬物者也。故孳萌於子，紐牙[119]於丑，引達於寅，冒茆[120]於卯，振美[121]於辰，已盛[122]於巳，咢布於午[123]，昧薆[124]於未，申堅[125]於申，留孰[126]於酉，畢入[127]於戌，該閡[128]於亥。出甲[129]於甲，奮軋[130]於乙，明炳[131]於丙，大盛於丁，豐楙於戊，理紀[132]於己，斂更[133]於庚，悉新[134]於辛，懷任[135]於壬，陳揆[136]於癸。故陰陽之施化[137]，萬物之終始，既類旅[138]於律呂，又經歷於日辰[139]，而變化之情可見矣。

11 玉衡杓建[140]，天之綱也[141]；日月初躔[142]，星之紀也[143]。綱紀之交，以原始造設，合樂用焉[144]。律呂唱和，以育生成化，歌奏用焉[145]。指顧取象[146]，然後陰陽萬物靡不條鬯[147]該成。故以成之數忖該之積[148]，如法為一寸，則黃鍾之長也[149]。參分損一，下生林鐘[150]。參分林鐘益一，上生太族[151]。參分太族損一，下生南呂。參分南呂益一，上生姑洗。參分姑洗損一，下生應鐘。參分應鐘益一，上生蕤賓。參分蕤賓損一，下生大呂。參分大呂益一，上生夷則。參分夷則損一，下生夾鐘。參分夾鐘益一，上生亡射。參分亡射損一，下生中呂。陰陽相生，自黃鐘始而左旋[152]，八八為伍[153]。其法皆用銅[154]。職在大樂[155]，太常掌之。

【章　旨】以上討論樂律音階及其原理，包括五聲與十二律的關係。

【注　釋】❶虞書　《尚書》中的一篇。《尚書》秦以前稱為《書》，共有〈虞書〉、〈夏書〉、〈商書〉、〈周書〉四部分。漢人稱《書》為《尚書》，含有上古之書之義。〈虞書〉記載帝堯至禹的政事，共有〈堯典〉、〈舜典〉、〈大禹謨〉、〈皋陶謨〉、〈益稷〉五篇。這句引文出自〈舜典〉。❷同律度量衡　是指舜執政時，採取了統一樂律、長度、體積、重量的計量單位的措施，故下文曰達到了「齊遠近，立民信」的目的。❸自伏戲二句　八卦由陽氣和陰氣兩種對立的氣構成基本的單位，稱為陽爻和陰爻，每三爻合為一卦。可以組合成八種形態，故稱為八卦。八卦有伏羲八卦和文王八卦之別，前者稱為先天八卦，後者稱為後天八卦。其名稱為乾（☰）、坤（☷）、震（☳）、巽（☴）、坎（☵）、離（☲）、艮（☶）、兌（☱）。先天八卦的方位，因與曆法和季節有關，故稱「由數起」。伏戲，也作宓戲、伏羲。❹孔子陳後王之法　後王，指當代之王者。言三代的章法制度已經完備，但自周政權衰敗以來，古有的禮制就已經壞廢了。所以，孔子主張恢復禮制，向時王陳述恢復禮制和法度。❺首律曆事　指張蒼首先研究、闡發音律和曆法方面的事情。漢初用秦《顓頊曆》，就是根據張蒼的意見。❻樂官考正　指漢武帝時，設立樂府和協律都尉，從事研究和考定音律方面的事情。❼鐘律　即音律。有關音律的理論。黃鐘為音律之首，故音律也稱鐘律。❽典領條奏　典領，為主管統領之義。條奏，為分門別類上報。故《漢書・律曆志》的內容，大多採自劉歆的奏議。❾取正義二句　是指取劉歆條奏中，刪除錯誤不正確的內容，選取其正確有用的東西撰述於本志之中。顏師古曰：「自此以下訖於『用竹為引者，事之宜也』，則其辭焉。」❿一曰備數五句　備數，即規律和算法。和聲，即音律。審度，即審查明確長度的單位。嘉量，即合適的量度穀物體積的單位。權衡，為確定重量的單位標準。權為秤錘，衡為秤桿。⑪參五以變　參五，即三五，指音律中三五等數的變化規律。⑫靡不協同　靡，義為無，指音律與度量衡和氣候曆法沒有不協同一致的。⑬算數事物　計算各種事物。⑭順性命之理也　按照事物的本質和發生的過程來進行。⑮書　指逸書。⑯先其算命　要計算事物，先制訂數和算法，然後用來計量萬物。⑰本起於黃鐘之數　萬物的根本起始於黃鐘之數。即是指一這個數。⑱始於一而三之　舊注引孟康曰：「黃鐘，子之律也。子數一。泰極元氣，含三為一，是以一數變而為三也。」萬物起始於太一，對應於黃鐘子律。於二十四節氣為冬至。這個太一元氣中又含有天地人的統一，故曰「一而三之」。三統的觀念由此發生。⑲三三積之二句　子為一，丑為三，寅為九，歷十二辰為一周之數。⑳十有七萬七千一百四十七　歷十二辰，三自乘十次，得到此數。詳見下文。㉑五數備矣　五行陰陽變化之數齊備。經過十二辰以後，四季齊備，十二律也齊備，五行之數也齊備。㉒用竹　竹製的籌碼，古代的計算工具。㉓徑一分四句　竹籌的形制為寬和厚各為一分，長六寸。以二百七十一枚竹籌組成一個六邊形的形狀，成為一握。據研究，二百七十一這個數，為陽爻六、六個陽爻之二百一十六策與四十九相加之和。㉔徑象乾律黃鐘之一　黃鐘屬於陽性之律，乾為陽性。十二律分為陰陽兩組。竹籌的直徑一，象徵乾律的黃鐘數一。㉕長象坤呂林鐘之長　竹籌的長度象徵林鐘的長。林鐘屬陰性六呂，林鐘律管之長為六寸。㉖以易大衍之數五十　用《周易》大數去演卦。其五十之數，為十日、十二辰、二十八宿三數之和。㉗其用四十九二句　只以四十九而成為陽六爻，為乾。六陽爻共有二百一十六策。㉘周流六虛之象也　每卦六爻，都可以是陽爻或陰爻，往來變化無定，所以稱六爻的位置為周流六虛。㉙推曆生律制器　推演曆法的子丑寅卯等十二個月，制定十二音律，並用以製作律管。㉚不失圭撮　圭撮為古代的容量單位，六黍或六十四黍為一圭，以四圭、十圭或百圭為一撮。為容量單位中最小者，故曰量多少者不失圭撮，形容很精密。㉛不失黍絫　形容稱量的重量誤差相差不到幾粒黍米。黍絫表示輕微的重量。絫，重量的單位。十粒黍為一絫。㉜宣於天下二句　將這種音律和度量衡制度，宣布於天下，在初等學校中作為法則予以學習。㉝職在太史二句　太史為太常屬下的官職，掌管圖書典籍、天文、曆法等事。㉞宮商角徵羽也　古代五聲音階中的五個音級，相當於西樂中的do、re、mi、sol、la。它們的音程是：宮到商、商到角、徵到羽都是大二度，角到徵、羽到升宮，是小三度。㉟諧八音　八音相協調。八音，指八種材料和形制的樂器。㊱土曰塤　吹奏樂器，因用陶土製作，故曰土。㊲匏曰笙　吹奏樂器，俗稱葫蘆笙，管簧用竹製，笙斗用瓠瓜或木製。㊳皮曰鼓　敲擊樂器，因用皮製，故曰皮鼓。㊴竹曰管　竹製或玉製的吹奏樂器。玉製之器稱為玉琯。㊵絲曰絃　彈奏樂器。絃又作弦。因用絲線製成的絃為發音部件，如琴瑟之類。㊶石曰磬　敲擊樂器。石製或玉製。㊷金曰鐘　敲擊樂器，如編鐘類。㊸木曰柷　撞擊樂器。《爾雅》郭璞注曰：「柷如漆桶，方二尺四寸，深一尺八寸，中有椎柄，連底動之，令左右擊。」
㊹五聲和三句　五音確定配合得正確，八種樂器配合得和諧，這樣，音樂就完美了。㊺商之為言章二十六句　言五季與五聲相配之事。宮配季夏；商配秋季，故曰穀物成熟；羽為冬季，故曰物聚藏；角為春季，故曰「物觸地而出，戴芒角」；徵為夏季，故曰「物盛大而緐祉」。此處之物，是指作物、植物的生長在四季中的狀態。故曰宮「為四聲綱」，「四聲為宮紀」。宮是居中央的，而四季又為宮之基礎。紀，為基礎之義。㊻協之五行十六句　為言五聲與五行和五常、五事的對應關係。㊼以君臣六句　言五聲與君臣的對應關係。㊽唱和有象二句　有象，有威儀。位事，地位和任務。位事之體，地位和任務的體制。
據以上所言，可列出五聲與五季、五行、五常、五事、君臣的對應關係如下表（古代五聲與五事還有不同的分配方法）：

五聲	宮	商	角	徵	羽
五季	季夏	秋	春	夏	冬
五行	土	金	木	火	水
五常	信	義	仁	禮	智
五事	思	言	貌	視	聽
君臣	君	臣	民	事	物

㊾五聲之本五句　損，減少。益，增加。這幾句話的本義為：音律之義，生於黃鐘之律。九寸為宮，或損或益，以定十二律。但其具體用詞有欠缺。黃鐘為十二律中的第一律，而非五聲之第一律，故曰「五聲之本，生於黃鐘之律」的說法不夠準確。㊿九六相生二句　古人認為，奇數為陽，以九為代表，偶數為陰，以六為代表。它源於《周易》陽爻為九，陰爻為六。黃鐘為陽六律的代表，管長九寸，林鐘為陰六呂的代表，管長六寸，它們之間是互相相生變化的，故曰「九六相生，陰陽之應也」。這句話若移至下句「陰六為呂」之後，當更為通順一些。(51)律十有二　用三分損益法，將八分音程，分為十二個近似的半音，稱為十二律。(52)律以統氣類物　律如氣，發端於元氣，比擬萬物。(53)呂以旅陽宣氣　六呂的功能，為輔助陽律，疏通元氣。(54)三統之義　指天施、地化、人事三個方面的含義，合稱三統。(55)其傳曰　據傳說。(56)取竹之解谷生　用大夏以西的昆侖山之北的解谷中生長的竹子，做成律管，作為標準的黃鐘之音。(57)制十二筩以聽鳳之鳴　參照鳳鳥的叫聲，制定十二律管。此

為神祕化的說法。筩，同「筒」。斷竹製成的竹管。[58]其雄鳴為六五句　雄鳴指陽律，雌鳴指陰律，是為律本，作為律的標準音。[59]氣合以生風　是說天下太平之時，天地之氣和合，由此而產生的風。[60]天地之風氣正　由於天地之氣和合，由此產生的氣溫、氣壓、風力、風向，都符合四季的正常狀態。[61]黃鐘二十五句　以下言十二律名的含義、與十二月的對應關係。黃鐘，為黃色種子的含義，陽六氣之源，在十一月。黃泉，指地下。孳萌，指作物萌芽繁殖。[62]大呂七句　大呂，大陰也。又呂者，旅也，助黃鐘宣氣也。位在十二月。牙，同「芽」。牙物者萌發也。[63]太族七句　太族，也名太簇。太者，大也。族者，透進也。言陽氣增長透進而達物。達物者植物新生突出地面。太族對應於正月。[64]夾鐘四句　夾鐘，言夾助太族宣四方之氣。出種物者，助太族萌出之植物也。夾鐘為陰律，處於助陽律的位置。與二月相對應。[65]姑洗六句　姑洗，姑者辜也；洗者潔也。絜，同「潔」。清潔。陽氣洗物辜潔，言洗滌務必使其清潔。含有清除陰濁氣之義。位在三月。[66]中呂五句　中呂者，中等陰也。也作小呂。言位於中旅，助姑洗宣氣齊物，使植物整齊茂盛生長。位在四月。中者，仲也。[67]蕤賓八句　蕤，繼承之義。賓者，引導也。言陽始導陰，繼承養育萬物。在五月。[68]林鐘七句　林是主宰之義。說陰氣接受任務，輔助蕤賓主宰植物，促使長大茂盛。在六月。[69]夷則七句　則為法則之義。夷為殺落、消滅之義。言陽氣遵循規律，讓陰氣掃除枯枝敗葉。在七月。[70]南呂六句　南者，化育也。言陰氣輔助夷則化育植物成熟。在八月。[71]亡射九句　亡射，又作無射。無射，終而復始，無窮無盡。射，窮盡之義。說陽氣停止養育萬物，讓陰氣全部剝落它們。在九月。[72]應鐘五句　應者，感應也。陰氣感應無射，植物全部閉藏，陰氣夾雜著陽氣，閉藏大地，為植物孕育種源。在十月。[73]三統者四句　此處之數字觀念，全出自《周易》之說。三統，為天施、地化、人事的綱紀。在樂律上，對應於黃鐘、林鐘、太族三種功能。[74]乾之初九　乾，卦名。八卦之一。三爻皆陽。又六十四卦中初九〈乾卦〉中六爻都是陽爻，以下依次為九二、九三、九四、九五、上九。[75]始著為一　開始標誌為一，象徵事物的起始。夏曆十一月冬至，為曆法的起始點和曆元，樂律也以此為起點。[76]鐘於太陰　鐘於，起始於。太陰，極盛的陰氣。[77]究極中和　自然和諧的元氣。[78]坤之初六　坤，八卦之名。三爻皆陰。又六十四卦之一。〈坤卦〉初六之六爻都為陰，以下依次為六二、六三、六四、六五、上六。[79]太陽　極盛的陽氣。[80]六合　指宇宙中的天地四方，即古人認為宇宙中的框架。渾天儀中有六合儀。[81]太始　古人將宇宙的形成分為混沌、太始和太素三個階段，混沌之時只有元氣；太始為形成物質的原始狀態；太素為構成各種物質的階段。此處之太始，為宇宙形成的第二階段。[82]棣通　暢通；通達。[83]類萬物之情也　按：以上總結三統之義，天有使萬物萌動之功，故曰天統；地有養育萬物之功，故曰地統；人以仁、義奉而養之，故曰人統。此為三統之義。[84]在天成象二句　天象，指日月星和其他異常天象。地形，指山岳、丘陵、河流、湖泊等地貌。85后以裁成二句　后，指君主，即後世之帝王。輔相，指輔助。86三正　夏代曆法，以建寅之月為正月，人稱夏正、寅正或人正；商代曆法，以建丑之月為正月，人稱殷正、丑正或地正；周代曆法，以建子之月為正月，人稱周正、子正或天正。87未之衝丑　衝，為十二辰之對衝的意思。丑月正好與未月相對衝。88易曰四句　引文出自〈坤卦〉彖辭。是說從子位到丑位到寅位，是從陰柔向陽剛發展，雖喪失陰柔的朋輩，但發展前途是吉利的。這是報應的道理。89皆以正聲應　言太族、姑洗、林鐘、南呂，都與黃鐘以整數相對應。90無有忽微　沒有些微之零數。91不復與它律為役者　不再受到其他音律的支配。92和應之律　從其調制推演出來的律。93有空積忽微　有多位小數或無窮小數的半音，不會有全音。94參天兩地而倚數　為〈說卦〉之辭。倚數，立數也。象徵天的奇數一，與象徵地的偶數二，進行組合，而組成數目的體系。95天之數始於一二句　五個天數開始於一，以次為三、五、七、九，五個數相加等於二十五。96又二十五四句　這段文字似有錯亂，似當改為：「故置一得三，凡二十五置，加之六，終天之數得八十一。」97以天地五位四句　天地五位之合終數十，以十乘八十一，得八百一十分，它等於一統的章數：1539÷19=81，故八十一為黃鐘之數。天地五位之合終於十，即天數五、地數五，最終會合於十。98繇　通「由」。99起十二律之周徑　言十二律管的直徑三分，為參天之數；圓周九分，為終天之數。100地之數始於二二句　地之數二、四、六、八、十，五數相加得三十。101其義紀之以兩五句　這是一種玄妙的說法。陰律既以兩為代表，故置一得二，由此三十便為六十。102當期之日二句　當期，一歲之日數。林鐘之實，林鐘律管的容積。林鐘長六寸，圍六分，故得積三百六十分。103八政　八種政事。〈洪範〉以食、貨、祀、司空、司徒、司寇、賓、師為八政。104舞八佾　古代帝王用的樂舞，排成縱橫都是八的行列。105被八荒　言覆蓋八荒。八荒，八面的遙遠蠻荒之地。106書曰三句　指《尚書・皋陶謨》。天功，天的功能。人其代之，人應當代替它。107天兼地二句　天包容地，人效法天。108唯天為大二句　語出《論語・泰伯》。言只有天為大，只有堯可以效仿。109中餽　指婦女在家中主持飲食等事。餽，同「饋」。進食於人。言地為中數，女人為陰，地為陰數。110天之中數五三句　天之數即陽數，地之數即陰數。五和六又正好居於中央接合處，故曰「二者為合」。111虛者二句　虛，就是陰陽變化著的樂律。112登降運行　即升降運行。六律由黃鐘至亡射為上升，反之為降；六呂由林鐘至中呂為上升，反之為降。113太極元氣　太極，指宇宙未形成前的狀態，是生成萬物的本源。元氣，指產物和構成天地萬物的原始物質，是渾沌清虛的實體。114函三為一　一中包含著天地人三種性質的特性。115極六句　極，就是指北極，天的中央。元，天體運行的開始，它對應於子，行十二辰而一周。116參之於丑二句　曆元在子為一，行至丑處，以三乘，得三。117又參之於亥二句　自丑三自乘十次，得十七萬七千一百四十七。118氣鐘於子　言黃鐘之氣對應於子。119紐牙　指含芽。紐，指萌芽時的屈曲狀態。(120)冒茆　冒出而叢生。(121)振美　奮起而延長。(122)已盛　已經全盛。(123)咢布於午　咢布，言午月之時，陰氣開始迕逆生長，陽氣開始散布。咢，迕逆。布，散布。(124)昧薆　幽暗隱蔽。(125)申堅　申，同「身」。言植物之身體成長堅實。(126)留孰　成熟的植物停止生長。(127)畢入　陽氣入地，植物收藏。(128)該閡　陽氣潛藏，大地閉塞。(129)出甲　植物破甲而出。甲，指植物種子的外皮。(130)奮軋　奮力掙扎。(131)明炳　光明顯著。(132)理紀　植物生長有理有紀，定型易辨。(133)斂更　更改；變化。(134)悉新　新，砍伐。指植物成熟收穫。(135)懷任　陰陽交合，生物懷孕。任，通「妊」。(136)陳揆　言生物可以加以認識和度量。陳，陳列。揆，度量。(137)施化　布施化育。(138)類旅　比擬；類似。(139)日辰　十日、十二支。(140)玉衡杓建　玉衡，北斗七星中的第五星。杓建，古代以北斗斗柄的指向定季節。傍晚時斗柄指子為子月，即農曆十一月，指丑為丑月，即十二月，指寅為寅月，即正月，以下類推，以斗柄十二月指向定十二月名，稱為十二月建。杓，斗杓，即斗柄。玉衡為斗柄三星中的第一星。(141)天之綱也　為以星辰確定季節的綱要。綱，要領。(142)日月初躔　日月五星開始運行。古代曆法推算天體的運行，均起自冬至點，稱為曆元，故曰初躔。(143)星之紀也　即星紀星次，為十二星次中的第一次，對應於二十八宿中的斗宿和牽牛宿。(144)合樂用焉　綱紀的交點，為創作樂曲的起點。合樂，創作樂曲。(145)歌奏用焉　聲樂和器樂的配合也用到它。(146)指顧取象　言確立了杓建天綱之後，觀察天象的陰陽變化就會條理分明。指，手指。顧，目視。(147)靡不條鬯　言無不通暢。鬯，同「暢」。(148)以成之數忖該之積　成之數，生成之數，天地十個數中，前五位為生數，後五數為成數。對於一歲中的植物生長而言，上半年為生長之時，下半年為成熟之時，正與生成之數相對應。忖，揣度；除。該之積，亥位之積十七萬七千一百四十七。酉月即農曆八月，為植物成熟之月，稱為成之數。以成之數去除該之積，得數為九。(149)如法為一寸二句　設基數為一寸，則黃鐘之長就是九寸。基數，基本單位。(150)參分損一二句　將黃鐘之母數九除以三，再與母數相減，便得林鐘之數。母數與損一之後的數相減，稱之為下生。(151)參分林鐘益一二句　將林鐘之數除以三，再與林鐘之數相加，得太族。與母數相加，為上生。以下類推。(152)左旋　從子位沿著寅卯等方向，直至亥位，為左旋，亦即順時鐘方向旋轉。反之為右旋。(153)八八為伍　每個鐘率之間的數相距八位。(154)法皆用銅　標準的律管，皆用銅製作。(155)職在大樂　由大樂主管。大樂即太樂，為九卿之一的太常執掌領導。

【語　譯】《尚書·虞書》說：「於是統一樂律和度量衡制度。」藉以使全國各地使用同一標準，讓人民之間，建立互信和共信。自從伏羲畫了八卦，從陰陽十個數發端，傳到黃帝、唐堯、虞舜而大致完備。考證三代的事跡，那時這些制度已經都顯著明確了。到東周朝政衰落，懂得這些制度的官員都散失了，以後孔子向當代君王傳述為政之道，說道：「整頓度量衡，審度禮儀制度，修復被廢弛了的官職，任用有才德的隱士，全國的政令就能推行了。」當漢朝興起之時，北平侯張蒼首先研究倡議律曆之事，到了漢武帝之時，設置樂官，並考證樂律之事。到了元始之時，王莽當政，想要炫耀名聲，徵召全國通曉樂律的人士一百多名，派羲和官劉歆主持研究，將其整理成條文報上奏書，說得很詳細。這裡刪除其中虛偽之辭，取其正確的理論，記載於如下的篇章。

2 第一條是制定規律和算法，第二條是調和音樂，第三條是審定度量長度的制度，第四條是度量容積的制度，第五條是秤衡制度。對各種數量作綜合運算，並考證古代和近現代的事理，驗證各種事物，印證思想感情，配合考查經傳典籍，都得到了確實的證據，沒有不協調相同的。

3 數目，就是一、十、百、千、萬，乃是用來計算事物數量，以適應事物的本質和發展過程的需要。《逸書》說：「先制定數和算法，然後用來計算萬事萬物的數量。」事物的根本起始於黃鐘律所象徵的一，起始於一之後，再用三去乘它，繼之於三三連乘，經過十二次連乘，得到十七萬七千一百四十七，於是五行陰陽變化之數就齊備了。它的算法用竹籌，每邊寬高各一分，長六寸，計二百七十一枚竹籌，組成一個六邊形，成為一握。它每邊的寬度，象徵乾律黃鐘的一，它的長度，象徵坤呂林鐘的長度。一握的籌數，象徵《周易》大衍之數五十，而實際應用的數是四十九，加〈乾卦〉六爻之數，加周流六虛之象數二百一十五之和數。推演曆法，產生樂律，製造儀器，圓規的圓，矩尺的方正，秤錘的輕重，秤桿的平衡，水準器的平正，墨線的直，容器的準確，探索隱微，求解深奧，沒有不使用數字的。量度長短的不差毫釐，量度容積的不失圭撮，量度重量的不差絲毫。數目起始於一，和合於十，引長於百，擴大於千，推演於萬，這些法則，均在於算術。將這些音律和度量衡制度宣布於天下，在初等學校中予以教學。由太史官分管，並由羲和官執掌領導。

4 歌聲的音階，為宮、商、角、徵、羽五等。用來創作樂曲，諧調八種樂器合奏，以此洗滌人們的邪念，保全人們的良善心性，改變社會風氣和習俗。這八種樂器是：陶土製作的叫塤，瓠瓜製作的叫笙，皮革製作的叫鼓，竹子製作的叫管，絲線製作的叫絃，玉石製作的叫磬，金屬製作的叫鐘，木板製作的叫柷。五聲諧調正確，八音配合和諧，音樂就和美。商聲的含義是彰明，植物成熟可以明確度量。角聲的含義是冒突，植物突出地面，頂著尖葉。宮聲的含義是中央，居於中央，通達四方，倡始廣布生機，成為其他四聲的基調。徵聲的含義是繁榮，植物壯大而茂盛。羽聲的含義是覆蓋，植物聚藏於下，自然就給它覆蓋起來。音樂的理論，中心在宮聲，冒突在角聲，繁榮在徵聲，彰明在商聲，覆蓋在羽聲，所以，宮聲為四聲的綱要，四聲為宮聲的派生。把五聲與五行、五常、五事相配合，則五行角聲屬木，五常角聲主仁愛，五事角聲主儀容；商聲屬金，主正義，主言語；徵聲屬火，主禮儀，主觀察；羽聲屬水，主智慧，主聽聞；宮聲屬土，主誠信，主思想。拿君臣民事物來說，宮聲象徵君主，商聲象徵臣子，角聲象徵人民，徵聲象徵事情，羽聲象徵萬物。一唱百和有威儀，正說明君臣上下的不同地位和任務的體統。

5 五聲的基調，產生於黃鐘律管。九寸的律管定為宮聲，有的減少，有的加長，從而確定商聲、角聲、徵聲、羽聲。通過九寸、六寸律管，經過減短或加長，製成新的律管，這就是陰陽交相感應的道理。樂律十二級，六個陽律稱為律，六個陰律稱為呂。六律發端於元氣，比擬萬物，一叫黃鐘律，二叫太族律，三叫姑洗律，四叫蕤賓律，五叫夷則律，六叫亡射律。六呂輔助陽律，疏通元氣，一叫林鐘律，二叫南呂律，三叫應鐘律，四叫大呂律，五叫夾鐘律，六叫中呂律。它們包含有天施、地化、人事三統的意義。據古代傳說，樂律是黃帝創造的。黃帝派遣泠綸，從大夏國的西部，昆侖山的北邊，選取解谷生長的竹子，它們的竹肉和竹孔厚薄均勻，截取中間兩節空管，製成律管，吹奏它，把它定為黃鐘律的宮聲。模擬鳳凰的叫聲，製成十二管，那中間像雄鳳鳴叫的有六管，像雌凰鳴叫的也有六管，以黃鐘之宮為依據，其他各宮都可以派生出來，這便是樂律的根本。天下太平的時代，天地間的陽氣和陰氣和合以生風。天地間的風氣正常，其所定的十二律也就準確。

6 〔十二音律名稱的含義是：〕黃鐘：黃，是中央的顏色，是帝王的服色；鐘，就是種子的意思。五是天數的中數，所以，音階定為五階，五聲以宮聲為首，在五聲中沒有比它更重要的。六是地數的中數，所以樂律定為六律，樂律有形體、有顏色，五色中以黃色為貴，沒有比它更為莊嚴的了。所以，陽氣播種子於地下，繁殖植物，是六氣的元首。用黃色來命名代表元氣六律的用意，在於突出宮聲。宮聲讓陽律領唱，陰律附和，六律、六呂循環變化不止。起於子位，對應於十一月。大呂：呂，是輔助的意思，是說陰氣還大，可以輔助黃鐘律疏通元氣，催化植物生長。居於丑位，對應於十二月。太族：族，是透進的意思，是說陽氣逐漸壯大，透進地下，促使植物新生。居於寅位，對應於正月。夾鐘：是說陰氣夾助太族，疏通四方的元氣，促使植物種芽冒出。居於卯位，對應於二月。姑洗：〔姑的意思是務必；〕洗是清潔的意思，是說陽氣沐浴植物，務必使它清潔。居於辰位，對應於三月。中呂：〔中呂又稱小呂，〕是說陰氣越來越微弱，試圖起來而沒有成功，只能處於其中，以微弱的力量輔助姑洗疏通元氣，促使植物茂盛生長。居於巳位，對應於四月。蕤賓：蕤，是繼續的意思；賓，是引導的意思，是說陽氣開始引導陰氣，讓它繼續養育植物。居於午位，對應於五月。林鐘：林，是主宰的意思，是說陰氣接受任務，輔助蕤賓，主宰植物，促使它長大茂盛。位於未位，對應於六月。夷則：〔夷為枯殺的意思；〕則為法則的意思，是說陽氣遵循法則，讓陰氣掃除枯枝敗葉。位於申位，對應於七月。南呂：南，是化育的意思，是說陰氣輔助夷則，育成植物，讓其成熟。居於酉位，對應於八月。亡射：射，是窮盡的意思，是說陽氣停止養育植物，讓陰氣全部剝落它們，使植物回復到原本狀態，終而復始，無窮無盡。居於戌位，對應於九月。應鐘：〔應，為感應的意思，〕是說陰氣感應亡射，使植物全部閉藏，陰氣夾雜陽氣，用以閉塞大地，為植物孕育種原。位於亥位，對應於十月。

7 三統的含義，是指上天的布施，大地的化育和人事的綱紀。十一月，是對應於〈乾卦〉初九的月分，這時陽氣伏在地下，成為一切事物起始的標誌，萬物開始萌動出現生機，這時太陰達到極盛，所以，黃鐘代表天統，律管長九寸。九這個數，為究極自然和諧的元氣，成為萬物生長的起點。《周易》說：「構成宇宙的本原是陰氣和陽氣。」六月，是對應於〈坤卦〉的初六，陰氣從極盛的陽氣接受任務，繼續養育，化生新苗，植物在未月茂盛生長，使其剛強壯大，所以林鐘代表地統，律管長六寸。六這個數，含有陽氣的布施，促使植物在宇宙間茂盛生長，讓剛性和柔性具有形體。「構成大地的本原，是柔性和剛性。」「〈乾卦〉象徵天和陽氣，能夠察知宇宙的原始狀態；〈坤卦〉象徵地和陰，能夠生成萬物。」正月，對應於〈乾卦〉之九三的月分，這時萬物暢達，植物在寅月冒出，人們幫助它們成長，憑仁愛養育它們，憑正義發展它們，讓萬物都能順應自然而發展。寅對應於木行，為仁愛。對應的音階為商聲，主正義。所以，太族代表人統，律管長八寸，它象徵八卦，這就是伏羲造八卦，藉以順承天地，交通神明，模擬萬物情狀的道理。「建立人類社會的原則，是仁愛與正義。」「在天形成星象，在地形成萬物的形體。」「君主籌謀成就對天地規律的認識，藉以輔助天地之事，達到保護養育人民的目的。」這說的就是三律的意義，這就叫做三統。

8 它們對於三正來說，黃鐘對應於子位，代表天正；林鐘對應於與未月相對衝的丑月，代表地正；太族對應於寅月，代表人正。三正在於建立正確的基準，因此，地正正好對著那陽氣剛發端的北偏東的丑位。《周易》曰：「從北向東發展，雖然損失了陰柔的朋輩，但發展前途終究是吉利的。」這是報應的原則。還有黃鐘作為宮聲，則太族、姑洗、林鐘、南呂，都以整數的全音應和，沒有些微之零數，不會受到其他樂律的支配，為同心一統的原則。如果不是黃鐘而是其他樂律，雖然是適應月令的樂律作為宮聲，可是應和它的樂律就會有微小的半音，不會有全音。這就表明黃鐘律居於最崇高的地位，沒有可以跟它並列的。

9 《周易》說：「由象徵天的奇數，和象徵地的偶數，進行組合而組成數目體系。」象徵天的數目，從一起到三、五、七、九，相加為二十五。它的含義是以三為紀，所以，設置天數一，就得到三，將三乘以二十五，再加上六，得八十一，完成了天數的系列。再用五個天數和五個地數會合的終數十去乘它，得到八百一十立方分，對應於一統一千五百三十九歲的章數，這個八百一十立方分，就是黃鐘律管的容積。根據這個原則，確定了十二律管的圓周和直徑。象徵地的數目從二起始，到四、六、八、十，相加得三十。地數的原理以二為代表，所以設一個地數就是二，共設三十次，完成了地數的系列，得數六十，再用地數的中數六去乘，得數為三百六十立方分，相當於一年的日數，為林鐘律管的容積。人的作用，是繼承天道，順應地道，調動元氣，作成萬物，根據八卦，調和八風，管理八種政事，適應八節，和諧八音，歌舞八佾，監督八方，覆陰八荒，從而，完成天施地化的功能，所以，八乘八得到六十四。它的原理，窮究了天數和地數的變化，再用五個天數和五個地數會合的終數十去乘它，得到六百四十，它等比於六十四卦，這便是太族律管的容積。《尚書》說：「天的職能，應當由人去接替它。」天道包容著地道，人道應當去效法天道，所以，用天地五數會合的終數去乘它，這就是「只有上天，才是最偉大的；只有唐堯古帝，才能去效法它」的形象。地以中數相乘的道理，在於女人於家中主持家務。三統是互相貫通的，所以，黃鐘、林鐘、太族律管的長度都是整數，而沒有零數的部分。

10 天的中數是五，地的中數是六，五、六這兩個數，正處於天地數列的接合處。六對應於六虛，五對應於五聲，八卦周流於陰陽六位。虛的意思是說，運動變化著的樂律都有陰陽，它們升降變化，分為十二律，它們互相配合，曲調便和諧了。太極狀態下的元氣，包含著天地人混合的三位一體。極就是正中的意思；元就是開始的意思。陰陽二氣運行於十二辰，「二」啟動於子位。丑位以三乘，得到三。寅位用三乘，得到九。卯位用三乘，得到二十七。辰位用三乘，得到八十一。巳位用三乘，得到二百四十三。午位用三乘，得到七百二十九。未位用三乘，得到二千一百八十七。申位用三乘，得到六千五百六十一。酉位用三乘，得到一萬九千六百八十三。戌位用三乘，得到五萬九千零四十九。亥位用三乘，得到十七萬七千一百四十七。這就是陰陽二氣配合運動的原理，元氣匯聚於子位，經過運行變化，化育成萬物的過程。所以，萌發生機於子月，含芽於丑月，引導暢通於寅月，冒出叢生於卯月，奮起生長於辰月，陽氣全盛於巳月，陰氣始生於午月，幽暗隱蔽於未月，莖幹堅實於申月，壯大成熟於酉月，陽氣入地植物收穫於戌月，陽氣潛藏大地閉塞於亥月。又相對於一歲中的十個陽曆月而言，破皮而出於甲月，奮力掙扎在乙月，光明顯著於丙月，旺盛在丁月，豐滿茂盛在戊月，壯實定型在己月，收斂更改在庚月，全部收割在辛月，懷孕化育在壬月，生機重現在癸月。所以，陰氣和陽氣的布施化育，萬物生長的終而復始，既可比擬於六律、六呂，又可對應於十二辰，因而，變化的情況可以顯見。

11 用北斗斗柄的指向確定月建，是用以確定季節的綱要；太陽、月亮的開始運行，起於星紀這個星次，故將北斗和星紀稱之為綱紀。綱紀的交點，作為創作樂曲的起點。所以，六律主唱，六呂應和，藉以養育生命，完成造化的功能，歌唱、演奏都要用到它。手指目視，觀察天象的變化，然後陰陽萬物的變化無不通暢，概括完成。所以，用成數一萬九千六百八十三去除亥月之積十七萬七千一百四十七，得數為九，如設基數為一寸，就是黃鐘律管的長度。把黃鐘律管的長度減去三分之一，就縮短成為林鐘的律管。把林鐘律管增加三分之一，就延長成為太族律管。把太族律管減去三分之一，就縮短成為南呂律管。把南呂律管增加三分之一，就延長成為姑洗律管。把姑洗律管減少三分之一，就縮短成為應鐘律管。把應鐘律管增加三分之一，就延長成為蕤賓律管。把蕤賓律管減去三分之一，就縮短成為大呂律管。把大呂律管增加三分之一，就延長成為夷則律管。把夷則律管減去三分之一，就縮短成為夾鐘律管。把夾鐘律管增加三分之一，就延長成為亡射律管。把亡射律管減去三分之一，就縮短成為中呂律管。陰呂陽律逐次相生，從黃鐘律所在的子位開始向左旋轉，每數八位派生新律。標準的律管都用銅製造。樂官之職務具體由太樂官分管，並由九卿之一的太常主持。

1

度者，分、寸、尺、丈、引也，所以度長短也❶。本起黃鐘之長。以子穀秬黍❷中者❸，一黍之廣，度之九十分，黃鐘之長。一為一分，十分為寸，十寸為尺，十尺為丈，十丈為引❹，而五度審矣。其法用銅，高一寸，廣二寸，長一丈，而分、寸、尺、丈存焉❺。用竹為引，高一分，廣六分，長十丈。其方法矩，高廣之數，陰陽之象也❻。分者，自三微而成著，可分別也❼。寸者，忖也。尺者，蒦也。丈者，張也。引者，信也。夫度者，別於分，忖於寸，蒦於尺，張於丈，信於引。引者，信天下也。職在內官❽，廷尉❾掌之。

2 量者⑩，龠⑪、合⑫、升、斗、斛⑬也，所以量多少也。本起於黃鐘之龠，用度數審其容，以子穀秬黍中者千有二百實其龠，以井水準其概⑭。合龠為合，十合為升，十升為斗，十斗為斛，而五量嘉矣。其法用銅，方尺而圜其外，旁有庣⑮焉。其上為斛，其下為斗，左耳為升，右耳為合龠。其狀似爵⑯，以縻爵祿⑰。上三下二⑱，參天兩地；圜而函方，左一右二⑲，陰陽之象也。其圜象規，其重二鈞⑳，備氣物之數，合萬有一千五百二十㉑。聲中黃鐘，始於黃鐘而反覆焉，君制器之象也。龠者，黃鐘律之實也，躍微動氣而生物也。合者，合龠之量也。升者，登合之量也。斗者，聚升之量也。斛者，角斗平多少之量也。夫量者，躍於龠，合於合，登於升，聚於斗，角於斛也。職在太倉㉒，大司農㉓掌之。

3 衡權者：衡，平也；權，重也。衡，所以任權而均物平輕重也㉔。其道如底㉕，以見準之正㉖，繩之直㉗，左旋見規㉘，右折見矩㉙。其在天也，佐助旋璣，斟酌建指，以齊七政，故曰玉衡㉚。論語云：「立則見其參於前也，在車則見其倚於衡也㉛。」又曰：「齊之以禮㉜。」此衡在前居南方之義也㉝。

4 權者，銖、兩、斤、鈞、石也，所以稱物平施㉞，知輕重也。本起於黃鐘之重。一龠容千二百黍，重十二銖，兩之為兩。二十四銖為兩，十六兩為斤，三十斤為鈞，四鈞為石。忖為十八，易十有八變之象也[35]。五權之制，以義立之，以物鈞之，其餘小大之差，以輕重為宜[36]。圜而環之[37]，令之肉倍好者[38]，周旋無端，終而復始，無窮已也[39]。銖者，物繇忽微始，至於成著，可殊異也。兩者，兩黃鐘律之重也。二十四銖而成兩者，二十四氣之象也。斤者，明也。三百八十四銖，易二篇之爻，陰陽變動之象也。十六兩成斤者，四時乘四方之象也。鈞者，均也。陽施其氣，陰化其物，皆得其成就平均也。權與物均，重萬一千五百二十銖，當萬物之象也[40]。四百八十兩者，六旬行八節之象也[41]。三十斤成鈞者，一月之象也。石者，大也，權之大者也。始於銖，兩於兩，明於斤，均於鈞，終於石，物終石大也。四鈞為石者，四時之象也。重百二十斤者，十二月之象也。終於十二辰而復於子，黃鐘之象也。千九百二十兩者，陰陽之數也，三百八十四爻，五行之象也。四萬六千八十銖者，萬一千五百二十物歷四時之象也。而歲功成就，五權謹矣。

權與物鈞而生衡，衡運生規，規圜生矩，矩方生繩，繩直生準，準正則平衡而鈞權矣。是為五則[42]。規者，所以規圜器械，令得其類也；矩者，所以矩方器械，令不失其形也。規矩相須[43]，陰陽位序，圜方乃成。準者，所以揆平取正也；

繩者，上下端直，經緯四通也(44)。準繩連體，衡權合德，百工繇焉，以定法式(45)。輔弼執玉，以翼天子(46)。詩云：「尹氏大師，秉國之鈞，四方是維，天子是毗，俾民不迷(47)。」咸有五象，其義一也(48)。

6 以陰陽言之，太陰者，北方。北，伏也，陽氣伏於下，於時為冬。冬，終也，物終臧，乃可稱(49)。水潤下(50)。知者謀，謀者重，故為權也。太陽者，南方。南，任也，陽氣任養物，於時為夏。夏，假也，物假大(51)，乃宣平。火炎上。禮者齊，齊者平，故為衡也。少陰者，西方。西，遷也，陰氣遷落物，於時為秋。秋，𩏂也，物𩏂斂(52)，乃成孰。金從革，改更也。義者成，成者方，故為矩也(53)。少陽者，東方。東，動也，陽氣動物，於時為春。春，蠢也，物蠢生，迺動運(54)。木曲直。仁者生，生者圜，故為規也。中央者，陰陽之內，四方之中，經緯通達，迺能端直，於時為四季(55)。土稼嗇(56)蕃息。信者誠，誠者直，故為繩也。五則揆物，有輕重、圜方、平直、陰陽之義，四方、四時之體，五常、五行之象。厥法(57)有品，各順其方而應其行。職在大行，鴻臚掌之(58)。

7 書(59)曰：「予欲聞六律、五聲、八音、七始詠，以出內五言，女聽(60)。」予者，帝舜也。言以律呂和五聲，施之八音，合之成樂。七者，天地四時人之始也(61)。

順以歌詠五常之言，聽之則順乎天地，序乎四時，應人倫，本陰陽，原情性，風之以德，感之以樂，莫不同乎一62。唯聖人為能同天下之意，故帝舜欲聞之也。今廣延群儒，博謀講道，修明舊典，同律，審度，嘉量，平衡，鈞權，正準，直繩，立于五則，備數和聲，以利兆民，貞天下於一，同海內之歸63。凡律、度、量、衡用銅者，名自名也64，所以同天下，齊風俗也。銅為物之至精，不為燥溼、寒暑變其節，不為風雨暴露改其形，介然有常65，有似於士君子之行，是以用銅也。用竹為引者，事之宜也66。

【章旨】以上述說長度、重量、容積等的量度單位及不同等級之間的關係。

【注釋】❶度者三句　度，量度，單位共有分、寸、尺、丈、引五級，為計量長度的單位。❷子穀秬黍　子穀，穀子的果實。秬黍，黑色顆粒的黍米。❸中者　中等大小。❹一為一分五句　一粒中等大小的黍米之寬度，作為一分的長度。十分為一寸，十寸為一尺，十尺為一丈，十丈為一引。❺其法用銅五句　用銅製成法定的標準尺度，高一寸，寬二寸，長一丈。漢代的一尺，合今〇・二三一公尺。❻其方法矩三句　方法，道理和取法。陰陽之象，引尺的標準用竹製作，其高一分，長六分，分別為陽數和陰數。❼三微而成著二句　言三個微分而構成一分，成為明顯可以分辨的一分之長。古時又將五日稱為一微，三微十五日為一著，故中氣又稱為著。❽內官　由宗正分管。❾廷尉　掌管刑獄的官，九卿之一。❿量者　量度容積多少的單位。共分為龠、合、升、斗、斛五級。⓫龠　其大小長、寬各九分，取法於黃鐘，深一寸，合容積八十一立方分，為容量中的最小單位。⓬合　二龠為一合。⓭斛　十斗為一斛。約合今二〇・〇九七五公升。⓮以井水準其槩　言利用井水的平面來校準概。槩，同「概」。指量度時用來刮平器面的直尺。⓯庣　凹下之處。⓰爵　商周時的酒器。⓱釄爵祿　為分配官員俸米之用具。釄，同「靡」。分配。⓲上三下二　指斛桶上部占三分，下部占二分，象徵天數三、地數二。⓳左一右二左一，指升桶部分。右二，指合桶和龠桶部分。它象徵著陰性和陽性的形象。⑳鈞　重量單位，為三十斤。㉑合萬有一千五百二十　言二鈞等於一千五百二十銖。上古銖的重量，有一百黍、九十六黍、一百四十四黍三種不同的說法。㉒太倉　國家中央糧倉，也是主管官員之名。㉓大司農　掌管租稅、錢穀、鹽鐵和財政收支的官員，九卿之一。㉔衡二句　衡，即平衡、秤衡。言秤衡就是利用已知的重量單位與物在衡的兩端均平而達到稱量物重量的器物。㉕其道如底　其原理如砥石。㉖準之正　觀察水準和方向的正確。㉗繩之直　墨線的直。㉘左旋見規　向左面旋轉時如圓規畫的圓。㉙右折見矩　向右面轉折時如矩的方。㉚其在天也五句　以上五句的含義為：它在天上的形象，借助於斗魁的旋轉，以斗柄指向所建立的月建，以次考定日月五星運行的方位，故斗柄又稱為玉衡。㉛立則見二句　此話引自《論語・衛靈公》。立則見其參於前，站立就看到它們紛紛站在前面。在車則見其倚於衡，乘車時就看到它們伏在車軛上。㉜齊之以禮　用禮教整治統一人民的思想和行為。㉝此衡在前居南方之義也　這就是玉衡位於北斗前面而居於南方的意思。㉞稱物平施　稱量物體，公平給予。㉟忖為十八二句　一鈞的銖數，用《易經》的卦數去除，得數為十八（的十倍），這就是《易經》十八變而成卦的象徵。是說一鈞的銖數源於《易經》的十八變，這就給鈞的重量單位的確定，也具有神祕色彩。這句話表達得不夠清楚和完整，其中有省略。「忖為十八」的來源是這樣的：一龠為十二銖，一兩為二十四銖，一斤為三百八十四銖，一鈞為三十斤，為一萬一千五百二十銖。將一鈞的銖數，以《周易》的卦數六十四去除，得到一百八十，為十八的十倍。這便是「忖為十八」的來歷。「《易》有十八變」的含義為：《易・繫辭上》有「十有八變而成卦」之說。每爻有三變，六爻為一卦，故曰「十有八變而成卦」。㊱五權之制五句　五權的制度，憑法律的權威去確立它，拿物體去均衡它，其大小的重量單位的運用，根據具體物件的輕重靈活運用。五權之制，重量的五級單位銖、兩、斤、鈞、石。義，原則；法律權威。鈞，通「均」。平均；均衡。㊲圜而環之　秤錘的形狀製成環狀。㊳令之肉倍好者　使它的環體兩倍於孔徑。肉，指錘體本身。倍，一倍。好，指圓形器中間的孔徑。㊴周旋無端三句　是說秤錘製成圓環狀，象徵宇宙無窮循環。㊵重萬一千五百二十銖二句　一鈞等於一萬一千五百二十銖，象徵萬物。這是因為一鈞之銖數為一萬多，這個數字與萬物之數相對應，這是神祕附會之辭。㊶四百八十兩者二句　四百八十兩為一鈞的銖數，它等於六十干支與八節相乘之數。㊷五則　指生衡、生規、生矩、生繩、生準的五種法則。㊸相須　配合使用。㊹準者五句　準，指水準器，取水平的方法。繩者，取鉛垂線的方法。經緯四通，指上下左右均已取正。㊺百工繇焉二句　言有了水準器，垂繩、衡權等制度，百種工匠就可以遵循使用了。㊻輔弼執玉二句　輔弼，指大臣。執玉，執著玉版上朝。翼天子，輔助天子。曹相成等《漢書注釋》認為執玉之玉，當為執之之誤。筆者以為不誤。執玉，當為輔佐大臣為天子公平執法的象徵。㊼尹

氏大師五句　上引詩句，出自《詩・節南山》。言太師輔國執行政策，小民就不迷惑了。㊽咸有五象二句　共有衡、規、矩、繩、準五象，它們的原理是統一的。㊾物終臧二句　植物最終停止收藏，才可以稱量。㊿水潤下　與以上所言太陰、冬季相對應，冬季為水，水性有潤澤向下的功能。以下夏季火炎上、春季木曲直、秋季金從革、中央土稼嗇等語，其含義類同。51夏三句　夏季為大，對應於植物生長巨大。假，大。52秋三句　秋季收束，植物收束斂藏。䪢，收束。53義者成三句　正義就會成熟，成熟就會方正，就體現在矩尺上。54春四句　春季如動物爬動，植物初生，便有發展變化。55於時為四季　中央對應著中方，在季節上對應於四季中的第三個月末。五行中土的方位，在中國早期的說法對應於季夏，五季每季七十二天。《淮南子・天文訓》說中央土，其時戊己，就是對應於夏季之間的季夏。自《漢書》始，改為對應於四季末尾各十八日。56稼嗇　播種和收穫。嗇，通「穡」。57厥法　其法。58職在大行二句　由大行令分管，由九卿之一的大鴻臚主管。大行令，主管交際禮儀。大鴻臚，執掌外交、交際禮儀的九卿大員。59書　指《尚書・益稷》。60予欲聞三句　予，帝舜自稱。八音，指八種樂器。詠，歌詠。出內，採納；接受。內，同「納」。五言，指仁、義、禮、智、信五德的言論。女聽，你(們)聽。女，通「汝」。61七者二句　即以上引語中的七始，音樂理論，後成為樂典名。即黃鐘、林鐘、太族，為天、地、人之始，姑洗、蕤賓、南呂、應鐘，為春、夏、秋、冬四季之始，合稱七始。62順以歌詠九句　以上講音樂歌詠對於政治工作的作用。言以仁、義、禮、智、信五常的語言，配上歌詞，用道德去薰陶他們，以音樂的形式去感染他們，人心和思想就沒有不統一的。序，順序；協調。人倫，指人與人之間的關係和應當遵守的行為準則。本，根據；起始。原，起源。風，通「諷」。感化。63今廣延群儒十五句　以上數語，言只要能同天下之義，修明典律制度和五則，就能使這些制度在天下得到統一，海內的人民就都有歸附之心。海內，四海之內。貞，正。64名自名也　以銅製造這些標準器具，使海內制度同一，取銅與同讀音相偕。65介然有常　特性常存。66事之宜也　使用方便。

【語　譯】量度的制度，是分、寸、尺、丈、引，用來度量長短的單位。它的基準是起於黃鐘律管的長度。以中等大小的黑黍顆粒為標準，將九十粒黍米橫向排列，其長度為九十分，它便是黃鐘律管的長度。一粒黍米寬一分，十分為一寸，十寸為一尺，十尺為一丈，十丈為一引，於是五種長度的單位就明確了。標準的尺子用銅鑄造，高一寸，寬二寸，長一丈，分、寸、尺、丈都刻在上面。又用竹子製成標準的引，高一分，寬六分，長十丈。它的原則取法矩尺，高度、寬度的數值，是陰數、陽數的形象。分的含義，為三微而成一著，可以分別長短。寸的命意是量度，尺的命意也相同，丈的命意是張大，引的命意是延伸。度制的單位，分辨於分，度量於寸和尺，張大於丈，延伸於引。引的含義，是伸張天下。度制的職責由宗正負責，由廷尉主管。

2 容積的量度制度，為龠、合、升、斗、斛，是用來測量事物體積大小的。基準出於黃鐘律管的龠，長寬各九分，合容積八十一立方分。根據容積來確定它的容量，將它裝滿黍米，依照井水的平面來校準刮平器，一龠可以裝滿一千二百粒黍米。兩龠為一合，十合為一升，十升為一斗，十斗為一斛，於是五種量器就都齊備了。標準量器用銅製造，中間是一尺見方的空間，外面為圓形，兩旁有凹下的耳孔。它的上部是斛桶，下部是斗桶，左右是升桶，右耳上為合桶，下部為龠桶。它的形狀像酒樽，可以用來分配官俸米糧的多少。上部占三分，下部占二分，象徵天數三、地數二；外部圓而內部方，左耳一桶，右耳二桶，都是陰性、陽性的象徵。它的圓形模擬圓規，重量二鈞，具有二氣和萬物的數目，合計共有一萬一千五百二十銖。量器對應於黃鐘音律，朝向上面的斛桶符合黃鐘律，朝向下的斗桶符合黃鐘宮，自黃鐘循環一週，是君主制器的權威象徵。龠的容量，就是黃鐘律管的容量，活躍生機，振動二氣，從而產生萬物。合的容量，就是兩龠相合的容量。升的容量，就是合上升的容量。斗的容量，就是聚集的容量。斛的容量，就是校合斗量比較多少的容量。容量的制度，由微小的單位起始於龠，相合於合，升登於升，聚集於斗，校核於斛。由國家糧倉官太倉具體負責，由九卿之一的大司農主管。

3 秤桿和秤錘的含義，秤桿的作用在於平衡；秤錘的作用在於量重。秤桿用來承擔秤錘跟物體均衡從而稱量重量。它的原理就像砥石，用以顯示水準器的平正，墨線的直，左旋顯示圓規的圓，右折顯示矩尺的方。它在天上的形象，就如助斗魁運轉、以斗柄指向建立月建，以次考定日月五星運行的方位，故斗柄又稱為玉衡。所以，《論語》說：「站立時，就看到它們紛紛站立在前面；乘車時，就看到它們伏在車軛上。」又說：「用禮教去整治統一人們的思想和行為。」這就是玉衡在北斗前面而居於南方的意思。

4 權衡制度，是銖、兩、斤、鈞、石，是用來稱量物體，知道輕重，以達到公平分配的目的。它的基準，是起源於黃鐘律管容量的重量。一龠能盛一千二百粒黍米，它的重量就定為十二銖，兩龠黍米就定為一兩。

二十四銖為一兩，十六兩為一斤，三十斤為一鈞，四鈞為一石。一鈞的銖數一萬一千五百二十銖，用《周易》的卦數六十四去除，得數十八的十倍，這就是《周易》十八變而成卦的象徵。《周易》每爻有三變，六爻為一卦，故說「十有八變而成卦」。五種重量單位的制度，憑法律的權威去確定它，拿物體去平衡它，其餘大小的等級，根據物體的輕重靈活運用。秤錘製成環狀，讓環體的寬度兩倍於環孔的直徑，它象徵天地的循環運行，周旋無端，終而復始，沒有窮盡。銖的定義，是說物體的重量由忽微開始，至於成長為著明，可以分辨的重量。兩的定義，是兩倍於黃鐘律定容量龠的重量。所以取二十四銖而成一兩的意思，是二十四節氣的象徵。斤的定義，是明白的意思。它等於三百八十四銖，是《周易》上下篇的爻數，陰爻、陽爻運動變化的象徵。十六兩成一斤，是四季乘四方的象徵。鈞的定義，是平均的意思。陽氣布施元氣，陰氣化育萬物，都能獲得它們成就均平的作用。秤錘與物體均衡，重量一萬一千五百二十銖，這個數就是萬物的象徵。一鈞等於四百八十兩的含義，是六甲周行八節之數的象徵。三十斤成為一鈞的含義，是一個月為三十天的象徵。石的定義，是碩大的意思，是秤錘中的最大者。重量的單位起始於銖，兩倍於兩，明白於斤，平均於鈞，終止於石，終於石是大的意思。四鈞成一石的含義，是四季的象徵。一石等於一百二十斤的含義，是十二月的象徵。終於十二辰而回復到子位，從頭到尾，是黃鐘的象徵。一石等於一千九百二十兩的含義，是陰爻、陽爻的數目，也是三百八十四爻周流五行的象徵。即一石等於陰陽之數各一百九十二之十倍，或陰陽二爻和數之五倍。一石等於四萬六千零八十銖的含義，即萬物之象一萬一千五百二十的四倍，是萬物經過四季的象徵。於是，一年四季的時序完成了，五種重量的單位的組合也就嚴謹了。

5 使秤錘與重物達到均衡而產生稱量的目的，秤桿旋轉產生圓規，圓規畫出圓而產生矩尺，矩尺成方而產生墨線，墨線筆直而產生水準器，而水準器平正了，就能達到秤桿平正而秤錘均衡的目的。這便是稱量制度方面的五條規律。圓規，是用來畫器械中的圓形；矩尺，是用來畫器械中的方形，使它不失掉應有的形狀而達到製作時所要求的目的。圓規和矩尺配合使用，陰陽的方位就合於規律，圓形、方形的器械就能製成。水準器是用來量平取正的；墨線是用來使上下垂直、縱橫貫通的。水準器和墨線混合使用，秤桿和秤錘相配合，於是，工匠們也就可以遵循使用了。同樣，宰相也就可以掌握它們來輔佐天子。所以，《詩經》說：「尹家太師，掌握了國家的權柄，就可以依據國家的政策，維繫諸侯各國，輔佐天子，使人民不感到迷惑。」共有五象，其原理是一致的。

6 權衡規矩與四季也有對應關係：從陰陽觀念來說，北方為太陰，為陰氣極盛。北方是隱伏的意思，陽氣隱伏在地下，對應的季節是冬季。冬，是終結的意思，植物生長結束而潛藏，才可以稱量。水性潤澤向下。智慧重視籌謀，籌謀就會慎重，所以體現在秤錘上。南方為太陽，為陽氣極盛。南方是養育的意思，陽氣養育植物，在季節上是夏季。夏，是巨大的意思，植物巨大，才顯示平正。火性炎熱向上。禮制重視整齊，整齊就會平正，所以體現在秤桿上。西方為少陰，是陰氣尚少的意思。西，是遷移的意思，言陰氣遷移，凋落植物，對應的季節是秋季。秋，是收縮的意思，植物生機收斂，才會成熟。金性從事殺伐，象徵更改。正義就會成功，成功就會方正，所以體現在矩尺上。東方為少陽，為陽氣尚少的意思。東，是活動的意思，陽氣振動，使植物萌芽生長，對應的季節是春季。春，是蠢動的意思，植物初生，才有發展變化。木的性質可以彎曲，也可以伸直。仁愛重視生息，生息就會圓通，所以體現在圓規上。中央的方位，為陰陽之內，四方的中心，所以它縱橫通達，能夠正直，對應的季節在每季的末尾。土性可以耕種繁殖。信實的人誠實，誠實的人直爽，所以中央體現在墨線上。所以，用桿錘、規矩、墨線、水準器來量度物體，就有輕重、方圓、平直、陰陽的標準，是四方和四季的體現，是五常和五行的象徵。它們的法則有不同的特點，各自順應自己的方位和屬性。它的職責在大行令，由九卿之一的大鴻臚主管。

7 《尚書》說：「我想要聆聽六律、五聲、八音、七始的樂歌，藉以傳播和採納符合五德的言論，你應當替我審聽。」「我」這個人，就是帝舜。是說，把六律、六呂和五聲，用八種樂器來演奏，合奏成為交響音樂。七始，是指天、地、人和四季開始的樂律。配上歌唱五常的歌詞，聽起來應順天道、地道，也與時令協調，適合人們應當遵守的行為準則，又根據陰陽二氣，發源於人們的感情，用道德去薰陶他們，用音樂去感染他們，人心就沒有不統一的。只有聖人才能統一天下人的思想，所以，虞舜想要聽到人們的心聲。現在廣泛延攬讀書有學問的人，廣採博議，修明古代典章，統一樂律，審定制度，健全量制，完善衡制，統一秤錘，平正水準器，拉直墨線，建立五項標準制度，完善計算方法，調和音樂，造福億萬人民，使天下趨於一致，海內人心歸附。所有的律管、尺度、量器、衡器，都使用銅製造的道理，出自銅與同的聲音相諧，取其天下同一的吉兆，藉以統一民風習俗。銅是最精純的物質，不會因為乾燥、潮溼、寒冷、暑熱而改變自己的性質，不會由於風吹、雨淋、太陽曬而改變自己的形狀，始終保持著自己的常態，它就像君子的風格，所以用銅製作這些標準器。用竹杆製作引的道理，只是為了製造的方便。

1 曆數之起上矣❶。傳述顓頊命南正重司天，火正黎司地❷。其後三苗亂德，二官❸咸廢，而閏餘乖次❹，孟陬殄滅❺，攝提失方❻。堯復育重、黎之後，使纂其業，故書曰：「迺命羲、和，欽若昊天❼，曆象日月星辰，敬授民時。」「歲三百有六旬有六日，以閏月定四時成歲，允釐百官❽，眾功皆美。」其後以授舜曰：「咨爾舜，天之曆數在爾躬❾。」「舜亦以命禹。」至周，武王訪箕子，箕子言大法九章❿，而五紀明曆法⓫。故自殷、周，皆創業改制⓬，咸正曆紀⓭，服色從之⓮，順其時氣，以應天道。三代既沒，五伯之末⓯，史官喪紀，疇人子弟分散，或在夷狄，故其所記，有黃帝、顓頊、夏、殷、周及魯曆⓰。戰國擾攘，秦兼天下，未遑暇⓱也，亦頗推五勝⓲，而自以為獲水德，乃以十月為正，色尚黑[19]。

2 漢興，方綱紀大基[20]，庶事草創，襲秦正朔。以北平侯張蒼言，用顓頊曆，比於六曆，疏闊中最為微近。然正朔服色，未覩其真，而朔晦月見，弦望滿虧，多非是。

3 至武帝元封七年，漢興百二歲矣，大中大夫[21]公孫卿、壺遂、太史令[22]司馬遷等言「曆紀壞廢，宜改正朔」。是時御史大夫[23]兒寬明經術，上迺詔寬曰：「與博士共議，今宜何以為正朔？服色何上？」寬與博士賜等議，皆曰：「帝王必改正朔，易服色，所以明受命於天也[24]。創業變改，制不相復。推傳序文，則今夏時也[25]。臣等聞學褊陋，不能明。陛下躬聖發憤，昭配天地[26]，臣愚以為三統之制[27]，後聖復前聖者，二代在前也。今二代之統絕而不序矣，唯陛下發聖德，宣考天地四時之極[28]，則順陰陽以定大明之制[29]，為萬世則[30]。」

4 於是迺詔御史曰：「迺者[31]有司言曆未定，廣延宣問，以考星度，未能讎也[32]。蓋聞古者黃帝合而不死，名察發斂[33]，定清濁[34]，起五部[35]，建氣物分數[36]。然則上矣。書缺樂弛[37]，朕甚難之。依違以惟[38]，未能修明。其以七年為元年。」遂詔卿、遂、遷與侍郎尊、大典星射姓[39]等議造漢曆。迺定東西，立晷儀，下漏刻，以追二十八宿相距於四方。舉終以定朔晦分至，躔離弦望(40)。迺以前曆上元泰初四千六百一十七歲，至於元封七年，復得閼逢攝提格之歲(41)，中冬十一月甲子朔旦冬至，日月在建星，太歲在子(42)，已得太初本星度新正(43)。

姓等奏不能為算(44)，願募治曆者，更造密度，各自增減，以造漢太初曆。迺選治曆鄧平及長樂司馬可(45)、酒泉候宜君、侍郎尊及與民間治曆者，凡二十餘人，方士唐都、巴郡落下閎與焉。都分天部(46)，而閎運算轉曆(47)。其法以律起曆，曰：「律容一龠，積八十一寸，則一日之分也(48)。與長相終，律長九寸，百七十一分而終復。三復而得甲子(49)。夫律陰陽九六，爻象所從出也，故黃鐘紀元氣之謂律。律，法也，莫不取法焉。」與鄧平所治同(50)。於是皆觀新星度、日月行(51)，更以算推，如閎、平法(52)。法，一月之日二十九日八十一分日之四十三。先藉半日，名曰陽曆；不藉，名曰陰曆(53)。所謂陽曆者，先朔月生(54)；陰曆者，朔而後月迺生(55)。平曰：「陽曆朔皆先旦月生，以朝諸侯王群臣便(56)。」迺詔遷用鄧平所造八十一分律曆，罷廢尤疏遠者十七家(57)。復使校曆律昏明(58)，宦者淳于陵渠復覆太初曆晦、朔、弦、望，皆最密(59)，日月如合璧，五星如連珠。陵渠奏狀(60)，遂用鄧平曆，以平為太史丞(61)。

6 後二十七年，元鳳三年，太史令張壽王上書言：「曆者天地之大紀，上帝所為[62]。傳黃帝調律曆[63]，漢元年以來用之。今陰陽不調，宜更曆之過也。」詔下主曆使者鮮于妄人詰問[64]，壽王不服。妄人請與治曆大司農中丞麻光等二十餘人雜候日、月、晦、朔、弦、望、八節、二十四氣，鈞校諸曆用狀[65]。奏可。詔與丞相、御史、大將軍、右將軍史[66]各一人雜候上林清臺[67]，課諸曆疏密，凡十一家。以元鳳三年十一月朔旦冬至，盡五年十二月，各有第[68]。壽王課疏遠。案漢元年不用黃帝調曆，壽王非漢曆，逆天道，非所宜言，大不敬。有詔勿劾。復候，盡六年。太初曆第一，即墨徐萬且、長安徐禹治太初曆亦第一[69]。壽王及待詔[70]李信治黃帝調曆，課皆疏闊，又言黃帝至元鳳三年六千餘歲，丞相屬寶[71]、長安單安國、安陵桮育治終始[72]，言黃帝以來三千六百二十九歲，不與壽王合。壽王又移帝王錄，舜、禹年歲不合人年。壽王言化益[73]為天子代禹，驪山女亦為天子[74]，在殷、周間。皆不合經術。壽王曆迺太史官殷曆也。壽王猥曰安得五家曆[75]，又妄言太初曆虧四分日之三[76]，去小餘七百五分，以故陰陽不調，謂之亂世。劾壽王吏八百石，古之大夫[77]，服儒衣，誦不祥之辭，作妖言欲亂制度，不道。奏可。壽王候課，比三年下，終不服。再劾死，更赦勿劾，遂不更言。誹謗益甚，竟以下吏。故曆本之驗在於天⑱，自漢曆⑲初起，盡元鳳六年，三十六歲，而是非堅定。

7 至孝成世，劉向總六曆⑳，列是非，作五紀論。向子歆究其微眇，作三統曆及譜以說春秋㉑，推法密要，故述焉㉒。

【章旨】以上為曆議的第一部分，論述曆法的起源和發展歷史。

【注釋】❶曆數之起上矣　曆數，推算歲時節候順序的方法。上，早；久遠。❷南正重司天二句　語出《史記・曆書》：「乃命南正重司天以屬神，命火正黎司地以屬民。」更為完整的說法出自《國語・楚語》觀射父對昭王問曰：「顓頊受之，乃命南正重司天以屬神，命火正黎司地以屬民，使復舊常，無相侵瀆，是謂絕地天通。」何謂南正？何謂火正？何謂司天？何謂司地？何謂「絕地天通」？人們自有不同的解釋。說明人們對這句話含義的理解尚不明確。《國語・鄭語》有「黎為高辛氏火正。」《史記・楚世家》有「重黎為帝嚳高辛氏火正。」所以在高辛氏、高陽氏時代，當設有名為火正的天文官。關於南正一名，多有不同的說法。有人以為，重所對應的，為南為天為神，均為陽性，與其相對應，黎所對應的，為地為民，為陰性，僅火正之火不對應，故火正當為北正之誤。又有人主張南正為木正，木正、火正，均為五正之一。筆者以為，南正北正之說，似與上古將一歲分為陰陽兩個半年有關，將一歲分為上下半年，即是所述「絕地天通」。陽為天為春夏，陰為地為秋冬。重黎又有一人或兩人不同的說法，若分為兩人時，又有重司天、黎司地的說法。司天，負責白天觀測太陽的方位定季節。司地，負責夜晚觀測星星的方位定季節。正如《國語》引觀射父所言，所謂「重實上天，黎實下地」、「屬神」、「屬民」、「絕地天通」等語，當為司馬氏「寵神其祖以取威於民」的用語。❸二官　指司天、司地的官職。❹閏餘乖次　閏餘，一回歸年設十二個陰曆月餘下的日數。乖次，錯亂超過一個星次。❺孟陬殄滅　孟陬，對應於娵訾星次，即農曆正月。即閏月設置錯亂之後，作為歲首的正月，也就不成其為正月了。❻攝提失方　古代以攝提星指示時節，言攝提星也失去了指示季節的作用。❼欽若昊天　順從廣大的天。❽允釐百官　適當治理百種職事。❾天之曆數在爾躬　按照天象治理曆法的責任就落在你的身上了。❿大法九章　即《尚書・洪範》所述九疇：五行、五事、八政、五紀、皇極、三德、稽疑、庶政、五福六極。⓫五紀明曆法　九章大法中的五紀，就是修明曆法。五紀，指歲、月、日、星、辰。⓬創業改制　殷代和周代，都開創王業，改革制度。⓭咸正曆紀　都修正曆法的綱紀。綱紀，指曆元、歲首等曆法的基本大綱。⓮服色從之　新王朝所倡導的貴重吉利服色，也要隨著改朝換代而改變。⓯三代既沒二句　三代，夏商周三代。五伯，春秋時的齊桓公、晉文公、秦穆公、宋襄公、楚莊王。⓰有黃帝句　即所謂古六曆，流傳於漢武帝太初改曆以前。⓱遑暇　閒暇。⓲五勝　戰國末期鄒衍等人倡導五行相生：木生火、火生土、土生金、金生水、水生木，和五行相勝理論：木勝土、土勝水、水勝火、火勝金、金勝木。終而復始，循環往復，並構造出五德終始的歷史循環論體系。⓳而自以為三句　根據五行與五色的對應理論，秦以十月為歲首，十月為冬季，對應於水，水對應的顏色為黑色，故秦尚黑。⓴綱紀大基　規劃基本制度。綱紀為動詞，言漢興之時，剛剛處於規劃基本制度的草創階段。㉑大中大夫　即太中大夫，官名。掌議論，備顧問，屬於郎中令（光祿勳）。㉒太史令　官名。主管記載史事、編寫史書，兼管古代典籍、天文曆法，屬太常。㉓御史大夫　官名。掌管監察、執法，兼管重要文書圖籍。西漢時丞相缺位，往往由御史大夫遞補，故有副丞相之稱。它與丞相、太尉（大司馬）合稱三公。㉔所以明受命於天也　新帝即位，就應該要改革正朔，變換服色，這才表明帝王是得到天帝任命的。㉕推傳序文二句　推究論述經典要旨的文章，現今當用夏時。夏時，指夏代的曆法，實即用夏正即寅正。㉖昭配天地　英明比得上天地。㉗三統之制　董仲舒等人提出了歷史循環理論，認為天道終而復始，夏朝以建寅之月為正月，稱為人統（黑統），商朝以建丑之月為正月，稱為地統（白統），周朝以建子之月為正月，稱為天統（赤統）。漢朝繼承周朝興起（他們認為秦歷時太短，算不上一個正統王朝），應當循環至人統，故改正朔，宜用夏曆，色尚黑。㉘宣考天地四時之極　研究陰陽和四時的極點。㉙順陰陽以定大明之制　順著陰陽二氣的變化，用以確定太陽、月亮運行位置的制度。大明，指太陽、月亮這兩個最明亮的天體。㉚為萬世則　為萬世的法則。㉛迺者　從前；往日。㉜廣延宣問三句　廣泛招攬人才，公開徵求意見，未能得到相應的結果。讎，相當。㉝名察發斂　命令考察各個節氣太陽運行的行度和日期。名，通「命」。使。發斂，太陽往返運動。太陽沿黃道運動時，向南方移動為發，向北方運動為斂。㉞定清濁　聲音有清音和濁音，無論五音還是十二律，都有由濁到清的變化過程。㉟起五部　起動五行。五行即一歲中的五季，木主春，火主夏，土主季夏，金主秋，水主冬。㊱建氣物分數　建立節氣和物候在時間和空間上的界限。古代將一歲分為二十四節氣，又將五天定為一候，一歲七十二候，三候為一氣。㊲書缺樂弛　缺少記載典章制度的典籍，樂律制度也被廢弛了。㊳依違以惟　猶豫不決地思考。㊴大典星射姓　大典星，為執掌觀測星象的官名。典，執掌。射姓，姓射。由此可以看出，元封年間的改曆活動共分為兩個階段，第一階段實際由司馬遷和射姓負責。觀天象、定節候，都是由射姓觀測確定的。㊵舉終以定朔晦分至二句　設立確定歲終的時刻，也即確定冬至時刻，用以確定日躔冬夏至春秋分的季節和月離晦、朔、弦、望的日期和時刻。㊶復得閼逢攝提格之歲　司馬遷、落下閎和大典星射姓等編定的新曆載在《史記・曆書》，名曰《甲寅元曆》，或曰《曆術甲子篇》。閼逢攝提格，即甲寅歲。新曆將元封七年即太初元年定名為甲寅歲，與前後干支紀年不合，故未被人們所採用。以上所謂「四千六百一十七歲」「復得」云云，乃借用《三統曆》一元之數，沒有實際意義。《曆術甲子篇》用的是古四分曆。㊷日月在建星二句　古曆以冬至點為曆元，該曆以建星為冬至點，故曰日月在建星。建星在斗宿的東北，太初以前曾作為二十八宿之一使用過。中國在使用干支紀年之前，曾使用歲星或太歲紀年。假設太歲與歲星反向運行，每年自東向西行一個星次，對應於十二辰。這裡所說的太歲在子，是說依據《顓頊曆》太歲紀年法此年正逢子歲。子為十二辰之首，位在北方，適於作為曆元的要求。曹相成《漢書今注》說「子為寅的誤字」，此說不確。㊸已得太初本星度新正　已得到太初新曆法的曆元，也即新的正朔。《曆術甲子篇》以冬至所在月為正月，即子正。㊹姓等奏不能為算　射姓等上奏書說已編定的新曆不能如此便算數。即直接參加測天工作的主要骨幹射姓等都認為新編出的曆法不理想。㊺長樂司馬可　長樂宮的侍衛司馬可。長樂宮在漢長安城的東南部，常為太后的住所。㊻都分天部　唐都測算劃分二十八宿的距度。㊼閎運算轉曆　落下閎運轉渾天儀，觀測天象的分布和運行，推算曆法。㊽一日之分也　將黃鐘律管的容積八十一立方寸作為一天的日分數。㊾與長相終四句　將一日的分數八十一與律管之長九寸相加，得一百七十一分，它的九倍一千五百三十九，便是《三統曆》一統的循環歲數。經過三次循環，其冬至朔日又重新回復到甲子這一天。㊿律四句　音律，就是法則，其他事物無不效法它，所以這個數值與鄧平所治曆法的數值相同。是說宇宙間萬物的規律是相通的。(51)皆觀新星度日月行　都重新觀測太陽、月亮和行星的新行度和數據。(52)更以算推二句　再用落下閎和鄧平的曆法加以推算。(53)先藉半日四句　西漢以前有借半日法的陰曆和陽曆之分。每個朔望月為二九・五三日有餘。曆元起第一個月二十九天半有餘，若按陰曆計，為二十九天；若按陽曆計，則再加半日，為三十日有餘，即曆元之第一個月為大月。以後計算大小月均按加半日計算，稱之為曆法計算中的借半日法。對西漢太初以後保留至今的曆日干支紀錄進行驗算，《太初曆》沒有使用借半日法。但其之前的《顓頊曆》則使用了借半日法。(54)陽曆者二句　實行了陽曆，那麼，朔日就將在合朔之前的一天。(55)陰曆者二句　如果用陰曆，朔日就一定在合朔發生之日。(56)陽曆朔皆先旦月生二句　如果用陽曆，朔日就發生在合朔之前，以便為諸侯王和大臣的朝拜和祭祀活動提供方便。(57)罷廢尤疏遠者十七家　罷廢了參與競爭使用新曆的十七家。以上已述說到參與治曆活動的有二十餘人，可見當時參與改曆活動競爭之激烈。(58)使校曆律昏明　命令校對驗證新曆的失誤和準確。(59)宦者二句　宦者，閹官。覆，審查。是說經過宦官淳于陵渠審核以後，得到參與競爭新曆中的《太初曆》，在晦、朔、弦、望的時刻都最為精密。(60)陵渠奏狀　依據淳于陵渠所奏的情況。(61)以平為太史丞　用鄧平為太史丞。太史丞為太史令的副職。鄧平因曆法精良得到行用而立功，被封為太史丞。(62)上帝所為　有兩解，一是說曆法為天神所為，一般的凡人是不能創製的。二是說上古帝王所為。但即使是天神所為，也得通過聖人之手才能辦成。故可理解為上古聖王所為。(63)黃帝調律曆　黃帝制訂、協調音律和曆法。(64)詔下主曆使者鮮于妄人詰問　皇帝特派主管曆法的使臣責問。通常由侍御史擔任。鮮于妄人是使臣的姓名。(65)鈞校諸曆用狀　普遍地測驗各種曆法的精密狀況。(66)右將軍史　漢代武官之職，大將軍為最高職位。下設前、後、左、右將軍。右將軍史為右將軍的屬吏，類似於祕書職務。(67)上林清臺　上林苑中的觀象臺。上林苑，為西漢放養禽獸以供皇家遊獵、祭祀之用。(68)各有第　諸曆各有疏密的等級。(69)即墨徐萬且句　這句話的含義是，皇家官辦機構太史院按《太初曆》推算的結果，與流傳於社會上的推算結果，可能有微小的差別。這便是以上記載的兩家《太初曆》。(70)待詔　含義為等待詔見、詔聘。漢代以學術、方技應皇家徵詔，留在官府，尚未獲得官位的人。(71)丞相屬寶　丞相的屬員名為寶的人。(72)治終始　治理研究諸王在位的起訖年代。(73)化益　伯益。化為伯字之誤。(74)驪山女亦為天子　驪山女，即驪山老母，道教傳說中的仙女。(75)猥曰安得五家曆　狡辯說哪有五家曆。五家曆，古六曆中除《黃帝曆》以外的五種曆法。(76)太初曆虧四分日之三　《太初曆》曆元的冬至時刻，比《殷曆》早四分之三日。這是太初改曆時測定的。張壽王只承認《黃帝曆》正確，故言《太初曆》虧四分之三日。(77)劾壽王吏八百石二句　彈劾張壽王享受國家俸祿八百石的等級，相當於古代的大夫。(78)曆本之驗在於天　曆法精密與否的根本驗證在於天象。(79)漢曆　此指《太初曆》。(80)總六曆　總合研究六種曆法。六曆，即上引六種古代曆法。(81)向子歆究其微眇二句　究其微眇，研究曆法中的微妙。以說春秋，用以解說《春秋》所載曆日與其曆譜相合的情況。(82)故述焉　所以引述刊載如下。顏師古曰：「自此以下，皆班氏所述劉歆之說也。」

【語　譯】曆法的起源，那已經是很久遠的事了。相傳顓頊指派南正重掌管太陽星象之事，指派火正黎掌管地理物候之事，從此建立起天文曆法方面系統的知識和秩序。但以後三苗擾亂了秩序，這兩個官職也就荒廢了，因而閏月不合星次，正月的太陽不在娵訾星次，指示季節的攝提星，也就失去了正確的方向。到了帝堯在位的時候，又重新培育重、黎的後代，使他們再次執掌固有的事業，所以《尚書》說：「於是，任命羲、和，恭敬地按照上天的規律，觀察日月星辰等各種天象的運動變化，慎重地向人民報告季節和月日的更替。」「每年共計三百六十六天，用設置閏月的辦法來確定四季，而成為一年的變化，再確當地治理安排好百官職事，各項功業也就完美了。」堯老了退位之時便傳給帝舜說：「你虞舜啊，上天授予制定曆法的重要責任，以後就要落在你的身上了。」「後來，舜也把這個責任囑託給了夏禹。」到了周代，武王訪問箕子，箕子向武王陳述九章大法，其中五紀章就是修明曆法。所以，從商周以來，都是創建王業，改定制度，修訂曆法大綱，車馬祭牲的顏色，也就跟著改變，以便應順時代的潮流，符合天命變化的規律。三代已經滅亡了，到了五伯稱霸的末期，曆法衰敗到史官記載史事不載明月日的程度。這時，曆法專家的子弟也都流落分散到各地，或在諸侯國內，或在夷狄之邦謀生，他們所制作記載的曆法，共有《黃帝》、《顓頊》、《夏》、《殷》、《周》及《魯》六種。進入戰國時代，社會動盪不安，秦國兼併天下六國，沒有空閒時間顧及曆法之事，也相信社會上流行的五行相勝的說法，自以為秦獲得了水德的祥兆，便以夏正十月為正月，崇尚黑色。

2 漢朝興起，剛剛規劃基本的規章制度，百事都處於草創階段，曆法尚未來得及深入考慮，還只是沿用了秦朝的曆法和歲首。用北平侯張蒼的意見，頒行《顓頊曆》，與當時的六種曆法相比較，在粗疏簡略之中是最為接近真實天象的。然而，它所使用的歲首、朔日和衣服的顏色，都未能考察得真切，所以，在朔日、晦日之時就能見到新月的出現，所推定的弦日、望日和盈虧現象都不正確。

3 到了武帝元封七年，漢朝興起已經有了一百零二年了，太中大夫公孫卿、壺遂和太史令司馬遷等人說「曆法的綱紀壞廢了，應當修訂曆法」。當時，御史大夫兒寬懂得儒家經典和學術，皇帝便召見兒寬，對他說：「你去與博士們共同商量，當用何種曆法？當以何種服色為貴？」兒寬與博士賜等人商量以後，都說：「帝皇接位以後，都必須修改曆法，更換衣服的顏色，依此表明他的帝位是受命於天的。創建王業，改革制度，不相重複。我們推究闡述經典的文章說法，那麼如今當使用夏代的曆法制度。我們學問淺陋，不能明白。陛下您聖明，奮發追求真理，英明比得上天地，我們愚蠢地認為，三統循環的曆法制度是可行的，後代的聖人繼承前代聖人的事業，有二代在前面可以參照。如今商、周二代的道統絕滅失傳了，陛下您應當發揚聖德，研究、觀測、考查陰陽四時的變化規律，適應陰陽的變化，用以制定依靠太陽、月亮運動規律的曆法制度，作為萬世的楷模。」

4 於是，皇帝便命令御史大夫說：「以往，主管的官員說曆法還沒有確定，應當廣泛地招集人才，公開地徵求意見，考查觀測天體的位置和運動規律，但是沒有得出明確的結論。我聽說古代黃帝製作曆法，終而復始，無窮無盡，又派人觀測太陽的南北移動規律，考定樂律的清濁，配合五行的轉移，建立確定節氣、物候界限的分數。然而，以往的事距今久遠了。現今圖書和紀錄缺乏，樂律的制度廢弛，我對此感到很為難。反覆思考，都沒有能夠弄明白。可以以元封七年為元年，改定新曆。」於是，便命令公孫卿、壺遂、司馬遷和侍郎尊、大典星射姓等人，商議制定漢曆。確定觀測場所以後，便確定準確的東西方向，製作設立日晷等儀器，又設置了漏刻記時，以便於觀測記載二十八宿運行到四方的時刻。測定冬至的時刻，用以確定太陽的行程和二分二至的時刻，測定月亮的位置，用以確定月亮的行程和晦朔弦望的時刻。便以舊曆以前的四千六百一十七歲，到元封七年，又回到甲子年，該年的十一月朔日的早晨，正逢甲子日冬至合朔之時，這時太陽、月亮正運行到建星的位置，太歲在子位，於是，這個時刻便得到太初新曆的曆元和歲首。

5 射姓等人向皇帝報告說，這個新制定的曆法還不能作為國家頒行的曆法，希望徵召更多的曆法專家，再次制定更精良的曆法，各自增加或減少一些數據，用以製造正式的《太初曆》。便選擇治曆人鄧平，長樂宮的官員司馬可，酒泉候宜君，侍郎尊和其他來自民間的治曆人二十餘人，方士唐都和巴郡落下閎也都參加了。唐都分判二十八宿的入宿度和去極度數，落下閎則推算曆法。這部曆法的法則，是以樂律的數據決定曆法的數據，他說：「律管的容量等於一龠，為八十一立方寸，這個數據，就是曆法中一天的分數。這個分數與長度相配合，律管長九寸，與八十一分相加得一百七十一分。它的九倍一千五百三十九年，冬至合朔時刻又回到同一天的同一時刻而循環，經過三次循環而又回到甲子日。那陽律黃鐘律管長九寸，陰律林鐘律管長六寸，這是陽爻稱九、陰爻稱六的起源，所以黃鐘統領元氣，叫作律。律是法則的意思，其他事物沒有不從它取法的。」這種方法，與鄧平所說的相同。於是，觀測太陽、月亮和行星的位置，再憑藉算法推算它們的行度，所採用的就是落下閎和鄧平的方法。他們的方法是，一個月的日數為二十九又八十一分之四十三日。安排一個月的日數只能用整數，實際定大小月時有兩種方法：先借半日，這個月就為大月三十天，名為陽曆；不借，除去朔望月中的餘數，這個月就為小月二十九天，名為陰曆。所謂陽曆，其第二個月的新月將在朔日前就產生了；而陰曆的新月將在合朔以後才會產生。鄧平說：「陽曆的新月在朔日的傍晚就可以看到了，這樣可以為諸侯大臣們朔日的聚會提供方便。」於是下令太史令司馬遷，決定行用鄧平所造的八十一分律曆，廢止其餘十七家更疏遠的曆法。又派使者校對新曆法的失誤和正確的狀況，宦官淳于陵渠向皇帝回奏校驗的結果說，《太初曆》的晦、朔、弦、望都最為精密，曆元那一天，太陽、月亮就像雙璧重合，五大行星就如成串的明珠相連在一起。有了淳于陵渠的這個奏狀，就決定採用鄧平的曆法，以鄧平為太史丞。

6 以後經過了二十七年，到了元鳳三年，太史令張壽王向皇帝報告說：「曆法是天上地下的大的綱紀，是上帝所創造的。所傳黃帝調律曆，自漢代元年以來就使用它。如今陰陽氣候不調，當是改革曆法出現了錯誤所致。」皇帝下詔書，派主持曆法的官員鮮于妄人向張壽王責問，張壽王不服從認錯。於是鮮于妄人便請求與對曆法有研究的大司農中丞麻光等二十餘人，校測太陽的八節、二十四節氣的時刻，月亮的晦、朔、弦、望時刻，並與其他諸曆相比較。這個請求得到了批准。詔書要丞相、御史、大將軍、右將軍史各一人，與他們都到上林苑的清臺進行測驗各曆的疏密狀況，參與比較的共有十一家。從元鳳三年十一月朔旦冬至起，到元鳳五年十二月，所測各種曆法的精密程度各有不同的等級。壽王的曆法最為粗疏。經過考查，漢朝建國以來並未用過黃帝《調曆》，張壽王誹謗漢朝的曆法，違反天道，這些話都不是他所應該說的，因此犯了大不敬的罪名。有詔下令免於追究刑事責任。以後又繼續測驗到元鳳六年年底。得出結論為：《太初曆》最為精密，即墨人徐萬且、長安人徐禹所編撰的《太初曆》也為第一。張壽王和待詔李信所編撰的黃帝《調曆》，測驗結果都很粗疏，張壽王又說，黃帝至元鳳三年六千餘歲，而丞相屬寶、長安單安國、安陵人桮育研究諸王在位的起訖年代，都說黃帝以來三千六百二十九年，不與壽王所說歲數相合。壽王又引《帝王錄》，言舜、禹歲數，但不合常人的名數。張壽王又說伯益曾代禹為天子執政，驪山女也曾做過天子，他們都是殷周之間的人。這些說法都不符合經文和傳文，都屬胡言亂語。張壽王所用的曆法，據研究，實際是太史官所編的《殷曆》。張壽王又胡說哪裡有五家曆，又說《太初曆》少掉四分之三日，去掉小餘七百零五分，所以才形成陰陽不調的時代，可以稱之為亂世。這些言論再次遭到人們的上書彈劾，指出張壽王身為八百石等級的官員，相當於古代的大夫，他穿著儒生的服裝，嘴裡說出的卻是不吉祥的話語，製造妖言，想要搞亂國家的制度，這是違反正理的。皇帝批准了這個奏章。再次測驗張壽王的曆法，經三年的比測結果，仍然評為下等，但張壽王還是不服罪。人們再次彈劾他犯有死罪，皇帝再次赦免了他，人們以後就不再多說話了。但是張壽王對漢曆的誹謗更加變本加厲，最後終於被捕下獄，懲治了他的罪行。所以說曆法精密與否，驗在天象，自從《太初曆》頒行起至元鳳六年，共歷三十六年，最後才鞏固了它的地位。

7 到了成帝時代，劉向總合研究了太初以前的六種曆法，評論它們的是非，撰寫了《五紀論》。劉向的兒子劉歆研究了《太初曆》的奧妙，撰寫了《三統曆》和《三統曆譜》，用以解說《春秋》，他的推算嚴密概括，所以把它記述下來。

1 夫曆春秋者❶，天時也，列人事而因以天時❷。傳曰❸：「民受天地之中以生❹，所謂命也。是故有禮誼動作威儀之則以定命也❺，能者養以之福，不能者敗以取禍❻。」故列十二公二百四十二年之事，以陰陽之中制其禮。故春為陽中，萬物以生；秋為陰中，萬物以成。是以事舉其中，禮取其和，曆數以閏正天地之中❼，以作事厚生❽，皆所以定命也。易金火相革之卦曰：「湯、武革命，順乎天而應乎人❾。」又曰：「治曆明時❿。」所以和人道⓫也。

2 周道既衰，幽王既喪，天子不能班朔⑫，魯曆不正，以閏餘一之歲為蔀首⑬。故春秋刺「十一月乙亥朔，日有食之」。於是辰在申，而司曆以為在建戌，史書建亥⑭。哀十二年，亦以建申流火之月為建亥，而怪蟄蟲之不伏也⑮。自文公閏月不告朔⑯，至此百有餘年，莫能正曆數。故子貢欲去其餼羊⑰，孔子愛其禮，而著其法於春秋。經曰：「冬十月朔，日有食之。」傳曰：「不書日⑱，官失之也。天子有日官⑲，諸侯有日御⑳，日官居卿以底日㉑，禮也。日御不失日以授百官於朝，言告朔也。」元典曆始曰元㉒。傳曰：「元，善之長也。」㉓共養三德為善㉔。又曰：「元，體之長也㉕。」合三體而為之原㉖，故曰元。於春三月，每月書王，元之三統也。三統合於一元，故因元一而九三之以為法㉗，十一三之以為實㉘。實如法得一㉙。黃鐘初九，律之首，陽之變也㉚。因而六之，以九為法，得林鐘初六，呂之首，陰之變也㉛。皆參天兩地之法㉜也。上生六而倍之，下生六而損之，皆以九為法㉝。九六陰陽，夫婦、子母之道也㉞。律娶妻而呂生子，天地之情也㉟。六律六呂，而十二辰立矣。五聲清濁，而十日行矣㊱。傳曰「天六地五」，數之常也。天有六氣，降生五味。夫五六者，天地之中合，而民所受以生也。故日有六甲，辰有五子㊲，十一而天地之道畢，言終而復始。太極中央元氣，故為黃鍾。其實一龠，以其長自乘，故八十一為日法，所以生權衡、度量，禮樂之所繇出也。經元一以統始，易太極之首也。春秋二以目歲(38)，易兩儀(39)之中也。於春每月書王，易三極(40)之統也。於四時雖亡事必書時月，易四象(41)之節也。時月以建分、至、啟、閉(42)之分，易八卦之位也。象事成敗，易吉凶之效也。朝聘會盟，易大業之本也。故易與春秋，天人之道也。傳曰：「龜，象也；筮，數也。物生而後有象，象而後有滋，滋而後有數。」(43)

3 是故元始有象一也(44)，春秋二也，三統三也，四時四也，合而為十(45)，成五體(46)。以五乘十，大衍之數也，而道據其一(47)，其餘四十九，所當用也，故著以為數(48)。以象兩兩之，又以象三三之，又以象四四之，又歸奇象閏十九及所據一加之，因以再扐兩之，是為月法之實(49)。如日法得一，則一月之日數也。而三辰之會交矣(50)，是以能生吉凶。故易曰：「天一地二，天三地四，天五地六，天七地八，天九地十。天數五，地數五，五位相得而各有合。天數二十有五，地數三十，凡天地之數五十有五，此所以成變化而行鬼神也(51)。」并終數為十九，易窮則變，故為閏法(52)。參天九，兩地十，是為會數(53)。參天數二十五，兩地數三十，是為朔、望之會(54)。以會數乘之，則周於朔旦冬至，是為會月(55)。九會而復元，黃鐘初九之數也[56]。經於四時，雖亡事必書時月。時所以紀啟、閉也，月所以紀分、至也。啟、閉者，節也；分、至者，中也[57]。節不必在其月，故時中必在正數之月[58]。故傳曰：「先王之正時也，履端於始，舉正於中，歸餘於終。履端於始，序則不愆；舉正於中，民則不惑；歸餘於終，事則不誖。」[59]此聖王之重閏也。以五位乘會數[60]，而朔旦冬至，是為章月。四分月法，以其一乘章月，是為中法[61]。參閏法為周至，以乘月法，以減中法而約之，則七扐之數，為一月之閏法，其餘七分。此中朔相求之術也[62]。朔不得中，是謂閏月，言陰陽雖交，不得中不生。故日法乘閏法，是為統歲[63]。三統，是為元歲。元歲之閏，陰陽災，三統閏法[64]。

4 易九戹曰：「初入元，百六，陽九；次三百七十四，陰九；次四百八十，陽九；次七百二十，陰七；次七百二十，陽七；次六百，陰五；次六百，陽五；次四百八十，陰三；次四百八十，陽三。凡四千六百一十七歲，與一元終。經歲四千五百六十，災歲五十七。」[65]是以春秋曰：「舉正於中。」又曰：「閏月不告朔，非禮也。閏以正時，時以作事，事以厚生，生民之道於是乎在矣。不告閏朔，棄時正也，何以為民？」[66]故善[67]僖：「五年春王正月辛亥朔，日南至，公既視朔[68]，遂登觀臺[69]以望，而書，禮也。凡分、至、啟、閉，必書雲物[70]，為備[71]故也。」至昭二十年二月己丑，日南至，失閏，至在非其月[72]，梓慎望氛氣而弗正，不履端於始也，故傳不曰冬至，而曰日南至[73]。極於牽牛之初[74]，日中之時景最長，以此知其南至也。斗綱之端連貫營室，織女之紀指牽牛之初，以紀日月，故曰星紀[75]。五星起其初，日月起其中[76]，凡十二次[77]。日至其初為節，至其中[78]。斗建下為十二辰，視其建而知其次[79]。故曰：「制禮上物[80]，不過十二，天之大數也。」

經曰：「春，王正月。」傳曰：周正月[81]「火出，於夏為三月，商為四月，周為五月[82]。夏數得天」。得四時之正也[83]。三代各據一統，明三統常合，而迭為首，登降三統之首，周還五行之道也[84]。故三五相包而生[85]。天統之正，始施於子半，日萌色赤。地統受之於丑初，日肇化而黃，至丑半，日牙化而白。人統受之於寅初，日孽成而黑，至寅半，日生成而青[86]。天施復於子，地化自丑畢於辰，人生自寅成於申[87]。故曆數三統，天以甲子，地以甲辰，人以甲申。孟、仲、季迭用事為統首[88]。三微之統[89]既著，而五行自青始，其序亦如之[90]。五行與三統相錯。傳曰：「天有三辰[91]，地有五行。」然則三統五星可知也。易曰：「參五以變，錯綜其數。通其變，遂成天下之文；極其數，遂定天下之象。」[92]太極運三辰五星於上，而元氣轉三統五行於下。其於人，皇極統三德五事[93]，故三辰之合於三統也，日合於天統，月合於地統，斗合於人統。五星之合於五行，水合於辰星，火合於熒惑，金合於太白，木合於歲星，土合於填星。三辰五星而相經緯也。

6 天以一生水，地以二生火，天以三生木，地以四生金，天以五生土[94]。五勝相乘，以生小周，以乘乾、坤之策，而成大周[95]。陰陽比類，交錯相成，故九六之變登降於六體[96]。三微而成著，三著而成象，二象十有八變而成卦，四營而成易，為七十二，參三統兩四時相乘之數也[97]。參之則得乾之策，兩之則得坤之策[98]。以陽九九之，為六百四十八；以陰六六之，為四百三十二，凡一千八十，陰陽各一卦之微算策也[99]。八之，為八千六百四十，而八卦小成。引而信之[100]，又八之，為六萬九千一百二十，天地再之，為十三萬八千二百四十，然後大成[101]，五星會終[102]。觸類而長之[103]，以乘章歲，為二百六十二萬六千五百六十，而與日月會[104]。三會為七百八十七萬九千六百八十，而與三統會。三統二千三百六十三萬九千四十，而復於太極上元[105]。九章歲而六之為法，太極上元為實，實如法得一，陰陽各萬一千五百二十[106]，當萬物氣體之數，天下之能事畢矣[107]。

【章　旨】以上為曆議的第二部分，論述曆法中一些基本數據的來歷，以及與音樂、爻象的關係等。

【注　釋】❶曆春秋者　以歲時月日記載《春秋》的道理。❷列人事而因以天時　記載人事而依託於天時。❸傳曰　指《左傳・成公十三年》。❹民受天地之中以生　陰陽和合，為生命的本源，故曰人受到天地中和之氣而生。❺有禮誼動作威儀之則以定命也　有行動的禮義和威儀的規範，由此決定一個人的命運。即用以決定他的壽夭禍福。❻能者養以之福二句　有才能的人就可以培養禮義威儀來得到幸福，沒有才能的人就會敗壞禮義威儀而招致禍患。❼曆數以閏正天地之中　曆法用設置閏月的辦法，來調整陰氣和陽氣使其適中，即用設置閏月的辦法來調整季節。❽作事厚生　用勤勞致富的辦法，來充裕人民的生活。❾湯武革命二句　湯武變革天命，是順應天意和人意的。革命即改朝換代。❿治曆明時　編定曆法，闡明歲時日月的變化。⓫人道　人們的各種活動和做人的道理。⓬天子不能班朔　古代帝王每年冬季前，都要把明年十二個月的朔日和每月將進行的政務、農業生產活動頒布出來，將在全國，也包括各諸侯國內遵照執行。不能班朔即各諸侯國都不聽從其頒布的正朔，各行其事。班，通「頒」。⓭魯曆不正二句　《四分曆》以十九年為一章，四章七十六年為一蔀，二十蔀一千五百二十年為一紀，三紀四千五百六十年為一元。經過一章，冬至日與朔日又回到同一天，但不在同一時刻；經過一蔀，冬至時刻與合朔時刻相遇於同日的同一時刻，但並不在前一蔀的干支日；經過一紀，則連同干支日名也相同。歲名干支復原名為元。一般的曆法都設蔀首閏餘為〇，魯曆的蔀首卻有閏餘一，所以說魯曆不正。其實，一部曆法的精密與否，並不在曆元時有無閏餘，而在於天體的位置和基本天文數據是否測定得準確。故《後漢書・律曆志》說：「歲首，至也；月首，朔也；至朔同日謂之章；同在日首謂之蔀；蔀終六旬謂之紀，歲朔又復謂之元。」⓮故春秋五句　所以，《春秋左傳》批評說，「十一月乙亥朔，日有食之」這條記載，該月斗建在申（周曆九月），而主管曆法的官員認為在建戌（周曆十月），史書記載則在建亥（周曆十二月）。故《春秋左傳》說：「司曆過也，再失閏矣。」即日食本當發生在周曆申月（九月），現記為十一月，失閏兩次。⓯哀十二年三句　《春秋經・哀公十二年》記載了十二月蟄蟲不伏。《春秋左傳》引載仲尼曰：「丘聞之，火伏而後蟄者畢，今火猶西流，司曆過也。」是說火流之月當為建申之月，而史書則載為建亥之月，人們只奇怪到了周曆十二月了，蟄蟲為什麼還不蟄伏，而沒有懷疑到曆法的失閏，這應該是兩次失閏的過失。⓰告朔　帝王於朔日在明堂或太廟舉行祭祀、報告朔日並公布本月當處理的政事。⓱餼羊　供祭祀用的活羊。⓲不書日　不記載日期干支。⓳日官　主管曆法的官員。⓴日御　頒布和執行曆書的官員。㉑日官居卿以底日　日官處於可以與六卿相當的位置而平準曆法。底日，平準曆法。底，定也。㉒元典曆

始曰元　最初標誌曆法起點的稱為元。㉓傳曰三句　《易・乾・文言傳》曰：「元德主施生，是最高的善行。」㉔共養三德為善　共養，培育；供養。三德，指天道、地道、人道。是說供養化育萬物的功能為善行。㉕元二句　元，是人體的最高部位，即頭。㉖合三體而為之原　將頭、手、足三體合起來稱為根本和主體。㉗因元一而九三之以為法　把一作為基數，用九個三去連乘，得數為一萬九千六百八十三，作為除數。㉘十一三之以為實　以一為基數，用十一個三去連乘，得數十七萬七千一百四十七，作為被除數。㉙實如法得一　被除數等於除數，得數為一。㉚黃鐘初九三句　用上述法數去除實數即得九，合乎黃鐘之數，為六律之首，初九又為陽數變化的起點。㉛因而六之五句　將九乘以六，得五十四，再將九為法相除，便得到六，合於林鐘之數。林鐘為六呂之首，陰數變化的起點。㉜參天兩地之法　天數三，三三得九，合乎黃鐘；地數二，二三得六，合乎林鐘。㉝上生六而倍之三句　黃鐘下生，以九為基數，乘以六，除以九，便得林鐘六；林鐘上升，以六為基數，乘以六，再乘以二，除以九，便得太族八。黃鐘、林鐘、太族這些數據，都是從九為始求得的。㉞九六陰陽二句　初九、初六等，陰律陽律相生，是夫妻母子的關係。㉟律娶妻而呂生子二句　陽律下生陰律，為夫婦關係，即是所謂律娶妻；陰律上生陽律，為母子關係，即是所謂呂生子。這是天地的本性。㊱六律六呂四句　六陽律和六陰律對應於十二辰，其相應關係如以上所述。五聲配十日，其對應關係為：戊己宮、庚辛商、甲乙角、丙丁徵、壬癸羽。㊲天六地五九句　即下文所曰六甲五子，為六十干支中的十一個干支。天干為陽數，故六甲為六天干，地支為陰數，故五子為五地數。天六的六甲為：甲子、甲戌、甲申、甲午、甲辰、甲寅；地五的五子為甲子、丙子、戊子、庚子、壬子。㊳春秋二以目歲　將春秋二季看作一歲。目，稱為；看作。㊴兩儀　指天和地。㊵三極　指天、地、人的準則。㊶四象　《周易》中的四個部分，對應於四季，也對應於星空中的黃道帶的四個動物星象。㊷分至啟閉　指節氣中的八個主要節氣，分為春分、秋分；至為冬至、夏至；啟為立春、立夏；閉為立秋、立冬。㊸傳曰八句　《左傳》說：「用龜甲占卜，吉凶顯示在兆象上；用蓍草占卜，吉凶顯示在數目上。動物出長以後才會有形象，有了形體以後才會增加新的個體，新個體增加了才會有數目的觀念。」語出僖公十五年韓簡言。龜卜，用火燒龜甲顯示裂紋預示吉凶；筮卜，據揲蓍餘數的奇偶，來決定陰爻還是陽爻。㊹元始有象一也　宇宙間元始的形象是一片混沌的統一體。㊺合而為十　指以上一、二、三、四的四個數加起來為十。㊻成五體　指以上一、二、三、四、十的五個數。㊼道據其一　用蓍草占卜時，先從五十根蓍草中取出一根，這一根就代表道。㊽故蓍以為數　所以，筮卜時以四十九為所用之數。㊾以象兩兩之六句　以春秋二季的二去乘它（指四十九），再用三統的三去乘它，再以四季的四去乘它，再將設置閏月的週期十九，和象徵道的一加上去，再用二次扐蓍的二去乘它，得數就是月法的實。用朔日法（八十一）去除它，得數便是一個朔望月的日數。歸奇象閏，標誌設置閏月的週期。再扐，揲蓍的第二步是把四十九根蓍草分為兩束，每四根一數，然後將剩餘的蓍草分別挾在手指中間，叫作扐。用算式表示如下：$(49\times2\times3\times4+49+1)\times2\div81=2392\div81=29\frac{43}{81}$。(50)三辰之會交矣　日、月、星三辰的運行相交會。(51)天一地二十二句　引文出自《易・繫辭上》。自一至十的十個數中，單數為天數，雙數為地數，五個天數相加得二十五，五個地數相加得三十，合計為五十五。五位相得而各有合，五行之位，按如下方式配合：甲乾乙坤，相得合木；丙艮丁兌，相得合火；戊坎己離，相得合土；庚震辛巽，相得合金；天壬地癸，相得合水。行鬼神，鬼神的行動，要憑藉陰陽奇偶的配合和變化。(52)并終數為十九三句　將天數和地數的終數九和十合併為十九，這就是《周易》所說的事物發展到窮盡就要產生變化，所以定為閏法。(53)參天九三句　以三乘天數九，以二乘地數十，相加得會數。$3\times9+2\times10=47$。(54)參天數二十五三句　三乘天數和二十五，兩乘地數和三十，相加得一百三十五個月，這便是日月交會的小週期。即以一百三十五個月有二十三次交食的週期。(55)以會數乘之三句　以會數四十九乘朔望之會一百三十五，得六千三百四十五個月，這便是日月交會的大週期。周於朔旦冬至，經過這個大週期，即五百一十三年的循環之後，冬至又回到合朔之日，沒有餘分。這個週期，即為二十七章。(56)九會而復元二句　以會月的年數五百一十三乘以九，便得四千六百一十七歲，這便是《三統曆》一元的歲數，曆日天象又回復到原處。九這個數，便是黃鐘初九之數。(57)啟閉者四句　立春、立夏、立秋、立冬為節氣，春分、秋分、冬至、夏至為中氣。(58)節不必在其月二句　節氣對應於月首，它可以在本月或前一個月中變動，故不一定在這個月內，而中氣對應於月中，它一定在這個月之內。(59)傳曰十一句　語見《左傳・文公元年》。是說春秋以前的先王在制訂曆法時，先將三辰的運行和月日時的起點歸於同一時刻，這樣時序就不會發生錯誤；將中氣歸在所在月的中間，這樣人民就不會感到迷惑；將閏月置於歲終，這樣辦起事來就不會發生悖亂。(60)五位乘會數　以五乘會數四十七，便得一章之月數二百三十五。(61)四分月法三句　用四除以月法二千三百九十二，再乘章月二百三十五，便得中法十四萬零五百三十。(62)參閏法為周至七句　以周至五十七，乘月法二千三百九十二，得十三萬六千三百四十四，其與中法十四萬零五百三十相減，得四千一百八十六，除以月法二千三百九十二，再除以四，得數為七，為筮占中的七扐之數，為一歲之閏餘十九分之一，或一月之閏餘二百二十八分之七。參閏法為周至，以三乘閏法十九，得五十七，稱為冬至合朔為同一日的週期。此中朔相求之術也，這就是中氣和合朔互相推求的方法。(63)日法乘閏法二句　日法八十一乘以閏法十九，得一千五百三十九，這便是一統的歲數。(64)元歲之閏三句　一元週期中，出現陰陽水旱災害的年數，等於三倍於閏周之數五十七年。(65)易九戹曰二十四句　引自《易緯・九戹讖》。九戹，是一元中九個階段的水旱災害週期。合計為四千五百六十歲，共有災害五十七次。(66)是以春秋十

二句　此處引文出自《春秋左氏傳・文公五年》。何以為民，怎能治理人民。(67)善　稱讚。(68)視朔　親臨觀臺舉行告朔儀式。(69)觀臺　瞭望臺。(70)書雲物　記載觀察雲氣物色，為占卜作好準備。(71)為備　為預防災害作準備。(72)至在非其月　《左傳》載昭公二十年二月日南至，而周代使用周正，冬至當在正月，故曰「至在非其月」，即冬至不在其月。(73)梓慎望氛氣而弗正四句　梓慎只觀望雲氣，沒有調整閏月。正是由於不合於履端於始的法則，使冬至出現在二月，所以，史書只寫日南至，而不寫冬至。(74)極於牽牛之初　太陽運行到牽牛之初度這個極點，這時日中的日影最長。(75)斗綱之端四句　斗宿、牛宿、織女在星紀宮。星象綱要的一端連著營室，織女星的標記指向牽牛之初，從這裡開始記載日月星的運行，所以這個星次稱為星紀。(76)五星起其初二句　五星運行的起點，始於星紀初度，太陽、月亮運行的起點，始於星紀的中點。(77)凡十二次　五星和日月在黃道上運行的途中共分為十二個星次。(78)日至其初為節二句　太陽運行到十二次的初界為節氣，到十二次的中點為中氣。此處漏掉「為中」二字，當補上。(79)斗建下為十二辰二句　每個月傍晚時北斗斗柄下指的方向，將其定名為十二辰，稱為斗建。這樣，只需在傍晚時觀看斗柄指示的方位，就可以知道該月太陽所在的星次。(80)制禮上物　制訂禮節的制度，上供獻出犧牲。這是周代的禮制，當周王舉行儀式時，集體宴享諸侯，禮牲用十二牢（牛、羊、豬一套稱為一牢）。(81)經曰五句　《春秋經》記載說「春，王正月」。《春秋傳》解釋說，「是周王的正月」。與下文的火出某月，沒有文法上的聯繫。(82)火出四句　大火星傍晚時從東方出現，對於夏正在三月，對於殷正為四月，對於周正為五月。語出《左傳・昭公十七年》。(83)夏數得天二句　夏正符合天文氣象季節的變化，得到四季正常的位置。前句是引用《左傳》的記載，後句為劉歆對經文的解釋。(84)三代各據一統五句　夏商周三代各為一統，即夏為夏統，殷為殷統，周為周統。表明三統是一致的。它們相繼更迭作為歲首，升降作為三統的首位，循環輪流作為五行的道理。(85)三五相包而生　三正和五行循環孕育而生。(86)天統之正十一句　是說天統的曆元為夜半子正，地統的曆元為丑初雞鳴，人統的曆元在寅初黎明。(87)天施復三句　天統的作用就在子月完成，地統的作用是從丑月化育至辰月完成，人統生自寅月而完成於申月。(88)故曆數三統五句　所以，三統曆天統以甲子為首，地統以甲辰為首，人統以甲申為首。孟、仲、季三統相繼為統首。故甲子為孟統，甲辰為仲統，甲申為季統。(89)三微之統　夏商周三正之時在冬季，這時萬物潛藏，微而不著，故三正又稱三微。(90)五行自青始二句　五行自木始，對應於春季，為青色，它的順序也依次對應於夏火紅色，季夏土黃色，秋金白色，冬水黑色。(91)三辰　日月星稱之為三辰。(92)易曰七句　三辰和五行發生運動變化，其數字就複雜了。貫通這些變化，就成為天上星象的紋理，地上萬物的形象。(93)皇極統三德五事　古代帝皇所標榜的施行政教的最高準則為統率三德五事。三德為正直、剛克、柔克。五事為貌、言、視、聽、思。(94)天以一生水五句　以上為《河圖》之文。95五勝相乘四句　五星的小週期和大週期之數，符合五勝相乘，得小週，及小週與〈乾〉、〈坤〉之策數相乘，得大週之規律。五星之名木火土金水，與五勝之名木勝土，土勝水，水勝火，火勝金，金勝木相對應。〈乾卦〉六陽爻，為二百一十六策，〈坤卦〉六陰爻，為一百四十四策。96九六之變登降於六體　陽九與陰六的變化，而升降於六體之間。六體，指每卦中六爻的位置：初九、九二、九三、九四、九五、上九。97三微而成著六句　三微之數與三著之數相乘，再與陰陽二爻之數相乘，得到十八變而成卦，再與四營之數相乘而得七十二，它相當於以三乘三統之數，再與二倍的四時之數相乘的結果。二象，指陰爻、陽爻。十有八變，一爻有三變，一卦六爻，凡十八變。四營而易成，指揲蓍的全部過程要經過四次。這些都是附會之詞。98參之則得乾之策二句　七十二的三倍，得二百一十六，為〈乾〉之策；七十二的兩倍，得一百四十四，為〈坤〉之策。99以陽九六句　以七十二乘陽數九，得到六百四十八；以陰六數乘七十二，得到四百三十二，合計為一千零八十，為陰陽各一卦的微算之策數。100引而信之　引而申之。101又八之五句　將陰陽各一卦的微算之策數一千零八十，乘八為八卦的小成，再乘八乘二，為十三萬八千二百四十，為大成之數。102五星會終　為五星聚會於同一天區的週期。103觸類而長之　用類似的方法推之。104以乘章歲三句　將大成之數十三萬八千二百四十與章歲十九乘，得二百六十二萬六千五百六十。為五星與日月聚會之歲數。105太極上元　經過三會、三統二千三百六十三萬九千零四十年的大週期之後，日月五星都回復到日月如合璧五星如連珠的同一天。這是七曜運動和曆法週期理想的起點，稱為太極上元。106九章歲四句　九乘十九再乘六，為除數一千零二十六，以二千三百六十三萬九千零四十為被除數，得一萬一千五百二十。107萬物氣體之數二句　為有形之氣和無形之氣的萬物之數，天下一切現象都包括了。

【語　譯】《春秋》這本書，以歲時月日為綱，記載史事的道理，在於尊重天時，它逐條記載人事而依託於天時。《左傳》說：「人類稟受天地的中和之氣而出生，這就是所謂性命。因此，要有行動的禮義，威儀的規範來決定性命的發展，有才能的人培養禮義、威儀，從而贏得幸福，無才能的人則敗壞禮義、威儀，因而招致禍患。」所以，《春秋》條記十二公二百四十二年的事跡，根據陰陽的中庸之道來制定禮法。所以，春季處於陽氣的中期，萬物賴以生長；秋季處於陰氣的中期，萬物賴以成熟。因此，事理標舉中正，禮法採取平和，曆法用設置閏月的辦法來調整陽氣和陰氣的正常狀態，以便於農業生產，充裕人民的生活，這些都是用以決定性命發展的道理。所以，《易經》金火互動的卦文說：「商湯王和周武王的變革天命，是順應了天心人意的。」

又說：「研究編製曆法，用來展示歲時日月的更替。」這些都是用來協和人道的。

2 到了周道衰落、幽王被殺之後，天子已經不能正確地頒布正朔。魯國的曆法也不處於正位，以閏餘一分之歲作為蔀首。所以，《春秋左傳・襄公二十七年》批評說「十一月乙亥朔，日有食之，辰在申，司曆過也，再失閏矣」。日食發生之時，太陽、月亮在申位，但曆官報告說在十一月，即在建戌之月，而史官的記載《春秋經》卻在十二月，即建亥之月。又如哀公十二年《春秋經》以建申大火星還在西流的月分即七月為建亥即九月，從而對亥月蟄蟲為什麼還不蟄伏感到奇怪。自從文公閏月不舉行告朔的儀式，到這時已有一百多年，沒有人能夠訂正曆法。所以子貢想要廢除以活羊舉行告朔儀式，孔子則主張維持原有的禮節，因而在《春秋》裡注明了這個原則。《春秋・桓公十七年》記載說：「冬十月朔，日有食之。」《左傳》解釋說：「沒有書寫日期，是由於曆官失去了日期。天子設立了日官，諸侯則設立了日御，日官位列於大臣的地位來平準曆法，這是合於禮制的。日御則應當在朝廷上向百官宣布該日的日期，也就是所謂告朔的儀式。」標誌曆法的最初起始點叫作曆元。《易傳》說：「元德主施生，是最高的善行。」培育涵養天地人化育萬物的功能叫作善行。又說：「元，是身體的最高部位。」結合身軀和手足三體而成為根本，所以叫做元。在春季的三個月中，都表明王正月、王二月、王三月，這就表明，曆就是天地人三統。三統合成一元，所以把一元作為基數，再用九個三去連乘它，將得數作為除數，又把一作為基數，再用十一個三去連乘它，得數為被除數。被除數等於除數就為一。商數為九，合於黃鐘和初九爻象之數，黃鐘律管即初九爻象之數，是樂律的首位，是陽爻變化的起點。因而用六去乘九，再用九去除它，得數便是林鐘律管的長度和初六爻象，居於六呂的首位，是陰爻變化的起點。都合於天數三、地數二的三倍的法則。陰律上升陽律，數的法則是先用六乘，再用二乘，然後用九去除；陽律下生陰律，其數的法則是先用六乘，然後用九去除。陽九、陰六，陰律、陽律相生，是夫妻母子的關係。陽律娶妻，陰呂生子，是天地的本性。六律、六呂配套，從而產生了十二辰位的變化。五聲各分清濁，因而產生了十日的交替。古書解釋說「天六地五」，是常用的數目。天上有六氣，降生地上的五味。五和六兩個數，是天地的中合之數，是人類稟受而產生的。所以天干有六甲，地支有五子，經由十一次配合，便完成了天干地支的配合一周，終而復始的循環變化。由太極中央元氣，定為黃鐘樂律。它的容量是一龠，以黃鐘管長自乘，得到八十一為日法，這是產生權衡、度量、禮樂的依據。《春秋》用元年來統率一個時期的開始，這就是《周易》所謂的太極起始。用春秋兩季來概括一年，這就是《周易》所謂陰陽二氣的中期。在春季的每月，都標明王某月，這就是《周易》所謂天地人的統緒。在四季的第一個月，即使無事可記，也一定要標明季節和月分，這就是《易經》所謂四季的節度。用月分來標明分至啟閉八節的界限，這就是《周易》所謂八卦的位置。指明事情的成功和失敗，這就是《周易》所謂吉祥凶煞的應驗。朝見、聘問、集會、訂盟，這就是《周易》所謂偉大事業的基礎。所以，《周易》和《春秋》這兩本書，配合了天道與人道。《左傳》說：「用龜甲占卜，吉凶憑兆象；用蓍草占卜，吉凶憑數目。動物和植物出生以後才會有形象，有了形象以後才會增加繁衍新的個體，個體增加了，才會有數目的觀念。」

3 因此，宇宙的元始形象為一片混沌無法分辨的元氣，故稱之為一，春秋兩季是二，天地人三統是三，四季是四，相加起來為十，有了一、二、三、四、十這五個數。用五去乘十，就是推演卦爻的大數五十，其中的一象徵著道，其餘四十九就是所要使用的數目，所以蓍草就以這個數加以占卜。用春秋二季的二去乘它，再用三統的三去乘它，再用四季的四去乘它，再將標誌閏週週期的十九和象徵道的一加上去，又以再次扐蓍的二去乘它，得數就是月法的實數。用日法八十一去除，就可以得到一個月的日數。太陽、月亮和五星相交會，便能產生吉凶。所以《周易》說：「天數一、地數二，天數三、地數四，天數五、地數六，天數七、地數八，天數九、地數十。天數有五個，地數有五個，五位相得的天地數各有配合。五個天數加起來為二十五，五個地數加起來得三十，總計天地之數為五十五，它就是可以用來構成天地萬物的千變萬化，而讓鬼神顯示威靈。」天地兩個最終數相加為十九，為《周易》所述事物發展到窮盡就要發生變化，所以這個數就為閏週。以三乘天數九，用二乘地數十，相加為四十七，這便是會數。用三乘天數的和數二十五，用二乘地數的和數三十，相加得一百三十五，這便是朔望之會的週期。以會數與其相乘，便是朔旦冬至相會的週期六千三百四十五，這就是日月交會的大週期。這個週期循環九次，為五萬七千一百零五個月，合四千六百一十七年，回到了元首，完成了一元的循環，九會，就是黃鐘初九之數。《春秋》每遇四季，即使無事可記，也一定要表明季節月分。立春、立夏二啟和立秋、立冬二閉表明四季，春分、秋分二分和冬至、夏至二至表明月分。所以，啟閉是節氣，分至是中氣。節氣可不在那個月裡，但中氣必須要在其所對應的月內。所以《左傳》說：「先王在推算曆法的時候，將年月日時和各種天體的運行都聚集於元始時刻，將中氣放在它所對應的月中，將餘分歸併到一年的歲末，積滿閏分便在歲末設置一個閏月。將推算的起點設立在元始的起點，時序就不會失誤；將中氣固定於月中，人民就不會感到迷惑；將閏餘歸在歲終，辦事就不會發生悖亂。」這是古代聖王所以重視正確設置閏月的道理。用五去乘會數，得數為二百三十五月，朔旦冬至又回到同一天中，這個月數稱之為章月。用四去除月法二千三百九十二，得數乘以章月便得到中法十四萬零五百三十。用三去乘閏法，得五十七稱為周至，用以乘月法，將中法減去此數，得數為四千一百八十六，將它均分為七扐，就是七扐之數五百九十八，這便是一個月的閏法，餘數為七分。這就是中氣與合朔互相推求的方法。合朔之後的月中，如果沒有中氣，那麼這個月就是閏月，其含義是：陰陽雖然發生了交合，但得不到中和之氣就不能產生新事物。所以日法乘閏法，便是一統的年數一千五百三十九。統歲的三倍，就是一元的年數四千六百一十七。一元之中出現水旱災害的年數，相當於三倍閏法。

4 《易緯・九戹讖》說：「剛進入新元，第一階段，一百零六年，有旱災九年；第二階段，三百七十四年，水災九年；第三階段，四百八十年，旱災九年；第四階段，七百二十年，水災七年；第五階段，七百二十年，旱災七年；第六階段，六百年，水災五年；第七階段，六百年，旱災五年；第八階段，四百八十年，水災三年；第九階段，四百八十年，旱災三年。總共四千六百一十七年，隨著一元結束。有平常年景四千五百六十年，災年五十七年。」因此，《左傳》說：「將中氣置於對應月的中間。」又說：「閏月不舉行告朔典禮，是不符合禮法的。設置閏月調正季節，按季節從事農業生產，發展生產來充裕人民的生活，造福人民的方針政策就全在這裡了。閏月不舉行告朔典禮，就是廢棄了時節和歲首，這樣憑什麼去管理人民呢？」所以，《左傳》稱讚魯僖公說：「五年春季，周王正月辛亥朔，日南至，僖公親自參加告朔典禮，並登上瞭望臺觀察，史官作了記載，是合於禮法的。凡是遇到兩分兩至和四立這些節氣，一定要觀察記錄雲氣和物色，為占卜預防災害作準備。」到了昭公二十年二月己丑，日南至，漏掉了設置閏月，冬至不在它所在的月分，梓慎觀察雲氣時發現了曆法不正常，沒有從曆元時就安排好運動的起點，所以《左傳》不說冬至，而說日南至。太陽到達最南端的地方在牽牛星初度，這個日期中午時太陽的影子最長，由此可知太陽到了最南方。斗宿的前端連著營室星座，織女的位置指向了牽牛初度，星空中這個方位用以記載月分和日期，所以稱為星紀星次。這時，五大行星位於星紀星次的初度，太陽月亮則位於星次的中點，整個黃道帶共有十二個星次，對應於太陽運動的一年十二個月。太陽運動到星次的起點時稱為節氣，運動到中點為中氣。斗建下指的方向形成十二辰，只需觀看斗建的指向，就可以知道該月是什麼星次了。所以說：「禮制規定宴享禮牲不過十二牢，這是天象的大數。」

5 《春秋》說：「春季，周王正月。」《左傳》說：周曆正月「大火星傍晚在東方初見之時，對於夏正來說是三月，對於殷正為四月，對於周正為五月。夏正得到天時」。這是說夏時得到四季的正確方位。夏、商、周三代，各自占有一統，表明三統是一致的，它們輪流居於首位，三統的首位輪流升降，合於五行循環的道理。所以，三統循環孕育而生長。天統每天的起始時間，開始於子時夜半，太陽初升時為紅色。地統每天起始的時間，開始於丑時初刻，太陽化育時為黃色，至丑正時轉變成白色。人統每天起始的時間，開始於寅初，太陽滋萌時為黑色，至寅正時太陽生成而為青色。天統起始於子位，地統化育於丑位而成熟於辰位，人統產生於寅位而成熟於申位。所以，曆數的三統元首，天統用甲子，地統用甲辰，人統用甲申。這樣，孟、仲、季便更迭輪流作為三統的曆首。三個隱微的統就這樣顯著了，五行的交替，也是從青色開始，它的季節順序也相同。五行與三統就是這樣相互配合的。古書說：「天上有日月星三辰，地上則有五行的變化。」所以，三統與五星也就可以知道了。《周易》說：「或三或五進行變化，數與數互相配合，促成變化，交錯綜合奇偶各數。貫通這些變化，就構成天地的紋理；窮究這些數目，就能界定萬物的形象。」太極在天上運轉三辰五星，元氣則在地下轉三統五行。對於人類社會，皇極統率三德五事，所以三辰與三統相配合，太陽合於天統，月亮合於地統，北斗星合於人統。對於五星與五行相合之事，水合於辰星，火合於熒惑，金合於太白，木合於歲星，土合於填星。三辰與五星是上下相配合的。

6　天數一產生水，地數二產生火，天數三產生木，地數四產生金，天數五產生土。五大行星根據五行相勝之數相乘，可以得出運行的小週期，它與〈乾卦〉、〈坤卦〉的策數二百一十六和一百四十四相乘，可以得出運行的大週期。天地〈乾〉、〈坤〉配合，交錯相乘就成為大週。所以，爻象陽九陰六的變化升降於六位。三倍於微小的東西（候）而成為顯著的東西（氣），三倍於顯著的東西便成為象（節）。象就相當於爻，陰陽二爻經過十八變而構成一卦，用揲蓍占卜，經過四步而構成爻象，得數為七十二，這個數目，等於三倍三統與兩倍四季相乘之積。它的三倍便得到〈乾卦〉的策數，它的二倍便是〈坤卦〉的策數。用陽爻九這個數，去乘七十二，得六百四十八；以陰爻六這個數，去乘七十二，得四百三十二，共計為一千零八十，這就是〈乾〉、〈坤〉各一卦的微算的策數。用八去乘一千零八十，得數為八千六百四十，八卦的推演便初步完成。將它加以引申，再用八去乘八千六百四十，得六萬九千一百二十，再用天地兩儀的二去乘，為十三萬八千二百四十，這樣，八卦的推演得到大成，五星也完成了會合的終點。推而廣之，用十三萬八千二百四十去乘章數十九，得二百六十二萬六千五百六十年，五星又與太陽月亮相會合。三次會合，經過七百八十八萬九千六百八十年，才會合於統首。經過三統，二千三百六十三萬九千零四十年，才回復到太極上元。九倍章數，再用六去乘，便得到一千零二十六，將其除以太極上元之數，便得到陰數、陽數各一萬一千五百二十。它相當於有形和無形萬物的總數目，天下一切現象也都包括在內了。

卷二十一下

律曆志第一下

統母❶

2 日法八十一。元始黃鐘初九自乘，一龠之數，得日法❷。

3 閏法十九，因為章歲。合天地終數，得閏法❸。

4 統法千五百三十九。以閏法乘日法，得統法❹。

5 元法四千六百一十七。參統法，得元法❺。

6 會數四十七。參天九，兩地十，得會數❻。

7 章月二百三十五。五位乘會數，得章月❼。

8 月法二千三百九十二。推大衍象，得月法❽。

9 通法五百九十八。四分月法，得通法❾。

10 中法十四萬五百三十。以章月乘通法，得中法❿。

11 周天五十六萬二千一百二十。以章月乘月法，得周天⓫。

12 歲中十二。以三統乘四時，得歲中⓬。

13 月周二百五十四。以章月加閏法，得月周⓭。

14 朔望之會百三十五。參天數二十五，兩地數三十，得朔望之會⓮。

15 會月六千三百四十五。以會數乘朔望之會，得會月⓯。

16 統月萬九千三十五。參會月，得統月⓰。

17 元月五萬七千一百五。參統月，得元月⓱。

18 章中二百二十八。以閏法乘歲中，得章中⓲。

19 統中萬八千四百六十八。以日法乘章中，得統中⓳。

20 元中五萬五千四百四。參統中，得元中⓴。

21 策餘八千八十。什乘元中，以減周天，得策餘㉑。

22 周至五十七。參閏法，得周至㉒。

【章旨】以上記載統母。統母即《三統曆》的母數，主要是指推算太陽、月亮運動位置以及年月日時的一些基本數據。

【注　釋】❶統母　即三統術的母數，主要是指推算太陽、月亮運動位置以及年月日時的一些基本數據。❷日法　一日的時間單位，定為八十一分。《三統曆》的一分，相當於現今的一七・七分鐘。古代曆法中又有朔日法和氣日法之別。《三統曆》以一個朔望月為$29\frac{43}{81}$日，故這個八十一分又稱為朔日法。而一歲的日數$=12\frac{7}{19}$月$=365\frac{385}{1539}$日，這個分母1539即為氣日法。❸合天地終數二句　合天地終數，等於天地終數九、十之和。閏法，即閏周，中國古代曆法，在南齊改用《大明曆》以前，一直使用十九年七閏的閏周。❹統法　一統的歲數。由於要求一統之後的合朔冬至又回到同一時刻，沒有零數，故以閏法乘日法得統法。❺參統法二句　為了使冬至合朔之日的干支也回到同一干支，所以，需要將一統歲數乘以三，稱之為三統為一元。❻會數　日月交會的分數，也是日月交會的大週期與小週期的倍數：$6345\div135=47$。❼章月　一章的總月數。一章十九年中，有總月數為：$12\times19+7=235$。其中七為一章中的閏月數。❽月法　一個月的分數$29\frac{43}{81}=\frac{2392}{81}$，其分子2392稱為月。❾通法　即弦法。一個朔望月分為四弦：合朔至上弦、上弦至滿月、滿月至下弦、下弦至合朔。故四分月法為通法。❿中法　章月乘通法得中法，為一章歲中總月分的四分之一。⓫周天　天球大圓的總分數。太陽在黃道上運行一周為$355\frac{385}{1539}$日，相當於太陽運行一周所經過的圓周長$365\frac{385}{1539}$度。它的總分數為562120。⓬歲中　一歲的中氣數。⓭月周　在一章歲期間，月亮運行的周數。⓮朔望之會　日月交會的週期。一百三十五月中，發生日月食二十三次。⓯會月　日月交會的大週期。六千三百四十五月（五百一十三年）發生交會一千零八十一次。即$47\times135=6345$。⓰統月　一統的月數。⓱元月　一元的月數。⓲章中　一章的中氣數。⓳統中　一統的中氣數。⓴元中　一元的中氣數。㉑什乘元中三句　此處的什字即十。策餘，即一歲中三百六十日剩下的餘分。由於一〈乾卦〉和〈坤卦〉合計為三百六十策，故藉以為名。㉒周至　冬至合朔相會的大週期五十七歲。

【語　譯】統術的母數：

2　日法：八十一分，為一日所包含的分數。它是由元始黃鐘律管的長度初九自乘而得，也等於容量體積一龠的數目，日法就是這樣得到的。

3 閏法：十九，稱為一章中的歲數。它是由天數九和地數十相加而得。

4 統法：一千五百三十九。用閏法十九乘以日法八十一，就得到統法。

5 元法：四千六百一十七。三倍統法，就是元法。

6 會數：四十七。將三倍天數與兩倍地數相加，就得到日月交會一周的歲數。

7 章月：一章的月數為二百三十五。用方位五乘會數四十七，得到章月數。

8 月法：一個月的總分數二千三百九十二。從推演《周易》揲蓍成卦的過程得到月法。

9 通法：五百九十八。它也稱為弦法，由一個月的總分數的四分之一而得。

10 中法：十四萬零五百三十。用章月二百三十五乘通法五百九十八，便得到一元中的中氣總數。

11 周天：五十六萬二千一百二十。用章月二百三十五乘月法二千三百九十二，得天球大圓的總分數，它等於一歲的總日分。

12 歲中：十二。用三統乘四季，得到一歲的中氣數。

13 月周：二百五十四。將章月二百三十五，加上閏法十九，便得到一章歲中月亮運行的周數。

14 朔望之會：一百三十五。天數之和二十五的三倍，加上地數之和三十的兩倍，便得到日月交會的週期一百三十五月中有二十三交。

15 會月：六千三百四十五。一個交會的大週期月數六千三百四十五月，發生交會一千零八十一次。

16 統月：一萬九千零三十五。為三倍會月之數。

17 元月：五萬七千一百零五。為三倍統月之數。

18 章中：二百二十八。用閏法十九乘歲中十二，得一章的中氣數。

19 統中：一萬八千四百六十八。日法八十一乘章中二百二十八，得一統的中氣數。

20 元中：五萬五千四百零四。三倍的統中，得元中。

21 策餘：八千零八十。從周天五十六萬二千一百二十，減去十倍元中五萬五千四百零四，得一歲中三百六十日剩下的餘分。

22 周至：五十七。三倍閏法，得到冬至合朔相會的大週期五十七。

紀母❶

2 木金相乘為十二，是為歲星小周。小周乘坤策，為千七百二十八，是為歲星歲數❷。

3 見中分二萬七千三百三十六❸。

4 積中十三，中餘百五十七❹。

5 見中法千五百八十三。見數也❺。

6 見閏分萬二千九十六❻。

7 積月十三，月餘萬五千七十九❼。

8 見月法三萬七十七❽。

9 見中日法七百三十萬八千七百一十一❾。

10 見月日法二百四十三萬六千二百三十七❿。

11 金火相乘為八，又以火乘之為十六而小復。小復乘乾策，為三千四百五十六，是為太白歲數[11]。

12 見中分四萬一千四百七十二[12]。

13 積中十九，中餘四百一十三[13]。

14 見中法二千一百六十一[14]。復數。

15 見閏分二萬四千一百九十二[15]。

16 積月十九，月餘三萬二千三十九[16]。

17 見月法四萬一千五十九[17]。

18 晨中分二萬三千三百二十八[18]。

19 積中十，中餘千七百一十八[19]。

20 夕中分萬八千一百四十四[20]。

21 積中八，中餘八百五十六[21]。

22 晨閏分萬三千六百八[22]。

23 積月十一，月餘五千一百九十一[23]。

24 夕閏分萬五百八十四[24]。

25 積月八，月餘二萬六千八百四十八[25]。

26 見中日法九百九十七萬七千三百三十七㉖。

27 見月日法三百三十二萬五千七百七十九㉗。

28 土木相乘而合經緯為三十，是為鎮星小周。小周乘坤策，為四千三百二十，是為鎮星歲數㉘。

29 見中分五萬一千八百四十㉙。

30 積中十二，中餘千七百四十㉚。

31 見中法四千一百七十五。見數也㉛。

32 見閏分三萬二百四十㉜。

33 積月十二，月餘六萬三千三百㉝。

34 見月法七萬九千三百二十五㉞。

35 見中日法千九百二十七萬五千九百七十五㉟。

36 見月日法六百四十二萬五千三百二十五㊱。

37 火經特成，故二歲而過初㊲，三十二過初為六十四歲而小周㊳。小周乘乾策，則太陽大周，為萬三千八百二十四歲，是為熒惑歲數㊴。

38 見中分十六萬五千八百八十八㊵。

39 積中二十五，中餘四千一百六十三[41]。

40 見中法六千四百六十九。見數也[42]。

41 見閏分九萬六千七百六十八[43]。

42 積月二十六，月餘五萬二千九百五十四[44]。

43 見月法十二萬二千九百一十一[45]。

44 見中日法二千九百八十六萬七千三百七十三[46]。

45 見月日法九百九十五萬五千七百九十一[47]。

46 水經特成，故一歲而及初，六十四及初而小復[48]。小復乘坤策，則太陰大周，為九千二百一十六歲，是為辰星歲數[49]。

47 見中分十一萬五百九十二[50]。

48 積中三，中餘二萬三千四百六十九[51]。

49 見中法二萬九千四十一。復數也[52]。

50 見閏分六萬四千五百一十二[53]。

51 積月三，月餘五十一萬四百二十三[54]。

52 見月法五十五萬一千七百七十九[55]。

53 晨中分六萬二千二百八[56]。

54 積中二，中餘四千一百二十六[57]。

55 夕中分四萬八千三百八十四[58]。

56 積中一，中餘萬九千三百四十三[59]。

57 晨閏分三萬六千二百八十八[60]。

58 積月二，月餘十一萬四千六百八十二[61]。

59 夕閏分二萬八千二百二十四[62]。

60 積月一，月餘三十九萬五千七百四十一[63]。

61 見中日法一億三千四百八萬二千二百九十七[64]。

62 見月日法四千四百六十九萬四千九十九[65]。

63 合太陰太陽之歲數而中分之，各萬一千五百二十[66]。陽施其氣，陰成其物。

64 以星行率減歲數，餘則見數也[67]。

65 東九西七乘歲數，并九七為法，得一，金、水晨夕歲數[68]。

66 以歲中乘歲數，是為星見中分[69]。

67 星見數[70]，是為見中法。

68 以歲閏乘歲數，是為星見閏分[71]。

69 以章歲[72]乘見數，是為見月法。

70 以元法乘見數，是為見中日法[73]。

71 以統法乘見數，是為見月日法[74]。

【章旨】以上記載紀母。紀母即紀術的母數，為計算五星運動的基本數據。

【注釋】❶紀母　紀術的母數，即計算五星運動的基本數據，為《三統曆》法的第二目。紀術是計算五星運動的方法。它的母數，每顆星各有一組，以下按不同行星分別介紹它們的母數。❷木金相乘五句　據《河圖》之數，木三乘金四得十二。為歲星的小週，即木星在恆星間運行一周所需的歲數。〈坤〉策為一百四十四，與小週相乘，得一千七百二十八，為《三統曆》歲星運行的大週期。❸見中分句　木星在一個大週期中經過的中氣數。1728×12=20736。❹積中二句　行星每出現一次所經過的中氣整數，其分數部分稱為中餘。用見中法去除見中分，其整數商稱為積中，餘數稱為中餘。就木星而言，用一千五百八十三去除二萬零七百三十六，得十三又一千五百八十三分之一百五十七，其中十三為積中，一百五十七為中餘。其他行星類推。❺見中法二句　行星在一個大週期中出現的次數，如木星在一千七百二十八年中出現一千五百八十三次。❻見閏分句　某行星在一個大週期中所積累的閏分，以章月減章中乘以歲數而得，如木星的見閏分為：(235−228)×1728=12096。❼積月二句　行星每出現一次所經過的整數月稱為積月，其分數部分稱為月餘。以章中乘歲數，再加見閏分，再除以見月法，其整數商稱為積月，餘數為月餘。對木星而言，以二百二十八乘一千七百二十八，加一萬二千零九十六，得四十萬六千零八十，再除以三萬零七十七，得十三萬又三萬零七十七分之一萬五千零七十九，其中十三為積月，一萬五千零七十九為月餘。❽見月法句　為行星的一個大週期所包含的閏法。以閏法乘見中法而得。19×1583=30077。❾見中日法句　日法乘周至乘見中法得見中日法。81×57×1583=7308711。❿見月日法句　日法乘見月法得見月日法。81×30077=2436237。⓫金火相乘五句　據《河圖》之數，金四火二，故相乘為八。又以火乘之為十六而小復，再以火二相乘為十六，而得到運行十周的小週期（金星的會合週期為十六年行十周）。由於金星或於早晨、或於傍晚各出現一次，故只稱復而不稱見。木乘〈坤〉策、金乘〈乾〉策，木三為陽性，當以陰性坤策一百四十四相配；金四為陰性，當以陽性〈乾〉策二百一十六相配。16×216=3456，為太白歲數，即大週。

⑫見中分句　如歲星法，12×3456=41472。⑬積中二句　如歲星法，$41472\div2161=19\frac{413}{2161}$，故曰積中十九，中餘四百一十三。

⑭見中法句　金星在三千四百五十六年的大週期中，分別於早晚各出現二千一百六十一次。⑮見閏分句　二百三十五減去二百二十八，再乘三千四百五十六，得見閏分二萬四千一百九十二。⑯積月二句　以二百二十八乘三千四百五十六，加二萬四千一百九十二，得八十一萬二千一百六十，再除以四萬一千零五十九，得十九又四萬一千零五十九分之三萬二千零三十九。分別為積月和月餘。⑰見月法句　以十九乘以二千一百六十一，得見月法四萬一千零五十九。⑱晨中分句　因金星的晨見率為十六分之九，故將四萬一千四百七十二乘十六分之九，便得晨中分二萬三千三百二十八。⑲積中二句　此為晨見之積中和中餘。將二萬三千三百二十八，除以二千一百六十一，得十又二千一百六十一分之一千七百一十八，故得十為積中，一千七百一十八為中餘。⑳夕中分句　金星的夕見率為十六分之七，故將四萬一千四百七十二與之相乘而得夕見分一萬八千一百四十四。㉑積中二句　此為夕見之積中和中餘。將夕中分除以見中法，得：$18144\div2161=8\frac{856}{2161}$。故得積中八，中餘八百五十六。

㉒晨閏分句　以十六分之九乘見閏分，得晨閏分：$24192\times\frac{9}{16}=13608$。㉓積月二句　此為晨見的積月和月餘。以章中乘歲數，再乘晨見率，加晨閏分，再除以見月法而得：$(228\times3456\times\frac{9}{16}+13608)\div41059=11\frac{5191}{41059}$，故曰積月十一，月餘五千一百九十一。㉔夕閏分句　金星夕見率為十六分之七，見閏分乘十六分之七而得夕閏分：$24192\times\frac{7}{16}=10584$。㉕積月二句　此為夕見之積月和月餘。以章中乘歲數再乘夕見率，加夕閏分，再除以見月法而得：$(228\times3456\times\frac{7}{16}+10584)\div41059=8\frac{26848}{41059}$。故得積月八，月餘二萬六千八百四十八。㉖見中日法句　同歲星紀母，以八十一乘五十七，再以二千一百六十二減一後相乘，而得見中日法：$81\times57\times(2162-1)=9977337$。㉗見月日法句　以日法八十一，乘以見月法四萬一千零五十九，得見月日法三百三十二萬五千七百七十九。㉘土木相乘五句　按《河圖》陰陽數，木為三、土為五，三與五相乘，又經緯相合而得三十，為土星的小週，即土

星的恆星週期。土星為陽數，對應於陰策，故乘〈坤〉策一百四十四，得四千三百二十，為鎮星的大週期，稱為鎮星歲數。㉙見中分句　將歲數四千三百二十乘以歲中十二，得五萬一千八百四十，為見中分。㉚積中二句　以土星大週的見數四千一百七十五去除五萬一千八百四十，得十二又四千一百七十五分之一千七百四十，故十二為積中，一千七百四十為中餘。㉛見中法二句　土星在四千三百二十年的大週期中，出現四千一百七十五次。稱為見中法，也即見到的次數。㉜見閏分句　以二百三十五月減去二百二十八月，再乘四千三百二十，得見閏分。㉝積月二句　以二百二十八乘四千三百二十，加三萬零二百四十，得一百零一萬五千二百，再除以七萬九千三百二十五，得 $12\frac{63300}{79325}$，故十二為積月，月餘為六萬三千三百。㉞見月法句　十九乘四千一百七十五得見月法七萬九千三百二十五。為土星一個大週期所含閏法。㉟見中日法句　日法八十一乘周至五十七，再乘見數四千一百七十五，得見中日法：$81×57×4175=19275975$。㊱見月日法句　以日法八十一，乘見月法七萬九千三百二十五，得見月日法六百四十二萬五千三百二十五。㊲火經特成二句　火星運行有特點，它繞行一周不到兩年。㊳三十二過初為六十四歲而小周　經過六十四歲繞行三十四周而完成一個小週。㊴小周乘乾策四句　按《河圖》之數，火為二陰性，故求大週用〈乾〉策二百一十六乘小週，得到火星與太陽會合的大週期：$64×216=13824$，稱之為熒惑歲數。㊵見中分句　以歲數乘歲中十二，得見中分十六萬五千八百八十八。㊶積中二句　以六千四百六十九去除見中分十六萬五千八百八十八，得 $165888÷6469=25\frac{4163}{6469}$，故得積中二十五，中餘四千一百六十三。㊷見中法二句　火星在一萬三千八百二十四年的大週期中出現六千四百六十九次。所以也稱見數。㊸見閏分句　火星在大週期中所積累的閏分。$(235-228)×13824=96768$。㊹積月二句　以二百二十八乘一萬三千八百二十四，再加八萬六千七百六十八，再除以十二萬二千九百一十一，得數為二十六又十二萬二千九百一十一分之五萬二千九百五十四：$(228×13824+86768)÷122911=26\frac{42954}{122911}$，故二十六為積月，四萬二千九百五十四為月餘。五萬當為四萬之誤。㊺見月法句　以十九乘六千四百六十九得見月法十二萬二千九百一十一。㊻見中日法句　以八十一乘五十七，再乘六千四百六十九而得見中日法二千九百八十六萬七千三百七十三。㊼見月日法句　以八十一乘十二萬二千九百一十一，得見月日法九百九十五萬五千七百九十一。㊽水經特成三句　水星有特點，繞行一周為一歲，經過六十四歲而完成一個小的週期。因為水星有時晚見西方，有時又晨見東方，故稱復而不稱見。㊾小復乘坤策四句　按《河圖》數，水為一陽，故對應於陰策，以小週乘〈坤〉策一百四十四得九千二百一十六而水星與太陽同位，144×64=9216，故得九千二百一十六歲為水星大週，稱為辰星歲數。㊿見中分句　大週乘歲中十二，得見中分十一萬零五百九十二。51積中二句　以水星大週中早晚各出現的次數二萬九千零四十一，除見中分十一萬零五百九十二，得∴$110592 \div 29041 = 3\frac{23469}{29041}$，故得積中三，中餘二萬三千四百六十九。「二萬三千」，中華本誤為「三萬二千」，今據百衲本改正。52見中法二句　水星在九千二百一十六年的大週期中早晚各出現二萬九千零四十一次，故曰見復數。53見閏分句　以二百三十五減二百二十八，再乘九千二百一十六，得見閏分六萬四千五百一十二。54積月二句　以二百二十八乘九千二百一十六，加六萬四千五百一十二，再除以五十五萬一千七百七十九，得∴$(228 \times 9216 + 64512) \div 551779 = 3\frac{510423}{551779}$，故得積月三，月餘五十一萬零四百二十三。55見月法句　十九乘見中法二萬九千零四十一，得見月法五十五萬一千七百七十九。56晨中分句　以見中分十一萬零五百九十二乘以晨見率十六分之九，得晨中分六萬二千二百零八。57積中二句　此為晨見積中、中餘。以六萬二千二百零八，除以二萬九千零四十一，得∴$62208 \div 29041 = 2\frac{4126}{29041}$，故積中為二，中餘為四千一百二十六。58夕中分句　以十一萬零五百九十二乘夕見率十六分之七而得四萬八千三百八十四。59積中二句　此為夕見積中、中餘。以四萬八千三百八十四，除以二萬九千零四十一而得。60晨閏分句　由見閏分乘晨見率十六分之九而得。61積月二句　此為晨見積月，月餘。以二百二十八乘九千二百一十六，再乘十六分之九，再加三萬六千二百八十八，再除以五十五萬一千七百七十九，得∴$(228 \times 9216 \times \frac{9}{16} + 36288) \div 551779 = 2\frac{114682}{551779}$，故得積月二，月餘十一萬四千六百八十二。62夕閏分句　以六萬四千五百一十二，乘以十六分之七，而得夕閏分二萬八千二百二十四。63積月二句　此為夕見積月和月餘。以二百二十八乘九千二百一十六，乘十六分之七，加二萬八千二百二十四，再除以五十五萬一千七百七十九，得∴$(228 \times 9216 \times \frac{7}{16} + 28224) \div 551779 = 1\frac{395741}{551779}$，故得積月一，月餘三十九萬五千七百四十一。64見中日法句　以八十一乘五十七，再乘二萬九千零四十一而得。65見月日法句　以八十一乘五十五萬一千七百七十九而得。66合太陰太陽二句　太陰歲數，指水星大週九千二百一十六。太陽歲數，指火星大週一萬三千八百二十四。合歲數而中分之，將二星大週相加後平分。即 (9216+13824)÷2=11520。(67)星行率二句　即木星、土星、火星三個外行星的行率（某行星繞天的周數，與太陽繞天周數比式的前項），其數值分別為一百四十五、一百四十五、七千三百五十五。歲數減星行率（太陽繞天周數減去行星繞天周數）的餘數，就是某行星出現的次數。木星：1728−145=1583，土星：4320−145=4175，火星：13824−7355=6469。(68)東九西七乘歲數四句　金星早晨出現或隱伏都在東方，傍晚則在西方，東方的比率為十六分之九，西方為十六分之七。金星的歲數為三千四百五十六，以早晚比率分別相乘，故曰「并九七為法」。$3456\times\frac{9}{16}=1944$，為金星晨歲數；$3456\times\frac{7}{16}=1512$，為金星夕歲數。同例可推得水星晨歲數 5184，夕歲數為 4033。(69)星見中分　即行星的見中分。(70)星見數　為行星出現的次數。(71)以歲閏二句　歲閏即歲閏分指閏月數與閏法比式的前項（七）。星見閏分即行星的見閏分。(72)章歲　其數值為閏法。(73)以元法乘見數二句　這是求見中日法的另一方法。(74)以統法乘見數二句　這是求見月日法的另一種方法。

【語　譯】紀術的母數：

2 木星週期：木數三與金數四相乘，得十二，為木星會合運動的小週期歲數。小週乘〈坤〉策一百四十四，得一千七百二十八年，為木星運動的大週期。

3 見中分：二萬零七百三十六，為木星大週的中氣數。

4 積中：十三，中餘：一百五十七。

5 見中法：一千五百八十三。為木星在一千七百二十八年的大週期中共見到一千五百八十三次，所以又稱為見數。

6 見閏分：一萬二千零九十六。

7 積月：十三，月餘：一萬五千零七十九。

8 見月法：三萬零七十七。

9 見中日法：七百三十萬八千七百一十一。

10 見月日法：二百四十三萬六千二百三十七。

11 金星的週期：金四與火相乘為八，又與火二相乘為十六，為金星會合運動的小週期。將金星會合小週期乘以〈乾〉策二百一十六，得三千四百五十六，得到金星會合的大週期。

12 見中分：四萬一千四百七十二。

13 積中：十九，中餘：四百一十三。

14 見中法：二千一百六十一。由於內行星金星和水星在一周中分別在東方和西方出現一次，故稱復見的次數，簡稱復數。

15 見閏分：二萬四千一百九十二。

16 積月：十九，月餘：三萬二千零三十九。

17 見月法：四萬一千零五十九。

18 晨中分：二萬三千三百二十八。

19 晨積中：十，晨中餘：一千七百一十八。

20 夕中分：一萬八千一百四十四。

21 夕積中：八，夕中餘：八百五十六。

22 晨閏分：一萬三千六百零八。

23 晨積月：十一，晨月餘：五千一百九十一。

24 夕閏分：一萬零五百八十四。

25 夕積月：八，夕月餘：二萬六千八百四十八。

26 見中日法：九百九十七萬七千三百三十七。

27 見月日法：三百三十二萬五千七百七十九。

28 土星週期：土五與木三相乘，再將其經緯相加，得到三十年的土星會合小週期。又將小週期與〈坤〉策之數相乘，為四千三百二十，為土星會合的大週期。

29 見中分：五萬一千八百四十。

30 積中：十二，中餘：一千七百四十。

31 見中法：四千一百七十五。為出現的次數。

32 見閏分：三萬零二百四十。

33 積月：十二，月餘：六萬三千三百。

34 見月法：七萬九千三百二十五。

35 見中日法：一千九百二十七萬五千九百七十五。

36 見月日法：六百四十二萬五千三百二十五。

37 火星週期：火星的運動規律較為特殊，所以經過二年就超過了初始起點，三十二次超過起始點為六十四歲成為小週期。小週期乘〈乾〉策二百一十六，就得到與太陽會合的大週期，為一萬三千八百二十四歲，這就是火星的大週期。

38 見中分：十六萬五千八百八十八。

39 積中：二十五，中餘：四千一百六十三。

40 見中法：六千四百六十九。這就是火星出現的次數。

41 見閏分：九萬六千七百六十八。

42 積月：二十六，月餘：五萬二千九百五十四。

43 見月法：十二萬二千九百一十一。

44 見中日法：二千九百八十六萬七千三百七十三。

45 見月日法：九百九十五萬五千七百九十一。

46 水星週期：水星運動規律特殊，經過一年就回到了初始狀態，六十四次回復就是它小的會合週期。小週期乘〈坤〉策一百四十四，便得到太陰大週期九千二百一十六歲，這便是水星的大週期。

47 見中分：十一萬零五百九十二。

48 積中：三，中餘：二萬三千四百六十九。

49 見中法：二萬九千零四十一。為一個大週期中的見復次數。

50 見閏分：六萬四千五百一十二。

51 積月：三，月餘：五十一萬零四百二十三。

52 見月法：五十五萬一千七百七十九。

53 晨中分：六萬二千二百零八。

54 晨積中：二，晨中餘：四千一百二十六。

55 夕中分：四萬八千三百八十四。

56 夕積中：一，夕中餘：一萬九千三百四十三。

57 晨閏分：三萬六千二百八十八。

58 晨積月：二，晨月餘：十一萬四千六百八十二。

59 夕閏分：二萬八千二百二十四。

60 夕積月：一，夕月餘：三十九萬五千七百四十一。

61 見中日法：一億三千四百八萬二千二百九十七。

62 見月日法：四千四百六十九萬四千零九十九。

63 將金星和水星的大週期相加，再加以平分，各為一萬一千五百二十。其中陽性即太陽布施它的精氣，陰性即太陰育成它的產物。

64 以木星、土星、火星的大週期，分別減去各自的行率，它們的餘數，就是它們各自出現的次數。

65 以金星、水星的大週期數，乘以十六分之九，就是它們早晨出現的大週期；乘以十六分之七，就是它們傍晚出現的大週期。

66 以歲中十二，乘各個行星的大週期，得數就是各行星的見中分。

67 各個行星出現的次數，就是它們的見中法。

68 用歲閏分七，乘以各行星的大週期，便得到各行星的見閏分。

69 用章歲十九，乘各行星的出現次數，便得到各行星的見月法。

70 用元法四千六百一十七，乘各行星的出現次數，便得到各行星的見中日法。

71 用統法一千五百三十九，乘各個行星的出現次數，便得到各行星的見月日法。

五步❶

2 木，晨始見，去日半次❷。順，日行十一分度二，百二十一日❸。始留，二十五日而旋❹。逆，日行七分度一，八十四日。復留，二十四日三分而旋。復順，日行十一分度二，百一十一日有百八十二萬八千三百六十五分而伏❺。凡見三百六十五日有百八十二萬八千三百六十二分，除逆，定行星三十度百六十六萬一千二百八十六分。凡見一歲，行一次而後伏❻。日行不盈十一分度一❼。伏三十三日三百三十三萬四千七百三十七分，行星三度百六十七萬三千四百五十一分。一見，三百九十八日五百一十六萬三千一百二分，行星三十三度三百三十三萬四千七百三十七分❽。通其率，故曰日行千七百二十八分度之百四十五❾。

3 金，晨始見，去日半次⑩。逆，日行二分度一，六日⑪。始留，八日而旋。始順，日行四十六分度三十三，四十六日⑫。順，疾，日行一度九十二分度十五，百八十四日而伏⑬。凡見二百四十四日，除逆，定行星二百四十四度。伏，日行一度九十二分度三十三有奇。伏八十三日，行星百一十三度四百三十六萬五千二百二十分。凡晨見、伏三百二十七日，行星三百五十七度四百三十六萬五千二百二十分。夕始見，去日半次。順，日行一度九十二分度十五，百八十一日百七分日四十五⑭。順，遲，日行四十六分度三十三，四十六日⑮。始留，七日百七分日六十二分而旋。逆，日行二分度一，六日而伏⑯。凡見二百四十一日，除逆，定行星二百四十一度。伏，逆，日行八分度七有奇。伏十六日百二十九萬五千三百五十二分，行星十四度三百六萬九千八百六十八分。一凡夕見伏，二百五十七日百二十九萬五千三百五十一分，行星二百二十六度六百九十萬七千四百六十九分。一復，五百八十四日百二十九萬五千三百五十二分。行星亦如之，故曰日行一度⑰。

4 土，晨始見，去日半次⑱。順，日行十五分度一，八十七日⑲，始留，三十四日而旋。逆，日行八十一分度五，百一日⑳。復留，三十三日八十六萬二千四百五十五分而旋。復順，日行十五分度一，八十五日而伏㉑。凡見三百四十日八十六萬二千四百五十五分，除逆，定行星五度四百四十七萬三千九百三十分。伏，日行不盈十五分度三。三十七日千七百一十七萬一百七十分，行星七度八百七十三萬六千五百七十分。一見，三百七十七日千八百三萬二千六百二十五分，行星十二度千三百二十一萬五百分㉒。通其率，故曰日行四千三百二十分度之百四十五㉓。

5 火，晨始見，去日半次㉔。順，日行九十二分度五十三，二百七十六日㉕，始留，十日而旋。逆，日行六十二分度十七，六十二日㉖。復留，十日而旋。復順，日行九十二分度五十三，二百七十六日而伏㉗。凡見六百三十四日，除逆，定行星三百一度。伏，日行不盈九十二分度七十三，伏百四十六日千五百六十八萬九千七百分，行星百一十四度八百二十一萬八千五分。一見，七百八十日千五百六十八萬九千七百分，凡行星四百一十五度八百二十一萬八千五分㉘。通其率，故曰日行萬三千八百二十四分度之七千三百五十五㉙。

6 水，晨始見，去日半次㉚。逆，日行二度，一日㉛，始留，二日而旋。順，日行七分度六，七日㉜。順，疾，日行一度三分度一，十八日而伏㉝。凡見二十八日，除逆，定行星二十八度。伏，日行一度九分度七有奇，三十七日一億二千二百二萬九千六百五分，行星六十八度四千六百六十一萬一百二十八分。凡晨見、伏，六十五日一億二千二百二萬九千六百五分，行星九十六度四千六百六十一萬一百二十八分。夕始見，去日半次。順，疾，日行一度三分度一，十六日二分日一㉞。順，遲，日行七分度六，七日㉟。留，一日二分日一而旋。逆，日行二度，一日而伏㊱。凡見二十六日，除逆，定行星二十六度。伏，逆，日行十五分度四有奇，二十四日，行星六度五千八百六十六萬二千八百二十分。凡夕見伏，五十日，行星十九度七千五百四十一萬九千四百七十七分。一復，百一十五日一億二千二百二萬九千六百五分。行星亦如之，故曰日行一度㊲。

【章　旨】以上論述五步，即對五大行星在一個會合週期內各個階段的行度和日程的描述。

【注　釋】❶五步　五大行星在一個會合週期內各個階段的行度和日程的描述。步的本義是推算，但這裡並不涉及五星行度的具體計算，五星行度的計算方法，將在紀術中介紹。❷木三句　先從會合的合字說起，通常的定義為行星與太陽會合於同一經度稱之為合。故一個會合週期為自合始，經過順行、留、逆行等，又回到星與太陽相合的時間間隔。但在《三統曆》之前，中國尚無合的推算方法，到後漢《四分曆》才開始出現，故《三統曆》推算行星會合週期的運動從晨始見開始。晨始見的狀態為行星在黎明時，位於太陽西邊半個星次，即十五度的地方，即該行星在黎明日出前剛剛出現於東方地平線以上的日期（見圖一）。木星與土星、火星相同，都是外行星，在它們的會合運動中，只有上合而沒有下合，與內行星的下合相對應，稱之為衝日。當木星在黎明時於東方晨出以後，經過一個時期順行之後，達到西方照而在恆星間出現停留，停留了若干天之

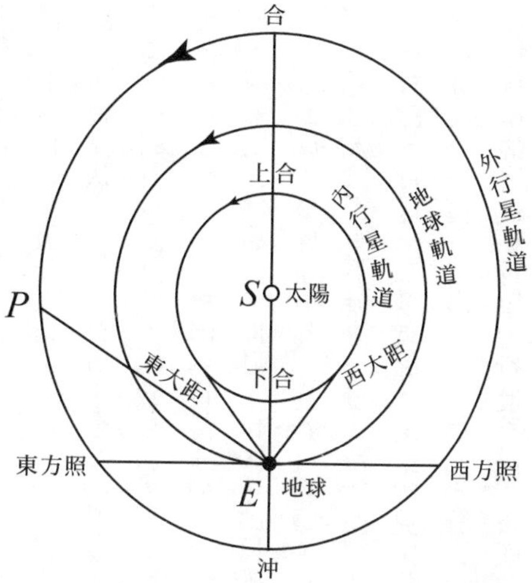

圖一　內外行星的會合週期運動

後而發生逆轉，開始逆行，再經過衝日，最後達到東方照而發生停留，停留幾天以後，又開始逆轉而順行，與太陽的角距逐漸接近，相距半次之內發生伏，達到上合以後繼續潛行到晨始見，完成一個會合週期的運動。五步的推算，均以本星的見中日法為分母。❸順三句　這是行星在恆星間運動的一種狀態，星在恆星間自西向東運動稱為順行。每天行十一分之二度，共行一百二十一日。計行二十二度。❹始留二句　留，也是一種行星運動的狀態，為行星在恆星間停留不動。木星每次留二十五日。旋，旋轉；逆轉。由順行轉為逆行。❺逆八句　逆和伏，也是行星的一種運動狀態。逆，為行星逆著恆星自東向西運動。伏，為行星運行到靠近太陽半次範圍內，為太陽的光芒所掩蓋，產生伏而不見星的狀態。太陽前後各半次的範圍內均為伏而不見。此處的三分、八十二萬八千三百六十五分，都是指木星見中日法七百三十萬八千七百一十一做分母的分子（見圖二）。逆行時，每日星行七分度之一，行八十四日，故共退行一十二度。留以後的順行，仍每日行十一分度之二，行一百一十一日又一百八十二萬八千三百六十二分，共行二十度又一百六十六萬一千二百八十六分。清代方楷《三統曆釋例》說：「順行者，日行每日向右差，而星行每日亦向右差。」「留者，日行而星不行也，譬如今日星在某宿某度，及明日仍在原處」，「而日則每日仍行一度，其去日必每日增遠一度。」又說：「逆行者，本星較恆星行度反速則差而左，日向右而本星向左。」❻凡見五句　除去伏而不見的日期以外，木星一周總共經三百六十五日有餘而行三十度有餘。故曰凡見一歲，行一次而後伏。❼日行不盈十一分度一　木星每天的平均行度不足十一分之一度。❽一見三句　言木星自始見至再次始見，往復一周的時間為三百九十八日餘，木星在恆星間共運行了三十三度餘。❾通其率二句　把以上順行減去逆行，加上伏行的度數，得出每天平均行一千七百二十八分之一百四十五度。❿金三句　如圖一所示，金星是內行星，與木星、土星、火星等外行星不同，它有兩次合。上合時內行星離地球最遠，顯得光亮小一點，下合時情況正好相反。上合以後，內行星出現在太陽的東邊，表現為夕始見。由於內行星的視運

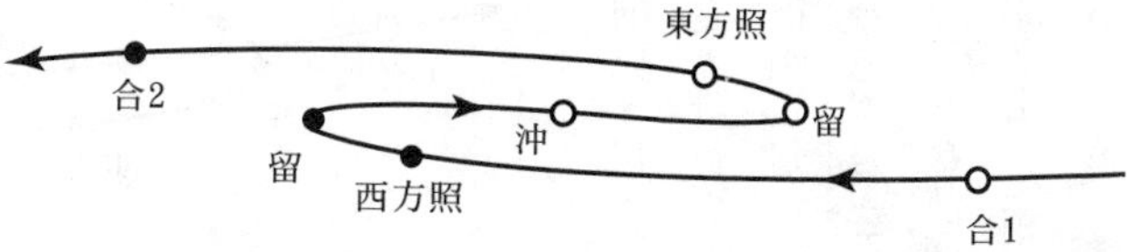

圖二　席澤宗《五星占》研究中所畫一個會合週期裡外行星在星座間的移動情況（「之」字形）

動比太陽快，此時在天空中表現為順行。由快到慢，離太陽的角距越來越大。內行星距太陽的角距不能超過最大值，金星為四十八度，水星為二十八度，在太陽的東邊稱東大距，西邊稱西大距。當內行星在太陽東邊達到角距極大時稱為東大距。表現為留，停留了幾天以後，發生逆轉，開始逆行，與太陽逐漸靠近，最後角距小於半次而成為伏，伏行一段時間以後，達到下合。內行星比太陽視運動快，下合以後便出現在太陽的西邊，角距大於半次，便達到晨始見。這時見到內行星在星空中快速逆行，經過若干天以後速度才變慢，達到西大距以後發生停留，停留了幾天以後，開始慢速順行，若干天後速度加快，接近太陽半次時形成伏，進而產生上合，而完成一個會合週期（見圖三）。《漢書．律曆志》是先從晨始見開始計算。⓫逆三句　逆行六日，日行二分之一度，則六日行計退三度。⓬始順三句　順行四十六日，日行四十六分之三十三度，則共行三十三度。⓭疾三句　疾行一百八十四日，日行一又九十二分之十五度，共行二百十四度。⓮順三句　順行一百八十一日餘，日行一度餘，故得計行二百一十一度。⓯順四句　順遲行四十六日，日行四十六分之三十三度，則計行三十三度。⓰逆三句　逆行六日，日行二分之一度，計行退三度。⓱一凡夕七句　金星所行日數、度數帶分數的分母，都為金星見中日法九百九十七萬七千三百三十七。由於晨見伏合計為三百二十七日，夕見伏二百五十七日又一百二十九萬五千三百五十一，合計金星的會合週期為五百八十四日有餘。而晨見伏合計行三百五十七度四百三十六萬五千二百二十分，夕見伏星行二百二十六度六百九十萬七千四百六十九分，兩數相加，得五百八十四度一百二十九萬五千三百五十二分，總計日數與金星總行度數相合，故曰「行星亦如之」。由於日期數與行度數相等，故曰「日行一度」。⓲土三句　土星的見、伏、留的狀況，與木星非常類似，僅見、伏、留的日數和星的行度不同。⓳順三句　順行八十七日，日行十五分之一度，計行五又十五分之十二度。⓴始留五句　逆行一百零一日，日逆行八十一分之五度，計退行六又八十一分之十九度。㉑復順三句　復順行八十五日，日行十五分之一度，計行五又十五分之十度。㉒一見三句　一見，為一個會合週期，土星的會合週期為三百七十七日有餘，行星十二度有餘。土星的見中日法為一千九百二十七萬五千九百七十五，為日、度分數之共同分母。㉓故曰句　土星每天的平均行度為四千三百二十分之一百四十五度。㉔火三句　火星是外行星，故其各個階段的運動狀態與木星相類似，僅見伏留的日數和行星的行度不同。㉕順三句　順行二百七十六日，日行九十二分之五十三度，計行一百五十九度。㉖逆三

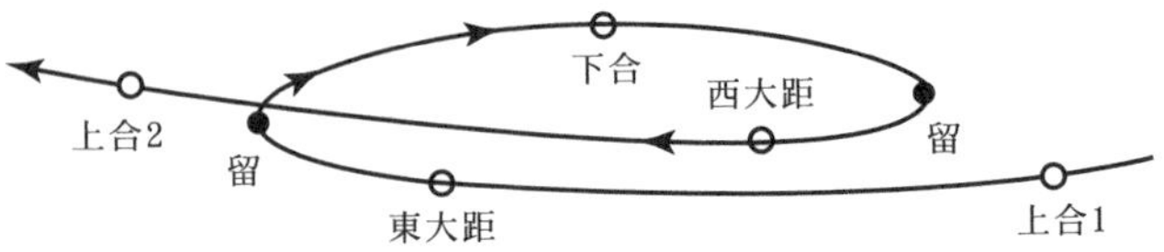

圖三　一個會合週期裡內行星在星座間的移動情況（柳葉形）

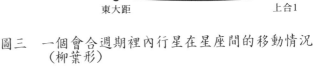

句　逆行六十二日，日逆行六十二分之十七度，計逆退行十七度。㉗復順三句　復順行二百七十六日，日行九十二分之五十三度，計行一百五十九度。㉘一見三句　一見為一個會合週期，火星的會合週期為七百八十日半有餘，行星四百一十五度有餘。火星的見中日法為二千九百八十六萬七千三百七十三。為日、度分數的共同分母。㉙故曰句　火星每天的平均行度為一萬三千八百二十四分之七千三百五十五度。㉚水三句　水星一個會合週期中各個階段的運動狀態，與金星完全對應，僅是日數和度數上的差異。㉛逆三句　逆行一日，日退二度，故這次逆行計退行二度。㉜順三句　留後順行七日，日行七分之六度，計行六度。㉝順四句　快速順行十八日，日行一又三分之一度，計行二十四度。㉞夕始見六句　夕始見後快速順行十六日半，日行一又三分之一度，共行二十二度。㉟順四句　遲速順行七日，日行七分之六度，共行六度。㊱留五句　留後逆行一日，日行二度，故凡行二度。㊲凡夕見七句　水星的見中日法為一億三千四百零八萬二千二百九十七，為日數和度數餘分的共同分母。水星的一個會合週期總計為一百十五天多，一個會合週期內所行度數也相同，故曰「亦如之」。但無論是金星還是水星，它們的視運動都快慢行度不等，尤其是水星，快時的每日行度可達一度，故此處「日行一度」，是對一個會合週期內的總日數和總行度平均而言的。

【語譯】推步五星的會合週期：

[2] 木星，早晨初次出現，在距離太陽以西半個星次的地方。開始為順行，每天運行十一分之二度，經過一百二十一天。這時開始停留，停留二十五天，又往回折返。開始逆行，每天運行七分之一度，經過八十四天。再次出現停留，又經過二十四天三分，再次折返。開始順行，每天運行十一分之二度，經過一百一十一天一百八十二萬八千三百六十二分，開始隱伏不見。共出現三百六十五天一百八十二萬八千三百六十五分，除去逆行，實際前進三十度一百六十六萬一千二百八十六分。共出現一年，運行一個星次，然後隱伏不見。它每天運行不滿十一分之一度。木星隱伏了三十三天三百三十三萬四千七百三十七分，運行三度一百六十七萬三千四百五十一分。木星自初次見到它，到又一次出現，經過了三百九十八天五百一十六萬三千一百零二分，運行了三十三度三百三十三萬四千七百三十七分。將它們通分相加減，得每天平均運行一千七百二十八分之一百四十五度。

3 金星，早晨初次出現，在距離太陽以西半個星次的地方。一見到它就開始向西方逆行，每天運行二分之一度，經過六天。開始停留，經過八天，又折返。開始順行，每天行四十六分之三十三度，經過四十六天。之後繼續順行，並且進一步加快了速度，每天運行一又九十二分之十五度，經過一百八十四天，進入隱伏不見的狀態。在此期間，共出現二百四十四天，除去逆行，實際前進二百四十四度。金星隱伏時，每天運行一又九十二分之三十三度多。隱伏八十三天，運行一百一十三度四百三十六萬五千二百二十分。早晨共出現和隱伏三百二十七天，運行三百五十七度四百三十六萬五千二百二十分。當傍晚金星初次出現在西方天空之時，其位於太陽東面半次的地方。初見時便是順行，每天運行一又九十二分之十五度，經過一百八十一又一百零七分之四十五天。之後繼續順行，但是放慢了速度，每天運行四十六分之三十三度，經過四十六天。這時開始出現停留，經過七又一百零七分之六十二天，開始折返。出現逆行，每天逆行二分之一度，經過六天，進入隱伏之中。在這個階段共出現二百四十一天，除去逆行，實際前進二百四十一度。在第二次隱伏期為逆行，每天運行八分之七度多。經過十六天一百二十九萬五千三百五十二分，運行十四度三百零六萬九千八百六十八分。傍晚共出現和隱伏二百五十七天一百二十九萬五千三百五十一分，運行二百二十六度六百九十萬七千四百六十九分。自晨始見至第二次晨始見的一個運動週期之中，共行五百八十四日一百二十九萬五千三百五十二分。金星的行度也與此相同，所以說每天行一度。

4 土星，早晨初次出現，在距離太陽以西半個星次的地方。一見到它時就開始順行，每天運行十五分之一度，經過八十七天，出現停留，經過三十四天，開始折返。逆行，每天運行八十一分之五度，經過一百零一天。再次出現停留，又經過三十三天八十六萬二千四百五十五分折返。再開始順行，每天運行十五分之一度，經過八十五天，進入隱伏。在此期間，共經歷三百四十天八十六萬二千四百五十五分，除去逆行，土星實際前進五度又四百四十七萬三千九百三十分。隱伏之時，每天順行不滿十五分之三度。經過三十七天一千七百一十七萬零一百七十分，運行七度八百七十三萬六千五百七十分。自土星晨初見，至再次晨初見，經過了三百七十七天一千八百零三萬二千六百二十五分，運行十二度一千三百二十一萬零五百分。將它們通分相加減，得土星每天平均運行四千三百二十分之一百四十五度。

5 火星，早晨初次出現，在距離太陽以西半個星次的地方。一見到它時就開始順行，每天運行九十二分之五十三度，經過二百七十六天，開始停止不動，經過十天，開始折返。開始逆行，每天運行六十二分之十七度，經過六十二天。再次出現停留，經十天又折返。再次出現順行，每天運行九十二分之五十三度，經過二百七十六天，進入隱伏不見的狀態。這個階段共經過六百三十四天，除去逆行，實際前進了三百零一度。當火星隱伏之時，每天運行不滿九十二分之七十三度，共隱伏了一百四十六天一千五百六十八萬九千七百分，運行了一百一十四度八百二十一萬八千零五分。火星從晨始見到再次晨始見，共經過了七百八十天一千五百六十八萬九千七百分，共運行四百一十五度八百二十一萬八千零五分。將它們通分相加減，每天平均運行一萬三千八百二十四分之七千三百五十五度。

6 水星，早晨初次出現，距離太陽以西半個星次的地方。初次見到時它在逆行，每天行二度，經過一天，開始停留，經過兩天時間出現折返。開始順行，每天行七分之六度，經過了七天。以後還繼續順行，並且加快了速度，每天運行一又三分之一度，經過十八天，進入隱伏狀態。在此期間共出現二十八天，除去逆行，實際前進了二十八度。在隱伏期間，每天運行一又九分之七度多，經過了三十七天一億二千二百零二萬九千六百零五分，運行六十八度四千六百六十一萬零一百二十八分。共在早晨出現和隱伏六十五天一億二千二百零二萬九千六百零五分，運行九十六度四千六百六十一萬零一百二十八分。當傍晚初次出現在西方天空，東距太陽半個星次的地方。水星開始快速順行，每天運行一又三分之一度，經過十六天半。以後繼續順行，但是放慢了速度，每天運行七分之六度，經過七天。出現停留，停留了一天半之後，開始折返。開始逆行，每天運行二度，經過一天，進入了隱伏狀態。這個階段共出現二十六天，除去逆行，實際前進二十六度。水星在隱伏期間繼續逆行，每天運行十五分之四度多，經過二十四天，運行六度五千八百六十六萬二千八百二十分。共在傍晚出現隱伏五十天，運行十九度七千五百四十一萬九千四百七十七分。水星從晨始見到再次晨始見，經過一百一十五天一億二千二百零二萬九千六百零五分。運行的度數也像經過的天數一樣多，所以說水星每天平均運行一度。

統術❶

2 推日月元統，置太極上元❷以來，外所求年❸，盈元法除之❹，餘不盈統者❺，則天統甲子以來年數也❻。盈統，除之，餘則地統甲辰以來年數也。又盈統，除之，餘則人統甲申以來年數也❼。各以其統首日為紀❽。

3 推天正，以章月乘入統歲數，盈章歲得一，名曰積月，不盈者名曰閏餘。閏餘十二以上，歲有閏❾。求地正，加積月一；求人正，加二❿。

4 推正月朔，以月法乘積月，盈日法得一，名曰積日，不盈者名曰小餘⓫。小餘三十八以上，其月大⓬。積日盈六十，除之，不盈者名曰大餘。數從統首日起，算外，則朔日也⓭。求其次月，加大餘二十九，小餘四十三。小餘盈日法得一，從大餘，數除如法⓮。求弦，加大餘七，小餘三十一⓯。求望，倍弦。

5 推閏餘所在⓰，以十二乘閏餘，加七得一⓱，盈章中，數所得。起冬至，算外，則中至終閏盈⓲。中氣在朔若二日，則前月閏也⓳。

6 推冬至⓴，以策餘乘入統歲數，盈統法得一，名曰大餘，不盈者名曰小餘㉑。

除數如法，則所求冬至日也㉒。

7 求八節，加大餘四十五，小餘千一十。求二十四氣，三其小餘，加大餘十五，小餘千一十㉓。

8 推中部二十四氣㉔，皆以元為法。

9 推五行，其四行各七十三日，統法分之七十七。中央各十八日，統法分之四百四，冬至後，中央二十七日六百六分㉕。

10 推合晨所在星㉖，置積日，以統法乘之，以十九乘小餘而并之。盈周天，除去之，不盈者，令盈統法得一度㉗。數起牽牛，算外，則合晨所入星度也㉘。

11 推其日夜半所在星㉙，以章歲乘月小餘，以減合晨度。小餘不足者，破全度㉚。

12 推其月夜半所在星㉛，以月周㉜乘月小餘，盈統法得一度，以減合晨度。

13 推諸加時㉝，以十二乘小餘為實，各盈分母為法㉞，數起於子，算外，則所加辰也。

14 推月食，置會餘歲積月㉟，以二十三乘之，盈百三十五㊱，除之，不盈者，加二十三得一月，盈百三十五，數所得，起其正。算外，則食月也㊲。加時，在望日衝辰㊳。

【章　旨】以上論述統術，是推算元、統、正、朔等曆法綱要的方法，也即推日月運行之躔度，成閏定歲，及晦、朔、中、次各節之總法。

【注　釋】❶統術　是推算元、統、正、朔等曆法綱要的方法，為《曆譜》中的第四目。方楷《三統曆釋例》說得更為準確：「統術者，推日月運行之躔度，因成閏定歲，及晦、朔、中、次各節之總法。」所以，首先推算太陽、月亮的行度，是用以確定歲月閏分晦朔中次的依據。它又是一部曆法的總法和綱要。沒有這個綱要，就不成為曆法。❷太極上元　是《三統曆》中最大的曆法週期，為二千三百六十三萬九千零四十年。方楷在《三統曆學答問》中用自問自答的方式，探求《三統曆》的曆元和太極上元的真實含義，言要求日月年的干支和七曜回復到具無零數的一個大週期為二千三百六十三萬九千零四十年的大週期，但《三統曆》的太初元年既是甲子元首，又取其前的三十一元，即十四萬三千一百二十七歲為上元。並說董方立《三統術衍補》用約分法，推至太極上元之年確實符合五種元素之始，即天正十一月之始、甲子周甲之始、朔旦合朔之始、冬至中氣之始、星紀次之始。但是歲星回復到婺女六度之數卻無法得到解釋。所以他提出一個假設為鴻濛開闢之始。類似於邵雍《皇極經世》宇宙開闢之歲的說法。❸外所求年　即算外，不計入年中。❹盈元法除之　滿一元之數，則除棄之，即除去不用。❺餘不盈統者　餘下的數不滿一統之數。❻則天統甲子以來年數也　為從天統甲子日以來的紀年數。❼又盈統三句　每一元的元年從甲子日起，一元分三統，第一統之首日為甲子，第二統首日為甲辰，第三統首日為甲申。其不足一統的餘數，便為入統以來的歲數。❽各以其統首日為紀　每個統的統首日分別以甲子、甲辰、甲申作為冬至合朔之日。方楷答甲子、甲辰、甲申何以為三統日首時說：「三統歲數各一千五百三十九歲，每統化成日數，則為五十六萬二千一百二十日，從甲子數起，滿周甲六十去之，則所餘者得四十日，再從甲子數起，數至第四十一日必為甲辰日，此地統統首決為甲辰日也。三統之歲數日數，本各相等，則地統所餘亦必得四十日，從甲辰數起，至四十一日，必為甲申日，此人統統首決為甲申日也。從甲申數起，數至四十一日，必仍為甲子日，三統復始而與一元同起算矣。」❾推天正七句　由於曆元是從天正冬至起算的，故推所入年的天正，相隔當為整數年，只需將每年的月數十二又十九分之七與之相乘，便可得到入統歲數以來的總積月數及閏餘，閏餘即閏分，為除以十九以後的餘數。由於每歲除十二個朔望月以外，還剩餘閏分十九分之七，滿十九分得一個月，故當該年閏分滿十二以上，與七分相加，便可得到一個閏月，這就表明該年有閏月。❿求地正四句　求地正，即求十二月。求人正，即求農曆正月，順此各加積月一和二。⓫推正月朔五句　此處的積月數即為以上所求人正之積月數，其積日數為以積月乘月法，再除以日法，其整數商為積日數，餘數稱為小餘。⑫小餘三十八以上二句　由於一個朔望月的日數為$29\frac{43}{81}$，其38+43=81，恰為滿一日之數，故曰「三十八以上，其月大」。將兩小餘相加，進位為大月。⑬積日盈六十六句　推正月朔所得的整日數，以六十干支來推求，當其滿六十時，除棄之，不滿六十之數稱為大餘，這個大餘的干支名就是正月朔日的干支。由大餘求干支的算法為：若入天統為甲子，地統為甲辰，人統為甲申。算外的算法是當日不計在內。⑭求其次月六句　自正月以後的求其他月分，以次遞加一個朔望月日數二十九日又八十一分之四十三。⑮求弦三句　一個朔望月的四分之一為弦，上弦為七日，即四分之一個朔望月為$7\frac{33}{81}$，故求弦當加大餘七，小餘三十三，所以正文小餘三十一當為三十三之誤。⑯推閏餘所在　當為「推閏月所在」之誤，因為「推閏餘所在」文義不通。⑰以十二乘二句　每歲積閏餘十九分之七，乘以十二，即為每個中氣積閏分七，相乘得二百二十八為章中之數。⑱盈章中五句　每過一個中氣，閏分就要增加七，當閏分積滿二百二十八時，就要設置一個閏月。推算閏月的月序，從冬至所在月起算，積滿閏分為閏月，月序從算外計算。閏盈，閏分積滿限額。⑲中氣在朔若二日二句　每當見到中氣在朔日或初二時，就可知道上一個月是閏月。⑳推冬至　即推求冬至日的干支。㉑以策餘四句　推求冬至干支大小餘的方法為：以策餘八千零八十乘入統歲數，滿統法一千五百三十九便得到商數一，稱為大餘，不滿統法的餘數稱為小餘。㉒除數如法二句　除數如法，此處四字與前面的「數除如法」，是同一個含義，均為「滿六十如法除棄之」的含義。這個大餘，按入統首日干支算外推算所求年的冬至干支。㉓求二十四氣四句　三其小餘，當為「三分其大小餘」之誤，其中缺漏「分」和「大」二字。是指二十四節氣中的每個節氣日數，為八節日數的三分之一。小餘千一十，當為「三百三十六」之誤。㉔推中部二十四氣　即推周天的二十四氣，都以元為法。㉕推五行七句　這是劉歆新創立的五行對應於四季的關係。其義為：除土以外的四行木火金水各為七十三日又統法一千五百三十九分之七十七，各對應於春夏秋冬四季。另將中央土各分為四份，每份十八日又一千五百三十九分之四百零四日，置於四行之前。㉖推合晨所在星　合晨即合辰之義。晨，日月交會相合之處。每個月的合朔之時，都有一次交會之處，交會所在的位置，稱為所在星，即位於某宿某次。㉗置積日七句　積日，指上文所推合朔時的積日數。統法，指一千五百三十九。并之，相加。盈周天，滿周天五十六萬二千一百二十之數棄之不用。將棄餘除以統法一千五百三十九，整數商為度數。㉘數起牽牛三句　《三統曆》以牽牛初度為曆元，故所求得的合晨度數，當從牽牛初度算外起算。距牽牛初度的度數，就是合晨的位置。㉙推其日夜半所在星　推算合晨那天夜半太陽所在恆星間的位置。合朔時刻不一定在夜半。㉚以章歲四句　章歲，十九年。月小餘，所求月合朔時的小餘。合晨度，以上所推得的合朔時刻交會位置所得度數。破全度，小餘不足減時，再從合晨度借一度以減。一度以統法化為一千五百三十九。㉛推其月夜半所在星　推算合晨那天夜半月亮所在星宿的位置。㉜月周　章月加閏法得月周二百五十四。㉝推諸加時　推算各種天象發生的時刻。㉞以十二乘小餘為實二句　用十二去乘各種天象所得到的小餘，然後再以分母八十一去除，其商數便為所在時辰。㉟置會餘歲積月　由入統以來的積月數，遞減會月數六千三百四十五的餘數。㊱以二十三乘之二句　此為一百三十五個朔望月有二十三次交食的週期。方楷《三統曆釋例》說：「古人因是分兩項名目，一為月朔則曰合，一為交食則曰會。於是有會數、有會月、有會歲、有會餘歲各數，然後可以推交食之限。」「若以二十三除以一百三十五，即得每次入交為五個月又二十三分月之二十。逢入交之月，其月必食，此其大較也。推法：先以已知上元以來年數，滿會歲數除去之，其餘即得會餘歲數。會餘歲數何由得也？因會月數比例而得也。會月何由得也？因交會合朔月分、食分具終成整之數也。蓋一百三十五個月得入交二十三次，食分終而月分小餘不能盡，必須歷四十七個食分終，然後與二十七章歲具終，而月分亦盡。今以四十七乘一百三十五，得六千三百四十五個月，是為一會月之數，爰以比例之得式為，會歲：會月＝統歲：統月，故會歲之數亦得。既得會餘歲，而求次式積月，亦比例理也，其式為，積月：會餘歲＝章月：章歲。化歲為月，然後可以求食分月數。」㊲不盈者七句　在上述餘數的基礎上，每加二十三就為一個月，加到餘數滿一百三十五為止，所增加的次數就是月數。起其正，從某統（天、地、人）的曆元時起算，算外之數相加，便是月食的月分。㊳加時二句　月食發生的時辰，在與合朔相對衝的望日時刻。方楷《三統曆算式》曰：「用推朔望法得望日，用其小餘照推諸加時法得望時，正值食甚時也，故曰沖辰。」

【語　譯】統術：

2　推算紀日、紀月的元首和統首，設置太極上元以來的年數，不計入所求的一年，滿元法的年數刪除不用，餘數不滿一統之數的數，就是天統甲子以來的年數。餘數如果超過了一統，就先除去一統的年數，餘數就是地統甲辰以來的年數。如果餘數還超過一統，再刪除一統的年數，餘數就是人統甲申以來的年數。分別用它們的統首日期干支作為名稱。

3　推求天正統首積月之數，以章月二百三十五，乘以進入天統以來的年數，用章歲十九去除，所得整數的商數，名叫積月，剩下的餘數就叫閏餘。閏餘在十二以上，這一年就應該有閏月。推算農曆十二月，積月數加上一；推算農曆正月，積月數加上二。

4 推算正月的朔日干支，用月法二千三百九十二去乘積月，用日法八十一去除，所得整數商，就叫做積日，餘數名叫小餘。小餘在三十八以上，這個月是大月。積日數凡滿六十以上，就要除去六十，剩下的餘數名叫大餘。按照大餘之數，從統首的日期干支數起，算完的下一個干支，就是正月的朔日干支。推求下一個月的朔日干支，就大餘加二十九，小餘加四十三。小餘如果超過日法八十一，就要進位，增加大餘一；如果大餘之數超過六十，也要照例除去。推求上弦，大餘加上七，小餘加上三十一。推求望日，大餘、小餘各比上弦多增加一倍，推求下弦，大餘、小餘各比上弦多增加二倍。

5 推算閏月所在月數，用十二乘閏餘七，每經過一個中氣加上七，加到超過章中二百二十八的限額時，就要設置閏月。從冬至算起，乘滿閏餘二百二十八，就是閏月到了。遇到中氣在朔日或是初二日，那麼前一個月就是閏月。

6 推求冬至日所在干支，用策餘八千零八十，乘入統以來年數，用統法一千五百三十九去除，所得整數商名叫大餘，餘數名叫小餘。大餘如果超過六十，也要照例刪除，剩下之數就是冬至日期的干支。

7 推求一年中的八個主要節氣，要在冬至大小餘數上加大餘四十五，加小餘一千零一十。推求二十四節氣，每個節氣的日數為八節日數的三分之一，故當在冬至大餘上加大餘十五，在冬至小餘上加小餘三百三十六。

8 推求中間的二十四節氣，都以元法四千六百一十七作為除數。

9 推求五行用事，它們的四行在四季中各占七十三又一千五百三十九分之七十七日。土行為中央，每季各占十八又一千五百三十九分之四百零四日，分別從冬至等二分二至後二十七又一千五百三十九分之六百零六日開始用事。〔土行完畢為四立之日，接著便是四行的開始之日。〕

10 推求日月交會的所在宿度，用統法一千五百三十九乘積日，用十九乘小餘，兩數合併。得數如果超過周天之數五十六萬二千一百二十，就刪除周天之數，再用統法去除餘數，所得商數就是度數。從牽牛初度開始起算，合晨的所在度不計在內，所得的宿度，便是合晨所在星度。

11 推求那天夜半太陽所在宿度，從日月交會所在宿度，減去章歲十九乘月小餘的積數，就是夜半太陽所在宿度。如果宿度不夠減時，可以借一度化為分數再減。

12 要推求那天夜半月亮所在宿度，從日月交會所在宿度，減去月周二百五十四乘月小餘，再除以統法一千五百三十九，所得度數就是當日夜半月亮所在宿度。

13 推算各種天象所在時辰，用十二時辰乘小餘作為被除數，用日法八十一去除，得數從子時起算，計算時減去一，便得到所在時辰。

14 推算月食，用二十三乘會餘歲積月，即入統以來積月數遞減會月數的餘數，將乘積遞減一百三十五，所得餘數，再遞加二十三，直到滿一百三十五為止，按照遞加的次數，從本統的正月算起。當月不計在內，所得之月數，便是月食發生的月分。月食發生的時辰，在合望之時。

紀術❶

2 推五星見復，置太極上元以來，盡所求年，乘大統見復數，盈歲數得一，則定見復數也。不盈者名曰見復餘❷。見復餘盈其見復數，一以上見在往年，倍一以上，又在前往年，不盈者在今年也❸。

3 推星所在見中次❹，以見中分乘定見復數，盈見中法得一，則積中也。不盈者名曰中餘❺。以元中除積中，餘則中元餘也❻。以章中除之，餘則入章中數也❼。以十二除之，餘則星見中次也❽。中數從冬至起，次數從星紀起，算外，則星所見中次也⑨。

4 推星見月⑩，以閏分乘定見復數，以章歲乘中餘從之，盈見月法得一，并積中，則積月也。不盈者名曰月餘⑪。以元月除積月餘，名曰月元餘。以章月除月元餘，則入章月數也⑫。以十二除之，至有閏之歲，除十三入章⑬。三歲一閏，六歲二閏，九歲三閏，十一歲四閏，十四歲五閏，十七歲六閏，十九歲七閏。不盈者數起於天正，算外，則星所見月也⑭。

5 推至日⑮，以中法乘中元餘，盈元法得一，名曰積日，不盈者名曰小餘⑯。小餘盈二千五百九十七以上，中大⑰。數除積日如法⑱，算外，則冬至也。

6 推朔日⑲，以月法乘月元餘，盈日法得一，名曰積日，餘名曰小餘⑳。小餘三十八以上，月大㉑。數除積日如法，算外，則星見月朔日也。

7 推入中次日度數㉒，以中法乘中餘，以見中法乘其小餘并之，盈見中日法得一，則入中日入次度數也㉓。中以至日數，次以次初數㉔，算外，則星所見及日所在度數也。求夕，在日後十五度㉕。

8 推入月日數㉖，以月法乘月餘，以見月法乘其小餘并之，盈見月日法得一，則入月日數也㉗。并之大餘，數除如法，則見日也。

9 推後見中㉘，加積中於中元餘，加後中餘於中餘㉙，盈其法得一，從中元餘，除數如法，則後見中也。

10 推後見月㉚，加積月㉛於月元餘，加後月餘於月餘㉜，盈其法得一，從月元餘，除數如法，則後見月也。

11 推至日及入中次度數，如上法㉝。

12 推朔日及入月數，如上法㉞。

13 推晨見加夕，夕見加晨，皆如上法㉟。

14 推五步，置始見以來日數，至所求日，各以其行度數乘之㊱。其星若日有分者，分子乘全為實，分母為法㊲，其兩有分者，分母分度數乘全，分子從之，令相乘為實，分母相乘為法，實如法得一，名曰積度㊳。數起星初見所在宿度，算外，則星所在宿度也㊴。

【章旨】以上論述紀術，為推算五星出沒行度有關事項的方法。

【注釋】❶紀術　推算五星出沒行度有關事項的方法，《三統曆》法中的第五目。方楷《三統曆釋例》說：「紀術者，凡五星見復所在中、次、日名、星度，及順逆行步，皆入此篇。五星推法具同，惟數各不同，故統母只一定律為一表，紀母則各有定律，為五表。推衍者，推某星，即用某星表率，方無錯誤。統術日法定為八十一，紀術內各星所見月數、日數既各有異，則不得不各化成繁數分定日法之率，名為見中日法，故五步內日之零分，以見中日法為母，度與日同，故亦以見中日法為母。」❷推五星七句　以太極上元以來的年數，乘見復數，即乘見中法，再除以行星的歲數即大週。所得整數商就是定見復數，不滿歲數的部分稱為見復餘。方楷說：推五星見復者，求五星或見、或復之整零數也。五星之內，木土火三星，一周而一見伏，故此三星名為見數，金水二星一周而有晨夕兩見伏，故此二星別其名為復數。紀術五星同推法，故統言推五星見復也。統術取上元以來外所求年，紀術取上元以來盡所求年何也？日月軌道，與年可以同周，故可以年截，五星各行其道，其見復一次，或少於一年，或多於二年，故不可以年截，既不可以年截，必須連所求年在內，而用各星見復之數為定矣。歲數者，各星大週無零之歲數也。見復數者，一大週歲數內所見所復之次數也。由此歲數、見復數即可比例而得所求：見復數：歲數＝定見復：所求年，由此可得定見復數。定見復數者，即上元以來盡所求年數中之見復次數也。然則定見復所帶零分，即為不滿一見復次之數可知矣，故名為見復餘。以見復餘比較原見復數，大小可知。❸見復餘五句　見復餘如果超過見復數，但不到兩倍之時，則多出的數，便是去年見到的見復數，如果多出一倍以上，則是前年見到的見復數，如果見復餘小於見復數，則見到的見復數發生在今年。方楷說：「見復在本年或往年或前往年者何也？以本星歲數，除本星原見復數，或不足一歲，或踰一歲，或踰二歲，今比例所得之見復餘，其式為見復餘÷歲數，如法收之，亦必如前式，或不足，或有餘也。」❹推星所在見中次　推算五大行星出現時所在的中氣和星次，中氣和星次各十二個。中氣與星次是對應的，但中氣是時間，十二星次是星空中的方位。中氣起自冬至，星次從星紀起算，星紀之初，起自牽牛初度。方楷說，推星所見中次者，求本星始見某中及其次也。前以積年求得其見復幾次，又求得其一次之零，由此可知所見中次者何也。在人間節氣則名為中，在天躔度則名為次，其數其理皆一轍也。」❺以見中分四句　將以上求得的定見復數，乘以見中分，將乘積除以見中法，整數商為積中，商餘稱為中餘。見中分，五星中每個星都有自己的見中分，它是行星在一個大週中經過的中氣數。見中法，每個行星都有自己的見中法，它是行星在一個大週期中出現的次數。方楷說：蓋紀母定率，從大週歲數起，於是以一歲數內之見復次數為見中法，亦即為一次見復之比例率數。又以一次見復內之中數為見中分，得此定率，然後比例其式：見中分：見中法＝積中：定見復，而積中之全數可得。❻以元中除積中二句　將積中除以元中，它的餘分稱為中元餘。元中，以日法乘章中得統中，統中的三倍得元中。$81\times228\times3=55404$。❼以章中除之二句　將中元餘除以章中，所得餘數為入章中數。章中，閏法乘歲中得章中，即 $19\times12=228$。❽以十二除之二句　將所得入章中數，再除以十二，便得到中氣數和星次數。十二即是十二中氣數，又是十二星次數。方楷說：爰去其積中整數，而用其餘數者，名曰中餘。今推所見中次，先用積中數，滿元中數去之，其餘尚滿章中數者又去之，再以其餘十二除之，餘數則所見中次也。此積中數不用元中章中除減，若徑以十二除之，其餘數亦同。❾中數四句　求得的餘數，既是中氣數，又是星次數。中氣數從冬至往後推算，星次數從星紀往後推算。❿推星見月　推算五大行星所出現的月分。⓫以閏分六句　以見閏分乘定見復數，以章歲乘中餘，兩個乘積相加，再除以見月法，所得整數商，再與積中數相加，就是積月數，所得餘數稱為月餘。閏分，就是見閏分的省稱。凡五星各有見閏分，為行星在每個大週中所積累的閏分，以章月減章中乘以歲數而得。章歲十九。中餘，即以上所求得的中餘。積中，即以上所求得的積中。見月法，每個行星都有自己的見月法。為行星在一個大週期中所包含的閏法。以閏法乘見中法而得。方楷指出：閏為中與月之較數，故又可以比例而得積閏月數，其式為，閏分：見月法＝積閏月：定見復，由此可得積閏月數。閏既為中與月之較數，則以積閏加於積中，便得積月。⓬以元月四句　以積月數除以元月數，所得餘數名叫月元餘。以章月數再除以月元餘，便得到入章以來的月數。元月，一元的月數。方楷曰：積月下式之月餘數，乃積閏月之餘，非積月數之餘，不與積中相併者也。既得積月，自應與求中次法同推，故亦以元月除之，餘為月元餘。⓭以十二除之三句　從入章月數中，每年遞減十二月，遇有閏之年則減十三月。方楷曰：入章歲數何由得也？蓋前既知入章月數，而再以十二月數除之，其商出之數，必為滿入章內之整歲數，以整歲求得閏數，與十二除入章餘月數相減，於是得星見月數。⓮不盈者數起於天正三句　不滿十二或十三減時，它的數便是從十一月開始計算的行星所見到的月分。⓯推至日　即推算冬至的日期。方楷曰：推至日者，求星見之中首日名也。星所見中次名，本無定而云至日者，舉一名以例其餘耳，非謂一定冬至也。前節推中次，既知本星始見某中某次，則此節所推，即是某中之首日也。⓰以中法四句　以中法乘中元餘，除以元法，整數商為積日，餘數為小餘。中元餘，前面已經求得的數據。中法，章月乘通法得十四萬零五百三十。元法，四千六百一十七。⓱小餘二句　小餘滿二千六百九十七以上為中氣大。⓲數除積日如法　積日滿六十就應當照例除去，數從干支推算。⓳推朔日　推算所見行星之月的朔日干支。⓴以月法四句　以月法乘月元餘，再除以日法，整數商稱為積日，商餘為小餘。月元餘以上已經求出。月法，二千三百九十二為月法。為一個朔望月的分數：$29\frac{43}{81}=\frac{2392}{81}$。㉑小餘三十八以上二句　一個朔望月為二十九又八十一分之四十三，三十八加四十三為八十一，合一日之數，故該月為大月。方楷曰：「推月朔日，與推中首日同理，故以中比中，以月比月，其式則同，小餘三十八以上其月大亦同，前推正月朔條數除如法，必得所見月朔也。」㉒推入中次日度數　推算行星見復時的中氣之日和對應的星次度數。㉓以中法四句　以中法乘中餘，以見中法乘它的小餘相加，再除以見中日法，便得到中氣的日數和星次的度數。中餘前已求出。見中法，每個行星都有自己的見中法。是指行星在一個大週中出現的次數。所以又稱見數或見復數。小餘，指推至日所得的小餘。㉔中以至日數二句　中氣以冬至日數起，星次數從星紀星次數起。方楷曰：前節僅得中首與月朔，而未得零分，故於此條併其中次之餘度分，而知其詳數。其算法為：（中法×中餘＋小餘×見中法）÷見中日法。整日數與小餘數俱合併在內，如法除之，即得入中之日數，與入次之度數矣。五星起每次之初，日月起每次之中，故曰中以至日數，次以次初數。㉕求夕二句　推算金星和水星的夕見，在太陽後面十五度。㉖推入月日數　推算進入某月的日數。方楷曰：前節既推得所見月朔日名矣，今再得入月日數，由朔而推，則日名亦兼可得矣，其推理與推入中日數、入次度數具同，惟彼以中計，此以月計，故所用定率略異。㉗以月法四句　以月法乘月餘，又以見月法乘小餘，將兩數相加，以見月日法除之，便得到入月以來的日數。月餘，前已求出。見月法，為行星一個大週期中所包含的閏法，以閏法乘見中法而得。見月日法，以日法乘見月法，得見月日法。㉘推後見中　推算下一次出現行星時所在的中氣。方楷曰：推後見者，求各星始見後，再見之中次月日度分也。凡推後見中，及後見月之類，皆同一例。㉙加積中二句　紀母所列各星積中數、中餘數。後中餘，上文推星所見中次的中餘。㉚推後見月　行星下一次出現的月分。㉛積月　紀母月所列各星的積月數。㉜加後月餘句　後月餘，上文推星見月的月餘。月餘，紀母目所列的各星月餘數。㉝推至日二句　下一次星出現時的冬至日和中氣、星次數，與上法一樣。依據前面文字，在中次與度數間當缺一日字。㉞推朔日及入月數二句　星下一次出現時的所在月的朔日和日數。原文「月數」中當缺「日」字。㉟推晨見加夕三句　推算金星、水星的晨見要加夕見的有關數值，推算二星夕見要加晨見的有關數值（指二星的晨中分、晨積中、夕中分、夕積中、晨閏分、晨積月、夕閏分、夕積月）。㊱推五步四句　推算五星的行度，以始見以來的日數，乘每天所行度數，所得之數稱為積數。㊲若日有分者三句　星的日數或度數若帶有分數，就將分子乘另一項整數所得積作為被除數，分母作為除數，商數稱為積度。㊳其兩有分者七句　如果兩項都帶有分數，兩個分母各自乘整數，加分子，化成假分數，把兩個分子相乘作為被除數，兩個分母相乘作除數，兩者相除，所得商稱為積度。全，指整數。其中「分度數」三字疑為衍字。㊴數起星初見三句　以積度數，從行星初見時所在宿度數起，數完以後的某個星宿，便是行星所在的宿度。

【語　譯】紀術：

2　推求五星中，外行星的出現和內行星的早晚出現的狀態，設立太極上元以來的年數，乘以大統見數和見復數。除以大週期的年數，所得整數商，就是該星的確定見復數。它的餘數叫作見復餘。見復餘超過見復數的數目，就是去年的見復數，超過見復數的一倍以上，就是前年的見復數，不滿見復數的數目，就是當年的見復數。

3 推求五大行星出現時所在中氣和星次，用見中分乘定見復數，再用見中法去除，所得整數商就是積中。餘數稱為中餘。從積中遞減元中五萬五千四百零四，剩餘的數就是中元餘。以中元餘遞減章中二百二十八，剩餘的數就是進入本章以來的中氣數。從入章中數再遞減十二，剩餘的數，就是五星出現時的中氣和星次序數。中氣序數從冬至算起，星次序數從星紀算起，所當中氣和星次不計在內，就是五星出現所在中氣和星次。

4 推求五大行星所出現的月分，用見閏分乘已確定的見復數，用章歲乘中餘，兩數相加，用見月法去除，所得整數商，加上積中，就是積月。它的餘數就叫月餘。從積月遞減元月五萬七千一百零五，剩餘之數名叫月元餘。從月元餘遞減章月二百三十五，剩餘之數就是入章以來的月數。以入章月數遞減十二，至於有閏月的年分，要減十三。進入本章以來定閏月的標準為，第三年有一個閏月，第六年為第二個閏月，第九年為第三個閏月，第十一年為第四個閏月，第十四年為第五個閏月，第十七年為第六個閏月，第十九年為第七個閏月。按照不滿十二個月的月數，從天正算外起算，就是該星所出現的月分。

5 推求五星出現之年冬至日的干支，用中法一十四萬零五百三十，乘中元餘，用元法四千六百一十七去除，所得整數商名叫積日，其餘數名叫小餘。小餘滿二千五百九十七以上，為中氣大。積日超過六十照例刪除，算外之日為冬至干支。

6 推求五星出現所在月的朔日干支，用月法二千三百九十二乘月元餘，用日法八十一去除，所得整數商名叫積日，其餘數名叫小餘。小餘滿三十八以上為大月。積日數超過六十照例刪除，所得干支的算外，就是該星所見月的朔日干支。

7 推求五星初見時所在中氣的日數和星次度數，用中法一十四萬零五百三十，乘中餘，用見中法乘它的小餘，將兩數合併，用見中日法去除，所得商數，就是星初見時進入中氣的日數，同時也是進入星次的度數。中氣以冬至日數起，星次數從星紀星次數起，所得算外，就是該出現及日所在的度數。推求金星、水星傍晚時出現，在太陽後面十五度。

8 推求五星進入某月的天數，用月法二千三百九十二乘月餘，用見月法乘它的小餘，將兩數合併，用見月日法去除，所得商數，就是該星初見時進入該月的天數。入月日數加上大餘，超過六十就照例刪除，就可以求得五星出現的日期。

9 推求五星下次出現所在的中氣，將積中和中元餘相加，把後中餘和中餘相加，用見中法去除，所得整數商加中元餘，超過十二照例刪除，所得為五星下次出現所在中氣。

10 推求五星下次出現的月分，將積月和月元餘相加，把後月餘和月餘相加，用見月法去除，所得整數商加進月元餘，超過十二照例刪除，就可求得五星下次出現的月分。

11 推求五星下次出現時的冬至日期和出現所在中氣日數及星次度數，仿照上面的方法。

12 推求五星下次出現時的朔日和在月中的日數，也是仿照上面的方法。

13 推求金星、水星的早晨出現，要加上傍晚出現的有關數據，推求它們的傍晚出現，要加上早晨出現的有關數據，都仿照上面的方法。

14 推求五星的所在宿度，設開始出現以來的天數，直到所求的那天，分別用它們的每天平均行度數去乘。星的日數如果有分數，將分子乘另一項整數所得積數，作為被除數，把分母作除數，兩者相除，所得商數名叫積度，兩項都帶有分數的，兩個分母各自乘整數，加分子化成假分數，把兩個分子相乘作為被除數，兩個分母相乘作為除數，兩者相除，所得商數，名叫積度。從五星開始出現所在宿數算起，所在宿不計在內，為所求星所在宿度。

歲術❶

2 推歲所在❷，置上元以來，外所求年，盈歲數，除去之，不盈者以百四十五乘之，以百四十四為法，如法得一，名曰積次，不盈者名曰次餘。積次盈十二，除去之，不盈者名曰定次。數從星紀起，算盡之外，則所在次也❸。欲知太歲，以六十除積次，餘不盈者，數從丙子起，算盡之外，則太歲日也❹。

3 贏縮❺。傳曰：「歲棄其次而旅於明年之次，以害鳥帑，周、楚惡之。」❻五星之贏縮不是過也。過次者殃大，過舍者災小，不過者亡咎❼。次度❽。六物者，歲時日月星辰也。辰者，日月之會而建所指也❾。

4 星紀❿，初斗十二度，大雪。中牽牛初，冬至。於夏為十一月，商為十二月，周為正月。終於婺女七度⓫。

5 玄枵⓬，初婺女八度，小寒。中危初，大寒。於夏為十二月，商為正月，周為二月。終於危十五度。

6 諏訾⓭，初危十六度，立春。中營室十四度，驚蟄。今曰雨水，於夏為正月，商為二月，周為三月。終於奎四度。

7 降婁⓮，初奎五度，雨水。今曰驚蟄。中婁四度，春分。於夏為二月，商為三月，周為四月。終於胃六度。

8 大梁⓯，初胃七度，穀雨。今曰清明。中昴八度，清明。今曰穀雨，於夏為三月，商為四月，周為五月。終於畢十一度。

9 實沈⑯，初畢十二度，立夏。中井初，小滿。於夏為四月，商為五月，周為六月。終於井十五度。

10 鶉首⑰，初井十六度，芒種。中井三十一度，夏至。於夏為五月，商為六月，周為七月。終於柳八度。

11 鶉火，初柳九度，小暑。中張三度，大暑。於夏為六月，商為七月，周為八月。終於張十七度。

12 鶉尾，初張十八度，立秋。中翼十五度，處暑。於夏為七月，商為八月，周為九月。終於軫十一度。

13 壽星⑱，初軫十二度，白露。中角十度，秋分。於夏為八月，商為九月，周為十月。終於氐四度。

14 大火⑲，初氐五度，寒露。中房五度，霜降。於夏為九月，商為十月，周為十一月。終於尾九度。

15 析木⑳，初尾十度，立冬。中箕七度，小雪。於夏為十月，商為十一月，周為十二月。終於斗十一度。

16 角十二。亢九。氐十五。房五。心五。尾十八。箕十一。
東七十五度。

17 斗二十六。牛八。女十二。虛十。危十七。營室十六。壁九。
北九十八度。

18 奎十六。婁十二。胃十四。昴十一。畢十六。觜二。參九。
西八十度。

19 井三十三。鬼四。柳十五。星七。張十八。翼十八。軫十七。
南百一十二度㉑。

20 九章歲為百七十一歲，而九道小終，九終千五百三十九歲而大終，三終而與元終㉒。進退於牽牛之前四度五分。九會㉓。陽以九終，故日有九道，陰兼而成之，故月有十九道㉔。陽名成功，故九會而終。四營而成易，故四歲中餘一㉕，四章而朔餘一，為篇首㉖，八十一章而終一統。

21 一，甲子元首。漢太初元年。十，辛酉。十九，己未。二十八，丁巳。
三十七，乙卯。四十六，壬子。五十五，庚戌。六十四，戊申。七十三，丙午，中。

甲辰二統。辛丑。己亥。丁酉。乙未。壬辰。庚寅。戊子。
丙戌，季。
甲申三統。辛巳。己卯。丁丑。文王四十二年。乙亥。微二十六年。壬
申。庚午。戊辰。丙寅，孟。愍二十二年。
22 二，癸卯。十一，辛丑。二十，己亥。二十九，丁酉。三十八，甲
午。四十七，壬辰。五十六，庚寅。六十五，戊子。七十四，乙酉，中。
癸未。辛巳。己卯。丁丑。甲戌。壬申。庚午。戊辰。乙
丑，季。
癸亥。辛酉。己未。丁巳。周公五年。甲寅。壬子。庚戌。戊
申。元四年。乙巳，孟。
23 三，癸未。十二，辛巳。二十一，己卯。三十，丙子。三十九，甲
戌。四十八，壬申。五十七，庚子。六十六，丁卯。七十五，乙丑，中。
癸亥。辛酉。己未。丙辰。甲寅。壬子。庚戌。丁未。乙
巳，季。
癸卯。辛丑。己亥。丙申。甲午。壬辰。庚寅。成十二年。丁

亥。乙酉，孟。

24 四，癸亥。初元二年。十三，辛酉。二十二，戊午。三十一，丙辰。四十，甲寅。四十九，壬子。五十八，己酉。六十七，丁未。七十六，乙巳，中。

癸卯。辛丑。戊戌。丙申。甲午。壬辰。己丑。丁亥。乙酉，季。

癸未。辛巳。戊寅。丙子。甲戌。壬申。惠三十八年。己巳。丁卯。乙丑，孟。

25 五，癸卯。河平元年。十四，庚子。二十三，戊戌。三十二，丙申。四十一，甲午。五十，辛卯。五十九，己丑。六十八，丁亥。七十七，乙酉，中。

癸未。庚辰。戊寅。丙子。甲戌。辛未。己巳。丁卯。乙丑，季。商太甲元年。

癸亥。庚申。戊午。丙辰。甲寅。獻十五年。辛亥。己酉。丁未。乙巳，孟。楚元三年。

26
六，壬午。　十五，庚辰。　二十四，戊寅。　三十三，丙子。　四十二，
癸酉。　五十一，辛未。　六十，己巳。　六十九，丁卯。　七十八，甲子，中。
壬戌。　庚申。　戊午。　丙辰。　癸丑。　辛亥。　己酉。　丁未。　甲
辰，季。
壬寅。　庚子。　戊戌。　丙申。煬二十四年。　癸巳。　辛卯。　己丑。
丁亥。康四年。　甲申，孟。

27
七，壬戌。始建國三年。　十六，庚申。　二十五，戊午。　三十四，乙卯。
四十三，癸丑。　五十二，辛亥。　六十一，己酉。　七十，丙午。　七十九，
甲辰，中。
壬寅。　庚子。　戊戌。　乙未。　癸巳。　辛卯。　己丑。　丙戌。　甲
申，季。
壬午。　庚辰。　戊寅。　乙亥。　癸酉。　辛未。　己巳。定七年。　丙
寅。　甲子，孟。

28
八，壬寅。　十七，庚子。　二十六，丁酉。　三十五，乙未。　四十四，
癸巳。　五十三，辛卯。　六十二，戊子。　七十一，丙戌。　八十，甲申，中。

壬午。庚辰。丁丑。乙亥。癸酉。辛未。戊辰。丙寅。甲子，季。

壬戌。庚申。丁巳。乙卯。癸丑。辛亥。僖五年。戊申。丙午。甲辰，孟。

29 九，壬午。十八，己卯。二十七，丁丑。三十六，乙亥。四十五，癸酉。五十四，庚午。六十三，戊辰。七十二，丙寅。八十一，甲子，中。

壬戌。己未。丁巳。乙卯。癸丑。庚戌。戊申。丙午。甲辰，季。

壬寅。己亥。丁酉。乙未。癸巳。懿九年。庚寅。戊子。丙戌。甲申，孟。元朔六年。[27]

30 推章首朔旦冬至日，置大餘三十九，小餘六十一，數除如法，各從其統首起。求其後章，當加大餘三十九，小餘六十一，各盡其八十一章[28]。

31 推篇，大餘亦如之，小餘加一。求周至，加大餘五十九，小餘二十一。

【章旨】以上論述歲術，為推木星每年所在星次和太歲歲名，並藉此用以紀歲。其中含有二十八宿距度表、十二星次起迄宿度表、《三統曆》一元中各章章首冬至合朔之日干支表。

【注釋】❶歲術　為推木星每年所在星次和太歲歲名，並藉此用以紀歲。❷推歲所在　由於木星差不多一歲行一個星次，十二年行一周，故古人用以紀年，它對應於十二地支，故人們便想到以木星的運行週期來紀歲，稱木星為歲星。推歲所在，即推木星的所在位置，即在星空中的星次和在干支週中的位置。❸置上元十五句　木星的大週為一千七百二十八，即為木星歲數。它等於〈坤〉策一百四十四的十二倍。《三統曆》巧妙地將〈坤〉策取為木星乘餘小分之分母。即為木星每歲行一又一百四十四分之一星次。故計算木星所在，盈歲數除去之，以餘數乘一百四十五，再除以一百四十四，得到積次，積次除以十二，得到定次，用它來確定木星該年所在星次。❹欲知太歲六句　求出的積次，不但可以用來推求木星所在星次，同時還可用來推算太歲所在。這裡太歲的週期實際不用十二，而是用六十，故曰「以六十除積次」。所得商餘，從六十丙子起算，所得稱之為太歲日。什麼叫太歲日？舊注均未說明其實際含義，它當是《三統曆》太歲紀年的歲名。❺贏縮　上古推算天體運動，大多以平均速度計算，超過平均位置為贏，不足為縮。此處借用以平均行度推出的木星方位，來判斷實際是贏還是縮，據此判斷禍福。這段內文是用於星占的。❻傳曰四句　此段引文出自《左傳．襄公二十八年》。該年有關歲星占的記載共有兩處，此為第二處。其所闡述的木星所在星次，按推算當位於星紀，但實際觀測則發現它已贏於玄枵。所以說「旅於明年之次」。害鳥帑，對鳥身、鳥尾有害。鳥身、鳥尾，指星占上鶉火、鶉尾星次所對應的周和楚兩地。帑，鳥尾。《左傳》疏：「妻子為人之後，鳥尾亦鳥之後，故俱以帑為言也。」周楚惡之，周楚兩地有害，有凶兆。❼五星四句　此處「五星」二字，實指木星。贏縮不是過也，贏縮的現象並不是行過，它只是一種偶然的現象，或是天帝意志使然。過次者殃大，贏縮超過一個星次，那麼所發生的災禍就大了。木星贏縮所引起的災禍，並不是普天之下的，有災之地，當為不該在之處，或其所處對衝之國。此處之引言主要是指對衝的國家。因為贏於玄枵，玄枵的對衝為鶉火，其災禍非但在於鶉火，而且危及鶉尾，鶉火、鶉尾的對應之地為周、楚，故曰周、楚惡之。過舍者災小，舍即二十八宿之一宿，每宿平均為十三度多。平均二舍半為一次。義為歲星贏縮只超過一舍，還不到一個星次之時，則產生的災禍小。不過者亡咎，雖然發生了贏縮，但其超過或落後不到一舍之時，就沒有危害。❽次度　此二字無解，當為衍字。❾辰者二句　日月交會之處稱為辰，斗建所指亦為辰。❿星紀　〈律曆志上〉曰：「日月初躔，星之紀也。」故星紀的含義為星之紀也，即以十二星次或二十八宿計量日月五星行度或位置的起始點。⓫初

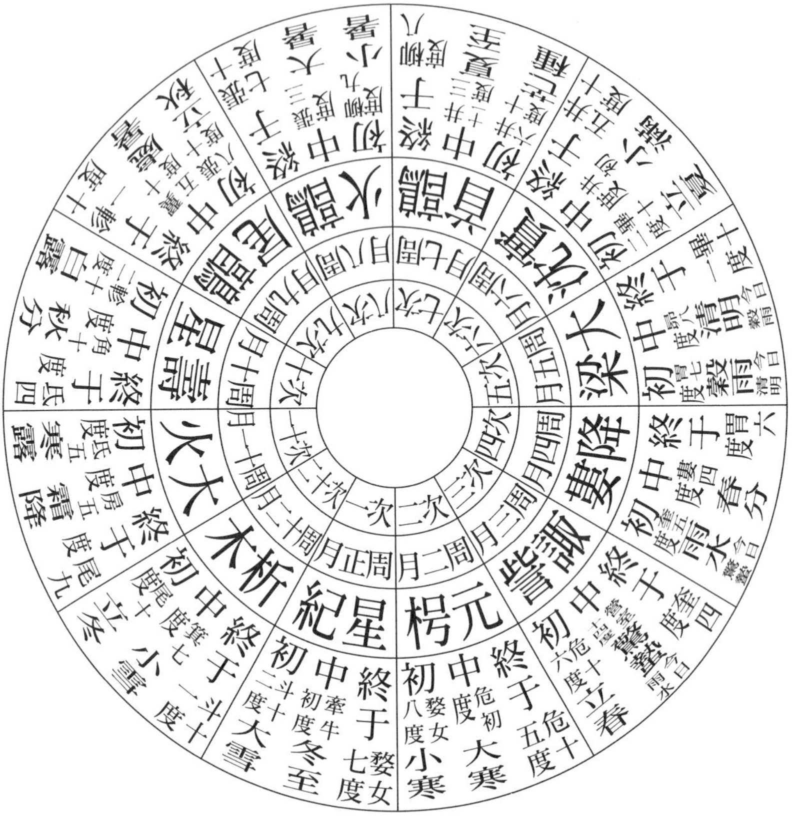

圖四　十二星次圖

斗十二度八句　《三統曆》載明十二星次的初始經度、中界經度和末尾經度，並且將初始與節氣相對應，中點與中氣相對應，這就表明十二星次僅與每月太陽在星座中行經的位置有關。星紀所在月對應於農曆十一月，節氣為大雪，中氣為冬至。自此以後的中國古代曆法，均測量記載十二星次起訖的經度。由於歲差的原因，使得每個時代星次的起訖度都不相同。不過在劉歆制訂《三統曆》時，尚未認識到歲差現象。由於節氣和中氣是由太陽的位置決定的，而日月相會為朔，古曆以冬至合朔為曆元，故曰天體在曆元時的起點為日月起其中，五星起其初。⑫玄枵　玄枵星次名稱的含義，以往天文學家都不涉及，其實其含義是明確的，《開元占經》曰：「玄枵，黃帝之適子也。」《史記》中寫為玄囂，為同音之異寫。《國語》又將玄枵稱之為天黿，而《左傳》又將其稱為顓頊之墟。⑬諏訾　人們對這一星次名含義的解釋，僅止於正月。但為什麼正月稱為諏訾之月呢？《史記·五帝本紀》載帝嚳娶娵訾氏女生摯，摯曾繼帝嚳位為帝。故這個諏訾星次之名，當出自娵訾民族。諏訾一曰豕韋。⑭降婁　婁宿處其中，它當與婁宿的婁字有關。在遠古自西羌遷居中原的民族中有婁人，降婁當與降生婁人之義有關。十二星次表中，驚蟄與雨水倒置，是劉歆據《夏小正》改。⑮大梁　大梁的分野一說魏。魏曾建都大梁，故大梁一名當與魏都有關。⑯實沈　《左傳·昭公元年》載高辛氏有二子，長曰閼伯，次曰實沈。實沈星次之名當源出於此。⑰鶉首　鶉者鵪鶉之鳥也。下文「鶉火」、「鶉尾」意同。〈夏小正〉曾多處以鶉鳥的出入為物候，此處之三鶉，當為鶉鳥的頭、身、尾三個星次名。這三個星次，又合為黃道帶四象中的南方朱雀。與其相對應，壽星、大火、析木為對應於東方蒼龍的三個星次，星紀、玄枵、諏訾為對應於北方玄武的三個星次，降婁、大梁、實沈為對應於西方白虎的三個星次。又大棣為鶉首的異名，鳥帑為鶉尾的異名。⑱壽星　與長壽之義有關，人們說法不一，也許與軫宿中含長沙一星有關。長沙星與長壽之星有關，而軫宿為壽星星次的起點。⑲大火　該星次名，當源出於大火即心宿之名。大火星為大火星次中的主星。⑳析木　含義尚不很明確，據何光岳考證，析木一名，很可能與遠古的析人和木人有關。方楷據《三統曆》十二星次之內容作圓圖，今引載如下（見圖四）。㉑南百一十二度　自《三統曆》始，在曆法中載明了二十八宿中各宿的距度。但是，至少從春秋時代開始，中國天文學已有了二十八宿距度的記載，即文獻中所謂古度。那是與《三統曆》所載距度和宿名均相差很大的另外一套系統。如果將《三統曆》與後漢《四分曆》相對比，此即是《四分曆》中的赤道距度，幾乎沒有什麼不同，《四分曆》另有二十八宿的黃道距度，《三統曆》不載。但也有一點不同，中國天文學將一歲曆日與周天度數完全對等。故《四分曆》的周天為$365\frac{1}{4}$度。以此類推，《三統曆》的周天也當為$365\frac{385}{1539}$，而從上文可以看出，二十八宿的總距度為三百六十五度整，無零分。沒有零分在曆法中是無法推算的，所以方楷指出它一定有零分，這個零分也當出現在它的對應部位斗宿，於是，方楷將《三統曆》二十八宿距度重列星度表如次。

星度

東	北	西	南
角十二	斗二十六 三百八十五分	奎十六	井三十三
亢九	牛八	婁十二	鬼四
氐十五	女十二	胃十四	柳十五
房五	虛十	昴十一	星七
心五	危十七	畢十六	張十八
尾十八	營室十六	觜二	翼十八
箕十一	壁九	參九	軫十七
東七十五度	北九十八度三百八十五分	西八十度	南百一十二度

凡三百六十五度一千五百三十九分度之三百八十五

㉒九章歲四句　《三統曆》在此處引入一個新概念，稱之為九道。九章歲稱為九道小終，則九道是以九歲為週期的數。關於九道的概念，有多種不同的意見。《三統曆》作者劉歆的父親劉向，在其《五紀論》中就有關於九道的論述：「青道二出黃道東，白道二出黃道西，黑道二出北，赤道二出南。」因此，所謂九道是：黃道一、青道二、赤道二、白道二、黑道二。按清代俞正燮的意見，九道是用來解釋日行的，為了區別四時，將太陽的四時行道，分別以青赤白黑黃來表示。九章的九倍一百七十一歲，稱之為九道小終。而小週的九倍一千五百三十九歲就稱之為大終。大終之歲數與統數相合。大終的三倍又與元合。㉓進退於牽牛二句　日月交會的週期為五百一十三歲。九會之數：513×9=4617，與元終之數相合。㉔陽以九終四句　是說陽的終數為九，故曰有九道，陰的終數為十，並包含陽的終數，故月有十九道。有一種觀點認為，日行九道是近點月的推算方法，《後漢書·律曆志》載賈逵說：月「一月移固所疾處三度，九歲九道一復」，這個九歲九道一復，正合於近點月的週期。對於「月有十九道，則合於交點月」的週期十八年半，近於十九歲。月道與黃道的交點，每月西退一度多。㉕四歲中餘一　在四歲裡面餘下小餘一。因為每歲有大餘五日，小餘三百八十五分，分母為1539，由下式 $5\frac{385}{1539}\times4=21\frac{1}{1539}$，得大餘二十一，小餘一。㉖為篇首　《三統曆》以四章為一篇，相當於《四分曆》中的蔀，這個單位在計算中很少使用。㉗一甲子元首至元朔六年　以上即是已經推算出的按《三統曆》法的曆譜，它起自甲子元首，以一章十九歲為單位，每章都給出一個首日干支，並在干支日名前載明所在章的序數。每一統計有八十一章，這八十一個首日干支和章序順次作縱向排列，共成九列，合計為八十一章。第二統、第三統也都給出了各章首日干支，但為了節省篇幅，各首日干支前省去了章序。舉例加以說明，第一行開頭「一，甲子」三字，表明在孟統的第一章首日干支為甲子，它對應於太初元年。第八行「二，癸卯」三字，為孟統第二章首日干支癸卯。第十四行「三，癸未」，為孟統第三章首日干支癸未，第二十行「四，癸亥」為第四章首日干支癸亥，第二十七行「五，癸卯」為第五章首日癸卯，直至第五十三行「九，壬午」，為第九章首日壬午，第一行中間「十，辛酉」三字，為第十章首日辛酉，以下順次類推。可得孟統八十一章一千五百三十九歲各章首日干支，同例也可推得仲統、季統各章首日干支。表中出現的孟仲季三字均發生錯位，均當置於三統之首。干支後附上的帝王名或年號，愍即魯閔公，微即魯微公，周公即姬旦，元即魯元公，成即魯成公，惠即魯惠公，獻、煬、康、定、僖、懿分別為魯獻公、煬公、康公、定公、僖公、懿公，初元、河平為漢成帝年號，元朔為漢武帝年號，楚元為漢初封國楚元王，即劉歆高祖，商太甲為商第四代王，始建國為

王莽年號。從曆譜表的注文可以看出，有紀年歷史的帝王首起為第三統第二十八章章首朔日冬至為丁酉日，為周文王四十二年，直至第三統第八十一章章首朔日冬至為甲申日，對應於漢武帝元朔六年。再經過一章十九年，便是下一元的元首，也即第一統第一章章首朔日冬至為甲子，對應於太初元年年前冬至。所以，太初元年為《三統曆》的元首。㉘推章首朔旦冬至日九句　每個章歲，有六千九百三十九日六十一分。以日數遞減六十，最後餘數為三十九，這便是以上所述大餘三十九、小餘六十一的來歷。將大餘加在上一章首日數之上，便可推得本章朔日冬至日數。用其小餘，乘以十二，除以八十一，還可推得冬至合朔發生的時刻。

【語譯】歲術：

2　推求木星所在星次，設置上元以來年數，除去所求的那一年，遞減木星大週期一千七百二十八，剩餘之數，用一百四十五去乘，再用一百四十四去除，所得整數商名叫積次，它的餘數名叫次餘。從積次遞減十二，剩餘之數，名叫定次。從星紀次算起，算完之後，就是木星所在星次。要想知道太歲所在干支的歲名，以歲星的積次遞減六十，依照剩餘的數目，從丙子算起，算完之後，就是太歲的干支。

3　五星出現在超前稱為贏，落後稱為縮。《左傳》說：「木星拋開它正常到達的星次，而寄居於明年該在的星次，有害於本該所在的鶉尾星次的分野，所以對周王朝和楚國都是有害不吉利的年分。」五星的超前或落後，沒有比這更嚴重的了。歲星贏縮的程度，超過一個星次的災禍大，僅過一至二宿而不過次的災禍小，不過一宿的贏縮現象，就沒有災禍。年歲、四時、太陽、月亮、五星和辰位，稱之為六物。辰是指每月的日月交會之點和斗柄的指向。

〔十二星次起訖宿度：〕

4　星紀：起點在斗宿十二度，對應於大雪節氣。中點在牛宿初度，對應於冬至中氣。對於夏曆為十一月，殷曆為十二月，周曆為正月。終點在女宿七度。

5　玄枵：起點在女宿八度，對應於小寒節氣。中點在危宿初度，對應於大寒中氣。對於夏曆為十二月，殷曆為正月，周曆為二月。終點在危宿十五度。

6 諏訾：起點在危宿十六度，對應於立春節氣。中點在營室十四度，對應於驚蟄中氣。現今叫作雨水。對於夏曆為正月，殷曆為二月，周曆為三月。終點為奎宿四度。

7 降婁：起點在奎宿五度，對應於雨水節氣。對於現今為驚蟄。中點在婁宿四度，對應於春分中氣。對於夏曆為二月，殷曆為三月，周曆為四月。終點在胃宿六度。

8 大梁：起點在胃宿七度，對應於穀雨節氣。現今稱為清明。中點在昴宿八度，對應於清明中氣。現今稱為穀雨。對於夏曆為三月，殷曆為四月，周曆為五月。終點在畢宿十一度。

9 實沈：起點在畢宿十二度，對應於立夏節氣。中點在井宿初度，對應於小滿中氣。對於夏曆為四月，殷曆為五月，周曆為六月。終點在井宿十五度。

10 鶉首：起點在井宿十六度，對應於芒種節氣。中點在井宿三十一度，對應於夏至中氣。對於夏曆為五月，殷曆為六月，周曆為七月。終點在柳宿八度。

11 鶉火：起點在柳宿九度，對應於小暑節氣。中點在張宿三度，對應於大暑中氣。對於夏曆為六月，殷曆為七月，周曆為八月。終點在張宿十七度。

12 鶉尾：起點在張宿十八度，對應於立秋節氣。中點在翼宿十五度，對應於處暑中氣。對於夏曆為七月，殷曆為八月，周曆為九月。終點在軫宿十一度。

13 壽星：起點在軫宿十二度，對應於白露節氣。中點在角宿十度，對應於秋分中氣。對於夏曆為八月，殷曆為九月，周曆為十月。終點在氐宿四度。

14 大火：起點在氐宿五度，對應於寒露節氣。中點在房宿五度，對應於霜降中氣。對於夏曆為九月，殷曆為十月，周曆為十一月。終點在尾宿九度。

15 析木：起點在尾宿十度，對應於立冬節氣。中點在箕宿七度，對應於小雪中氣。對於夏曆為十月，殷曆為十一月，周曆為十二月。終點在斗宿十一度。

〔二十八宿赤道距度：〕

16 角十二　亢九　氐十五　房五　心五　尾十八　箕十一

東方七宿計七十五度

17 斗二十六　牛八　女十二　虛十　危十七　營室十六　壁九

北方七宿計九十八度

18 奎十六　婁十二　胃十四　昴十一　畢十六　觜二　參九

西方七宿計八十度

19 井三十三　鬼四　柳十五　星七　張十八　翼十八　軫十七

南方七宿計一百一十二度

20 九章的歲數，共計為一百七十一歲，為月亮運行九條軌道的小週期，九個小週期一千五百三十九年，構成了一個大週期，三個大週期而正好與一元的歲數相合。曆元時的冬至點，在進退牽牛前方四度五分的地方。日月的九次交會，構成一元的歲數。陽數以九為終數，所以太陽有九條軌道，陰數十包含陽數九才生成萬物，所以月亮運行有十九條軌道。陽氣成就事功，所以九會而成一元。揲蓍經過四步而成爻象，所以四年之後有中餘一分，四章歲而有朔餘一分，作為篇首，八十一章而成為一統。

〔《三統曆》一元中各章章首冬至合朔之日干支表：〕

21

章次／統次／首日干支	孟統甲子統首	仲統甲辰統首	季統甲申統首
一	甲子 漢太初元年	甲辰	甲申
二	癸卯	癸未	癸亥
三	癸未	癸亥	癸卯
四	癸亥 初元二年	癸卯	癸未
五	癸卯 河平元年	癸未	癸亥
六	壬午	壬戌	壬寅
七	壬戌 始建國三年	壬寅	壬午
八	壬寅	壬午	壬戌
九	壬午	壬戌	壬寅

22

章次／統次／首日干支	孟統甲子統首	仲統甲辰統首	季統甲申統首
十	辛酉	辛丑	辛巳
十一	辛丑	辛巳	辛酉
十二	辛巳	辛酉	辛丑
十三	辛酉	辛丑	辛巳
十四	庚子	庚辰	庚申
十五	庚辰	庚申	庚子
十六	庚申	庚子	庚辰
十七	庚子	庚辰	庚申
十八	己卯	己未	己亥

章次 \ 統次 首日干支	孟統甲子統首	仲統甲辰統首	季統甲申統首
十九	己未	己亥	己卯
二十	己亥	己卯	己未
二十一	己卯	己未	己亥
二十二	戊午	戊戌	戊寅
二十三	戊戌	戊寅	戊午
二十四	戊寅	戊午	戊戌
二十五	戊午	戊戌	戊寅
二十六	丁酉	丁丑	丁巳
二十七	丁丑	丁巳	丁酉

章次 \ 統次 首日干支	孟統甲子統首	仲統甲辰統首	季統甲申統首
二十八	丁巳	丁酉	丁丑 周文王四十二年
二十九	丁酉	丁丑	丁巳 魯周公五年
三十	丙子	丙辰	丙申
三十一	丙辰	丙申	丙子
三十二	丙申	丙子	丙辰
三十三	丙子	丙辰	丙申 魯煬公二十四年
三十四	乙卯	乙未	乙亥
三十五	乙未	乙亥	乙卯
三十六	乙亥	乙卯	乙未

章次／首日干支／統次	孟統甲子統首	仲統甲辰統首	季統甲申統首
三十七	乙卯	乙未	乙亥 魯微公二十六年
三十八	甲午	甲戌	甲寅
三十九	甲戌	甲寅	甲午
四十	甲寅	甲午	甲戌
四十一	甲午	甲戌	甲寅 魯獻公十五年
四十二	癸酉	癸丑	癸巳
四十三	癸丑	癸巳	癸酉
四十四	癸巳	癸酉	癸丑
四十五	癸酉	癸丑	癸巳 魯懿公九年

章次／首日干支／統次	孟統甲子統首	仲統甲辰統首	季統甲申統首
四十六	壬子	壬辰	壬申
四十七	壬辰	壬申	壬子
四十八	壬申	壬子	壬辰
四十九	壬子	壬辰	壬申 魯惠公三十八年
五十	辛卯	辛未	辛亥
五十一	辛未	辛亥	辛卯
五十二	辛亥	辛卯	辛未
五十三	辛卯	辛未	辛亥 魯僖公五年
五十四	庚午	庚戌	庚寅

章次 首日干支 統次	孟統甲子統首	仲統甲辰統首	季統甲申統首
五十五	庚戌	庚寅	庚午
五十六	庚寅	庚午	庚戌
五十七	庚子	庚戌	庚寅 魯成公十二年
五十八	己酉	己丑	己巳
五十九	己丑	己巳	己酉
六十	己巳	己酉	己丑
六十一	己酉	己丑	己巳 魯定公七年
六十二	戊子	戊辰	戊申
六十三	戊辰	戊申	戊子

章次 首日干支 統次	孟統甲子統首	仲統甲辰統首	季統甲申統首
六十四	戊申	戊子	戊辰
六十五	戊子	戊辰	戊申 魯元公四年
六十六	丁卯	丁未	丁亥
六十七	丁未	丁亥	丁卯
六十八	丁亥	丁卯	丁未
六十九	丁卯	丁未	丁亥 魯康公四年
七十	丙午	丙戌	丙寅
七十一	丙戌	丙寅	丙午
七十二	丙寅	丙午	丙戌

29

章次	孟統甲子統首	仲統甲辰統首	季統甲申統首
七十三	丙午	丙戌	丙寅 魯閔公二十三年
七十四	乙酉	乙丑	乙巳
七十五	乙丑	乙巳	乙酉
七十六	乙巳	乙酉	乙丑
七十七	乙酉	乙丑 商太甲元年	乙巳 楚元王三年
七十八	甲子	甲辰	甲申
七十九	甲辰	甲申	甲子
八十	甲申	甲子	甲辰
八十一	甲子	甲辰	甲申 元朔六年

30 推求各章章首冬至合朔之日的干支，以大餘三十九，小餘六十一，各從它的統首算起。推求以後各章章首，則遞加大餘三十九，小餘六十一，一直到各統的八十一章。

31 推求篇首冬至合朔之日的干支，以大餘三十五，小餘一相加。推求周至合朔的干支，要加大餘五十九，小餘二十一。

世經❶

2 春秋昭公❷十七年「郯子來朝❸」，傳❹曰：昭子問少昊氏鳥名何故，對曰：「吾祖也，我知之矣。昔者，黃帝氏以雲紀，故為雲師而雲名❺；炎帝氏以火紀，故為火師而火名；共工氏以水紀，故為水師而水名；太昊氏以龍紀，故為龍師而龍名。我高祖少昊摯之立也，鳳鳥適至，故紀於鳥，為鳥師而鳥名。」言郯子據少昊受❻黃帝，黃帝受炎帝，炎帝受共工，共工受太昊，故先言黃帝，上及太昊。稽之於易，炮犧、神農、黃帝相繼之世可知❼。

3 太昊帝❽　易曰：「炮犧氏之王天下也。」言炮犧繼天而王，為百王先，首德始於木，故為帝太昊❾。作罔罟以田漁❿，取犧牲⓫，故天下號曰炮犧氏。祭典⓬曰：「共工氏伯九域⓭。」言雖有水德，在火木之間，非其序也。任知刑以彊，故伯而不王⓮。秦以水德，在周、漢木火之間。周人遷其行序，故易不載。

4 炎帝　易曰：「炮犧氏沒，神農氏作。」言共工伯而不王，雖有水德，非其序也。以火承木，故為炎帝。教民耕農，故天下號曰神農氏。

5 黃帝　易曰：「神農氏沒，黃帝氏作。」火生土，故為土德。與炎帝之後戰於阪泉，遂王天下。始垂衣裳，有軒、冕之服⓯，故天下號曰軒轅氏。

6 少昊帝　考德⓰曰：「少昊曰清。」清者，黃帝之子清陽也，是其子孫名摯立。土生金，故為金德，天下號曰金天氏。周遷其樂，故易不載，序於行。

7 顓頊帝　春秋外傳⓱曰，少昊之衰，九黎亂德⓲，顓頊受之，迺命重、黎⓳。

蒼林昌意之子也[20]。金生水，故為水德，天下號曰高陽氏。周遷其樂，故易不載，序於行。

8 帝嚳　春秋外傳曰，顓頊之所建，帝嚳受之。清陽玄囂之孫[21]也。水生木，故為木德，天下號曰高辛氏。帝摯繼之，不知世數。周遷其樂，故易不載。周人禘[22]之。

9 唐帝　帝系[23]曰，帝嚳四妃，陳豐生帝堯，封於唐。蓋高辛氏衰，天下歸之。木生火，故為火德，天下號曰陶唐氏。讓天下於虞，使子朱處于丹淵[24]為諸侯。即位七十載。

10 虞帝　帝系曰，顓頊生窮蟬，五世而生瞽叟[25]，瞽叟生帝舜。處虞之媯汭，堯嬗以天下。火生土，故為土德，天下號曰有虞氏。讓天下於禹，使子商均為諸侯。即位五十載。

11 伯禹[26]　帝系曰，顓頊五世而生鯀，鯀生禹，虞舜嬗以天下。土生金，故為金德，天下號曰夏后氏。繼世十七王，四百三十二歲。

12 成湯[27]　書經湯誓湯伐夏桀。金生水，故為水德，天下號曰商。後曰殷。

13 三統，上元至伐桀之歲，十四萬一千四百八十歲，歲在大火房五度，故傳曰：

「大火，閼伯之星也。」實紀商人[28]。後為成湯，方即世崩沒之時，為天子用事十三年矣。商十二月乙丑朔旦冬至，故書序曰：「成湯既沒，太甲元年，使伊尹作伊訓。」伊訓篇曰：「惟太甲元年十有二月乙丑朔，伊尹祀于先王，誕資有牧方明[29]。」言雖有成湯、太丁、外丙[30]之服，以冬至越茀祀先王[31]于方明以配上帝，是朔旦冬至之歲也。後九十五歲，商十二月甲申朔旦冬至，亡餘分，是為孟統[32]。自伐桀至武王伐紂，六百二十九歲，故傳曰殷「載祀六百」。

14 殷曆曰，當成湯方即世用事十三年，十一月甲子朔旦冬至，終六府首[33]。當周公五年，則為距伐桀四百五十八歲，少百七十一歲，不盈六百二十九。又以夏時乙丑為甲子，計其年迺孟統後五章，癸亥朔旦冬至也。以為甲子府首，皆非是[34]。凡殷世繼嗣三十一王，六百二十九歲。

15 四分[35]，上元至伐桀十三萬二千一百一十三歲，其八十八紀，甲子府首，入伐桀後百二十七歲。

16 春秋曆[36]，周文王四十二年十二月丁丑朔旦冬至，孟統之二會首也。後八歲而武王伐紂。

17 武王 書經牧誓武王伐商紂。水生木，故為木德，天下號曰周室。

18 三統，上元至伐紂之歲，十四萬二千一百九歲，歲在鶉火張十三度。文王受命九年而崩[37]，再期，在大祥而伐紂[38]，故書序曰：「惟十有一年，武王伐紂，作太誓。」八百諸侯會。還歸二年，乃遂伐紂克殷，以箕子歸，十三年也。故書序曰：「武王克殷，以箕子歸，作洪範。」洪範篇曰：「惟十有三祀，王訪于箕子。」自文王受命而至此十三年，歲亦在鶉火，故傳曰：「歲在鶉火，則我有周之分壄也。」[39]師初發，以殷十一月戊子，日在析木箕七度，故傳曰：「日在析木。」是夕也，月在房五度。房為天駟，故傳曰：「月在天駟[40]。」後三日得周正月辛卯朔，合辰在斗前一度，斗柄也，故傳曰：「辰在斗柄[41]。」明日壬辰，晨星始見[42]。癸巳武王始發，丙午還師，戊午度于孟津[43]。孟津去周九百里，師行三十里，故三十一日而度。明日己未冬至，晨星與婺女[44]伏，歷建星及牽牛，至於婺女天黿之首，故傳曰：「星在天黿[45]。」周書武成篇：「惟一月壬辰，旁死霸，若翌日癸巳[46]，武王乃朝步自周，于征伐紂。」序曰：「一月戊午，師度于孟津。」至庚申，二月朔日也。四日癸亥，至牧壄[47]，夜陳，甲子昧爽而合矣[48]。故外傳[49]曰：「王以二月癸亥夜陳。」武成篇曰：「粵若來三月，既死霸[50]，粵五日甲子，咸劉商王紂[51]。」是歲也，閏數餘十八，正大寒中，在周二月己丑晦。

明日閏月庚寅朔。三月二日庚申驚蟄。四月己丑朔死霸。死霸，朔也；生霸，望也[52]。是月甲辰望，乙巳，旁之，故武成篇曰：「惟四月既旁生霸，粵六日庚戌，武王燎于周廟[53]。翌日辛亥，祀于天位。粵五日乙卯，乃以庶國祀馘于周廟[54]。」

19 文王十五而生武王，受命九年而崩，崩後四年而武王克殷。克殷之歲八十六矣，後七歲而崩。故禮記文王世子曰：「文王九十七而終，武王九十三而終。」凡武王即位十一年，周公攝政五年，正月丁巳朔旦冬至，殷曆以為六年戊午，距煬公[55]七十六歲，入孟統二十九章首也。後二歲，得周公七年「復子明辟」之歲[56]。是歲二月乙亥朔，庚寅望，後六日得乙未。故召誥曰：「惟二月既望[57]，粵六日乙未。」又其三月甲辰朔，三日丙午。召誥曰：「惟三月丙午朏[58]。」古文月采篇曰：「三日曰朏。」是歲十二月戊辰晦，周公以反政。故洛誥篇曰：「戊辰，王在新邑，烝祭歲，命作策[59]，惟周公誕保文、武受命，惟七年[60]。」

20 成王元年正月己巳朔，此命伯禽俾侯于魯[61]之歲也。後三十年四月庚戌朔，十五日甲子哉生霸。故顧命曰「惟四月哉生霸[62]，王有疾不豫[63]，甲子，王乃洮沬水[64]」，作顧命。翌日乙丑，成王崩。康王十二年六月戊辰朔，三日庚午，故畢命、豐刑曰：「惟十有二年六月庚午朏，王命作策豐刑。」

21 春秋、殷曆皆以殷魯65，自周昭王以下亡年數66，故據周公、伯禽以下為紀。魯公伯禽，推即位四十六年，至康王十六年而薨。故傳曰「燮父、禽父並事康王」，言晉侯燮、魯公伯禽俱事康王也67。子考公就立，酋68。考公，世家，即位四年，及煬公熙立。煬公二十四年正月丙申朔旦冬至，殷曆以為丁酉，距微公七十六歲。

22 世家，煬公即位六十年，子幽公宰立。幽公，世家，即位十四年，及微公茀立。潰微公二十六年正月乙亥朔旦冬至，殷曆以為丙子，距獻公七十六歲。

23 世家，微公即位五十年，子厲公翟立，擢。厲公，世家，即位三十七年，及獻公具立。獻公十五年正月甲寅朔旦冬至，殷曆以為乙卯，距懿公七十六歲。

24 世家，獻公即位五十年，子慎公埶立，嗅。慎公，世家，即位三十年，及武公敖立。武公，世家，即位二年，子懿公被立，戲69。懿公九年正月癸巳朔旦冬至，殷曆以為甲午，距惠公七十六歲。

25 世家，懿公即位九年，兄子柏御立。柏御，世家，即位十一年，叔父孝公稱立。孝公，世家，即位二十七年，子惠公皇立。惠公三十八年正月壬申朔旦冬至，殷曆以為癸酉，距釐公七十六歲。

26 世家，惠公即位四十六年，子隱公息立。

27 凡伯禽至春秋，三百八十六年。

28 春秋隱公，春秋，即位十一年，及桓公軌立。此元年上距伐紂四百歲。桓公，春秋，即位十八年，子莊公同立。莊公，春秋，即位三十二年，子愍公啟方立。愍公，春秋，即位二年，及釐公申[70]立。釐公五年正月辛亥朔旦冬至，殷曆以為壬子，距成公七十六歲。

29 是歲距上元十四萬二千五百七十七歲，得孟統五十三章首。故傳曰：「五年春，王正月辛亥朔，日南至。」「八月甲午，晉侯圍上陽[71]。」童謠云：「丙子之辰，龍尾伏辰[72]，袀服振振[73]，取虢之旂[74]。鶉之賁賁，天策焞焞[75]，火中成軍，虢公其奔[76]。」卜偃曰：「其九月十月之交乎？丙子旦，日在尾，月在策，鶉火中，必是時也。」冬十二月丙子滅虢。言曆者以夏時[77]，故周十二月，夏十月也。是歲，歲在大火。故傳曰晉侯使寺人披伐蒲，重耳奔狄。董因曰：「君之行，歲在大火。」後十二年，釐之十六歲，歲在壽星。故傳曰重耳處狄十二年而行，過衛五鹿，乞食於壄人，壄人舉甴而與之。子犯曰：「天賜也，後十二年，必獲此土。歲復於壽星，必獲諸侯。」後八歲，釐之二十四年也，歲在實沈，秦伯納之。故傳曰董因云：「君以辰出，而以參入，必獲諸侯[78]。」

30 春秋，釐公即位三十三年，子文公興立。文公元年，距辛亥朔旦冬至二十九歲。是歲閏餘十三，正小雪，閏當在十一月後，而在三月，故傳曰「非禮也」㊾。後五年，閏餘十，是歲亡閏，而置閏㊿。閏，所以正中朔也。亡閏而置閏，又不告朔，故經曰「閏月不告朔」，言亡此月也。傳曰：「不告朔，非禮也。」

31 春秋，文公即位十八年，子宣公倭立。宣公，春秋，即位十八年，子成公黑肱立。成公十二年正月庚寅朔旦冬至，殷曆以為辛卯，距定公七年七十六歲。

32 春秋，成公即位十八年，子襄公午立。襄公二十七年，距辛亥百九歲。九月乙亥朔，是建申之月也。魯史書：「十二月乙亥朔，日有食之。」傳曰：「冬十一月乙亥朔，日有食之，於是辰在申，司曆過也，再失閏矣。」言時實行以為十一月也，不察其建，不考之於天也。二十八年距辛亥百一十歲，歲在星紀。故經曰：「春無冰。」傳曰：「歲在星紀，而淫於玄枵。」三十年歲在娵訾，三十一年歲在降婁。是歲距辛亥百一十三年，二月有癸未，上距文公十一年會于承匡之歲夏正月甲子朔凡四百四十有五甲子，奇二十日，為日二萬六千六百有六旬。故傳曰絳縣老人曰：「臣生之歲，正月甲子朔，四百四十有五甲子矣。其季於今，三之一也。」師曠曰：「郤成子會于承匡之歲也，七十三年矣。」史趙曰：「亥有二首六身，下二如身，則其日數也。」士文伯曰：「然則二萬六千六百有六旬也。」[81]

33 春秋，襄公即位三十一年，子昭公稠立。昭公八年，歲在析木，十年，歲在顓頊之虛，玄枵也。十八年距辛亥百三十一歲，五月有丙子、戊寅、壬午，火始昏見，宋、衛、陳、鄭火。二十年春王正月，距辛亥百三十三歲，是辛亥後八章首也。正月己丑朔旦冬至，失閏，故傳曰：「二月己丑，日南至。」三十二年，歲在星紀，距辛亥百四十五歲，盈一次矣。故傳曰：「越得歲，吳伐之，必受其咎。」[82]春秋，昭公即位三十二年，及定公宋立。定公七年，正月己巳朔旦冬至，殷曆以為庚午，距元公七十六歲。

34 春秋，定公即位十五年，子哀公蔣立。哀公十二年冬十二月流火，非建戌之月也。是月也螽。故傳曰：「火伏而後蟄者畢，今火猶西流，司曆過也。」詩曰：「七月流火。」[83]春秋，哀公即位二十七年。自春秋盡哀十四年，凡二百四十二年。

35 六國[84]春秋，哀公後十三年遜于邾[85]，子悼公曼立，寧[86]。悼公，世家，即位三十七年，子元公嘉立。元公四年正月戊申朔旦冬至，殷曆以為己酉，距康公七十六歲。元公，世家，即位二十一年，子穆公衍立，顯[87]。穆公，世家，即位三十三年，子恭公奮立。恭公，世家，即位二十二年，子康公毛立。康公四年正月丁亥朔旦冬至，殷曆以為戊子，距緡公七十六歲。康公，世家，即位九年，子景公偃立。景公，世家，即位二十九年，子平公旅立。平公，世家，即位二十年，子緡公賈立。緡公二十二年正月丙寅朔旦冬至，殷曆以為丁卯，距楚元七十六歲。緡公，世家，即位二十三年，子頃公讎立。頃公，表，十八年，秦昭王之五十一年也，秦始滅周[88]。周凡三十六王，八百六十七歲。

36 秦伯　昭王，本紀，無天子五年[89]。孝文王，本紀，即位一年。元年，楚考烈王滅魯，頃公為家人，周滅後六年也[90]。莊襄王，本紀，即位三年。始皇，本紀，即位三十七年。二世，本紀，即位三年。凡秦伯五世[91]，四十九歲。

37 漢　高祖皇帝，著紀[92]，伐秦繼周。木生火，故為火德。天下號曰漢。距上元年十四萬三千二十五歲，歲在大棣之東井二十二度，鶉首之六度也。故漢志曰歲在大棣，名曰敦牂，太歲在午[93]。八年十一月乙巳朔旦冬至，楚元三年[94]也。故殷曆以為丙午，距元朔七十六歲。著紀，高帝即位十二年。惠帝，著紀，即位七年。高后，著紀，即位八年。文帝，前十六年，後七年，著紀，即位二十三年。

景帝，前七年，中六年，後三年，著紀，即位十六年。

38 武帝建元、元光、元朔各六年。元朔六年十一月甲申朔旦冬至，殷曆以為乙酉，距初元七十六歲。元狩、元鼎、元封各六年。漢曆太初元年，距上元十四萬三千一百二十七歲。前十一月甲子朔旦冬至，歲在星紀婺女六度[95]，故漢志曰歲名困敦，正月歲星出婺女。太初、天漢、太始、征和各四年，後二年，著紀，即位五十四年。

39 昭帝始元、元鳳各六年，元平一年，著紀，即位十三年。

40 宣帝本始、地節、元康、神爵、五鳳、甘露各四年，黃龍一年，著紀，即位二十五年。

41 元帝初元二年十一月癸亥朔旦冬至，殷曆以為甲子，以為紀首。是歲也，十月日食，非合辰之會，不得為紀首。距建武七十六歲。初元、永光、建昭各五年，竟寧一年，著紀，即位十六年。

42 成帝建始、河平、陽朔、鴻嘉、永始、元延各四年，綏和二年，著紀，即位二十六年。

43 哀帝建平四年，元壽二年，著紀，即位六年。

44 平帝，著紀⑯，即位元始五年，以宣帝玄孫嬰為嗣，謂之孺子。孺子，著紀，新都侯王莽居攝三年，王莽居攝，盜襲帝位，竊號曰「新室」。始建國五年，天鳳六年，地皇三年，著紀，盜位十四年。更始帝，著紀，以漢宗室滅王莽，即位二年。赤眉賊立宗室劉盆子，滅更始帝。自漢元年訖更始二年，凡二百三十歲。

45 光武皇帝，著紀，以景帝後高祖九世孫受命中興復漢，改元曰建武，歲在鶉尾之張度⑰。建武三十一年，中元二年，即位三十三年。

【章　旨】以上為世經。世經即朝代世系的經文，相當於後世的歷史紀年表。其中炮犧、炎帝、黃帝合稱上古三王，少昊、顓頊、帝嚳、帝堯、帝舜合稱上古五帝。漢代紀年，則包括西漢十四帝、新朝一帝和東漢一帝。

【注　釋】❶世經　朝代世系的文章，相當於後世的歷史紀年表。為《三統曆》中的第七目。〈世經〉實際與《三統曆》並無直接的聯繫，完全可以獨立出來自成一篇歷史著作，或一份工具書。但由於劉歆在排比各王世系的過程中使用了《三統曆譜》加以考證和論證，便與《三統曆》依附在一起了。❷昭公　春秋時魯國國君姬裯。❸郯子來朝　郯子，郯國國君。朝，聘問；拜訪。❹傳　指《左傳·昭公十七年》。❺黃帝氏二句　以雲紀，以雲為標紀。為雲師，以雲為師，即以雲為本民族的崇拜對象。雲名，以雲作為本民族的名稱。這些觀念，就是遠古民族的圖騰觀念。❻受　接受；繼承。❼稽之於易二句　以上從郯子的談話中引出少昊繼黃帝，黃帝繼炎帝，炎帝繼共工，共工繼太昊。❽太昊帝　意為最早的大帝。太者早也，昊者大也。❾易曰六句　炮犧氏，通常寫作包犧氏或伏羲氏。王天下，在天下稱王。為百王先，為百王中最早的王。由於劉歆將炮犧視為百王先，故將炮犧稱為太昊。在某些古籍中，將炮犧稱為都成紀的古帝，而將太昊視作都濮陽的古帝。還認為在炮犧之前還有燧人氏為帝。❿罔罟以田漁　罔即網，為捕獸之網具；罟為捕魚的工具；田通畋；田漁，打獵和捕魚。⓫取犧牲獵取動物。⑫祭典　指《禮記・祭法》。⑬伯九域　即霸九州。中國古代將天下分為九州，霸九州即稱霸天下。⑭言雖有水德五句　言共工氏雖然憑藉知識、刑罰和武力稱霸九州，但不是以禮和德取得天下，只能稱霸而不能稱王。所以，共工氏雖然有水德之稱，但它卻排不進火德和木德之間，不在五行的序列之中。此處劉歆應用五行相生繼天而王的理論觀念，構成如下系列：太昊木，為天下先，木生火，炎帝繼位為火德，火生土，黃帝繼位為土德，土生金，少昊繼位為金德，金生水，顓頊繼位為水德，水生木，帝嚳繼位為木德，木生火，帝堯繼位為火德，火生土，帝舜繼位為土德，土生金，夏禹繼位為金德，金生水，商湯繼位為水德，水生木，周武王繼位為木德，秦建國日短，雖為水德，與共工同樣不入五行相生序列，木生火，故漢繼周為火德。⑮始垂衣裳二句　開始穿衣裳，並戴帽子，乘車子。⑯考德　記載帝德之類的著作，或曰《大戴禮記・五帝德》。⑰春秋外傳　即《國語》。⑱九黎亂德　南方的少數民族黎，由於支系繁多，故稱九黎。亂德，即在少昊氏德衰之時，九黎不再服從統治，出來造反，由此破壞了原有的秩序。⑲迺命重黎　便命令重、黎司天和司地，重操天文曆法的舊業。⑳蒼林昌意之子也　昌意，相傳為黃帝次子，蒼林為昌意的號。㉑清陽玄囂之孫　帝嚳為黃帝長子玄囂之孫，清陽為玄囂的號。㉒禘　祭祀名，又稱為大禘。祭祀曾經做過帝王的遠祖。㉓帝系　書名，或為《大戴禮記・帝系姓》。㉔丹淵　帝堯子朱的封地，在今河南淅川一帶，因堯子朱封於此，故又稱丹朱。㉕瞽叟　俗稱瞎老頭，為顓頊的五世孫，帝舜的父親。㉖伯禹　禹，姒姓。又名夏禹、伯禹，或名文命。由於其受封於夏，又建立夏朝，故亦稱夏禹。在接帝位之前因受封夏伯，故又稱伯禹。㉗成湯　簡稱湯，商朝的創建者，子姓，其廟號曰天乙，故又名天乙。㉘故傳曰四句　《左傳・昭公元年》載帝堯「遷閼伯於商丘，主辰，商人是因，故辰為商星」。《左傳・襄公九年》載「陶唐氏之火正閼伯居商丘，祀大火，而火紀時焉。相土因之，故商人祀大火」。《國語・晉語》曰：「大火，閼伯之星也，是謂大辰。」㉙誕資有牧方明　誕，助詞。資，憑藉。有牧，有司；官吏。方明，木製的神主。言憑藉木製的神主祭祀先王。今本〈伊訓〉無「誕資有牧方明」六字。㉚太丁外丙　商湯的長子和次子。㉛越茀祀先王　撇開喪服祭祀先王。越，越過。茀，指牽引棺柩的繩索。㉜後九十五歲四句　太甲元年乙丑朔旦冬至，對應於《三統曆》第二統第七十七章，再經五章九十五歲，為第三統的元年，其統首為甲申朔旦冬至，無餘分。但是，現今流傳的《三統曆譜》，其「孟仲季」三個字均標錯了方位，故此處之「孟統」，當為「季統」之誤。㉝終六府首　停止結束在六府篇首。府首，即蔀首。㉞皆非是　都不正確。此段引用殷曆推算殷代諸王世系都不合。殷曆，為古六曆中最有競爭力的一部曆法。㉟四分　即《四分曆》，以一歲為三百六十五又四分之一日而得名，古六曆均為《四分曆》，僅曆元各不相同。㊱春秋曆　曹注以為《春秋曆》即《三統曆》。㊲文王受命九年而崩　根據《尚書》記載，周王受到天帝的命令，聯合西方諸侯國，反對紂王的統治，故曰受天命。㊳再期二句　再期，守喪的再次期限，即兩年。古代子女為父母守孝三年，經十三月舉行小祥祭，經二十五月舉行大祥祭，二十七月舉行禫祭除服，此處的再期，即在大祥祭二年之後而伐紂。㊴自文王受命五句　歲星十二年繞天一周，自文王受命之年木星在鶉火星次，經過十三年的伐紂之歲，木星也在鶉火星次，鶉火星次的分野在周地，是對周人有利的年分，故伐紂一定會取得勝利。這是中國星占的觀念。壄，古「野」字。㊵月在天駟　周師初發之日，為殷十一月戊子日，這天傍晚月亮在房宿，房宿又名為天駟，天駟即天馬，所以《傳》文說月在天駟。㊶辰在斗柄　正月辛卯朔，這一天日月相合於斗前一度，日月相合，為之合朔。所以《傳》文說辰在斗柄，此處的斗柄為斗宿的斗柄，此斗柄指向西北方。辰，日月相會之處也。㊷晨星始見　此處的晨星具體是指水星，由於只能在早晚出現，故稱為晨星。由於其行度距日不足一辰，故又稱辰星。㊸孟津　古黃河渡口，在河南孟津東北。㊹婺女　即女宿。㊺星在天黿　即辰星在玄枵星次。天黿，玄枵星次的別名。㊻旁死霸二句　旁死霸，靠近死霸之初日。若翌日，過了一日。㊼牧壄　即牧野，在今河南淇縣西南。㊽夜陳二句　夜陳，即夜陣，晚上列陣。昧爽，黎明時刻。合矣，交戰雙方開始接觸。㊾外傳　《國語》。㊿既死霸　意為已經死霸，此為既死霸的第一天。(51)咸劉商王紂　共同殺死商紂王。(52)死霸四句　死霸為朔日，生霸為望日，這是劉歆解釋西周曆法中生霸、死霸月相的觀念。但經過西周大量金文的出土，已可證實這一結論是不正確的，當為自初見新月至望日為既生霸，自初虧至朔日為既死霸。(53)燎于周廟　在周王朝的祖廟舉行燎祭。燎祭是將祭品置於柴堆上燃燒祭天。(54)以庶國祀馘于周廟　率領諸侯國將戰鬥中割取敵人的耳朵來祭獻周的祖廟。用以報告周滅商的大功已經告成。(55)煬公　即前曆譜中記載的魯煬公。(56)復子明辟之歲　恢復你明君的權力之年。為《尚書‧洛誥》中的用語。子，對成王的尊稱。辟，君位。故後世有退位之君復辟之說。(57)既望　已經合望，實指合望之後的一或二天。既望是西周記載月中日期下半月開始之日的名詞。(58)朏　初見新月之日。(59)王在新邑三句　王在新建的宮殿（指洛邑）舉行烝祭的活動，並命令記載了下來。作策，即在竹簡上記載史事。(60)惟周公誕保文武受命二句　大大地表揚了周公保衛、扶持文王、武王基業的功績，在周公七年即周公返政之年。(61)命伯禽俾侯于魯　成王命令周公長子伯禽在魯地繼承侯位。俾，使。(62)哉生霸　才生霸或再次生霸。(63)不豫　不舒服，實指生病。(64)洮沬水　用水洗臉。(65)春秋殷曆皆以殷魯　《春秋》、《殷曆》都以殷和魯國的史書紀年。(66)自周昭王以下亡年數　《帝王世紀》曰：「自共王至夷王四世，年紀不明。」西周昭王以前的諸王在位年數大都有記載，但共王以後紀年不明，《帝王世紀》與劉歆的說法相一致。但劉歆也不是說共王以下的周王紀年全都亡年數，因為厲王、宣王和幽王的紀年是清楚的，故劉歆所說，實即指《帝王世紀》中的共懿孝夷四世年紀不明。(67)燮父禽父並事康王二

句　燮父禽父，指成王之弟唐叔虞之子燮和周公旦之子伯禽。父，古人對男子的美稱。並事康王，共同在康王朝中任職。(68)子考公二句　伯禽死後，他的兒子就立為考公，就也寫作酋，自此以上為西周紀年。(69)戲　以上魯厲公翟，又寫作擢。魯慎公埶，又名為嗥。魯懿公被，又名戲。(70)釐公申　釐公名姬申，亦寫作僖公。(71)上陽　北虢國的都城，在今三門峽東南。(72)龍尾伏辰　龍的尾巴隱伏在太陽之下。言丙子日為合朔之日，日月相會於尾宿，辰在尾宿，故曰龍尾伏辰。龍尾者，蒼龍之尾，即尾宿。(73)袀服振振　全套一色的衣服威武雄壯。(74)取虢之旂　攻取虢國的晉軍的軍旗。(75)鶉之賁賁二句　鶉火星氣勢旺盛，天策星則暗淡無光。鶉指南方朱雀的鶉首、鶉火、鶉尾星次，朱雀實際就是指鶴鶉鳥。天策一名傅說星，在尾宿旁。(76)火中成軍二句　在鶉火星光輝的照耀下軍事行動成功，虢國的君主逃亡。(77)言曆者以夏時　言曆者，是劉歆自稱，前所言「八月甲午」和「九月十月之交」，均其言也。史載則用魯史周正。(78)君以辰出三句　你（指重耳）以歲星在大火星次時外出，即上文重耳奔狄之歲，也就是董因所說「君之行，歲在大火」。而以歲星在參宿的星次回國。參星為晉星，重耳於此歲返國，他一定會興旺發達，故董因說其「必獲諸侯」。(79)是歲閏餘五句　是歲有閏餘十三，加上當年閏分七，合為十九，適合一月之數，故該歲必有閏月，當在十一月後置閏。史書載閏月在三月，故《傳》曰其非禮。(80)後五年四句　第五年有閏餘十，加當年閏分七，不足一月之閏分十九，故「是歲亡閏」。史書又載閏月，所以《左傳》再次說其非禮。(81)是歲距辛亥二十句　這裡述說了一個有趣的故事和隱語。自魯文公十一年會於承匡之歲正月甲子朔，至襄公三十一年二月癸未，共計二萬六千六百六十日。《左傳》引用了絳縣老人述說了自己自正月甲子朔有生以來，已經經過了四百四十五個甲子，並且又已經過去了三分之一的甲子日，即二十日，這就是說，這個老人自出生以來已過了二萬六千六百六十日。晉國的樂師師曠則說：郤成子會於承匡之歲至今已有七十三歲。七十三歲計二萬六千六百六十三日，也正好與其相合。而晉國的趙太史則用一個亥字來表示二者相距的日數：亥有二頭六身，下二如身，則其歲數。即頭一個數是二，第二個數是六，後面二個數如身也是六，也就是二萬六千六百六十日。(82)三十二年八句　此處討論了兩次日南至中間的日距，第一次史載為魯釐公五年正月辛亥朔，第二次為昭公二十年二月己丑。第二個日南至不在正月，為失閏所致。又載昭公三十二年歲在星紀，《左傳》有「越得歲」的記載，星紀的分野為越，故有此說。按《三統曆》的說法歲星紀年一百四十四歲當盈次，而釐公五年與此相距一百四十五歲，故釐公五年歲星當在大火，正與《左傳》所載相合。星紀盈一次為析木，又多一年至大火，故上文引董因說釐公五年「歲在大火」。(83)是月也螽七句　農曆七月，為黃昏時大火星西流的季節。所以黃昏時大火星西伏之時，當在農曆的八、九月，相當於周曆的十月或十一月。大火星西伏，是昆蟲蟄伏的物候，由於當時曆法失閏二次，致使周曆在十二月尚見流火之象，昆蟲不冬眠，人民感到奇怪。螽，指蝗蟲在該月出現。84六國　指戰國時代的韓、魏、趙、燕、齊、楚六國，與周、秦並列。通常將周元王元年（西元前四七五年）至秦始皇二十六年（西元前二二一年）稱為戰國。劉歆將這個時代稱為六國，仍以魯史諸公紀年，東周滅亡之後才以秦紀年。按劉歆的觀念，秦僅以強力征服中原各國，且統治日短，故不稱其為帝王而稱其為伯。伯者霸也。85邾　國名，通常寫作鄒。建都於今鄒縣。86子悼公二句　言魯哀公雖被迫遜位逃亡，其子姬曼則繼立為悼公，曼一名寧。87子穆公衍二句　穆公衍，一名顯。88表四句　〈表〉指《史記・六國年表》。秦昭王指秦昭襄王嬴稷。89昭王三句　指秦昭王，劉歆紀年表以秦為紀自此為始。無天子五年，秦昭王五十一年，西元前二五六年，周為秦所滅，昭王於五十六年去世，故曰無天子五年。這時七國只稱王或帝，未稱天子。90孝文王七句　秦孝文王僅在位一年，就在這一年，魯國最後一代國君頃公成為平民，魯為楚考烈王所滅。這是周被滅以後六年的事。91凡秦伯五世　劉歆不承認秦為中央王朝的地位，自周被滅至劉邦稱帝之間稱為亂世，此時秦為霸主。這五世為昭王、孝文王、莊襄王、秦王政、秦二世胡亥。92高祖皇帝二句　漢高祖劉邦當了皇帝，成為記錄帝紀的人。93歲在大棣三句　自劉邦建立漢朝那年，歲星在井宿二十二度，即鶉首星次六度，鶉首星次又名大棣，這時的太歲在午，名曰敦牂。94楚元三年　即《三統曆譜》所注，為劉邦八年，這時為漢楚元王被封的第三年。由於楚元王為劉歆的高祖，故於此特地標出。95歲在星紀婺女六度　按《三統曆》，星紀終於婺女七度，故此處歲星在星紀。該年為太初元年，太歲名為困敦，在子位。96平帝著紀　自平帝以下，經新莽王朝，至東漢光武帝著紀，當為經過馬續和班固改寫。97歲在鶉尾之張度　歲星在鶉尾星次中的張宿之內。張度，即張宿度內。

【語　譯】〈世經〉

2 《春秋》一書記載魯昭公十七年「郯君到魯國來訪問」，《左傳》說：叔孫昭子詢問少昊氏為什麼要用鳥名作為官名，郯君回答說：「少昊氏是我的祖先，我知道其中的道理。從前黃帝氏以雲為師，用雲作徽號，所以任命百官用雲作官名；炎帝氏以火為師，用火作徽號，所以任命百官用火作官名；共工氏以水為師，用水作徽號，所以任命百官用水作官名；太昊氏以龍為師，用龍作徽號，所以任命百官用龍作官名。我的遠祖少昊摯登上帝位的時候，鳳鳥恰好飛來，所以用鳥作為徽號，以鳥為師，任命百官用鳥作官名。」是說郯子根據少昊接替黃帝，黃帝接替炎帝，炎帝接替共工，共工接替太昊，所以先說黃帝，向上追溯到太昊。從《周易》來考查這些史事，炮犧、神農、黃帝的傳承關係是清楚的。

3 太昊帝《周易》說：「炮犧氏統治天下。」是說炮犧繼承天位而稱王，成為百代帝王的先導，首德開始於木，所以稱為帝太昊。他製作羅網去打獵捕魚，所以天下稱他為炮犧氏。〈祭典〉說：「共工氏霸九州。」是說他雖然秉承了水德，可是處在火德和木德的中間，不符合五行相生的序列。憑藉知識和武力而逞強，所以只能稱霸而不能稱王。秦國也以水德稱霸於周漢木火之間。周朝人把共工排除在五行相生的序列之外，所以《易經》沒有記載。

4 炎帝《周易》說：「炮犧氏沒，神農氏作。」是說共工稱霸而不能稱王，雖然秉承水德，不符合五行相生的序列。神農氏靠火德繼承了木德，所以稱為炎帝。他教導人民耕作，所以天下稱為神農氏。

5 黃帝《周易》說：「神農氏沒，黃帝氏作。」火生土，所以黃帝為土德。黃帝與炎帝的後代在阪泉交戰，於是稱王天下。開始穿著衣服，戴著帽子，坐著車子，所以，天下稱他為軒轅氏。

6 少昊帝《考德》說：「少昊名清。」清就是黃帝的兒子清陽，他的子孫名叫摯的登上帝位。土生金，所以少昊為金德，天下稱他為金天氏。周朝排除了他的樂制，所以《周易》沒有加以記載，但是納入了五行的序列。

7 顓頊帝《春秋外傳》說，少昊氏衰落之時，九黎破壞了秩序，顓頊繼承了帝位之後，就任用重和黎。顓頊是蒼林昌意的兒子。金生水，所以，顓頊秉承水德，天下稱他為高陽氏。周朝排除了他的樂制，所以，《周易》沒有加以記載，但是也納入了五行序列。

8 帝嚳《春秋外傳》說，顓頊建立的帝業，帝嚳繼承了它。帝嚳是清陽玄囂的孫子。水生木，所以，帝嚳秉承了木德，天下稱他為高辛氏。後來帝摯繼承了帝位，不知傳遞的代數。周朝排除了帝嚳的樂制，所以《周易》沒有記載，但是，周朝人卻把他作為自己的遠祖來祭祀。

9 唐帝《帝系》說，帝嚳有四個妃子，陳豐氏的妃子生了帝堯，被封唐國。高辛氏衰落的時候，天下歸附了他。木生火，所以堯秉承了火德，天下稱他為陶唐氏。他將天下讓給了虞舜，將兒子朱派到丹淵做諸侯。唐堯在位七十年。

10 虞帝 《帝系》說，顓頊生了窮蟬，到了第五代就是瞽叟，瞽叟生了帝舜。他住在虞地的媯河灣，堯將天下傳位給他。火生土，所以帝舜秉承了土德，天下稱他為有虞氏。他將天下讓給了夏禹，將兒子商均派去做諸侯。虞舜在位五十年。

11 夏禹 《帝系》說，顓頊下傳的第五代就是鯀，鯀生了夏禹，虞舜將天下傳位給他。土生金，所以夏禹秉承了金德，天下稱他為夏后氏。自他開始，傳遞了十七位國王，經歷了四百三十二年。

12 商湯 《書經・湯誓》記載說湯討伐夏桀。金生水，所以湯秉承了水德，天下稱他為商湯。其後代遷居到殷，所以又稱為殷。

13 依據《三統曆》，從上元到商湯討伐夏桀的那一年，經歷了十四萬一千四百八十歲，歲星在大火星次的房宿五度的位置，所以《左傳》說：「大火，閼伯之星也。」這是商人的標誌。後來他成為商湯王，當他去世的時候，已經做天子掌權十三年。殷曆十二月乙丑朔日，正逢冬至，所以〈書序〉說：「成湯逝世後，太甲元年，使伊尹作〈伊訓〉。」〈伊訓〉篇說：「太甲元年十二月乙丑朔日，伊尹祭祀於先王，說英明的君主已誕生。」是說雖然有商湯、太丁、外丙的喪服在身，但仍然於冬至日撇開了喪服，向著神主祭祀先王以配享上帝，這一天正是朔旦冬至的年分。又過了九十五歲，商曆十二月甲申朔旦冬至，沒有餘分，這是季統的首日。從討伐夏桀到周武王討伐商紂王，經歷了六百二十九年，所以《左傳》說商朝「享年六百」。

14 《殷曆》說，商湯剛剛去世，掌權十三年，十一月甲子朔旦冬至，終於第六府首。當周公五年之時，就是距離商湯伐桀四百五十八年，少了一百七十一年，不夠六百二十九年。又將夏曆乙丑當作甲子，以《三統曆》計算，那一年正是季統第五章癸亥朔旦冬至。作為甲子府首，都不正確。終商之世，遞傳了三十一位國王，經歷了六百二十九年。

15 按《四分曆》，從上元到商湯伐桀的那一年，經歷十三萬二千一百一十三年，它的第八十八紀甲子府首，在討伐夏桀後一百二十七年。

16 按《春秋曆》，周文王四十二年十二月丁丑朔旦冬至，是孟統的第二會首。以後八年，便為周武王伐紂的年分。

17 武王《書經・牧誓》說武王伐商紂。水生木，故周朝秉承了木德，天下稱他為周室。

18 依照《三統曆》，從上元到周武王討伐商紂王的那一年，經歷了十四萬二千一百零九年，歲星在鶉火星次的張宿十三度。周文王接受了天命，九年以後去世，去世後兩年，還在大祥期間，周武王就出兵討伐商紂王，所以，〈書序〉說：「文王受命十一年，武王伐紂王，作〈太誓〉。」討伐之時，有八百諸侯會合。回去以後兩年，終於討伐紂王，攻克殷國，武王帶著箕子回歸，這是受命後的十三年了。所以，〈書序〉說：「周武王攻克了殷都，滅亡了殷朝，將殷朝忠臣箕子帶回，作〈洪範〉。」〈洪範〉篇說：「受命十三年，武王訪問了箕子。」從周文王接受天命，到這個時候已經十三年，歲星也在鶉火星次，所以《左傳》說：「歲星在鶉火星次的那一年，我周人取得了國家的統治地位。」軍隊剛剛開始出發，在殷曆十一月戊子日，太陽在析木星次箕宿七度，所以《左傳》說：「太陽在析木星次。」這天夜晚，月亮在房宿五度。房宿又名天駟星，所以《左傳》說：「月亮在天駟星次。」過了三天以後，正當周曆的正月辛卯朔，日月交會在斗宿前方一度的地方，斗就是南斗的斗柄，所以《左傳》說：「日月交會在斗柄所指方向。」明日是壬辰日，為水星初見的那一天。周曆一月癸巳，武王開始出發，丙午日回軍，戊午日渡過孟津。孟津離周的都城九百里，軍隊每天走三十里，所以，三十一天才渡過黃河。第二天己未日為冬至，水星在婺女宿隱伏不見，水星歷經建星、牛宿，才到達天黿星次之首的婺女，所以《左傳》說：「水星在天黿星次。」〈周書・武成〉篇說：「在一月壬辰旁死霸這一天，下一日癸巳，武王從周都出發，開始了伐商的征程。」〈書序〉說：「一月戊午日，軍隊渡過孟津渡口。」到了庚申日，就是二月朔日。初四為癸亥日，到達殷都郊外牧野，夜晚駐紮陣勢，甲子日淩晨兩軍會戰。所以《春秋外傳》說：「武王在二月癸亥日夜間列陣。」〈武成〉篇曰：「到了三月既死霸，又過了五天，到甲子日，殺死了商紂王。」這一年，有閏餘十八分，正處在大寒之中，在周曆為二月己丑晦日。明日為閏月庚寅朔。三月二日庚申驚蟄。四月己丑朔為死霸。死霸，就是朔日；生霸，就是望日。這個月甲辰是望日，乙巳在它的旁邊，所以，〈武成〉篇說：「在四月既旁生霸，又過六日到庚戌這一天，武王燎祭於周廟。隔天辛亥日，又祭祀天位。又過五日到乙卯日，乃率領諸侯國以敵人首級祭祀於周廟。」

19 周文王十五歲生了武王，接受天命之後九年後去世，去世後四年，周武王伐滅了商朝。滅商之年，周武王八十六歲了，又過了七年而去世。所以，《禮記．文王世子》說：「周文王九十七歲而終，周武王九十三歲而終。」武王總共在位十一年，周公攝政五年，在周公攝政的第五年，為正月丁巳朔旦冬至，《殷曆》則以下一日為六年戊午，該年下距魯煬公二十四年為七十六年，入第三統第二十九章章首。周公執政五年的後二年，為周公七年，是把政權交還給周成王的那一年。這一年的二月乙亥朔，庚寅望日，再往後六日為乙未日。所以，〈召誥〉篇說：「在二月既望，又過了六日到乙未。」另外，那年三月為甲辰朔，初三為丙午。所以，〈召誥〉篇說：「在三月丙午初見新月之日。」古文〈月采〉篇說：「初三日稱為朏。」這一年十二月戊辰晦，周公向成王交還了政權。所以，〈洛誥〉篇說：「戊辰日，成王在新建的都城，舉行烝祭祭歲，命令作文，記載周公保衛、扶持武王、成王受命的功勳，時在七年。」

20 周成王元年正月己巳朔，這是任命姬伯禽讓他到魯國做諸侯的年分。以後三十年四月庚戌朔，十五日為甲子哉生霸。所以〈顧命〉篇說「在四月哉生霸，王得了不治之症，甲子日，王到沬水洗澡」，作〈顧命〉。第二天乙丑，成王去世。周康王十二年六月戊辰朔，初三庚午，所以〈畢命〉、〈豐刑〉說：「在十二年六月庚午朏日，王命令寫〈豐刑〉一文。」

21 《春秋曆》、《殷曆》記載的都是魯國和殷朝的史事，自從周昭王以下，就沒有王年年數的記載，所以據周公、伯禽以下作為紀年的依據。魯公伯禽，推算在位四十六年，他擔任諸侯到周康王十六年去世。所以《左傳》說「燮父、禽父並事康王」，是說晉侯燮、魯公伯禽都服侍周康王。他的兒子魯考公姬就繼位，就又名酋。魯考公，據〈世家〉記載在位四年，由他的弟弟煬公姬熙繼位。魯煬公二十四年正月丙申朔旦冬至，《殷曆》以為是丁酉日，這一年下距魯微公七十六年。

22 據〈魯周公世家〉記載，魯煬公在位六十年。兒子魯幽公姬宰繼位。魯幽公，據〈世家〉記載在位十四年，由他的弟弟微公姬茀繼位，姬茀一名姬濞。魯微公二十六年正月乙亥朔旦冬至，《殷曆》為丙子日，下距獻公七十六年。

23 據〈魯周公世家〉記載，魯微公在位五十年，兒子魯厲公姬翟繼位，姬翟一名姬擢。魯厲公，據〈世家〉記載在位三十七年，由弟弟魯獻公姬具繼位。魯獻公十五年正月甲寅朔旦冬至，《殷曆》為乙卯日，該年下距魯懿公七十六年。

24 據〈魯周公世家〉記載，魯獻公在位五十年，兒子魯慎公姬埶繼位，姬埶一名姬嚊。魯慎公，據〈世家〉記載在位三十年，由弟弟魯武公姬敖繼位。魯武公，據〈世家〉記載在位二年，兒子魯懿公姬被繼位，姬被一名姬戲。魯懿公九年正月癸巳朔旦冬至，《殷曆》為甲午，下距魯惠公七十六年。

25 據〈魯周公世家〉記載，魯懿公在位九年，姪子姬柏御繼位。姬柏御，據〈世家〉記載在位十一年，叔父魯孝公姬稱繼位。魯孝公，據〈世家〉記載在位二十七年，兒子魯惠公姬皇立。魯惠公三十八年正月壬申朔旦冬至，《殷曆》為癸酉，下距魯釐公七十六年。

26 據〈魯周公世家〉記載，魯惠公在位四十六年，兒子魯隱公姬息繼位。

27 從姬伯禽到春秋時代，經歷了三百八十六年。

28 春秋 魯隱公，據《春秋》記載，在位十一年，弟弟魯桓公姬軌繼位。魯隱公元年，上距武王伐紂四百年。魯桓公，據《春秋》記載，在位十八年，兒子魯莊公姬同繼位。魯莊公，據《春秋》記載，在位三十二年，兒子魯愍公姬啟方繼位。魯愍公，據《春秋》記載，在位二年，由弟弟魯釐公姬申繼位。魯釐公五年正月辛亥朔旦冬至，《殷曆》為壬子。下距魯成公七十六年。

29 該年上距《三統曆》上元十四萬二千五百七十七年，為第三統第五十三章章首。所以，《左傳》說：「五年春，王正月辛亥朔，日南至。」「八月甲午日，晉君圍攻上陽。」童謠唱曰：「丙子日的早晨，龍的尾巴即尾宿在日光照耀的光輝之中隱伏不見，軍裝整齊威武，軍旗指向虢國。鶉火星閃爍著光芒，天策星的光線則很微弱，在鶉火星的光輝照耀之下進軍取得成功，虢公出奔了。」卜偃說：「在九月、十月之交嗎？丙子日早晨，太陽在尾宿，月在天策星，鶉火星中天，必定是這個時候了。」冬季十二月丙子日，晉軍滅亡了虢國。

說曆法的人，說的是夏曆，所以周朝的十二月，為夏曆的十月。這一年，歲星在大火星次。所以，《左傳》說晉君派閹官披攻伐蒲邑，晉公子重耳出奔狄國。董因說：「國君出行之年，歲星在大火星次。」以後十二年，即魯釐公十六年，歲星位於壽星星次。所以，《左傳》說重耳在狄人處生活了十二年而出行，經過衛國的五鹿，向野人乞食，野人給予土塊。子犯說：「這是上天的賞賜啊，往後十二年，您必定得到這片土地。歲星回到壽星星次時，必定得到諸侯的擁戴。」以後八年，就是魯釐公二十四年，歲星位於實沈星次，在這一年，秦伯接納了重耳。所以，《左傳》記載董因說：「你以歲星在大火星次出奔，而於參宿即實沈星次返回，必定獲得諸侯的歡迎。」

30 據《春秋》記載，魯釐公在位三十三年，兒子文公姬興繼位。文公元年，上距辛亥朔旦冬至二十九年。這年有閏餘十三分，正是小雪節氣，應當閏在十一月，但是魯國的曆書卻將閏月設在三月，所以，《左傳》說「這是不合禮法的」。過了五年，該年只有閏餘十分，這年不該有閏月，但是卻設置了閏月。設置閏月，是為了調整中氣與月分的關係。不該置閏卻設了閏月，又不舉行告朔儀式，所以，《春秋》說「閏月不告朔」，是說沒有這個月。《左傳》則說：「不舉行告朔，是非禮的行為。」

31 據《春秋》記載，魯文公在位十八年，兒子宣公姬倭繼位。魯宣公，據《春秋》記載，在位十八年，兒子成公姬黑肱繼位。成公十二年正月庚寅朔旦冬至，《殷曆》為辛卯，下距魯定公七年為七十六年。

32 據《春秋》記載，成公在位十八年，兒子襄公姬午繼位。襄公二十七年，上距辛亥朔旦冬至一百零九年。九月乙亥朔，這是建申的月分。但是，魯國的史書卻記載說：「十二月乙亥朔這一天，發生了日食。」所以，《左傳》批評說：「冬季十一月乙亥朔，發生了日食，但這時辰在申位，這是司曆的過失，再次失閏。」是說這時實行的曆法，以為是十一月，這是因為沒有審察斗柄的指向，沒有考察天時。二十八年上距辛亥為一百一十年，歲星在星紀星次。所以，《春秋》記載說：「春無冰。」《左傳》說：「歲星在星紀星次，卻快速行到了玄枵星次。」三十年歲星在娵訾星次，三十一年歲星在降婁星次。這一年上距辛亥朔旦冬至一百一十三年，二月癸未日，上距魯文公十一年，即承匡會晤的那一年，夏曆正月甲子朔日共四百四十五個甲子，有尾數二十，合計為二萬六千六百六十天。所以，《左傳》記載絳縣老人說：「我出生的那一年的生日，是正月甲子朔，經歷了四百四十五個甲子。到最後這個甲子，又過了三分之一。」師曠說：「為郤成子相會於成匡之年，已經七十三年了。」史趙說：「亥字有二畫作頭，即二字，六畫作身，下部二畫重疊像身，即下面兩個六。」士文伯說：「則為二萬六千六百零六旬了。」

33 據《春秋》記載，魯襄公在位三十一年，兒子昭公姬稠繼位。昭公八年，歲星位於析木星次。十年，歲星位於顓頊之虛即虛宿，也就是玄枵星次。昭公十八年，上距辛亥一百三十一年，五月有丙子、戊寅、壬午，火星開始在黃昏時見到它，宋國、衛國、陳國、鄭國發生火災。二十年春王正月，上距辛亥朔旦冬至一百三十三年，是辛亥朔旦冬至以後的第八章章首。正月己丑朔旦冬至，由於失閏，所以，《左傳》記載說：「二月己丑這一天，太陽運行到南方，即冬至。」昭公三十二年，歲星在星紀星次，上距辛亥朔旦冬至一百四十五年，為歲星盈一次的週期。所以《左傳》說：「歲星在越的分野，吳人封伐越，必自受其咎。」據《春秋》記載，昭公在位三十二年，由弟弟定公姬宋繼位。魯定公七年，正月己巳朔旦冬至，《殷曆》為庚午，下距魯元公七十六年。

34 據《春秋》記載，定公在位十五年，兒子哀公姬蔣繼位。魯哀公十二年冬季十二月見大火星西流，這個天象表明這個十二月不是建戌的月分。這個月還發生了蝗蟲的災害。所以，《左傳》又批評說：「是大火星隱伏不見和蟄蟲冬眠已結束的時刻，而現在大火星還在向西流動，季節不合，這是司曆的過失。」《詩經》也說：「七月大火星在西南方落下。」據《春秋》記載，哀公在位二十七年。春秋時代，自魯隱公元年至哀公十四年，總計二百四十二年。

35 六國　《春秋》記載說，魯哀公十三年，逃亡到邾國，兒子魯悼公姬曼繼位，姬曼一名姬寧。魯悼公，據〈魯周公世家〉記載，在位三十七年，兒子魯元公姬嘉繼位。魯元公四年正月戊申朔旦冬至，《殷曆》作己酉，下距魯康公七十六年。魯元公，據〈世家〉記載，在位二十一年，兒子魯穆公姬衍繼位，姬衍一名姬顯。魯穆公，據〈世家〉記載，在位三十三年，兒子魯恭公姬奮繼位。魯恭公，據〈世家〉記載，在位二十二年，兒子魯康公姬毛繼位。魯康公四年正月丁亥朔旦冬至，《殷曆》作戊子，下距魯緡公七十六年。魯康公，據〈世家〉記載，在位九年，兒子魯景公姬偃繼位。魯景公，據〈世家〉記載，在位二十九年，兒子魯平公姬旅繼位。魯平公，據〈世家〉記載，在位二十年，兒子魯緡公姬賈繼位。魯緡公二十二年正月丙寅朔旦冬至，《殷曆》為丁卯，下距楚元王七十六年。魯緡公，據〈世家〉記載，在位二十三年，兒子魯頃公姬讎繼位。魯頃公，據〈六國年表〉記載，在位十八年。當秦昭王五十一年，秦國滅亡周朝。周朝共傳三十六位國王，經歷了八百六十七年。

36 秦霸 秦昭王，據〈秦本紀〉記載，秦伐滅周以後，沒有天子五年。秦昭王在位五十六年，兒子秦孝文王繼位。據〈本紀〉記載，孝文王在位一年。元年，楚考烈王滅魯，魯頃公被廢黜為平民，這是周滅亡後六年的事。莊襄王，據〈本紀〉記載，在位三年。秦始皇，據〈本紀〉記載，在位三十七年。秦二世，據〈本紀〉記載，在位三年。秦國稱霸中國，共歷五世，計四十九年。

37 漢 高祖皇帝，據〈高帝紀〉記載，討伐強秦，繼承周朝的王統。木生火，所以漢朝秉承了火德。天下稱為漢朝。漢高祖元年上距上元十四萬三千零二十五年，歲星在大棣星次的東井星宿二十二度，也就是鶉首六度。所以，〈漢志〉說歲在大棣，名曰敦牂，太歲在午。高祖八年十一月乙巳朔旦冬至，為楚元王三年。所以，《殷曆》為丙午，下距元朔為七十六年。據〈高帝紀〉，高帝在位十二年。惠帝繼位，據〈惠帝紀〉，惠帝在位七年。高皇后接位，據〈高后紀〉，高皇后在位八年。文帝繼位，據〈文帝紀〉，文帝在位前元十六年，後元七年，在位二十三年。景帝繼位，據〈景帝紀〉，景帝在位前元七年，中元六年，後元三年，在位十六年。

38 漢武帝，建元、元光、元朔各有六年。元朔六年十一月甲申朔旦冬至，《殷曆》為乙酉，下距初元為七十六年。元狩、元鼎、元封各有六年。漢曆太初元年，上距上元十四萬三千一百二十七年。前冬十一月甲子朔旦冬至，歲星在星紀星次的女宿六度，所以，〈漢志〉說歲陰叫困敦，正月歲星出現在婺女。太初、天漢、太始、征和各有四年，後元二年。據〈武帝紀〉記載，漢武帝在位五十四年。

39 漢昭帝，始元、元鳳各六年，元平一年，據〈昭帝紀〉記載，漢昭帝在位十三年。

40 漢宣帝，本始、地節、元康、神爵、五鳳、甘露各有四年，黃龍一年，據〈宣帝紀〉記載，漢宣帝在位二十五年。

41 漢元帝，初元二年十一月癸亥朔旦冬至。《殷曆》為甲子，作為紀首。在這一年，十月日食，不是太陽、月亮交會的大週期，所以不能作為紀首。該年距建武七十六年。初元、永光、建昭各五年，竟寧一年，據〈元帝紀〉記載，漢元帝在位十六年。

42 漢成帝，建始、河平、陽朔、鴻嘉、永始、元延各四年，綏和二年，據〈成帝紀〉記載，漢成帝在位二十六年。

43 漢哀帝，建平四年，元壽二年，據〈哀帝紀〉記載，漢哀帝在位六年。

44 漢平帝，據〈平帝紀〉記載，漢平帝在位元始五年，將漢宣帝的玄孫劉嬰作為繼承人，稱他為孺子。漢孺子，據〈紀〉記載，新都侯王莽居攝三年，王莽代掌政權，後來篡奪皇位，竊取政權，稱為新朝。王莽稱帝，始建國五年，天鳳六年，地皇三年，據〈紀〉記載，盜竊皇位十四年。漢更始帝，據〈紀〉記載，以漢朝皇族的身分滅亡王莽，在位二年。赤眉賊擁立皇族劉盆子滅亡了更始帝。從漢高祖元年直到更始二年，共二百三十年。

45 東漢光武帝，據〈紀〉記載，以漢高祖九代孫、景帝七代孫的身分，承受天命，中興恢復漢朝，改年號叫建武，歲星在鶉尾星次的張宿十八度。建武三十一年，中元二年，漢光武帝在位三十三年。

【研析】〈律曆志〉是音律、度量衡制度和曆法知識的總匯。〈律志〉中記載有十母、十二子與季節的關係，一歲八風的特性，一歲十二斗建的運行和二十八宿分布的規律等。為什麼要在〈律曆志〉記載這些東西？這就應從律志的本義來理解了。律是法則和規章制度，志即記載。律志為記載基本事物的法則和規章制度的。古人認為，四時、八節、十干、十二月的運行規律，斗柄指向和二十八宿星象的季節變化，均應屬於律志的範圍。因此《漢書》的作者將律和曆合為一志，便是出於如下想法：即宇宙間的一切事物的規律是相通的，應有共同的規律。它們之間的一些基本數據和特性也應一致。例如，《易》學中有天地十個數，曆法和音律中的基本數據就應該與之相合。天有五行、八節、十二月，音律便有五聲、八音、十二律。尤其是權、衡中的一些數，均與陰陽合曆相合：五權象徵五行，二十四銖為兩，象徵二十四節氣，十六兩為一斤，象徵四時乘四方之象，三十斤成鈞者，為一月日數之象，四鈞為石者，為四時之象。正是由於認為這些度、量、衡、音律的制度，與天地運行規律一致，才將〈律志〉與〈曆志〉合在一起。

律與曆合為一志的思想，自《漢書》起，一直延續到《隋書》，至《唐書》和《五代史》，才將音樂志和曆志分開，儘管《宋史》曾一度恢復律曆合為一志的傳統，但自此之後，在正史中均採用音樂與曆分開列志的辦法。事實上，將律與曆附會在一起，是缺乏科學依據的。

《漢書·律曆志》所述曆法沿革，在漢太初以前與《史記·曆書》相比，幾乎沒有什麼差異，只是自太初以後，有兩點重大不同之處。其一是《史記》對於西漢唯一一次重大的改曆活動記載得不全面，含有極大的片面性，對於太初改曆後的正式結果和所用曆法均沒有記載下來。其次是《史記》所載歷史，也只到太初年間為止，對於太初以後曆法方面的重大活動，以及劉歆所作的《三統曆》，便有賴《漢書·律曆志》來補充完成。

按照《史記·曆書》的記載，漢朝政府於元封年間（西元前一一〇—前一〇五年）招方士唐都分剖天部，巴郡隱士落下閎推算曆法，推至元封七年（西元前一〇四年）冬至，正逢甲子日夜半朔旦冬至，於是將元封七年改為太初元年作為曆元，年名焉逢攝提格，月名畢聚。這是一種古老的曆法制度，它依歲星紀年方法，確定太初元年為焉逢攝提格之年即甲寅年，以冬至所在月為歲首正月，即使用周正。篇後附有一部七十六年氣朔干支大小餘和年名表，據此便可排出各年曆日，這便是太初元年落下閎提出的太初《四分曆》。

但事實證明，西漢太初元年以後所使用的曆法，並非如《史記·曆書》所載的《甲寅元曆》，而是八十一分曆，即後世所說的《太初曆》。那麼，這個《甲寅元曆》應該是改曆最終被否定的一種改曆方案。只記被否定的曆法，而不記被通過行用的曆法，這對於一部記載史實的史書來說，不能不認為是一個嚴重的失誤。當然，這期間可能還有種種複雜的原因，例如，〈曆書〉可能不是司馬遷所寫，而是以後褚先生補寫的；《曆術甲子篇》中載有元鳳元年（西元前八〇年）、地節元年（西元前六十九年）、元康元年（西元前六十五年）、建始元年（西元前三十二年）等年號，而這些年號，無疑地均在司馬遷去世以後，從而證明確實為後人所補。

按照《漢書・律曆志》的記載，元封七年大中大夫公孫卿、壺遂、太史令司馬遷等上言曆紀壞廢，議改正朔。上詔卿、遂、遷與侍郎尊、大典星射姓等議造漢曆。得元封七年為焉逢攝提格之歲，十一月甲子朔旦冬至，已得太初本星度新正，即新的曆元和新曆均已推定，這便是《史記・曆書》所載曆法。但是，據《漢書・律曆志》記載說：「姓等奏不能為算，願募治曆者，更造密度，各自增減，以造漢《太初曆》。」於是，治曆鄧平等二十餘人出現了。最後議定「乃詔遷用鄧平所造八十一分律曆」，「宦者淳于陵渠復覆《太初曆》晦、朔、弦、望皆最密，日月如合璧，五星如連珠。陵渠奏狀，遂用鄧平曆，以平為太史丞。」鄧平造的新曆，經過淳于陵渠的測驗，證實比其他十七家精密，最後才頒詔決定行用。不明白其中的曲折過程，這段記載混亂的史書是無法讀通的。

《太初曆》用夏正，即以農曆正月為歲首。經研究，《太初曆》確有許多比它以前的《顓頊曆》先進的地方，如它規定以無中氣之月為閏月，比年終置閏法更合理；它首先記有交食週期，為交食的預報打下了基礎；所使用的五星運動週期，也比過去有明顯進步；更為顯著的是，由於《顓頊曆》年久失修，誤差日益顯著，《太初曆》經過修訂之後，自然更合於天象。但是，《太初曆》也有缺點，它所改用的朔望月、回歸年值並非出自精密測定，實際比古四分曆的數值誤差更大。它之所以要作這種改變，只是因為朔日法八十一這個數字，可以附會上一種神祕的意義，叫作黃鐘自乘。漢朝人認為，用一根九寸長的銅管或竹管製成的樂器，吹出的音調稱為黃鐘，它是十二音律之首。黃鐘自乘，就是其長九寸自乘，便得八十一，這就是說，《太初曆》朔日法八十一這個數來自黃鐘。故《漢書・律曆志》說：「八十一為日法，所以生權衡、度量，禮樂之所繇出也。」天地陰陽之數，是與樂理相通的。《太初曆》所用天文數據與音律相合，這就像得到了神啟，具有權威性。

可是，《漢書・律曆志》仍然沒有將《太初曆》的經文記載下來，它說：「至孝成世（西元前三十二至前七年），……向子歆究其微眇，作《三統曆》及《譜》以說《春秋》，推法密要，故述焉。」《漢書・律曆志》未載《太初曆》，卻把《三統曆》記載了下來，從而，《三統曆》是中國傳世的第一部完整的曆法。在歷史上占有重要地位，故值得作一介紹。

《三統曆》名稱的來歷，是依據董仲舒等人的主張，夏為黑統，商為白統，周為赤統，三代各據一統，三統依次循環。原本《太初曆》含有大小二個循環週期，每經一千五百三十九年，其冬至合朔時刻，才能回到同一個甲子日的夜半。於是，劉歆便把一千五百三十九年稱為一統，三統四千六百一十七年為一元，故名《三統曆》。

就《三統曆》的內容而言，可分為七個部分：一為統母，二為紀母，三為五步，四為統術，五為紀術，六為歲術，七為世經。其中統術用以推算曆日，紀術用以推算五星的實際方位，這二個部分為推步曆法的根本。母為立法之源，術為推算之法。統母、紀母分別為推算曆日和五星所需的基本數據。五步為實測五星會合週期中各段運動的週期。歲術為推算各年的歲星所在及紀年方法。世經為考古之紀年，用以論證《三統曆》的精密。從曆法的編撰方法來說，可算是綱舉目張，條理分明，推法密要，為後世所遵用。

《三統曆》還有如下創新和改革：一、發明一百四十四年太歲行一百四十五個星次，即創立太歲超辰法，使歲星與恆星相應，這個方法，最終導致干支紀年法的產生。二、出於與〈夏小正〉相合的考慮，《三統曆》改以驚蟄為正月中，雨水為二月節，穀雨為三月節，清明為三月中。三、作《三統曆譜》，並羅列《尚書》、《春秋》各曆日記載，證明《三統曆譜》一一與之相合，用以證明《三統曆》法之精密。

由於戰亂，使秦以前的歷史文獻幾乎全部散失，紀年和曆日制度也不明確，以至於對先秦史實無法考查。劉歆自信《三統曆》十分精密，所推《三統曆譜》將與數千年前所用曆日紀年一一相合。《史記》將先秦紀年推至周代共和年間，劉歆作〈世經〉，更將連續紀年推至周文王二十四年，使其歲歲相接，為史學家所推崇。〈世經〉是一篇很有學術價值的文章，它利用了《尚書・武成》所載曆日資料，和《春秋》曆日資料，與《三統曆譜》一一作出驗證，加以斷代，得出了很有價值的成果。劉歆〈世經〉的論述方法，提倡嚴密考證，認真推理，自由討論，為史學研究開創了一個良好的先例。

但是，《三統曆》也有嚴重的缺點，它進一步發展了《太初曆》假託黃鐘的迷信思想，附會《易》著，玄妙其辭，神祕其術，對曆法中的一些天文數據，進行加乘參合，顛倒次第，繁亂名目，致使立法之源徒託空虛，使讀者倍感艱深，莫可解讀。《三統曆》故神其術的神祕主義思想，是應該受到批判的，它對後世曆法的發展，也產生過一定的負面影響。

卷二十二

禮樂志第二

【題解】〈禮樂志〉記述了夏、商、周三代直到西漢時期禮樂制度和禮樂思想的興衰演變。卷文首先論述禮樂的起源、禮樂的效用和本質；接下來專門討論三代以來禮的沿革，包括周禮的隆盛、春秋戰國以至秦朝的禮制崩潰，尤其詳述西漢一朝禮制建設的曲折歷程；然後專門討論三代以來樂的興衰，著重講述「雅樂」與「鄭衛之音」此消彼長的過程，以及西漢朝廷、大臣在樂制方面的舉措。開篇所言「《六經》之道同歸，而禮樂之用為急」，是全志的主旨。末尾一句「今大漢繼周，久曠大儀，未有立禮成樂，此賈誼、仲舒、王吉、劉向之徒所為發憤而增嘆也」，可看作是作者對西漢一朝禮樂建設的總體評價。《史記》有〈禮書〉、〈樂書〉，而《漢書》合為〈禮樂志〉，二者雖各有側重，而對西漢一朝禮樂制度本身的記述都很疏略，只是《漢書》稍詳而已。

六經[1]之道同歸[2]，而禮樂之用[3]為急[4]。治身者斯須[5]忘禮，則暴嫚入之[6]矣；為國者一朝[7]失禮，則荒亂及[8]之矣。人函[9]天地陰陽之氣，有喜怒哀樂之情。

天稟⑩其性而不能節⑪也，聖人能為之節而不能絕⑫也，故象⑬天地而制禮樂，所以通神明⑭，立人倫⑮，正情性，節萬事者也。

人性有男女之情，妒忌之別，為制婚姻之禮；有交接⑯長幼之序，為制鄉飲⑰之禮；有哀死思遠⑱之情，為制喪祭之禮；有尊尊⑲敬上之心，為制朝覲⑳之禮。哀有哭踊㉑之節，樂有歌舞之容㉒，正人㉓足以副㉔其誠，邪人㉕足以防其失。故婚姻之禮廢，則夫婦之道苦㉖，而淫辟㉗之罪多；鄉飲之禮廢，則長幼之序亂，而爭鬬之獄蕃㉘；喪祭之禮廢，則骨肉之恩薄，而背死忘先㉙者眾；朝聘之禮廢，則君臣之位失，而侵陵之漸起㉚。故孔子曰：「安上治民，莫善於禮；移風易俗，莫善於樂。」㉛禮節民心，樂和民聲，政以行之，刑以防之。禮樂政刑四達而不誖㉜，則王道備矣㉝。

樂以治內㉞而為同㉟，禮以脩外㊱而為異㊲；同則和親，異則畏敬；和親則無怨，畏敬則不爭。揖讓而天下治㊳者，禮樂之謂也。二者並行，合為一體。畏敬之意難見㊴，則著之於享獻辭受，登降跪拜㊵；和親之說難形，則發之於詩歌詠言㊶，鐘石筦弦㊷。蓋嘉其敬意而不及其財賄，美其歡心而不流㊸其聲音。故孔子曰：「禮云禮云，玉帛云乎哉？樂云樂云，鐘鼓云乎哉？」㊹此禮樂之本也。故曰：「知禮樂之情者能作，識禮樂之文者能述㊺；作者之謂聖，述者之謂明。明聖者，述作之謂也。」

【章旨】以上是第一部分，總論禮樂的起源、禮樂的效用和禮樂的本質，闡述了禮樂在節制人情、穩定政權和維持社會和諧等方面的巨大功用。其中，開首一句「《六經》之道同歸，而禮樂之用為急」，點出了本卷的主旨。

【注釋】❶六經　指儒家的六部經典《詩》、《書》、《禮》、《樂》、《易》、《春秋》。❷同歸　走向同一目標；達到同一目的。❸用　功用；作用。❹急　急切；急需。❺斯須　同「須臾」。片刻；很短的時間。❻暴嫚入之　殘暴、傲慢之情就會產生。暴嫚，殘暴、傲慢。入，侵入。❼一朝　一旦；很短的時間。❽及　臨近；來到。❾函　通「含」。包含；容納。❿稟　賦予；給予。⓫節　節制。⓬絕　斷絕；根除。⓭象　取法；仿效。⓮神明　天地神靈。⓯人倫　人與人之間尊卑、親疏、長幼等道德關係的準則。⓰交接　交往；交際。⓱鄉飲　古之鄉學，三年業成，考其德藝，以其賢者能者薦升於君，時由鄉大夫做主人，為之設宴送行，待以賓禮，飲酒酬酢，皆有儀式，稱鄉飲酒禮。後世由地方官設宴招待應舉之士，謂之「賓興」，本此。⓲遠　遠祖；祖先。⓳尊尊　尊敬長輩。前一「尊」字是動詞，表示尊敬。後一「尊」字是名詞，指長輩。⓴朝覲　臣子朝見君主。春見曰朝，秋見曰覲。㉑踊　跳。表達哀痛之情。㉒容　儀容。㉓正人　品行端正的人。㉔副　相稱。㉕邪人　品行不端的人。㉖苦　惡。㉗淫辟　淫蕩邪僻。辟，通「僻」。㉘蕃　增多。㉙先　先人；祖先。㉚侵陵之漸起　以下犯上的事端就會不斷滋長。侵陵，侵犯欺淩。漸，萌芽；徵兆。通常指不好的事端。㉛孔子曰五句　語出《孝經》。譱，「善」的古字。㉜達而不誖　達，暢通；通行。誖，古同「悖」，違背。㉝王道備矣　王道就完備了。王道，儒家所提倡的君主以仁義治天下的政策。備，完備；齊備。㉞治內　修神養性。㉟同　齊等；統一。㊱脩外　規範儀容舉止。㊲異　等級差別。㊳揖讓而天下治　民無怨爭，故君上無為，拱手謙讓之間而天下自治，其功由於禮樂。揖讓，賓主相見的禮節。揖，古代的拱手禮。讓，謙讓。㊴見　通「現」。顯現。㊵則著之於二句　畏敬之意通過各種禮儀活動表現出來。享，宴會。登降，進退；上下。㊶詠言　長聲歌唱。㊷鐘石筦弦　泛指各種樂器。筦，通「管」。㊸流　沉溺；無節制。㊹孔子曰五句　語出《論語・

陽貨》。通過反詰問句指出玉帛、鐘鼓只是禮和樂的表現形式，而不是其實質。㊺知禮樂之情二句　語出《禮記・樂記》。能夠窮極其本，識其變通，便是知樂之情；能夠顯著誠信，棄去浮偽，便是知禮之情。禮樂之情，即禮和樂的本質。禮樂之文，指禮和樂的形式。作，創作。述，闡述。

【語　譯】《六經》所闡述的道理是相同的，而禮和樂的功用最為急需。修養自身的人只要片刻忘掉了禮，那麼殘暴與傲慢的念頭就會趁虛而入；治理國家的人一旦失去了禮，那麼荒淫與禍亂就會不期而至。人稟承天地之間的陰陽二氣而生，具有喜怒哀樂的情感。上天賜予了人類這種性情卻不能加以節制，聖人能夠節制它卻不能將其斷絕，所以便仿效天地的原則而制定出禮和樂，用來溝通天地神靈，確立倫理規範，端正人們的性情，對萬事萬物加以節制。

人性有男女恩愛之情，有妒忌之心，為此制定了婚姻之禮；有尊卑、長幼之間交際往來的次序，為此制定了鄉飲酒之禮；有哀痛死者、思念祖先的感情，為此制定了喪葬、祭祀之禮；有尊崇長輩、敬重君上之心，為此制定了朝覲之禮。哀痛有哭泣跳踊的禮節，快樂有歌唱舞蹈的儀式，品行端正的人足以表現他的真情，品行不端之人足以防止他的過失。所以婚姻之禮廢棄了，夫婦的關係就會惡化，淫蕩邪惡的罪行就會多起來；鄉飲酒之禮廢棄了，長幼、尊卑的次序就會紊亂，爭執鬥毆的罪行就會多起來；喪葬、祭祀之禮廢棄了，骨肉至親的恩情就會淡薄，背棄死者、忘掉祖先的人就會多起來；朝覲、聘問之禮廢棄了，君臣秩序就會錯亂，犯上作亂的事情就會逐漸發生。所以孔子說：「要使君主安於其位並治理好百姓，沒有比禮更好的了；要轉移風氣、改變習俗，沒有比樂更好的了。」禮可以節制人民的思想，樂可以調和人民的心聲，用政令推行善道，用刑罰防範奸邪。禮、樂、政令、刑罰，四者運行暢通而不違反，那麼王道就完備了。

樂用來修養內心而達到情感的統一，禮用來規範儀容舉止而形成等級的差別；情感統一就會和睦親愛，有等級差別就會畏懼尊敬；和睦親愛就不會產生怨恨，畏懼尊敬就不會發生爭鬥。拱手謙讓之間國家就能治理好，這是禮和樂的功效。兩者相輔而行，融合為一體。畏懼尊敬的心意難以顯現，就通過宴享和貢獻、推辭和接受以及進退、跪拜等各種禮儀表現出來；和睦親愛的感情難以表現，就通過詩歌的吟唱和鐘磬管絃的演奏抒發出來。讚許所表達的敬意，並不去考慮所貢獻的是什麼財物；讚美所表達的歡樂之情，並不沉溺於具體的聲音。所以孔子說：「禮啊，禮啊，說的只是玉帛等禮物嗎？樂啊，樂啊，說的只是鐘鼓等樂器嗎？」這就是禮樂的本質。因此說：「懂得禮樂的實質的人就能創作禮樂，懂得禮樂的形式的人就能闡述禮樂；能夠創作禮樂的叫做聖哲，能夠闡述禮樂的叫做明達。明達和聖哲，就是闡述者和創作者的稱謂啊。」

1 王者必因❶前王之禮，順時施宜，有所損益，即❷民之心，稍稍❸制作，至太平而大備。周監於二代❹，禮文尤具❺，事為之制，曲為之防❻，故稱禮經三百，威儀三千❼。於是教化浹洽❽，民用❾和睦，災害不生，禍亂不作，囹圄❿空虛，四十餘年。孔子美之曰：「郁郁乎文哉！吾從周。」⓫及其衰也，諸侯踰越法度⓬，惡禮制之害己，去⓭其篇籍。遭秦滅學⓮，遂以亂亡。

2 漢興，撥亂反正⓯，日不暇給⓰，猶命叔孫通⓱制禮儀，以正君臣之位。高祖說⓲而歎曰：「吾乃今日知為天子之貴也！」以通為奉常⓳，遂定儀法，未盡備而通終⓴。

3 至文帝時，賈誼㉑以為「漢承秦之敗俗，廢禮義，捐㉒廉恥，今其甚者殺父兄，盜者取廟器，而大臣特以簿書不報期會為故㉓，至於風俗流溢，恬㉔而不怪，以為是適然㉕耳。夫移風易俗，使天下回心而鄉㉖道，類㉗非俗吏之所能為也。夫立君臣，等㉘上下，使綱紀㉙有序，六親㉚和睦，此非天之所為，人之所設也。人之所設，不為不立，不修則壞。漢興至今二十餘年，宜定制度，興禮樂，然後諸侯軌道㉛，百姓素樸，獄訟衰息」。迺草具㉜其儀，天子說焉。而大臣絳、灌之屬㉝害之，故其議遂寢㉞。

4 至武帝即位，進用英雋㉟，議立明堂㊱，制禮服㊲，以興太平。會竇太后㊳好黃老言㊴，不說儒術，其事又廢。後董仲舒㊵對策㊶言：「王者欲有所為，宜求其端㊷於天。天道大者，在於陰陽。陽為德，陰為刑。天使陽常居大夏而以生育長養為事，陰常居大冬而積於空虛不用之處，以此見天之任㊸德不任刑也。陽出布施於上而主歲功㊹，陰入伏藏於下而時出佐陽。陽不得陰之助，亦不能獨成歲功。王者承天意以從事，故務㊺德教而省刑罰。刑罰不可任以治世，猶陰之不可任以成歲也。今廢先王之德教，獨用執法之吏治民，而欲德化被四海，故難成也。是故古之王者莫不以教化為大務㊻，立大學㊼以教於國，設庠序㊽以化於邑。教化以明，習俗以成，天下嘗無一人之獄矣。至周末世，大為無道，以失天下。秦繼其後，又益甚之。自古以來，未嘗以亂濟㊾亂，大敗天下如秦者也。習俗薄惡，民人抵冒㊿。今漢繼秦之後，雖欲治之，無可奈何。法出而姦生，令下而詐起，一歲之獄以萬千數，如以湯止沸，沸俞(51)甚而無益。辟(52)之琴瑟不調，甚者必解而更張(53)之，迺可鼓(54)也。為政而不行，甚者必變而更化(55)之，迺可理也。故漢得天下以來，常欲善治，而至今不能勝殘去殺(56)者，失之當更化而不能更化也。古人有言：『臨淵羨魚，不如歸而結網。』今臨政而願治七十餘歲矣，不如退而更化。更化則可善治，而災害日去，福祿日來矣。」是時，上方征討四夷(57)，銳志(58)武功，不暇留意禮文之事。

5 至宣帝時，琅邪王吉(59)為諫大夫(60)，又上疏言：「欲治之主不世出(61)，公卿幸得遭遇其時，未有建萬世之長策，舉明主於三代(62)之隆者也。其務在於簿書斷獄聽訟而已，此非太平之基也。今俗吏所以牧民(63)者，非有禮義科指(64)可世世通行者也，以意穿鑿，各取一切(65)。是以詐偽萌生，刑罰無極(66)，質樸日消，恩愛寖(67)薄。孔子曰『安上治民，莫善於禮』，非空言也。願與大臣延及儒生，述(68)舊禮，明王制，驅一世之民，躋(69)之仁壽之域，則俗何以不若成康(70)？壽何以不若高宗(71)？」上不納其言，吉以病去。

6 至成帝時，犍為郡(72)於水濱得古磬十六枚，議者以為善祥。劉向(73)因是說上：「宜興辟雍(74)，設庠序，陳禮樂，隆雅頌(75)之聲，盛揖攘(76)之容，以風化(77)天下。

如此而不治者，未之有也。或曰[78]，不能具[79]禮。禮以養人為本，如有過差[80]，是過而養人也。刑罰之過，或至死傷。今之刑，非皋陶[81]之法也，而有司請定法，削則削，筆則筆[82]，救時務[83]也。至於禮樂，則曰不敢，是敢於殺人不敢於養人也。為其俎豆筦弦[84]之間小不備，因是絕而不為，是去小不備而就大不備，或莫甚焉[85]！夫教化之比於刑法，刑法輕，是舍[86]所重而急所輕也。且教化，所恃以為治也，刑法所以助治也。今廢所恃而獨立其所助，非所以致太平也。自京師有誖逆[87]不順之子孫，至於陷大辟[88]受刑戮者不絕，繇[89]不習五常[90]之道也。夫承千歲之衰周，繼暴秦之餘敝，民漸漬[91]惡俗，貪饕[92]險詖[93]，不閑[94]義理，不示以大化，而獨敺[95]以刑罰，終已不改。故曰：『導之以禮樂，而民和睦。』[96]初，叔孫通將制定禮儀，見非於齊魯[97]之士，然卒為漢儒宗[98]，業垂後嗣[99]，斯[100]成法也。」

成帝以向言下公卿議，會向病卒，丞相大司空[101]奏請立辟雍。案行[102]長安城南，營表[103]未作，遭成帝崩[104]，群臣引以定諡[105]。

7 及王莽[106]為宰衡[107]，欲燿[108]眾庶[109]，遂興辟廱，因以篡位，海內畔[110]之。世祖[111]受命中興，撥亂反正，改定京師于土中[112]。即位三十年，四夷賓服[113]，百姓家給[114]，政教清明，迺營立明堂、辟廱。顯宗[115]即位，躬行其禮，宗祀光武皇帝于明堂，養三老五更116於辟廱，威儀既盛美矣。然德化未流洽者，禮樂未具，群下無所誦說，而庠序尚未設之故也。孔子曰：「辟如為山，未成一匱，止，吾止也。」117今叔孫通所撰禮儀，與律令同錄，臧118於理官119，法家又復不傳。漢典寢120而不著，民臣莫有言者。又通沒121之後，河間獻王122采禮樂古事，稍稍增輯，至五百餘篇。今學者不能昭見123，但推士禮124以及天子，說義又頗謬異125，故君臣長幼交接之道寖126以不章。

【章旨】以上是第二部分，討論夏、商、周三代以來禮的沿革，包括周禮的隆盛、春秋戰國以至秦朝的禮制崩潰，尤其詳述西漢一朝禮制建設的曲折歷程；指出一代之禮，一方面要繼承先王之禮，一方面要根據現實需要並順應民情而有所損益；記述了叔孫通、賈誼、董仲舒、王吉、劉向等在漢朝禮制建設方面的作為和主張。

【注釋】❶因 繼承；沿用。❷即 就。❸稍稍 逐漸。❹周監於二代 周朝借鑑夏、商兩朝的禮制，而有所增損。監，通「鑑」。考察；借鑑。二代，指夏朝和商朝。❺具 完備。❻事為二句 事無巨細，都制定相應的禮制加以規範。事，大事。曲，小事。❼禮經三百二句 相傳周朝的禮制大綱有三百條，具體的禮儀規定有三千條。「三百」、「三千」都不是確切數字。❽浹洽 普遍而深入。浹，深入；透徹。洽，普遍；廣博。❾用 因而。❿囹圄 監獄。⓫孔子美之三句 語出《論語·八佾》。郁郁，興盛。文，有文采。⓬法度 制度；禮制。⓭去 拋棄。⓮滅學 毀滅學術。指秦始皇焚毀《詩》、《書》，禁止百家學說的流傳。⓯撥亂反正 撥去亂俗而還之於正道。⓰日不暇給 指事務繁多，每天都忙得沒有空閒時間。暇，空閒。給，充足。⓱叔孫通 詳見卷四十三〈叔孫通傳〉。⓲說 通「悅」。⓳奉常 官名，九卿之一，掌管宗廟禮儀。後改稱太常。⓴終 去世。㉑賈誼 詳見卷四十八〈賈誼傳〉。㉒捐 棄。㉓而大臣句 大臣們只以官府文書不能按期上報為大事。特，但；只。簿書，官府文書；各種行政文書。期會，按約定的時間會面。故，大事。㉔恬　安；無動於衷。㉕適然　理所當然；應當如此。㉖鄉　通「向」。㉗類　大都；大體上。㉘等　使有等級。㉙綱紀　綱常法度。㉚六親　指六種親屬，有各種說法。一說指父、子、從父兄弟、從祖兄弟、從曾祖兄弟和族兄弟；一說指父子、兄弟、夫妻。㉛軌道　遵循正道。㉜草具　草創。㉝絳灌之屬　絳，絳侯周勃，詳見卷四十〈周勃傳〉。灌，灌嬰，詳見卷四十一〈灌嬰傳〉。之屬，之類。㉞寢　停止。㉟英雋　才智出眾的人。㊱明堂　古代帝王宣明政教的地方，凡朝會、祭禮、慶賞、選士、養老、教學等大典，均在此舉行。㊲服　服色，古時每個王朝所定車馬祭牲的顏色，如夏尚黑、殷尚白、周尚赤之類。㊳竇太后　漢文帝皇后，漢景帝尊為皇太后，詳見卷九十七上〈外戚傳・文帝竇皇后〉。㊴黃老言　道家尊崇黃帝、老子，因稱道家學說為黃老言。㊵董仲舒　詳見卷五十六〈董仲舒傳〉。㊶對策　士人回答皇帝有關政治、經義的策問。㊷端　發端；根源。㊸任　任用。㊹歲功　一年的收成。㊺務　致力於。㊻大務　大事。㊼大學　即太學。中國古代設在京城的最高學府。㊽庠序　古代的地方學府。㊾濟救。㊿抵冒　抵觸冒犯。(51)俞　通「愈」。更加。(52)辟　通「譬」。(53)更張　改施弓弦，重新張設。(54)鼓　彈奏。(55)更化　變更或改革。(56)勝殘去殺　感化殘暴的人改惡從善而不濫用刑罰。(57)四夷　古時統治者對華夏以外各部族的貶稱。(58)銳志　一意進求，若兵刃之銳利。(59)琅邪王吉　琅邪，郡名，治今山東諸城。王吉，詳見卷七十二〈王吉傳〉。(60)諫大夫　官名。郎中令屬官，掌議論。(61)不世出　罕見；少有。(62)三代　指夏、商、周三個朝代。(63)牧民　即以百姓進行行政管理。古代把官吏治理百姓比做牧人牧養牲畜。(64)科指　規範。(65)一切　苟且；權宜。(66)無極　無窮。(67)寖　通「浸」。逐漸。(68)述　遵循。(69)躋　登上；升上。(70)成康　周成王和周康王。他們在位的時代被稱為盛世。(71)高宗　商王武丁。據《古文尚書》，武丁在位五十九年；據《今文尚書》，則武丁在位百年。(72)犍為郡　郡名。治今四川宜賓西南。(73)劉向　詳見卷三十六〈劉向傳〉。(74)辟雍　周朝的太學。(75)雅頌　《詩經》中詩篇的兩類。雅是朝廷樂歌，頌是宗廟祭祀的頌詞。(76)揖攘　古代賓主相見的禮節。揖，拱手。攘，通「讓」。謙讓。(77)風化　教育感化。(78)或曰　有人說。(79)具　完備。(80)過差　過失；差錯。(81)皋陶　傳說為虞舜之臣，掌刑獄之事。(82)削則削二句　若有所刪除，則以刀削簡牘；若有所增益，則以筆書於簡牘。(83)時務　當前的重大事情或客觀形勢。(84)俎豆筦弦　代指禮樂制度。俎豆，禮器。筦弦，樂器。(85)或莫甚焉　舊本作「大不備或莫甚焉」。王先謙云「大不備」三字衍誤。《資治通鑑》無此三字。或，通「惑」。(86)舍　廢棄。(87)誖逆　違背正道。(88)大辟　死刑。(89)繇　同「由」。(90)五常　仁、義、禮、智、信五種品德。(91)漸漬　沾染。(92)饕　貪。(93)詖　邪僻。(94)閑　通「嫻」。熟悉。(95)敺　通「驅」。(96)故曰三句　《孝經》載孔子之言。(97)齊魯　指先秦時期齊、魯兩國所在的地區。文化比較發達，對周朝的禮樂制度保存較多。98儒宗　儒學宗師。99後嗣　後代。100斯　這。101大司空　官名。西漢末改御史大夫為大司空，與大司徒、大司馬合稱「三公」。102案行　巡視。103營表　建築宮室時，度量地基，立表以定位置。104崩　古代稱帝王死為崩。105諡　帝王、貴族、大臣、士大夫死後，依其生前事跡給予的稱號。106王莽　詳見卷九十九〈王莽傳〉。107宰衡　商湯時伊尹為阿衡，周武王時周公為太宰。王莽專權，漢平帝賜給王莽的稱號為宰衡，表示可媲美伊尹和周公。108燿　炫耀。109眾庶　百姓。110畔　通「叛」。111世祖　東漢開國皇帝光武帝劉秀的廟號。112土中　國土的中心。這裡指京師洛陽。113賓服　服從。114給　足。115顯宗　東漢明帝劉莊的廟號。116三老五更　相傳古代設三老五更之位，以示尊老。117孔子曰五句　語出《論語・子罕》。言學道之人即將學成，中途而廢，就像有人想要堆起一座山，只差一筐土，卻中途停止了，那也就就此停止了。匱[?]，通「簣」。土筐。118臧　通「藏」。收藏。119理官　治理獄訟的官員。120寖　埋沒。121沒　通「歿」。死亡。122河間獻王　劉德。詳見卷五十三〈景十三王傳・河間獻王劉德〉。河間，王國名，治今河北獻縣東南。123昭見　明顯地看到。124士禮　適用於士的禮儀。125謬異　謬誤、分歧。126寖　通「浸」。逐漸。

【語譯】新帝王一定要繼承以前帝王的禮制，根據現時需要施行合適的部分，有所增減，順應民情，逐漸制作，到天下太平時就十分完備了。周朝借鑑夏、商兩代的禮制，禮文尤為齊備，事無巨細，都制定相應的禮制加以規範，所以號稱禮制大綱有三百條，具體的禮儀規定有三千條。當時教育感化普遍而深入，人民因而和睦相處，災害不發生，禍亂不出現，監獄閒置達四十餘年。孔子讚美說：「多麼豐富多彩呀！我贊成周朝的制度。」等到周朝衰敗的時候，諸侯超越禮法制度，厭惡禮制妨礙了自己，便拋棄有關典籍。這些典籍後來遭到秦始皇的徹底焚毀，秦朝也因此招致禍亂，以至滅亡。

2　漢朝建立後，治理混亂局面使之恢復正常，每天事務繁忙沒有閒暇，高祖還是派叔孫通制定禮儀制度，藉以端正君臣的尊卑秩序。高祖看過後高興地感歎道：「我到今天才知道做天子的尊貴啊！」任命叔孫通為奉常，制定禮儀規範，尚未完備但叔孫通就去世了。

3　到漢文帝時，賈誼認為「漢朝繼承秦朝的敗壞風俗，廢棄禮義，拋棄廉恥，今天甚至有人殺死父兄，盜賊竟敢偷取宗廟的祭器，而大臣們只以官府文書不能按期上報為大事，至於風俗敗壞，卻安然處之而不感到奇怪，還認為這是正常現象。移風易俗，使天下人心轉變而走向正道，大都不是普通的官吏們所能做到的。要樹立君臣的尊卑次序，分出上下的等級，使禮制法度井然有序，六親和睦，這不是上天所為，而是人力所建立的。人力的設施，不做就不能建立，不修繕就要變壞。漢朝建立至今已經二十多年，應當制定制度，興建禮樂，然後諸侯才有正道可遵循，百姓質樸忠厚，犯罪和訴訟的事就能逐漸停止」。於是草擬各種禮儀制度，天子很高興。而絳侯周勃、灌嬰等大臣嫉妒他，所以他的提議最後還是作罷了。

4 到武帝即位，選拔任用才智出眾的人，討論建立明堂，制定禮制、服色，用來創建太平盛世。適逢竇太后喜愛黃老道家學說，不喜歡儒家學術，於是這些事項又放棄了。後來董仲舒回答皇帝策問時說：「帝王想要有所作為，應該向上天尋找端緒。天道最大的，在於陰陽二氣。陽氣代表德政，陰氣代表刑罰。上天讓陽氣常居盛夏而以生育長養為任務，讓陰氣常居隆冬而存放在空虛無用的地方，由此可見上天致力於德政而不是刑罰。陽氣出來分布在天上主管一年的收成，陰氣隱藏在地下按時出來輔佐陽氣。陽氣得不到陰氣的幫助，也不能獨立完成一年的收成。帝王秉承天意治理天下，所以應致力於道德教化而減少刑罰。刑罰不可以單獨用來治理國家，就像陰氣不可單獨用來完成一年的收成一樣。現在廢棄先王的道德教化，只用執行法律的官吏來管理百姓，卻想要使天下之人為道德所感化，所以難以取得成效。因此，古代的帝王沒有不把教化當作重大任務的，設立太學以教化國人，設立庠序以教化鄉邑。教化因此而彰明，習俗因此而養成，天下曾經有過沒有一個人犯罪入獄的情況。到周朝末年，大行無道，因而失去了天下。秦朝緊隨其後，又變本加厲。自古以來，沒有用亂政來挽救亂政，像秦朝那樣一敗塗地的。風俗習慣澆薄惡劣，百姓抵觸冒犯。如今漢朝接在秦朝之後，雖然想要把國家治好，卻無能為力。法律一公布奸邪就隨之出現，政令一下達欺詐就隨之興起，每年的犯罪案件數以萬計，就像把熱湯倒入沸水來止沸，沸水只會更加沸騰而毫無益處。好比琴絃不調和，嚴重的只有解下琴絃而重新安裝，才能彈奏。政令不能推行，嚴重的話只有通過變革而除舊布新，才能治理得好。所以漢朝取得天下以來，常想好好地治理，但到今天還不能感化殘暴的人，使之改惡從善而不濫用刑罰，失誤在於應當變革而沒有變革。古人有句名言：『站在深水邊想吃魚，不如回家去織網。』今天執政而且希望天下大治已經七十餘年了，不如退一步而實行變革。變革就可以好好地治理，災害會一天天退去，福祿會一天天到來。」此時，皇帝正在討伐四夷，專注於建立武功，沒有時間留心禮制文教的事。

5 到宣帝時，琅邪的王吉做諫大夫，又上疏說：「想要治理好國家的君主世間並不常有，公卿們有幸遇到這種好時機，可沒有誰能提出長治久安的良策，擁戴英明的君主達到三代的盛世。他們只關注辦理文書報表和審理訴訟，這不是建立太平盛世的基礎啊。今天一般官吏所用來治理百姓的，並不是可以世代通行的禮義規範，只是根據自己的意圖做牽強附會的發揮，各取一時所需。因此欺詐虛偽不時產生，刑罰沒有止境，誠實樸素的風氣日益消亡，人與人之間恩愛感情逐漸淡薄了。孔子說『要安定朝廷、治理人民，沒有比禮更好的了』，這不是空話啊。我希望與大臣以及儒生一起，遵循過去的禮制，闡明聖王的法度，驅使引導天下百姓，進入仁愛長壽的境界，那麼，社會風尚怎麼會不如周朝的成王、康王時代？享國的年壽怎麼會不如商高宗？」皇上沒有採納他的建議，王吉因病而離去。

6 到成帝時，犍為郡在水邊得到十六枚古磬，議論的人們認為是好的徵兆。劉向趁機勸說皇上：「應當像周朝那樣建造辟雍，設立庠序，陳列禮樂器物，推崇「雅」「頌」的音樂，提倡揖讓的禮節，從而感化天下。這樣做而不能治理好國家，是沒有的事。有人說，無法把禮制定得很完備。禮以教育人為根本，如有什麼差錯，也是差錯在教育人。刑罰的過失，甚至造成死傷。今天的刑法，不是皋陶的刑法，而有關官吏要求制定法律，對過去的法律條文刪的刪，補的補，以補救當前的局勢。至於禮樂，就說不敢這樣做，這是敢於殺人而不敢於教育人啊。因為禮樂制度稍稍不夠完備，因此便拒絕修訂施行，這是放棄了稍稍不完備的禮樂制度卻接受了非常不完備的刑法，還有比這更令人疑惑不解的嗎！教化與刑法相比，刑法次要，現在的做法是放棄重要的而重視次要的。況且教化是所憑藉用來治理國家的，刑法則是用來協助治理。今天廢棄所憑藉的教化卻單獨依靠居於協助地位的刑法，這不是用來達到太平盛世的辦法。自從京師出現忤逆不順的子孫，以至於犯死罪而受懲罰被誅殺的絡繹不絕，都是由於不熟悉仁、義、禮、智、信這五常的道理啊。漢朝繼承經歷千年已經衰亡的周朝，又繼承殘暴秦朝的流弊，百姓感染了邪惡的風氣，貪婪險惡，不懂道理，不用普遍的教化對他們加以引導，而只用刑罰去逼迫，最終也不能使他們改正。所以說：『用禮樂去開導，老百姓就能和睦相處。』當初，叔孫通準備制定禮儀，被齊國、魯國的儒生所非難，可他最終成為漢朝的儒學宗師，事業流傳後世，這可是現成的楷模啊。」成帝將劉向的意見交給公卿們討論，恰好劉向因病去世，丞相和大司空奏請建造辟雍。巡視長安城南面的建地，丈量地基並樹立了標誌，還未來得及興建，又逢成帝逝世，大臣們便援引此事，定諡號為「成」。

7 等到王莽被賜號為宰衡的時候，他想在百姓中炫耀自己，於是建造了辟廱，進而篡奪了皇位，招致全國反叛。光武帝承受天命，復興漢朝，治理混亂局面，使之恢復正常，將國都改定在全國的中心洛陽。在位三十年，四方的外族都歸服，百姓家給富足，政治和教化都很清明，於是營建明堂和辟廱。明帝即位，親身實行禮儀，在明堂裡祭祀光武帝，在辟廱尊養三老五更，禮儀制度隆重而完美。然而道德教化還沒能廣泛深入的原因，是由於禮樂尚不完備，臣下沒有辦法進行宣講，而庠序在地方還沒設立起來。孔子說：「就像有人要堆起一座山，只差一筐土，如果停下來，那也就到此為止了。」現在叔孫通所撰寫的禮儀，與法律命令編錄在一起，收藏在理官那裡，研習法律的人又不傳授。漢朝的典章埋沒了而沒有宣傳，百姓和大臣們沒有人提起它。再者叔孫通去世之後，河間獻王搜集古代的禮樂典籍，逐漸把它們編輯起來，達到五百多篇。現在的學者們不能明顯地見到這些，只是把士禮加以推演，應用於天子，解說的意義又有錯誤和歧異，所以君臣、長幼交往的禮儀程序就漸漸不清楚了。

1 樂者，聖人之所樂也❶，而可以善民心。其感人深，其移風易俗易❷，故先王著❸其教焉。

2 夫民有血氣心知之性，而無哀樂喜怒之常，應感而動❹，然後心術❺形焉。

是以纖微癄瘁⑥之音作，而民思憂；闡諧嫚易⑦之音作，而民康樂；麤厲猛奮⑧之音作，而民剛毅；廉直正誠之音作，而民肅敬；寬裕⑨和順之音作，而民慈愛；流辟邪散⑩之音作，而民淫亂。先王恥其亂也，故制雅頌之聲。本之情性，稽⑪之度數，制之禮儀，合生氣⑫之和，導五常之行，使之陽而不散，陰而不集⑬，剛氣不怒，柔氣不懾⑭，四暢交於中，而發作於外，皆安其位而不相奪⑮，足以感動人之善心，而不使邪氣得接焉，是先王立樂之方⑯也。

3 王者未作樂之時，因先王之樂以教化百姓，說樂⑰其俗，然後改作，以章功德。易曰：「先王以作樂崇德，殷薦之上帝，以配祖考。」⑱昔黃帝⑲作咸池，顓頊⑳作六莖，帝嚳㉑作五英，堯㉒作大章，舜㉓作招，禹㉔作夏，湯㉕作濩，武王㉖作武，周公㉗作勺。勺，言能勺㉘先祖之道也。武，言以功定天下也。濩，言救民也。夏，大承二帝㉙也。招㉚，繼堯也。大章，章㉛之也。五英，英華茂也。六莖，及根莖也。咸池，備矣㉜。自夏以往，其流不可聞已，殷頌猶有存者。周詩既備，而其器用張陳，周官㉝具焉。典者㉞自卿大夫師瞽㉟以下，皆選有道德之人，朝夕習業，以教國子。國子者，卿大夫之子弟也，皆學歌九德㊱，誦六詩㊲，習六舞㊳、五聲㊴、八音㊵之和。故帝舜命夔㊶曰：「女典樂，教胄子，直而溫，寬而栗，剛而無虐，簡而無敖。詩言志，歌詠言，聲依詠，律和聲，八音克諧[42]。」此之謂也。又以外賞諸侯德盛而教尊者。其威儀足以充目，音聲足以動耳，詩語足以感心，故聞其音而德和，省[43]其詩而志正，論其數而法立。是以薦之郊廟則鬼神饗，作之朝廷則群臣和，立之學官則萬民協。聽者無不虛己竦[44]神，說而承流，是以海內徧知上德，被服其風[45]，光煇日新，化上遷善，而不知所以然，至於萬物不夭，天地順而嘉應降。故詩曰：「鍾鼓鍠鍠，磬管鏘鏘，降福穰穰。」[46]書云：「擊石拊石，百獸率舞。」[47]鳥獸且猶感應，而況於人乎？況於鬼神乎？故樂者，聖人之所以感天地，通神明，安萬民，成性類者也。然自雅頌之興，而所承衰亂之音猶在，是謂淫過凶嫚之聲，為設禁焉。世衰民散，小人乘[48]君子，心耳淺薄[49]，則邪勝正。故書序「殷紂斷棄先祖之樂，迺作淫聲，用變亂正聲，以說婦人」[50]。樂官師瞽抱其器而犇散，或適諸侯，或入河海。夫樂本情性，浹肌膚而臧[51]骨髓，雖經乎千載，其遺風餘烈尚猶不絕。至春秋時，陳公子完[52]犇齊。陳，舜之後，招樂存焉。故孔子適齊聞招，三月不知肉味，曰：「不圖為樂之至於斯[53]！」美之甚也。

4 周道始缺，怨刺之詩起。王澤既竭，而詩不能作。王官失業，雅頌相錯[54]，孔子論而定之，故曰：「吾自衛反魯，然後樂正，雅頌各得其所(55)。」是時，周室大壞，諸侯恣行，設兩觀(56)，乘大路(57)。陪臣(58)管仲(59)、季氏(60)之屬，三歸(61)雍徹(62)，八佾(63)舞廷。制度遂壞，陵夷(64)而不反，桑間、濮上(65)，鄭、衛、宋、趙之聲並出，內則致疾損壽，外則亂政傷民。巧偽因而飾之，以營亂(66)富貴之耳目。庶人以求利，列國以相間(67)。故秦穆(68)遺戎而由余(69)去，齊人餽魯而孔子行。至於六國(70)，魏文侯(71)最為好古，而謂子夏(72)曰：「寡人聽古樂則欲寐，及聞鄭、衛，余不知倦焉。」子夏辭而辨之，終不見納，自此禮樂喪矣。

【章　旨】以上是第三部分，指出音樂對感化人心、移風易俗方面的巨大作用，並記述上古三代樂教之盛，以及春秋戰國時期樂教的淪喪。從第三部分以下，專門論樂。

【注　釋】❶樂者二句　樂，前一「樂」指音樂；後一「樂」用作動詞，喜歡。❷移風易俗易　易，前一「易」指改變；後一「易」指容易。❸著　明。❹應感而動　指人的性情受外物影響就會發生變化。❺心術　內心的思路。術，路徑。❻癄瘁　同「憔悴」。《禮記·樂記》作「噍殺」，指聲音急促。❼闡諧嫚易　寬廣、和諧而舒緩。❽麤厲猛奮　粗獷、高亢。❾寬裕　寬闊。❿流辟邪散　放縱、邪僻而怪誕、散亂。辟，通「僻」。⓫稽　考查。⓬生氣　陰陽之氣。⓭集　聚結停滯。⓮懾懼　懼怕。⓯不相奪　舊本作「不相奪也」。景祐本無「也」字。⓰方　原則。⓱說樂　和悅而安樂。⓲易曰四句　此〈豫卦〉象辭。先王創作音樂來推崇功德，隆重地獻給上帝，以祖先配享。易，《易經》，儒家經典之一，分〈經〉、〈傳〉兩部分，〈經〉據傳為周文王所作，由卦、爻兩種符號重疊演成六十四卦、三百八十四爻，依據卦象推測吉凶。殷，盛大。⓳黃帝　傳說中的上古帝王。與炎帝一起，被尊奉為中華民族的共同祖先。⓴顓頊　傳說中的上古帝王，黃帝之孫，昌意之子。㉑帝嚳　傳說中的上古帝王，黃帝之子玄囂之孫。㉒堯　傳說中的上古帝王，陶唐氏。㉓舜　傳說中的上古帝王，有虞氏。㉔禹　傳說中的上古帝王，姒姓，夏朝的建立者。㉕湯　商朝的建立者。㉖武王　周武王姬發，周文王之子，伐紂滅商，建立周王朝。㉗周公　周文王之子姬旦，輔佐周武王伐紂滅商，分封於魯。㉘勺　通「酌」。酌取。㉙二帝　指堯、舜。㉚招　通「韶」。繼承。㉛章　明。㉜咸池二句　樂名〈咸池〉，是完備的意思。咸，皆。池，包容浸潤。㉝周官　也稱《周禮》或《周官經》，儒家經典之一。搜集西周和春秋官制，按照儒家政治理想，增減排比而成。㉞典者　管理者。㉟師瞽　樂師，由盲人擔任，故名。㊱九德　水、火、金、木、土、穀，稱為六府。正德、利用、厚生，稱為三事。六府與三事合稱九功。九功之德都可以通過歌唱來表達，故稱九德。㊲六詩　詩有六義，一曰風，二曰賦，三曰比，四曰興，五曰雅，六曰頌。㊳六舞　帗舞、羽舞、翌舞、旄舞、干舞、人舞。㊴五聲　宮、商、角、徵、羽。㊵八音　金、石、絲、竹、匏、土、革、木。㊶夔　相傳為堯、舜時樂官。㊷女典樂十一句　語出《尚書・虞書・舜典》。女，通「汝」。胄子，即國子，貴族子弟。直而溫，正直而溫和。寬而栗，寬大而敬畏。剛而無虐，剛毅而不暴虐。簡而無敖，簡約而不傲慢。詩言志，在心為志，發言為詩。依，助。諧，和。律，樂律。㊸省　視。㊹竦　敬。㊺被服其風　蒙其教化，若被服之不離身。㊻故詩曰四句　語出《詩・周頌・執競》。言周王祭祖考之廟，奏樂而八音和盛，則神降之福至多。鍠鍠，和。鏘鏘，盛。穰穰，多。㊼書云三句　語出《尚書・虞書・舜典》。言樂之和諧，至於擊拊磬石，則百獸相率而舞。石，磬。㊽乘　欺辱。㊾心耳淺薄　指對樂的認識和理解淺薄。心耳，心和耳。泛指思維與認識。淺薄，浮淺。指人的學識修養。㊿故書序四句　語出《尚書・周書・泰誓》。紂，商朝末代君主。(51)臧　通「藏」。(52)公子完　春秋時期陳國厲公之子，名敬仲。(53)不圖句　語出《論語・述而》。(54)錯　雜。(55)吾自衛反魯三句　語出《論語・子罕》。反，通「返」。樂正，樂曲得到訂正。(56)兩觀　古代宮門外兩邊用於觀望的樓叫觀。根據禮制，諸侯只能有一觀。(57)大路　天子的車。(58)陪臣　諸侯為天子之臣，諸侯之臣對天子自稱陪臣。陪，重。(59)管仲　春秋時期齊桓公之相，輔佐桓公成就霸業。(60)季氏　魯桓公子季友之後，專執國政而奢僭。(61)三歸　娶三姓女。婦人謂嫁曰歸。(62)雍徹　天子之禮。雍，《詩・周頌》之一篇，徹饌奏之。(63)八佾　天子之禮。八行八列之舞。(64)陵夷　逐漸衰落。(65)桑間濮上　衛國地名，古濮水之濱。(66)營亂　惑亂。(67)間　離間。(68)秦穆　秦穆公，春秋時期秦國國君，五霸之一。(69)由余　秦穆公的賢臣。(70)六國　戰國時期，關東齊、楚、燕、韓、趙、魏六國最為強大，合稱六國。(71)魏文侯　戰國初期魏國的國君。(72)子夏　姓卜，名商。孔子弟子，魏文侯的老師。

【語　譯】音樂是聖人所喜歡的，它可以美化人的心靈。它使人感受深刻，使轉移風氣、改變習俗變得容易，所以先王顯揚它的教化功能。

2 人都有血有氣，有思想，有認知能力，卻沒有喜、怒、哀、樂的常態，他們受外界事物的影響而變化，然後內心的活動就顯露出來。因此，細微而急促的音樂一起，人們就心情憂鬱；寬廣和諧而舒緩的音樂一起，人們就安康快樂；粗獷高亢的音樂一起，人們就剛強堅毅；廉潔正直而莊重誠敬的音樂一起，人們就嚴肅恭敬；寬闊溫和而順暢的音樂一起，人們就仁慈友愛；放縱邪僻而怪誕散亂的音樂一起，人們就會淫佚放縱。先王厭惡不好的音樂給人心造成的混亂，所以就制定了「雅」、「頌」的音樂。根據人們的性情，考察音樂的旋律，按照禮儀的要求，配合陰陽二氣的和諧，引導出符合五常的行為，使之陽氣不散亂，陰氣不凝滯，剛氣不暴怒，柔氣不恐懼，四者通暢匯合於心中，並表現出來，都安於本位而不互相爭奪，足以感動人們的善良之心，而不讓邪氣接觸人心，這就是先王創作音樂的原則啊。

3 帝王在沒有創作音樂的時候，就沿用先王的音樂來教化百姓，使民風和悅而安樂，然後有所改造，以彰顯自己的功德。《易經》說：「先王通過創作音樂來推崇功德，隆重地敬獻給上帝，以祖先配享。」從前黃帝作〈咸池〉樂，顓頊作〈六莖〉樂，帝嚳作〈五英〉樂，唐堯作〈大章〉樂，虞舜作〈招〉樂，夏禹作〈夏〉樂，商湯作〈濩〉樂，周武王作〈武〉樂，周公作〈勺〉樂。〈勺〉是說能夠採用先祖的傳統。〈武〉是說用武功來平定天下。〈濩〉是說拯救百姓。〈夏〉是說繼承光大唐堯、虞舜二帝的傳統。〈招〉是說繼承帝堯的傳統。〈大章〉是說彰顯功德。〈五英〉是說文采茂盛。〈六莖〉是說恩德澤及下民。〈咸池〉是說功德都完備了。夏代以前，音樂的源流已無從知曉，〈商頌〉還有保存下來的。〈周詩〉已經完備了，其禮器樂器的鋪張陳設，《周官》都有詳細記載。主管之人從卿大夫到盲瞽樂師以下，都挑選有道德的人，早晚學習，用來教育國子。國子是卿大夫的子弟，都學習歌唱九德，誦讀六詩，演練六舞、五聲、八音的配合。所以虞舜命令夔說：「你主管音樂、教育國子，正直而溫和，寬大而敬畏，剛強而不暴虐，簡約而不傲慢。詩用來表達志趣，歌用來詠唱詩詞，五聲用來輔助歌唱，樂律用來調和聲音，八音能夠和諧。」就是說的這個道理。又用樂來賞賜道德高尚而又教化隆重的諸侯。它的形式足以悅目，聲音足以動聽，歌詞足以感動人心，所以聽到它的聲音而品德和順，看到它的詞句而志向端正，討論它的原理而法制就建立起來了。因此用它祭祀郊廟則鬼神樂於歆享，在朝廷裡演唱則群臣和睦，在學校設立則萬民諧和。聽到的人無不虛心恭敬，愉快地受到感染，因此全國百姓都知曉朝廷的恩德，蒙受它的教化，光輝日新月異，自然而然地在君長的感召下走向善良，潛移默化，以至於萬物都不夭折，天地運轉正常而吉祥的報應降臨。所以《詩經》說：「鐘鼓和諧，磬管盛美，神明降福多多。」《尚書》也說：「拍擊石磬，百獸相率而舞蹈。」鳥獸尚且能為音樂感染，何況人？更何況鬼神呢？所以音樂是聖人用來感動天地，溝通神明，安定萬民，使人性向善的手段。然而自從「雅」、「頌」興起，而所遺留的衰敗淫亂的聲音還在，被稱作淫惡兇殺侮辱之聲，必須明令禁止。世道衰敗，民心渙散，小人欺侮君子，對樂的認識和理解浮淺，邪氣就會戰勝正氣。所以《尚書》的序文說「商紂拋棄先祖的音樂，創作淫亂之聲，用來擾亂正聲，以取悅女人」。於是樂官樂師抱著樂器而逃散，有的投奔諸侯，有的隱居於河濱海濱。音樂起源於人的天性和感情，浸透肌膚而深入骨髓，雖然經歷千年，它的遺風餘緒依然沒有斷絕。到春秋時，陳國的公子完投奔齊國。陳國是虞舜的後代，〈招〉樂保存在那裡。所以孔子到齊國聽到〈招〉樂，有三個月食肉而不知其味，說：「想不到音樂的功效竟達到了這樣的地步！」讚美它多深切呀。

4 周朝的治國之道開始廢缺，怨恨諷刺的詩就出現了。周王的恩澤已經枯竭，而樂詩不再創作。樂官失職，「雅」、「頌」互相錯亂，孔子對它們進行了辨別和訂正。所以他說：「我從衛國回到魯國，然後音樂得以訂正，「雅」和「頌」分別歸到合適的位置。」這時，周朝王室敗壞，諸侯恣意妄為，建造天子才能使用的兩觀，乘坐帝王的車子。陪臣管仲、季氏之流，娶三姓女子為妻，撤席時奏起〈雍〉樂，大廳上演出八行八列的舞蹈。禮儀制度就這樣受到破壞，逐漸衰落而無法挽回。桑間濮上的新聲和鄭、衛、宋、趙各國的淫聲同時出現了，對個人而言則導致疾病而縮短壽命，對國家而言則使政治混亂而傷害百姓。奸詐巧偽之徒趁機裝飾這些東西，用以擾亂富貴之人的耳目。百姓利用它追逐財利，各國利用它互相挑撥離間。所以秦穆公送歌姬舞女給西戎首領而由余離開了西戎，齊國送歌姬舞女給魯國而孔子離開了魯國。到了戰國時期，魏文侯最愛好古代文化，可是他對子夏說：「我一聽古樂就昏昏欲睡，聽到鄭國、衛國的音樂，卻不知道疲倦。」子夏分析利害進行勸說，終究沒有被採納，從此禮樂就淪喪了。

漢興，樂家有制氏❶，以雅樂聲律世世在太樂官❷，但能紀其鏗鎗❸鼓舞，而不能言其義。高祖時，叔孫通因秦樂人制宗廟樂。大祝❹迎神于廟門，奏嘉至❺，猶古降神之樂也。皇帝入廟門，奏永至❻，以為行步之節，猶古采薺、肆夏❼也。乾豆❽上，奏登歌❾，獨上歌，不以筦弦亂人聲，欲在位者偏聞之，猶古清廟之歌也。登歌再終，下奏休成❿之樂，美神明既饗也。皇帝就酒東廂，坐定，奏永安⓫之樂，美禮已成也。又有房中祠樂，高祖唐山夫人⓬所作也。周有房中樂，至秦名曰壽人。凡樂，樂其所生，禮不忘本。高祖樂楚聲，故房中樂楚聲也。孝惠二年，使樂府令夏侯寬備其簫管，更名曰安世樂。

高廟⓭奏武德、文始、五行之舞；孝文廟奏昭德、文始、四時、五行之舞；孝武廟奏盛德、文始、四時、五行之舞。武德舞者，高祖四年作，以象天下樂己行武以除亂也。文始舞者，曰本舜招舞也，高祖六年更名曰文始，以示不相襲也。五行舞者，本周舞也，秦始皇二十六年更名曰五行也。四時舞者，孝文所作，以示⓮天下之安和也。蓋樂己所自作，明有制⓯也；樂先王之樂，明有法⓰也。孝景采武德舞以為昭德，以尊太宗⑰廟。至孝宣，采昭德舞為盛德，以尊世宗⑱廟。諸帝廟皆常奏文始、四時、五行舞云。高祖六年又作昭容樂、禮容樂。昭容者，猶古之昭夏也，主出武德舞。禮容者，主出文始、五行舞。舞入無樂者，將至至尊之前不敢以樂也；出用樂者，言舞不失節，能以樂終也。大氐⑲皆因秦舊事焉。

初，高祖既定天下，過沛⑳，與故人父老相樂，醉酒歡哀，作「風起」之詩，令沛中僮兒百二十人習而歌之。至孝惠時，以沛宮㉑為原廟㉒，皆令歌兒習吹以相和，常以百二十人為員。文、景之間，禮官肄業㉓而已。至武帝定郊祀之禮㉔，祠太一㉕於甘泉㉖，就乾位㉗也；祭后土㉘於汾陰㉙，澤中方丘㉚也。乃立樂府㉛，采詩㉜夜誦，有趙、代、秦、楚之謳。以李延年㉝為協律都尉㉞，多舉司馬相如㉟等數十人造為詩賦，略論律呂㊱，以合八音之調，作十九章之歌。以正月上辛㊲用事甘泉圜丘㊳，使童男女七十人俱歌，昏祠至明。夜常有神光如流星止集于祠壇，天子自竹宮㊴而望拜，百官侍祠者數百人皆肅然動心焉。

【章　旨】以上是第四部分，記述西漢前期草創宗廟樂和郊祀樂的情況。「叔孫通因秦樂人制宗廟樂」，「大氐皆因秦舊事焉」等語，反映了音樂方面的「漢承秦制」。

【注　釋】❶制氏　魯人，擅長音樂。❷太樂官　管理音樂的機構。❸鏗鎗　金石樂器之聲。❹大祝　官名，祝官之長。大，通「太」。❺嘉至 樂曲名。❻永至 樂曲名。❼采薺肆夏 樂曲名。❽乾豆 盛乾肉（脯羞）的豆。❾登歌 樂曲名。❿休成 樂曲名。叔孫通所奏作。⓫永安 樂曲名。⓬唐山夫人 漢高祖姬。唐山，姓。⓭高廟 西漢開國皇帝劉邦的廟號。舊本作「高祖廟」。景祐本無「祖」字。⓮示 舊本作「明示」。景祐本無「明」字。⓯有制 有所創作。⓰有法 有所取法；有所因襲。⓱太宗 漢文帝廟號。⓲世宗 漢武帝廟號。⓳大氐 大致；大概。氐，通「抵」。⓴沛 縣名，今江蘇沛縣。㉑沛宮 宮名，在今江蘇沛縣東南。漢高祖於十二年還鄉，置酒沛宮，宴請父老。㉒原廟 別廟。言已有正廟，再重立一廟。原，重。㉓肄業 習業。㉔郊祀之禮 在京師郊外祭祀天地之禮。㉕太一 天神之最尊貴者。又名「泰一」。㉖甘泉 宮名，在今陝西淳化西北甘泉山上。㉗乾位 西北方位。這裡指京師西北。㉘后土 地神。㉙汾陰 縣名，今山西萬榮西南。㉚澤中方丘 指在汾水旁所堆起的方形土丘，用來祭地。古人認為天圓地方，以方形象徵地。㉛樂府 中央管理音樂的機構。㉜采詩 從民間採集歌謠。㉝李延年 詳見卷九十三〈佞幸傳・李延年傳〉。㉞協律都尉 樂府官名。㉟司馬相如 詳見卷五十七〈司馬相如傳〉。㊱律呂 音律六律和六呂的合稱。㊲上辛 農曆每月上旬的辛日。古代用天干與地支配合以計日，辛日即含有天干「辛」的日子。㊳圜丘 圓形的土丘，用來祭天。圜，通「圓」。古人認為天圓地方，以圓形象徵天。㊴竹宮 用竹料建造的宮殿，皇帝齋戒之所。

【語譯】漢朝興起，音樂家有制氏，因為擅長雅樂的聲律而世世代代在太樂官署供職，他只能記下那些演奏的聲音和舞蹈的形式，卻不能說出其中的意義。高祖時，叔孫通利用秦代樂師製作了宗廟音樂。太祝在宗廟的門口迎神，演奏〈嘉至〉樂，相當於古代降神的音樂。皇帝進入廟門，演奏〈永至〉樂，作為行走的節奏，相當於古代的〈采薺〉樂和〈肆夏〉樂。當獻上盛了乾肉的禮器時，演唱〈登歌〉，只唱歌，而不用管絃樂器來攪亂人聲，想要在位的人都能聽清楚歌曲，相當於古代的〈清廟〉之歌。〈登歌〉唱完兩遍，接著演奏〈休成〉樂，讚美神明已經歆享。皇帝在東廂飲酒，坐好之後，演奏〈永安〉樂，讚美祭禮已經完成了。又有〈房中祠〉樂，這是高帝夫人唐山氏所作。周朝有〈房中〉樂，到秦代改名為〈壽人〉樂。凡屬音樂，樂於反映本鄉本土的人情生活，禮儀是不忘本的。高祖喜歡楚國的音樂，所以〈房中〉樂就是楚國的音樂。惠帝二年，派樂府令夏侯寬準備簫管伴奏，並將〈房中〉樂改名為〈安世〉樂。

高祖廟演奏〈武德〉、〈文始〉、〈五行〉的樂舞；文帝廟演奏〈昭德〉、〈文始〉、〈四時〉、〈五行〉的樂舞；武帝廟演奏〈盛德〉、〈文始〉、〈四時〉、〈五行〉的樂舞。〈武德〉舞是高祖四年創作的，用來象徵天下歡迎自己使用武力以消除禍亂。〈文始〉舞據說源自虞舜的〈招〉舞，高祖六年改名叫做〈文始〉舞，以表示不相因襲。〈五行〉舞源自周代的舞樂，秦始皇二十六年改名叫〈五行〉舞。〈四時〉舞是文帝所作，用來顯示天下的安定和平。大概是喜歡它出於自己的創作，也表明有所創作；喜歡先王的音樂，表明有所效法。景帝採用〈武德〉舞作為〈昭德〉舞，用來尊奉太宗廟。到宣帝，採用〈昭德〉舞作為〈盛德〉舞，以尊奉世宗廟。各帝廟都常演奏〈文始〉、〈四時〉、〈五行〉舞。高祖六年又製作〈昭容〉樂、〈禮容樂〉。〈昭容樂〉相當於古代的〈昭夏樂〉，大體出於〈武德舞〉。〈禮容樂〉大體出於〈文始舞〉和〈五行舞〉。舞人入場時沒有配樂，是由於要到天子的面前不敢用音樂；出場而配樂，是說舞蹈不失節奏，能伴著音樂結束。大概都是因襲秦朝的舊例吧。

當初，高帝已經平定了天下，經過沛縣，與老朋友和父老鄉親在一起玩樂，喝醉酒了又喜又悲，作了〈大風歌〉，叫沛縣的兒童一百二十人練習演唱。到惠帝時，用沛宮作別廟，叫唱歌的兒童練習吹奏唱和，常用一百二十人為定額。文帝、景帝的時期，禮官只是練習罷了。武帝時制定了在郊外祭祀天地的禮儀，在甘泉山祭祀太一神，處在京師的西北方；在汾陰祭祀后土神，祭壇設於水邊的方丘上。於是建立樂府，到民間採集歌謠在夜間吟誦，有趙地、代地、秦地、楚地的民歌。任李延年擔任協律都尉，大量推舉司馬相如等數十人創作詩賦，簡要討論樂府的音律，以配合八類樂器的音調，創作十九章歌詞。於正月上旬的辛日在甘泉山的圓丘上舉行祭祀，派男女兒童七十人合唱，祭祀從黃昏持續到天明。夜間時常有像流星一樣的神光降落到祭壇，天子從竹宮裡遙拜，陪祭的官員們數百人都肅然起敬。

1 安世房中歌十七章，其詩曰：

2 「大孝備矣，休德昭清。高張四縣❶，樂充宮廷。芬樹羽林❷，雲景杳冥❸。

金支④秀華，庶旄⑤翠旌⑥。

3 七始⑦華始⑧，肅倡和聲⑨。神來宴娭⑩，庶幾⑪是聽。粥粥⑫音送，細齊人情⑬。忽乘青玄⑭，熙⑮事備成。清思眑眑⑯，經緯⑰冥冥⑱。

4 我定曆數⑲，人告⑳其心。敕㉑身齊戒㉒，施教申申㉓。乃立祖廟，敬明尊親。大矣孝熙㉔，四極㉕爰轃㉖。

5 王侯秉德，其鄰㉗翼翼㉘，顯明昭式。清明鬯㉙矣，皇帝孝德。竟全大功，撫安四極。

6 海內有姦㉚，紛亂東北。詔撫成師㉛，武臣承德。行樂交逆，簫、勺群慝㉜。肅為濟㉝哉，蓋定燕國㉞。

7 大海蕩蕩㉟水所歸，高賢愉愉㊱民所懷㊲。大山崔㊳，百卉殖。民何貴㊴？貴有德。

8 安其所，樂終產㊵；樂終產，世繼緒㊶。飛龍秋㊷，游上天。高賢愉，樂民人。

9 豐草葽㊸，女羅㊹施。善何如，誰能回㊺！大莫大，成教德；長莫長，被㊻無極。

10 靁震震，電燿燿。明德鄉㊼，治本約㊽。治本約，澤㊾弘大。加被寵，咸㊿相保。德施大，世曼壽(51)。

11 都荔(52)遂芳，窅窊(53)桂華。孝奏天儀，若日月光(54)。乘玄(55)四龍，回馳北行。羽旄殷盛，芬(56)哉芒芒(57)。孝道隨世，我署(58)文章。

桂華(59)。

12 馮馮翼翼(60)，承天之則。吾易(61)久遠，燭明四極。慈惠所愛，美若(62)休(63)德。杳杳冥冥，克綽(64)永福。

美若(65)。

13 磑磑(66)即即(67)，師(68)象山則(69)。嗚呼孝哉，案撫(70)戎國。蠻夷(71)竭歡，象(72)來致福。兼臨(73)是愛，終無兵革。

14 嘉薦芳矣，告靈饗矣。告靈既饗，德音孔臧(74)。惟德之臧，建侯(75)之常。承保天休(76)，令(77)問(78)不忘。

15 皇皇(79)鴻(80)明，蕩侯(81)休德。嘉承天和，伊(82)樂厥(83)福。在樂不荒(84)，惟民之則(85)。

16 浚則(86)師(87)德，下民咸殖(88)。令問在舊(89)，孔容(90)翼翼(91)。

17 孔容之常，承帝(92)之明。下民之樂，子孫保光(93)。承順溫良，受帝之光。嘉薦令芳，壽考(94)不忘。

18 承帝明德，師象山則。雲施稱民，永受厥福。承容之常，承帝之明。下民安樂，受福無疆。」

19 郊祀歌十九章，其詩曰：

20 「練[95]時日，侯[96]有望。焫膋蕭[97]，延四方[98]。九重開[99]，靈之斿[100]，垂惠恩，鴻祜[101]休。靈之車，結玄雲，駕飛龍，羽旄紛[102]。靈之下，若風馬[103]，左倉龍，右白虎。靈之來，神哉沛[104]，先以雨，般裔裔[105]。靈之至，慶陰陰[106]，相放悲[107]，震澹[108]心。靈已坐，五音飭[109]，虞[110]至旦，承靈億[111]。牲繭栗[112]，粢盛[113]香，尊桂酒[114]，賓八鄉[115]。靈安留，吟青黃[116]，偏觀此，眺瑤堂[117]。眾嫭[118]並，綽[119]奇麗，顏如荼[120]，兆逐靡[121]。被華文，廁[122]霧縠[123]，曳阿[124]錫[125]，佩珠玉。俠[126]嘉夜[127]，茝[128]蘭芳，澹[129]容與[130]，獻嘉觴。」

練時日一

21 帝[131]臨中壇，四方[132]承宇[133]，繩繩[134]意變，備得其所。清和六合[135]，制數以五[136]。海內安寧，興文匽[137]武。后土[138]富媼[139]，昭明三光[140]。穆穆優游，嘉服上黃[141]。

帝臨二

22 青陽[142]開動，根荄[143]以遂[144]，膏潤并愛，跂行[145]畢逮[146]。霆聲發榮，壧處[147]頃聽，枯槁[148]復產，迺成厥[149]命。眾庶熙熙[150]，施[151]及夭胎[152]，群生啿啿[153]，惟春之祺[154]。

青陽三 鄒子樂。

23

朱明[155]盛長，旉與[156]萬物，桐[157]生茂豫[158]，靡有所詘[159]。敷[160]華就[161]實，既阜[162]既昌[163]，登成甫田[164]，百鬼迪嘗[165]。廣大建祀，肅雍不忘，神若宥[166]之，傳世無疆。

朱明四　鄒子樂。

24

西顥[167]沆碭[168]，秋氣肅殺，含秀[169]垂穎[170]，續舊不廢。姦偽不萌，祆孽伏息，隅辟[171]越遠，四貉[172]咸服。既畏茲威，惟慕純[173]德，附而不驕，正心翊翊[174]。

西顥五　鄒子樂。

25

玄冥[175]陵陰[176]，蟄蟲[177]蓋臧，屮[178]木零落，抵[179]冬降霜。易[180]亂除邪，革[181]正異俗，兆民反本[182]，抱素懷樸。條[183]理信義，望禮五嶽[184]。籍斂[185]之時，掩收嘉穀。

玄冥六　鄒子樂。

26

惟泰元[186]尊，媼神[187]蕃釐[188]，經緯天地，作成四時。精建日月，星辰度理，陰陽五行，周而復始。雲風靁電，降甘露雨，百姓蕃滋[189]，咸循[190]厥緒[191]。繼統共[192]勤，順皇[193]之德，鸞路龍鱗，罔[194]不肸[195]飾。嘉籩[196]列陳，庶幾宴亨，滅除凶災，列騰八荒[197]。鐘鼓竽笙，雲舞翔翔，招搖靈旗[198]，九夷[199]賓將。

惟泰元七

建始元年，丞相匡衡[200]奏罷『鸞路龍鱗』，更定詩曰『涓[201]選休成』。

27 天地並況[202]，惟予有慕，爰熙[203]紫壇[204]，思求厥路[205]。恭承禋祀，縕豫[206]為紛[207]，黼[208]繡周張，承神至尊。千童羅舞成八溢[209]，合好效歡虞[210]泰一。九歌畢奏斐然殊，鳴琴竽瑟會軒朱[211]。璆[212]磬金鼓，靈其有喜，百官濟濟，各敬厥事。盛牲實俎進聞膏[213]，神奄留，臨須搖[214]。長麗[215]前掞[216]光耀明，寒暑不忒[217]況皇章[218]。展詩應律鋗[219]玉鳴，函宮吐角激徵清。發梁[220]揚羽申[221]以商，造茲新音永久長。聲氣遠條[222]鳳鳥鷃[223]，神夕奄虞[224]蓋[225]孔享。

天地八　丞相匡衡奏罷『黼繡周張』，更定詩曰『肅[226]若[227]舊典』。

28 日出入安窮？時世不與人同[228]。故春非我春，夏非我夏，秋非我秋，冬非我冬。泊如四海之池，偏觀是邪謂何[229]？吾知所樂，獨樂六龍[230]，六龍之調，使我心若。訾黃[231]其何不徠下！

日出入九

29 太一況[232]，天馬下，霑赤汗，沫[233]流赭[234]。志俶儻[235]，精權奇[236]，籋[237]浮雲，晻[238]上馳。體容與[239]，迣[240]萬里，今安匹[241]？龍為友。元狩三年馬生渥洼水[242]中作。

30 天馬徠，從西極[243]，涉流沙，九夷服。天馬徠，出泉水，虎脊兩[244]，化若鬼[245]。天馬徠，歷無草[246]，徑千里，循東道。天馬徠，執徐[247]時，將搖舉[248]，誰與期？天馬徠，開遠門，竦㉔⑨予身，逝昆侖。天馬徠，龍之媒(250)，游閶闔(251)，觀玉臺(252)。

太初四年誅宛(253)王獲宛馬作。

天馬十

31

天門開，詄蕩蕩(254)，穆(255)並騁，以臨饗。光夜燭(256)，德信著，靈寖鴻(257)，長生豫(258)。大朱涂(259)廣，夷(260)石為堂，飾玉梢(261)以舞歌，體招搖(262)若永望。星留俞(263)，塞隕光(264)，照紫幄，珠熉(265)黃。幡比翄(266)回集，貳雙飛常羊(267)。月穆穆以金波，日華燿以宣明。假清風軋忽(268)，激長至重觴(269)。神裴回(270)若留放(271)，殣(272)冀親以肆章。函蒙(273)祉福常若期，寂漻(274)上天知厥時。泛泛(275)滇滇(276)從高斿(277)，殷勤此路臚(278)所求。佻(279)正嘉吉弘以昌，休嘉砰隱(280)溢四方。專精厲意逝九閡(281)，紛云(282)六幕(283)浮大海。

天門十一

32

景星(284)顯見，信星(285)彪列，象(286)載(287)昭庭，日親以察。參侔(288)開闔(289)，爰推本紀(290)，汾脽(291)出鼎，皇祐(292)元始。五音六律，依韋(293)饗(294)昭，雜變並會，雅聲遠姚(295)。空桑(296)琴瑟結信成，四興遞代(297)八風(298)生。殷殷(299)鐘石(300)羽籥鳴。河龍(301)供鯉醇(302)犧牲。百末(303)旨酒(304)布蘭生。泰尊(305)柘漿(306)析(307)朝醒(308)。微感心攸(309)通脩(310)名，周流常羊思所并(311)。穰穰(312)復正(313)直往甯(314)，馮(315)蠵(316)切和疏寫平(317)。上天布施后土成，穰穰豐年四時榮。

景星十二　元鼎五年得鼎汾陰作。

33 齊[318]房產草，九莖連葉，宮童效[319]異，披[320]圖案諜[321]。玄[322]氣之精，回復此都[323]，蔓蔓[324]日茂，芝成靈華。

齊房十三　元封二年芝生甘泉齊房作。

34 后皇[325]嘉壇[326]，立玄黃服[327]，物發冀州[328]，兆蒙祉福。沇沇[329]四塞，假狄[330]合處[331]，經營萬億，咸遂厥宇[332]。

后皇十四

35 華爗爗[333]，固靈根。神之斿，過天門，車千乘，敦[334]昆侖。神之出，排玉房，周流雜，拔[335]蘭堂。神之行，旌容容[336]，騎沓沓[337]，般[338]縱縱[339]。神之徠，泛翊翊[340]，甘露降，慶雲[341]集。神之揄[342]，臨壇宇[343]，九疑賓[344]，夔龍舞[345]。神安坐，鴹[346]吉時，共翊翊[347]，合所思。神嘉虞[348]，申貳觴[349]，福滂洋[350]，邁延長。沛[351]施祐，汾之阿[352]，揚金光，橫[353]泰河[354]，莽[355]若雲，增陽波。徧臚[356]驩，騰[357]天歌。

華爗爗十五

36 五神相[358]，包[359]四鄰[360]，土地廣，揚浮雲。扢[361]嘉壇，椒蘭芳，璧玉精[362]，垂華光。益億年，美始興[363]，交於神，若有承。廣宣延[364]，咸畢[365]觴，靈輿[366]位[367]，偃蹇[368]驤。卉汩[369]臚[370]，析奚遺[371]？淫[372]淥[373]澤，涖[374]然歸。

五神十六

37 朝[375]隴首[376]，覽西垠[377]，雷電尞[378]，獲白麟。爰[379]五止[380]，顯黃德[381]，圖[382]匈虐[383]，熏鬻[384]殛[385]。闢[386]流離[387]，抑[388]不詳[389]，賓百僚[390]，山河饗。掩[391]回轅，鬗[392]長馳，騰雨師，洒路陂[393]。流星隕，感惟風，籋歸雲，撫懷心[394]。

朝隴首十七

元狩元年行幸雍[395]獲白麟作。

38 象載[396]瑜[397]，白集西，食甘露，飲榮泉[398]。赤鴈集，六紛員[399]，殊翁[400]雜，五采文。神所見[401]，施祉福，登蓬萊[402]，結[403]無極。

象載瑜十八

太始三年行幸東海[404]獲赤鴈作。

39 赤蛟綏[405]，黃華蓋，露夜零[406]，晝晻濭[407]。百君[408]禮，六龍位，勺[409]椒漿，靈已醉。靈既享，錫[410]吉祥，芒芒[411]極，降嘉觴。靈殷殷[412]，爛揚光，延壽命，永未央。杳冥冥，塞[413]六合[414]，澤汪濊[415]，輯[416]萬國。靈禗禗[417]，象輿[418]轙[419]，票然[420]逝，旗逶蛇[421]。禮樂成，靈將歸，託玄[422]德，長無衰。

赤蛟十九」

【章　旨】以上是第五部分，收錄漢〈安世房中歌〉十七章和〈郊祀歌〉十九章的歌詞。內容主要是頌揚皇帝的功德，讚美神靈，祈求幸福長壽等。

【注　釋】❶四縣　四面懸掛。古時樂器懸掛於架上。四面張懸，為天子之禮。縣，通「懸」。❷芬樹羽林　用羽毛裝飾的儀仗，像樹林般茂密。芬，通「紛」。眾多。❸杳冥　高遠。❹金支　樂器上的裝飾。支，通「枝」。❺庶旄　旗幟眾多。❻翠旌　旗桿頂上用翠羽做的裝飾。❼七始　樂名。指天、地、人和春、夏、秋、冬四季之始。❽華始　樂名。指萬物英華之始。❾肅倡和聲　言歌者敬而唱諧和之聲。肅，敬。倡，通「唱」。❿娭　同「戲」。⓫庶幾　或許。⓬粥粥　敬畏的樣子。⓭細齊人情　微感人情，使之專一虔誠。細，微。齊，肅。⓮青玄　青天。⓯熙　同「禧」。福。⓰呦呦　幽靜。⓱經緯　經緯天地。⓲冥冥　昏暗。⓳曆數　根據日月星辰的運行以確定歲時節氣的方法。⓴告　覺悟。㉑敕　謹敬之貌。㉒齊戒　古人祭祀之前，必沐浴更衣，不喝酒，不吃葷，不與妻妾同寢，以示虔誠莊敬，稱為齋戒。齊，通「齋」。㉓申申　重複。㉔熙福。㉕四極　四方極遠之處。㉖轃　同「臻」。至。㉗鄰　德不孤必有鄰。㉘翼翼　恭敬。㉙鬯　古暢字。暢通。㉚匈　指匈奴。㉛成師　合乎禮義的軍隊。㉜行樂二句　是說制定新樂，教化流行，則逆亂之徒受到感化，前來交歡。簫，舜樂。勺，周樂。言以樂征伐。慝，惡。㉝濟　成功。㉞蓋定燕國　匈奴服從，則燕國安靜無寇難。㉟蕩蕩　廣大。㊱愉愉　愉悅。㊲懷思。㊳崔　高大。㊴貴　尊敬。㊵安其所二句　萬物各安其所，而樂終其生。㊶世繼緒　傳祚無窮。緒，事業。㊷秋　飛貌。㊸蔓　盛貌。㊹女羅　草名，菟絲，蔓延於松柏之上。㊺譱何如二句　言至德之善，上古帝皇皆不如之，而不可干亂。譱，同「善」。回，亂。㊻被　覆蓋。㊼鄉　通「向」。方向。㊽約　簡約。㊾澤　恩澤。㊿咸　都。(51)曼壽　長壽。(52)都荔　芳香植物，指都良和薜荔。(53)窅窊　出入。一說凸凹起伏。(54)孝奏二句　言以孝道進承於天，天神下降，故有光。(55)玄　赤黑色。(56)芬　通「紛」。眾多。(57)芒芒　廣遠。(58)署　題寫。(59)桂華　樂章名。(60)馮馮翼翼　取自《詩・大雅・卷阿》「有馮有翼，有孝有德，以引以翼」。有所憑依、輔助。一說馮馮表示盛滿，翼翼表示眾多。(61)易　通「埸」。疆界。(62)若　順。(63)休美。(64)綽　緩。(65)美若　樂章名。舊本作「美芳」。據中華本改。(66)磑磑　崇高。(67)即即　謙虛。一說充實。(68)師　眾。(69)則法。(70)案撫　安撫。(71)蠻夷　古代對漢族以外少數民族的蔑稱。(72)象　翻譯。(73)兼臨　在上位者普遍包容。(74)孔臧　甚善。(75)建侯　分封諸侯。(76)休　美。(77)令　善。(78)問　名。(79)皇皇　盛。(80)鴻　大。(81)侯　同「兮」。語氣詞。(82)伊　是。(83)厥其。(84)荒　荒淫。(85)則　法。(86)浚則　嚴明的法律。浚，深。則，法。(87)師　眾。(88)殖　生。(89)舊　久。(90)孔容　寬宏大量。

(91)翼翼 盛。(92)帝 上天。(93)子孫保光 永保其光榮。(94)壽考 年高；長壽。指受祭的神靈。(95)練 選。(96)侯 乃。(97)焫膋蕭 以蕭焫脂合馨香。膋，腸間脂。蕭，香蒿。(98)四方 四方之神。(99)九重開 天有九重，皆開門而來降其福。(100)斿 旗幟。(101)鴻祜 大福。鴻，大。祜，福。(102)紛 多。(103)若風馬 像乘風的快馬。(104)沛 水勢湍急。(105)般裔裔 雨水灑落各處。般，同「班」。布。裔裔，飛流之貌。(106)慶陰陰 言垂陰覆遍於下。慶，象聲詞。(107)放悲 同「彷彿」。(108)澹 動。(109)飭 整飭。(110)虞 樂。(111)億 安。(112)牲繭栗 以角之小如繭及栗之形的幼畜為犧牲。(113)粢盛 古代盛在祭器內以供祭祀的穀物。(114)桂酒 切桂置酒中。(115)八鄉 八方之神。鄉，通「向」。(116)青黃 指四時之樂。(117)瑤堂 用瑤石裝飾的房屋。瑤，一種類似玉的石頭。(118)嫭 好；美目貌。(119)綽 姿態柔美。(120)荼 一種開白花的苦菜。(121)兆逐靡 兆民逐觀而綿延不絕。(122)廁 雜。(123)霧縠 輕細若雲霧。(124)阿 細繒。(125)錫 細布。(126)俠 通「挾」。(127)嘉夜 良宵。(128)茝 白芷。(129)澹 安。(130)容與 閒適。(131)帝 天神之尊者；天帝。(132)四方 四方之神。(133)宇 本義指屋簷。這裡指周圍。(134)繩繩 謹慎恭敬。(135)六合 天地與四方合稱六合。泛指天下或宇宙。(136)五 五行中土居第五。(137)匽 通「偃」。停止。(138)后土 土地之神。(139)媼 老婦人之稱。天乾地坤，坤為母，故稱媼。(140)三光 指日、月、星。(141)上黃 崇尚黃色。此為后土之歌，土色為黃，故崇尚之。(142)青陽 春天。(143)荄 草根。(144)遂 生長。(145)跂行 有足而行者。(146)逮 及；來到。(147)壧處 指蟄蟲。壧，穴。(148)枯槀 指草木經冬零落者。(149)厥 其。(150)熙熙 和樂貌。(151)施 延。(152)夭胎 初生為夭，在孕為胎。(153)嘽嘽 豐厚之貌。(154)祺 福。(155)朱明 夏天。(156)旉與 普施。旉，古敷字。(157)桐 通「通」。通達。(158)茂豫 美盛而光悅。(159)詘 通「屈」。(160)敷 布。(161)就 成。(162)阜 大。(163)昌 盛。(164)甫田 大田。(165)百鬼迪嘗 百神歆饗。百鬼，百神。迪，進。嘗，歆饗。(166)若宥 好好保佑。若，善。宥，祐。(167)西顥 西方少昊。(168)沆碭 白氣之貌。(169)秀 不榮而實為秀。(170)穎 葉末為穎。(171)辟 通「僻」。(172)四貉 同「四夷」。對漢族以外少數民族的蔑稱。(173)純 大。(174)翊翊 恭敬的樣子。(175)玄冥 北方之神。(176)陵陰 冰冷陰森。(177)蟄蟲 藏在泥土中冬眠的蟲子。(178)屮 通「草」。(179)抵 至。(180)易 變。(181)革 改。(182)反本 返歸本業（指農業）。反，通「返」。(183)條 分；暢。(184)五嶽 即中嶽嵩山，東嶽泰山，西嶽華山，南嶽衡山（漢代指今安徽霍山），北嶽恆山。(185)籍斂 顏師古注曰收穫籍田。然此時冬季，收穫季節已過，籍斂似指徵收租稅。(186)泰元 天。(187)媼神 地。(188)蕃釐 多福。蕃，多。釐，福。(189)滋 益。(190)循 順。(191)緒 業。(192)共 恭。(193)皇 皇天。(194)罔 無。(195)肸 振。(196)嘉籩 指祭祀之籩實。木曰豆，竹曰籩。(197)烈騰八荒 威烈之盛，踰於八荒。八荒，八方；最遠之處。(198)招搖靈旗 畫招搖於旗以征伐，故稱靈旗。招搖，星名，在北斗的杓端。(199)九夷 泛指各少數民族。(200)匡衡 詳見卷八十一〈匡衡傳〉。(201)涓 除。(202)況 賜。(203)熙 興。(204)紫壇 紫色壇。(205)思求厥路思求降神之路。206縕豫　陰陽相合，娛悅神靈。207紛　盛。208黼　白與黑相間所織成的斧形花紋，稱為黼。209溢　通「佾」。列。210虡　通「娛」。211鳴琴竽瑟會軒朱　言總合音樂，會於軒檻之前。軒朱，即朱軒。212璆　美玉名。213盛牲實俎進聞膏　言以牲實俎，以蕭焫脂，則其芬馨達於神所。214須搖　須臾。215長麗　靈鳥。216掞　光照。217忒　差錯。218況皇章　賜君以彰顯賢德。況，賜。皇，君。章，明。219鋗　鳴玉聲。220發梁　歌聲繞梁。221申　重。222條　達。223鶬　通「翔」。224虡　樂。225蓋　發語詞。226肅　敬。227若　順。228日出入二句　日月無窮，而人命有終，世長而壽短。229謂何　當如之何。230六龍　《易》曰「時乘六龍以禦天」。漢武帝願乘六龍，仙而升天。231訾黃　一名乘黃，龍翼而馬身，相傳黃帝乘之而升仙。232況　賜。233沬　通「頮」。洗面。234赭　紅褐色。235俶儻　同「倜儻」。灑脫；不拘束。236權奇　高超；非常。237籋　通「躡」。踏。238晻　通「奄」。忽然。239容與　悠閒自得的樣子。240迣　超踰。241匹　匹敵。242渥洼水　水名。黨河支流，在今甘肅安西。243西極　西方遙遠的地方。244虎脊兩　馬毛色如虎脊呈兩色。245化若鬼　變化若鬼神。246無草　磧鹵之地。247執徐　太歲在辰曰執徐。言得天馬時歲在辰。248搖舉　奮搖高舉。249竦　通「聳」。250龍之媒　言天馬與神龍同類，今天馬已來，預示著龍即將到來。251閶闔　天門。252玉臺　上帝居住的地方。253宛　大宛。在今中亞費爾幹納盆地。254詄蕩蕩　空闊。255穆　嚴肅。256燭　照耀。257靈寖鴻　舊本作「靈寖平而鴻」。王先謙認為平而二字為衍文。寖，通「浸」。258豫　安逸。259涂　通「途」。道路。260夷　平。261梢　玉飾之竿，舞者所持。262招搖　申動之貌。263俞　答。264塞隕光　降其光耀，四面充塞。265熉　黃色。266猳　同「翄」。267常羊　徜徉；逍遙。268軋忽　長遠之貌。269重觴　連續敬酒。270裴回　通「徘徊」。271留放　停留。272殣　覲見。273函蒙　承蒙；包含。函，包。蒙，被。274寂漻　同「寂寥」。高遠。275泛泛　上浮之意。276滇滇　盛貌。277斿　通「遊」。278臚　陳。279佻　愉。280砰隱　大聲。281九閡　九天。282紛云　同「紛紜」。興作之貌。283六幕　六合。284景星　德星，不常見，古人認為此星經常出現在有道之國。285信星　即土星，又稱鎮星，古人認為信星所在之國國土將會增加。286象　懸象；顯現。287載　事。288參侔　並列；齊等。289開闔　乾坤；陰陽；天地。290爰推本紀　根據祥瑞來確定紀年的起始年代。爰，發語詞。291汾脽　汾水旁邊的土堆，祭祀后土之處，在今山西萬榮西南。汾，今山西汾河。脽，臀，這裡指土堆。292皇祐　大助。皇，大。祐，助。293依韋　諧和不相乖離。294饗　通「響」。295姚　通「遙」。296空桑　地名。出善木，可為琴瑟。297四興遞代　四懸交替演奏。四懸，宮殿四面高懸樂器。298八風　八方之風。299殷殷　聲音響亮。300石磬。301河龍　河伯；河神。302醇　毛色不雜。303百末　百花的粉末。304旨酒　美酒。305泰尊　遠古用的瓦尊。306柘漿　甘蔗汁。柘，通「蔗」。307析　解。308酲　醉酒。309攸　遠。310脩　長久。311思所并　思與神道相合。312穰穰　多。313復正　歸於正道。(314)往甯　往日的心願。(315)馮　馮夷，河伯。(316)蟰　蛸蟰，龜屬。(317)疏寫平　疏導川潦，瀉散平均，使無災害。寫，通「瀉」。(318)齊　通「齋」。(319)效　獻。(320)披　打開。(321)諜　譜錄。(322)玄　天。(323)此都　指甘泉宮，在今陝西淳化西北甘泉山上。(324)蔓蔓　長久。(325)后皇　土地神。(326)壇　祭壇。(327)服　祭服。(328)冀州　鼎發現於汾陰，屬於冀州。(329)沇沇　流行之貌。(330)假狄　遠方各少數民族。(331)合處　內附。(332)咸遂厥宇　全都各安其居。咸，全部。遂，如意；滿足。厥，其。宇，居。(333)熸　光輝燦爛。熸，通「燁」。(334)敦　通「屯」。聚。(335)拔　通「茇」。住宿。(336)容容　飛揚之貌。(337)沓沓　疾行。(338)般　相連。(339)縱縱　眾。(340)翊　飛。(341)慶雲　若煙非煙，若雲非雲，鬱鬱紛紛，是謂慶雲。(342)揄　引。(343)壇宇　祭祠壇場及宮室。(344)九疑賓　以舜為賓客。九疑，山名，在今湖南寧遠南，相傳為舜所安葬之地。(345)夔龍舞　夔典樂，龍管納言，皆隨舜而來，舞以樂神。(346)鴹　通「翔」。(347)共翊翊　恭敬。共，通「恭」。(348)虞　樂。(349)貳觴　重觴；兩杯酒。(350)滂洋　饒廣。(351)沛　豐饒。(352)阿　河水轉彎處。(353)橫　充滿。(354)泰河　大河。(355)莽　茂盛。(356)臚　陳。(357)騰　升。(358)五神相　五神為太一之相。五神，指東方青帝，西方白帝，南方赤帝，北方黑帝，中央黃帝。相，輔佐。(359)包　含。(360)四鄰　四方。(361)抆　摩拭。(362)璧玉精　禮神之璧乃玉之精英。(363)美始興　福慶方興起。(364)廣宣延　遍延諸神。(365)畢　盡。(366)靈輿　神靈的車駕。(367)位　各就其位。(368)偃蹇　高聳。(369)卉汩　急速。(370)臚　陳列。(371)析奚遺　分散而歸，無所留。析，分。奚，何。遺，留。(372)淫　溢。(373)淥　通「祿」。(374)浬　通「汪」。深廣。(375)朝　朝拜。(376)隴首　地名，又名隴坻、隴阪、隴山。在今陝西隴縣、寶雞與甘肅清水、張家川之間。(377)垠　厓；界限。(378)賫　通「燎」。燎祭，燃火以祭天地山川。(379)爰　發語詞。(380)五止　白麟足有五趾。止，通「趾」。(381)黃德　土德。按照五行理論，每個王朝都代表五行中的一德。武帝時人們認為漢朝為土德，故崇尚黃色。土德序數為五，白麟有五趾，與此數相合。(382)圖　設法對付。(383)匈虐　兇虐。(384)熏鬻　匈奴本號。(385)殛　誅。(386)闢　屏除。(387)流離　梟。這裡指惡人。(388)抑　約束；壓制。(389)詳　通「祥」。(390)百僚　百神之官。(391)掩　通「奄」。忽然。(392)鬋　頭髮長。(393)路陂　路旁。(394)懷心　懷柔之心。(395)雍　縣名。治今陝西鳳翔南。(396)象載　象輿。傳說象徵太平盛世的一種草。(397)瑜　美貌。(398)榮泉　泉有光華。(399)紛員　即紛紜。多。(400)翁　頸毛。(401)見　通「現」。顯示。(402)蓬萊　傳說海中的神山。(403)結　成。(404)東海　郡名。治今山東郯城北。(405)赤蛟綏　登車用的繩索像紅色的蛟龍。綏，登車用的繩索。(406)零　降落。(407)晻濭　雲氣繚繞的樣子。(408)百君　即百神。(409)勺　通「酌」。酌取。(410)錫　通「賜」。(411)芒芒　同「茫茫」。廣大。(412)殷殷　盛。(413)塞　充滿。(414)六合　天地四方稱為六合。(415)汪濊　饒多。(416)輯　和。(417)褪　不安欲去。(418)象輿　象駕的車。(419)轙　僕人嚴駕待發之意。(420)票然　輕輕上浮的樣子。票，通「飄」。(421)逶蛇　旗幟飄動的樣子。(422)玄　天。

【語譯】〈安世房中歌〉十七章，詩詞是這樣的：

2 「大孝已經完備，美德光明清澈。樂器高掛四壁，樂聲在宮庭中迴盪。羽毛裝飾的儀仗，像樹林般眾多，像雲彩般高遠。樂器上的金枝，秀美華麗，旌旗招展，翠羽繽紛。

3 演奏〈七始〉與〈華始〉樂章，恭敬地唱出和諧的歌聲。神來宴戲，或許能夠聽到。敬畏的樂聲送神離去，不知不覺中人的內心也受到感染，專一而虔誠。還神禮畢忽然登上青天，福禧大事都已完成。思緒遙遠一片幽靜，天地之間昏暗而深沉。

4 我來確定天運曆數，人人從中獲得覺悟。謹慎恭敬地齋戒，反覆不斷地施行教化。於是建立祖廟，從而尊敬神明和親人。孝敬之心多麼廣大，可以推廣到遙遠的四方。

5 帝王諸侯具有美好的品德，他們的臣僚也都恭敬服從，彰顯出光輝的典範。清明順暢啊，皇帝的孝德。終於成就偉大的功勳，安撫天下的眾生。

6 海內匈奴作亂，不斷侵擾東北。詔令安撫禮義之師，軍官秉承皇帝的恩德。制定新樂，教化流行，逆亂之徒受到感化前來交歡，以樂征伐消除群惡。嚴整之師征討成功，匈奴服從，燕國安定。

7 海洋廣大，故為眾水所歸，君王有和樂之德，故人心思附。大山雄偉，故能生長各種花草。百姓認為什麼最可貴？美好的品德最可貴。

8 各安其所，快樂終生；快樂終生，功業無窮。飛龍在天空中翱翔，君主和樂之德給黎民帶來歡樂。

9 野草茂盛，女蘿蔓延。至善之德，誰能干擾！大莫過於以德施教，長莫過於覆蓋無邊。

10 雷聲震動，電光閃耀。明示德教的方向，治理國家政令簡約。治理國家政令簡約，則恩澤廣大。百姓承蒙恩惠，家室老幼互相愛護。德政廣施，世代長久。

11 都良、薜荔的芬芳，與桂花的馨香互相激盪。孝道上承於天，天神下降，發出日月的光彩。乘坐四條赤黑色龍所駕的車，回旋馳騁奔向北方。羽飾旌旗五彩繽紛，一望無際。孝道世代相傳，青史留芳。〈桂華〉。

12 有所憑依，秉承上天的準則。我的疆土廣大，我能周知民情。慈愛仁惠，百姓順從。幽遠無際，寬仁永享福澤。〈美若〉。

13 居崇高而思謙虛，百姓歸附，像山一樣根基永固。啊，多麼崇高的孝道，安定撫慰西戎各國。各地蠻夷竭誠歡呼，派遣譯使前來朝貢致福。包容博愛，永無兵革。

14 美好的祭品發出芳香，獻給神靈來歆享。神靈既已歆享美味，德化之音甚是善祥。美好的品德，是封邦建國的正常途徑。接受並保持天賜的美德，好的名聲將永世流傳。

15 多麼美盛洪大而英明，多麼廣遠的美德。美好地秉承天地的和氣，快樂享受此等福澤。置身安樂而不荒淫，成為百姓的好楷模。

16 嚴明的法律和眾多的美德，才能養育天下百姓。美好的名聲由來已久，寬宏大量多麼興盛。

17 寬容之德作為法則，秉承天帝的聖明。百姓感到快樂的，是子子孫孫永保光榮。百姓順從溫良，是由於接受天帝的榮光。祭品美好又芳香，讓歆享之神永遠不忘。

18 秉承天帝的崇高德性，百姓歸附，像山一樣根基永固。恩惠像雲彩一樣普施於民，百姓永遠享用這種福澤。後代繼承寬容之德作為法則，秉承天帝的聖明。百姓安居樂業，享受福澤永無止境。」

19 〈郊祀歌〉十九章，詩詞是這樣的：

20 「選擇良辰吉日，乃在月圓之夜。點燃腸脂香蒿，邀請四方神靈。九重天門敞開，天神旗幟飄揚，向下賜予恩惠，人間共享洪福。天神所乘之車，披掛著赤黑色的雲彩，駕御著騰飛的龍，羽旗紛飛，難以計數。天神從天而降，就像快馬乘風，左邊蒼龍護衛，右邊白虎侍從。天神來臨，快如湍急的流水；先降一場大雨，雨水各處飛灑。天神來到，陰雲籠罩，似真似幻，震撼人心。天神就坐，五音演奏整齊，歡樂通宵達旦，祈禱神靈安寧。祭牲稚嫩，角如繭栗，穀物美好，散發芳香，尊盛桂香佳酒，供奉八方神靈。天神安心留下，吟唱四季樂章，仔細觀看此地，眺望瑤石殿堂。眾多美女雲集，姿態優雅美麗，容顏白如荼花，引來觀眾無數。身披五彩盛裝，輕柔如雲似霧，拖著細繒細布，滿身披珠戴玉。良宵侍奉神靈，蘭芷散發芬芳，安然閒適自得，美酒敬獻神靈。

〈練時日〉第一章

21 天帝降臨中壇，眾神就坐四方，神情恭敬謹慎，一切安排妥當。天下太平無事，土德序數為五，據此建立制度。國家安寧，振興文德，停止戰爭。土地之神生養萬物，日月星辰更加光彩。恭敬悠閒，吉慶之服崇尚黃色。

〈帝臨〉第二章

22 春天來到，草木發芽，春雨滋潤萬物，動物也來報到。春雷催生草木，岩穴蟄蟲傾聽，枯草槁木又甦醒，春天的使命才完成。民眾平安快樂，幼嬰胎孕也得分享，萬物欣欣向榮，是春天帶來的幸福。

〈青陽〉第三章　鄒子樂。

23 夏天陽氣旺盛，普施萬物，草木生長茂盛，沒有誰能阻擋。花朵處處盛開，果實也在成長，一派繁榮景象，大田獲得豐收，供奉百神品嘗。普遍舉行祭祀，不忘莊重雍容，神靈好好保祐，帝業萬世無疆。

〈朱明〉第四章　鄒子樂。

24 西帝少昊，白霧籠罩，放出秋天肅殺之氣，五穀百草，穗兒低垂，都由禾苗生長而成。奸偽不再萌生，妖孽也都隱藏停止，偏僻遙遠的地方，四夷都已服從。既畏懼這種威嚴，又羨慕崇高的德行，歸附而不敢驕縱，一心一意，虔誠恭敬。

〈西顥〉第五章　鄒子樂。

25 北帝玄冥，陰森冰冷，蟲子藏入泥土冬眠，草木都已零落，冬天來了，到處覆蓋冰霜。剷除邪惡，改良風俗。萬民歸心務農，人人忠厚樸素。申明誠信正義，遙望致祭五嶽。繳納賦稅時節，妥善收藏糧食。

〈玄冥〉第六章　鄒子樂。

26 天帝至尊，地神多福，天地秩序井然，運轉形成四季。精氣形成日月，星辰遵循軌跡，陰陽與五行，循環而往復。雲風雷電，降下甘露時雨，百姓人丁興旺，人人安居樂業。天子繼承祖統，恭敬勤勉，順應皇天聖德，金鈴懸掛，龍鱗花紋，天子車駕，整齊有序。祭品陳列籩中，神靈或願品嘗，消滅一切凶災，聲威遍及八方。鐘鼓竽笙齊奏，彩雲飛舞翱翔，招搖戰旗飄揚，各地部族服從。

〈惟泰元〉第七章　建始元年，丞相匡衡奏請刪除『鸞路龍鱗』一語，改定為『涓選休成』（廢除舊例，選取美好完備的新設施）。

27　天地都給恩賜，我們非常仰慕，於是興建紫壇，尋找降神之路。恭敬地承辦祭祀，和合陰陽，娛悅神靈，禮儀繁縟，各處陳設錦繡，迎接最高天神。千名兒童排成八列跳起舞蹈，以最美好的表現取悅天神泰一。九歌全部演奏，文采不同凡響，琴瑟竽笙在朱軒會集。玉磬金鼓齊鳴，神靈應當喜歡，大小官員眾多，各自虔誠奉職。祭牲滿盤，又燃膓脂，讓神靈聞到香氣，神靈光臨，逗留片刻。靈鳥在前光輝明亮，寒暑不差陰陽調和，以此賜給皇上，彰顯賢德。吟唱詩詞，符合音律，玉鳴鏗鏘，宮、角、徵聲和暢悅耳，羽、商二聲繞梁飛揚，創造新曲地久天長。音樂飛向遠方，感動得鳳鳥飛翔，神靈整夜歡樂盡情歆享。

〈天地〉第八章　丞相匡衡奏請刪除『黼繡周張』詩句，改定為『肅若舊典』（敬遵舊制）。

28　日出日落怎有窮盡？時世與人壽命不同。所以春不是我的春，夏不是我的夏，秋不是我的秋，冬不是我的冬。四海浩渺，而太陽東升西落，遍觀此事又如何？我所知道的快樂，是獨自乘馭六龍，六龍服從調度，使我心情舒暢。龍翼之馬為什麼不來臨！

〈日出入〉第九章

29　太一所賜天馬降臨，赤汗浸潤就像以血洗面。志趣灑脫神態非凡，彷彿踏著浮雲在天上飛翔。悠閒自得便奔馳萬里，誰能與之相匹敵？與龍為友才相宜。　元狩三年馬生渥洼水中作。

30　天馬來自遙遠的西方，踏過廣闊的沙漠，九夷各族都來歸附。天馬來時泉水湧，毛色花紋如虎背，變化莫測若鬼神。天馬來，經歷寸草不生的磧鹵地，路途幾千里，向東而行。天馬來，時值庚辰年，奮蹄馳騁，誰能追上？天馬來，打開了遠方的大門，將聳身騎馬，奔向昆侖。天馬來了，神龍到來的徵兆，遊覽天門，觀看玉臺。　太初四年誅殺大宛王獲大宛馬而作。

〈天馬〉第十章

31 天門打開，空曠而寂寞，神靈肅然馳騁，前來歆享。神光照亮了夜空，德高而信著，恩澤普施，使我長壽而安逸。通神之路飾以朱丹，既寬且廣，鏟平密石，建起高堂，持著玉竿舞蹈歌唱，擺動腰肢，希望神靈永久觀賞。眾星駐足以報答我的供奉，降其神光，照耀四方，光輝灑向紫色的帷帳，明珠反射出黃色的光芒。翩翩起舞像鳥兒飛舞，展開雙翼逍遙翱翔。月色柔美泛出金色的波光，陽光燦爛普照大地。乘清風而來，路途遙遠，急速而至，不停地獻上美酒供神靈歆享。神靈徘徊停留，我得覲見，希望與其更加親密以表明誠意。承蒙賜福，常如期而至，寂寞遼闊的上天，知道我何時祭祀。飄飄浮浮高處遊，如此不辭辛勞，是為了述說心願。愉悅嘉美神靈以求繁榮昌盛，美好的祝福傳遍四方。專心致志飛上九天，周遊天地之間，浮瞰浩瀚的大海。

〈天門〉第十一章

32 景星赫然出現，信星高懸天空，天象昭顯人間大事，日來親近以明察。功業與天地共存，根據祥瑞紀元，汾水邊的土神祭壇出現寶鼎，象徵大的祐助在紀元之始。五音六律的樂曲，旋律和諧而響亮，雜樂變聲互相交會，典雅之音傳向遠方。空桑之地出產的琴瑟，音色質樸取信於神，四懸交替演奏，迎來八方之風。鐘磬簫管聲聲入耳。河伯送來鯉魚，祭牲毛色純一。百花釀造的美酒，散發出蘭花的芳香。遠古瓦尊，盛著解酒的蔗漿。精微所感，思緒悠遠通達，欲成長久之名，盤繞而行，悠閒自得，思與神道相合。獲福既多，歸於正道，正合往日所願，河伯與神龜密切配合，疏導瀉散以除水患。上天施德，地神化育，五穀豐登四季安樂。

〈景星〉第十二章　元鼎五年為在汾陰獲得寶鼎而作。

33 齋房長出一株草，九莖相連共生一葉，宮中小童獻此異草，打開圖冊查看譜錄。上天之精氣，回旋反覆來到甘泉宮，蔓延生長日益茂盛，長成芝草大放異彩。

〈齊房〉第十三章　元封二年為芝草出生於甘泉宮齋房而作。

34 壇上供奉后土，設置玄黃祭服，寶鼎出現在冀州，兆民蒙受其福祉。教化流行傳向四方，遙遠部族都來歸附。治理億萬民眾，全都樂其所居。

〈后皇〉第十四章

35 花朵光輝燦爛，靈根穩固。天神出遊，經過天門，車輛眾多，會集昆侖。天神出來，排開玉砌房屋，周遊錯雜，住宿芳香蘭堂。天神行進，旌旗飛揚，駿馬急行，絡繹不絕。天神到來，凌空飛舞，甘露普降，祥雲集結。天神相互引導，降臨祭祀壇宇。舜帝來做嘉賓，夔、龍隨同起舞。天神安穩落坐，回翔皆遵吉時，恭恭敬敬，與神同心。天神快樂，連連舉杯，福祉豐饒，永無止境。普施福祐，在汾水之旁。金光閃耀，充滿大河，波光如雲，為太陽增輝。到處歡樂喜慶，歌聲響徹雲霄。

〈華爗爗〉第十五章

36 五神輔佐太一，包容天下四方，土地廣大，浮雲飄盪。禮神祭壇，刮摩修飾，加以椒蘭之芳，祭神之璧，玉之精英，發出奪目光彩。增加億萬之年，福慶剛剛開始，與天神溝通，似有祥瑞承蒙。遍請群神歆享，全都一飲而盡，靈輿各就其位，神馬一躍而起。速自陳列，分散而歸，何曾有所滯留？天神厚賜福祿，恩澤深廣而歸。

〈五神〉第十六章

37 朝拜隴首，遠望西方，燎祭山川，火如驚雷閃電，獲得白麟一隻。白麟蹄有五趾，數與土德相合，策劃對付兇殘之人，匈奴受到懲罰。摒除惡人，約束不良之徒，禮敬百神之長，供奉高山大河。忽然掉轉車頭，拖著長髮奔馳，雨師升騰，灑水路旁抑清塵。流星隕落，清風送爽，踏上歸途的流雲，安撫遠近臣民。

〈朝隴首〉第十七章　元狩元年駕臨雍縣獵獲白麟而作。

38 仙草名叫象輿，潔白美麗，出自西方，甘露為食，美泉為漿。眾多赤雁集結，東海獲取六隻，頸上羽毛不尋常，斑斕呈現五彩。天神顯示眾祥瑞，普施幸福於世人，登上蓬萊仙山，成就無窮無盡。

〈象載瑜〉第十八章　太始三年駕臨東海獵獲赤雁而作。

39 登車的繩索像赤色的蛟龍，黃色的車蓋閃著金色的光輝，夜裡降了白露，白天雲霧繚繞。恭敬地侍奉百神，排好六龍的座位，酌取椒香美酒，眾神喝得大醉。神靈享受了供奉，賜給人間幸福，茫茫大地，甘霖普降。天神昌盛，光輝燦爛，壽命久長，永無止境。高遠莫測，充滿天地，恩澤無限，萬國和睦。眾神不安欲去，象輿整裝待發，飄然離去，旌旗招展。禮樂已經告成，眾神將回天上，託付上天賜恩德，長生永遠不衰老。

〈赤蛟〉第十九章」

1 其餘巡狩❶福應❷之事，不序❸郊廟❹，故弗論。

2 是時，河間獻王有雅材，亦以為治道非禮樂不成，因獻所集雅樂❺。天子下大樂官，常存肄❻之，歲時以備數❼，然不常御❽，常御及郊廟皆非雅聲。然詩樂施於後嗣，猶得有所祖述❾。昔殷周之雅頌，迺上本有娀❿、姜嫄⓫，卨⓬、稷⓭始生，玄王⓮、公劉⓯、古公⓰、太伯⓱、王季⓲、姜女⓳、太任⓴、太姒㉑之德，乃及成湯、文、武受命，武丁㉒、成㉓、康㉔、宣王㉕中興，下及輔佐阿衡㉖、周㉗、召㉘、太公㉙、申伯、召虎、仲山甫㉚之屬，君臣男女有功德者，靡㉛不褒揚。功德既信美矣，褒揚之聲盈乎天地之間，是以光名著於當世，遺譽垂於無窮也。今漢郊廟詩歌，未有祖宗之事，八音調均，又不協於鐘律㉜，而內有掖庭㉝材人㉞，外有上林㉟樂府，皆以鄭聲㊱施於朝廷。

3 至成帝時，謁者㊲常山㊳王禹世受㊴河間樂，能說其義，其弟子宋曅等上書言之，下大夫[40]博士[41]平當[42]等考試。當以為「漢承秦滅道之後，賴先帝聖德，博受兼聽，修廢官[43]，立太學。河間獻王聘求幽隱[44]，修興雅樂以助化。時大儒公孫弘[45]、董仲舒等皆以為音中正雅，立之大樂。春秋鄉射[46]，作於學官，希闊[47]不講[48]。故自公卿大夫觀聽者，但聞鏗鎗，不曉其意，而欲以風諭[49]眾庶，其道無由。是以行之百有餘年，德化至今未成。今舉等守習孤學，大指歸於興助教化。衰微之學，興廢在人。宜領屬雅樂，以繼絕[50]表[51]微。孔子曰：『人能弘道，非道弘人。』[52]河間區區[53]，小國藩臣，以好學修古，能有所存[54]，民到于今稱之，況於聖主廣被[55]之資，修起舊文，放鄭[56]近雅，述而不作，信而好古[57]，於以風示海內，揚名後世，誠非小功小美也」。事下公卿，以為久遠難分明，當議復寢[58]。

4 是時，鄭聲尤甚。黃門[59]名倡[60]丙彊、景武之屬富顯於世，貴戚五侯[61]、定陵[62]、富平[63]外戚之家淫侈過度，至與人主爭女樂。哀帝自為定陶[64]王時疾[65]之，又性不好音，及即位，下詔曰：「惟世俗奢泰文巧[66]，而鄭衛之聲興。夫奢泰則下不孫[67]而國貧，文巧則趨末背本[68]者眾，鄭衛之聲興則淫辟[69]之化流，而欲黎庶敦朴[70]家給[71]，猶濁其源而求其清流，豈不難哉！孔子不云乎？『放鄭聲，鄭聲淫[72]。』其罷樂府官。郊祭樂及古兵法武樂，在經非鄭衛之樂者，條奏[73]，別屬他官。」

丞相[74]孔光[75]、大司空[76]何武[77]奏：「郊祭樂人員[78]六十二人，給[79]祠南北郊[80]。大樂鼓員六人，嘉至鼓員十人，邯鄲[81]鼓員二人，騎吹鼓員三人，江南鼓員二人，淮南[82]鼓員四人，巴俞[83]鼓員三十六人，歌鼓員二十四人，楚嚴鼓員一人，梁皇鼓員四人，臨淮[84]鼓員三十五人，茲邡[85]鼓員三人，凡鼓十二，員百二十八人，朝賀置酒陳殿下，應古兵法。外郊祭員十三人，諸族樂人兼雲招給祠南郊用六十七人，兼給事雅樂用四人，夜誦員五人，剛、別柎[86]員二人，給盛德主調篪[87]員二人，聽工以律知日冬夏至一人，鐘工、磬工、簫工員各一人，僕射[88]二人主領諸樂人，皆不可罷。竽工[89]員三人，一人可罷。琴工員五人，三人可罷。柱工[90]員二人，一人可罷。繩弦工員六人，四人可罷。鄭四會[91]員六十二人，一人給事雅樂，六十一人可罷。張瑟員八人，七人可罷。安世樂鼓員二十人，十九人可罷。沛[92]吹鼓員十二人，族歌鼓員二十七人，陳吹鼓員十三人，商樂鼓員十四人，東海鼓員十六人，長樂鼓員十三人，縵樂[93]鼓員十三人，凡鼓八，員百二十八人，朝賀置酒，陳前殿房中，不應經法。治竽員五人，楚鼓員六人，常從[94]倡三十人，常從象人[95]四人，詔隨常從倡十六人，秦倡員二十九人，秦倡象人員三人，詔隨秦倡一人，雅大人員九人，朝賀置酒為樂。楚四會員十七人，巴四會員十二人，銚四會員十二人，齊四會員十九人，蔡謳員三人，齊謳員六人，竽瑟鐘磬員五人，皆鄭聲，可罷。師學[96]百四十二人，其七十二人給大官[97]挏馬酒[98]，其七十人可罷。大凡八百二十九人，其三百八十八人不可罷，可領屬大樂[99]，其四百四十一人不應經法，或鄭衛之聲，皆可罷。」奏可。然百姓漸漬[100]日久，又不制雅樂有以相變，豪富吏民湛沔[101]自若[102]，陵夷[103]壞于王莽。

【章　旨】以上是第六部分，記述西漢中後期正統的「雅樂」與「鄭衛之音」此消彼長的過程，以及漢朝廷在音樂制度方面的舉措。

【注　釋】[1]巡狩　天子巡視諸侯。[2]福應　祥瑞；吉祥的徵兆。[3]序　列。[4]郊廟　天地和宗廟祭祀。[5]雅樂　用於郊廟朝會的正樂。[6]肄　演練。[7]備數　充數。[8]御　進用。[9]祖述　效法遵循前人的學說或行為。[10]有娀　指簡狄，為有娀氏之女，吞燕卵而生卨。[11]姜嫄　后稷之母。[12]卨　商的始祖。又作「契」。[13]稷　后稷，周的始祖。[14]玄王　相傳也是商的先祖，承黑帝之後，故曰玄王。[15]公劉　后稷的曾孫。[16]古公　古公亶父，周文王的祖父。[17]太伯　古公亶父之子，王季之兄。[18]王季　文王之父。[19]姜女　古公亶父之妃。[20]太任　文王之母。[21]太姒　文王之妃，武王之母。[22]武丁　商王高宗。[23]成　周成王姬誦，武王之子。[24]康　周康王姬釗，成王之子。[25]宣王　周厲王之子姬靜。[26]阿衡　商湯大臣伊尹的職號。[27]周　周公旦。[28]召　召公奭。[29]太公　呂尚，又名姜尚，周朝開國功臣，分封於齊。[30]申伯召虎仲山甫　皆周宣王之臣。[31]靡　無；沒有。[32]鐘律　音樂規則。[33]掖庭　宮中旁舍，妃嬪居住的地方。[34]材人　即「才人」。宮中妃嬪的稱號。[35]上林　苑名。為秦漢時期帝王射獵、遊樂之所。在今陝西藍田以西、周至以東終南山北麓一帶。[36]鄭聲　鄭衛之音，本指春秋戰國時期流行於鄭、衛等國的俗樂，後來泛指淫蕩的音樂歌曲。[37]謁者　官名。郎中令（武帝時改稱光祿勳）屬官，掌賓贊受事。詳見卷十九〈百官公卿表〉。[38]常山　郡名。治今河北元氏西北。[39]受　通「授」。傳授。[40]大夫　官名。秦漢時期有御史大夫、諫大夫、光祿大夫、大中大夫等，多係中央要職和顧問。[41]博士　官名。太常屬官，掌通古今。漢武帝以後，專掌儒家經典的傳授。(42)平當　詳見卷七十一〈平當傳〉。(43)廢官　被破壞廢棄的職官。(44)幽隱　隱居之士。(45)公孫弘　詳見卷五十八〈公孫弘傳〉。(46)鄉射　古代以射選士，其制有二：一為州長於春秋兩季以禮會民，射於州之學校；二為鄉大夫三年大比（考核政績），獻賢能之士於王，行鄉射之禮。(47)希闊　疏遠；少。(48)講　討論研習。(49)風諭　教化。(50)絕　絕學；失傳的學問。(51)表　顯。(52)孔子曰三句　語出《論語・衛靈公》。弘，推廣；擴大。(53)區區　小。(54)存　指訪求古書，存其篇籍。(55)被　覆。(56)放鄭　摒棄鄭衛之音。(57)述而二句　語出《論語・述而》。闡述先王之道而不自創制，信仰愛好古事。(58)寢　擱置。(59)黃門　官署名。在宮門內。主管皇帝親幸之物。(60)倡　倡優；以歌舞演戲為業的人。(61)五侯　漢成帝河平二年，外戚王譚、王商、王立、王根、王逢時同日被冊封為侯，史稱「五侯」。(62)定陵　指定陵侯淳于長。定陵，縣名，治今河南舞陽北。(63)富平　指富平侯張放。富平，縣名，治今寧夏吳忠西南。(64)定陶　王國名。治今山東定陶西北。(65)疾　痛恨。(66)文巧　華麗奇巧。(67)孫　通「遜」。(68)趨末背本　放棄農業生產，轉而從事工商。趨，向。末，工商業。本，農業。(69)辟　通「僻」。(70)敦朴　敦厚樸素。(71)給　足。(72)放鄭聲二句　語出《論語・衛靈公》。放，拋棄；摒棄。(73)條奏　逐條列出稟奏。(74)丞相　官名。總領百官，輔佐皇帝，助理萬機。(75)孔光　詳見卷八十一〈孔光傳〉。(76)大司空　官名。原名御史大夫，丞相之副，主管執法。成帝綏和元年改名大司空。(77)何武　詳見卷八十六〈何武傳〉。(78)員　定員；員額。(79)給　聽差；供職。(80)南北郊　即南郊和北郊。在長安城南郊祭祀天，北郊祭祀地。(81)邯鄲　縣名。今河北邯鄲西南。(82)淮南　王國名。治今安徽六安東北。(83)巴俞　高祖初為漢王，得巴俞人，與之定三秦滅楚，因存其武樂。巴俞之樂因此始。巴俞人，生活在今四川東部及重慶一帶的少數民族。(84)臨淮　郡名，治今江蘇泗洪南。(85)茲邡　即汁邡、什邡。縣名。治今四川什邡。(86)剛別柎　皆鼓名。(87)篪　笛類樂器。(88)僕射　官名。自侍中、尚書、博士、郎皆有。古代重武官，有主射以督課之。(89)竽　笙類，三十六簧。(90)柱工　主調箏瑟之柱。(91)四會　四懸俱會；合奏。(92)沛　郡名。治今安徽濉溪西北。(93)縵樂　雜樂。(94)常從　經常侍從皇帝之人。(95)象人　雜技演員。(96)師學　從師學習的人；學徒。(97)大官　即太官，官名。掌皇帝飲食宴會，少府屬官。(98)挏馬酒　以馬乳為酒，撞挏乃成。(99)大樂　取太樂，官名。太常屬官，掌使樂人，凡國祭饗，掌諸奏樂。(100)漸漬　浸潤；沾染。(101)湛沔　沉湎。(102)自若　如故。(103)陵夷　逐漸衰落。

【語　譯】 其餘關於天子出巡、獲得祥瑞的事，不列在郊禮、宗廟之禮的範圍，所以不加論述。

2 當時，河間獻王有文雅之才，也認為治國之道，不用禮樂就不會成功，於是獻出所搜集整理的雅樂。天子將其下達給太樂官，經常加以演練，每逢節日用來充數，但天子不常欣賞，天子經常欣賞和郊廟祭祀使用的都不是雅樂。然而詩歌音樂流傳於後代，還是應該效法遵循前人。過去商朝、周朝的「雅」、「頌」，上起於有娀、姜嫄，卨、稷誕生，玄王、公劉、古公、太伯、王季、姜女、太任、太姒的德行，以及成湯、文王、武王承受天命而稱王，武丁、成王、康王、宣王的中興，直到輔佐大臣伊尹、周公、召公、太公、申伯、召虎、仲山甫等等，君臣男女凡有功德者，無不加以褒獎表揚。他們的功德，真實而美好，對他們的讚美之聲充滿天地之間，因此，他們的光輝名譽著稱於當代，世世永遠流傳。今天漢朝郊廟祭祀的詩歌，沒有提到祖宗的功業，八音的調配，又不符合音樂規則，內有後宮妃嬪美女，外有上林苑的樂府，都是把鄭衛淫蕩之音應用於朝廷。

3　到了成帝在位期間，謁者常山人王禹，世代傳授河間獻王整理的音樂，能夠解說其含義，他的學生宋曅等上書彙報此事，皇上交由大夫、博士平當等人考察試用。平當認為「漢朝處在秦朝滅絕聖王傳統之後，多虧先帝的聖德，廣泛地接受，謙虛地聽取，恢復廢棄的職官，建立太學。河間獻王聘請訪求隱逸之士，恢復提倡高雅的音樂以輔助教化。當時，儒學大師公孫弘、董仲舒等都認為他的音樂符合正統的雅樂，把它交給太樂官。春秋兩季舉行鄉射典禮時，在學官演奏，但很少討論研習。所以公卿大夫前去觀賞，只聽到鏗鏘的聲音，並不理解其中的含義，而想要用它來教化普通百姓，是行不通的。因此實行了一百多年，道德教化至今不見成效。今天宋曅等保存研習僅存的學問，主要目的在於幫助振興教化。衰弱不振的學問，其興衰成敗全看人的作為。應該暫且把它歸屬雅樂，用以繼承和弘揚趨於衰微即將失傳的學問。孔子說：『人能把道統發揚光大，道統不能把人發揚光大。』小小的河間國，作為小國的藩臣，因為喜歡學問，研習古書，而能訪求古書，存其篇籍，百姓至今還稱讚他，更何況聖明的君主具有廣施教化的才德，復興古代學術，摒棄鄭衛淫聲而接近雅樂，闡述先王之道而不隨便創制，信仰愛好古代學術，以此來示範、教化全國，美名傳於後世，實在是一件功德無量的大事業啊」。此事交給公卿大臣討論，他們認為時代太久遠了，難以辨明真偽，平當的建議又被擱置了。

4 這時候，鄭衛淫聲非常盛行。宮內有名的倡優丙彊、景武之流都很富有，名噪一時，皇親國戚如王氏五侯、定陵侯淳于長、富平侯張放等外戚之家，荒淫奢侈無度，甚至與皇上爭奪歌女。哀帝早在做定陶王時就對此很痛恨，加之本性不喜歡音樂，等到即位之後，就下詔書說：「社會風氣過於奢侈浮華，鄭衛淫聲興盛。奢侈無度，下面的臣民就不知謙虛而使國家貧困；追求華麗奇巧，經營工商而放棄農業的人就會增加；鄭衛之音興盛，荒淫邪僻的風氣就會流行，想要使百姓敦厚樸實、家給人足，就好像是攪渾水源而要求流出清澈的水，難道不是很困難嗎！孔子不是說過嗎？『摒棄鄭國的音樂，鄭國的音樂是荒淫的。』應該撤消樂府官。郊祭音樂以及古兵法的武樂，根據經典不屬於鄭衛之音的，逐條列出呈報，由其他官署管理。」丞相孔光、大司空何武上奏說：「郊祭樂人名額六十二人，聽差於南北郊祭祀。太樂鼓手名額六人，〈嘉至〉鼓手名額十人，邯鄲鼓手名額二人，騎吹鼓手名額三人，江南鼓手名額二人，淮南鼓手名額四人，巴俞鼓手名額三十六人，歌鼓手名額二十四人，楚嚴鼓手名額一人，梁皇鼓手名額四人，臨淮鼓手名額三十五人，茲邡鼓手名額三人，共有鼓樂十二種，名額一百二十八人，朝廷拜賀擺設酒宴時陳列在殿下，符合古代兵法。外郊祭祀名額十三人，演奏各族樂曲以及〈雲招〉樂在南郊祭祀中聽差的六十七人，還有演奏雅樂中聽差的四人，夜間吟誦詩詞名額五人，剛鼓手和別柎鼓手名額二人，在〈盛德〉樂中負責調試篪的名額二人，根據樂律能識別太陽冬至夏至的聽工一人，鐘工、磬工、簫工名額各一人，負責統率各種樂工的僕射官二人，都不可撤消。竽工名額三人，可撤去一人。琴工名額五人，可撤去三人。柱工名額二人，可撤去一人。繩弦工名額六人，可撤去四人。鄭地四縣合奏人員名額六十二人，一人服務雅樂，可撤去六十一人。張瑟工名額八人，可撤去七人。〈安世〉樂鼓手名額二十人，可撤去十九人。沛地吹鼓手名額十二人，族歌鼓手名額二十七人，陳地吹鼓手名額十三人，商樂鼓手名額十四人，東海鼓手名額十六人，長樂鼓手名額十三人，雜樂鼓手名額十三人，共有鼓樂八種，名額一百二十八人，朝廷拜賀擺設酒宴時，陳列前殿房中，不符合經典制度。修竽工名額五人，楚地鼓手名額六人，經常隨從的倡優三十人，經常隨從的雜技演員四人，詔令指定經常隨從的倡優十六人，秦地倡優名額二十九人，秦地歌舞雜技演員名額三人，詔令指定隨從的秦地倡優一人，雅大人名額九人，朝廷拜賀擺設酒宴時供娛樂。楚地四縣合奏人員名額十七人，巴地四縣合奏人員名額十二人，銚地四縣合奏人員名額十二人，齊地四縣合奏人員名額十九人，蔡地歌手名額三人，齊地歌手名額六人，竽、瑟、鐘、磬演奏人員名額五人，都屬於鄭國淫聲，可以裁撤。學徒一百四十二人，其中七十二人在太官聽差攪拌馬酒酪，另外七十人可以撤去。總共八百二十九人，其中三百八十八人不能裁撤，可以歸太樂官管理，另外四百四十一人不符合經典制度，有的屬於鄭衛淫聲，都可以裁撤。」上奏建議獲得批准。然而百姓受淫樂熏染由來已久，又沒有創制雅樂加以改變，有錢有勢的官吏和平民仍像從前一樣沉湎於此，雅樂逐漸衰落直到被王莽破壞。

今❶海內更始❷，民人歸本，戶口歲息❸，平其刑辟❹，牧❺以賢良，至於家給，既庶❻且富，則須庠序禮樂之教化矣。今幸有前聖遺制之威儀，誠可法象❼而補備之，經紀❽可因緣❾而存著也。孔子曰：「殷因於夏禮，所損益，可知也；周因於殷禮，所損益，可知也；其或繼周者，百世可知也。」❿今大漢繼周，久曠⓫大儀，未有立禮成樂，此賈誼、仲舒、王吉、劉向之徒所為發憤而增嘆⓬也。

【章　旨】以上是第七部分，表達對西漢一朝禮樂制度的不滿，以及對復興儒家禮樂制度的期望。

【注　釋】❶今　指班固撰寫《漢書》的東漢前期。❷更始　重新開始。❸息　增殖。❹平其刑辟　公平地審理刑獄訴訟。❺牧　放牧。引申為官吏對百姓的管理、統治。❻庶　人多。❼法象　效法；模仿。❽經紀　法度；秩序。❾因緣　依據；憑藉。❿孔子曰九句　語出《論語·為政》。因，沿襲；繼承。⓫曠　空缺；荒廢。⓬增嘆　感歎。

【語　譯】如今國運重新開始，百姓歸心務農，戶口年年增加，公平地審理刑獄訴訟，用賢良官吏進行治理，以至於家家豐足，人丁興旺而富裕，這就需要設立學校推行禮樂教化了。今天幸虧有前代聖王遺留的禮儀制度，確實可以效法並加以補充完備，聖人的法度可因此而保存並發揚光大。孔子說：「商朝繼承夏朝的禮儀制度，減少和增加了什麼是可以知道的；周朝繼承商朝的禮儀制度，減少和增加了什麼是可以知道的；如果有哪個朝代繼承了周朝，即使在非常久遠的將來，它的禮儀制度也是可以類推而知的。」今天大漢王朝繼承周朝，重大的禮儀長期荒廢，沒有建立禮樂制度，這正是賈誼、董仲舒、王吉、劉向這些人所以為之發憤而深深感歎的啊。

【研析】禮樂教化是儒家思想的核心，是治世安民的基礎，是通向太平盛世的必由之路。儒家認為，禮樂源自人性、順乎人情，同時又節制人的欲望，陶冶人的情操；禮樂會因時而損益，有繼承，有變化，但先王之道始終貫穿於其中。

在儒家心目中，夏商周三代尤其是西周的禮樂制度，是禮樂制度的最高境界，是他們孜孜以求、努力奮鬥的目標。然而，西周的禮樂文明一去不復返了，春秋戰國社會巨變的結果，是「禮壞樂崩」；統一天下的秦王朝，雜採六國之儀，而盡棄三代之舊；繼秦而起的西漢王朝，在禮樂制度上也沒有多大起色。

西漢初年，崇尚黃老，貴因循而重改作，禮樂制度大體沿襲秦制。漢武帝提倡儒學，實則外儒內法，「霸王道雜之」，改正朔，易服色，修封禪，儒家的禮樂基本上成為其「內多欲而外施仁義」的點綴。此後直到王莽代漢，仍然是「久曠大儀，未有立禮成樂」。不論是《史記》的〈禮書〉、〈樂書〉，還是《漢書．禮樂志》，對西漢一朝的禮樂制度本身，都著墨不多，反映了作者對西漢禮樂制度的不滿。

禮樂是時代的產物，隨時代而變化，因此，西周的禮樂制度不可能再度恢復；同時，貫穿於禮樂之中的儒家政治理想，因其含有不符合專制君主利益的內容，也遭到統治者的「揚棄」。西漢一朝的禮樂制度，與儒家理想相去甚遠，其原因或在於此。

卷二十三

刑法志第三

【題解】〈刑法志〉敘述西周以來，主要是西漢一朝的刑法制度。開篇總論禮與刑的關係，寓「禮主刑輔」之意。次敘兵制的沿革，指出兵的主要作用是存亡繼絕，救亂除害，強調仁義的重要性。然後集中講述各個時期法律規章的修訂情況，討論刑法制度的演變，稱道漢朝疑獄奏讞、優待老幼等制度「近古而便民」；對三族刑的廢而復用，頗有微詞；對肉刑的廢除，表達不同看法。作者還探討了漢代犯罪觸刑者數量眾多的原因。全篇雖討論刑法制度，但始終不離禮教與仁義這一主線。〈刑法志〉為《史記》所無，乃班固《漢書》首創，此後各紀傳體斷代史多相沿用。

夫人宵❶天地之貌❷，懷五常❸之性，聰明精粹❹，有生之最靈者也。爪牙不足以供耆❺欲，趨走❻不足以避利害❼，無毛羽以禦寒暑，必將役❽物以為養，任❾智而不恃力，此其所以為貴也。故不仁愛則不能群❿，不能群則不勝物，不勝物則養不足。群而不足，爭心將作。上聖卓然⓫先行敬讓博愛之德者，眾心說⓬而從之。從之成群，是為君矣；歸而往之⑬，是為王矣。洪範⑭曰：「天子作民父母，為天下王⑮。」聖人取類⑯以正名⑰，而謂君為父母，明仁愛德讓，王道之本也。愛待⑱敬而不敗，德須⑲威而久立，故制禮以崇敬，作刑以明威也。聖人既躬⑳明悊㉑之性，必通天地之心，制禮作教，立法設刑，動㉒緣㉓民情，而則天象地㉔。故曰先王立禮，「則天之明，因地之性㉕」也。刑罰威獄，以類㉖天之震曜㉗殺戮也；溫慈惠和，以效天之生殖長育也。書云「天秩有禮」，「天討有罪」㉘。故聖人因天秩而制五禮㉙，因天討而作五刑㉚。大刑用甲兵㉛，其次用斧鉞㉜；中刑用刀鋸㉝，其次用鑽鑿㉞；薄刑用鞭扑㉟。大者陳諸原野㊱，小者致之市朝㊲，其所繇㊳來者上㊴矣。

【章旨】以上是第一部分，總論禮、刑關係，明其輕重本末。禮與刑有主次輕重之分，都是聖人治理天下的重要工具，二者雖相反而實相成，缺一不可。

【注釋】❶宵　通「肖」。類似。❷䫉　通「貌」。❸五常　指仁、義、禮、智、信五種品德。❹精粹　淳美。❺耆　通「嗜」。❻趨走　奔跑。❼利害　災禍。❽役　驅使；利用。❾任　憑藉。❿群　合群。⓫卓然　高明。⓬說　通「悅」。⓭歸而往之　爭著前往歸附於他。⓮洪範　《尚書》篇名。相傳為周初箕子向周武王陳述天地之大法。⓯天子二句　語出《尚書・周書・洪範》。⓰取類　根據事物的相同屬性進行推理。⓱正名　辨正名分，使概念與實際情況相符合。⓲待　需要；依靠。⓳須　通「需」。需要。⓴躬　自身具有。㉑明悊　同「明哲」。明智；通達事理。㉒動　常常；總是。㉓緣　順應；符合。

㉔則天象地　效法天地。則、象均表示效法、模仿。㉕則天之明二句　《左傳・昭公二十五年》載鄭大夫子太叔之辭。㉖類　效法。㉗震曜　雷電。㉘書云二句　語出《尚書・虞書・咎繇謨》。有禮者上天加以提拔，有罪者上天加以討伐罰治。秩，敘；評定等級、次第，按功提升。㉙五禮　指吉禮（祭祀之禮）、凶禮（喪葬之禮）、賓禮（接待賓客之禮）、軍禮（軍旅之禮）、嘉禮（冠禮與婚禮）。㉚五刑　墨、劓、刖、宮、大辟（死刑）。㉛甲兵　軍隊征討。㉜斧鉞　斬刑。㉝刀鋸　刀，割刑。鋸，刖刑。㉞鑽鑿　鑽，髕刑。鑿，黥刑。㉟扑　杖刑。㊱原野　指戰場。㊲市朝　市場和朝廷。大夫以上陳之於朝，士以下陳之於市。㊳繇　通「由」。㊴上　久遠。

【語　譯】人與天地的狀貌類似，具有五常的品德，聰明、淳美，是生物中最靈巧的。人的手爪和牙齒不能滿足肉體感官的需求，奔跑的速度不足以躲避災害，也沒有獸毛和鳥羽來抵禦寒冷，一定要利用其他生物來養活自己，憑藉智慧而不依靠力氣，這就是人比其他造物尊貴的原因。所以不仁愛就不能合群，不合群就不能戰勝其他生物，不能戰勝其他生物就會給養不足。群居而給養不足，將會產生爭奪之心。至上的聖人有高超的見識，首先實行恭敬、謙讓、博愛的美德，眾人心悅誠服地跟隨他。跟隨著他的人形成群體，他就成為一方之長了；大家爭著前去歸附他，他就成為天下之王了。〈洪範〉說：「天子對待百姓要像父母對待子女一樣，就會為百姓所擁戴，成為天下之王。」聖人根據事物的相同屬性進行推理以使名實相符，而稱君長為父母，表明仁愛德讓，是王道的根本。仁愛依靠恭敬才能永遠不敗，恩德依靠威嚴才能長久樹立，所以創建禮制來推崇恭敬，制定刑罰來彰顯威嚴。聖人自身已經具有洞察事物的秉性，一定通曉天地的心理，創建禮制，進行教化，制定法律，設立刑罰，處處順應民情，效法天地。所以說先王創立禮制，是「效法上天的光明，遵循大地的恩德」。威嚴的刑罰和監獄，是效法上天雷電的殺戮；溫和、慈愛與恩惠、寬和，是效法上天對萬物的生殖和養育。《尚書》上說「上天按功獎勵提拔有禮的人」，「上天懲罰有罪的人」。所以聖人根據上天的按功提拔而制定五禮，根據上天的懲罰而制定五刑。重刑使用軍隊進行討伐，其次使用斧鉞；中刑使用刀鋸，其次使用鑽鑿；輕刑使用鞭杖。重罪所殺，屍體陳列在荒野戰場；小罪所刑戮，則在集市或朝廷上示眾，這些做法，由來已久了。

1 自黃帝❶有涿鹿之戰❷以定火災❸，顓頊❹有共工❺之陳以定水害❻。唐虞❼之際，至治❽之極，猶流❾共工，放❿讙兜⓫，竄⓬三苗⓭，殛⓮鯀⓯，然後天下服。夏有甘扈之誓⓰，殷、周⓱以兵定天下矣。天下既定，戢臧⓲干戈，教以文德，而猶立司馬⓳之官，設六軍⓴之眾，因井田㉑而制軍賦㉒。地方一里為井，井十為通，通十為成，成方十里；成十為終，終十為同，同方百里；同十為封，封十為畿，畿方千里。有稅㉓有賦㉔。稅以足食，賦以足兵。故四井為邑，四邑為丘。丘，十六井也，有戎馬㉕一匹，牛三頭。四丘為甸。甸，六十四井也，有戎馬四匹，兵車一乘，牛十二頭，甲士㉖三人，卒㉗七十二人，干戈備具，是謂乘馬之法。一同百里，提封㉘萬井，除山川沉斥㉙，城池邑居，園囿㉚術㉛路，三千六百井，定出賦六千四百井，戎馬四百匹，兵車百乘，此卿大夫采地㉜之大者也，是謂百乘之家。一封三百一十六里，提封十萬井，定出賦六萬四千井，戎馬四千匹，兵車千乘，此諸侯之大者也，是謂千乘之國。天子畿方千里，提封百萬井，定出賦六十四萬井，戎馬四萬匹，兵車萬乘，故稱萬乘之主。戎馬車徒㉝干戈素具㉞，春振旅㉟以搜㊱，夏拔舍㊲以苗㊳，秋治兵㊴以獮㊵，冬大閱㊶以狩㊷，皆於農隙㊸以講事㊹焉。五國為屬，屬有長；十國為連，連有帥；三十國為卒，卒有正；二百一十國為州，州有牧。連帥比年(45)簡(46)車，卒正三年簡徒，群牧五載大簡車徒，此先王為國立武(47)足兵之大略(48)也。

2 周道衰，法度墮(49)，至齊桓公(50)任用管仲(51)，而國富民安。公問行伯(52)用師(53)之道，管仲曰：「公欲定卒伍(54)，脩甲兵，大國亦將脩之，而小國設備(55)，則難以速得志(56)矣。」於是乃作內政而寓軍令(57)焉，故卒伍定虖里(58)，而軍政成虖郊。連其什伍(59)，居處同樂，死生同憂，禍福共之，故夜戰則其聲相聞，晝戰則其目相見，緩急(60)足以相死(61)。其教已成，外攘(62)夷狄，內尊天子，以安諸夏(63)。齊桓既沒(64)，晉文(65)接之，亦先定其民，作被廬之法(66)，總帥(67)諸侯，迭(68)為盟主(69)。然其禮已頗僭差(70)，又隨時(71)苟合(72)以求欲速之功(73)，故不能充王制(74)。二伯(75)之後，寖(76)以陵夷(77)，至魯成公(78)作丘甲(79)，哀公(80)用田賦(81)，搜狩治兵大閱之事(82)皆失其正。春秋(83)書而譏(84)之，以存王道。於是師旅亟(85)動，百姓罷敝(86)，無伏節(87)死難之誼(88)。孔子傷焉，曰：「以不教民戰，是謂棄之(89)。」故稱子路(90)曰：「由也，千乘之國，可使治其賦也(91)。」而子路亦曰：「千乘之國，攝虖大國之間，加之以師旅，因之以饑饉，由也為之，比及三年，可使有勇，且知方也(92)。」治其賦兵，教以禮誼之謂也。

3 春秋[93]之後，滅弱吞小，並為戰國，稍[94]增講武[95]之禮，以為戲樂，用相夸視[96]。而秦[97]更名角抵[98]，先王之禮沒於淫樂中矣。雄桀[99]之士因勢輔時[100]，作為權詐[101]以相傾覆，吳[102]有孫武[103]，齊有孫臏[104]，魏[105]有吳起[106]，秦有商鞅[107]，皆禽[108]敵立勝，垂[109]著篇籍[110]。當此之時，合從連衡[111]，轉相攻伐，代[112]為雌雄[113]。齊愍[114]以技擊[115]彊，魏惠[116]以武卒奮[117]，秦昭[118]以銳士勝。世方[119]爭於功利，而馳說者[120]以孫、吳[121]為宗[122]。時唯孫卿[123]明於王道，而非[124]之曰：「彼孫、吳者，上勢利[125]而貴變詐[126]，施於暴亂昏嫚[127]之國，君臣有間[128]，上下離心，政謀不良，故可變而詐也。夫仁人在上，為下所卬[129]，猶子弟之衛父兄，若手足之扞[130]頭目，何可當也？鄰國望我，歡若親戚，芬若椒蘭，顧[131]視其上，猶焚灼仇讎[132]。人情豈肯為其所惡而攻其所好哉？故以桀[133]攻桀，猶有巧拙；以桀詐堯[134]，若卵投石，夫何幸[135]之有！詩曰：『武王載旆，有虔秉鉞，如火烈烈，則莫我敢遏。』[136]言以仁誼[137]綏[138]民者，無敵於天下也。若齊之技擊，得一首則受賜金。事小敵脃[139]，則媮[140]可用也；事鉅[141]敵堅，則渙然[142]離矣。是亡國之兵也。魏氏武卒，衣三屬之甲[143]，操十二石[144]之弩[145]，負矢五十个，置戈[146]其上，冠[147]冑[148]帶劍，贏[149]三日之糧，日中[150]而趨[151]百里，中試[152]則復[153]其戶，利其田宅[154]。如此，則其地雖廣，其稅必寡[155]，其氣力[156]

數年而衰。是危國之兵也。秦人，其生民也陿阸[157]，其使民也酷烈[158]。劫[159]之以勢，隱[160]之以阸，狃[161]之以賞慶，道[162]之以刑罰，使其民所以要利於上者，非戰無由[163]也。功賞相長[164]，五甲首而隸五家[165]，是最為有數[166]，故能四世[167]有勝於天下。然皆干賞蹈利[168]之兵，庸徒鬻賣之道[169]耳，未有安制矜節[170]之理也。故雖地廣兵彊，鰓鰓[171]常恐天下之一合而共軋[172]己也。至乎齊桓、晉文之兵，可謂入其域[173]而有節制[174]矣，然猶未本[175]仁義之統也。故齊之技擊不可以遇[176]魏之武卒，魏之武卒不可以直[177]秦之銳士，秦之銳士不可以當桓、文之節制，桓、文之節制不可以敵湯、武之仁義。」

4 故曰：「善師者不陳，善陳者不戰，善戰者不敗，善敗者不亡。」[178]若夫[179]舜脩百僚，咎繇[180]作士[181]，命以「蠻夷猾夏，寇賊姦軌[182]」，而刑無所用，所謂善師不陳者也。湯、武征伐，陳師誓眾，而放禽桀、紂[183]，所謂善陳不戰者也。齊桓南服彊楚[184]，使貢周室[185]，北伐山戎[186]，為燕[187]開路，存亡繼絕[188]，功為伯首[189]，所謂善戰不敗者也。楚昭王[190]遭闔廬[191]之禍，國滅出亡，父老送之。王曰：「父老反[192]矣！何患無君？」父老曰：「有君如是其賢也！」相與[193]從之。或犇走赴秦，號哭請救，秦人為[194]之出兵。二國并力，遂走[195]吳師，昭王返國，所謂善敗不亡者也。若秦因四世之勝，據[196]河山[197]之阻，任用白起[198]、王翦[199]豺狼之徒，奮其爪牙，禽獵[200]六國，以并天下。窮武極詐[201]，士民不附，卒隸之徒[202]，還為敵讎，猋起雲合[203]，果共軋之。斯[204]為下矣。凡兵，所以存亡繼絕，救亂除害也。故伊、呂[205]之將，子孫有國，與商周並[206]。至於末世[207]，苟[208]任詐力[209]，以快[210]貪殘，爭城殺人盈[211]城，爭地殺人滿野。孫、吳、商、白之徒[212]，皆身誅戮於前，而國滅亡於後。報應[213]之勢，各以類[214]至，其道[215]然[216]矣。

5 漢興，高祖[217]躬[218]神武之材[219]，行寬仁[220]之厚[221]，總擥[222]英雄，以誅秦、項[223]。任蕭、曹[224]之文，用良、平[225]之謀，騁[226]陸、酈[227]之辯，明叔孫通[228]之儀，文武相配，大略[229]舉[230]焉。天下既定，踵[231]秦而置材官[232]於郡國[233]，京師有南北軍[234]之屯。至武帝[235]平百粵[236]，內增七校[237]，外有樓船[238]，皆歲時講肄[239]，脩武備[240]云。至元帝[241]時，以貢禹[242]議，始罷角抵，而未正[243]治兵振旅之事也。

6 古人有言：「天生五材，民並用之，廢一不可，誰能去兵[244]？」鞭扑不可弛[245]於家，刑罰不可廢於國，征伐不可偃[246]於天下；用之有本末[247]，行之有逆順[248]耳。孔子曰：「工欲善其事，必先利其器。」[249]文德[250]者，帝王之利器；威武[251]者，文德之輔助也。夫文之所加者深，則武之所服者大；德之所施者博，則威之所制者廣。三代[252]之盛，至於刑錯兵寢[253]者，其本末有序，帝王之極功[254]也。

【章旨】以上是第二部分，從「大刑用甲兵」的角度，講述兵制的沿革。指出兵的主要作用是存亡繼絕，救亂除害；認為德與兵二者的關係是德主兵輔，德本兵末，反對權變欺詐和窮兵黷武。

【注釋】❶黃帝　傳說中的古代帝王。❷涿鹿之戰　相傳黃帝與炎帝戰於涿鹿之野，炎帝失敗。涿鹿，山名，在今河北涿鹿東南。炎帝，傳說中的古代帝王，與黃帝一起被尊為中華民族的共同祖先。❸以定火災　根據古代的五行理論，炎帝為火德。炎帝後代子孫暴虐，故稱火災。❹顓頊　傳說中的古代帝王，黃帝之孫。❺共工　少昊氏之主水官。❻水害　共工為水官，在五行中為水德，秉政為害，故稱水災。❼唐虞　唐堯和虞舜，都是傳說中的古代帝王，黃帝的後代。❽至治　治理得最好。❾流　流放。❿放　流放。⓫讙兜　傳說為唐堯時的惡人。⓬竄　流放；放逐。⓭三苗　古代部族，曾活動於長江中游以南地區。⓮殛　誅殺。⓯鯀　傳說為虞舜之臣，夏禹之父，治水無功，為舜所殺。⓰甘扈之誓　夏禹死後，子啟繼承君位，有扈氏不服，啟與有扈戰於甘之野，作〈甘誓〉。事見《尚書·夏書·甘誓》。甘，水名，在今河南伊川、宜陽境。⓱殷周　指商湯和周武王。⓲戢臧　收藏。臧，通「藏」。⓳司馬　官名，掌管軍政。⓴六軍　周制，天子有六軍，諸侯有三軍、二軍、一軍不等。㉑井田　相傳古代的一種土地制度，一里見方的土地有九百畝，劃分為九區，其中為公田，八家各有私田百畝，共同耕種公田。因形如「井」字，故名。㉒軍賦　與軍事有關的賦稅。㉓稅　田租。㉔賦　軍賦。㉕戎馬　軍馬。㉖甲士　身披鎧甲的武士。㉗卒　步兵；步卒。㉘提封　總計。㉙沉斥　沉，湖泊沼澤。斥，鹽鹼地。㉚囿　苑囿。㉛術　城邑中的道路。㉜采地　卿大夫的封邑，俸祿出於其中，也稱祿田、采邑。㉝徒　步卒。㉞素具　平時都齊備。㉟振旅　整頓軍隊。㊱搜　通「蒐」。打獵，搜擇沒有懷孕的禽獸。㊲拔舍　拔草平地，以為息宿之地。㊳苗　為苗除害。㊴治兵　訓練軍隊。㊵獮　秋季打獵。㊶大閱　檢閱軍隊。㊷狩　冬季打獵。㊸農隙　農閒時間。㊹講事　演習軍事。㊺比年　每年。㊻簡　檢閱。㊼立武　設立武備。㊽大略　大體；梗概。㊾墮　通「隳」。毀壞。㊿齊桓公　春秋時期齊國的國君，號召諸侯「尊王攘夷」，是春秋時期第一個霸主。齊，國名，西周初年呂尚封國，都臨淄（今山東淄博東北）。(51)管仲　春秋時期齊桓公相，輔佐桓公稱霸諸侯。(52)行伯　推行霸道。伯，通「霸」。(53)師　軍隊。(54)卒伍　軍事編制。(55)備　防備。(56)得志　達到目的。(57)作內政而寓軍令　將軍隊編制寄託於民政管理之中，寓兵於農。寓，寄託。(58)里　古代最基層的居民區。(59)什伍　古代戶籍與軍隊的基層編制，戶籍以五家為伍，十家為什，軍隊以五人為伍，二伍為什。60緩急　危難。61相死　生死與共。62攘驅逐。63諸夏　中原各諸侯。夏，華夏。64沒　死亡。65晉文　晉文公。春秋時期晉國國君，為春秋時期第二個霸主。晉，國名。西周初年封國。春秋時期國力一度強盛，西元前五世紀中，為韓、趙、魏三家瓜分。66被廬之法　晉文公在被廬地區大規模檢閱軍隊，設執秩以主管爵祿，藉以順少長、明貴賤，示民以禮。67總帥　統率。68迭　輪流；交替。69盟主　諸侯會盟時的主持人。70僭差　超越本分，冒用上級的職權、名義行事。71隨時　隨著形勢而改變。72苟合　無原則地附合。73功成交。74王制　王者的制度。75二伯　二霸。指齊桓公、晉文公。76寖　逐漸。77陵夷　頹廢；衰落。78魯成公　春秋時期魯國的國君。79作丘甲　按田畝徵發軍賦，加重賦斂。80哀公　魯哀公，春秋時期魯國國君。81用田賦　對私田徵收賦稅。在井田制下，農民為公田提供勞役，私田無賦。魯國此時對私田徵收賦稅，加重了農民的負擔。82搜狩治兵大閱之事　即春蒐、夏苗、秋獮、冬狩等等通過狩獵以訓練、檢閱軍隊的做法。83春秋　相傳是孔子根據魯國史官所脩史書修訂而成的一部編年體史書，為儒家經典之一。84譏　指責；批評。85亟　屢次；不斷。86罷敝　疲弊；疲憊不堪。87伏節　殉節而死。88誼通「義」。89以不教民二句　語出《論語・子路》。大意是說，用未經訓練的百姓去作戰，這等於把他們拋棄了。90子路　姓仲，名由，孔子弟子，性格直爽而勇敢。91由也三句　語出《論語・公冶長》。由，子路。治，管理。賦，軍賦。92千乘之國八句　語出《論語・先進》。攝，夾處。加，施加。比及，等到。知方，懂得禮義之道。93春秋　時代名。孔子《春秋》記事，從魯隱公元年到魯哀公十四年（西元前七二二—前四八一年），稱為春秋時代。現在通常把周平王東遷到韓趙魏三家分晉（西元前七七〇—前四七六年）這一時期稱為春秋時代。94稍　逐漸。95講武　講習武事。96夸視　炫耀；顯示。視，通「示」。97秦　國名。周平王東遷時，秦襄公護送有功，封為諸侯。春秋時建都於雍（今陝西鳳翔南），戰國時期先後遷都涇陽（今陝西涇陽西北）、櫟陽（今陝西臨潼東北），商鞅變法時遷都於咸陽（今陝西咸陽東北），西元前二二一年，秦始皇統一全國，建立秦朝。98角抵　古代的一種藝術表演，類似於現在的摔跤。99雄桀　通「雄傑」。才能出眾。100因勢輔時　順應形勢，捕捉時機。輔，通「捕」。101權詐　權變狡詐。102吳　國名。周太王之子太伯、仲雍所建，始都蕃籬（今江蘇無錫東南），後遷都於吳（今江蘇蘇州）。春秋後期國力強盛，後為越國所滅。103孫武　齊國人，春秋末年著名軍事家，著有《孫子》（一名《孫子兵法》）。104孫臏　齊國人，孫武的後代，戰國時期著名軍事家，著有《孫臏兵法》。105魏　國名。戰國七雄之一，初都安邑（今山西夏縣西北），至魏惠王時遷都大梁（今河南開封西北），西元前二二五年為秦所滅。106吳起　戰國中期衛國人，兵家。曾仕魯、魏，後得楚悼王信任，整頓楚國政治和軍隊，務在富國強兵。楚悼王死後，吳起為宗室貴族所殺。107商鞅　姓公孫，名鞅，戰國中期衛國人。輔佐秦孝公變法，取得很大成效。被封於商，故稱商鞅。(108)禽　通「擒」。(109)垂　流傳。(110)篇籍　史冊；史書。(111)合從連衡　又作「合縱連橫」。戰國時，關東六國齊、楚、韓、魏、燕、趙南北相連，聯合抗秦，稱為合從；東方六國西向共同事奉秦國，稱為連衡。主張合縱的代表人物是蘇秦，主張連衡的代表人物是張儀。(112)代　輪流；交替。(113)雌雄　勝負。(114)齊愍　即齊湣王，一作齊閔王，戰國時期齊國國君。(115)技擊　兵家之技巧。技巧者，習手足，便器械，積機關，以立攻守之勝。(116)魏惠　魏惠王，戰國時期魏國國君。因遷都大梁（今河南開封西北），又稱梁惠王。(117)奮　興起。(118)秦昭　秦昭襄王，戰國時期秦國國君。(119)方　正在。(120)馳說者　遊說之士。(121)孫吳　孫武和吳起。(122)宗　尊崇效法的對象。(123)孫卿　姓荀，名況，戰國時期趙國人。學者尊之，稱為荀卿。避漢宣帝（劉詢）之諱，故改曰孫卿。著有《荀子》。(124)非　批評；反對。以下引文出自《荀子·議兵》。(125)上勢利　崇尚權勢與財力。上，通「尚」。崇尚。(126)貴變詐　權變欺詐。貴，推崇；重視。(127)昏嫚　昏庸傲慢。(128)有閒　有隔閡；不合。(129)卬　通「仰」。敬仰。(130)扞　保護。(131)顧　反過來。(132)仇讎　仇敵。(133)桀　夏朝的末代君主，暴虐無道，被商湯討伐，逃奔南巢（今安徽巢湖東北）。這裡泛指殘暴的君主。(134)堯　泛指聖明的君主。(135)幸　幸運；僥倖。(136)詩曰五句　語出《詩·殷頌·長發》。大意是說，商湯舉旗興師，虔誠地拿著斧鉞，就像烈火一樣，勢不可擋。武王，指商湯。旆，旌旗。虔，敬。遏，阻止。(137)仁誼　通「仁義」。(138)綏　安撫。(139)脃　通「脆」。弱。(140)媮　通「偷」。苟且。(141)鉅　通「巨」。大。(142)渙然　離散；消散。(143)三屬之甲　由保護上身的掩膊、保護大腿的髀褌和保護小腿的踁繳三部分連綴而成的鎧甲。踁，通「脛」。屬，聯。(144)十二石　表示弓的強度，需要以十二石的力氣，才能拉開。石，古代的重量單位，一石相當於現在的三十公斤左右。(145)弩　一種用機械力量發射的弓箭。(146)戈　古代的一種兵器，橫刃，用青銅或鐵製成，裝有長柄。(147)冠　戴。(148)冑　兜鍪；頭盔。(149)贏　擔負。(150)日中　自旦至中午。(151)趨　疾行。(152)中試　測試合格。(153)復　免除賦稅。(154)利其田宅　給予好的田地房屋。(155)寡　少。(156)氣力　實力；國力。(157)陿阸　通「狹隘」。狹，地小。隘，險固。(158)酷烈　殘酷。(159)劫　要挾；挾持。(160)隱　窮困；窘困。(161)狃　習慣；習以為常。(162)道　通「導」。引導。(163)由　辦法；途徑。(164)相長　互相促進。(165)五甲首而隸五家　能殺死五名穿有鎧甲的敵人，就可以役使五戶人家。(166)數　策略；權術。(167)四世　指從秦孝公、惠文王、昭襄王到秦王嬴政（即秦始皇）四代。(168)干賞蹈利　追求獎賞、貪圖利祿。干、蹈，追求；貪圖。(169)庸徒鬻賣之道　傭工討價還價出賣勞動力的辦法。(170)安制矜節　安習制度、崇尚氣節。(171)鰓鰓　通「葸葸」。恐懼。(172)軋　傾軋；踐踏。(173)域　境界。(174)節制　節度法制。(175)本　把……作為根本。以動用法。(176)遇　抵擋；對付。(177)直　抵擋；抗衡。(178)故曰五句　語出《春秋穀梁傳·莊公八年》。師，用兵。陳，通「陣」。布陣。亡，滅亡。(179)若夫　句首語氣詞，用在句首或段落的開始，表示另提一事。(180)咎繇　即皋陶。傳說為虞舜之臣，掌刑獄之事。(181)士　士師，官名，掌管刑獄。(182)蠻夷二句　語出《尚書・虞書・舜典》。猾，亂。夏，華夏。寇，劫掠。賊，殺人。姦，從外部作亂或竊奪。軌，通「宄」。從內部作亂或竊奪。(183)紂　商朝末代君主。暴虐無道，被周武王討伐，兵敗自焚。(184)楚　國名。羋姓。西周時都丹陽（今湖北秭歸東南），後遷都於郢（今湖北江陵西北紀南城），春秋時楚莊王一度稱霸，戰國時楚為七雄之一。西元前二七八年為秦國所逼，遷都於陳（今河南淮陽），後又遷都壽春（今安徽壽縣），西元前二二三年為秦國所滅。(185)使貢周室　魯僖公四年（西元前六五六年），齊桓公以楚國沒有向周朝貢獻苞茅為由，前往討伐。(186)山戎　也叫北戎，古代北方部族，居於今河北東部，春秋時期與齊、燕、鄭等國接境。魯莊公三十年（西元前六六三年），齊桓公討伐山戎，以解除其對燕國的威脅。(187)燕　國名。西周初年，召公姬奭被分封於燕，都薊（今北京城西南隅）。戰國時為七雄之一。西元前二二二年為秦國所滅。(188)存亡繼絕　使滅亡之國復存，斷絕之嗣得繼。這裡指齊桓公保存了衛、邢、魯三國。(189)伯首　五霸之首。伯，通「霸」。(190)楚昭王　春秋晚期楚國國君。曾被吳國軍隊趕出郢都，楚大夫申包胥隻身到秦國求援，七日不食，日夜哭泣，終於感動秦哀公，出兵救楚。(191)闔廬　又作闔閭，春秋晚期吳國國君。魯定公四年（西元前五〇六年）進攻楚國，占領其都城郢，迫使楚昭王出逃。(192)反　通「返」。回去。(193)相與　共同。(194)為　原作「憐之為」。景祐本無「憐之」二字。(195)走　驅趕。(196)據　憑藉。(197)河山　指黃河、崤山。(198)白起　戰國後期秦國將領，屢建戰功，後遭秦相范雎妒忌，被逼自殺。(199)王翦　戰國末期秦國將領，先後攻破趙、燕、楚等國，戰功卓著。(200)禽獵　俘獲；捉拿。禽，通「擒」。(201)窮武極詐　濫用武力，過度欺詐。(202)卒隸之徒　戍卒、奴隸等身分低微的人。指陳勝、吳廣、英布等人。(203)猋起雲合　迅速興起而聲勢浩大。猋，通「飆」。疾風。(204)斯　此。(205)伊呂　指伊尹和呂尚。伊尹，商朝初年大臣，曾輔佐商湯伐滅夏朝。呂尚，周朝初年大臣，姜姓，呂氏，名尚，輔佐周武王滅商，被分封於齊國。(206)並　同盛衰。(207)末世　一個朝代的末期。這裡指衰亂的時代。(208)苟　苟且；只顧眼前。(209)詐力　欺詐和暴力。(210)快　放縱；縱情。(211)盈　滿。(212)孫吳商白之徒　指孫武、孫臏、吳起、商鞅、白起等人。(213)報應　回報。如同佛教所說今日的禍福貧富，皆種因於前世的所作所為。(214)類　相似的事物。(215)道　規律。(216)然　如此。(217)高祖　漢高祖劉邦。「高祖」為其廟號。詳見卷一〈高帝紀〉。(218)躬　本身具有。(219)神武之材　神明而威武的資質。(220)寬仁　寬弘仁愛。(221)厚德政。(222)總擥　廣為延攬。(223)項　項羽。詳見卷三十一〈項籍傳〉。(224)蕭曹　蕭何、曹參。詳見卷三十九〈蕭何曹參傳〉。(225)良平　張良、陳平。詳見卷四十〈張良陳平傳〉。(226)騁　施展；發揮。(227)陸酈　陸賈、酈食其。詳見卷四十三〈酈食其陸賈傳〉。(228)叔孫通　詳見卷四十三〈叔孫通傳〉。(229)大略　大概；大要。(230)舉　完備。(231)踵　因襲；沿用。(232)材官　西漢時期設置的一種地方預備兵兵種，主要在多山地區訓練。233郡國　郡和國的合稱。漢代兼行郡縣和分封之制，在地方設置郡與國。郡直屬中央，國分封諸王、侯，封王之國稱王國，封侯之國稱侯國。234南北軍　漢代京師駐軍，分為南軍和北軍。南軍守衛宮廷，北軍守衛京城。235武帝　漢武帝劉徹的諡號。詳見卷六〈武帝紀〉。236百粵　百越。古代南方越人的總稱。分布在今浙江、福建、廣東、廣西等地。因部落眾多，故總稱百越。237七校　漢武帝設置八校尉，包括中壘、屯騎、步兵、越騎、長水、胡騎、射聲、虎賁。其中中壘校尉掌北軍壘門，又掌西域，不領兵，故稱七校。238樓船　有樓的大船，古代多用作戰船。這裡指水軍。239講肄　講論、演習；訓練。240脩武備　整頓軍備。241元帝　漢元帝劉奭的諡號。詳見卷九〈元帝紀〉。242貢禹　詳見卷七十二〈貢禹傳〉。243正　端正；匡正。244天生五材四句　語出《左傳・襄公二十七年》。五材，指金、木、水、火、土五種物質。用，需要。廢，放棄。去，除去。245弛　廢弛；免除。246偃　止息。247本末　主次；先後。248逆順　正當與非正當。249孔子曰三句　語出《論語・衛靈公》。善，做好。利，使精良。器，工具。250文德　指禮樂教化，與「武功」相對。251威武　權威與武力。252三代　指夏、商、西周三個朝代。253刑錯兵寢　刑罰和武力都擱置不再需要。錯，通「措」。擱置；棄置。寢，停止。254極功　最大的功績。

【語譯】黃帝進行涿鹿之戰，平定了炎帝的災害，顓頊討伐共工，平定了水官的災害。唐堯、虞舜的時代，屬於太平盛世，還流放了共工、讙兜，驅逐了三苗，誅殺了鯀，然後天下才服從。夏啟在甘水之濱誓師討伐有扈氏，商湯、周武王依靠武力平定了天下。天下平定之後，收藏武器，施行禮樂教化，但還是設置了司馬的官職，建立了六軍的部隊，利用井田制度來徵收軍賦。土地縱橫各一里為一井，十井為一通，十通為一成，一成縱橫各十里；十成為一終，十終為一同，一同縱橫各百里；十同為一封，十封為一畿，一畿縱橫各千里。有田租和軍賦。田租用來滿足官糧，軍賦用來滿足軍需。所以四井合為一邑，四邑合為一丘。一丘共有十六井，置備軍馬一匹，牛三頭。四丘合為一甸。一甸共有六十四井，置備軍馬四匹，兵車一輛，牛十二頭，武士三人，步兵七十二人，兵器齊備，這叫做乘馬之法。一同縱橫百里，總共一萬井，除去山丘、河流、湖澤、鹽鹼地，以及城市和大小居住區、菜園、果圃、苑囿和道路，耕地三千六百井，確定其中六千四百井田地交納軍賦，包括軍馬四百匹，兵車一百輛，這是卿大夫封邑規格最大的，稱為「百乘之家」。一封縱橫各三百一十六里，總共十萬井，確定其中六萬四千井田地交納軍賦，包括軍馬四千匹，兵車一千輛，這是諸侯封國規格最大的，稱為「千乘之國」。天子之畿，縱橫各千里，總共一百萬井，確定其中六十四萬井田地交納軍賦，包括軍馬四萬匹，兵車一萬輛，所以稱為「萬乘之主」。軍馬、戰車、步兵和武器平時都已齊備，春天整頓軍隊捕獵未孕之禽獸，夏天讓軍隊拔草露營以保護禾苗，秋天打獵以演練軍隊，冬天打獵以檢閱軍隊，都是在農閒時節講習武事。五國為一屬，屬設置長；十國為一連，連設置帥；三十國為一卒，卒設置正；二百一十國為一州，州設置牧。連帥每年檢閱兵車一次，卒正三年檢閱步兵一次，各州牧五年大檢閱兵車、步兵一次，這是先王設立武備充實軍隊的大體情況。

2 周朝的道統衰敗了，法令制度遭到毀壞，到齊桓公時，任用管仲，從而國富民安。齊桓公詢問推行霸道使用軍隊的方略，管仲說：「您要整編軍隊，修造武器，大國也會這樣做，而小國也要設法防備，那就難以迅速達到目的了。」於是就整頓內政，把軍事編制寄託於民戶管理之中，因此在里這樣最基層的居民區中設立什伍組織，而軍事編制在城郊地區就完成了。把軍隊的什伍組織和居民的什伍組織結合起來，士兵居住同樂，生死同憂，禍福共享，因此夜間戰鬥就能聽到彼此的聲音，白天戰鬥就能看見彼此的面目，遇到危險，能夠互相救助。齊國的軍政措施已經成功，便對外驅除夷狄，對內尊崇天子，從而安定華夏各國。齊桓公死後，晉文公緊隨其後，也是先安定本國百姓，制定「被廬之法」，統率諸侯，輪番主持盟會。然而他們的禮制已經有些超越本分，又隨著局勢的發展苟且迎合，以求迅速成功，所以不能成為王者的制度。兩位霸主之後，逐漸衰落，到魯成公時，按田畝徵收軍賦以加重賦稅，魯哀公開始對私田徵收賦稅，利用狩獵活動進行軍隊演習和大檢閱等活動，也都不符合常規。《春秋》對這些事予以記載並加以批評，以求保存王道。當時，軍隊頻繁調動，百姓疲憊不堪，沒有了守節殉難的責任感。孔子很憂傷，說道：「用未經訓練的百姓去作戰，這等於把他們拋棄了啊。」所以他稱讚子路說：「仲由啊，有一千輛兵車的大國，可以讓他管理軍賦。」子路也說：「有一千輛兵車的大國，夾在大國之間，受到他國軍隊的侵犯，又有災荒發生，我去治理它，等到三年以後，可以使百姓有勇氣，並且懂得禮義。」說的就是管理賦稅和軍隊，並用禮義教化百姓的意思啊。

3 春秋時代以後，諸侯之間以強吃弱，以大吞小，一併成為戰國，逐漸增加了講習武事的禮儀，作為遊戲娛樂，以此互相炫耀。秦國將其改稱角抵，先王的禮儀淹沒在荒淫的玩樂之中了。有才能的人順應形勢，抓住時機，以權變欺詐的手段互相傾軋、顛覆，吳國有孫武，齊國有孫臏，魏國有吳起，秦國有商鞅，都因擒獲敵人建立戰功而青史留名。這一時期，諸侯之間或合縱，或連橫，彼此攻伐，互爭高下。齊愍王憑「技擊」之軍而強大，魏惠王憑「武卒」之軍而興起，秦昭襄王憑「銳士」之軍而取勝。人們都在爭奪功名利祿，而遊說之士都推崇孫武、吳起。當時只有荀卿懂得王道，批評他們說：「孫武、吳起那些人，崇尚權勢財利，重視權變狡詐，在殘暴、混亂、昏庸無道的國家施展其才能，因為這些國家君臣不合，上下不同心，不能很好地考慮其施政方針，所以其權變欺詐能夠成功。如果仁人執政，被臣民所崇敬，好像子弟保衛父兄，手腳捍衛頭眼，誰能敵擋得了呢？鄰國望著我們，像親戚一樣彼此親愛，像椒蘭一樣芳香，再反過去看他們自己的君主，好像烈火、仇敵一樣可憎。人們難道有誰願意替自己憎恨的人去攻打自己喜愛的人呢？所以，讓殘暴的君主去攻打殘暴的君主，還可以互爭高下；讓殘暴的君主去攻打聖明的君主，就像以卵擊石，哪裡有什麼僥倖可言呢！《詩經》說：『商湯高舉著戰旗，虔誠地拿著斧鉞，如同熊熊燃燒的烈火，沒有誰敢阻擋。』這是說以仁義安撫百姓的人，無敵於天下。像齊國的『技擊』之軍，殺死一個敵人就獲賞賜黃金。對付小的戰事和脆弱的敵人，尚勉強可用；遇上大的戰事和頑強的敵人，就會潰不成軍。這是導致國家滅亡的軍隊。魏國的『武卒』之軍，穿著三件一套的鎧甲，操作十二石力氣才能拉開的弩機，背著五十支箭，扛著戈，戴著頭盔佩著劍，攜帶三天的糧食，半天之內疾行百里，測試合格就免除全家的賦稅，提供好的田地房屋。這樣一來，國土雖然廣闊，稅收必然減少，它的實力幾年之間就會衰落。這是使國家面臨危險的軍隊。秦國的當政者，他們讓百姓生活在封閉的環境中，殘酷地役使他們。用威勢要挾他們，用狹隘的環境使他們窮困，讓他們習慣於領取獎賞，用刑罰引導他們，迫使百姓想要從君上那裡得到好處，除非戰鬥，沒有別的途徑。立功與獎賞互相促進，殺死五個身穿鎧甲的敵人，就可以役使五戶人家，這是最有策略的辦法，所以秦國能夠連續四代天下無敵。可是這些都是貪圖獎賞、追求利祿的士兵，與傭工討價還價出賣勞力沒有什麼兩樣，沒有遵守制度、崇尚氣節的精神。所以盡管地廣兵強，卻提心吊膽，經常擔心天下諸侯突然聯合起來共同對付自己。至於齊桓公、晉文公的軍隊，可說是進入了王道的境界而又紀律嚴明，然而還是沒能從根本上遵循仁義的道統。所以齊國的「技擊」不能抵擋魏國的「武卒」，魏國的「武卒」不能對抗秦國的「銳士」，秦國的「銳士」不能抗衡齊桓公、晉文公的紀律嚴明的軍隊，齊桓公、晉文公的紀律嚴明的軍隊不能招架商湯、周武王的實行仁義的軍隊。」

4 所以說：「善於用兵的人無需布陣，善於布陣的人無需作戰，善於作戰的人不會失敗，善於應付失敗的人不會滅亡。」虞舜整頓百官，任用皐陶做法官，命令他處理「外族擾亂華夏，殺人越貨、作亂不止」的問題，結果刑罰沒有派上用場，這就是所謂善於用兵的人無需布陣。商湯、周武王進行征伐，擺好陣勢，誓師動員，結果流放了夏桀，殺死了商紂，這就是所謂善於布陣的人無需作戰。齊桓公向南征服強大的楚國，使其向周朝納貢，向北討伐山戎，為燕國解除威脅，使行將滅亡的國家復存，瀕臨斷絕的公族得以延續，功勳卓著，成為霸主的魁首，這就是所謂善於作戰的人不會失敗。楚昭王遭受了吳王闔閭進攻的災禍，國家破滅而出逃，百姓為他送行。昭王說：「父老們，回去吧！何愁沒有國君？」父老們說：「沒有這麼賢明的國君啊！」一起跟隨他。有的人迅速趕往秦國，痛哭流涕請求援助，秦國為此派出救兵。兩國並肩作戰，趕走了吳國軍隊，楚昭王又回到國都，這就是所謂善於應付失敗的人不會滅亡。至於秦國憑藉四代的勝利，憑藉黃河、崤山的險固，任用白起、王翦之類如狼似虎的人，指揮他們的將士，奪取六國，吞併天下。濫用武力，過度欺詐，百姓不歸附，戍卒奴隸反過來與它為敵，像風暴一樣迅猛，像浮雲一樣眾多，最終共同進攻它。這是最差的了。大凡軍隊，是用來救亡圖存的，平定暴亂，消除禍害的。所以伊尹、呂尚這些將帥，子孫享有封國，與商朝、周朝並存。至於衰亂的時代，只顧眼前利益，依靠欺詐和暴力，以圖貪婪殘暴的痛快，為了爭奪城邑，所殺的人充滿城邑，為了爭奪土地則屍橫遍野。孫武、孫臏、吳起、商鞅、白起這些人，都是自身被殺在前，國家隨後就滅亡。報應的趨勢，各隨著他們的所作所為而來，規律就是這樣。

5 漢朝興起，高祖以其神明威武的天生資質，施行寬宏仁愛的德政，廣泛延攬英雄，討滅秦朝和項羽。利用蕭何、曹參的文才，採納張良、陳平的計謀，施展陸賈、酈食其的雄辯，宣明叔孫通的禮儀，文治武功，互相配合，治國的方略大體完備。天下平定以後，沿襲秦朝制度，在郡國設置材官之士兵，在京師屯駐南、北二軍。武帝平定百粵，在京城增加七個校尉，在外郡設置樓船水軍，每年都定期演練，整頓軍備。到元帝時，根據貢禹的建議，才停止角抵之戲，但是沒有匡正整治、訓練軍隊的禮儀制度。

6 古人說：「上天產生五種物質，人們都需要，缺少一種都不行，誰能放棄武力呢？」家中不能放棄鞭杖，國中不能廢除刑罰，天下不能停止征伐，只是運用起來有主次先後的區別，實行起來有正當和非正當的不同罷了。孔子說：「工匠要做好他的本職工作，一定要先使他的工具精良。」文德是帝王的精良工具；威武是文德的輔助手段。文治的施行深入，那麼武力所征服的範圍就大；德澤所施加的對象普遍，那麼威權所控制的範圍就廣。三代盛世，達到刑罰與軍隊擱置不用的地步，是因為他們施政主次分明，這是帝王的最大功績。

1 昔周之法，建三典❶以刑❷邦國，詰❸四方❹：一曰，刑新邦❺用輕典❻；二曰，刑平邦❼用中典❽；三曰，刑亂邦❾用重典❿。五刑，墨⓫罪五百，劓⓬罪五百，宮⓭罪五百，刖⓮罪五百，殺⓯罪五百，所謂刑平邦用中典者也。凡殺人者踣⓰諸市，墨者使守⓱門，劓者使守關⓲，宮者使守內⓳，刖者使守囿⓴，完者㉑使守積㉒。其奴㉓，男子入于罪隸，女子入舂槁㉔。凡有爵者，與七十者，與未齔㉕者，皆不為奴。

2 周道既衰，穆王㉖眊荒㉗，命甫侯㉘度時㉙作刑，以詰四方。墨罰之屬㉚千，劓罰之屬千，髕罰[31]之屬五百，宮罰之屬三百，大辟[32]之罰其屬二百。五刑之屬三千，蓋多於平邦中典五百章[33]，所謂刑亂邦用重典者也。

3 春秋之時，王道寖[34]壞，教化不行，子產[35]相[36]鄭[37]而鑄刑書[38]。晉叔嚮[39]非之曰：「昔先王議事以制[40]，不為[41]刑辟[42]。懼民之有爭心[43]也，猶[44]不可禁禦[45]，是故閑[46]之以誼，糾[47]之以政，行[48]之以禮，守[49]之以信，奉[50]之以仁；制[51]為祿位[52]以勸其從[53]，嚴斷刑罰以威其淫[54]。懼其未[55]也，故誨之以忠，聳[56]之以行，教之以務[57]，使之以和[58]，臨[59]之以敬，蒞[60]之以彊，斷[61]之以剛[62]。猶求聖哲之上[63]，明察之官[64]，忠信之長[65]，慈惠之師[66]。民於是乎可任使也，而不生禍亂。民知有辟，則不忌[67]於上[68]，並有爭心，以徵[69]於書，而徼幸以成[70]之，弗可為[71]矣。夏有亂政而作禹刑[72]，商有亂政而作湯刑[73]，周有亂政而作九刑[74]。三辟[75]之興，皆叔世[76]也。今吾子[77]相鄭國，制參辟[78]，鑄刑書，將以靖[79]民，不亦難乎！詩曰：『儀式刑文王之德，日靖四方。』[80]又曰：『儀刑文王，萬邦作孚。』[81]如是，何辟之有？民知爭端[82]矣，將棄禮而徵於書，錐刀之末[83]，將盡爭之，亂獄[84]滋豐[85]，貨賂[86]並行。終子之世[87]，鄭其敗虖！」子產報[88]曰：「若吾子之言，僑[89]不材[90]，不能及[91]子孫，吾以救世[92]也。」媮薄[93]之政，自是滋矣。孔子傷之，曰：「導之以德，齊之以禮，有恥且格；導之以政，齊之以刑，民免而無恥[94]。」「禮樂不興，則刑罰不中；刑罰不中，則民無所錯手足[95]」。孟氏[96]使陽膚[97]為士師[98]，問於曾子[99]，亦曰：「上失其道，民散久矣。如得其情，則哀矜而勿喜[100]。」

4 陵夷至於戰國，韓[101]任申子[102]，秦用商鞅，連相坐之法[103]，造參夷之誅[104]；增加肉刑[105]、大辟，有鑿顛[106]、抽脅[107]、鑊亨[108]之刑。

5 至於秦始皇[109]，兼吞戰國，遂毀先王之法，滅禮誼[110]之官，專任刑罰，躬操文墨[111]，晝斷獄，夜理書[112]，自程[113]決事，日縣[114]石[115]之一。而姦邪並生，赭衣[116]塞路，囹圄[117]成市，天下愁怨，潰而叛之。

6 漢興，高祖初入關[118]，約[119]法三章曰：「殺人者死，傷人及盜抵罪[120]。」蠲削[121]煩苛，兆民[122]大說。其後四夷[123]未附，兵革[124]未息，三章之法不足以禦[125]姦，於是相國蕭何攈摭[126]秦法，取其宜於時者，作律九章[127]。

7 當孝惠[128]、高后[129]時，百姓新免毒蠚[130]，人欲長幼養老[131]。蕭、曹為相，填[132]以無為[133]，從民之欲，而不擾亂，是以衣食滋殖[134]，刑罰用稀[135]。

8 及孝文[136]即位，躬脩玄默[137]，勸趣[138]農桑，減省[139]租賦。而將相皆舊功臣，少文多質[140]，懲惡[141]亡秦之政，論議務[142]在寬厚，恥言人之過失。化[143]行天下，告訐[144]

之俗易[145]。吏安其官[146]，民樂其業，畜積[147]歲增，戶口寖息[148]。風流篤厚[149]，禁罔[150]疏闊。選張釋之[151]為廷尉[152]，罪疑者予民[153]，是以刑罰大省，至於斷獄四百，有刑錯[154]之風。

9 即位十三年，齊[155]太倉令[156]淳于公[157]有罪當刑，詔獄[158]逮繫[159]長安[160]。淳于公無男，有五女。當行會[161]逮，罵其女曰：「生子不生男，緩急[162]非有益也！」其少女緹縈，自傷悲泣，迺隨其父至長安，上書[163]曰：「妾[164]父為吏，齊中皆稱其廉平[165]，今坐法[166]當刑。妾傷夫[167]死者不可復生，刑者不可復屬[168]，雖後欲改過自新，其道亡繇[169]也。妾願沒入[170]為官婢，以贖父刑罪，使得自新。」書奏天子，天子憐悲其意，遂下令曰：「制詔御史[171]：蓋聞有虞氏[172]之時，畫衣冠異章服[173]以為戮[174]，而民弗犯，何治之至[175]也！今法有肉刑三[176]，而姦不止，其咎[177]安在？非乃[178]朕[179]德之薄，而教不明與[180]！吾甚自愧。故夫訓道[181]不純而愚民陷[182]焉。詩曰：『愷弟君子，民之父母。』[183]今人有過，教未施而刑已加焉，或欲改行為善，而道亡繇至，朕甚憐之。夫刑至斷支[184]體，刻肌膚，終身不息[185]，何其刑之痛而不德也！豈稱[186]為民父母之意哉？其[187]除肉刑，有以易[188]之；及令罪人各以輕重，不亡逃，有年而免[189]。具為令[190]。」

10 丞相[191]張蒼[192]、御史大夫馮敬奏言：「肉刑所以禁姦，所由來者久矣。陛下[193]下明詔，憐萬民之一[194]有過被[195]刑者終身不息，及罪人欲改行為善而道亡繇至，於盛德[196]，臣等所不及也。臣謹議請定律曰：諸當完[197]者，完為城旦舂[198]；當黥者，髡鉗[199]為城旦舂；當劓者，笞[200]三百；當斬左止[201]者，笞五百；當斬右止，及殺人先自告[202]，及吏坐受賕枉法[203]，守縣官[204]財物而即盜之，已論命[205]復有笞罪者，皆棄市[206]。罪人獄已決，完為城旦舂，滿三歲為鬼薪白粲[207]。鬼薪白粲一歲，為隸臣妾[208]。隸臣妾一歲，免為庶人[209]。隸臣妾滿二歲，為司寇[210]。司寇一歲，及作如司寇[211]二歲，皆免為庶人。其亡逃及有罪耐[212]以上，不用此令。前令之刑[213]城旦舂歲而非禁錮[214]者，如完為城旦舂歲數以免。臣昧死[215]請。」制[216]曰：「可。」是後，外有輕刑之名，內實殺人：斬右止者又當死，斬左止者笞五百，當劓者笞三百，率[217]多死。

11 景帝[218]元年，下詔曰：「加笞與重罪[219]無異，幸而不死，不可為人[220]。其定律：笞五百曰三百，笞三百曰二百。」猶尚不全[221]。至中六年[222]，又下詔曰：「加笞者，或至死而笞未畢，朕甚憐之。其減笞三百曰二百，笞二百曰一百。」又曰：「笞者，所以教之也，其定箠[223]令。」丞相劉舍[224]、御史大夫衛綰[225]請：「笞者，箠長五尺，其本[226]大一寸，其竹也，末[227]薄半寸，皆平[228]其節。當笞者笞臀[229]。毋得更[230]人，畢一罪乃更人。」自是笞者得全，然酷吏[231]猶以為威。死刑既重，而生刑[232]又輕，民易犯之。

12 及至孝武[233]即位，外事[234]四夷之功[235]，內盛[236]耳目之好[237]，徵發煩數[238]，百姓貧耗[239]。窮民犯法，酷吏擊斷[240]，姦軌[241]不勝。於是招進張湯[242]、趙禹[243]之屬，條定[244]法令，作見知故縱[245]、監臨部主[246]之法。緩深故之罪[247]，急縱出之誅[248]。其後姦猾巧法[249]，轉相比況[250]，禁罔寖密。律令凡三百五十九章，大辟四百九條，千八百八十二事[251]，死罪決事比[252]萬三千四百七十二事。文書盈於几閣[253]，典者[254]不能徧睹。是以郡國承用者駮[255]，或罪同而論異。姦吏因緣為市[256]，所欲活則傅生議[257]，所欲陷則予死比[258]，議者咸[259]冤傷[260]之。

13 宣帝[261]自在閭閻[262]而知其若此，及即尊位[263]，廷史[264]路溫舒[265]上疏[266]，言秦有十失，其一尚存，治獄之吏是也。語在溫舒傳。上深愍[267]焉，迺下詔曰：「間者[268]吏用法，巧文[269]寖深[270]，是朕之不德[271]也。夫決獄不當，使有罪興邪[272]，不辜蒙戮[273]，父子悲恨，朕甚傷之。今遣廷史與郡鞫獄[274]，任輕祿薄[275]，其為置廷平[276]，秩六百石，員四人。其務平之[277]，以稱朕意。」於是選于定國[278]為廷尉，求明察寬恕黃霸[279]等以為廷平，季秋[280]後請讞[281]。時上常幸[282]宣室[283]，齋居[284]而決事，獄刑號為平矣。時涿郡[285]太守[286]鄭昌上疏言：「聖王置諫爭[287]之臣者，非以崇德，防逸豫[288]之生也；立法明刑者，非以為治[289]，救[290]衰亂之起也。今明主躬垂明聽[291]，雖不置廷平，獄將自正；若開[292]後嗣[293]，不若刪定[294]律令。律令一定，愚民知所避，姦吏無所弄[295]矣。今不正其本[296]，而置廷平以理其末[297]也，政衰聽怠[298]，則廷平將招權[299]而為亂首[300]矣。」宣帝未及[301]脩正。

14 至元帝[302]初立，迺下詔曰：「夫法令者，所以抑暴扶弱[303]，欲其難犯而易避也。今律令煩多而不約[304]，自典文者[305]不能分明，而欲羅[306]元元[307]之不逮[308]，斯豈刑中[309]之意哉！其議律令可蠲[310]除輕減者，條奏[311]，唯在便安萬姓[312]而已。」

15 至成帝[313]河平[314]中，復下詔曰：「甫刑[315]云『五刑之屬三千，大辟之罰其屬二百』，今大辟之刑千有餘條，律令煩多，百有餘萬言，奇請它比[316]，日以益滋，自明習者不知所由[317]，欲以曉喻[318]眾庶[319]，不亦難乎！於以羅元元之民，夭絕[320]亡辜[321]，豈不哀哉！其與中二千石[322]、二千石、博士[323]及明習律令者議減死刑及可蠲除約省者，令較然易知[324]，條奏。書不云乎？『惟刑之恤哉[325]！』其審核[326]之，務準[327]古法，朕將盡心覽[328]焉。」有司[329]無仲山父[330]將明之材[331]，不能因時[332]廣宣主恩[333]，建立明制[334]，為一代之法，而徒鉤摭[335]微細，毛舉[336]數事，以塞[337]詔而已。是以大議[338]不立，遂以至今。議者或曰，法難數變，此庸人[339]不達，疑塞治道[340]，聖智之所常患者也。故略舉漢興以來，法令稍定而合古[341]便今者。

【章旨】以上是第三部分，記述西周以來各個時代律令的修訂與實施情況。對西漢一朝的刑罰制度，諸如肉刑的廢除，獄吏的苛酷，廷尉平的設置，律令條目的增加與約省，都有所敘述。

【注釋】❶三典　指輕、中、重三種刑法。❷刑　治理。❸詰　責；整治。❹四方　天下。❺新邦　新建立的國家。其民尚未經過教化，故用輕法。❻輕典　指條文簡約、處罰從寬的法律。❼平邦　長期安定的國家。❽中典　寬嚴適中，可以常行的法律。❾亂邦　篡殺叛逆、動盪不安的國家。道德風氣敗壞，難以扭轉，則用重法誅殺之。❿重典　處罰嚴厲的法律。⓫墨　黥。刺刻面額，染以黑色，作為懲罰的標記。⓬劓　割掉鼻子。⓭宮　懲罰淫亂之刑，男子閹割生殖器，女子幽閉（一說破壞女子生殖機能）。⓮刖　斷足。⓯殺　死刑。⓰踣　陳屍。⓱守　看守。⓲關　邊關。⓳內　宮廷中。⓴囿　王侯畜養禽獸的園林。㉑完者　沒被施以肉刑而只服勞役的人。㉒積　倉庫。㉓奴　罰沒為奴隸。㉔舂槁　舂粟和為官府各類人員做飯。㉕齓　同「齔」。兒童換牙，脫乳齒換恆齒。未齓者指七、八歲以下的兒童。㉖穆王　周穆王，西周中期之君，享國近百年，曾西擊犬戎，東征徐戎。㉗眊荒　昏瞶；糊塗。㉘甫侯　即呂侯，周穆王時任司寇。因呂侯後代改封為甫侯，所以又稱甫侯。㉙度時　分析時事；根據形勢。㉚屬　類。㉛髕罰　剔掉膝蓋骨的酷刑。㉜大辟　死刑。㉝章　條目。㉞寖　通「浸」。逐漸。㉟子產　姓公孫，名僑，字子產。春秋時期鄭國大夫，在鄭國執政多年，很有政績。㊱相　用作動詞，擔任相。相，官名，輔佐君主的大臣。㊲鄭　國名。西周宣王之弟鄭桓公的封國，初都於今陝西華縣，西周末東遷，春秋鄭武公時都新鄭（今河南新鄭），西元前三七五年為韓國所滅。㊳鑄刑書　把刑法條文鑄在鼎上，公之於眾。事在魯昭公六年（西元前五三六年）。㊴叔嚮　姓羊舌，名肸，字叔向。晉國大夫。㊵議事以制　衡量事實情理，然後才做出裁決。制，裁決。㊶為　制定。㊷辟　法律。㊸爭心　爭辯之心。㊹猶　還；仍然。㊺禁禦　禁止；制止。㊻閑　防止。㊼糾　檢舉。㊽行　推行。㊾守　守護。㊿奉　培養。[51]制　制定。[52]祿位　俸祿與爵位。[53]勸其從　勸勉其服從教化。[54]威其淫　威懾其放縱之心。淫，放縱。[55]未 沒能服從教化。[56]懮 恐懼。這裡有勸勉之意。[57]務 緊要的事情。[58]使之以和 和悅地役使他們。[59]臨 管理；督察。[60]莅 監視。[61]斷 治理。[62]剛 剛正。[63]上 謂公侯。[64]官 卿佐。[65]長 長官；負責具體事務的官吏。[66]師 負責具體事務的官長。[67]忌 畏懼；顧忌。[68]上 長官；上司。[69]徵 取證；引證。[70]成 成其巧偽之心。[71]為 治理。[72]禹刑 夏朝的刑書。禹為夏朝的創始人，故以他的名字命名。[73]湯刑 商朝的刑書。湯為商朝的開國之君，故以他的名字命名。[74]九刑 周朝的刑書。九刑指九種刑罰，包括墨、劓、刖、宮、大辟這五刑，再加上流（流放）、贖（用財物贖罪）、鞭、扑四種刑罰。[75]三辟 指前面提到的夏、商、周三代的刑書。[76]叔世 王朝衰落的年代。[77]吾子 對對方的敬稱。您。[78]參辟 同「三辟」。指夏、商、周三代的刑書。[79]靖 安定；治理。[80]詩曰三句 語出《詩・周頌・我將》。善於效法周文王的德行，則天下日益安定。儀，善。式，用。刑，效法。文王，周文王姬昌，周武王的父親。[81]又曰三句 語出《詩・大雅・文王》。效法周文王，各國都會信服。孚，信服。[82]爭端 爭訟的依據。[83]錐刀之末 比喻細枝末節的小事。[84]亂獄 不容易判決的案件。[85]滋豐 大量增加。[86]貨賂 行賄受賄。[87]終子之世 在你執政期間。子，對對方的敬稱。[88]報 答復；回答。[89]僑 子產自稱。[90]不材 同「不才」。自謙之辭，沒有才能。[91]及 顧及；考慮到。[92]救世 救當時之敝。[93]媮薄 輕浮；澆薄。[94]導之以德六句 語出《論語・為政》。用德禮，則百姓有廉恥之心，且能自我改正錯誤；尚政刑，則百姓苟且避免懲罰，且無廉恥之心。導，引導。齊，整齊；端正。免，苟且避免受到懲罰。格，糾正；匡正。[95]禮樂不興四句 語出《論語・子路》。禮以治人，樂以易俗，二者不興，則刑罰酷濫，百姓無所適從。中，公正；適當。錯，通「措」。放置。[96]孟氏 即孟孫氏，魯國大夫。[97]陽膚 曾子的弟子。[98]士師 官名。主管獄訟。[99]曾子 姓曾，名參，孔子的弟子，以孝著稱。[100]上失其道四句 語出《論語・子張》。執政者違背道義，民心早已渙散，輕易犯法，如果審得案件的實情，應當心存憐憫，而不要感到高興。[101]韓 國名。戰國七雄之一，初都平陽（今山西臨汾西南），又都宜陽（今河南宜陽西）、陽翟（今河南禹州），後遷都於鄭（今河南新鄭），西元前二三〇年為秦國所滅。[102]申子 申不害。戰國時期法家人物，曾被韓昭侯任用為相，實行變法。[103]連相坐之法 即連坐之法，家人、鄰里之間互相監視，一人犯法，全家連同治罪；一家犯罪，鄰里連同治罪。[104]參夷之誅 即夷三族。三族，有不同說法，一說指父母、子女、兄弟，一說指父族、母族、妻族。參，通「三」。夷，滅。[105]肉刑 指墨、劓、宮等殘損肉體的刑罰。[106]鑿顛 開鑿頭顱的酷刑。[107]抽脅 抽去肋骨致死的酷刑。[108]鑊亨 用鑊烹煮的酷刑。鑊，無足的大鼎。亨，通「烹」。[109]秦始皇 嬴政。秦國國君，秦朝的建立者。秦國在他當政期間，兼併了關東六國，於西元前二二一年建立了中國歷史上第一個統一的多民族專制主義中央集權的王朝。橫徵暴斂，刑罰嚴酷。[110]禮誼 禮儀。[111]躬操文墨 親自從事訴訟審理的具體事務。躬，親身。操，從事；擔任。文墨，刑獄文書。(112)理書　處理文書。(113)程　規定數量標準；定額。(114)縣　通「懸」。稱量。(115)石　重量單位。一石為一百二十斤，約相當於現在的三十公斤。石之一即一石。(116)赭衣　古代罪犯所穿的紅褐色衣服。這裡作為囚徒的代稱。(117)囹圄　監獄。(118)關　關中。(119)約　約定。(120)抵罪　根據犯罪輕重而給予相應的處罰。抵，抵償。(121)蠲削　免除與減輕。(122)兆民　眾民；百姓。(123)四夷　古代華夏族對四方少數民族的蔑稱。(124)兵革　兵器與甲冑的統稱。這裡指戰爭。(125)禦　防止。(126)攗摭　摘取；採集。(127)九章　戰國時期，魏國李悝作《法經》六篇，為〈盜法〉、〈賊法〉、〈囚法〉、〈捕法〉、〈雜法〉、〈具法〉。商鞅在秦國改法為律。西漢初年，蕭何採秦六律，又增加〈戶律〉、〈興律〉、〈廄律〉三篇，為《九章律》。(128)孝惠　漢惠帝劉盈，漢高祖與呂后之子。詳見卷二〈惠帝紀〉。(129)高后　漢高祖皇后呂雉。詳見卷三〈高后紀〉。(130)毒蠚　毒蟲用毒刺刺扎施毒。這裡指暴政和戰亂。蠚，螫。(131)長幼養老　撫育幼小，奉養老人。長，撫育。(132)填　通「鎮」。安定。(133)無為　指順應自然，不求有所作為。(134)滋殖　增加。(135)稀　少。(136)孝文　漢文帝劉恆。詳見卷四〈文帝紀〉。(137)躬脩玄默　親身實踐清靜無為。(138)勸趣　勸勉、督促。(139)減省　減輕。(140)少文多質　樸實而不浮華。(141)懲惡　憎惡並提防。(142)務　力求。(143)化　風氣；習俗。(144)告訐　責人過失或揭人陰私；告發。(145)易　轉變。(146)吏安其官　官吏安心於自己的職位。(147)畜積　積蓄。畜，通「蓄」。(148)寖息　逐漸增加。息，增長。(149)風流篤厚　風俗教化樸實忠厚。(150)禁罔　指張布如網的禁令法律。罔，通「網」。(151)張釋之　詳見卷五十〈張釋之傳〉。(152)廷尉　官名。九卿之一，掌刑獄。(153)予民　給民眾好處。指從輕處置。(154)刑錯　也作「刑措」。刑罰閒置不用。(155)齊　王國名。治今山東淄博東北。(156)太倉令　官名。治粟內史（後改稱大司農）屬官，掌管倉庫。各王國也設有此官。(157)淳于公　姓淳于，名意，西漢前期齊國臨淄（今山東淄博）人。曾任齊國太倉令，是當時著名醫家。(158)詔獄　奉皇帝命令拘捕犯人入獄。(159)逮繫　逮捕；囚禁。(160)長安　西漢都城，在今陝西西安西北。(161)會　恰巧；正好。(162)緩急　救急。(163)上書　向皇帝進呈書面意見。(164)妾　古時女子自稱的謙詞。(165)廉平　廉潔公平。(166)坐法　犯法獲罪。(167)夫　語氣詞。(168)復屬　重新連接。指受肉刑的創傷重新復原。(169)亡繇　沒有途徑；沒有辦法。繇，通「由」。(170)沒入　沒收財物、人口等入官。(171)御史　即御史大夫，官名。丞相之副，主管執法。(172)有虞氏　即虞舜，傳說中的古代帝王。(173)畫衣冠異章服　傳說上古時期實行象刑，即以異常的衣著象徵五刑表示懲戒，罪人穿戴特殊形式或特殊標誌的衣冠代替刑罰。(174)戮　通「僇」。羞辱。(175)治之至　指安定昌盛、教化大行的政治局面或時代。(176)肉刑三　指黥、劓和刖（斬左、右趾）三種肉刑。(177)咎　過錯；罪責。(178)非乃　豈非；莫不是。(179)朕　古人自稱。秦朝建立之後，「朕」成為皇帝專用的自稱。(180)與　通「歟」。表示疑問。(181)訓道　教誨、開導。道，通「導」。(182)陷　這裡指犯罪。(183)詩

曰三句　語出《詩・大雅・泂酌》。君子有和樂平易之德，百姓就會像對自己的父母那樣尊敬、愛戴他們。愷弟，通「愷悌」。和樂平易。184支　通「肢」。185息　生長。186稱　符合；相當。187其　表示命令，應當。188易　代替。189有年而免　達到一定年限，可得免為庶人。190具為令　定為法令。191丞相　官名。三公之一。總領百官，輔佐皇帝，助理萬機。192張蒼　詳見卷四十二〈張蒼傳〉。193陛下　對皇帝的敬稱。194一　一旦。195被　遭受。196盛德　高尚的品德。197完　不施肉刑、髡鉗，只服勞役。198城旦舂　勞役刑。城旦為男刑徒，主要從事築城牆等重體力勞動。舂為女刑徒，主要從事舂米的苦役。城旦舂以及下面提到的鬼薪白粲、隸臣妾、司寇等，均為沒有期限的勞役刑。199髡鉗　刑罰名。剪去頭髮，用鐵圈束項。200笞　刑罰名。用杖或竹板抽打。201止　通「趾」。足。「斬左止」即斬去左腳。202自告　自首。203受賕枉法　接受賄賂而不秉公斷案。204縣官　官府。205論命　定罪。206棄市　死刑。在市場上處死示眾。207鬼薪白粲　勞役刑。鬼薪為男刑徒，因最初為宗廟採薪而得名。白粲為女刑徒，最初因舂選精米以供祭祀之用而得名。208隸臣妾　勞役刑。男刑徒為隸臣，女刑徒為隸妾。209庶人　沒有官職和爵位的平民。210司寇　勞役刑。即伺寇，最初因罰往邊地戍守防敵而得名。211作如司寇　勞役刑。男刑徒為司寇，女刑徒為作如司寇。如，如同；類似。212耐　刑罰名。剃去鬢鬚。213刑　指肉刑。214禁錮　刑罰名。犯罪者一旦定罪，不能用爵位或財物來抵罪或減輕刑罰。215昧死　冒死；冒昧而犯死罪。古時臣下上書皇帝習用此語，表示敬畏。216制　皇帝的命令。217率　大概；大致。218景帝　漢景帝劉啟，漢文帝之子。詳見卷五〈景帝紀〉。219重罪　死刑。220不可為人　杖打致殘，不能像正常人那樣生活。221不全　不能保全。222中六年　漢景帝先後三次改用新年號紀年，後兩次分別用「中」、「後」表示。「中六年」就是第二次改元後的第六年，即西元前一四四年。223箠　同「棰」。執行笞刑所用的刑具。224劉舍　漢景帝時曾任御史大夫和丞相。225衛綰　詳見卷四十六〈衛綰傳〉。226本　柄端。227末　末梢。228平　削平。229臀　屁股。此前都是笞打犯人背部。230更　替換。231酷吏　用殘酷的方法進行統治的官吏。232生刑　死刑以外的一切刑罰。233孝武　漢武帝劉徹。詳見卷六〈武帝紀〉。234事　從事。235四夷之功　征伐周邊各族的戰爭。236盛　大力開展或從事。237耳目之好　即聲色犬馬之類的愛好。238煩數　頻繁。239貧耗　貧窮空虛。耗，損。240擊斷　專橫地斷決；武斷行事。241姦軌　同「姦宄」。違法作亂的人。242張湯　詳見卷五十九〈張湯傳〉。243趙禹　詳見卷九十〈酷吏傳〉。244條定　分條制定。245見知故縱　知道別人犯法而不檢舉控告，以故意縱容犯罪論處。246監臨部主　主管官吏如果對所轄地區犯罪事件發現不及時或懲辦不力，就要連坐。247緩深故之罪　官員在審理案件時故意陷人於罪、輕罪重判，對於官員的這種行為，寬大處理。248急縱出之誅　官員在審理案件時，從輕處罰犯人，被認為是故意縱容，給予嚴厲懲罰。249巧法　玩弄法令。250比況　與類似事例進行比照。251事條目。252決事比　漢代的判例彙編。當時斷案，凡法律無明文規定者，可比附近似條文，上報皇帝定案。這種判例加以彙編後，再奏請皇帝批准，稱為「決事比」，具有法律效力，可作為以後判案的根據。253几閣　櫥架和書庫。254典者　主管官吏。255承用者駮　援引的法令、案例，輕重各有不同。256因緣為市　趁機進行交易。257傅生議　比附律例中死罪以外的款。傅，通「附」。比附。258予死比　與律例中的死罪條款進行比照。259咸　都。260冤傷　怨恨悲傷。261宣帝　漢宣帝劉詢。詳見卷八〈宣帝紀〉。262閭閻　里巷內外的門。這裡指民間。263尊位　帝位。264廷史　即廷尉史，官名。廷尉的屬官。265路溫舒　詳見卷五十一〈路溫舒傳〉。266疏　奏章。267深愍　深感同情。268間者　近來。269巧文　玩弄條文。270寖深　越來越苛刻。271不德　不修德行。272興邪　使有罪的人產生邪惡的念頭。273不辜蒙戮　無辜的人被處以重刑。不辜，無辜；無罪。蒙，遭受。274鞫獄　審理案件。鞫，通「鞠」。審問。275任輕祿薄　責任輕，俸祿少。276廷平　即廷尉平，廷尉屬官。277其務平之　務必要公平決獄。278于定國　詳見卷七十一〈于定國傳〉。279黃霸　詳見卷八十九〈循吏傳〉。280季秋　秋季的最後一個月，即農曆九月。281請讞　古代下級官吏遇到疑難案件不能決斷，請求上級機關審核定案，稱為「請讞」。282幸　皇帝親臨。283宣室　漢代未央宮中的宣室殿。284齋居　齋戒而居，以示慎重。285涿郡　郡名。治今河北涿州。286太守　官名。一郡的最高行政長官。287諫爭　直言規勸。爭，通「諍」。288逸豫　安樂；貪圖享樂。289治　天下太平；社會安定。290救　禁止；阻止。291躬垂明聽　親自聽訟斷案。292開　開導；啟發。293後嗣　後代。294刪定　修訂。295弄　玩弄。296本　根本，指修訂律令。297末　枝節，指聽訟斷案等。298政衰聽怠　政治衰微，執政懈怠。299招權　攬權；弄權。300亂首　禍亂的源頭。301未及　來不及。302元帝　漢元帝劉奭。詳見卷九〈元帝紀〉。303抑暴扶弱　壓制殘暴，扶助弱小。304約　簡要。305典文者　主管法令條文的人。306羅　網。這裡指使人陷入法網。307元元　百姓。308不逮　意識所不及；意想不到。309中　適當。310蠲　除去。311條奏　逐條陳列彙報。312便安萬姓　使百姓便利安穩。313成帝　漢成帝劉驁。詳見卷十〈成帝紀〉。314河平　漢成帝年號，西元前二八—前二五年。315甫刑　即《尚書・周書・呂刑》。周穆王時呂侯任司寇，制定刑法，故稱〈呂刑〉。因「呂」、「甫」古音同，所以又稱〈甫刑〉。316奇請它比　在法律正文以外，另行請求或比附其他案例判案。317所由　根據；依從。由，從。318曉喻　明白勸導；告知。319眾庶　百姓。320夭絕　摧殘、滅絕。321亡辜　同「無辜」。無罪的人。322二千石　漢代用官員的俸祿表示其官秩。其中，二千石分為四等；即中二千石，真二千石，二千石，比二千石。這裡中二千石指中央九卿，二千石指郡太守、王國相等地方長官。323博士　官名。太常屬官，掌通古今。漢武帝以後，專掌儒家經典的傳授。324較然易知　明白易懂。較，通「皎」。325惟刑之恤哉　語出《尚書・虞書・舜典》。只有刑罰之事最需要憂慮。恤，憂慮。326審核　核，究其實。[327]準　依照。[328]覽　審閱；披覽。[329]有司　有關官吏。古代設官分職，各有專司，故稱。[330]仲山父　亦作仲山甫，即樊仲，西周宣王時卿士。[331]將明之材　大臣奉行王命、明辨是非的才能。語出《詩・大雅・烝民》：「肅肅王命，仲山甫將之；邦國若否，仲山甫明之。」將，行。否，不善。[332]因時　根據形勢需要。[333]主恩　君主的恩德。[334]明制　清明的法制。[335]鉤摭　探求選取。[336]毛舉　粗略地列舉。[337]塞　搪塞；應付。[338]大議　朝廷的重大決策。[339]庸人　見識短淺、沒有作為的人。[340]治道　治理國家的方針、政策等。[341]合古　符合古制。

【語　譯】從前周朝的法律，制定三種法典來治理國家，整治天下：一是治理新建的國家，使用條文簡約、處罰從寬的輕典；二是治理長期安定的國家，使用寬嚴適中、可以常行的中典；三是治理動盪混亂的國家，使用處罰嚴厲的重典。有五種刑罰，墨刑五百條，劓刑五百條，宮刑五百條，刖刑五百條，死刑五百條，說的就是治理長期安定的國家使用中典的情況。處以死刑的人，屍體陳列於市場，處以墨刑的人去看守城門，處以劓刑的人去戍守邊關，處以宮刑的人去宮廷服役，處以刖刑的去看守苑囿，未被施以肉刑的罪人去看管倉庫。那些被罰沒為奴隸的人，男子沒入官府服勞役，女子沒入官府舂米做飯。凡有爵位的人、七十歲以上的老人和尚未換牙齒的兒童，都不得罰沒為奴隸。

2 周朝的治國之道已經衰敗，周穆王年老糊塗，命令甫侯根據時勢制定刑罰，來整治天下。與墨刑有關的法律條文一千條，與劓刑有關的法律條文一千條，與臏刑有關的法律條文五百條，與宮刑有關的法律條文三百條，與死刑有關的法律條文二百條。五刑的條文共有三千條，比治理長期安定國家的中典多出五百條，這就是治理動盪混亂的國家用重典的情況。

3 春秋時代，王道逐漸敗壞，道德感化無法推行，子產在鄭國擔任相，把刑法鑄在鼎上。晉國叔嚮批評他說：「古代聖王衡量事實情理，然後才做出裁決，而不制定刑法。害怕百姓有爭鬥之心，仍然不能禁止，因此用道義去防範，用政令去督察，用禮制去推行，用誠信去守護，用仁愛去培養；制定俸祿爵位去勸勉他們服從教化，嚴格執行刑罰去威懾他們的放縱之心。還怕他們沒能服從，所以用忠厚去教誨他們，用行動去勸勉他們，教導他們什麼是緊要的事情，用和悅的態度去役使他們，用嚴肅的態度去督導他們，用強有力的辦法去監視他們，用剛正的態度去治理他們。還要尋找德才兼備的公侯，智慧精明的卿大夫，忠厚誠信的長吏，善良仁愛的官員。這樣百姓才可以役使，而不發生禍亂。百姓如果知道有部刑法，就不畏懼他們的長官，並產生爭辯之心，引證刑書，以僥倖達到逃避刑罰的目的，這就無法進行治理了。夏朝在政治混亂的時候就制定了禹刑，商朝在政治混亂的時候就制定了湯刑，周朝在政治混亂的時候就制定了九刑。三朝的刑法，都產生於王朝衰落的年代。現在您在鄭國任相，參照三朝的刑書制定了鄭國的刑書，並鑄在鼎上，想用來安定百姓，不也太困難了嗎！《詩經》說：『善於效法周文王的德行，則天下日益安定。』又說：『效法周文王，各國都會信服。』像這樣，還需要刑法做什麼？百姓知道了爭訟的依據，就會拋棄禮制而援引刑書，細枝末節的小事也會盡力爭辯，疑難案件將大量出現，行賄受賄將大行其道。在您執政期間，鄭國可能要敗壞了！」子產回答說：「像您所說的話，我公孫僑無能，不能考慮到子孫後代，我所做的是用來挽救時局的。」輕浮的政令，從此不斷增加。孔子憂慮這件事，說道：「用道德來引導，用禮儀來端正，百姓就有廉恥之心，而且能自我改正錯誤；用政令來引導，用刑罰來整治，百姓會苟且避免懲罰，而且沒有廉恥之心。」「禮樂教化不推行，刑罰的執行就不會公正；刑罰執行不公正，百姓就會手足無措，無所適從。」孟孫氏任命陽膚做掌管刑獄的士師，陽膚向曾子請教，曾子也說：「執政者違背道義，民心早已渙散，輕易犯法。如果審得案件的實情，應當心存憐憫，而不要感到高興。」

4 逐漸衰敗到了戰國時代，韓國任用申不害，秦國任用商鞅，制定了連坐和誅滅三族的刑罰；還增加了肉刑、死刑的條款，有鑿顛、抽脅、鑊烹的刑罰。

5 到了秦始皇時代，吞併關東六國，於是破壞先王的法度，廢除主管禮儀的官吏，專門使用刑罰，親自從事訴訟審理的具體事務，白天審判案件，晚上處理公文，自己規定處理政務的定額，每天稱出一石文牘進行批閱。然而奸詐邪惡大量出現，犯罪的人充塞道路，監獄裡囚徒多得如同鬧市，百姓憂愁怨恨，紛紛逃散進行反抗。

6 漢朝興起，高帝最初進入關中，約法三章說：「殺人者處死刑，傷人和偷盜者量罪處罰。」廢除、減輕秦朝繁重而苛酷的政令和刑法，百姓非常高興。後來因四方外族沒有歸附，戰爭沒有停息，三章之法不足以防止奸邪，於是相國蕭何採摘秦朝法律，選擇其中適合於當時需要的，制定了九章之律。

7 惠帝、呂后時期，百姓剛剛免除暴政和戰亂之苦，人人都想撫育幼小、奉養老人。蕭何、曹參擔任相國，採取「無為而治」的政策來安定民眾，順應百姓的願望，不加擾亂，因此豐衣足食，刑罰也很少施用。

8 文帝即位後，親身實踐清靜無為，勸勉、督促百姓種田、養蠶，減輕賦稅。他的將相都是原來的功臣，樸實而不浮華，憎惡並提防已經滅亡了的秦朝的政策，議論力求寬宏仁厚，以談論他人過失為可恥。這種風氣流行天下，互相控告的習俗轉變了。官吏安於自己的職位，百姓喜愛自己的職業，積蓄年年增加，戶口逐漸增長，風俗教化樸實忠厚，法律條文粗略寬大。選用張釋之擔任廷尉，疑案從輕處置，因此刑罰大大減省，以至於每年全國審判的案件只有四百件，有刑罰閒置不用的趨勢。

9 漢文帝即位第十三年，齊國太倉令淳于公犯罪，該受刑罰，詔令將他逮捕解送長安。淳于公沒有兒子，只有五個女兒。他被捕臨行時罵女兒們說：「生孩子而不生男孩，有了急難，一點用處也沒有！」他的小女兒緹縈聽了，傷心地哭泣，便隨父親來到長安，上書請求皇帝說：「我的父親做官，齊國人都稱讚他廉潔公平，如今犯了法，該受刑罰。我傷心死去的人不能再生，受刑的創傷不能復原，即使以後想要改過自新，也沒有辦法了。我願意被收到官府當奴婢，以抵償父親該受的刑罰，使他能夠自新。」這分請求送到皇帝手裡，皇帝憐憫她的孝心，於是下令說：「命令御史大夫：我聽說虞舜的時候，只給罪犯穿戴特殊形式和標誌的衣冠作為羞辱來代替刑罰，而百姓不敢犯法，這是多麼昌盛清明的時代啊！現在刑法有三種肉刑，卻不能禁止奸邪的發生，問題到底出在哪裡？莫不是我的德行淺薄、教化不明吧！我深感慚愧。所以道德教化不淳正，愚昧的百姓就會走上犯罪的道路。《詩經》說：『和睦快樂、平易近人的君子，是百姓的父母。』現在人民有了過錯，還沒進行教育就施加刑罰，有人想要改過為善，也無法做到了，我非常憐憫他們。刑罰甚至截斷肢體，割損皮肉，終身不能生長，這樣的刑罰是多麼痛苦和不道德啊！這難道符合為民父母的意願嗎？應當廢除肉刑，用別的辦法來代替它；罪犯各根據情節的輕重，只要不逃跑，服刑達到一定年限，就免罪成為平民。

將此定為法令。」

10 丞相張蒼、御史大夫馮敬上奏說：「肉刑用來禁止邪惡，由來已久。陛下下達英明詔令，憐憫百姓一旦犯罪受刑將終身不能再生長，以及罪犯想要改過從善卻沒有辦法，您的高尚品德，是我們這些臣子比不上的。我們慎重議論，請改定法律如下：那些未被處以肉刑、髡刑的，仍然不施肉刑、髡鉗，只服城旦、舂的勞役；判處黥刑的，改為髡鉗刑，服城旦、舂的勞役；判處劓刑的，改為笞打三百下；判處斬左趾的，改為笞打五百下；判處斬右趾的，以及殺人自首的，官吏受賄枉法的，看守官府財物而乘機盜竊的，已經定罪而又犯有笞刑罪名的，都判處死刑，在市場處死示眾。罪犯案件已經判決，判處不殘損體膚而只服城旦、舂勞役的，刑期滿三年，改為服鬼薪、白粲的勞役。服鬼薪、白粲的勞役滿一年，改為服隸臣、妾的勞役。服隸臣、妾的勞役滿一年，免刑成為平民。原本判處服隸臣、妾勞役的，刑期滿二年，改為服司寇的勞役。服司寇的勞役滿一年，以及女犯服類似的勞役滿二年，都免刑成為平民。服刑期間逃跑以及又犯有耐刑以上罪行的，不適用本法令。凡過去按舊令而處以肉刑並服城旦、舂的刑徒，改為完城旦服滿年限即實行減免。臣下冒死請求。」文帝批示道：「可以。」但在這之後，表面上有減輕刑罰的名聲，實際上是在殺人：判處斬右腳的又改處死刑，判處斬左腳的改為笞刑五百，判處劓刑的改為笞刑三百，而罪犯大多數都被打死了。

11 漢景帝元年，下詔令道：「執行笞刑與死刑沒什麼區別，犯人幸而不死，也已無法正常生活了。應當改定法律：笞刑五百改為三百，笞刑三百改為二百。」但還是不能保全犯人。到中元六年，又下詔令道：「執行笞刑時，有的犯人笞刑還未結束就已經被打死，我很憐憫他們。應當把笞刑三百改為二百，二百改為一百。」又說：「笞刑是用來教育人的，應當制定棰令。」丞相劉舍、御史大夫衛綰建議：「笞刑所用的刑具，棰長五尺，柄粗一寸，要用竹棰，末端削薄到半寸，都要削平竹節。被處笞刑的犯人，應當笞打他的臀部。執棰者不能中途換人，要給一個罪犯行刑完畢才能換人。」從此以後，被處笞刑的犯人才得以保全，可是酷吏們還把這種刑罰作為威懾手段。死刑過重，死刑以外的一切刑罰又過輕，因此百姓輕易犯法。

12 等到漢武帝即位，對外征伐周邊各族，對內大興聲色犬馬，不斷地徵收賦稅、徵發徭役，百姓貧窮，不堪重負。窮人犯法，酷吏專橫地加以處罰，犯法作亂的人仍然無法禁止。於是進用張湯、趙禹這些人，逐條制定法令，規定知道別人犯法而不檢舉控告，以故意縱容犯罪論處；主管官吏對所轄地區犯罪事件發現不及時或懲辦不力，就要連坐。對於故意陷人於罪的官吏寬大處理，對於從輕處罰犯人的官吏則給予嚴厲懲罰。從此以後，奸詐狡猾的官吏玩弄法令，拿各種不同的案例輾轉比附，法網越來越稠密。律令共有三百五十九章，死刑有四百零九條、一千八百八十二款，死罪判決案例有一萬三千四百七十二件。文書裝滿櫥架和書庫，主管官吏都不能全部閱讀。因此各郡和王國援引法令、案例，輕重互不統一，有時相同的罪行卻有著不同的判決結果。奸吏們藉機進行交易，想要誰活，就比附律例中死罪以外的款；想要陷害誰，就與律例中的死罪條款進行比照，人們談到此事都感到怨恨悲傷。

13 漢宣帝早在民間生活時就知道這種情況，等到登上帝位，廷尉史路溫舒呈上奏章，指出秦朝有十大過失，其中一項還存在，那就是審理訴訟的官吏。有關言論在〈路溫舒傳〉中。皇帝深表憐憫，就下達詔書說：「近來官吏們執法，玩弄條文，越來越苛刻，這是我不修德行造成的啊。案件判決不公正，使有罪的人產生邪念，無罪的人遭受刑罰，父子悲傷怨恨，我很同情他們。現在派遣廷尉史與郡吏一起審理案件，他們責任輕，俸祿少，應當設置廷尉平，薪俸六百石，名額四人。務必要公平審理，以符合我的意願。」因此選用于定國擔任廷尉，選擇明察寬恕的黃霸等人來擔任廷尉平，每年九月以後上報疑難案件，審核定罪。當時皇帝常駕臨宣室，齋戒並處理案件，議罪定刑號稱公平。此時涿郡太守鄭昌呈上奏章說：「聖王設置敢於直言規勸的大臣，不是用來推崇德行，而是為了防止享樂思想的出現；制定法令、申明刑罰，不是用來實現天下太平，而是為了阻止衰敗混亂局面的產生。現在英明的君主親自斷案，即使不設置廷尉平，案件的審理也會自然公正；如果為了開導後代，不如修訂律令。律令一經確定，愚昧的百姓知道哪些可以避開而不觸犯，奸詐的官吏也就無法玩弄什麼了。現在不端正修訂法令這個根本，卻設置廷尉平來處理審案定刑這個末節，一旦政治衰微、執政懈怠，那麼廷尉平就會招攬權術成為禍亂的根源。」宣帝沒有來得及修正。

14 元帝剛剛即位，就下詔令說：「法令是用來壓制殘暴、扶助弱小的，要使人們難於觸犯而易於避開不觸犯。如今法令繁多而不簡要，連掌管法令的人都不能清楚明白，而要懲罰無意之中觸犯法律的百姓，這難道是用刑適當的本意嗎！應當討論可以刪除或減輕的律令，逐條陳列上報，目的只在於方便和安定百姓罷了。」

15 成帝河平年間，又下令道：「〈甫刑〉說『五刑的法律條文有三千條，其中死刑的法律條文有二百條』，現在死刑的條文有一千多條，法令繁多，有一百多萬字，在法律正文以外，另行請求或比附他例審判的案件，一天比一天增多，連熟悉法令的人都不知道應該根據什麼斷案，要用這樣的法律明白地勸導百姓，不也太困難了嗎！使百姓陷入法網，摧殘滅絕無罪的人，難道不是很可悲嗎！中二千石、二千石級的官吏以及博士和熟悉法令的人應當討論減免死刑條款以及其他可以刪除減省的法律條目，使律令明白易懂，逐條陳列上報。《尚書》不是說過嗎？『刑罰之事最需要憂慮！』應當審核它們，務必依據古代的法制，我將盡心審閱。」有關官員沒有仲山父那種遵行君命、明辨是非的才能，不能根據形勢的需要廣泛地宣揚君主的恩德，建立清明的制度，成為一代的法度，而僅僅選取細枝末節的小事，粗略地列舉幾條，來應付詔令罷了。因此重大的決策不能做出，一直拖延到今天。有的人議論說：法令難以多次改變。這是見識短淺之人不通達事理，懷疑、堵塞了治國的方略，是具有非凡智慧與才能的聖智之人常常擔心的事。所以簡要地列舉漢朝建立以來逐步確定的符合古制而又方便今天的有關法令。

漢興之初，雖有約法三章，網漏吞舟之魚❶，然其大辟，尚有夷三族之令。令曰：「當三族者，皆先黥，劓，斬左右趾，笞殺之，梟其首❷，菹❸其骨肉於市。其誹謗詈詛❹者，又先斷舌。」故謂之具五刑❺。彭越、韓信❻之屬皆受此誅。至高后元年❼，乃除三族罪、祆言❽令。孝文二年❾，又詔丞相、太尉❿、御史：

「法者，治之正[11]，所以禁暴[12]而衛善人也。今犯法者已論，而使無罪之父母妻子[13]同產[14]坐之及收[15]，朕甚弗取。其議。」左右丞相周勃[16]、陳平奏言：「父母妻子同產相坐及收，所以累其心[17]，使重[18]犯法也。收之之道[19]，所由來久矣。臣之愚計[20]，以為如其故[21]便[22]。」文帝復曰：「朕聞之，法正則民慤[23]，罪當則民從。且夫牧民[24]而道[25]之以善者，吏也；既不能道，又以不正之法罪之，是法反害於民，為暴者也。朕未見其便，宜孰計[26]之。」平、勃乃曰：「陛下幸[27]加大惠於天下，使有罪不收，無罪不相坐，甚盛德，臣等所不及也。臣等謹奉詔，盡除收律、相坐法。」其後，新垣平[28]謀為逆，復行三族之誅。由是言之，風俗移易，人性相近而習相遠[29]，信[30]矣。夫以孝文之仁，平、勃之知[31]，猶有過刑謬論如此甚也，而況庸材溺於末流[32]者乎！

周官[33]有五聽[34]、八議[35]、三刺[36]、三宥[37]、三赦[38]之法。五聽：一曰辭聽[39]，二曰色聽[40]，三曰氣聽[41]，四曰耳聽[42]，五曰目聽[43]。八議：一曰議親[44]，二曰議故[45]，三曰議賢[46]，四曰議能[47]，五曰議功[48]，六曰議貴[49]，七曰議勤[50]，八曰議賓[51]。三刺：一曰訊[52]群臣，二曰訊群吏，三曰訊萬民。三宥：一曰弗識[53]，二曰過失[54]，三曰遺忘[55]。三赦：一曰幼弱[56]，二曰老眊[57]，三曰惷愚[58]。凡囚，「上罪[59]梏拲而桎[60]，中罪梏桎，下罪[61]梏；王之同族拲，有爵者桎，以待弊[62]。」高皇帝七年[63]，制詔御史：「獄之疑者，吏或不敢決，有罪者久而不論[64]，無罪者久繫[65]不決。自今以來，縣道[66]官獄疑者，各讞[67]所屬二千石官[68]，二千石官以其罪名當[69]報之。所不能決者，皆移廷尉，廷尉亦當報之。廷尉所不能決，謹具為奏[70]，傅[71]所當比[72]律令以聞[73]。」上恩如此，吏猶不能奉宣[74]。故孝景中五年[75]復下詔曰：「諸獄疑，雖文致[76]於法而於人心不厭[77]者，輒讞之。」其後獄吏復避微文[78]，遂[79]其愚心。至後元年[80]，又下詔曰：「獄，重事也。人有愚智，官有上下。獄疑者讞，有令讞者已報讞而後不當，讞者不為失[81]。」自此之後，獄刑益詳[82]，近於五聽三宥之意。三年[83]復下詔曰：「高年老長，人所尊敬也；鰥寡[84]不屬逮者[85]，人所哀憐也。其著令[86]：年八十以上，八歲以下，及孕者未乳[87]，師[88]、朱儒[89]當鞠繫[90]者，頌繫[91]之。」至孝宣元康四年[92]，又下詔曰：「朕念夫耆老[93]之人，髮齒墮落，血氣既衰，亦無暴逆之心，今或罹于文法[94]，執于囹圄，不得終其年命[95]，朕甚憐之。自今以來，諸年八十非誣告殺傷人，它皆勿坐。」至成帝鴻嘉元年[96]，定令：「年未滿七歲，賊鬬殺人[97]及犯殊死[98]者，上請廷尉以聞，得減死。」合於三赦幼弱老眊之人。此皆法令稍定，近古[99]而便民者也。

【章　旨】以上是第四部分，簡要地列舉漢興以來「近古而便民」的各項舉措。對三族刑的廢而復行，頗有微詞，認為疑獄奏讞、優待老幼等制度合於古制。

【注　釋】❶網漏吞舟之魚　喻法網寬疏，大奸得脫。❷梟其首　即梟首，刑名。斬首並懸掛示眾。❸菹　也作「菹醢」，古代的一種酷刑，把人剁成肉醬。❹詈詛　辱罵詛咒。❺具五刑　五種刑罰齊備。❻彭越韓信　詳見卷三十四〈韓信彭越傳〉。❼高后元年　西元前一八七年。❽祆言　同「妖言」。古代罪名。荒誕不經的邪說。❾孝文二年　西元前一七八年。❿太尉　官名。掌軍事，與丞相、御史大夫合稱三公。⓫正　準則；根據。⓬禁暴　禁止殘暴。⓭妻子　妻子、兒女。⓮同產　同父或同母的兄弟姊妹。⓯收　即「收孥」，一作「收帑」，刑罰名。一人犯法，妻、子連坐，沒官為奴婢。⓰周勃　詳見卷四十〈周勃傳〉。⓱累其心　加重心理負擔；使有牽掛。⓲重　難。⓳道　辦法；做法。⓴愚計　自謙之詞。愚拙之計。㉑如其故　按照原來的做法。㉒便　有利；有益。㉓愨　誠實；謹慎。㉔牧民　治理百姓。㉕道　通「導」。引導。㉖孰計　認真討論。孰，通「熟」。㉗幸　表示謙敬的副詞。表明對方的行為使自己感到幸運。㉘新垣平　漢文帝時的方士，使用欺詐手段吹噓自己的方術，發覺後被文帝處死。方士是古代自稱能訪仙煉丹以求長生不死的人。㉙性相近而習相遠　語出《論語．陽貨》。人天生的本性是相近似的，但積久養成的習性卻有很大不同。㉚信　的確；果真。㉛知　通「智」。㉜溺於末流　沉溺於頹廢衰落風氣中。㉝周官　也稱《周禮》或《周官經》，儒家經典之一。搜集西周和春秋官制，按照儒家政治理想，增減排比而成。㉞五聽　審察案情的五種方法。聽，判斷。㉟八議　即八辟，周制規定八種人的犯罪須經特別審議，並可減免刑罰。這一制度後來成為歷代帝王親族、近臣減免刑罰的特別規定。漢代改名八議，三國曹魏正式寫入法典，一直沿用到清代。㊱三刺　周制規定，治理重案，必須依次與群臣、群吏和百姓三等人反覆計議，然後定罪判決。㊲三宥　周制規定對犯罪者可以從輕處理的三種情況。宥，寬宥。㊳三赦　周制規定對三種人可以免除刑罰。赦，免罪。㊴辭聽　聽取訴訟者的陳述，理虧則辭繁而義寡。㊵色聽　觀察訴訟者的臉色，理虧則慚愧而臉紅。㊶氣聽　觀察訴訟者的氣息，理虧則呼息急促。㊷耳聽　觀察訴訟者的聽覺，理虧則經常把別人的話聽錯。㊸目聽　觀察訴訟者的眼神，理虧則迷亂失神。㊹親　君主的親族。㊺故　君主的故舊。㊻賢　有德行者。㊼能　有特殊才能者。㊽功　有大功勳者。㊾貴　爵位高者。㊿勤　盡心盡力勤於國事者。(51)賓　前朝的後代而享受國賓待遇者。(52)訊　詢問。(53)弗識　因誤會而犯罪。(54)過失　不是故意或有預謀的。(55)遺忘　疏忽大意。(56)幼弱　指七歲以下的嬰幼兒童。(57)老旄　指八十歲以上的老人。(58)惷愚　愚蠢；白癡。(59)上罪　重罪。(60)梏拲而桎梏、拲、桎三種刑具一起使用。梏，手銬。拲，把雙手銬在一起的刑具。桎，腳鐐。(61)下罪　輕罪。(62)弊　斷罪；判決。(63)高皇帝七年　西元前二〇〇年。(64)論　定罪。(65)繫　拘禁；羈押。(66)縣道　郡的下一級地方行政區劃。在漢族聚居的地區設置縣，在少數民族聚居的地區設置道。(67)讞　將案情上報。(68)二千石官　這裡指郡太守和王國相等二千石級地方行政長官。(69)當　決斷。(70)具為奏　備文上奏。(71)傅　通「附」。(72)比　比照。(73)以聞　讓皇帝知道；向皇帝彙報。(74)奉宣　遵奉傳達。(75)孝景中五年　漢景帝中元五年，西元前一四五年。(76)文致　粉飾；掩飾。(77)厭　滿足。(78)微文　瑣碎的法律條文。微，細小。(79)遂　成就；實現。(80)後元年　景帝後元元年，西元前一四三年。(81)失　過錯。(82)詳　審慎。(83)三年　景帝後元三年，西元前一四一年。(84)鰥寡　老而無妻的人為鰥，老而無夫的人為寡。(85)不屬逮者　沒有依靠的人。(86)著令　寫入法令；列為法令。(87)孕者未乳　懷孕尚未生下孩子的婦女。(88)師　樂師中的盲瞽者。(89)朱儒　即「侏儒」。身材異常矮小的人。(90)鞠繫　審訊拘禁。(91)頌繫　指有罪入獄，受到寬大對待而不戴刑具。頌，通「容」。寬容，不戴桎梏。(92)元康四年　西元前六二年。元康，漢宣帝時期的年號之一。(93)耆老　老年人。(94)罹于文法　受到法律的追究。罹，遭受。(95)年命　壽命。(96)鴻嘉元年　西元前二〇年。鴻嘉，漢成帝時期的年號之一。(97)賊鬭殺人　故意鬥毆殺人。(98)殊死　斬首的死刑。(99)近古　接近於古制。

【語　譯】漢朝建立初期，雖然約定了三章之法，法網疏闊得能夠漏掉吞舟的大魚，然而當時的死刑條款中，還有誅滅三族的法令。法令規定：「判處誅滅三族的人，都要先施以黥、劓、斬左右趾之刑，杖擊至死，斬首懸掛示眾，在市場中把他的骨肉剁成醬。如果犯人有誹謗咒罵行為，又要先割斷舌頭。」所以叫做「五刑齊備」。彭越、韓信等人都受到這種刑罰。到呂后元年，才廢除誅滅三族和懲罰妖言的法令，文帝二年，又命令丞相、太尉、御史大夫道：「法令是治國的準則，是用來禁止殘暴和保護好人的。如今犯法的人已經定罪處罰，還要讓他們無罪的父母、妻子兒女和兄弟連坐，甚至被官府收為奴婢，我很不贊成。應該討論一下這個問題。」左、右丞相周勃、陳平呈上奏章說：「罪犯的父母、妻子、兒女和兄弟連坐，乃至被官府收為奴婢，是為了加重其心理負擔，使他們不敢輕易犯法。將罪犯家屬收為官府奴婢的做法由來已久了。臣下的愚見，認為按照過去的做法有利。」文帝又說：「我聽說，法令公正，百姓就忠厚謹慎，定罪適當，百姓就順從。況且治理百姓、引導他們向善的，是官吏；如果官吏既不能引導他們，又用不公正的法令給他們定罪，這樣一來，法令反而成了加害百姓、實施殘暴的東西了。我看不出這樣做有什麼好處，應當認真討論一下。」陳平、周勃於是說：「陛下您把大恩大惠賜給天下百姓，使罪人的親屬不被收為官府奴婢，無罪的人不連坐，如此高尚的美德，我們這些臣子難以相比。我們恭敬地遵奉詔令，全部廢除收捕罪犯親屬為奴婢的條文和連坐的法令。」後來，新垣平圖謀不軌，又恢復了誅滅三族的刑罰。由此說來，關於移風易俗，人們天生的本性是互相接近的，但積久養成的習性卻有很大不同，確實是這樣啊。以文帝的仁愛，陳平、周勃的智慧，濫用刑罰和錯誤言論還如此嚴重，更何況那些沉溺於頹廢衰敗習俗中的平庸之輩呢！

《周官》有五聽，即審察案情的五種方法；八議，即須經特別審議並可減免刑罰的八種人；三刺，即審理重案時參與審議的三類人員；三宥，即對犯罪者可以從輕處理的三種情況；三赦，即可以免除刑罰的三種人等的法令。關於五聽：一是審察訴訟者的言詞；二是觀察訴訟者的臉色；三是觀察訴訟者的氣息；四是觀察訴訟者的聽覺；五是觀察訴訟者的眼神。關於八議：一是審議君主親戚；二是審議君主故舊；三是審議有德行的人；四是審議有特殊才能的人；五是審議有功勳的人；六是審議爵位高的人；七是審議盡心盡力勤於國事的人；八是審議前朝後代而享受國賓待遇的人。關於三刺：一是詢問群臣；二是詢問群吏；三是詢問百姓。關於三宥：一是誤會犯罪；二是過失犯罪；三是疏忽犯罪。關於三赦：一是七歲以下的小孩；二是八十歲以上的老人；三是白癡。凡是囚犯，「重罪犯使用梏、拲和桎三種刑具；中罪犯使用梏和桎兩種刑具；輕罪犯只使用梏；君主的同族犯罪使用拲，有爵位的人犯罪使用桎，等候判決。」高祖七年，下達詔令給御史大夫說：「一些疑難案件，有的官吏不敢決斷，致使有罪的人長期不能定罪，無罪的人被長期拘禁而不能結案。從現在起，縣、道一級的官吏遇到疑難案件，各自呈報給所屬郡、國長官複審，郡、國長官根據案情判定適當的罪名上報。有不能決斷的案件，都移交給廷尉，廷尉也進行審理判決再上報。廷尉不能決斷的案件，慎重地起草奏章，附上應當比照的法律條文上報皇上。」皇帝的恩德如此深厚，官吏還是不能奉行傳達。所以景帝中元五年又下詔令道：「那些疑難案件，雖然已經粉飾得合乎法律條文但人心並不信服的，就應該上報複審。」此後，審理案件的官吏又避開繁瑣的法律條文，實現他們的愚蠢意圖。到後元元年，又下令說：「案件審理是重大的事情。人有聰明愚蠢的不同，官吏水平有高下的區別。有疑難案件就應當上報複審，有規定上報複審的案件已經上報，而後發現原判不當，上報的官吏不算是有過錯。」從此以後，議罪定刑更加審慎，接近於「五聽」、「三宥」的本意了。景帝後元三年又下詔令道：「年事已高的老人是人們尊敬的人；鰥夫寡婦等無依無靠的人，是人們哀憐的對象。現將下列規定列為法令：年齡在八十歲以上的老人和八歲以下的小孩、懷孕未生下孩子的婦女、樂師之盲瞽者以及侏儒等應當受到審訊拘禁的人，只拘禁而不戴刑具。」到宣帝元康四年，又下詔令說：「我考慮到那些年老的人，頭髮牙齒脫落，精力已經衰弱，也沒有暴虐殘害的想法，如今有人受到法律的追究，被抓到監牢裡，不能享完他們的壽命，我非常憐憫他們。從今以後，凡年齡在八十歲以上的人，除非誣告和殺傷他人，其他罪行一概免予追究。」到成帝鴻嘉元年制定法令：「年齡不滿七歲的小孩，故意鬥毆殺人及犯有其他死罪，要上報廷尉，並向皇上呈報，可以免處死刑。」這符合「三赦」中關於赦免幼弱和老年人的規定。這些都是逐步修訂、接近於古代制度而又有利於百姓的法令。

孔子曰：「如有王者，必世而後仁；善人為國百年，可以勝殘去殺矣❶。」言聖王承衰撥亂❷而起，被❸民以德教，變而化之，必世然後仁道成焉；至於善人，不入於室❹，然猶百年勝殘去殺矣。此為國者之程式❺也。今❻漢道至盛，歷世二百餘載，考自昭❼、宣、元、成、哀❽、平❾六世之間，斷獄殊死，率❿歲千餘口而一人，耐罪上至右止，三倍有餘。古人有言：「滿堂而飲酒，有一人鄉隅⓫而悲泣，則一堂皆為之不樂。」王者之於天下，譬猶一堂之上也，故一人不得其平⓬，為之悽愴⓭於心。今郡國被刑⓮而死者歲以萬數，天下獄二千餘所，其冤死者多少相覆⑮，獄不減一人，此和氣⑯所以未洽⑰者也。

原⑱獄刑所以蕃⑲若此者，禮教不立，刑法不明，民多貧窮，豪桀⑳務私㉑，姦不輒㉒得，獄犴㉓不平之所致也。書云「伯夷降典，悊民惟刑」㉔，言制禮以止刑，猶隄之防溢水也。今隄防陵遲㉕，禮制未立；死刑過制㉖，生刑㉗易犯；饑寒並至，窮斯濫溢㉘；豪桀擅私㉙，為之囊橐㉚；姦有所隱，則狃㉛而寖廣：此刑之所以蕃也。孔子曰：「古之知法者能省刑㉜，本也；今之知法者不失㉝有罪，末矣。」又曰：「今之聽獄㉞者，求所以殺之；古之聽獄者，求所以生之。」與其殺不辜，寧㉟失有罪。今之獄吏，上下相敺㊱，以刻為明㊲，深者㊳獲功名，平者㊴多後患。諺曰：「鬻㊵棺者欲歲之疫㊶。」非憎人欲殺之，利在於人死也。今治獄吏欲陷害人，亦猶此矣。凡此五疾㊷，獄刑所以尤多者也。

自建武、永平㊸，民亦新免兵革之禍，人有樂生之慮㊹，與高、惠之間㊺同，而政在抑彊扶弱，朝無威福之臣㊻，邑㊼無豪桀之俠㊽。以口率計㊾，斷獄少於成、哀之間㊿什八(51)，可謂清矣。然而未能稱意(52)比隆(53)於古者，以其疾(54)未盡除，而刑本(55)不正。

【章旨】以上是第五部分，指出漢代因犯罪而受到刑罰的人數量眾多，源自「五疾」。「五疾」即五種政治弊端，包括禮教缺失，刑法條文不夠明確，百姓貧困，有權勢者為奸邪之人提供庇護，司法不公。

【注釋】❶如有王者四句　語出《論語‧子路》。若有人受天命而稱王，一定要經過三十年才能實現仁政。善人治理國家，百年以後，也能夠遏制惡人使之不能作惡，從而廢除刑殺。世，三十年。勝殘，遏制殘暴的人，使不為惡。去殺，廢除刑殺。❷承衰撥亂　承繼衰世，治理亂政。❸被　施加。❹不入於室　尚未達到聖王的境界。❺程式　法式；準則。❻今　指作者撰寫此〈刑法志〉時。❼昭　漢昭帝劉弗陵。詳見卷七〈昭帝紀〉。❽哀　漢哀帝劉欣。詳見卷十一〈哀帝紀〉。❾平　漢平帝劉衎。詳見卷十二〈平帝紀〉。❿率　大概；大約。⓫鄉隅　對著牆角。鄉，通「向」。隅，角落。⓬平　公平的對待。⓭悽愴　悲傷。⓮被刑　受刑。⓯多少相覆　多得互相覆蓋。⓰和氣　能夠帶來吉利的祥瑞氣氛。⓱洽　普及；普遍。⓲原　推究；探求。⓳蕃　多。⓴豪桀　社會上有地位有勢力的人。㉑務私　追求私利。㉒輒　立即；就。㉓獄豻　獄訟。㉔書云二句　語出《尚書‧周書‧甫刑》。伯夷頒布禮典以訓導百姓，然後用刑罰判決罪人。伯夷，傳說虞舜時掌管祭祀的禮官。悊，通「折」。斷獄。㉕陵遲　衰敗；敗壞。㉖過制　超過制度的規定。㉗生刑　死刑以外的刑罰。㉘窮斯濫溢　因貧窮而胡作非為。斯，連詞，則。濫溢，本意指洪水氾濫，這裡指無所不為。㉙擅私　壟斷私利。㉚囊橐　袋子。這裡指為奸邪提供庇護。有底曰囊，無底曰橐。㉛狃　習慣；習以為常。㉜省刑　減少或減輕刑罰。㉝失　放過。㉞聽獄　審理案件的官吏。㉟寧　寧可；寧願。㊱驅　督促；逼迫。㊲以刻為明　把苛酷當作嚴明。㊳深者　執法苛酷的人。㊴平者　執法公平的人。㊵鬻　賣。㊶疫　瘟疫。㊷五疾　指前面所提到的五種弊政：禮教不立，刑法不明，民多貧窮，豪桀務私，姦不輒得等。㊸建武永平　光武帝與漢明帝在位期間。建武，東漢開國皇帝光武帝劉秀的年號。永平，東漢第二個皇帝漢明帝劉莊的年號。㊹樂生之慮　樂於生活的心情。慮，或為「意」字之誤。㊺高惠之間　漢高祖與漢惠帝在位期間。指西漢初年。㊻威福之臣　濫用權勢、獨斷專橫的大臣。㊼邑　地方上的城市，大者稱都，小都稱邑。這裡泛指地方。㊽豪桀之俠　豪強之任俠者。㊾以口率計　按人口比例計算。㊿成哀之間　漢成帝與漢哀帝在位期間。51什八　十分之八。52稱意　合乎心意。53比隆　同等興隆。54疾　弊政。55刑本　刑罰的根本原則。

【語譯】孔子說：「如果有人受天命而稱王，一定要經過三十年才能實現仁政；善人治理國家，百年以後，也能夠使殘暴的人化而為善，因而可以廢除刑殺。」這是說聖王承繼衰世、治理亂政而興起，向百姓施行道德教化，使他們的品行逐漸發生變化，一定要經過三十年才能實現仁政；至於善人，雖然尚未達到聖王的境界，然而還是能夠經過一百年而遏制殘暴、廢除刑殺。這是治理國家的規則。現在漢朝國運最為昌盛，歷時已有二百多年，考察昭帝、宣帝、元帝、成帝、哀帝、平帝六代之間，審理案件判處斬刑的，大概每年一千多人中有一人，判處耐刑以上到斬右趾的，相當於斬刑的三倍多。古人說過：「滿堂的人在飲酒，有一個人對著牆角哭泣，那麼滿堂的人都因此而不快樂。」帝王對於天下，就像處在一堂之上，所以如果一個人得不到公平的待遇，就會為此而感到悲傷。現在郡國受刑而死的人每年都數以萬計，天下監獄二千多所，其中含冤而死者多得屍體互相堆積，而監獄中不曾減少一個犯人，這是祥和的氣氛沒能普及的原因。

探尋因犯罪而受到刑罰的人數量如此之多的原因，是禮教沒有建立，刑法條文不夠明確，眾多百姓貧窮，豪傑追求私利，奸邪不能馬上查清，審理案件不公平所造成的。《尚書》說「伯夷頒布禮典以訓導百姓，然後用刑罰判決罪人」，是說創建禮制來限制刑罰，就像用堤壩來防止洪水一樣。現在堤壩敗壞，禮制尚未建立；死刑重得超過古制，生刑輕得使人輕易觸犯；飢寒交迫，貧窮導致胡作非為；豪傑壟斷私利，為奸邪之人提供庇護；奸邪有地方隱藏，就習以為常，不斷擴散：這是刑罰增多的原因。孔子說：「古代通曉法律的人能夠減輕或減少刑罰，這是刑罰的根本原則；現在通曉法律的人不放過有罪的人，這是刑罰的枝節末流。」又說：「現在審理案件的人，追求的是如何殺死犯人；古代審理案件的人，追求的是如何救活犯人。」與其殺死無辜的人，寧可放過犯罪的人。現在的執法官吏，上下互相督促，把苛酷當作嚴明，苛酷的人獲得政績和名聲，公平的人日後多受到追究。俗話說：「賣棺材的人希望每年流行瘟疫。」並不是憎恨人想要把他們殺死，而在於死了人就會有利可圖。現在辦案的官吏想要陷害人，也是這個道理。以上所說的五種弊政，就是因犯罪而受到刑罰的人數量特別多的原因。

建武、永平年間，百姓剛剛脫離戰亂之苦，人人樂於生活，與漢高祖、惠帝期間相同，治理國家旨在壓制強暴、扶助弱小，朝廷中沒有作威作福的大臣，地方上沒有以威勢妄斷是非的豪俠。按人口比率計算，所審判的案件比成帝、哀帝期間減少了十分之八，可以說是很清明了。然而還沒能合乎古制、與古制同樣興隆，因為前面所提到的弊政沒有完全清除，刑罰的根本原則還沒有端正。

善乎！孫卿之論刑也，曰：「世俗❶之為說者，以為治古❷者無肉刑，有象刑❸墨黥❹之屬，菲履❺赭衣而不純❻，是不然矣。以為治古，則人莫觸罪❼邪？豈獨無肉刑哉？亦不待❽象刑矣。以為人或觸罪矣，而直輕其刑，是殺人者不死，而傷人者不刑也。罪至重而刑至輕，民無所畏，亂莫大焉。凡制刑之本，將以禁暴惡，且懲❾其未❿也。殺人者不死，傷人者不刑，是惠暴而寬惡⓫也。故象刑非生於治古，方起於亂今⓬也。凡爵列官職⓭，賞慶刑罰，皆以類相從⓮者也。一物失稱⓯，亂之端⓰也。德不稱位，能不稱官，賞不當⓱功，刑不當罪，不祥⓲莫大焉。夫征暴誅悖⓳，治之威⓴也。殺人者死，傷人者刑，是百王㉑之所同也，未有知其所由來者也。故治則刑重，亂則刑輕㉒。犯治㉓之罪固㉔重，犯亂㉕之罪固輕也。書云『刑罰世重世輕』㉖，此之謂也。」所謂「象刑惟明㉗」者，言象㉘天道㉙而作刑，安有菲屨赭衣者哉？

孫卿之言既然㉚，又因㉛俗說㉜而論之曰：禹承堯舜之後，自以德衰㉝而制肉刑，湯武順而行之者，以俗薄㉞於唐虞故也。今漢承衰周暴秦極敝之流㉟，俗已薄於三代[36]，而行堯舜之刑，是猶以鞿而御駻突[37]，違救時之宜[38]矣。且除肉刑者，本欲以全民也，今去髡鉗一等，轉而入於大辟[39]。以死罔[40]民，失本惠[41]矣。故死者歲以萬數，刑重之所致也。至乎穿窬之盜[42]，忿怒傷人，男女淫佚[43]，吏為姦臧[44]，若此之惡，髡鉗之罰又不足以懲也。故刑者歲十萬數，民既不畏，又曾[45]不恥，刑輕之所生也。故俗之能吏[46]，公[47]以殺盜為威，專殺者[48]勝任，奉法者[49]不治[50]，亂名傷制[51]，不可勝條[52]。是以罔密而姦不塞[53]，刑蕃[54]而民愈嫚[55]。必世而未仁，百年而不勝殘，誠以禮樂闕[56]而刑不正也。豈[57]宜惟思所以清原正本[58]之論，刪定律令，篹二百章，以應大辟[59]。其餘罪次[60]，於古當生，今觸死[61]者，皆可募行肉刑[62]。及傷人與盜，吏受賕枉法，男女淫亂，皆復古刑，為三千章。詆欺[63]文致微細之法，悉[64]蠲除。如此，則刑可畏而禁[65]易避，吏不專殺，法無二門[66]，輕重當罪，民命得全，合刑罰之中，殷天人之和[67]，順稽古[68]之制，成時雍[69]之化。成康刑錯[70]，雖未可致，孝文斷獄，庶幾[71]可及。詩云：「宜民宜人，受祿于天。」[72]書曰：「立功立事，可以永年。」[73]言為政而宜於民者，功成事立，則受天祿而永年命[74]，所謂「一人有慶，萬民賴之[75]」者也。

【章　旨】以上是第六部分，討論肉刑的存廢問題。認為漢朝廢除肉刑不符合古制，而且使刑罰等級不合理，雖然本意在於保全百姓，實際效果卻弊多利少。

【注　釋】❶世俗　俗人；普通人。❷治古　安定祥和的上古時代。❸象刑　相傳上古無肉刑，僅用與眾不同的服飾加於犯人以示辱，稱為象刑。❹墨黥　以墨塗畫面額而不加刺刻，用來代替刺刻面額然後施墨的黥刑。❺菲履　草鞋。❻不純　衣服不鑲邊，以此羞辱犯人。純，邊飾。❼觸罪　犯罪。❽待　需要。❾懲　防止。❿未　犯罪的苗頭。⓫惠暴而寬惡　對殘暴者仁慈，對作惡者寬厚。⓬亂今　衰亂的今世。⓭爵列官職　爵位和官職的等級。⓮以類相從　按其類別各相歸屬。⓯失稱　不相當。稱，合適；適當。⓰端　發端；開端。⓱當　相當；相應。⓲不祥　不吉利。⓳征暴誅悖　征討殘暴之徒，誅殺背逆之人。⓴威　威勢；權威。㉑百王　歷代帝王。㉒治則刑重二句　社會之所以太平，是因為對犯罪的懲罰嚴厲；社會之所以衰亂，是因為對犯罪的懲罰太輕。㉓犯治　犯法於治世；在社會安定的情況下犯罪。㉔固　本來。㉕犯亂　犯法於亂世；在社會衰亂的情況下犯罪。㉖書云句　語出《尚書．周書．甫刑》。刑罰因時代的不同而或重或輕。㉗象刑惟明　語出《尚書．虞書．益稷》：「咎繇方祗厥敘，方施象刑惟明。」大意是說，咎繇於四方敬行九德考績之法，皆有次序；又於四方施其象刑，皆明白。這裡截取「象刑惟明」一語，是說仿效天地的法則制定的刑罰是明白的。㉘象　仿效；取法。㉙天道　天地的法則。㉚既然　已經如此。㉛因　根據。㉜俗說　世俗的說法。㉝德衰　德行衰落。㉞薄　淺薄。㉟極敝之流　極其衰敗的流俗。㊱三代　指夏、商、周三個朝代。㊲以鞿而御駻突　用馬籠頭駕馭兇悍的惡馬。鞿，馬籠頭。駻，兇悍。突，惡馬。㊳救時之宜　匡救時弊的適當原則。㊴去髡鉗一等二句　比髡鉗高一層的刑罰，就是大辟這樣的死刑。㊵罔　通「網」。羅網。㊶本惠　仁惠的本意。㊷穿窬之盜　挖牆洞和爬牆頭的盜竊行為。窬，通「逾」。㊸淫佚　縱慾放蕩。㊹姦臧　奸詐貪汙。臧，通「贓」。㊺曾　竟然；還。㊻能吏　有能力的官吏。㊼公　公然。㊽專殺者　自作主張隨意濫殺的人。㊾奉法者　依法辦案的人。㊿不治　不善於治理。51亂名傷制　混淆刑名，破壞法制。52不可勝條　難以逐條全部列舉出來。53塞　阻止。54蕃　繁多。55嫚　傲慢；輕侮。56闕　空缺；缺少。57豈　語氣詞，無實義。58清原正本　從根源上進行整頓清理。59篹二百章二句　撰集二百條作為死刑條款，以合〈呂刑〉「大辟之罰其屬二百」之數。篹，通「撰」。撰集；編撰。章，條款。60罪次　各等罪名。61觸死　犯死罪。62募行肉刑　由犯人自己選擇是否死刑或肉刑。63詆欺　漢代罪名。對皇帝毀謗欺詐。64悉　全；都。65禁　禁令。66門　途徑；種類。67殷天人之和　符合天人和諧的原則。殷，中。68稽古　考察古事。

(69)時雍　天下太平。(70)成康刑錯　西周成王、康王時期，政治清明，社會安定，刑罰擱置無所施用。成康，指周成王和周康王。(71)庶幾　或許；差不多。(72)詩云三句　語出《詩・大雅・假樂》。順應民心，就能接受上天的福祉。(73)書曰三句　《尚書・周書・泰誓中》作「立定厥功。惟克永世」。永世，長壽。(74)年命　壽命。(75)一人有慶二句　語出《尚書・周書・呂刑》。一人，指天子、皇帝。天子施惠行善，百姓都依靠歸附於他。慶，福慶。

【語譯】孫卿對刑罰的闡述，多麼好啊！他說：「世俗的議論者，認為安定祥和的上古時代沒有肉刑，只有象刑，如以墨塗面額而不加刺刻來代替黥刑之類，讓犯人穿著草鞋或不加邊飾的赭衣以示恥辱，這是不對的。認為安定祥和的上古時代，人們就不會犯罪嗎？如果是這樣，何止是沒有肉刑？連象刑也不需要了。如果認為有人犯了罪，就直接減輕他的刑罰，那麼，這就是殺了人而不判死刑，傷了人而不處刑罰了。罪行極重而刑罰極輕，百姓無所畏懼，造成的禍亂沒有比這更大的了。凡是制定刑法的根本原則，是要禁止殘暴罪惡，而且要在犯罪行為還未變成現實時就加以防範。如果殺人者不判死刑，傷人者不處刑罰，這就是對殘暴者仁慈，對作惡者寬厚。所以象刑的說法並不產生於安定祥和的上古時代，而是剛剛產生於衰亂的今天。一切爵位、官職、獎賞、刑罰，都是按照事物的類別相應制定的。只要有一件事規定得不合理，就會成為禍亂的根源。品德與爵位不相稱，才能與官職不相稱，獎賞與功勞不相應，刑罰與罪行不相應，沒有比這更差的了。征討暴亂，誅殺叛逆，是治國的權威。殺人者判處死刑，傷人者處以刑罰，這是歷代帝王共同遵循的原則，沒有誰知道它產生於哪個時代。因此，社會之所以太平，是因為對犯罪的懲罰嚴厲，社會之所以衰亂，是因為對犯罪的懲罰太輕。在社會安定的情況下犯罪，刑罰本來就重，在社會混亂的情況下犯罪，刑罰本來就輕。《尚書》說『刑罰因時代的不同而或重或輕』，說的就是這個道理。」所謂「象刑惟明」，說的是仿效天地的法則制定刑罰，哪裡有讓犯人穿著草鞋、赭衣以象徵刑罰的事呢？

孫卿的話已經如此，再根據世俗的說法加以論述：夏禹繼承唐堯、虞舜之後，自認為德行衰落，因而制定了肉刑，商湯、周武王之所以遵照執行夏禹的法令，是因為社會風氣比唐堯、虞舜時代還要輕浮淺薄。現在漢朝繼承衰落的周朝和殘暴的秦朝的極其敗壞的流俗，社會風氣已經比夏、商、周三代更不淳厚，而施行唐堯、虞舜時代的刑法，這就像用馬籠頭來駕馭兇悍的惡馬，違背了挽救時弊的適當途徑。況且廢除肉刑，本意是為了保全百姓，現在的刑罰，比髡鉗高一層，就轉而歸入死刑。用死亡來網羅百姓，就喪失了仁惠的本意。所以處死的犯人每年數以萬計，這是刑罰加重所造成的。至於穿壁越牆的盜竊，因憤怒而傷人，男女縱慾放蕩，官吏奸詐貪汙，這類罪行，施以髡鉗的刑罰又不足以懲戒。所以被判刑的罪犯每年以十萬計，百姓既不畏懼，甚至還不感到恥辱，這是刑罰太輕所引起的。因此，世俗所稱的有能力的官吏，公然以濫殺盜賊來樹立威嚴，自作主張隨意濫殺的人被認為勝任職務，依法辦案的人被認為不善於治理，混淆刑名，破壞法制，多得難以逐條全部列舉出來。因此法網雖然嚴密，但邪惡無法阻止，刑罰雖然繁多，但百姓更加輕侮。三十年過去了，仁政並未實現，一百年之後，殘暴也沒有被克服，確實是因為禮樂不完善、刑法不端正所導致的。應當考慮用來正本清源的辦法，修訂法令，撰寫二百條作為死刑條款，以合〈呂刑〉「大辟之罰其屬二百」之數。其餘各等罪名，古代可以活命而現在卻歸為死罪的，都可以由罪犯選擇是否施行肉刑。還有傷人和盜竊，官吏貪贓枉法，男女淫亂，都恢復古代刑法，定為三千條。像詆欺和獄吏羅織罪名陷人於罪之類的繁瑣法令，一概廢除。這樣，刑罰就能使人畏懼，禁令也容易避開不犯，官吏不能隨意濫殺，法令不產生歧義，刑罰輕重與罪行相符，百姓的生命得以保全，與施行刑罰的正道相合，與天人和諧的原則一致，遵循古代的法制，形成太平盛世的風氣。西周成王、康王時期刑罰擱置無所施用的局面，雖未必能達到，而漢文帝時期執法公平、案件不多的局面，也許可以趕得上了。《詩經》說：「順應民心，就能接受上天的福祉。」《尚書》說：「建功立業，可以長壽。」是說施政而合乎民心，建立了功業，就能享受上天的福祉，從而延年益壽，這就是所謂的「天子施惠行善，百姓都歸附依賴他」的意思。

【研　析】關於法律的地位與作用以及法律的指導思想，先秦諸子各有自己的主張。老子主張「無為而治」，認為「法令滋彰，盜賊多有」。法家則特別強調法律的作用，主張「一斷於法」。他們提倡對輕罪施以重刑，認為這樣可以使人不敢犯輕罪，重罪就更不會發生了，因此可以「以刑去刑」。孔子主張「為政以德」，指出

「道之以政，齊之以刑，民免而無恥；道之以德，齊之以禮，有恥且格」。孔子雖不完全否定刑的作用，卻將其置於德和禮的從屬地位。

殘暴的秦王朝迅速覆亡，給漢初的君主和大臣深刻的教訓。雖然西漢初年的法律在量刑原則與科罪定刑的標準等方面基本繼承秦律，但由於漢初統治者奉行「從民之欲而不擾亂」的「無為」政治和「蠲削煩苛」、「務在寬厚」的法律原則，結果使得基本相同的法律在秦朝末年和西漢初年所發揮的作用迥然不同。可見，影響法律效用的因素，除了法律條文本身而外，還包括執法者對法律的態度，以及其他政治、經濟、社會因素。《漢書·刑法志》的作者在分析西漢中後期因犯罪而受刑罰的人數量眾多的原因時，不是空洞地奢談德與禮，而是指出了當時的五大弊病（「五疾」），包括禮教缺失，刑法條文不夠明確，百姓貧困，有權勢者為奸邪之人提供庇護，司法不公。應該說，作者的這一分析頗具史識。

文帝廢除肉刑，代之以髡鉗和笞刑，並為徒刑規定了具體的服刑期限，這是中國刑法史上的一大進步。但肉刑廢除以後，徒刑相對較輕，而死刑又相對過重，其間缺乏過渡的刑罰，導致刑罰等級不夠合理。〈刑法志〉的作者對這一問題非常關注，然而，他所提出的解決方案卻是恢復肉刑，反映了作者的時代局限。兩漢時期，經常徵募死罪犯人前去戍邊，而免其死刑，這一做法後來逐漸制度化為流刑，解決了徒刑與死刑之間的過渡問題。兩漢以後，還有很多大臣曾提出恢復肉刑，但都無結果，表明肉刑已不再適應時代的需要，其最終退出歷史舞臺是必然的。

卷二十四上

食貨志第四上

【題解】〈食貨志〉上下兩分卷，分食、貨兩大部分，分別記載了先秦、秦漢至王莽時期的農政、財政的思想、政策，及農業、手工業、商業與貨幣制度的發展演變及其對社會的影響。內容豐富具體，保存了先秦、秦漢與王莽改制的珍貴資料，有極高的史料價值。班氏著眼國計民生，以「食足貨通」、「貨遷有無」為立足點，對後世有很大影響。

洪範八政❶，一曰食，二曰貨。食謂農❷殖❸嘉穀❹可食之物，貨謂布帛❺可衣，及金❻刀❼龜貝，所以分財布利通有無❽者也。二者，生民❾之本，興自神農之世。「斲木為耜，煣木為耒，耒耨之利以教天下❿」，而食足；「日中為市，致天下之民，聚天下之貨，交易而退，各得其所⓫」，而貨通。食足貨通，然後國實民富，而教化成。黃帝以下「通其變，使民不倦⓬」。堯命四子⓭以「敬授民時⓮」，舜命后稷⑮以「黎民祖饑⑯」，是為政首。禹平洪水，定九州⑰，制土田⑱，各因所生遠近，賦入貢棐⑲，楙⑳遷㉑有無，萬國作㉒乂㉓。殷周之盛，詩書所述，要在安民，富而教之。故易稱：「天地之大德曰生，聖人之大寶曰位；何以守位曰仁，何以聚人曰財㉔。」財者，帝王所以聚人守位，養成群生，奉順天德，治國安民之本也。故曰：「不患寡而患不均，不患貧而患不安；蓋均亡貧，和亡寡，安亡傾㉕。」是以聖王域民㉖，築城郭以居之，制廬井㉗以均之，開市肆㉘以通之，設庠序㉙以教之。士農工商，四民有業。學以居位㉚曰士，闢土殖穀曰農，作巧成器曰工，通財鬻㉛貨曰商。聖王量能授事，四民陳力㉜受職，故朝亡廢官㉝，邑亡敖民㉞，地亡曠㉟土。

【章　旨】以上為卷上的第一部分，總論食與貨的重要，並寫了上古時代至周代的經濟管理思想與政策。

【注　釋】❶洪範八政　《尚書・洪範》載箕子向周武王建議重視八政，即：食、貨、祀（祭祀）、司空（工程）、司徒（土地賦役）、司寇（刑獄）、賓（禮儀）、師（教育）。《漢書・食貨志》特別強調了食與貨兩政。❷農　農業；農民。❸殖　生；生產。❹嘉穀　粟；去殼的小米。或曰：糧食的總稱，即五穀、穀物、百穀。嘉，善；美。❺布帛　麻織叫布，絲織叫帛。❻金　謂五色之金，即：金（黃）、銀（白）、銅（赤）、鉛（青）、鐵（黑）。❼刀　錢幣。如龜、貝之類，古代皆可作貨幣。❽分財布利通有無　指貨的作用是分配財貨，交換有無。❾生民　生養人民。❿斲木為耜三句　見《易・繫辭下》。斲，砍。耜，古代掘土用的農具，多為木製。煣，屈也；用火烘烤使木曲也。耒，手耕田的曲木。耨，耘田，即除草。也指除草的農具。⓫日中為市五句　見《易・繫辭下》。日中，中午。致，招。各得其所，各自得到所需東西。⓬通其變二句　李奇曰：「器幣有不便于時，則變更通利之，使民樂其業而不倦也。」⑬四子　指羲仲、羲叔、和仲、和叔。《尚書・堯典》載堯令四子分掌與春夏秋冬及農業有關的季節時令之相關事務。⑭民時　農民耕種收藏的季節時令。⑮后稷　周的祖先，堯舜時為農官。⑯黎民祖饑　《尚書・舜典》記載，舜對后稷說，「現在黎民開始挨餓，你來主持農業，種植百穀。」祖，始也。⑰九州　冀、兗、青、徐、揚、荊、豫、梁、雍為九州。⑱制土田　按土壤等差，定貢賦級別。⑲棐　通「篚」。盛物的橢圓竹筐。⑳楙　茂。㉑遷　遷移；變易。㉒作　乃；於是。㉓乂　治也。㉔天地之大德曰生四句　見《易・繫辭下》。意為：天地最偉大的德性是生養萬物，聖人最可珍貴的是崇高的地位；如何保有其地位是靠人民，如何招聚人民是財貨。㉕不患寡而患不均五句　見《論語・季氏》。㉖域民　處民；安置人民。㉗廬井　井田中的廬舍。㉘市肆　市場上的店鋪。㉙庠序　古代的學校。㉚居位　處於祿位、官位。指為官。㉛鬻　賣也。㉜陳力　貢獻才力。㉝廢官　無用之官。㉞敖民　閒遊之民。㉟曠　空也。

【語譯】《尚書・洪範》所講的八種政事，一曰食，二曰貨。食指農民生產的嘉穀及其他可食用之物；貨指可做衣服穿的布帛，以及可以用來互通有無而使財富分布流通的金、刀、龜、貝等貨幣。這兩項，是民生的根本，興起於神農的時代。神農氏時「以斧砍木作耜，用火烘木作耒，以耒耜耕田、除草之利教導天下民眾」，而使人民糧食充足；又於「中午設立集市，招來天下民眾，聚集天下貨物，交易後散去，民眾可以得到各自所需要的貨物」，這樣天下的貨物就可以流通。糧食充足，貨物流通，然後國家充實，民眾富裕，才能使政治、道德教化的事業有所成就。黃帝以後「對神農氏時期的食、貨制度能不斷依需要加以變通，使民眾獲利，民眾也就樂於各行各業而不知疲倦」。堯帝命令羲仲、羲叔、和仲、和叔四人「敬慎地按耕種收穫的時令季節規律辦事，把時令季節授予黎民」，舜令后稷把「解決黎民中開始發生的饑荒問題」作為首要的政務。禹治理好洪水，劃定九州疆界，按各州土壤等差，及產地道路遠近，繳納貢物，並勉勵人民開展貿易，互通有無，天下於是太平。殷周時期的興盛，按《詩經》、《書經》所說，主要在於使人民生活安定，先使他們富裕，然後再加以教育。所以《易經》上說：「天地最偉大的德性是生養萬物，聖人最可珍貴的是崇高的地位；憑什麼來守住其地位，用仁德。憑什麼來聚集吸引百姓，用財貨。」因此財貨是帝王能夠團聚人民，守住帝位，養育群生，奉行天德，治國安民的根本。所以孔子說：「不憂慮財富不多，只憂慮財富不均，不憂慮人民貧窮，只憂慮人民不安定；如果財富平均，就無所謂貧窮，境內安定團結，就無所謂人少，境內安定平和，國家就不會傾危。」所以，聖王安置人民百姓，要建築城郭讓他們居住，制定井田使他們的土地、財富平均，開設市場店鋪使他們互通有無，設立學校用以教化民眾。士、農、工、商，四種人民各有自己從事的職業。學習知識以求在職為官的人稱士，開墾土地種植穀物的人稱農，有技術能製作器物的人稱工，通財路買賣貨物的人稱商。聖王根據人們的能力授予各種職事，士、農、工、商四民各自貢獻自己的力量，努力從事，因此朝廷沒有不做事的官，鄉里沒有遊手好閒的人，田野上沒有荒蕪的土地。

1 理❶民之道❷，地著❸為本。故必建步立畮❹，正其經界❺。六尺為步❻，步百為畮❼，畮百❽為夫❾，夫三為屋，屋三為井，井方一里❿，是為九夫。八家共之，各受私田百畮，公田十畮，是為八百八十畮，餘二十畮以為廬⓫舍。出入相友，守望⓬相助，疾病相救，民是以和睦，而教化齊同，力役⓭生產⓮可得而平也。

2 民受田，上田夫百畮，中田夫二百畮，下田夫三百畮。歲⓯耕種者為不易⓰上田，休一歲者為一易中田⓱，休二歲者為再易下田⓲，三歲更耕之，自爰⓳其處。農民戶一人⓴已受田，其家眾男為餘夫㉑，亦以口受田如比㉒。士工商家受田，五口乃當農夫一人。此謂平土㉓可以為法者也。若㉔山林藪澤㉕原陵㉖淳鹵㉗之地，各以肥磽㉘多少㉙為差㉚。有賦㉛有稅㉜。稅謂公田什一㉝及工商衡虞㉞之入也。賦共車馬甲兵士(35)徒(36)之役，充實府庫賜予之用。稅給郊社(37)宗廟百神之祀，天子奉養百官祿食庶事(38)之費。民年二十受田，六十歸田。七十以上，上(39)所養也；十歲以下，上所長也；十一以上，上所彊(40)也。種穀必雜五種(41)，以備災害。田中不得有樹，用妨五穀。力耕(42)數耘(43)，收穫如寇盜之至(44)。還廬(45)樹桑，菜茹(46)有畦(47)，瓜瓠果蓏(48)殖於疆易(49)。雞豚(50)狗彘(51)毋失其時，女脩(52)蠶織，則五十可以衣帛，七十可以食肉。

3 在壄曰廬(53)，在邑(54)曰里(55)。五家為鄰，五鄰為里，四里為族，五族為黨，五黨為州，五州為鄉。鄉，萬二千五百戶也。鄰長位(56)下士，自此以上(57)，稍登一級(58)，至鄉而為卿也。於是(59)里有序而鄉有庠(60)。序(61)以明教(62)，庠則行禮(63)而視化(64)焉。春令民畢出在壄(65)，冬則畢入於邑(66)。其詩曰：「四之日舉止，同我婦子，饁彼南畮(67)。」又曰：「十月蟋蟀，入我牀下，嗟我婦子，聿為改歲，入此室處(68)。」所以順陰陽(69)，備寇賊，習禮文(70)也。春，將出民，里胥(71)平旦(72)坐於右塾(73)，鄰長(74)坐於左塾(75)，畢出然後歸，夕亦如之(76)。入者必持薪樵(77)，輕重相分(78)，班白(79)不提挈(80)。冬，民既入，婦人同巷(81)，相從夜績(82)，女工一月得四十五日(83)。必相從者，所以省費燎火(84)，同巧拙(85)而合習俗(86)也。男女有不得其所(87)者，因相與(88)

歌詠，各言其傷[89]。

4 是月[90]，餘子[91]亦在于序室[92]。八歲入小學[93]，學六甲[94]五方[95]書[96]計[97]之事，始知室家[98]長幼之節。十五入大學，學先聖禮樂，而知朝廷君臣之禮。其有秀異者，移鄉學于庠序；庠序之異者，移國[99]學于少學[100]。諸侯歲貢少學之異者於天子，學于大學，命[101]曰造士[102]。行同能偶[103]，則別之以射[104]，然後爵命[105]焉。

5 孟春之月[106]，群居者將散[107]，行人[108]振[109]木鐸[110]徇[111]于路，以采詩[112]，獻之大師[113]，比[114]其音律，以聞[115]於天子。故曰王者不窺牖戶而知天下[116]。

6 此先王制土[117]處民[118]富而教之[119]之大略也。故孔子曰：「道千乘之國，敬事而信，節用而愛人，使民以時[120]。」故民皆勸[121]功[122]樂業[123]，先公而後私。其詩曰：「有渰淒淒，興雲祁祁，雨我公田，遂及我私[124]。」民三年耕，則餘一年之畜。衣食足而知榮辱，廉讓生而爭訟息，故三載考績[125]。孔子曰：「苟有用我者，期月而已可也，三年有成[126]。」成此功也。三考[127]黜[128]陟[129]，餘三年食，進業[130]曰登；再登[131]曰平，餘六年食；三登曰泰平，二十七歲，遺[132]九年食[133]。然後至德[134]流洽[135]，禮樂成焉。故曰：「如有王者，必世而後仁[136]。」繇[137]此道[138]也。

【章 旨】以上為卷上的第二部分，寫周代井田制、受田制、賦稅制及教化等有關情況。

【注 釋】❶理 治理；管理。❷道 方法；辦法。❸地著 安土也；使民附著於地。❹建步立晦 建立一畝多少步，一步多少尺的制度。晦，同「畝」。❺經界 井田的田界。❻六尺為步 一步六尺為秦制。周代一步為八尺，一尺為八寸，一步為六尺四寸。秦代一步六尺等於周代的一步六尺四寸。見《續文獻通考》卷一〇八〈樂考·度量衡〉引《律學新說》。❼步百為晦 指寬一步、長一百步為一畝。即一百平方步為一畝。❽晦百 指一百畝土地。❾夫 一個成年的男勞動力為一夫。❿井方一里 井，長、寬皆為一里，即一平方里。一井為九百畝。⓫廬 井田中居住的房屋。顏師古曰：「春夏居之，秋冬則去。」⓬守望 守衛廬井。⓭力役 人民向國家所服徭役。⓮生產 謀生之業。⓯歲 每年。⓰不易 年年耕種。⓱一易中田 兩年休耕一年。⓲再易下田 三年休耕兩年。⓳爰 易；更換。⓴農民戶一人 「一」字原缺。據王先謙《漢書補注》引王念孫說補。㉑餘夫 指每家一夫以外的其餘男勞動力。王先謙說：十六歲以上，十九歲以下的男子為餘夫。餘夫受田比正夫少，《孟子·滕文公》說餘夫受田為二十五畝（以上田計）。㉒如比 如例。㉓平土 平原土地。㉔若 假如。㉕藪澤 水淺草茂的澤地。㉖原陵 丘陵地帶。㉗淳鹵 鹽鹼地。㉘磽 磽確；土地瘠薄。㉙多少 畝數多少。㉚差 等級。㉛賦 軍賦，供軍用。㉜稅 田稅。㉝什一 取十分之一。㉞衡虞 在山林川澤從事採捕業的人。衡，掌管山林。虞，掌管山澤。㉟士 指車兵。後來車兵、步兵皆可稱士。㊱徒 步兵；眾也。㊲郊社 周代冬至日祭天於南郊曰郊，夏至日祭地於北郊曰社，合稱郊社。㊳庶事 各種事務。㊴上 國家機構。㊵彊 同「強」。勸令習事。㊶五種 五穀，麥、黍、稷、麻、豆。㊷力耕 努力耕作。㊸數耘 數，多次。耘，除草。㊹收穫如寇盜之至 收穫時抓緊時間搶收。㊺還廬 環繞廬舍。還，環繞。廬，廬舍。㊻茹 蔬菜的總稱。㊼畦 顏師古注：「畦，區也。」㊽瓜瓠果蓏 指瓜果之類。瓠，瓠瓜，也叫葫蘆。果蓏，果實。樹上長的叫果，地上長的叫蓏。㊾疆易 應為疆界。易，謂至此易主。㊿豚 小豬。(51)彘 豬。(52)脩 治；從事。(53)在壄曰廬 指井田中的廬舍。壄，同「野」。郊外。(54)邑 邑落；村落。(55)里 古時居民聚居的地方。(56)位 官位。(57)自此以上 指自鄉以上的族、黨、州、鄉。(58)稍登一級 謂官位逐級上升。稍，逐漸。登，升；進；高。(59)於是 「是」字原缺。《補注》引宋祁曰：「於」字下當添「是」字。景祐本有「是」字。(60)里有序而鄉有庠 本〈志〉下文說，里學稱「序室」，鄉學名庠、序。《公羊傳·宣公十五年》何休注說：里學名「校室」。據此，應為：里有校室而鄉有庠序。這一意見可供參考。(61)序 此處指里的學校，據下文應為「序室」。(62)明教 宣揚仁義、孝悌之教。(63)行禮 定期行鄉飲酒禮。通過鄉飲酒禮，進行尊長養老教育。(64)視化　宣示教化。視，示。(65)畢出在壄　全出於野。畢，盡；全。(66)畢入於邑　全入於邑。(67)四之日舉止三句見《詩經・豳風・七月》。四之日，周曆四月，為夏曆二月。止，趾；足。舉止，舉足。婦子，婦與子。南畮，農田。(68)十月蟋蟀五句　亦見〈七月〉一詩。聿，曰。為，將。改歲，過年。室處，在房內。(69)順陰陽　順時令。(70)習禮文　學習禮節、文化。(71)里胥　里吏、鄉吏的別稱。(72)平旦　平日早上。(73)右塾　里門右邊的堂屋。(74)鄰長　實為吏。(75)左塾　左側堂屋。(76)夕亦如之　日暮時也一樣，先出而後歸。(77)薪樵　木柴。(78)輕重相分　年齡不同的人攜帶的柴火輕重不同。(79)班白　頭髮花白。(80)提挈　提攜；攜帶。(81)同巷　同里。(82)相從夜績　指夜裡在一起紡織。相從，在一起。績，紡織。(83)一月得四十五日　一月三十日，女工工作至半夜又算半日，故一月得四十五日。(84)省費燎火　省了燎火費或燈火費。(85)同巧拙　使技巧相同。(86)合習俗　使風俗習慣相合、相同。(87)不得其所　不得其所欲；不滿意。(88)相與　相互。(89)傷　憂思；傷心。(90)是月十月。(91)餘子　未任役的兒童、少年為餘子。(92)序室　學校，亦作校室。(93)八歲入小學　八歲入學學小學。(94)六甲　天干與地支相配記時日，其中六甲為：甲子、甲戌、甲申、甲午、甲辰、甲寅。(95)五方　東、西、南、北、中五方的地理知識。(96)書文字。(97)計　計算；算術。(98)室家　家庭。(99)移國　移諸侯國國學。(100)少學　指諸侯國小學。(101)命　名。(102)造士　《公羊傳・宣公十五年》何休注說：「諸侯歲貢小學之秀者于天子，學于大學，其有秀者，命曰造士。」李奇曰：造，成也。(103)行同能偶　德行、才能相同。偶，對等。(104)射　射箭技藝。(105)爵命　封官授爵。命，天子賜臣下的儀物、爵位等。(106)孟春之月　夏曆（農曆）正月。(107)散　分散到農田耕作。(108)行人　官府派出的使者。(109)振　搖動。(110)木鐸　木製的鈴。(111)徇　巡行。(112)采詩　採集民間歌謠。(113)大師　掌音律之官。(114)比　編排；配合。(115)聞　聽。(116)不窺牖戶而知天下　不出門而知天下。牖戶，窗戶。(117)制土　制井田。(118)處民　安置人民。(119)富而教之　富以後進行教育、教化的措施。(120)道千乘之國四句　見《論語・學而》。道，治也。千乘之國，有千乘兵車的國家。敬事，恭敬謹慎地辦事。信，信用。使民以時，使用民力，不誤農時。(121)勸勉力。(122)功　做事、工作。(123)樂業　樂於從事本業。(124)有渰淒淒四句　見《詩經・小雅・大田》。渰，陰雲也。淒淒，雲起也。祁祁，雲盛貌。私，私田。(125)三載考績　對官吏三年考核一次政績，看是否能耕三年餘一年的糧食。(126)苟有用我者三句見《論語・子路》。期月，一年。三年有成，當三年官就可成功。(127)三考　三年一考，九年三考。(128)黜　貶官。(129)陟　升官。(130)進業　事業有發展，五穀豐收。(131)登　上；升。(132)遺　留。(133)九年食　二十七年能餘留下九年的糧食。(134)至德　舊本作「王德」。《補注》引宋祁曰：邵本「王德」作「至德」。王先謙也認為「至德」為是。至德，至高無上的偉大德行。(135)流洽　遍布。(136)如有王者二句　見《論語・子路》。必世而後仁，必三十年仁政才能成功。世，三十年為一世。(137)繇　由；用。(138)道　方法。

【語 譯】治理人民的辦法，以讓人民安居在土地上為根本。因此必須建立步畝制度，並且要劃清田界。六尺為一步，寬一步、長一百步為一畝，一百畝為一夫的耕地，三夫為一屋，三屋為一井，一井為一平方里，是為九百畝耕地。八家共同耕種，各家受私田百畝，公田十畝，共為八百八十畝，餘下的二十畝為廬舍。平日出入互相友愛，看守門戶互相關照，有了疾病互相救護，因此民眾之間和睦團結，所受教化都是相同的，負擔的徭役和從事生產的條件也是均平的。

2 農民領受國家給的田地數量，上等田地一夫百畝，中等田地一夫二百畝，下等田地一夫三百畝。年年耕種不休耕的叫「不易上田」，兩年休耕一年的叫「一易中田」，三年休耕兩年的叫「再易下田」，三年輪換一次耕地，自己在所有的田地上輪換耕種。農民每戶的戶主一人已經領受田地，家中其他的十六歲至十九歲的男子稱餘夫，餘夫領受田地比正夫少，但按上中下田多寡不同之例分配。士、工、商家的人領受田地，五口人與農夫一人的田數相等。這是指平原田地的作法。如果是山林、藪澤、丘陵、鹽鹼地，則各按肥饒、貧瘠分等級來授予畝數。國家對人民徵收的項目，有賦有稅。稅是指公田上徵收的十分之一的稅，及工商業者與衡、虞所管轄的從事山林川澤採捕業的人所繳納的稅。賦的用途是供軍事用車馬、甲兵、士徒之用，以及充實國家府庫和天子賞賜的費用。稅的用途是供郊社、宗廟、百神的祭祀，以及天子供養百官的俸祿和平時處理各種事務的費用。農民二十歲時領受田地，六十歲時把田地歸還給國家。七十歲以上的老人，由國家供養；十歲以下的孩子，由國家撫養長大；十一歲以上，由國家勸勉他們學習有關農事方面的知識。種穀必須雜種麥、黍、稷、麻、豆五種穀物，以防備災害。田中間不能種樹，以免妨礙五穀生長。努力耕作，勤於除草，收穫時抓緊時間搶收，就像強盜將要到來一樣。要環繞廬舍種植桑樹，蔬菜則要分區栽種管理好，瓜類要種在田邊地頭。不要錯失雞、豬、狗等家畜畜養繁殖的時間，婦女們要從事養蠶紡織，那麼五十歲以上的人就可以穿上絲帛做的衣服，七十歲以上的人就可以吃到肉。

3 在井田中居住的地方叫廬，在村落裡居住的地方稱里。五家為一鄰，五鄰為一里，四里為一族，五族為一黨，五黨為一州，五州為一鄉。每鄉一萬二千五百戶。鄰長官居下士，從鄰長以上，地位逐級上升，至鄉的長官就是卿。在學校設置方面，里一級有序，鄉一級有庠。序是宣揚仁義、孝悌的地方，庠是通過定期舉行鄉飲酒禮，學習尊長敬老宣示教化的地方。春天要使農民都到田裡去耕作，冬天則要讓他們回到村落裡。《詩經．豳風．七月》上說：「二月裡踩耜把田耕，妻子孩子一同來，給我送飯到農田。」又曰：「十月的蟋蟀，鑽到我的床下，妻子孩子，新年要到舊年走，快快進屋避寒風。」這麼做就是要順應陰陽時令的變化，防備盜賊，學習禮儀文化。春天要讓農民出邑到郊野去勞作，里胥一早要坐在里門右邊堂屋外面，鄰長要坐在里門左邊堂屋外面，共同從事監督，等農民都出去以後，他們才回去，傍晚也是一樣。回來的人，必須攜帶薪柴，年輕者攜帶的重，年長者攜帶的輕，頭髮斑白的老人不必攜帶。冬天，人民不在野外勞作，都在邑中居住，同一個巷子裡的婦人，相聚一起紡績，工作到半夜，一個月可得四十五個工作日。婦女相聚夜紡是為了節省燈火費，也是為了使紡織的技藝相同、風俗習慣相合。男女有憂愁勞苦、心裡鬱結的，則安排機會相互歌詠，各言自己的心思或感傷。

4 在十月，兒童要在里的序室中學習。八歲入小學，學習用天干地支配合計算時日的方法、東西南北中五方的地理知識、文字和算術等，開始讓他們知道家庭長幼之間的禮節。十五歲入大學，學先聖留下的禮樂，以知道朝廷君臣關係的禮節。學校中發現優秀人才，則從鄉學移至諸侯國辦的庠序中學習；諸侯國辦的庠序中發現優秀人才，則移至小學中學習。諸侯國每年推薦小學中的優秀人才給天子，在天子辦的大學學習，在此學禮成士，叫「造士」。其德行才能兼備，再以射箭技藝測試，然後得到天子授予的爵位。

5 正月，在邑中聚居的人將分散到田野去工作，使者搖動木鈴在路上巡視，採集民間歌謠，獻於掌音律的樂官大師，配上音律，而後演唱給天子聽。所以說，王者不出門而知天下民情。

6 以上是先王制定井田、安置人民、富而教之的大概情況。因此，孔子說：「治理有一千輛兵車的國家，要恭敬謹慎地辦理事情，講信用，節約用費，愛護人民，役使人民要不違農時。」所以人民都願為國建功立業，樂於做好本職工作，先公而後私。《詩經・小雅・大田》說：「陰雲布滿了天，春雨落在田禾上，雨水下在公田裡，同時也落在私人地。」農民耕作三年，能節餘夠一年吃的糧食。衣食充足了，才知道什麼是榮譽和恥辱；有了廉潔和禮讓之心，相爭和訴訟的情事才會止息，因此，國家對官吏要每隔三年考核一次。孔子說：「如果讓我主持國家政事，一年便可看到效果，三年就會成功。」所說成功，就是成就「三年耕，則餘一年之畜」的功。國家對官吏經過九年三次考核決定官吏的升降，九年可以剩餘三年的糧食，這樣的好收成叫「登」；十八年兩次「登」，叫「平」，剩餘六年的糧食；二十七年三「登」叫「太平」，剩餘了九年的糧食。然後，至高無上的德性流澤於天下，禮樂告成。所以說：「如有受命王者，需要用三十年時間，仁政才能成功。」就是用了這樣的方法。

周室既衰，暴君汙吏慢❶其經界，繇❷役橫作❸，政令不信，上下相詐，公田不治。故魯宣公「初稅畝❹」，春秋譏❺焉。於是上貪民怨，災害❻生而禍亂❼作。

陵夷❽至於戰國，貴❾詐力❿而賤⓫仁誼⓬，先富有而後禮讓。是時，李悝⓭為魏文侯⓮作⓯盡地力⓰之教⓱，以為地方百里，提封⓲九萬頃，除山澤⓳邑居⓴參分去一，為田六百萬晦。治田㉑勤㉒謹㉓則晦益㉔三升㉕，不勤則損亦如之。地方百里之增減，輒㉖為粟百八十萬石矣。又曰糴㉗甚貴傷民，甚賤傷農。民傷則離散，農傷則國貧。故甚貴與甚賤，其傷一也。善為國者，使民無傷而農益勸㉘。今一夫挾㉙五口，治田百晦，歲收晦一石半，為粟百五十石，除十一之稅十五石，餘百三十五石。食，人月一石半，五人終歲為粟九十石，餘有四十五石。石三十，為錢千三百五十，除社(30)閭(31)嘗新(32)春秋之祠(33)，用錢三百，餘千五十。衣，人率(34)用錢三百，五人終歲用千五百，不足四百五十。不幸疾病死喪之費，及上賦斂(35)，又未與此。此農夫所以常困，有不勸耕(36)之心，而令糴至於甚貴者也。是故善平糴者，必謹觀歲有上中下孰。上孰其收自四(37)，餘四百石；中孰自三(38)，餘三百石；下孰自倍(39)，餘百石。小饑(40)則收百石，中饑七十石，大饑三十石。故大孰則上糴三而舍一(41)，中孰則糴二(42)，下孰則糴一(43)，使民適足，賈(44)平則止。小飢則發小孰之所斂(45)，中饑則發中孰之所斂，大饑則發大孰之所斂，而糶(46)之。故雖遇饑饉水旱，糴不貴而民不散，取有餘以補不足也。行之魏國，國以富彊。

及秦孝公(47)用商君(48)，壞井田，開仟伯(49)，急耕戰之賞(50)，雖非古道，猶(51)以務本之故，傾鄰國(52)而雄諸侯。然王制遂(53)滅，僭差(54)亡度。庶人之富者累鉅萬(55)，而貧者食糟糠；有國彊者兼州域，而弱者喪社稷(56)。至於始皇，遂并天下，內興功作，外攘(57)夷狄，收泰半(58)之賦，發閭左(59)之戍。男子力耕不足糧饟，女子紡績不足衣服。竭天下之資財以奉其政(60)，猶未足以澹其欲(61)也。海內愁怨，遂用潰畔(62)。

【章　旨】以上為卷上的第三部分，寫春秋戰國土地、賦稅制度及經濟思想、政策與政治形勢的演變。

【注　釋】❶慢　怠慢；忽視；破壞。❷繇　傜役。❸橫作　恣意徵發。❹初稅畮　實行於魯宣公十五年的一次田稅改革。初，始也。稅畮，按畝收稅。❺春秋譏　《春秋》指出初稅畝破壞了農民助耕公田制度，不合西周禮制。❻災害　指天災。❼禍亂　指人禍。❽陵夷　衰微。❾貴　重視。❿詐力　詐術和暴力。⓫賤　輕視。⓬仁誼　仁義。⓭李悝　戰國時法家，任魏文侯相，進行改革，使魏富強。⓮魏文侯　魏斯，魏國建立者，西元前四四五－前三九六年在位。⓯作　為；做；推行。⓰盡地力　充分利用地力。⓱教　教令。⓲提封　總共；總計。⓳山澤　指山地和湖泊。⓴邑居　人們居住的邑落、村落。㉑治田　治理田地；耕種田地。㉒勸　勸勞。㉓謹　小心；謹慎。㉔益　增加。㉕三升　據下文「百八十萬石」計算，當為三斗。㉖輒　常常；總是。㉗糴　買糧食。㉘勸　提倡；勸勉。㉙挾　挾持；擁有。㉚社　土地神；祭土地神的地方。㉛閭　二十五家為閭，里門稱閭，與里同。㉜嘗新　新收穫的五穀與果品，先祭祖先，而後大家品嘗，叫嘗新。㉝春秋之祠　春祭土地神，祈求豐年；秋收後祭土地神，以報庇祐，稱春秋之祠。祠，祭祀。㉞率　大率；通常。㉟上賦斂　指政府徵收賦稅。㊱不勸耕　不盡力耕作。㊲上孰其收自四　上等豐收年收成是平常年景的四倍，即，收六百石，除去食用等外，餘四百石。㊳中孰自三　中等豐收年收成是平常年景的三倍。即，收四百五十石。㊴下孰自倍　下等豐收年收成是平常年景的兩倍，即，三百石。㊵饑　災荒年。㊶大孰則上糴三而舍一　指大豐收年，官府收購糧食三百石，餘一百石歸自己儲存。為糴三舍一。㊷中孰則糴二　中熟之年，收購二百石，留一百石。為糴二舍一。㊸下孰則糴一　收購五十石，留五十石，為糴一舍一。㊹賈　價。㊺發小孰之所斂　發斂，發放收購斂藏的糧食出賣。㊻糶　賣糧食。㊼秦孝公　戰國中期秦國國君，西元前三六一－前三三八年在位。㊽商君　商鞅。㊾開仟伯　開，開通；毀掉。仟伯，同「阡陌」。井田間的田界。㊿急耕戰之賞　以獎勵耕戰為急務。(51)猶　還；仍。(52)傾鄰國　傾覆鄰國。(53)遂　就；於是。(54)僭差　超越名分。(55)鉅萬　萬萬。(56)社稷　土地之神，國家政權的標誌。(57)攘　卻；退卻；侵奪。(58)泰半　師古曰：三分之二。(59)閭左　居住在閭門左邊的貧民。(60)奉其政　供給官府的徵稅。(61)澹其欲　滿足其欲望。澹，通「贍」。供給；滿足。(62)潰畔　逃亡與叛亂。

【語　譯】周朝衰微以後，暴虐的國君與貪汙的官吏破壞井田的田界，任意徵發傜役，政令隨意改變失去信用，上下互相欺詐，公田無人耕種。所以，春秋時魯宣公「開始實行按畝徵稅的制度」，《春秋》譏刺他不合周朝的禮制。當時統治者更加貪得無厭，民眾更加怨怒，天災人禍不斷發生。

世道衰微到了戰國，重視欺詐、暴力，而輕視仁義，把求富有擺第一而不講禮讓。當時，李悝為魏文侯推行「盡地力之教」的教令，認為長寬各百里的土地，總計有九萬頃，除山澤邑落居住的地方占了三分之一外，用於耕作的田地還有六百萬畝。勤勞而又謹慎地耕作，每畝地可以增收三斗，不勤勞耕種則每畝減少三斗。因此百里平方耕地的收穫增減，為數常常就是粟米一百八十萬石。又說：糧食的價格太貴傷害了士人、工人、商人，糧食價格太低，又傷害了農民。士人、工人、商人受了傷害就會離散，農民受了傷害不好好種田，則國家就會貧困。因此，糧食價格太貴與太低，它的害處都是一樣的。所以，善於治國的人，應該使士人、工人、商人不受傷害，要讓農民更加努力耕耘。現在一個成年男子一家有五口人，耕田一百畝，每年每畝收一石半，百畝共收糧食一百五十石，除去十一之稅十五石，餘一百三十五石。吃飯，每人每月需要一石半，五人每年需要糧食九十石，餘四十五石。每石值三十錢，則四十五石為錢一千三百五十，除去社閭嘗新以及春秋兩季祭祀用錢三百，餘一千零五十。衣服，通常一人用錢三百，五人一年用錢一千五百，這樣錢就不足四百五十。不幸遇上疾病死喪的花費及官府的額外徵收，這些還未計算在內。這就是農民所以常常困苦，不願努力耕耘，糧食價格非常昂貴的原因。因此善於穩定糧食價格的人，必須小心謹慎地觀察年景有上熟、中熟、下熟的區別。上熟之年，收成按平常年景的四倍計算，剩餘四百石糧食；中孰之年，收成按平常年景的三倍計，剩餘三百石；下熟之年，收成按兩倍計，剩餘一百石。小饑之年，百畝之收為一百石，中饑之年收成為七十石，大饑之年收成為三十石。所以，大熟之年官府向一戶農民以平價收購三百石，留一百石給農民自己；中熟之年收購二百石，留一百石；下熟之年收購五十石，留五十石，使農民夠吃夠用稍有節餘，讓糧價平穩為止。遇小饑之年，拿出下熟之年收購的糧食，中饑之年拿出中熟之年收購的糧食，大饑之年拿出大熟之年收購的糧食，平價賣給人民。所以，即使遇到水旱災荒，糧食價格不貴而人民也不會離散，這是一種取有餘補不足的辦法。這種辦法在魏國實行，魏國因此富強。

及至秦孝公任用商鞅，破壞井田制度，毀壞井田田界，以獎賞耕戰之士為急務，雖不合古代傳統的先王之道，但由於致力於農業的緣故，仍使得國家富強，能夠傾覆鄰國，稱雄諸侯。然而，先王傳統制度滅亡，人們僭越名分而毫無節制。庶人中的富人積累了上萬萬的財富，而貧窮的人吃的卻是糟糠；諸侯國的強者兼併別國的州郡，而弱國就喪失了社稷。到了秦始皇，最終統一了天下，在國內大興土木，對外斥逐匈奴、百越，徵收人民收入的三分之二為賦役，鄉里的窮人都被發配去戍守邊疆。全國男子努力耕作所收獲的還不足供應軍隊的糧餉，女子努力紡織還不能供應朝廷所需的衣服。竭盡天下的財富供奉統治者的需求，仍然不能滿足其欲望。海內民眾都愁苦怨怒，於是逃亡與叛亂一發而不可收拾。

1 漢興，接秦之敝[1]，諸侯[2]並起，民失作業[3]，而大饑饉[4]。凡[5]米石五千[6]，人相食[7]，死者過半。高祖[8]乃令民得賣子，就食蜀[9]漢[10]。天下既定[11]，民亡蓋臧[12]，自天子不能具醇駟[13]，而將相或[14]乘牛車。上於是約法省禁[15]，輕田租，什五而稅一[16]，量[17]吏祿[18]，度[19]官用[20]，以賦[21]於民。而山川園池市肆租稅[22]之入，自天子以至封君湯沐邑[23]，皆各為私奉養，不領於天子之經費[24]。漕[25]轉[26]關東粟以給中都官[27]，歲不過數十萬石。孝惠[28]、高后[29]之間，衣食滋殖[30]。文帝[31]即位，躬[32]脩[33]儉節，思安百姓。時民近戰國，皆背本[34]趨末[35]，賈誼[36]說上曰：

2 「筦子曰『倉廩實而知禮節[37]』。民不足而可治者，自古及今，未之嘗[38]聞。古之人曰：『一夫不耕，或受之饑；一女不織，或受之寒[39]。』生[40]之有時，而用之亡度[41]，則物力[42]必屈[43]。古之治天下，至孅至悉[44]也，故其畜積[45]足恃[46]。今背本而趨末，食者甚眾，是天下之大殘[47]也；淫侈[48]之俗，日日以長，是天下之大賊[49]也。殘賊公行，莫之或止[50]；大命將泛[51]，莫之振[52]救。生之者[53]甚少而靡之者[54]甚多，天下財產何得不蹶[55]！漢之為漢幾四十年[56]矣，公私之積猶可哀痛。失時不雨[57]，民且狼顧[58]；歲惡[59]不入，請賣爵、子。既聞耳[60]矣，安有為天下阽危[61]者若是[62]而上不驚者！

3 「世[63]之有饑穰[64]，天之行[65]也，禹、湯被[66]之矣。即[67]不幸有方二三千里之旱，國胡以[68]相恤[69]？卒然[70]邊境有急，數十百萬[71]之眾，國胡以餽[72]之？兵旱相乘[73]，天下大屈[74]，有勇力者聚徒而衡擊[75]，罷夫羸老[76]易子而齩其骨[77]。政治未畢通[78]也，遠方之能疑者[79]並舉[80]而爭起[81]矣，迺[82]駭[83]而圖[84]之，豈[85]將[86]有及乎？

4 「夫[87]積貯者，天下之大命[88]也。苟[89]粟多而財有餘，何為[90]而不成？以[91]攻則取，以守則固，以戰則勝。懷[92]敵附遠[93]，何招而不至？今毆[94]民而歸之農，皆著於本，使天下各食其力，末技[95]游食[96]之民轉而緣[97]南晦[98]，則畜積足而人樂其所[99]矣。可以為富[100]安天下，而直[101]為此[102]廩廩[103]也，竊[104]為陛下惜之！」

5 於是上感誼言，始開籍田[105]，躬耕[106]以勸百姓。鼂錯[107]復說上曰：

6 「聖王在上而民不凍饑者，非能耕而食之[108]，織而衣之[109]也，為[110]開其資財[111]

之道[112]也。故[113]堯、禹有九年之水，湯有七年之旱，而國亡捐瘠[114]者，以畜積多而備先具[115]也。今海內為一，土地人民之眾不避湯、禹[116]，加以亡天災數年之水旱，而畜積未及者，何也？地有遺利[117]，民有餘力[118]，生穀之土未盡墾，山澤之利未盡出也，游食之民未盡歸農也。民貧，則姦邪生。貧生於不足，不足生於不農，不農則不地著[119]，不地著則離鄉輕家，民如鳥獸[120]，雖有高城深池[121]，嚴法重刑，猶[122]不能禁也。

7 「夫寒之於[123]衣，不待輕煖[124]；饑之於食，不待甘旨[125]；饑寒至身，不顧廉恥。人情，一日不再食[126]則饑，終歲[127]不製衣則寒。夫腹饑不得食，膚寒不得衣，雖慈母不能保其子，君安能以有其民哉！明主知其然[128]也，故務[129]民於農桑，薄[130]賦斂[131]，廣[132]畜[133]積，以實倉廩，備水旱，故民可得而有也。

8 「民者，在上所以[134]牧[135]之，趨利[136]如水走下[137]，四方亡擇[138]也。夫珠玉金銀，饑不可食，寒不可衣，然而眾貴[139]之者，以上用之故[140]也。其為物輕微易臧[141]，在於把握[142]，可以周[143]海內而亡饑寒之患[144]。此令臣輕背其主，而民易去其鄉，盜賊有所勸[145]，亡逃者得輕資[146]也。粟米布帛生於地，長於時，聚於力[147]，非可一日成也；數石之重[148]，中人[149]弗勝[150]，不為姦邪所利，一日弗得而饑寒至。是故明君貴五穀而賤金玉。

9 「今農夫五口之家，其服役者[151]不下二人，其能耕者不過百畮，百畮之收不過百石。春耕夏耘，秋穫冬藏，伐薪樵，治官府[152]，給繇役；春不得避風塵，夏不得避暑熱，秋不得避陰雨，冬不得避寒凍，四時之間亡日休息；又私自送往迎來[153]，弔死[154]問疾[155]，養孤[156]長幼[157]在其中。勤苦如此，尚復被水旱之災，急政暴賦[158]，賦斂不時[159]，朝令而暮改[160]。當具有者半賈[161]而賣，亡者取倍稱[162]之息，於是有賣田宅鬻[163]子孫以償責者矣。而商賈大者積貯倍息[164]，小者坐列[165]販賣，操其奇贏[166]，日游都市，乘上之急，所賣必倍。故其男不耕耘，女不蠶織，衣必文采，食必粱肉[167]；亡農夫之苦，有仟伯[168]之得。因[169]其富厚，交通[170]王侯，力過吏勢，以利相傾[171]；千里游敖[172]，冠蓋[173]相望，乘堅[174]策肥[175]，履絲[176]曳縞[177]。此商人所以兼并農人，農人所以流亡者也。

10 「今法律賤商人，商人已富貴矣；尊農夫，農夫已貧賤矣。故俗之所貴，主之所賤也；吏之所卑，法之所尊也。上下相反，好惡乖迕[178]，而欲國富法立，不可得也。方今之務，莫若使民務農而已矣。欲民務農，在於貴粟；貴粟之道，在於使民以粟為賞罰[179]。今募天下入粟縣官[180]，得以拜爵，得以除罪。如此，富人有爵，農民有錢，粟有所渫[181]。夫能入粟以受爵，皆有餘者也；取於有餘，以供上用，則貧民之賦可損[182]，所謂損有餘補不足，令出而民利者也。順於民心，所補者三：一曰主用足，二曰民賦少，三曰勸農功[183]。今令民有車騎馬一匹[184]者，復卒三人[185]。車騎者，天下武備也，故為復卒。神農之教曰：『有石城十仞[186]，湯池[187]百步，帶甲[188]百萬，而亡粟，弗能守也。』以是觀之，粟者，王者大用，政之本務。今民入粟受爵至五大夫[189]以上，迺[190]復一人耳，此其與騎馬之功相去遠矣[191]。爵者，上之所擅[192]，出於口而亡窮；粟者，民之所種，生於地而不乏。夫得高爵與免罪，人之所甚欲也。使天下人入粟於邊，以受爵免罪，不過三歲，塞下[193]之粟必多矣。」

11 於是[194]文帝從錯之[195]言，令民入粟邊，六百石爵上造[196]，稍增至四千石為五大夫，萬二千石為大庶長[197]，各以[198]多少級數有差[199]。錯復奏言：「陛下幸使天下入粟塞下以拜爵，甚大惠也。竊恐塞卒之食不足用大渫[200]天下粟。邊食足以支五歲，可令入粟郡縣矣；足支一歲以上，可時赦[201]，勿收農民租。如此，德澤加於萬民，民俞[202]勤農。時有軍役[203]，若遭水旱，民不困乏，天下安寧；歲孰且美，則民大富樂矣。」上復從其言，迺下詔賜民十二年[204]租稅之半。明年[205]，遂除民田之租稅。

12 後十三歲，孝景二年(206)，令民半出田租，三十而稅一也(207)。其後，上郡(208)以西旱，復修(209)賣爵令，而裁(210)其賈(211)以招(212)民；及徒復作(213)，得輸粟於縣官以除罪。始造苑馬(214)以廣用(215)，宮室列館車馬(216)益(217)增脩(218)矣。然婁敕(219)有司(220)以農為務，民遂樂業。至武帝之初七十年間(221)，國家亡事，非遇水旱，則民人給家足，都鄙(222)廩庾(223)盡滿，而府庫餘財。京師之錢累百鉅萬(224)，貫朽(225)而不可校(226)。太倉(227)之粟陳陳相因(228)，充溢(229)露積(230)於外，腐敗不可食。眾庶(231)街巷有馬，仟伯(232)之間成群，乘牸牝(233)者擯(234)而不得會聚。守閭閻(235)者食粱肉；為吏者長子孫(236)；居官者以為姓號(237)。人人自愛而重(238)犯法，先行誼(239)而黜媿辱(240)焉。於是罔疏(241)而民富(242)，役財(243)驕溢(244)，或至(245)并兼(246)。豪黨之徒以(247)武斷(248)於鄉曲(249)。宗室有土(250)，公卿大夫以下爭於奢侈，室廬車服僭上亡限(251)。物盛而衰，固其變也(252)。

【章　旨】以上為卷上的第四部分，寫西漢建立到漢武帝初年經濟狀況與經濟思想、政策的變化。

【注　釋】❶敝　凋敝；疲敗。❷諸侯　秦末起事的諸侯。❸作業　謀生之業。❹饑饉　災荒。❺凡　大概；一般。❻石五千　每石五千錢。石，十斗，一百二十斤。❼人相食　人吃人。❽高祖　指劉邦。❾蜀　蜀郡，秦置。治今四川成都。❿漢　漢中郡，秦置，治今陝西漢中。⓫天下既定　指劉邦戰勝項羽，統一天下，即帝位後。⓬蓋臧　積蓄。臧，通「藏」。⓭醇駟　四匹顏色相同的馬。醇，純；純一不雜。駟，駕一車的四馬。⓮或　有的人。⓯約法省禁　減省法令、禁律。⓰什五而

稅一　徵收十五分之一的稅。(17)量　估量；計量。(18)吏祿　官吏的俸祿。(19)度　度量。(20)官用　官府的經費。(21)賦　徵收賦稅。(22)山川園池市肆租稅　包括鹽鐵稅、海租、使用園池等所交納的稅、市肆上的工商業稅等。(23)湯沐邑　又稱朝宿邑，原是周天子賜給諸侯供朝見時食宿、齋戒、清潔費用的封邑。漢朝演變為皇帝、皇后、封君收賦稅的私邑。(24)不領於天子之經費　各收其所賦稅以自供，不入國朝之倉廩府庫也。經，常也。(25)漕　水道運糧。(26)轉　轉運；轉入。(27)中都官　京師諸官。(28)孝惠　指惠帝劉盈。(29)高后　指高祖皇后呂雉。(30)滋殖　增長。(31)文帝　指漢文帝劉恆。(32)躬　親自。(33)脩　整治；實行。(34)本　指農業。(35)末　指工商業。(36)賈誼　西漢著名政論家、文學家，本書卷四十八有傳，下文為其〈論積貯疏〉。(37)倉廩實而知禮節　見《管子・牧民篇》。倉廩，存糧食的倉庫。(38)嘗　曾經。(39)一夫不耕四句　見《管子・輕重甲篇》。或，或者；有。(40)生　農業生產。(41)亡度　沒有節制。(42)物力　物資；財力。(43)屈　窮盡；盡。(44)至孅至悉　極其細緻周密。(45)畜積　糧食的蓄積。畜，通「蓄」。(46)恃　依賴。(47)大殘　大摧殘。(48)淫侈　荒淫奢侈。(49)大賊　大賊寇。(50)莫之或止　沒有人能制止。莫，沒有。之，代詞，代「殘賊公行」。或，任何人。止，制止。(51)大命將泛　國家將要傾覆。(52)振　賑救。(53)生之者　生產者。(54)靡之者　消耗者。(55)蹷　缺少。(56)幾四十年　將近四十年。西元前二〇六年劉邦稱漢王，賈誼上〈論積貯疏〉距漢建立將近四十年，當在文帝西元前一一年或前一二年，即西元前一六九年或前一六八年。賈誼死於西元前一六八年，如在此年上書，則距漢建立為三十八年。(57)失時不雨　不按時下雨。(58)狼顧　狼性怯，常反顧。比喻人有所畏懼。(59)歲惡　年景不好。(60)既聞耳　既然已經聽到。(61)阽危　危險。(62)若是　如此；像這樣。(63)世　年景；年成。(64)穰　莊稼豐收。(65)天之行　自然變化的現象。(66)被　遭；受。(67)即　如果；倘若。(68)胡以　何以；用什麼。(69)恤　救濟。(70)卒然　突然。卒，同「猝」。(71)數十百萬　數十萬；上百萬。(72)餽　供應糧餉。(73)乘　計也。(74)屈　竭盡；窮盡。(75)衡擊　橫擊；搶劫。(76)罷夫羸老　罷夫，殘疾多病的人。罷，通「疲」。羸老，年老體弱。(77)易子而齩其骨　易子而食。齩，同「咬」。(78)政治未畢通　指文帝時諸侯王勢力大，皇權尚未鞏固。(79)能疑者　能與天子比擬；敢同天子抗衡。疑，通「擬」。(80)並舉　一起發動。(81)爭起　起而爭天下。(82)迺　始。(83)駭　驚駭。(84)圖　圖謀；想辦法。(85)豈　難道。(86)將　還能。(87)夫　語助詞。(88)大命　命脈；要害；根本。(89)苟　如果；假若。(90)何為　做什麼；幹什麼。(91)以　憑；憑藉。(92)懷　安撫；招徠。(93)附遠　安撫遠方之人。(94)毆　驅趕。師古曰：「毆亦驅字。」(95)末技　末業；工商業。(96)游食　不務農而遊食。(97)緣　依附。(98)南畮　農田。南面向陽，利於作物生長，所以農田向南開闢，後稱農田為南畮。(99)樂其所　樂於從事自己的事業。(100)為富　致富。(101)直　徑直。(102)為此　若此。(103)廩廩　危也；畏懼貌。(104)竊　私下。(105)籍田　古時天子有籍田千畝，春耕前天子持耒耜在田上三推或一撥，稱為「籍禮」，以示重農。文帝前二年，始耕籍田。[106]躬耕　親自耕種。[107]鼂錯　西漢著名政論家，本書卷四十九有傳。下為鼂錯〈論貴粟疏〉。[108]食之　給之吃。[109]衣之　給之穿。[110]為　替；為他們。[111]資財　財富。[112]道　道路。[113]故　語氣詞。[114]捐瘠　棄屍。捐，骨不埋者。瘠，肉腐、病瘦為瘠。[115]具　具備。[116]不避湯禹　不少於湯禹；不比湯禹時少。[117]遺利　未充分利用地利。[118]餘力　人力有剩餘。[119]地著　附著、安居於土地。[120]民如鳥獸　民不依附土地，就會像鳥獸一樣向四方逃散。[121]池　護城河。[122]猶　還是。[123]之於　對於。[124]輕煖　又輕又暖的衣服。[125]甘旨　香甜美味的食品。[126]再食　一天吃兩頓飯。[127]終歲　終年；整年。[128]然　這種；這樣。[129]務　致力；從事。[130]薄　輕。[131]賦斂　稅收。[132]廣　多。[133]畜　通「蓄」。[134]所以　用什麼方法。[135]牧　治理、管理的方法。[136]趨利　追求財利。[137]走下　向低處流。[138]亡擇　無選擇。[139]貴　重。[140]故　緣故。[141]易臧　容易藏。[142]把握　掌握。[143]周　遍。[144]患　憂慮。[145]勸　鼓勵。[146]輕資　同「輕賚」。輕便而易於攜帶的財物。[147]聚於力　王念孫說，「力」當作「市」。[148]數石之重　幾石的重量。[149]中人　一般體力的人。[150]弗勝　不能勝任；拿不動。[151]服役者　服徭役的人。[152]治官府　給官府修建房屋。治，修建。[153]私自送往迎來　私人間的來往應酬。[154]弔死　弔祭死者。[155]問疾　慰問病人。[156]養孤　贍養孤老。[157]長幼　撫養幼兒長大。[158]急政暴賦　急於徵收賦稅。政，通「徵」。暴賦，舊本作「暴虐」。《補注》引王念孫曰：景祐本「暴虐」作「暴賦」。案景祐本是也。[159]不時　沒有固定時間。[160]朝令而暮改　《補注》引王念孫曰：「『改』一本作『得』。言急徵暴賦，朝出令而暮已得。」「《漢紀》正作朝令暮得。」[161]半賈　一半價格。賈，通「價」。[162]倍稱　借一還二為倍稱。[163]鬻　賣。[164]倍息　加倍的利息。[165]坐列　坐在成列的店鋪中。[166]奇贏　囤積奇貨賺大錢。[167]粱肉　師古曰：「粱，好粟也。」今之小米。[168]仟伯　師古曰：「仟謂千錢，伯謂百錢。」[169]因　憑藉。[170]交通　交結。[171]以利相傾　為利益互相傾軋。[172]游敖　遊逛。[173]冠蓋　冠為帽子，蓋為車蓋。[174]乘堅　乘坐堅車。[175]策肥　鞭策肥馬。策，鞭打。[176]履絲　穿著絲鞋。[177]曳縞　拖著精緻的絲織長衣。縞，潔白絲織品。[178]乖迕　違背；互相抵觸。[179]以粟為賞罰　以糧食作為換取爵位和免罪之物。[180]縣官　皇帝；朝廷；官府。[181]渫　分散；疏通。[182]損　減也。[183]農功　農事。[184]車騎馬一匹　戰馬一匹。[185]復卒三人　當為卒者，免其三人役。不為卒者，免三人算賦。[186]仞　長度單位。顏師古曰：八尺為一仞。[187]湯池　以沸湯為池，喻其危險。池，護城池。[188]帶甲　穿鎧甲。[189]五大夫　二十等爵制中的第九等爵。[190]迺　才。[191]此其句　爵至五大夫，才復一人，這與車騎馬一匹，復卒三人，相差遠矣。這麼做官府合算。功，功用。指車騎馬一匹復卒三人。[192]擅　專也。[193]塞下　邊塞地帶。[194]於是　當時。[195]之　王先謙曰：唐寫本無「之」字。[196]上造　二十等爵的第二等爵。[197]大庶長　第十八等爵。[198]以　按照。[199]多少級數有差　按糧食數目多少而分別等級。[200]大渫　大分散；大疏通。

(201)時赦　適時赦免。(202)俞　通「愈」。(203)時有軍役　若有軍役。時，若。(204)十二年　文帝前十二年（西元前一六八年）。(205)明年　文帝前十三年，這年免除民田租稅。(206)孝景二年　景帝前二年（西元前一五五年）。(207)半出田租二句　以前一般情況下，出十五稅一的田租。從景帝開始，半出田租，三十而稅一，此後成為定制。(208)上郡　郡名。治膚施，今陝西榆林東南。(209)修修訂。(210)裁　減。(211)賈　價。(212)招　招徠。(213)復作　刑律名，舊說女為復作，《漢》表及漢簡中男子亦為復作。不帶刑具，刑期三月到一年。(214)始造苑馬　秦已在邊郡置苑養馬，漢承秦制，說「始」不當，應以《史記・平準書》說「益」為是。(215)廣用　擴大軍用。(216)宮室列館車馬　皆供皇帝等享用者。(217)益　逐漸。(218)增脩　增建和修繕。(219)敕　皇帝的詔書。(220)有司　官吏。古代設官分職，事各有專司，故稱有司。(221)至武帝之初七十年間　高祖元年（西元前二〇六年）至武帝建元元年（西元前一四〇年），共六十六年。至武帝建元六年（西元前一三五年），共為七十二年。(222)都鄙　都，指京都。鄙，指邊遠郡縣。(223)廩庾　糧倉。庾，露天的穀倉。(224)累百鉅萬　數百萬萬。鉅萬，萬萬；億。(225)貫朽　穿錢的繩索腐朽為貫朽。(226)不可校　不能計數。校，計數。(227)太倉　漢代京師的大糧倉。(228)陳陳相因　太倉糧食吃不完，陳糧加陳糧，層層積累。(229)充溢　糧食裝得太滿，溢出倉外。(230)露積　露天堆積。(231)眾庶　眾百姓。(232)仟伯　指田野。(233)牸牝　母馬。(234)擯　排斥。因母馬招誘公馬，會發生騷動。(235)閭閻　里巷的門。(236)為吏者長子孫　官吏長期當官，子孫長大仍在其位。(237)居官者以為姓號　指做官的人長期擔任某官職，便以官職為姓號，如管倉庫的以倉為姓氏等。(238)重　難；不輕易。(239)行誼　猶行義，以品行、道義為先。(240)黜媿辱　排斥愧辱。(241)罔疏　指西漢初期法網寬疏。(242)民富　謀生之途廣，百姓殷富。(243)役財　憑藉金錢。(244)驕溢　驕縱。(245)至　甚至。(246)并兼　指兼併農民土地。(247)以　則。(248)武斷　橫行霸道；擅行威罰。(249)鄉曲　鄉里。(250)宗室有土　皇帝的宗室貴族占有封邑土地。(251)僭上亡限　僭越無度。(252)固其變也　此句是說所以要變化的原因。固，通「故」。

【語　譯】漢朝興起，承接秦朝弊政的後果，諸侯紛紛起兵，人民失去謀生之業，又遇上了大災荒。米價每石賣到五千錢，嚴重到人吃人，死去的人超過了一半。高祖不得不下令，允許百姓賣兒賣女，到蜀漢地區就食。天下已定之後，百姓普遍沒有蓄積，連天子坐車都湊不到顏色一樣的四匹馬，而有的將相只能乘坐牛車。高祖於是精簡法令，減省禁律，減輕田租，收十五分之一的稅，度量官吏的俸祿與政府所需經費，向百姓徵收賦稅。而山川、園池以及市肆的租稅收入，屬於上自天子以至各封君湯沐邑範圍內的，都各自讓他們納為私人自用，不列入政府的經費。從水路轉運關東地區的糧食，以供給京都各官府，每年不過數十萬石。孝惠、高后年間，吃穿漸漸比以前富裕。文帝即位，從自身做起，厲行節儉，想方設法安定百姓。當時離戰國時期不遠，百姓多離開農業從事工商業。賈誼上書勸說皇帝道：

2 「筦子說『倉庫充實後，人們才會懂得禮節』。百姓衣食不足而能把國家治理好的，從古到今，沒有聽說過。古人說：『一個成年男子不耕田，就有人會挨飢受餓；一個婦女不紡織，就有人會受寒。』農業生產要受農時的限制，而消費卻沒有限度，那麼農產品一定會耗盡。古代的人治天下，十分細心和周到，所以糧食蓄積得多，總是有恃無恐。現在人們脫離農業向工商業發展，吃飯的人多而生產的人卻很少，這是對社會的最大殘害；荒淫奢侈的習俗，日日增長，這是國家最大的禍患。最大的殘害和禍患公然風行於世，無法加以制止；國家將要傾覆，卻沒有人能夠拯救它。生產糧食的人很少，而消費的人卻很多，天下的財富怎麼能不枯竭！漢朝立國幾乎將近四十年了，公家與私人的蓄積仍然令人憂心。一旦錯失農時不下雨，百姓就會恐慌不安；災荒年沒有收成，百姓就要賣掉爵位、子女。既然都聽到了這種情況，治理國家的人面臨這樣的危險怎麼能不吃驚呢！

3 「年成有歉有豐，乃是天道之常，就像禹、湯這樣的聖王時期也免不了遭受水旱災害。如果不幸有二、三千平方里的地方遭受旱災，國家如何加以救濟？突然之間邊境發生緊急情況，動用數十萬或上百萬的兵眾，國家又怎樣供應糧食？戰爭和旱災交加，天下財源竭盡，有勇力的人聚集徒眾橫行搶劫，老弱病殘的人則易子而食。加上政令還不能通達各地，萬一遠方敢於與天子相抗衡的人一起起兵相爭，到那時才驚慌地謀劃平息叛亂，難道還來得及嗎？

4 「積貯糧食這件事，是天下的命根。如果糧食充足而財用有餘，有什麼事情會做不成功？憑藉它，攻則能取，守則堅固，戰則必勝。招撫敵人，使遠方之人歸附，什麼人會不應召而至呢？現在驅使百姓回歸農業，都著力於土地，使天下的人都自食其力，從事工商業的遊食之民轉而依附於農田，那樣就會蓄積充足而人人安居樂業。這可以說是富安天下，然而現在卻完全是使百姓競逐末業而處於如此危險的境地，我私下為陛下感到惋惜！」

5 當時文帝為賈誼議論所感動，開始設置籍田，親自耕種以勸勉百姓。鼂錯又上書對文帝說：

6 「聖王在位而人民不挨餓受凍的原因，並非聖王能種出糧食給他們吃，織出布來給他們穿，而是能為他們開闢生產財富的門路。所以堯、禹時有過九年的水災，湯時有過七年的旱災，然而國內卻沒有凍餓而死的人，是因為糧食蓄積得多而早有準備的緣故。現在全國統一，土地、人民之眾多，不比禹、湯時少，又沒有連續數年的水旱災荒，然而蓄積的糧食卻趕不上禹湯時代，這是為什麼呢？這是由於土地還有尚未利用的地力，人民還有未利用的餘力，生產糧食的土地還未完全開墾，山林湖泊的利益還未完全開發，脫離生產的遊食之民還未完全回歸農業。百姓貧困，奸邪的事情就會發生。貧困生於衣食不足，衣食不足生於不從事農業，不從事農業就不安居於土地，不安居於土地就會輕易離開家鄉，人民如鳥獸向四方逃散，雖然有很高的城牆，很深的護城河，很嚴的法律，很重的刑罰，仍然不能制止他們。

7 「天寒地凍時對於衣服的需求，不要求質地又輕又暖；忍飢挨餓時對於食物的需求，不要求味道香甜；人到飢寒交迫的境地，就會不顧廉恥。一般人的情況為，一日吃不上兩頓飯就會飢餓，一年不做衣服就會寒冷。肚子飢餓沒有吃的，皮膚寒冷沒有穿的，就是慈母也不能保有自己的兒子，國君怎能保有自己的人民！明主知道其中的道理，所以致力於讓人民從事農桑，收很輕的賦稅，多蓄積糧食，以充實倉庫，防備水旱災荒，因此就能保有自己的人民。

8 「民眾，君主所以能對他們進行治理，因為他們追求財利就像水向下流一樣，是不會選擇方向的。珠玉金銀，飢餓了不能吃，寒冷了不能穿，然而眾人卻很珍貴它，是因為國君使用它的緣故。這些東西又輕又小容易收藏，帶在身上，可以周遊四海而沒有挨餓受凍的憂慮。它使臣下輕易地背叛自己的君主，民眾輕易地離開家鄉，盜賊從中受到鼓勵，逃亡的人攜帶方便。粟米布帛出生在地裡，生長於一定的時節，聚集在市場上，不是一日可以完成的；幾石重的糧食，中等體力的人搬不動，不被奸邪所貪而謀利，然而一天得不到它飢餓就會來到。因此明君重視糧食而輕視珠玉。

9 「現在農民一家五口，服傜役的不少於二人，能耕種的田地不過一百畝，百畝之收入不過一百石。春天耕種，夏天除草，秋天收穫，冬天蓄積糧食；砍伐薪柴，修建官府，供給徭役；春天不能避風塵，夏天不能避暑熱，秋天不能避陰雨，冬天不能避寒凍，一年四季沒有一天能夠休息；又私人之間的送往迎來，悼念死者，慰問病人，贍養老人，撫育幼兒，都要在這一百石收入中開支。這樣的勤勞困苦，又要遭受水旱災荒，再加上官府徵收賦稅十分緊急，而且不按規定時間，早上下令，傍晚就改。逼得農民把家中有的東西半價出賣，沒有東西的人就借高利貸、出借一還二的利息，於是就有人賣田地、賣房子、賣子孫來償還債務。而那些商人，大的囤積貨物，賺取成倍的利息，小的成列成行坐在貨攤與店鋪中賤買貴賣，蓄積奇異的貨物，每天在市場上走來走去看行情，趁官府急需這種貨物，就成倍加價賣出。因此那些商人，男不耕田除草，女不養蠶紡織，穿的衣服卻是文采華麗的絲織品，吃的又是香甜美味的食品；他們無農夫之苦，卻有成千成百錢的收入。他們憑著富有，結交王侯，勢力超過官吏，為謀利互相傾軋；他們到千里外去遊玩，一路絡繹不絕，帽子和車蓋都能互相望見，坐著堅固的車子，鞭打肥壯的馬匹，穿著絲織的鞋，拖著絲織的長衣。這就是商人為什麼兼併農民，農民為什麼破產流亡的原因。

「現在法律雖然鄙視商人，商人卻已經富貴；尊崇農夫，農夫卻已經貧賤。所以風俗所尊貴的，卻是國君所鄙視的；官吏所鄙視的，卻是法律所尊崇的。在上位者與下層百姓看法相反，喜好和厭惡不同，要使國家富強，法制確立，是不可能的。現在最重要的事情，莫過於使百姓務農。想使百姓務農，關鍵在於重視糧食；重視糧食的方法，在於使百姓知道以糧食為賞罰。現在招募天下百姓向朝廷交納糧食，可以封爵，可以免罪。如果這樣，富人有爵，農民有錢，糧食就會分散。能夠交納糧食受封爵的，都是有餘糧的人；向有餘糧的人取糧食，供朝廷使用，則貧民的賦稅就可以減少，這就是所謂『損有餘，補不足』，這個法令公布出去，人民就會得利。這件事順應百姓心理，對以下三方面都有補益：一是朝廷用度充足，二是百姓賦稅減少，三是鼓勵百姓務農。現在法令規定：人民有戰馬一匹者，免除三個人的兵役。戰馬是國家的軍事設施，戰馬要供軍用，所以就免除了人的兵役。神農氏教導說：『有八丈高的石築城牆，百步寬的裝著沸水的護城河，帶甲兵一百萬，而沒有糧食，還是不能固守。』由此來看，糧食是帝王最有用處的東西，是治理國家最根本的東西。令百姓繳納糧食到第九等爵五大夫以上，才免除一個人的徭役而已，這與一匹戰馬免去三人的兵役相比，相差甚遠。爵位，是皇帝所專有的，從口中講出來，沒有窮盡；糧食，是農民種的，從田地中生產出來，不會缺乏。得到高爵與免除罪刑，是人們盼望得到的。使天下百姓向邊塞地區交納糧食，用來換取爵位和免罪，不超過三年，沿邊要塞地區的糧食一定會多起來。」

11 當時文帝採納了鼂錯的建議，令百姓向邊塞地區繳納糧食換取爵位，六百石為第二等爵上造，累增至四千石為第九等爵五大夫，到一萬二千石為第十八等爵大庶長，授爵位是按繳納糧食多少分等差授予。鼂錯又上書說：「陛下使天下百姓向邊塞繳納糧食換取爵位，這是很大的恩惠。臣恐怕邊塞士卒所需糧食有限，不足以分散天下全部糧食。邊塞糧食蓄積到夠五年食用時，可令百姓向各郡縣交納糧食；郡縣蓄積的糧食夠一年食用時，就可以在適當時候，不收農民田租。如果這樣，恩惠加於民眾，民眾就會更加勤於務農。即便有戰爭，或遭水旱災荒，民眾也不困乏，天下安定；如果遇上豐收年景，民眾就會大富大樂了。」文帝又採納了鼂錯的意見，下詔減免文帝前十二年田租的一半，明年，免除全部田租。

12 文帝免除田租後的第十三年，即景帝前二年，令民出一半田租，即所謂三十分之一的稅。後來，因上郡以西遭旱災，又修訂賣爵令，降低價格，招徠百姓用糧食買爵；以及刑徒復作，也可以向官府繳納糧食免罪。開始在西北邊郡設置牧場養馬，以滿足軍用的廣泛需求，宮室、列館、車馬也漸漸增建和修飾了起來。景帝仍然屢次敕令有關官員要把農業看作根本要務，百姓因此都安居樂業。到武帝之初七十年間，國家太平無事，不遇水旱災荒，百姓便人給家足，京都和各郡縣的糧倉都裝滿了糧食，而府庫中蓄貯了很多的餘財。京師府庫中的財富積累了幾百萬萬，因一貫一貫穿錢繩腐朽而無法計數。太倉的糧食陳糧加陳糧，層層積累，溢出了倉外，在露天堆積著，以至腐爛而不可食。百姓在大街小巷有馬，田野中馬匹成群，乘母馬的人受到排斥，不能參加騎馬的聚會行列。看守里巷大門的人吃的是美味食品；做官吏的人長期任職，在任所子孫都長大了；居官者以官職作為自己的姓氏。人人都自愛而不輕易犯法，把正當行為看作首要的事情，看不起不正當行為，視其為愧辱。當時法網寬疏，百姓富裕，有的人憑藉富有，驕傲放縱，甚而兼併土地。豪強惡霸在鄉里橫行霸道，以暴力擅行威罰。宗室貴族都占有封邑土地，公卿大夫以下，爭逐於奢侈，房屋、車馬、服飾都超過本分，僭越無度。事物發展到鼎盛就會走向反面，事物就是這樣在發展變化。

是後，外事四夷❶，內興功利，役費❷並興，而民去本。董仲舒❸說上曰：「春秋它穀不書，至於麥禾❹不成則書之，以此見聖人於五穀最重麥與禾也。今關中俗不好種麥，是歲失春秋之所重，而損生民❺之具❻也。願陛下幸詔大司農❼，使關中民益❽種宿麥❾，令毋❿後時⓫。」又言：「古者稅民不過什一⓬，其求易共⓭；使民不過三日，其力易足⓮。民財內足以養老盡孝，外足以事上共稅，下足以畜妻子極愛⓯，故民說從上。至秦則不然，用商鞅之法，改帝王之制，除井田，民得賣買，富者田連仟伯⓰，貧者亡立錐之地⓱。又顓⓲川澤之利，管山林之饒，荒淫⓳越制，踰侈⓴以相高；邑有人君之尊，里有公侯之富，小民安得不困？又加月為更卒㉑，已，復為正㉒一歲，屯戍㉓一歲，力役三十倍於古；田租㉔口賦㉕，鹽鐵之利㉖，二十倍於古。或耕豪民㉗之田，見㉘稅什五。故貧民常衣牛馬之衣，而食犬彘之食。重以㉙貪暴之吏，刑戮㉚妄加，民愁亡聊㉛，亡逃山林，轉為盜賊，赭衣㉜半道，斷獄歲以千萬數㉝。漢興，循而未改㉞。古井田法雖難卒㉟行，宜少近古，限民名田(36)，以澹不足，塞(37)并兼之路。鹽鐵皆歸於民(38)。去奴婢(39)，除專殺之威(40)。薄賦斂，省繇役，以寬民力。然後可善治也。」仲舒死後，功費(41)愈甚，天下虛耗，人復相食。

武帝末年，悔征伐之事，迺封丞相為富民侯(42)。下詔曰：「方今之務，在於力農。」以趙過為搜粟都尉(43)。過能為代田(44)，一畮三甽。歲代處，故曰代田，古法也。后稷始甽田，以二耜為耦(45)，廣尺深尺曰甽，長終畮。一畮三甽，一夫三百甽，而播種於三甽中。苗生葉以上，稍耨(46)隴草，因隤(47)其土以附苗根。故其詩曰：「或芸或芓，黍稷儗儗(48)。」芸，除草也。芓，附根也。言苗稍壯，每耨輒(49)附根，比(50)盛暑(51)，隴盡而根深，能(52)風與旱，故儗儗而盛也。其耕耘下種田器，皆有便巧(53)。率(54)十二夫為田一井一屋，故畮五頃(55)，用耦犂(56)，二牛三人，一歲之收常過縵田(57)畮一斛(58)以上，善者倍之。過使教田太常(59)、三輔(60)，大農(61)置工巧奴(62)與從事，為作田器。二千石(63)遣令長(64)、三老(65)、力田(66)及里父老善田者受田器，學耕種養苗狀。民或苦少牛，亡以趨澤(67)，故平都(68)令光(69)教過以人輓犂(70)。過奏光以為丞(71)，教民相與庸(72)輓犂。率多人者田日三十畮，少者十三畮，以故田多墾闢。過試以離宮卒(73)田其宮壖地(74)，課(75)得穀皆多其旁田畮一斛以上。

令[76]命家[77]田三輔公田，又教邊郡及居延城[78]。是後邊城[79]、河東[80]、弘農[81]、三輔、太常民皆便代田，用力少而得穀多。

至昭帝時，流民稍還，田野益闢，頗有畜積。宣帝即位，用吏多選賢良，百姓安土[82]，歲數豐穰[83]，穀至石五錢，農人少利。時大司農中丞[84]耿壽昌[85]以善為算能商功利[86]得幸於上，五鳳[87]中奏言：「故事[88]，歲漕[89]關東[90]穀四百萬斛以給京師，用卒六萬人。宜糴三輔、弘農、河東、上黨、太原郡穀足供京師，可以省關東漕卒[91]過半。」又白[92]增海租[93]三倍，天子皆從其計。御史大夫蕭望之奏言：「故御史屬[94]徐宮家在東萊[95]，言往年加海租，魚不出[96]。長老皆言武帝時縣官嘗自漁，海魚不出，後復予民，魚迺出[97]。夫陰陽之感，物類相應，萬事盡然。今壽昌欲近糴漕關內[98]之穀，築倉治船，費直二萬萬[99]餘，有動眾之功，恐生旱氣[100]，民被其災。壽昌習於商功[101]分銖[102]之事，其深計遠慮，誠未足任，宜且如故。」上不聽。漕事果便，壽昌遂白令邊郡皆築倉，以穀賤時增其賈而糴，以利農，穀貴時減賈而糶，名曰常平倉。民便之。上迺下詔，賜壽昌爵關內侯[103]。而蔡癸[104]以好農使勸郡國，至大官。

【章 旨】以上為卷上的第五部分，寫武帝初年以後經濟狀況的變化與武帝末年、昭、宣時期恢復發展經濟的思想與措施。

【注 釋】❶四夷 指周邊各族，如匈奴、兩越、西南夷等。❷役費 兵役、徭役與各種耗費。❸董仲舒 （西元前一七九—前一〇四年），治《春秋公羊傳》，今文經學家。❹禾 粟，去皮為小米。❺生民 人民。❻具 食物。❼大司農 官名，九卿之一，掌國家財政收支。❽益 多。❾宿麥 越冬小麥。❿毋 不要；無。⓫後時 錯過農時。⓬不過什一 不超過十分之一。⓭易共 容易供給。共，通「供」。⓮易足 易滿足。⓯極愛 至愛。⓰田連仟伯 指富人田地跨越了井田的田界，占有大量田地。⓱亡立錐之地 指窮人一無所有，連立錐子的一點地方也沒有。⓲顓 專；專擅；壟斷。⓳荒淫 貪戀酒色。⓴踰侈 過於奢侈。㉑更卒 成年男子每年在本地官府服役一個月，服役的人輪流更替服役，稱更卒。㉒正 正卒，漢代徭役的一種，共兩年。一年在本縣受軍事訓練；一年分到京都各官府（中都官）服役，或編成軍隊保衛京都。㉓屯戍 又稱徭戍、戍邊。按規定每人一生戍邊一歲。㉔田租 漢代政府向自耕農所收田稅為田租。㉕口賦 漢代向七歲至十四歲兒童徵收的人頭稅。㉖鹽鐵之利 國家實行鹽鐵專賣所得利益。㉗豪民 豪強，指有錢有勢的人。㉘見 被；加。㉙重以 加以。㉚刑戮 刑法殺戮。㉛亡聊 無依賴；無所恃；無以為生。亡，無。㉜赭衣 犯人穿的赤褐色衣服，罪人代稱。㉝以千萬數 以千以萬計。應為以千、以萬數。㉞循而未改 沿襲著未改；照舊未改。循，照舊；依舊。㉟卒 通「猝」。突然；倉猝。㊱名田 占田。㊲塞 堵塞。㊳鹽鐵皆歸於民 鹽鐵業歸百姓私人經營。㊴去奴婢 免去奴婢。㊵除專殺之威 廢除任意殺死奴婢的現象。㊶功費 功，指事功。費，費用；花費。或曰，功費指徭役與賦斂。㊷迺封丞相句 武帝征和四年（西元前八九年）封丞相車千秋為富民侯。車千秋本書卷六十六有傳。㊸搜粟都尉 官名，漢武帝置。屬大司農或說屬太常，掌三輔飼馬之粟。㊹代田 趙過推行的一種耕作方法，把一畝地分為三壟三甽（溝），甽為壟間之溝，種子種在溝中，壟與溝每年互換，故稱代田。㊺耦 耦耕，即兩耜並耕。對古代耦耕，今人見解不同，有人認為：兩人協作，如一人發土、一人碎土等也是耦耕。㊻耨 鋤，除草之意。㊼隤 墜下；降落。㊽或芸或芓二句 見《詩經‧小雅‧甫田》。芸，耘；除草。芓，以土壅禾根。㊾儗儗，茂盛貌。㊿輒 隨即。(51)比 及；等到。(52)盛暑 盛夏。(53)能 通「耐」。(54)便巧 方便靈巧。(55)率 大致。(56)故晦五頃 古時一夫百畝（寬一步、長百步），十二夫的田地為一千二百畝，即一井（九百畝）加一屋（三百畝）；相當於大畝（寬一步、長二四〇步）五頃（五百畝）。(57)耦犂 用二牛三人耕地的犂。即後世所見的二牛抬杠的犂。(58)縵田 不用代田法

（不做壟溝）耕種的田地。58斛　古代十斗一斛。南宋改為五斗一斛。59太常　官名，九卿之一，掌宗廟禮儀，陵邑的田地亦歸其掌管。60三輔　武帝太初元年以京兆尹（轄長安以東）、右扶風（轄長安以西）、左馮翊（轄長陵以北）為三輔。61大農　武帝時改為大司農，九卿之一，掌國家財政開支。62工巧奴　善於製作田器的官奴婢。63二千石　指郡守、諸侯王國相。64令長　縣長官，萬戶以上的縣稱令，萬戶以下的稱長。65三老　縣、鄉有三老，掌教化。66力田　鄉官，勸農事。67趨澤　向著地下溼地。趨，向。澤，地下的溼地。68平都　縣名，在今陝西子長西南。69光　原平都縣令，名叫光。70人輓犂　人拉犂。輓，引；拉。71奏光以為丞　奏請皇帝任命光為搜粟都尉丞。72相與庸　互相換工協作。庸，換工。73離宮卒　守衛離宮之卒。離宮，皇帝臨時居住的宮室。74宮壖地　離宮內外牆之間空閒的土地。壖，空地。75課　考核；計。76令　使也。77命家　受爵一級以上之家。78居延城　在今內蒙古額濟納旗東南。79邊城　西北邊郡。80河東　郡名，治安邑，今山西夏縣西北。81弘農　郡名，治弘農，在今河南靈寶境。82安土　安居於故土。83歲數豐穰　連年豐收。84中丞　官名，屬大司農。85耿壽昌　西漢理財家、曆算家。精通數學，曾刪補《九章算術》。86能商功利　善於計算經濟措施的功利。87五鳳　宣帝年號（西元前五七—前五四年）。88故事　以前的事情；舊制；舊例。89歲漕　每年的水運。90關東　漢都長安，稱函谷關以東為關東。91漕卒　從事水運服役的卒。92白　陳事。93海租　海產稅。94御史屬　御史大夫屬官。95東萊　郡名，治掖縣，今山東掖縣。96魚不出　漁獲量出不來。97迺出　就出；又出。迺，就；又。98關內　函谷關以西稱關內，或關中。99萬萬　億也。100恐生旱氣　與上「陰陽之感，物類相應」等皆為天人感應之說。101商功　計算工程用工多少的方法。102分銖　分、銖皆為較小的計量單位，極細微。103關內侯　二十等爵制中的第二等爵。104蔡癸　宣帝時邯鄲人，官至弘農太守。

【語　譯】此後，對外從事處理周邊各族的事情，對內興辦各種功利性的事業，力役與賦稅都繁重了起來，百姓漸漸離開了農業。董仲舒上書對武帝說：「《春秋》對其他穀物不予記載，至於麥、禾收成不好則一定記載，由此可見聖人在五穀中最為重視的是麥與禾。現在關中地區習俗不愛好種麥，這是年年都喪失了《春秋》所重視的事情，損害了民眾賴以生存的重要食物。希望陛下詔令大司農，使關中農民多種越冬的小麥，令他們不要錯過農時。」又說：「古代向百姓收稅不過十分之一，這一需求容易供給；使用民力不過三日，所需力役容易滿足。百姓的財力在家裡足夠養老盡孝，對外也足以侍奉政府供給賦稅，下足以養育妻子兒女盡其愛憐之心，因此他們樂於服從皇上。到了秦朝就不是這樣，用了商鞅的新法，改變以往帝王的制度，廢除了井田，民間能夠買賣土地，富有的人田地成百上千畝連成一片，貧窮的人卻沒有像立個錐子一樣小的地方。富人又壟斷了川澤、山林的財富，荒淫超越了制度，爭相奢侈互比高下；邑中有人享有君主的尊榮，里中有人像公侯一樣富有，小民怎麼能不窮困呢？再加上成年男子每年在本縣服一個月更卒的力役，當更卒完畢又要當正卒，到邊境屯戍一年，到京師服兵役一年，力役為古代的三十倍；田租、口賦等賦稅，再加上鹽鐵的盤剝，負擔為古代的二十倍。有人租種豪強地主的田地，要交納十分之五的田租。因此貧困百姓穿的是牛馬的衣服，吃的是狗豬的食物。又加上貪汙殘暴的官吏，任意施加刑罰和殺戮，百姓無法生存，逃亡到山林，轉而變為盜賊，道路上有一半的人穿著囚犯的衣服，每年判定應坐監獄的人以千以萬數。漢朝建立後，沿襲秦朝的制度而沒有改變。古代的井田制度雖無法倉促實行，做法也應稍微近似古代一點，限制百姓占有土地，以便供給占田不足的貧窮人家，堵塞兼併田地的道路。鹽鐵都歸民間經營。免去奴婢，除去任意殺害奴婢的現象。輕賦稅，省減傜役，以寬緩民眾的壓力。然後，國家才能得到好的治理。」董仲舒死後，傜役賦稅更加繁重，天下空虛耗費太甚，於是又出現了人吃人的現象。

武帝末年，後悔連年出兵征伐，於是封丞相車千秋為富民侯。下詔說：「現在最要緊的事情，在於致力於農業。」所以任趙過為搜粟都尉。趙過能用代田法，把一畝地分成三甽三壟，甽與壟每年輪換，所以稱為代田，這是古代就有的耕作方法。后稷開創了這種甽種法，以二耜組成一對進行耕作，寬一尺、深一尺叫甽，長度到畝的盡頭。一畝三甽，一夫三百甽，把種子播種在三甽中。到禾苗長出三葉以上，就逐漸鋤壟上的草，並把壟上的土培附在苗根上，所以《詩經》說：「有的人除草有的人培根，莊稼很茂盛。」芸，除草也。芓，培土附根也。苗長得稍壯以後，每鋤草時常常把土附在根上，到盛夏時，壟盡而根深，耐風抗旱，穀子與黍長得就很茂盛。趙過推行的代田所用耕種、除草、下種的農具都很方便靈巧。大致古代十二夫耕種的周畝一千二百畝，相當於漢代的大畝五百畝，耕田以二牛三人使用的耦犁犁地，每年的收成常超過縵田的收成每畝一斛以上，善於用代田耕種的人能超過二斛以上。趙過派人在太常下屬各陵與三輔教百姓種代田，大司農設置善於製作田器的官奴婢參與其事，負責製作農具。各郡守、國相派遣縣令、縣長和三老、力田及里父老善於種田的人領取農具，學習耕種與養禾苗的方法。有的民眾因缺少牛，無法深耕至溼地，原平都縣令光教趙過用人拉犁的方法。趙過上奏朝廷以光為搜粟都尉屬官丞，教民眾用互相換工的辦法拉犁。大致人數多的每日可耕三十畝，少的耕十三畝，因此土地多被墾闢。趙過試讓離宮的守衛卒以代田耕種離宮的空閒土地，計收穫的穀物多於近旁的田地每畝一斛以上。趙過又令有爵位之家用代田耕種三輔公田，又教西北邊郡及居延城用代田法耕種。此後，西北各邊郡、河東、弘農、三輔、太常管轄下的民眾都認為代田便利，費力少而得到的穀物多。

到昭帝時，流民稍回來一些，田野日益墾闢，百姓也有了蓄積。宣帝即位後，任用官吏選的多是賢良的人，百姓安居於本土，年成多次豐收，穀價賤到每石五錢，農民幾乎無利可圖。當時大司農中丞耿壽昌以善於計算度量各種經濟措施利益的多少，得到宣帝的寵幸。五鳳年間上奏說：「按照過去的先例，每年水運關東的糧食四百萬斛供應京師，使用漕運役卒六萬人。應由政府就近收購三輔、弘農、河東、上黨、太原各郡的糧食，就足夠供應京師，可以省掉的關東漕運役卒超過一半。」又陳述了增加海租三倍的建議，天子都採納了他的意見。御史大夫蕭望之奏道：「原來的御史大夫屬官徐宮家在東萊，說以往加徵海稅時，漁獲產量就出不來。長老說武帝時期官府曾經自己捕魚，也捕不到海魚，後來又讓百姓捕魚，才捕到魚。陰陽交感之事，事物都有感應，萬事萬物盡然。現在壽昌想就近收購、水運關內糧食，建築糧倉，製造運糧船，費用達二萬萬餘，有動用民眾之患，恐因感應發生乾旱，民眾反受災害。耿壽昌習慣於度量功利細微之事，雖有很深的算計與遠慮，誠恐仍不能勝任，應該一切照舊。」宣帝沒有聽取這一意見。耿壽昌關於水運糧食之事，實行後果然有利，壽昌又建議，令各邊郡都築糧倉，糧價賤時，高價收購進來，以對農民有利，糧價貴時，又減價出售，名曰常平倉。百姓感到方便。宣帝乃下詔，賜封耿壽昌爵為關內侯。蔡癸則因愛好農業使其到郡國提倡農業，後來當了大官。

1 元帝即位，天下大水❶，關東郡十一尤甚。二年❷，齊地❸饑，穀石三百餘，民多餓死，琅邪郡❹人相食。在位諸儒多言鹽鐵官❺及北假❻田官❼、常平倉可罷，毋與民爭利。上從其議，皆罷之。又罷建章、甘泉宮衛❽、角抵❾、齊三服官❿，省禁苑⓫以予貧民，減諸侯王廟衛卒半。又減關中卒五百人，轉穀振貸⓬窮乏。其後用度不足，獨復鹽鐵官⓭。

2 成帝時，天下亡兵革⓮之事，號為安樂，然俗奢侈，不以畜聚為意。永始二年⓯，梁國⓰、平原郡⓱比年⓲傷水災，人相食，刺史⓳守相坐免⓴。

3 哀帝即位，師丹㉑輔政，建言：「古之聖王莫㉒不設井田，然後治㉓迺可平㉔。孝文皇帝承亡周亂秦兵革之後，天下空虛，故務勸農桑，帥㉕以節儉。民始充實，未有并兼之害，故不為民田及奴婢為限。今累世承平，豪富吏民訾數鉅萬，而貧弱俞困。蓋君子為政，貴因循㉖而重㉗改作，然所以有改者，將㉘以救急也。亦未可詳，宜略為限。」天子下其議。丞相㉙孔光、大司空㉚何武奏請：「諸侯王、列侯皆得名田㉛國中，列侯在長安，公主名田縣道㉜，及關內侯、吏民名田皆毋過三十頃。諸侯王奴婢二百人，列侯、公主百人，關內侯、吏民三十人。期盡三年，犯者沒入官。」時田宅奴婢賈㉝為減賤，丁、傅㉞用事，董賢㉟隆貴，皆不便也。詔書且須(36)後，遂寢(37)不行。宮室苑囿府庫之臧已侈，百姓訾富雖不及文景，然天下戶口最盛矣。

4 平帝崩，王莽居攝(38)，遂篡位。王莽因(39)漢承平之業，匈奴稱藩(40)，百蠻賓服(41)，舟車所通，盡為臣妾(42)，府庫百官之富，天下晏然(43)。莽一朝有之，其心意未滿(44)，陿小漢家制度，以為疏闊(45)。宣帝始賜單于印璽(46)，與天子同，而西南夷鉤町(47)稱王。莽乃遣使易單于印，貶鉤町王為侯。二方始怨，侵犯邊境。莽遂興師，發三十萬眾，欲同時十道並出，一舉滅匈奴；募發天下囚徒丁男甲卒轉委輸(48)兵器，自負海江淮而至北邊，使者馳傳(49)督趣(50)，海內擾(51)矣。又動欲慕古(52)，不度時宜，分裂州郡(53)，改職作官(54)，下令曰：「漢氏減輕田租，三十而稅一，常有更賦(55)，罷癃(56)咸出，而豪民侵陵(57)，分田劫假(58)，厥名三十，實什稅五也。富者驕而為邪，貧者窮而為姦，俱陷於辜(59)，刑用不錯(60)。今更名天下田曰王田，奴婢曰私屬，皆不得賣買。其男口不滿八，而田過一井者，分餘田與九族(61)鄉黨(62)。」犯令，法至死，制度又不定，吏緣(63)為姦，天下謷謷(64)然，陷刑者眾。

5 後三歲(65)，莽知民愁(66)，下詔諸食王田及私屬皆得賣買，勿拘以法(67)。然刑罰深刻，它政誖亂(68)。邊兵二十餘萬人仰縣官衣食，用度不足，數橫賦斂(69)，民愈貧困。常苦枯旱[70]，亡有平歲[71]，穀賈翔貴[72]。

6 末年[73]，盜賊[74]群起，發軍擊之，將吏放縱[75]於外。北邊及青徐[76]地人相食，雒陽[77]以東米石二千。莽遣三公[78]、將軍開東方諸倉振貸窮乏，又分遣大夫謁者教民煮木為酪[79]；酪不可食，重[80]為煩擾[81]。流民入關者數十萬人，置養澹官以稟[82]之，吏盜其稟，飢死者什七八。莽恥為政所致，迺下詔曰：「予遭陽九之阸，百六之會[83]，枯旱霜蝗，饑饉[84]薦[85]臻[86]，蠻夷[87]猾[88]夏[89]，寇賊姦軌[90]，百姓流離。予甚悼之，害氣將究[91]矣。」歲為此言，以至於亡。

【章　旨】以上為卷上的第六部分，寫元、成、哀帝與王莽篡漢建新後的經濟思想、政策狀況和社會的變化。

【注　釋】❶天下大水　漢元帝初元元年（西元前四八年），遭大水災，關東十一郡國尤甚。❷二年　初元二年（西元前四七年）。❸齊地　戰國時齊國地區，漢時仍沿稱齊。❹琅邪郡　秦始置，漢郡治在東武（今山東諸城）。❺鹽鐵官　漢武帝元狩四年（西元前一一九年）設置鹽官、鐵官，實行鹽鐵官營。❻北假　秦漢稱今內蒙古陰山以南、黃河以北為北假。❼田官　北假地區設有田官，把官田租與百姓，收其假稅。田官經營此事。❽罷建章甘泉宮衛　撤消建章宮、甘泉宮的守衛卒。❾角抵　漢代的表演技藝，類似今之摔跤。❿齊三服官　設於齊臨淄的管理宮廷用的春、夏、冬三季服裝的官。⓫省禁苑　省減禁止百姓在內活動的皇帝的苑囿。⓬振貸　救濟。振，通「賑」。救；發放。貸，借出、借入。⓭復鹽鐵官　因國家用度不足，元帝永光三年（西元前四一年）恢復鹽鐵官。⓮兵革　指戰爭。兵，兵器。革，鎧甲。⓯永始二年　西元前一五年。永始，成帝年號。⓰梁國　西漢封國，治睢陽，在今河南商丘境。⓱平原郡　治平原縣，在今山東平原境。⓲比年　連年。⓳刺史　武帝時分全國為十三部（州），部置刺史，督察（監察）郡國。⓴坐免　因犯罪或失職被免官。坐，獲罪。㉑師丹　西漢大臣。

哀帝時，官至大司馬。㉒莫　沒有不。㉓治　治理。㉔平　太平。㉕帥　同「率」。帶領。㉖因循　遵守舊的法制而不變更。㉗重　不輕易。㉘將　乃；乃是。㉙丞相　百官之長，佐皇帝總理政務。哀帝元壽二年（西元前一年）改丞相為大司徒。㉚大司空　哀帝時改御史大夫為大司空。㉛名田　占田。㉜道　漢代行政區劃名，少數民族聚居的郡所設的縣稱道。㉝賈　價。㉞丁傅　外戚丁氏、傅氏，見本書卷九十七下〈外戚傳〉。㉟董賢　漢哀帝寵臣，見本書卷九十三〈佞幸傳〉。㊱須　待也。㊲寖　停止；平息。㊳居攝　皇帝年幼不能親政，由大臣代行天子事稱居攝。㊴因　繼承。㊵稱藩　指臣服。㊶賓服　順從。㊷臣妾　意為臣下。㊸晏然　安然。㊹心意未滿　指心意還不滿足。㊺陋小漢家制度二句　認為漢朝制度疏闊不夠完備，要加以更改，使其更加繁密。疏闊，不周密；不完備。㊻璽　皇帝的印稱璽。㊼鉤町　在今雲南廣南境。鉤町侯毋波，昭帝時因功封王。㊽轉委輸　用車運輸堆積的東西。轉，車運。委，積。輸，運輸。㊾馳傳　駕乘驛站的傳車急馳。傳，傳車，古代驛站專用的車輛。㊿督趣　監督催促。趣，通「促」。51擾　紛擾；混亂。52慕古　嚮往、羨慕古代。53分裂州郡　王莽要復古，重新劃分行政區域，有的大郡，一郡分為五郡。54改職作官　王莽據《周官》、《禮記‧王制》將原有官名加以變更，如郡太守一職，有侯爵者稱「卒正」，伯爵者稱「連率」，無爵者稱「大尹」。55更賦　由代役錢轉化來的一種賦稅。漢代成年男子每年須為地方官府服役一個月，因輪番服役稱為更卒，不去服役者可出三百錢或兩千錢代役，稱更賦。56罷癃　廢疾，不能勞動的殘疾人。57侵陵　侵犯欺凌。58分田劫假　分田，豪民將土地出租給農民耕種。劫假，豪民劫奪其假稅（田租）。59辜　犯罪。60刑用不錯　用刑不斷。不錯，不擱置。錯，擱置。61九族　本人以上四代，以下四代，加本人一代，為九族。即：高祖、曾祖、祖父、父、本人、子、孫、曾孫、玄孫，為九族。62鄉黨　鄉里。63緣　乘機。64謷謷　眾人的愁怨聲。65後三歲　公布王田、私屬法令後的三年。66愁　憂慮；哀愁。67勿拘以法　不要受王田、私屬法令的限制。勿，不；不要。拘，拘束；限制。68它政誖亂　其他政治措施都互相違背。誖，違背；謬誤。69數橫賦斂　屢次橫徵暴斂。70枯旱　乾旱。71平歲　正常年景。72翔貴　糧價飛漲。謂糧價像鳥一樣飛翔在貴的區域。73末年　王莽末年。74盜賊　指農民暴動。75將吏放縱　指王匡、廉丹率軍搶掠。76青徐　青州、徐州。青州轄今山東東部，徐州轄今山東東南部與江蘇北部。77雒陽　今洛陽。西漢河南郡治所，今洛陽洛水北岸。78三公　大司徒、大司馬、大司空為三公。79酪　酪狀食品，如奶酪。80重　甚；很。81煩擾　煩瑣騷擾。82稟　通「廩」。給予糧食。83陽九之阨二句　古代曆法推算為厄運之期。〈律曆志〉：「《易》九厄曰：初入元，百六，陽九。」古代術數家以四六一七年為一元，一元開始的一〇六年，有旱災九年，稱陽九。阨，困。百六，指一元開始的一〇六年。會，際會；時機。84饑饉　災荒。穀不熟曰饑，菜不熟曰饉。85薦　連接。86臻　至。87蠻夷指四方少數民族。88猾　擾亂。89夏　華夏，漢族的自稱。90寇賊姦軌　成群結夥攻掠叫寇，殺人越貨叫賊，朝外邪惡的人叫姦，朝內作亂的人叫軌。軌，通「宄」。91究　盡；窮盡。

【語　譯】元帝即位後，天下遭到了大水災，關東十一郡最為嚴重。第二年，齊地發生饑荒，糧食賣到每石三百多錢，很多百姓餓死，琅邪郡出現了人吃人的現象。在位的儒家學派官員多說鹽鐵官及北假地區的田官、常平倉應當撤消，不要與民爭利。元帝採納他們的意見，有關官員全部罷除。又撤消了建章宮與甘泉宮的衛卒、宮廷角抵、齊地的三服官，省減皇室禁苑提供給貧民耕種，減諸侯王宗廟的衛卒一半。又減守衛關中的服役卒五百人，令他們轉運糧食救濟窮困百姓。後來由於國家費用不足，只單獨恢復了鹽鐵官。

2 成帝時，天下沒有發生過戰爭，號稱安樂，然而習俗崇尚奢侈，不把蓄積放在心上。成帝永始二年，梁國、平原郡連年遭受水災之害，出現了人吃人的事情，刺史、平原郡太守、梁國相都因此被免官。

3 哀帝即位後，師丹輔佐政事，建議說：「古代的聖王沒有不設立井田制的，而後國家才能治理達到太平。孝文皇帝承接在周朝衰亡秦末戰亂之後，天下空虛，所以致力勸勉百姓努力於農桑耕織，並率先帶頭厲行節約。百姓開始富實，但還未有兼併土地之害，因此未曾對占有土地與奴婢的數量進行限制。現在經過幾代安寧平定之後，富有的官吏和百姓資財數萬萬，而貧弱的百姓卻愈來愈窮困。君子掌握政務，重視遵循舊制而不輕易改作，然而所以有改革，乃是為了解救當時的危急。對這種改作雖不可能計劃得太詳盡，但對占有田地和奴婢的數量應有個大致的限制。」哀帝把師丹的建議交給大臣們討論。丞相孔光、大司空何武奏請說：「諸侯王、列侯都可以在封國內占有田地，列侯在長安占田，公主在縣道占田，及關內侯、吏民占田，都不能超過三十頃。諸侯王奴婢二百人，列侯、公主百人，關內侯、吏民三十人。以三年為期限，過期違反規定占有的田地與奴婢都沒收入官。」這條法令當時使田宅奴婢價格減低。然而，當時外戚丁氏、傅氏當權，寵臣董賢尊貴，這條法令不符合他們的利益。詔書還在等待頒布，後未頒布就停止執行。宮室苑囿府庫的儲藏已經很奢侈了，百姓的資財雖趕不上文景時期，然而天下的戶口卻是漢代最盛的時期了。

4 平帝死後，王莽居攝代天子行事，遂篡奪了漢朝的帝位。王莽繼承了漢朝承平日久的帝業，匈奴臣服，百蠻順從，凡舟車所能到達的地方，都成了漢朝的臣下，國家府庫與百官所轄都很富有，天下安然。王莽一旦擁有了漢朝的天下，心裡仍不滿足，認為漢朝制度疏闊而不完備，所以要加以更改使其更加細緻繁密。宣帝開始賜單于的印稱璽，與天子同，西南夷的鉤町也稱王。王莽就派遣使臣換了給單于的印，貶鉤町王為侯。二者怨怒，不斷侵擾邊境。於是王莽興師，發三十萬大軍，想同時十路並出，一舉滅掉匈奴；又招募、徵發天下囚徒、丁男、甲卒轉運儲存的物資和兵器，從沿海江淮運到北邊邊防，使者乘驛站傳車奔馳督促，海內紛擾混亂了起來。王莽又常常嚮往復古，不按當時的實際情況，而按古代的制度，重新劃界分割原來的州郡，改變原有的官名，他下令說：「漢朝減輕田租，三十而稅一，但年年有更賦，殘廢的人也要交納，而豪強地主侵犯欺凌貧民，把田地分佃給貧民，劫奪收繳田租，所以名義上是三十稅一，實際上是十稅五。富人驕縱而為邪惡不法之事，貧者又因窮困而作奸犯科，二者都身陷犯罪，所以用刑不斷。今改名天下田為王田，奴婢為私屬，都不許買賣。凡家中男性人口不滿八口之家，占有的田地超過九百畝的，必須把多餘的田地分給九族以內的親屬和鄉里鄰人。」如果違反這個法令，要受嚴厲懲罰，最重可判處死刑，制度規定又不明確，官吏乘機貪贓枉法，天下發出一片嗷嗷的愁怨之聲，犯法陷入刑獄的人很多。

5 公布王田、私屬法令後的第三年，王莽知道百姓愁怨，下詔令說凡占有的王田、私屬都可以買賣，不受原有法令的限制。然而刑罰苛刻嚴峻，其他政事悖謬乖違。發邊兵二十餘萬都仰賴朝廷供給衣食，用費不足，屢次橫徵暴斂，百姓更加窮困。常常苦於乾旱，沒有正常的年景，糧價飛漲。

6 王莽末年，盜賊成群而起，王莽派兵攻打盜賊，帶兵的將吏在外放肆搶掠。北部邊境和青州、徐州地區遭了災荒，人吃人，雒陽以東，米價漲至二千錢一石。王莽派三公、將軍打開東方各糧倉救濟窮困的人，又分別派遣大夫、謁者教百姓煮草木為酪；煮出的酪不能吃，對百姓又造成麻煩騷擾。流亡的百姓進入關中地區的達數十萬人，王莽設贍養官供給流民糧食，有關官吏盜竊供流民吃的糧食，流民餓死的人達十分之七八。王莽為治理國家到這種地步而感到可恥，所以下詔說：「我遭遇古人所說的陽九的厄運，百六際會的災期，乾旱霜蝗各災並至，饑饉連年，周邊蠻夷侵擾中國，寇賊奸宄之徒內外作亂，百姓流離失所。我非常悲痛，災害之氣應該已到盡頭了吧。」年年都說這種話，一直到滅亡。

卷二十四下

食貨志第四下

凡❶貨❷，金錢布帛之用，夏殷以前其詳靡❸記云❹。太公❺為周立九府圜法❻：黃金方寸❼，而重一斤；錢圜函方❽，輕重以銖❾；布帛廣二尺二寸為幅，長四丈為匹。故貨寶於金❿，利⓫於刀，流⓬於泉，布⓭於布，束⓮於帛。

太公退⓯，又行之于齊⓰。至管仲相桓公，通⓱輕重之權⓲，曰⓳：「歲⓴有凶㉑穰㉒，故穀有貴賤；令㉓有緩急，故物有輕重。人君不理㉔，則畜賈㉕游於市㉖，乘民之不給㉗，百倍其本㉘矣。故萬乘之國㉙必有萬金之賈，千乘之國必有千金之賈者，利有所并㉚也。計本量委㉛則足㉜矣，然而民有饑餓者，穀有所臧㉝也。民有餘則輕㉞之，故人君斂㉟之以輕；民不足則重㊱之，故人君散㊲之以重。凡輕重斂散之以時，則準平㊳。守準平㊴，使萬室之邑必有萬鍾㊵之臧，臧繈㊶千萬；千室之邑必有千鍾之臧，臧繈百萬。春以奉㊷耕，夏以奉耘，耒耜器械，種饟㊸糧食，必取澹㊹焉。故大賈畜家不得豪奪㊺吾民矣。」桓公遂用區區之齊合諸侯㊻，顯伯㊼名。

其後百餘年，周景王㊽時患錢輕，將更鑄大錢，單穆公㊾曰㊿：「不可。古者天降災戾(51)，於是乎量資幣(52)，權(53)輕重，以救民。民患輕(54)，則為之作重幣以行之，於是有母權子而行(55)，民皆得焉(56)。若不堪重(57)，則多作輕而行之，亦不廢重，於是乎有子權母而行，小大利之(58)。今王廢輕而作重，民失其資(59)，能無匱(60)乎？民若匱，王用將有所乏；乏將厚取(61)於民；民不給(62)，將有遠志(63)，是離民也。且絕民用以實王府，猶塞川原(64)為潢洿(65)也，竭(66)亡日矣。王其圖之。」弗聽(67)，卒鑄大錢，文曰「寶貨」(68)，肉好皆有周郭(69)，以勸農澹不足，百姓蒙利焉。

【章　旨】以上為卷下的第一部分，寫周代貨幣制度的演變。

【注　釋】❶凡　大致說；總地說。❷貨　指貨幣。❸靡　無；沒有。❹云　說；曰。在此無意義，作語助詞。❺太公　指姜太公，姓姜，因祖上封於呂，又稱呂望。❻九府圜法　九府，掌錢幣的九個官府，《周官》載九府為：太府、王府、內府、外府、泉府、天府、職內、職金、職幣。圜法，指貨幣制度。圜，同「圓」。❼方寸　一立方寸，長寬高各一寸。❽錢圜函方　錢外周圓而內含方孔。❾銖　古代重量單位，二十四銖為一兩。❿貨寶於金　指貨幣如同黃金一樣寶貴。於，如；像。⓫利　便利。⓬流　流通。⓭布　散布。⓮束　五匹為束，帛之計算單位。⓯太公退　指退就封國。⓰齊　太公封國，在今山東東北部。⑰通　實行；推行。⑱輕重之權　指《管子》輕重諸篇的調控貨幣流通與物價的理論。輕重指物價貴賤。權，權衡；平衡。⑲曰　以下引文為《管子·國蓄篇》文。⑳歲　指年景。㉑凶　災荒年；無收成。㉒穰　豐收。㉓令　徵收賦稅的命令。㉔不理　不治理。㉕畜賈　有蓄積的商人。畜，同「蓄」。㉖游於市　指活動於市場。㉗不給　不足。㉘百倍其本　贏利為本錢的一百倍。㉙萬乘之國　有萬乘兵車的大國。㉚并　聚集。㉛計本量委　計本，計算土地產量。量委，度量積存糧食。㉜足　夠吃。㉝臧　同「藏」。㉞有餘則輕　指糧食有餘則糧價賤。㉟斂　指收購。㊱民不足則重　指糧食不足則糧價貴。㊲散　發散；糶出。㊳準平　指糧價穩定。㊴守準平　舊本無此三字。《補注》王念孫曰：景祐本「則準平」下有「守準平」三字，是也。㊵鍾　六石四斗為一鍾。㊶繦　穿錢的繩，一繦為一貫。㊷奉　供給。㊸種饟　種子（聞一多說，見《管子集校·國蓄篇》）。㊹澹　通「贍」。供給；滿足。㊺豪奪　強奪。㊻合諸侯　指以盟主身分召集諸侯盟會。㊼伯　同「霸」。㊽周景王　名貴。東周國王，西元前五四四—前五二〇年在位。㊾單穆公　周景王時的大夫單旗。㊿曰　以下引文見《國語·周語》。(51)災戾　災害。(52)資幣　資財貨幣。資，財也。(53)權　權衡。(54)民患輕　民眾以物貴錢輕為患。(55)母權子而行　大小錢同時流通。母，大錢；重錢。一個大錢等於兩個小錢重，是小錢的兩倍，所以叫「母」。子，小錢；輕錢。一個小錢重是大錢的一半，所以叫「子」。權指權衡折中。一個大錢等於兩個小錢是母權子；兩個小錢等於一個大錢是子權母。(56)民皆得焉　民皆方便。(57)不堪重　指大錢太重不方便。(58)小大利之　民患錢輕而為重幣，民患錢重而為輕幣，重、輕幣各得其所，民皆方便。(59)民失其資　原有小錢作廢，所以民失去資財。(60)匱　匱乏；貧乏。(61)厚取　多取；重取。(62)不給　負擔不起；無力供給。(63)遠志　遠離家鄉之心。(64)川原　水源。(65)潢洿　不流的死水。(66)竭　枯竭。(67)弗聽　不聽。(68)文曰寶貨　錢上鑄的文字為寶貨。歷來認為此非事實。(69)肉好皆有周郭　古代圓形有孔錢幣，孔外叫肉，孔內叫好。周郭，邊輪。

【語譯】大體說來，貨，即金錢布帛，它的使用情況，夏、商以前沒有詳細記載。周初太公呂望為周朝九個官府建立貨幣制度：黃金一立方寸，重一斤；錢幣外周圓內含方孔，輕重以銖計算；布、帛寬二尺二寸為幅，長四丈為匹。因此，金錢布帛像金子一樣寶貴，使用便利像刀子，流通無阻像泉水，散布開來像布，收聚起來像帛。

太公呂望退就封國後，又把他建立的貨幣制度推行於齊國。到管仲輔佐齊桓公的時候，用輕重理論調控物價，他指出：「年景有豐歉，所以糧食有貴賤；政府徵收賦稅的法令有緩急，所以物價有貴賤。對這種情況如果國君不加以治理，囤積居奇的商人就會活動於市場，乘民間貨物不足之時，賺取比本錢多百倍的利潤。因此，萬乘之國必然會有擁有萬金的商人，千乘之國必然會出現擁有千金的商人，這種現象的出現是因有人把財富聚集了起來。計算田地裡出產的糧食，度量積存的糧食，則知糧食是夠吃的，然而，百姓卻有挨餓的，是因有人囤積了糧食。百姓有多餘的糧食，就輕視它，糧價就賤，國君就應在這時收購糧食；百姓糧食不夠吃，就會重視它，糧價就貴，所以國君這時就應把糧食賣給民眾。總之，糧價賤時收購，貴時賣出，只要把握好時機糧價就會平穩。為保持糧價穩定，就要使一萬戶的城邑一定要蓄存一萬鍾糧食，積存一千萬貫錢；一千戶的城邑一定要蓄存一千鍾糧食，一百萬貫錢。春天用以供給耕種，夏天用以供給除草，所有的耒耜、器械、種子、糧食，都要能滿足需求。因此大商人蓄積者就再也不能強奪我們的百姓了。」因此齊桓公就以小小的齊國多次會盟諸侯，以顯霸主的聲威。

齊桓公之後的一百餘年，周景王憂慮錢輕會導致錢幣貶值，將要改鑄大錢，單穆公說：「不可這樣做。古代時天降災害，於是計算資財錢幣的多少，權衡貨幣貨物的貴賤，以救濟民眾。如果百姓嫌錢輕，就為他們作重的錢幣使其流通，於是有一個重錢相當兩個輕錢，一併流通，民間輕、重錢都使用感到方便。如果大錢太重使用不方便，則多作輕錢使其流通，同時也不廢重錢，於是兩個輕錢相當於一個重錢，一併流通，百姓便利。現在國王您廢去輕錢、改鑄重錢，民眾喪失了他們的錢財，能不匱乏嗎？民眾如果匱乏，國王的財用也將匱乏；財用匱乏就要向民眾多收賦稅；民眾無力供給，就會產生逃離家鄉之心，這是逼使民眾離散的做法。而且為了充實國王的府庫而廢絕百姓的錢財，就好像堵塞河水的水源而使其變為死水一樣，枯竭無水的日子就會到來。王應當認真考慮這一點。」周景王不聽，遂改鑄大錢，錢上鑄字曰：「寶貨」，邊緣和孔都有周輪，用以鼓勵農民從事農業和救濟窮困，百姓蒙受其利。

1 秦并天下，幣為二等❶：黃金以溢❷為名，上幣；銅錢質如周錢，文曰「半兩❸」，重如其文。而珠玉龜貝銀錫之屬為器飾寶臧，不為幣，然各隨時而輕重無常。

2 漢興，以為秦錢重難用，更令民鑄莢錢❹。黃金一斤。而不軌❺逐利之民畜積餘贏❻以稽❼市物，痛騰躍❽，米至石萬錢，馬至匹百金❾。天下已平，高祖乃令賈人不得衣絲乘車❿，重稅租⓫以困辱之。孝惠、高后時，為天下初定，復弛⓬商賈之律⓭，然市井⓮子孫亦不得為官吏。孝文五年⓯，為錢益多而輕，乃更鑄四銖錢⓰，其文為「半兩」。除盜鑄錢令⓱，使民放鑄⓲。賈誼諫曰：

3 「法使天下公⓳得顧租⓴鑄銅錫為錢，敢雜以鉛鐵為它巧㉑者，其罪黥㉒。然鑄錢之情，非殽雜㉓為巧㉔，則不可得贏；而殽之甚微，為利甚厚。夫事有召禍而法有起姦。今令細民㉕人操㉖造幣之勢㉗，各隱屏㉘而鑄作，因欲禁其厚利微姦㉙，雖黥罪日報㉚，其勢㉛不止。迺者㉜，民人抵罪㉝，多者一縣百數，及吏之所疑，榜笞㉞奔走㉟者甚眾。夫縣法㊱以誘民，使入陷阱，孰㊲積㊳於此！曩㊴禁鑄錢，死罪積㊵下；今公鑄錢㊶，黥罪積下。為法若此，上何賴㊷焉？

4 「又民用錢，郡縣不同：或用輕錢㊸，百加若干㊹；或用重錢㊺，平稱不受㊻。法錢㊼不立，吏急而壹㊽之虖，則大為煩苛，而力不能勝；縱而弗呵㊾虖，則市肆異用[50]，錢文[51]大亂。苟[52]非其術，何鄉[53]而可哉！

5 「今農事棄捐[54]而采銅者日蕃[55]，釋其耒耨[56]，冶鎔炊炭[57]，姦錢[58]日多，五穀不為多[59]。善人怵[60]而為姦邪，愿民[61]陷而之刑戮，刑戮將甚不詳[62]，奈何而忽[63]！國知患此，吏議必曰禁之。禁之不得其術，其傷必大。令[64]禁鑄錢，則錢必重[65]；重則其利深，盜鑄如雲而起，棄市[66]之罪又不足以禁矣。姦數不勝[67]而法禁數潰[68]，銅使之然[69]也。故銅布[70]於天下，其為禍博[71]矣。

6 「今博禍可除，而七福[72]可致[73]也。何謂七福？上收銅勿令布，則民不鑄錢，黥罪不積，一矣。偽錢不蕃，民不相疑，二矣。采銅鑄作者反於耕田，三矣。銅畢歸於上，上挾[74]銅積[75]以御[76]輕重，錢輕則以術斂之[77]，重則以術散之[78]，貨物必平[79]，四矣。以作兵器，以假[80]貴臣，多少有制[81]，用[82]別貴賤，五矣。以臨[83]萬貨，以調[84]盈虛，以收奇羨[85]，則官富貴而末民[86]困，六矣。制吾棄財[87]，以與匈奴逐爭[88]其民，則敵必懷[89]，七矣。故善為天下者，因禍而為福，轉敗而為功[90]。今久退七福而行博禍，臣誠傷之。」

7 上不聽。是時，吳以諸侯即[91]山鑄錢，富埒[92]天子，後卒叛逆[93]。鄧通，大夫也，以鑄錢財過王者。故吳、鄧錢布天下。

【章　旨】以上為卷下的第二部分，寫秦統一後與西漢初貨幣制度和貨幣思想演變的情況。

【注　釋】❶幣為二等　秦統一後，貨幣分二等：上幣為黃金，下幣為銅錢。廢除貝、刀、布等幣。❷溢　通「鎰」。二十兩為鎰。❸半兩　秦銅錢名，每枚重半兩，即十二銖。西漢錢重減輕，仍稱半兩，如呂后二年減為八銖，文帝五年減為四銖。武帝元狩五年廢半兩錢，行五銖錢。❹莢錢　漢初民間稱輕而薄的銅錢為莢錢。西漢初因秦錢重，允許民間鑄三銖錢，因私鑄，越來越輕。文帝時，莢錢多，乃「更鑄四銖錢」。❺不軌　不尊法度，超越常規。❻餘贏　贏餘的財物。❼稽　囤積。❽痛騰躍　甚跳躍，形容物價飛漲。❾百金　一百斤黃金。一斤黃金萬錢。❿衣絲乘車　穿絲織衣服乘馬車。⓫重稅租　向商人徵收重的租稅。⓬弛　鬆弛；放鬆。⓭商賈之律　指商人不許衣絲乘車等法律。⓮市井　商人經商的地方。此處指商人。⓯孝文五年　西元前一七五年。⓰更鑄四銖錢　改變為鑄四銖錢。⓱除盜鑄錢令　廢除禁止民間私鑄錢的法令。據本書卷五十一〈賈山傳〉高帝晚期曾下令禁止民間私鑄錢。⓲使民放鑄　允許民間仿照四銖錢鑄錢。⓳公　公開令民間鑄錢。⓴顧租　顧為雇工鑄錢；租謂租賃礦山，或曰向政府交租稅。㉑它巧　雜以鉛鐵等取巧、作弊的辦法。㉒黥　古代臉上刺字塗墨稱黥刑，或墨刑。㉓殽雜　混雜。殽，摻雜；混合。㉔為巧　指作弊。㉕細民　小民。㉖操　持也。㉗勢　指權利。㉘隱屏　隱跡；隱蔽。㉙厚利微姦　作弊謀取厚利。㉚報　論；判罪。㉛勢　勢頭。㉜迺者　往日。㉝抵罪　因盜鑄錢而犯罪。㉞榜笞　鞭打拷問。榜，通「搒」。㉟奔走　往來聽審訊。㊱縣法　公布法令。㊲孰　誰。㊳積　積累；積存。㊴曩　以往；從前。㊵積　積累。㊶今公鑄錢　現在公開令民間鑄錢。㊷賴　顏師古曰：「賴，利也。一曰恃也。」㊸輕錢　重量不夠四銖的錢為輕錢，如高帝時令民間改鑄的莢錢、高后時的五分錢都是輕錢。㊹百加若干　用輕錢百枚外加若干枚才能達到百枚四銖錢的標準。㊺重錢　重量超過四銖錢的為重錢，如文帝時用的秦半兩錢為十二銖、高后時發行的八銖錢。㊻平稱不受　謂重錢與輕錢重量相等即平稱，不為人所接受。㊼法錢　法令規定的標準錢，即文帝所鑄四銖錢。㊽壹　統一。㊾縱而弗呵　放任而不管制。呵，大聲喝叱。㊿市肆異用　市場上對錢的用法各有差異。(51)錢文　幣制。(52)苟　如果。(53)何鄉　什麼方向。(54)捐　捨棄。(55)日蕃　日多。(56)釋其耒耨　指放棄農耕。(57)炊炭　燒炭。(58)姦錢　雜以鉛鐵的錢。(59)五穀不為多　顏師古曰：「言皆採銅鑄錢，廢棄農業，故五穀不為多也。」(60)怵　被誘惑，動心為奸邪。(61)愿民　謹慎、誠實的人。(62)詳　平也。(63)忽　忘也。(64)令　法令。(65)重　指錢的價值增大。(66)棄市　在市上執行死刑，屍體暴露街頭。(67)姦數不勝　作奸犯法者不可勝數。(68)數潰　屢次失敗。(69)銅使之然　對銅失去控制的結果。(70)布　散布。(71)禍博　禍大；禍多。(72)福　好處。(73)致　達到；得到。74挾　依仗；挾制。75銅積　銅的積存、儲備。76御　調節；駕馭；治理。77斂之　指貨幣回籠。78散之　指投放貨幣。79貨物必平　指物價公平。80假　指給予。81多少有制　指給多少銅有規定。82用　以也。83臨　居上視下；監視。84調　調節。85奇羨　盈餘；贏利。86末民　工商業者。87制吾棄財　控制好國家尚未控制之銅。88逐爭　競爭。89懷　歸附之意。90功　指勝。91即　就也。92埒　相等。93叛逆　指吳王濞等的七國叛亂。

【語譯】秦統一後，分貨幣為二等：黃金以鎰為單位名稱，是上等貨幣；另一種貨幣為銅錢，形制與周錢相似，錢上鑄的文字曰「半兩」，重量與其文所說相同。而珠玉、龜貝、銀錫之類作為器物、裝飾品、寶藏，不作貨幣使用，然而，這類東西隨時間不同而貴賤不同。

2 漢朝興起以後，認為秦錢太重，不方便使用，於是令百姓改鑄莢錢。規定黃金以斤為單位。然而不尊法度、唯利是圖的商人蓄積錢財，用以囤積貨物，使物價飛漲，米賣到每石一萬錢，馬每匹一百萬錢。天下平定以後，高祖便下令不許商人穿絲織的衣服、不許乘車，並徵收重的租稅，使他們遭受困難和屈辱。孝惠、高后年間，認為天下剛剛平定，放鬆了抑制商人的法令，然而商人的子孫仍然不許為官吏。孝文帝五年，因為錢的數量增加太多而又太輕，於是改鑄四銖錢，錢文為「半兩」。並解除了高祖以來禁止私人鑄錢的法令，允許民間仿照四銖錢而鑄造錢幣。賈誼向文帝進諫說：

3 「法律公開規定，允許民間使用雇工、向政府交納租稅用銅錫鑄錢，膽敢雜以鉛鐵和用其他辦法作弊鑄錢的人，其罪為黥刑。然而鑄錢的情況顯示，不雜以鉛鐵等作弊的辦法，就不能盈利；而混雜一點點鉛鐵，獲利就會很多。事情處理不好就會招來禍患，法令不周全又會引起奸邪的事情發生。現在讓小民掌握鑄幣的權利，各自隱蔽起來鑄錢，因此想禁止以作弊謀取厚利，雖然天天判處黥罪，其犯罪的勢頭仍不能禁止。過去以來，百姓因盜鑄錢犯罪的多得一縣以百計，以及官吏所懷疑而被鞭笞奔走受審訊的人更多。公布法律而引誘人民犯罪，使百姓落入陷阱，還有什麼比這更多的呢！從前禁止盜鑄錢，判處死刑的人積累不止；現在允許百姓公開鑄錢，判處黥刑的人也是積累不止。立法如此，上面還依賴什麼呢？

4 「又民間用的錢幣，各郡縣不同：有的喜歡用輕錢，百錢要外加若干枚才能達到四銖錢百錢的標準；有的地方用重錢，重錢的重量與輕錢的重量相等又不為人所接受。法令規定的標準四銖錢確立不起來，官吏又急著要把它統一起來，則事情極為煩瑣苛細，而又力不勝任；如果放任而不管制，那麼市場上對錢用法不同，錢幣制度就會大亂。如果不用適當的辦法，如何能夠治理好呢！

5 「現在捨棄農業而去採銅鑄錢的人越來越多，他們丟下種田的農具，去冶煉鑄造銅錢，使混雜鉛鐵的奸錢日日增多，而五穀卻沒有收成。善良的人被誘惑去做奸邪的事情，謹慎老實的人陷入刑罰，刑罰將會變得很不公平，怎麼能忽視呢！朝廷知道此事為患，讓官吏們去討論，他們一定會主張禁止民間私人鑄錢。然而禁止民間鑄錢沒有一個有效的方法，其害處必然很大。下令禁止私人鑄錢，錢的價值必然會提高；價值提高利潤就會增大，偷偷鑄錢就會像風起雲湧一樣發展起來，雖用棄市之罪也無法加以禁止。私下鑄錢的事不勝其數，而下令禁止卻屢次失敗，這都是對銅失去控制造成的。因此說銅散布在民間，它的禍患就太大了。

6 「現在很多禍患可以除去，而七福可以招來。什麼是七福呢？國家控制了銅不讓它在民間流布，那麼民間就不會再鑄錢，因鑄錢被判黥刑的人也不會再增加，此其一也。偷鑄的偽錢不再出現，民間不互相懷疑，此其二也。民間不鑄錢，採銅鑄錢的人又回歸農業，此其三也。國家憑藉積存的銅鑄錢幣用來調節輕重，錢幣貶值，就設法收回一部分錢幣，錢幣升值，就設法散出去一部分錢幣，這樣物價就可以保持平穩，此其四也。用銅做兵器，用銅給與權貴，給多少有一定的制度，以區別貴賤等級，此其五也。國家用銅鑄錢監視各種貨物，調節盈虛，以增加收益，使官府富貴而使從事工商業的商人受困，此其六也。國家控制未曾控制的銅，可與匈奴爭奪民心，那麼匈奴就會因此衰敗而歸屬，此其七也。所以，善於治理天下的人，禍可以轉化為福，敗可以轉化為勝。現在長期丟掉『七福』而推行招來大禍的令民私鑄錢的政策，我實在為此而傷心。」

7 文帝不採納賈誼的進諫。這時，吳國以諸侯依山鑄錢，富有可與天子相等，後來終於發動了叛亂。鄧通，不過是個大夫，依靠鑄錢，財富超過王者。所以，吳、鄧錢流布天下。

1 武帝因[1]文、景之畜，忿[2]胡、粵[3]之害，即位數年，嚴助、朱買臣[4]等招徠[5]東甌[6]，事兩粵[7]，江淮之間蕭然煩費[8]矣。唐蒙、司馬相如始開西南夷[9]，鑿山通道[10]千餘里，以廣巴[11]蜀[12]，巴蜀之民罷[13]焉。彭吳[14]穿穢貊[15]、朝鮮，置滄海郡[16]，則燕[17]齊之間靡然[18]發動[19]。及王恢謀馬邑[20]，匈奴絕和親，侵擾北邊，兵連[21]而不解，天下共其勞[22]。干戈日滋[23]，行者齎[24]，居者送，中外騷擾相奉[25]，百姓抏敝以巧法[26]，財賂[27]衰耗而不澹[28]。入物[29]者補官[30]，出貨[31]者除罪[32]，選舉陵夷[33]，廉恥相冒[34]，武力進用[35]，法嚴令具[36]。興利之臣[37]自此而始[38]。

2 其後，衛青歲[39]以數萬騎[40]出擊匈奴，遂取河南[41]地，築朔方[42]。時又通西南夷道，作者[43]數萬人，千里負擔餽饟[44]，率[45]十餘鍾致一石，散幣[46]於邛[47]僰[48]以輯[49]之。數歲而道不通，蠻夷因以[50]數攻，吏[51]發兵誅之。悉[52]巴蜀租賦不足以更[53]之，迺募豪民田南夷[54]，入粟縣官[55]，而內受錢於都內[56]。東置滄海郡，人徒之費疑於[57]南夷。又興十餘萬人築衛朔方[58]，轉漕[59]甚遠，自山東[60]咸被其勞，費數十百鉅萬[61]，府庫並虛。迺募民能入奴婢得以終身復[62]，為郎增秩[63]，及入羊為郎[64]，始於此。

3 此後四年[65]，衛青比[66]歲十餘萬眾擊胡，斬捕首虜[67]之士受賜黃金二十餘萬斤，而漢軍士馬[68]死者十餘萬，兵甲[69]轉漕之費不與[70]焉。於是大司農陳臧錢[71]經用[72]，賦稅既竭[73]，不足以奉[74]戰士。有司[75]請令民得買爵及贖禁錮[76]免減罪[77]；請置賞官[78]，名曰武功爵[79]。級十七萬，凡直三十餘萬金[80]。諸買武功爵官首[81]者試補吏[82]，先除[83]；千夫如五大夫[84]；其有罪又減二等[85]；爵得至樂卿[86]，以顯軍功[87]。軍功多用超等[88]，大者封侯卿大夫，小者郎[89]。吏道雜而多端[90]，則官職耗廢[91]。

4 自公孫弘[92]以春秋之義繩臣下[93]取[94]漢相，張湯以峻文決理[95]為廷尉，於是見知之法[96]生，而廢格沮誹[97]窮治[98]之獄用矣。其明年[99]，淮南、衡山、江都王謀反迹見，而公卿尋端[100]治之，竟[101]其黨與[102]，坐[103]而死者數萬人[104]，吏益慘急[105]而法令察[106]。當是時，招尊方正賢良文學[107]之士，或至公卿大夫。公孫弘以宰相，布被，食不重味[108]，為下先[109]，然而無益於俗，稍[110]務[111]於功利矣。

5 其明年[112]，票騎[113]仍[114]再出擊胡，大克獲[115]。渾邪王[116]率數萬眾來降[117]，於是漢發車三萬兩迎之。既至，受賞[118]，賜及有功之士。是歲費凡百餘鉅萬。

6 先是十餘歲[119]，河決，灌梁、楚地[120]，固[121]已數困[122]，而緣[123]河之郡隄塞[124]河，輒[125]壞決，費不可勝計。其後番係[126]欲省底柱[127]之漕，穿汾、河渠以為溉田；鄭當時為渭漕[128]回遠[129]，鑿漕直渠[130]自長安[131]至華陰[132]；而朔方亦穿溉渠[133]。作者各數萬人，歷二三期[134]而功未就，費亦各以鉅萬十數[135]。

7 天子為伐胡故，盛[136]養馬，馬之往來食[137]長安者數萬匹。卒掌者[138]關中不足，迺調旁近郡。而胡降者數萬人皆得厚賞，衣食仰給縣官。縣官不給[139]，天子乃損膳[140]，解乘輿駟[141]，出御府禁臧[142]以澹之。

8 其明年[143]，山東被[144]水災，民多饑乏，於是天子遣使虛郡國倉廩以振[145]貧。猶不足，又募豪富人相假貸[146]。尚不能相救，迺徙貧民於關[147]以西，及充朔方以南新秦中[148]，七十餘萬口，衣食皆仰給[149]於縣官。數歲，貸與產業[150]，使者[151]分部護[152]，冠蓋相望，費以億計，縣官大空。而富商賈或墆財[153]役貧，轉轂百數，廢居居邑[154]，封君[155]皆氐首[156]仰給焉。冶鑄鬻鹽，財或累萬金，而不佐[157]公家之急，黎民重[158]困。

9 於是天子與公卿議，更[159]造錢幣以澹用[160]，而摧[161]浮淫[162]并兼之徒。是時[163]禁苑[164]有白鹿而少府[165]多銀錫。自孝文更造四銖錢[166]，至是歲四十餘年[167]，從建元[168]以來，用少[169]，縣官往往即[170]多銅山[171]而鑄錢，民亦盜鑄，不可勝數。錢益多而輕[172]，物益少而貴[173]。有司言曰：「古者皮幣[174]，諸侯以聘享[175]。金有三等，黃金為上，白金[176]為中，赤金[177]為下。今半兩錢法重四銖[178]，而姦或盜摩[179]錢質[180]而取鋊[181]，錢益輕薄而物貴，則遠方用幣煩費不省。」乃以白鹿皮方尺，緣[182]以繢[183]，為皮幣，直四十萬。王侯宗室朝覲184聘享，必以皮幣薦璧185，然後得行。

10 又造銀錫白金186。以為187天用188莫如龍，地用189莫如馬，人用190莫如龜，故白金三品：其一曰重八兩，圜191之，其文192龍，名「白撰」，直三千；二曰以重差小193，方之194，其文馬，直五百；三曰復小195，橢之196，其文龜，直三百。今縣官197銷半兩錢，更鑄三銖錢，重如其文198。盜鑄諸金錢罪皆死，而吏民之犯者不可勝數。

11 於是以東郭咸陽、孔僅為大農丞199，領200鹽鐵事，而桑弘羊貴幸201。咸陽，齊之大鬻鹽202，孔僅，南陽大冶203，皆致產累千金，故鄭當時進言204之。弘羊，洛陽賈人之子，以心計205，年十三侍中206。故三人言利事207析秋豪208矣。

12 法既益嚴，吏多廢免209。兵革210數動，民多買復及五大夫、千夫211，徵發之士益鮮212。於是除213千夫、五大夫為吏，不欲者出馬214；故吏215皆適216令伐棘217上林218，作昆明池219。

【章　旨】以上為卷下的第三部分，寫漢武帝外事四夷、內興功利前期經濟政策與錢幣演變的情況。

【注　釋】❶因　憑藉。❷忿　同「憤」。忿恨。❸胡粵　匈奴、兩粵。粵，同「越」。❹嚴助朱買臣　嚴助，武帝時為中大夫、會稽太守。朱買臣，武帝時為會稽太守、主爵都尉。二人傳見本書卷六十四。❺招徠　招來。❻東甌　東越的一支，治東甌（今浙江溫州），相傳為越王句踐的後裔，後遷江淮。❼兩粵　東越的另一支閩越，治東治（今福建福州）和南越。❽蕭然煩費　蕭然，騷然；騷動不安。煩費，耗費多。❾西南夷　指武帝時分布在今甘肅南部、四川西部及雲南、貴州的各部族。⑩鑿山通道　夜郎歸附後，武帝於元光五年（西元前一三〇年）發巴蜀民數萬人，修建通南夷道路。未修通，費以億萬計。億有兩解，一為十萬為億，一為萬萬為億。⑪巴　巴郡，治江州（今重慶北）。⑫蜀　蜀郡，治成都（今成都）。⑬罷　通「疲」。⑭彭吳　人的姓名，事跡不詳。⑮穢貊　部族名，分布在今松嫩平原、鴨綠江流域與朝鮮半島。⑯滄海郡　漢武帝元朔元年（西元前一二八年），穢貊降漢，置滄海郡。⑰燕　指今河北北部、遼寧西部，戰國時燕國的地方。⑱靡然　隨風而倒。靡，披靡。⑲發動　動作起來。⑳王恢謀馬邑　元光二年（西元前一三三年）武帝採納大行王恢計謀，在馬邑設伏兵，欲伏擊匈奴。㉑兵連　戰爭接連不斷。㉒共其勞　供其勞。共，通「供」。㉓滋　增多。㉔齎　攜帶。指出征人攜帶衣物。㉕奉　供應。㉖巧法　巧詐以避法。㉗財賂　財物。㉘澹　足。㉙入物　向政府交納財物。㉚補官　做官。㉛出貨　向政府交納財貨。㉜除罪　免罪。㉝陵夷　衰敗。㉞廉恥相冒　不顧廉恥之意。㉟武力進用　以武力為進身之階。㊱法嚴令具　法令嚴酷苛細。㊲興利之臣　指桑弘羊、孔僅、東郭咸陽等。㊳自此而始　從此掌權用事。㊴歲　年；每年。㊵騎　騎兵。㊶河南　秦漢時稱內蒙古河套地區為河南。㊷朔方　城名，築於元朔二年（西元前一二七年），治今內蒙古杭錦旗北。㊸作者　被徵發修路的人。㊹負擔餽饟　以背揹肩挑來運送糧食。負，揹。擔，挑。餽，送。饟，糧食。㊺率　大率；大致。㊻幣　財物。㊼邛　部族名，分布在今四川西昌地區。㊽僰　部族名，分布在今四川南部與雲南東部。㊾輯　安撫；安定。㊿因以　於是；就。(51)吏　漢朝派到西南夷的官吏。(52)悉　盡。(53)更　抵償。(54)募豪民田南夷　招募豪民到南夷種田。(55)入粟縣官　交納糧食給當地政府。(56)都內　官名，管國庫的官。西漢大司農屬官有都內令、丞。(57)疑於　擬於；等於。疑，通「擬」。(58)築衛朔方　築朔方城又守衛之。(59)轉漕　車運叫轉，水運叫漕，所以轉漕為水陸運輸。(60)山東　秦漢時指崤山或華山以東為山東。(61)鉅萬　萬萬。(62)終身復　終身免除徭役。(63)秩　官吏的職位品級。(64)入羊為郎　向政府交納羊可以為郎。郎為皇帝侍從之職。(65)此後四年　指元朔五年（西元前一二四年）。(66)比　連；每。(67)首虜　首級與俘虜。(68)士馬　士卒與馬匹。(69)兵甲　兵器與盔甲。甲，用皮革和金屬製成的護身衣。(70)不與　不包括在內。(71)陳臧錢　國庫舊存之錢。(72)經用　已經用完。(73)賦稅既竭　賦稅已盡。既，已經。(74)奉　供給。(75)有司　有關官吏。(76)禁錮　禁其不得為官吏。(77)免減罪　舊本作「免臧罪」。王先謙曰「臧」當為「減」字之誤。〈平準書〉作減。(78)賞官　用於賞賜的官爵。(79)武功爵　臣瓚引《茂陵中書》有武功爵，一造士；二閑輿衛；三良士；四元戎士；五官首；六秉鐸；七千夫；八樂卿；九執戎；十政戾庶長；十一軍衛。(80)凡直三十餘萬金　買武功爵一級十七萬，總值三十餘萬萬錢（三十餘萬金）。(81)官首　武功爵第五等。(82)試補吏　試用為吏。補，補缺任用。(83)先除　優先任命。(84)千夫如五大夫　武功爵第五等爵千夫相當於二十等爵制中的第九等爵五大夫。(85)有罪又減

二等 有罪計其所買爵位減二等。86爵得至樂卿 指百姓買武功爵只能買到第八等爵樂卿，以上的不能買。87以顯軍功 武功爵第八等以上的爵位只有有軍功者才能得到。88超等 越級提拔。89郎 官名，皇帝的侍從官。90吏道雜而多端 做官的途徑煩雜而多樣。91官職耗廢 任用的官吏有的當不了官，形同虛設，造成官職耗廢。92公孫弘 武帝朝宰相。本書卷五十八有傳。93以春秋之義繩臣下 以《春秋》之義為標準、法律繩治臣下。94取 獲得。95以峻文決理 以嚴峻的法律條文斷獄判案。96見知之法 對犯罪的人官吏見知而不舉報按故意釋放（故縱）罪判刑。如本書卷七〈昭帝紀〉「廷尉李种坐故縱罪棄市」。97廢格沮誹 停止皇帝詔令、誹謗皇帝。廢格，停止；擱置。指對詔令停止。沮誹，詆毀；誹謗。98窮治 徹底處理。99其明年 元狩元年（西元前一二二年）。100端 頭緒；線索。101竟 追究；窮追。102黨與 同黨。103坐 獲罪。104數萬人 幾萬，或以萬人數。105慘急 殘酷峻急；嚴酷。106察 苛細。107方正賢良文學 漢代選舉官吏的科目之一，文帝前二年（西元前一七八年）始詔「舉賢良方正能直言極諫者」。武帝時，或詔舉賢良、或舉賢良方正、或舉賢良文學，其實相同。108食不重味 每頓飯只吃一個菜，「食不二味」。109為下先 《史記·平準書》作「為天下先」。110稍 逐漸。111務 致力；從事。112其明年 元狩二年（西元前一二一年）。113票騎 驃騎將軍霍去病。票，同「驃」。114仍 頻也。115大克獲 大勝仗；大俘獲。克，戰勝。116渾邪王 匈奴諸王之一，居於今甘肅河西地區。117來降 元狩二年秋渾邪王殺休屠王率四萬餘人來降。118受賞 渾邪王及來降部眾受到賞賜。賞賜數十萬萬，封渾邪王為漯陰侯，食萬戶。119先是十餘歲 指元光三年（西元前一三二年），這一年黃河在瓠子決口。先是，即先此。是，同「此」。120梁楚地 指黃河水淹及今河南東部、山東南部及安徽、江蘇北部等以梁國、楚國為主的地區。121固 本來。122數困 屢遭困苦。123緣 沿。124隄塞 築堤堵塞。125輒 每；總是；常常。126番係 人名，武帝時為河南太守。127底柱 底柱山，又名三門山，在今河南三門峽，屹立於黃河激流之中，因修三門峽水庫，已不存在。128渭漕 指從渭河水運。129回遠 因河道彎曲繞道遠。130直渠 直的水渠。131長安 西漢京城。132華陰 縣名，今陝西華陰東。133溉渠 灌溉的渠道。134二三期 二三年。期，年。135各以鉅萬十數 各以十萬萬計。136盛 多。137食 飼養。138卒掌者 卒之養馬者；馬夫。139不給 不足。140損膳 減膳。141解乘輿駟 減少皇帝乘車上的四匹馬。142御府禁臧 指少府所藏之財物。143其明年 指元狩三年（西元前一二〇年）。144被 遭受。145振 同「賑」。救濟。146相假貸 指借貸給農民。147關 指函谷關。148新秦中 又名新秦，在今內蒙古河套一帶。秦始皇得黃河以南地，名曰新秦，在朔方南。149仰給 依賴供給。150產業 指土地、房屋、農具、牲畜。151使者 管理移民的官吏。152護 管理。153墆財 蓄貯財物。154廢居居邑 有所廢棄，有所蓄積，居於邑中以取利。155封君 公主及列侯有封邑者。156氐首 低首；俯首。氐，同「低」。157不佐 不輔助。(158)重　更加。(159)更　改。(160)澹用　供給財用。(161)摧　打擊。(162)浮淫　驕溢不法。(163)是時　指元狩三年（西元前一二〇年）。(164)禁苑　皇家園囿。(165)少府　官名，掌山川園池市井租稅之入及皇室手工業製造等的皇室財政。(166)孝文更造四銖錢　文帝前五年（西元前一七五年）改鑄四銖重的半兩錢。(167)至是歲四十餘年　當為五十餘年。文帝前五年（西元前一七五年）至元狩三年（西元前一二〇年）已五十餘年。(168)建元　武帝年號，西元前一四〇—前一三五年。(169)用少　財用缺乏。(170)即就。(171)多銅山　多銅之山。(172)輕　幣值輕，貨幣貶值。(173)貴　物價高。(174)古者皮幣　古代有皮幣。(175)聘享　聘問獻納。國之間遣使訪問叫聘，諸侯向天子進獻叫享。(176)白金　指銀。(177)赤金　指銅。(178)法重四銖　法定標準重四銖。(179)摩　磨。指磨取銅屑。(180)錢質　錢無字的一面叫質，或裡，有字的一面為文。(181)鋊　銅屑。(182)緣　飾邊。(183)繢　繡；繪五彩。(184)朝覲　王侯朝見天子稱朝覲。春曰朝，秋曰覲。漢代規定春秋朝覲。(185)以皮幣薦璧　以皮幣墊在璧的下面。璧，平圓形中心有孔的玉器。(186)造銀錫白金　造以銀錫為原料的白金錢幣。〈武帝紀〉載造白金、皮幣、三銖錢均在元狩四年（西元前一一九年）。(187)以為認為。(188)天用　天上飛行的。(189)地用　地上奔馳的。(190)人用　人間靈驗的。(191)圜　圓。指形狀。(192)文　花紋；圖案。(193)以重差小　重量稍輕。(194)方之　方形。(195)復小　又小。(196)橢之　橢圓形。(197)令縣官　令有關鑄錢的官府。(198)重如其文　重量與錢文相符。(199)大農丞　即大司農丞，大司農下的屬官。(200)領　管領。(201)貴幸　地位尊貴而受到皇帝的寵幸。(202)大鬻鹽　大鹽商。(203)大冶　大鐵商。(204)進言　指向皇帝進言、推薦之意。(205)心計　心算。(206)侍中　官名。侍從皇帝左右。(207)利事　贏利的事。(208)析秋豪　明察秋毫。(209)廢免　罷免。(210)兵革　兵器與鎧甲，指戰爭。(211)買復及五大夫千夫　買爵位買到五大夫（二十等爵中的第九等）、千夫（武功爵的第七等）可免除傜役。買復，入財物於官，可免除傜役，叫買復。及，到；至。(212)益鮮　越來越少。(213)除　拜官授職。(214)不欲者出馬　指千夫、五大夫不想當官的要出馬。(215)故吏　原來做官後被免除。(216)適　通「謫」。責罰也。(217)棘　荊棘。(218)上林　上林苑。(219)昆明池　元狩三年（西元前一二〇年），武帝在今西安西南斗門鎮東南開鑿昆明池，周圍四十里。

【語　譯】武帝憑藉文景時期的積蓄，憤恨匈奴、百粵的禍害，即位數年之後，派嚴助、朱買臣等人招來東甌，處理兩粵的事務，江、淮之間因騷動而耗費多。派唐蒙、司馬相如開始開通西南夷，鑿山築路千餘里，以擴大巴郡和蜀郡，巴、蜀之民疲敝不堪。派彭吳開通穢貊、朝鮮，設置滄海郡，使燕地、齊地像飆風似地動了起來。及至王恢設馬邑伏兵之計，匈奴斷絕和親，侵擾北部邊境，戰爭接連不斷，全國百姓都要為戰爭服勞役。戰事越來越多，出征的人攜帶衣物，不出征的人運送糧食，京師和郡縣都騷擾不安地供應戰爭。百姓因消耗太多、疲敝不堪，而以巧詐的辦法逃避政府的法令，政府的錢財物資耗竭而不夠供應戰爭。當時向國家交納物品的人可以做官，給政府貨物的人可以免罪，選舉官吏的制度遭到破壞，人們變得不顧廉恥，憑藉武勇就可以受到提拔重用，法令也變得嚴酷而細密。從這時開始，興利之臣受到了提拔與重用。

2 後來，衛青連年率領幾萬騎兵出擊匈奴，於是取得了匈奴占領下的河南地區，並在那裡修築朔方城。當時又修築通往西南夷的道路，修路的有幾萬人，從千里以外用或背或挑的方法運送糧食，大約花費十餘鍾才能運去一石，同時又給邛人、僰人散發錢幣，用來安撫他們。用了幾年的時間，道路沒有修通，由於夷人幾次發動進攻，漢朝派去的官吏就發兵討伐。用盡巴、蜀地區交納的租稅也不夠抵償所耗費用，於是就招募豪民在南夷種田，交納糧食給當地官府，而到京師國庫領取錢款。在東方設置滄海郡，所耗人役的費用與西南夷的費用相等。又徵發十幾萬人建築、守衛朔方城，水陸運輸很遠，崤山以東的百姓都受了勞役之苦，花費數十萬萬以至百餘萬萬，致使國家府庫空虛。於是就招募百姓，向政府交納奴婢可以終身免除傜役，如果是郎官，就提升他做官的品級，以及向政府交納羊為郎官的事情，也是從這時開始的。

3 此後四年，衛青連續兩年率十餘萬人出擊匈奴，斬得敵人首級和捕獲俘虜的戰士受賜黃金二十餘萬金，而漢軍戰士與馬匹死了十餘萬，兵器、鎧甲和水陸運糧的費用還沒有計算在內。於是大司農所轄倉庫舊存錢幣已經用完，新收賦稅已經用盡，不足以供給戰士。有關官吏請求下令，允許百姓用錢財買爵及贖禁錮罪和減罪、免罪；請求設置用於賞賜的爵位，名叫武功爵。每級售價十七萬錢，總值三十多萬萬錢。凡是買到武功爵第五等官首的，試補缺為吏，優先任用；武功爵第七等千夫與二十等爵制的第九等爵五大夫受同樣待遇；有罪的人買武功爵減二等；武功爵最高只能買到第八等爵樂卿，第八等爵以上專為彰顯軍功而用。有軍功的人多被越級提拔，軍功大的封侯或做卿、大夫，小的做郎官。做官的途徑雜亂而多種多樣，結果造成官吏的政務荒廢。

4 自從公孫弘用《春秋》之義為準繩整飭臣下做了宰相，張湯用嚴峻的法律條文斷獄判案當了廷尉，於是

「見知」犯罪而不舉報要當作故意釋放罪嚴懲之法產生，而以廢止皇帝詔令、誹謗皇帝而徹底追究的刑獄也被濫用。明年淮南王、衡山王、江都王謀反之事暴露，公卿想方設法尋找端緒加以審理，追究黨羽，犯法和受牽連而死的數萬人，官吏用法越來越嚴酷，法令越來越苛細。當時，朝廷詔舉為人所尊敬的方正賢良文學一類士人，有的官做到公卿大夫。公孫弘以宰相身分，蓋麻布做的被子，吃飯不講究美味，作為天下的先導，然而還是無益於改變社會的風俗，人民逐漸變為致力於追求功利。

5 元狩二年，驃騎將軍霍去病接連兩次西征匈奴，取得大勝利。渾邪王率幾萬部眾前來歸降，於是漢朝發車三萬輛前往迎接。來到以後，受到朝廷的賞賜，並賞賜了漢朝的有功之士。這一年的花費共一百餘萬萬錢。

6 十餘年以前，黃河決口，河水在梁、楚等地氾濫成災，這些地區本來就幾次受了災害，而沿河各郡築堤堵塞決口，又常常決口，花費的錢無法計算。其後，河南太守番係為省去需經底柱天險的漕運，在河東地區開汾河通黃河的水渠用以灌溉農田；鄭當時因為從渭河漕運到長安迂迴路遠，開鑿從長安到華陰直達黃河的漕渠；而朔方也開鑿灌溉農田的水渠。這幾處修渠的人各有數萬，經過二三年還沒有完工，花費的錢各以十萬萬計算。

7 天子為了討伐匈奴，大量養馬，在長安往來飼養的馬匹有幾萬匹。關中地區的馬夫不夠用，就從鄰近各郡徵調。而歸降漢朝的幾萬匈奴人都得到了優厚的賞賜，衣食也由政府供給。政府無力供給，天子為此減膳，並減少乘輿上的四匹馬，又拿皇室庫藏中的錢財來供給他們。

8 元狩三年，山東地區遭受水災，很多百姓飢餓困乏，於是天子派遣使者把各郡國倉庫的糧食都取出來救濟貧民。還是不夠，又招募富豪把糧食借貸給貧民。還是不夠救濟貧民，於是就遷移貧民到函谷關以西，及朔方城以南的新秦中地區，共計七十餘萬口，衣食都依靠政府供給。幾年中，政府貸給產業，並派使者把他們分為若干部加以管理，道路上官吏的帽子與車蓋前後相望、絡繹不絕，花費以萬萬計，政府國庫大空。而富商大賈卻蓄積財物，役使貧民，販運貨物的車子以百輛計，住在城邑中，買賤賣貴，使有封邑的公主、列侯都依賴他們供給。有的冶鐵、鑄錢、煮鹽的大商賈，財物積累了上萬萬錢，卻不幫助國家解決急需的問題，使百姓更加困苦。

9 於是天子與公卿商議，以改鑄新幣的辦法來解決財政問題，同時打擊驕溢不法、兼併土地的富商大賈。當時皇家園囿中有白鹿，少府積存有很多銀錫。自從孝文帝改鑄四銖錢，到現在已有四十餘年，從武帝建元年間以來，財用缺少，政府常常在銅多之山鑄錢，百姓也私自盜鑄錢，錢的數量多得無法計算。以致錢越來越多而又越來越不值錢，貨物則越來越少而又越來越貴。有關官吏說：「古時有皮幣，諸侯用來聘享。金分三等，黃金為上等，銀為中等，銅為下等。現在半兩錢的法定重量為四銖，而不法之徒則暗中磨損錢沒有字的一面取得銅屑，使得錢越來越薄而物價越來越貴，則使遠方用錢煩勞而費用不省。」於是就用一尺見方的白鹿皮，沿邊飾以彩繡，作為皮幣，每張值四十萬錢。王侯與宗室貴族朝覲、聘享，必須用皮幣墊在璧的下面，然後才能行禮。

10 又用銀錫合金鑄造白金錢幣。並認為天上飛的沒有什麼能比得上龍，地上跑的沒有什麼能比得上馬，人們用的沒有什麼比龜更靈驗，所以白金錢幣分為三品：第一種重八兩，圓形，圖案為龍，幣名「白撰」，每個值三千錢；第二種比較小，方形，圖案是馬，每個值五百錢；第三種更小，橢圓形，圖案為龜，每個值三百錢。下令各郡國銷毀半兩錢，改鑄三銖錢，錢上文字與重量一致。凡盜鑄上述三種白金貨幣與三銖錢的，都處以死刑，然而官吏與百姓犯盜鑄罪的仍然多不勝數。

11 於是以東郭咸陽、孔僅為大農丞，領管鹽鐵方面的事務，而桑弘羊則得到了皇帝寵幸，地位尊貴。東郭咸陽，是齊地從事煮鹽的大鹽商，孔僅，是南陽的大冶鐵商，二人都積累了千萬以上的財產，所以鄭當時向皇帝推薦了他們。桑弘羊，洛陽商人的兒子，憑藉善於計算，十三歲就入宮當了侍中。因此，這三個人講贏利的事情都能明察秋毫。

12 法令越來越嚴苛，官吏多被廢免。戰爭連續不斷，百姓很多通過買復免除了徭役與買爵至五大夫、千夫的也免除了徭役，可徵發的士卒越來越少。於是任命千夫、五大夫為官吏，不願當官吏的要出馬匹；廢免的官吏都被罰在上林苑砍伐荊棘和開鑿昆明池。

1 其明年❶，大將軍❷、票騎大出擊胡，賞賜五十萬金，軍馬死者十餘萬匹，轉漕車甲之費不與焉。是時財匱❸，戰士頗不得祿❹矣。

2 有司言三銖錢輕，輕錢易作姦詐，迺更請郡國鑄五銖錢❺，周郭其質❻，令不可得摩取鋊。

3 大農上鹽鐵丞孔僅、咸陽言❼：「山海，天地之臧❽，宜屬少府，陛下弗私，以屬大農❾佐賦。願募民❿自給費⓫，因官器⓬作鬻鹽，官與牢盆⓭。浮食奇民⓮欲擅斡⓯山海之貨，以致富羨⓰，役利細民⓱。其沮事之議，不可勝聽⓲。敢私鑄鐵器鬻鹽者，釱⓳左趾，沒入其器物。郡不出鐵者，置小鐵官⓴，使屬在所縣㉑。」使僅、咸陽乘傳㉒舉行天下鹽鐵㉓，作官府㉔，除故鹽鐵家富者為吏。吏益多賈人矣。

4 商賈以㉕幣之變，多積貨逐利。於是公卿言：「郡國頗㉖被災害，貧民無產業者，募徙廣饒之地。陛下損膳省用，出禁錢㉗以振㉘元元㉙，寬貸㉚，而民不齊出南畝㉛，商賈滋眾。貧者畜積無有，皆仰縣官㉜。異時㉝算軺車㉞賈人之緡錢㉟皆有差㊱，請算如故。諸賈人末作㊲貰貸㊳賣買㊴，居邑貯積諸物，及商以取利者，雖無市籍㊵，各以其物自占㊶，率㊷緡錢二千而算一㊸。諸作㊹有租及鑄，率緡錢四千算一[45]。非吏比者、三老、北邊騎士，軺車一算；商賈人軺車二算；船五丈以上一算[46]。匿[47]不自占，占不悉[48]，戍邊一歲，沒入緡錢。有能告者[49]，以其半畀之[50]。賈人有市籍，及家屬，皆無得名田[51]，以便農。敢犯令，沒入田貨。」

5 是時，豪富皆爭匿財[52]，唯卜式[53]數求[54]入財以助縣官。天子迺超拜[55]式為中郎[56]，賜爵左庶長[57]，田十頃，布告天下，以風百姓[58]。初，式不願為官，上強拜之，稍遷至齊相[59]，語自在其傳。孔僅使天下鑄作器[60]，三年中至大司農[61]，列於九卿。而桑弘羊為大司農中丞[62]，管諸會計[63]事，稍稍置均輸[64]以通貨物。始令吏得入穀補官[65]，郎至六百石[66]。

6 自造白金五銖錢後五歲[67]，而赦[68]吏民之坐盜鑄金錢死者數十萬人。其不發覺相殺者[69]，不可勝計。赦自出[70]者百餘萬人。然不能半自出[71]，天下大氐[72]無慮皆鑄金錢矣。犯法者眾，吏不能盡誅，於是遣博士褚大、徐偃[73]等分行郡國[74]，舉[75]并兼之徒守相[76]為利者。而御史大夫[77]張湯方貴用事，減宣[78]、杜周[79]等為中丞[80]，義縱、尹齊、王溫舒[81]等用急刻為九卿，直指夏蘭[82]之屬始出。而大農顏異誅[83]矣。初，異為濟南[84]亭長[85]，以廉直稍遷至[86]九卿。上與湯既造白鹿皮幣，問異。異曰：「今王侯朝賀以倉璧[87]，直數千，而其皮薦反四十萬，本末不相稱[88]。」

天子不說。湯又與異有隙[89]，及人有告異以它議[90]，事下湯治[91]。異與客語，客語初令[92]下有不便[93]者，異不應，微反脣[94]。湯奏當[95]異九卿見令不便，不入言而腹非[96]，論死。自是後有腹非之法比[97]，而公卿大夫多諂諛取容[98]。

7 天子既下緡錢令[99]而尊卜式，百姓終莫[100]分財佐縣官，於是告緡錢[101]縱[102]矣。

8 郡國鑄錢，民多姦鑄[103]，錢多輕[104]，而[105]公卿請令京師鑄官赤仄[106]，一當五[107]，賦官用[108]非赤仄不得行。白金稍賤[109]，民弗寶[110]用，縣官以令禁之，無益，歲餘終廢不行。是歲[111]，湯死而民不思[112]。其後二歲[113]，赤仄錢賤，民巧法用之[114]，不便，又廢。於是悉禁郡國毋[115]鑄錢，專令上林三官[116]鑄。錢既多，而令天下非三官錢不得行，諸郡國前所鑄錢皆廢銷[117]之，輸[118]入其銅三官。而民之鑄錢益少[119]，計其費不能相當[120]，唯真工[121]大姦[122]迺[123]盜為之。

9 楊可[124]告緡徧天下[125]，中家[126]以上大氐[127]皆遇告。杜周治之[128]，獄少反[129]者。迺分遣御史[130]廷尉正監[131]分曹[132]往，即治[133]郡國緡錢[134]，得[135]民財物以億計，奴婢以千萬數，田大縣數百頃，小縣百餘頃，宅亦如之[136]。於是商賈中家以上大氐破，民媮[137]甘食[138]好衣，不事[139]畜臧[140]之業，而縣官以[141]鹽鐵緡錢之故，用少饒[142]矣。益廣關[143]，置左右輔[144]。

10 初[145]，大農斡[146]鹽鐵官布多，置水衡[147]，欲以主鹽鐵；及楊可告緡，上林財物眾，迺令水衡主上林[148]。上林既充滿，益廣[149]。是時粵[150]欲與漢用船戰逐[151]，迺大修昆明池[152]，列館環之。治樓船[153]，高十餘丈，旗織[154]加其上，甚壯[155]。於是天子感之[156]，迺作柏梁臺[157]，高數十丈。宮室之脩，繇[158]此日麗[159]。

11 迺分緡錢[160]諸官，而水衡、少府、太僕[161]、大農各置農官，往往[162]即[163]郡縣比[164]沒入田田之[165]。其沒入奴婢，分諸苑[166]養狗馬禽獸，及與諸官。官益雜置多[167]，徒奴婢[168]眾，而下河漕度[169]四百萬石，及官自糴[170]迺足。

12 所忠[171]言：「世家[172]子弟富人或鬬雞走狗馬，弋獵[173]博戲[174]，亂齊民[175]。」乃徵諸犯令[176]，相引[177]數千人，名曰「株送徒[178]」。入財者[179]得補郎，郎選[180]衰矣。

13 是時山東被河災[181]，及歲不登[182]數年，人或相食，方二三千里。天子憐之，令饑民得流[183]就食江淮間，欲留[184]，留處[185]。使者冠蓋相屬[186]於道護之，下巴蜀粟以振[187]焉。

14 明年[188]，天子始出巡郡國。東度河，河東守[189]不意行至[190]，不辯[191]，自殺[192]。行西踰隴[193]，卒[194]，從官不得食，隴西[195]守自殺。於是上北出蕭關[196]，從數萬騎行獵新秦中[197]，以勒[198]邊兵而歸。新秦中或千里無亭[199]徼[200]，於是誅北地太守以下，而令民得畜邊縣[201]，官假馬母，三歲而歸，及息什一[202]，以除告緡[203]，用充入[204]新秦中。

15 既得寶鼎[205]，立后土[206]、泰一[207]祠，公卿白議[208]封禪[209]事，而郡國皆豫治道[210]，脩繕故宮，及當馳道縣[211]，縣治宮儲[212]，設共具[213]，而望幸[214]。

16 明年[215]，南粵反[216]，西羌侵邊[217]。天子為[218]山東不澹[219]，赦天下囚，因[220]南方樓船士二十餘萬人擊粵，發三河[221]以西騎擊羌，又數萬人渡河築令居[222]。初置張掖、酒泉郡[223]，而上郡、朔方、西河、河西開田官[224]，斥塞卒[225]六十萬人戍田[226]之。中國繕道[227]餽糧[228]，遠者三千，近者千餘里，皆仰[229]給大農。邊兵[230]不足，迺發武庫[231]工官[232]兵器以澹[233]之。車騎馬[234]乏，縣官錢少，買馬難得，迺著令[235]，令封君以下至三百石吏以上差[236]出牝[237]馬天下亭，亭有畜字馬[238]，歲課息[239]。

17 齊相卜式上書，願父子死[240]南粵。天子下詔襃揚，賜爵關內侯[241]，黃金四十斤，田十頃。布告天下，天下莫應[242]。列侯以百數，皆莫求從軍。至飲酎[243]，少府省金[244]，而列侯坐酎金失侯者百餘人[245]。迺拜卜式為御史大夫[246]。式既在位，見郡國多不便縣官作鹽鐵，器苦惡[247]，賈貴[248]，或彊令民買之。而船有算[249]，商者少[250]，物貴，迺因[251]孔僅言船算事。上不說。

18 漢連出兵三歲[252]，誅羌，滅兩粵[253]，番禺[254]以西至蜀南者置初郡十七[255]，且[256]以其故俗治，無賦稅。南陽、漢中以往[257]，各以地比[258]給初郡吏卒奉食幣物[259]，傳車馬被具[260]。而初郡又時時小反[261]，殺吏，漢發南方吏卒往誅之，間歲[262]萬餘人，費皆仰[263]大農。大農以均輸調鹽鐵助賦[264]，故能澹之[265]。然兵所過縣，縣以為訾給毋乏[266]而已，不敢言輕賦法[267]矣。

19 其明年，元封元年，卜式貶為太子太傅[268]。而桑弘羊為治粟都尉[269]，領[270]大農，盡代僅斡天下鹽鐵[271]。弘羊以諸官[272]各自市[273]相爭，物以故騰躍[274]，而天下賦輸[275]或不償其僦費[276]，迺請置大農部丞[277]數十人，分部主郡國，各往往置均輸鹽鐵官[278]，令遠方各以其物如異時商賈所轉販者為賦[279]，而相灌輸[280]。置平準[281]於京師，都受天下委輸[282]。召工官[283]治車諸器[284]，皆仰給大農。大農諸官盡籠[285]天下之貨物，貴則賣之，賤則買之。如此，富商大賈亡所牟[286]大利，則反本[287]，而萬物不得騰躍。故抑天下之物[288]，名曰「平準」。天子以為然[289]而許之[290]。於是天子北至朔方，東封泰山，巡海上，旁北邊以歸[291]。所過賞賜，用帛百餘萬匹，錢金[292]以鉅萬計，皆取足大農。

20 弘羊又請令民得入粟補吏[293]，及罪以贖[294]。令民入粟甘泉[295]各有差[296]，以復[297]

終身，不復告緡[298]。它郡各輸急處[299]，而諸農[300]各致粟[301]，山東漕益[302]歲六百萬石。一歲之中，太倉、甘泉倉滿。邊餘穀[303]，諸均輸[304]帛五百萬匹。民不益賦[305]而天下用饒[306]。於是弘羊賜爵左庶長[307]，黃金者再百[308]焉。

21 是歲小旱，上令百官求雨。卜式言曰：「縣官當食租衣稅[309]而已，今弘羊令吏坐市列[310]，販物求利。亨[311]弘羊，天乃雨。」久之，武帝疾病，拜弘羊為御史大夫[312]。

【章　旨】以上為卷下的第四部分，寫漢武帝外事四夷、內興功利中後期經濟政策與貨幣制度的進一步演變。

【注　釋】❶其明年　指元狩四年（西元前一一九年）。❷大將軍　衛青。❸匱　缺乏；貧乏。❹祿　俸也，此處應指供給。❺五銖錢　重五銖，銅幣。元狩五年（西元前一一八年）始鑄。❻周郭其質　在錢無字一面鑄周郭，防磨銅屑。❼大農上鹽鐵丞孔僅咸陽言　大農令奏上鹽鐵丞孔僅、東郭咸陽的建議。鹽鐵丞，官名。大農屬下主管鹽鐵官營。❽山海二句　指鹽鐵等收入應屬於管理天子私人財政的少府。❾屬大農　指武帝把鹽鐵收入劃歸掌管國家財政的大農管理。❿募民　招募民工。⓫自給費　自給費用。⓬因官器　用官器。⓭牢盆　煮鹽的鐵盆。⓮浮食奇民　指從事工商業的富商大賈。浮食，即浮末，指工商業。奇民，奇邪之民，指從事鹽鐵業的富商大賈。⓯擅斡　指壟斷。斡，通「管」。主管；掌管。⓰富羨　富饒。⓱役利細民　役使小民做工謀利。⓲沮事之議二句　指反對鹽鐵官營的意見很多，聽都聽不完。⓳鈦　足鉗，腳鐐一類刑具，重六斤，著左足下。⓴小鐵官　不產鐵的地方置小鐵官，鑄舊鐵。㉑使屬在所縣　小鐵官管理所在縣的鐵器鑄作。屬，管轄。㉒乘傳　指乘坐驛站的傳車。㉓舉行天下鹽鐵　指全國都實行鹽鐵官營。舉，皆。㉔作官府　設置主管鹽鐵的官府。㉕以　由於；因為。㉖頗　甚；很多。㉗禁錢　少府掌管的內廷所藏之錢。㉘振　救濟。㉙元元　庶民。㉚寬貸　聯繫〈平準書〉

所說「寬貸賦」，此處應指從寬假貸、緩減賦稅。貸，假與。㉛民不齊出南畝　指民不皆務農。齊，皆也。南畝，農田。㉜縣官　天子；朝廷；官府。㉝異時　往時；過去。㉞算軺車　徵收軺車稅。算，本意為計算，引申為徵稅。軺車，古代輕便的馬車。㉟緡錢　緡是穿錢的絲繩，一緡千錢，稱一貫。而所說的算緡錢，是向商業者徵收的財產稅。㊱有差　指徵稅有等次。㊲末作　末業；工商業。㊳貰貸　租賃；借貸。指高利貸。㊴賣買　賤買貴賣。㊵市籍　商賈有專門戶籍，叫市籍。不入市籍也可經商。㊶自占　自報。㊷率　一概；一律。㊸緡錢二千而算一　商人財產以緡錢為計算單位，緡錢二千出一算，每算一百二十錢。㊹諸作　各種手工業者。㊺四千算一　各種手工業者，緡錢四千出一算。㊻非吏比者四句　除非吏（如千夫五大夫）可與吏比、三老、北邊騎士三類人外，軺車收一算。吏比者，與官吏地位相等的人，指那些有千夫、五大夫以上爵位的人。三老，掌教化的鄉官。㊼匿　隱瞞。㊽占不悉　自報時沒有全報。㊾有能告者　有敢於揭發的人。㊿以其半畀之　以其半給之。畀，給予；付與。51名田　占有田地。52爭匿財　爭著隱匿財產。53卜式　河南人，畜牧業主。54數求　幾次要求。55超拜　越級任命。56中郎　官名，秩比六百石，屬郎中令。57左庶長　二十等爵的第十等。58以風百姓　以教育感化百姓。59稍遷至齊相　逐漸升至齊相。60鑄作器　鑄作鐵器。61大司農　孔僅於元鼎二年（西元前一一五年）為大農令，見卷十九〈百官公卿表〉，九卿之一。62桑弘羊為大司農中丞　此事在元鼎二年。63會計　指為朝廷掌管財政的計算工作。每月計算一次為計，每年計算一次為會。64稍稍置均輸　指在全國逐漸設置均輸官，元鼎二年（西元前一一五年）開始設置均輸。元封元年（西元前一一〇年）在全國普遍設均輸官。65吏得入穀補官　吏向政府捐糧食可以升官。66郎至六百石　郎最高六百石。67自造白金五銖錢後五歲　元狩四年（西元前一一九年）冬造白金，元鼎元年（西元前一一六年）赦天下，首尾四年，實際僅三年。據〈武帝紀〉。68赦　李慈銘《漢書劄記》說，赦字衍文，當刪。69其不發覺相殺者　《通鑑》元狩六年引此文刪「相殺」二字。70自出　自首。71不能半自出　指因自首免罪的不到一半人。72大氐　大抵；大致。73褚大徐偃　褚大，胡毋生弟子，治《公羊春秋》。徐偃，申公弟子，治《魯詩》。均見卷八十八〈儒林傳〉。74分行郡國　分別巡行郡國。75舉檢舉。76守相　郡守、諸侯王國相。77御史大夫　副丞相。78減宣　酷吏，見卷九十〈酷吏傳〉。79杜周　酷吏，見卷六十〈杜周傳〉。80中丞　御史大夫屬官，主管檢察。81義縱尹齊王溫舒　皆酷吏，見〈酷吏傳〉。82夏蘭　人姓名，事跡不詳。83顏異誅　顏異曾為大農，據〈百官公卿表〉顏異被誅在元狩六年（西元前一一七年）。84濟南　濟南郡。85亭長　西漢時鄉村每十里設一亭，亭有亭長，管治安警衛、留住旅客等。86稍遷至　逐漸升至。87倉璧　青色玉璧。倉，通「蒼」。88不相稱　不相符合。89隙　裂縫；裂痕。90它議　非議。指與當時政令意見不同。91治　審理。92初令　新令。93不便　指初下詔令有不便處。(94)反脣　翻脣。表示不滿。(95)當　指判罪。(96)腹非　內心反對。(97)法比　判例。指以腹非罪處死嚴異成了以後類似案件的案例。(98)諂諛取容　巴結奉承，討皇上喜歡。(99)緡錢令　元狩四年（西元前一一九年）頒布算緡令，向工商業者徵收財產稅。(100)莫　沒有。(101)告緡錢　告發商人自報財產不實。〈武帝紀〉載元鼎三年（西元前一一四年）曾頒告緡令。(102)縱　放。意指放開讓百姓告發商人自報財產不實者。(103)姦鑄　鑄作時雜以鉛鐵，不合規格。(104)輕　指姦鑄的錢輕。(105)而　所以。(106)官赤仄　官，指鍾官。鍾官是水衡都尉屬官，主管鑄錢。《史記・平準書》說「鍾官赤仄」說明赤仄錢為鍾官鑄造。仄，通「側」。當「邊」講。赤仄，通「赤郭」。(107)一當五　一枚當五銖。(108)賦官用　指交納賦稅和官府使用。(109)稍賤　漸漸不值錢。(110)弗寶　不珍愛。(111)是歲　元鼎二年（西元前一一五年）。(112)民不思　指張湯生前，深文巧法，株連甚眾，附上困下，遭民怨恨，所以死後民不思念。(113)其後二歲　張湯死後二歲，為元鼎四年（西元前一一三年）。(114)巧法用之　用巧妙的手段抵制法令，不按規定的一當五使用。(115)毋　不要；禁止。(116)上林三官　水衡都尉下屬鍾官、辨銅、技巧三令丞，主管鑄錢。因水衡都尉及其所屬三官設在上林苑，故稱上林三官。(117)廢銷　廢除熔化。(118)輸　運送。(119)益少　更少。(120)計其費不能相當　指盜鑄錢的費用超過錢的價值，無利可圖。(121)真工　指技術高超。(122)大姦　本領高敢鑄奸錢的人。(123)迺　才。(124)楊可　人名，主持告緡的官員。(125)告緡徧天下　告緡的案件遍及天下。(126)中家　當時財產有十萬算中產之家，即中家。(127)大氐　大抵；大凡。(128)治之　辦理案件。(129)少反　很少有翻案的。反，通「翻」。(130)御史　御史大夫屬官。(131)廷尉正監　廷尉屬官有正與左、右監。(132)分曹　分批。顏師古曰：「曹，輩也，分輩而出為使也。」(133)即治　就在當地辦案。舊本作「往即治」。「往」字衍，據《補注》本王先謙注改。(134)緡錢　指告緡錢的案件。(135)得　指沒收。(136)如之　如同財物等一樣多。(137)媮　苟且偷安；得過且過。(138)甘食　美味食品。(139)不事　不從事。(140)畜臧　蓄藏。(141)以　由於。(142)用少饒　用錢稍微富裕。(143)益廣關　舊本關作「開」。據《漢書・補注》改。關指函谷關。函谷關原在弘農（今河南靈寶東北），元鼎三年（西元前一一四年）徙關於河南新安東，離故關三百里。益廣，增加了關西的土地。(144)置左右輔　指左右都尉。元鼎四年（西元前一一三年）置，左輔都尉治左馮翊高陵，右輔都尉治右扶風眉縣，見〈地理志〉。(145)初　追溯置水衡以前的事。(146)斡　舊本作「幹」，應為斡。見王先謙《漢書補注》。(147)水衡　水衡都尉。元鼎二年（西元前一一五年）置。(148)主上林　主管上林苑。(149)益廣　指上林苑範圍擴大。(150)粵　指南越。粵，通「越」。(151)船戰逐　指水戰用船相逐。(152)大脩昆明池　元狩三年（西元前一二〇年）始修昆明池。元鼎二年（西元前一一五年）大修昆明池，準備與南越戰。(153)治樓船　修造樓船。(154)旗織　旗幟。織，通「幟」。(155)甚壯　很壯觀、宏偉。(156)感之　指漢武帝見樓船宏偉有感。(157)柏梁臺　元鼎二年作柏梁臺。見〈武帝紀〉。(158)繇　通「由」。(159)日麗日益富麗堂皇。(160)緡錢　指沒收來的財物。(161)太僕　掌車馬與馬政。九卿之一。(162)往往　處處。(163)即　就。(164)比　比照；近來。(165)田之　耕種。(166)諸苑　如上林苑、博望苑、六牧師苑等。(167)雜置多　指官府雜設分管各種事務的官員眾多。(168)徒奴婢　徒與奴婢為兩種人，告緡時商人及家屬犯罪的很多淪為刑徒，同時又沒收了許多奴婢。(169)下河漕度　下黃河水運。(170)官自糴　官府自己買糧食。(171)所忠　武帝近臣。(172)世家　世世有祿秩之人家。(173)弋獵　射獵。(174)博戲　六博之戲。(175)亂齊民　使平民習於嬉戲，不事生產。齊民，平民。(176)徵諸犯令　命令懲辦諸犯。徵，通「懲」。(177)相引　牽連。(178)株送徒　指被株連之囚徒。(179)入財者　交納財物的人。(180)郎選　選舉郎官的制度。(181)山東被河災　指崤山以東地區因黃河氾濫遭受水災。(182)登　成熟。(183)流　指遷徙。(184)欲留　指想留在江淮居住。(185)留處　指作留下的安排。(186)相屬　指絡繹不絕。(187)振　賑。(188)明年　指元鼎四年（西元前一一三年）。(189)河東守　河東郡太守。河東郡治安邑，今夏縣西北。(190)不意行至　沒想到皇帝會駕臨。(191)不辯　沒有辦好接待皇帝駕臨的事情。辯，通「辦」。(192)自殺　畏罪自殺。(193)行西踰隴　西行越過隴山。此事在元鼎五年（西元前一一二年）。隴，隴山，在今陝西隴縣西北跨甘肅清水縣。(194)卒　通「猝」。突然；出乎意料。(195)隴西　隴西郡，治狄道（今甘肅臨洮南）。(196)蕭關　原址在今寧夏自治區固原東南，關中通塞北的要道。(197)新秦中　地名，又稱河南。今內蒙古河套一帶。(198)勒　訓練；治理。(199)亭　亭障。(200)徼　塞也。(201)令民得畜邊縣　下令民得在邊縣畜牧。(202)息什一　官府出租母馬給民放牧，三年歸還時，十匹母馬要還官一駒，此為息什一也。(203)除告緡　免去告緡令。(204)充入　充實。(205)得寶鼎　〈武帝紀〉，元鼎四年（西元前一一三年）立后土祠於汾陰（今山西萬榮西南），後在祠旁得寶鼎。(206)后土　土地神。(207)泰一　天神。〈武帝紀〉，元鼎五年（西元前一一二年）立泰一祠於甘泉山（今陝西淳化西北）。(208)白議　公開議論。(209)封禪　在泰山祭祀天地的大典。(210)豫治道　預先修馳道。(211)當馳道縣　馳道沿線的縣。(212)治宮儲　準備行宮的陳設。(213)共具　提供用具。共，通「供」。(214)幸　皇帝駕臨曰幸。(215)明年　指元鼎五年（西元前一一二年）。(216)南粵反　這一年南越相呂嘉反，殺國王、太后和漢使者。(217)西羌侵邊　這一年西羌與匈奴勾結，十餘萬人反，攻故安（今甘肅蘭州南）等地。(218)為　因為。(219)不澹　貧困；供給不足。(220)因　依靠；用。(221)三河　河內、河南、河東為三河。(222)令居　在今甘肅永登西北，處於湟水流域通向河西走廊要衝。(223)初置張掖酒泉郡　〈武帝紀〉，元狩二年置武威、酒泉二郡。元鼎六年「乃分武威、酒泉地，置張掖、敦煌郡」。此處酒泉當作敦煌。(224)開田官　設田官，主持屯田。(225)斥塞卒　充斥著塞卒。(226)戍田　既防守邊境，又耕田。(227)繕道　修治道路。(228)餽糧　送糧；給糧。(229)仰　依賴。(230)兵　兵器。(231)武庫　儲存武器之庫，長官為武庫令。(232)工官　主管製造武器，京師與外郡均有製造武器的工官。(233)澹　供給；供應。(234)車騎馬　戰車和騎兵的戰馬。(235)著令　制定法令。(236)差　等級。(237)牝　舊本作「牡」。錢大昭曰「牡」當作「牝」。牝，母馬。(238)字馬　有孕的母馬。(239)息　以馬駒交納利息。(240)死　效死。(241)關內侯　二十等爵制中的第十九等爵。(242)天下莫應　天下沒有人響應。(243)飲酎　經三次重釀的醇酒叫酎。天子以酎酒祭宗廟，諸侯王、列侯按規定金助祭，叫「酎金」。(244)省金　察看、檢查酎金成色好壞、斤兩多少。(245)列侯坐酎金失侯者百餘人　〈武帝紀〉，元鼎五年（西元前一一二年）列侯因酎金不合格被免爵者一百零六人。(246)拜卜式為御史大夫　事在元鼎六年（西元前一一一年），見卷十九〈百官公卿表〉。(247)器苦惡　指鐵器的質量不好。(248)賈貴　價貴。(249)船有算　指船要出算賦。(250)商者少　經商的人少了。(251)因　由於。(252)連出兵三歲　指元鼎五年至元封元年（西元前一一二—前一一〇年）。元鼎五年擊南越，六年征西羌、擊東越，元封元年東越殺其王餘善降漢，計三年。(253)兩粵　南越與東越。(254)番禺　縣名，今廣州。(255)初郡十七　新郡十七，據晉灼曰：元鼎六年「定南越置南海、蒼梧、鬱林、合浦、交趾、九真、日南、珠崖、儋耳郡，定西南夷以為武都、牂柯、越巂、沈黎、汶山郡，及〈地理志〉、〈西南夷傳〉所置犍為、零陵、益州郡，凡十七」。(256)且　並且；而且。(257)以往　以南。(258)地比　各以其地相連由近及遠。(259)奉食幣物　作為俸祿的糧食、錢幣、物資。(260)傳車馬被具　驛站的傳車、馬匹、及有關駕車乘馬的物件。(261)小反　小的叛亂。(262)間歲　每隔一年。(263)皆仰　都依賴。(264)以均輸調鹽鐵助賦　以均賦調劑鹽鐵補助賦稅。(265)故能澹之　因此能供給。(266)皆給毋乏　供給不缺乏。(267)不敢言輕賦法　不敢談論經賦法。輕，《史記》作「擅」。《集解》徐廣注：「擅」一作「經」。此「輕」當是「經」字傳寫之誤。大概當時有經賦法，規定經常賦稅，除此之外不得擅加。(268)太子太傅　輔導太子的官。(269)治粟都尉　當為搜粟都尉。〈百官公卿表〉、〈霍光傳〉、〈西域傳〉均載桑弘羊為搜粟都尉。(270)領　監管；兼領。(271)盡代僅斡天下鹽鐵　完全代替孔僅管天下鹽鐵。(272)諸官　即前文載分受緡錢的諸官。(273)各自市　各自經商。(274)騰躍　指價格飛漲。(275)賦輸　賦物的運輸。(276)僦費　運輸費。(277)大農部丞　大農令屬官。(278)置均輸鹽鐵官　設立均輸官、鹽官、鐵官。均輸官可考者有千乘、遼東、河東三郡，僅郡國有之。西漢設鹽官者三十六郡縣，設鐵官者有五十郡縣。(279)如異時商賈所轉販者為賦　如過去商賈販運時所交納的賦為賦。(280)相灌輸　各地互相運輸。(281)平準　指平準令、丞。掌調節物價。大農令屬官。(282)都受天下委輸　總管天下的物資運輸。都，總；全。委輸，把貨物置於舟車上曰委，轉運到其他地方交卸曰輸。(283)工官　西漢京師各官府有工官。〈地理志〉記有工官之郡。(284)治車諸器　製造車等運輸工具。(285)籠　掌握。(286)牟　取也。(287)反本　指商賈無利可圖，返回從事農業。(288)抑天下之物　平抑天下物價。(289)然　是；對。(290)許之　允許使用這種辦法。(291)旁北邊以歸　沿北部邊境以歸。旁，沿。(292)錢金　錢幣與黃金。(293)入粟補吏　給政府糧食可做官。(294)罪以贖　罪人入粟可以贖罪。(295)甘泉　指甘泉倉。(296)有差　有差別。(297)復　免役。(298)不復告緡　免除告緡。(299)急處　急需要的地方。(300)諸農　朝廷所屬各官府的農官。301致粟　指向京師輸送糧食。302益　增加。303邊餘穀　邊塞也有蓄積的糧食。304諸均輸　各地的均輸官。305不益賦　不增加賦。306天下用饒　指國家財政充裕。307左庶長　二十等爵制中的第十等爵。308黃金者再百　指黃金二百金。309縣官當食租衣稅　官府和皇帝應當食租衣稅。310坐市列　指經商。311亨　通「烹」。古代用鼎鑊煮人的酷刑。312拜弘羊為御史大夫　事在武帝後元二年(西元前八七年)。

【語譯】元狩四年，大將軍衛青、驃騎將軍霍去病大舉出擊匈奴，賞賜有功之士五十萬萬錢，軍馬死了十餘萬匹，水陸運輸和車、甲之費還未計算在內。當時財用匱乏，戰士有時得不到供給。

2 有關官吏說三銖錢輕，錢輕容易鑄作假錢，於是建請郡國改鑄五銖錢，在錢幣無字的一面鑄周郭，以防磨取銅屑。

3 大農令向天子奏上鹽鐵丞孔僅、東郭咸陽的建議說：「山海，是天地間儲存財物的庫藏，本應屬少府管轄，陛下無私，使其歸屬大農管轄來補助國家賦稅的不足。希望政府招募民工自出費用，用官府的器具煮鹽，由官府根據煮鹽的盆數給予報酬。那些浮食奇民，一心想壟斷煮鹽鑄鐵，發財致富，役使貧民。他們反對鹽鐵官營的議論，是聽也聽不完的。今後如有敢於私鑄鐵器與煮鹽的，一律判處釱左腳的刑罰，沒收他們的器物。不出產鐵的郡，設置小鐵官，使其管理所在縣的鐵器鑄作。」天子派孔僅、東郭咸陽乘坐驛站的傳車，到全國各地辦理鹽鐵官營的事宜，設置鹽鐵官營的官府，任用過去以鹽鐵致富的商賈做鹽鐵官。以致官吏中的商賈越來越多了。

4 商賈由於幣制的變化，多通過蓄積貨物追求贏利。於是公卿大夫建議說：「不少郡國都遭受了災害，沒有產業的貧民，國家招募遷徙到地廣肥沃的地區。陛下儉省膳食、節約費用，拿出少府存錢救濟百姓，並寬緩徵收的賦稅，然而百姓仍沒有回到田地裡去耕作，從事工商業活動的人越來越多。貧窮的人沒有積蓄，都要靠朝廷養活。從前徵收軺車稅與商人的算緡錢稅都有等差，請照舊辦理。凡是商賈末業，如租賃賒貸性的買賣、住在城邑囤積貨物、及經商取利者，雖然沒有市籍，也要向政府自報財產，一律按照緡錢二千出一算納稅。凡是手工業和鑄作器物的行業也要納稅，一律按照緡錢四千出一算交納。除與官吏相等的人、三老、北邊騎士三種人以外，凡有軺車一輛出一算；商人軺車一輛二算；船長五丈以上出一算。隱匿不自報者，或沒有全部自報的，罰戍邊一年，沒收其隱匿未報的財產。如有告發者，把沒收的財產的一半賞給他。商人有市籍者，及其家屬，都不許占有田地，以方便農民。有敢於違反法令的，沒收其田地與貨物。」

5 當時，富豪都爭相隱匿財產，唯有卜式屢次要求捐獻錢財補助朝廷。天子於是破格提拔卜式為中郎，封給左庶長的爵位，賜田十頃，並把卜式的事跡布告天下，以教育、感化百姓。初期，卜式不願做官，天子勉強使其為官，並逐漸升遷為齊國的相，詳情記載在他的本傳中。孔僅使天下鑄作鐵器，三年之中升至大司農，位列九卿。桑弘羊為大司農中丞，掌管諸種會計計算事務，開始逐步設置均輸官，以便貨物流通。開始允許郎、吏向政府捐獻糧食，提高官職，郎到六百石為止。

6 自鑄造白金和五銖錢後的第五年，吏民因盜鑄錢幣罪判處死刑的有數十萬人。那些沒有被發覺的人，不可勝數。赦免自首的人有一百多萬。然而自首的實際還不到一半，天下的人差不多都盜鑄錢幣。犯法的人多，官吏不能完全誅殺，於是派遣博士褚大、徐偃等人分別巡行郡國，檢舉兼併之徒與郡太守、國相貪汙受賄而謀利的人。而御史大夫張湯正寵貴當權用事，減宣、杜周等人為中丞，義縱、尹齊、王溫舒等人憑藉用法嚴刻為九卿，鏽衣直指夏蘭之輩也開始出現。而這時，大農令顏異被誅殺。起初，顏異在濟南郡當亭長，憑藉廉潔正直逐漸升為九卿。皇上與張湯已經造了白鹿皮幣，而問顏異的意見。顏異說：「現在諸侯王、列侯朝賀天子用蒼璧，價值只有數千，而其皮墊竟然貴到四十萬，本末太不相稱。」皇上聽了很不高興。張湯與顏異素有嫌隙，及至有人以非議皇上詔令罪告發顏異，案件交給張湯審理。顏異與客人談話時，客人談到新頒詔令有不便的地方，顏異沒有說話，只是微微撇了一下嘴。張湯上奏判顏異身為九卿，見詔令有所不便，不向皇上進言而腹內非議，定為死罪。從此以後，有了「腹非」罪的案例，使得公卿大夫只好巴結逢迎、取悅於皇上了。

7 天子已頒布算緡錢的法令，又尊卜式為捐錢補助國家的榜樣，然而百姓始終沒有人捐錢補助政府，於是放手讓人告發自報財產不實的商人。

8 郡國政府鑄錢，民多鑄造雜以鉛鐵的不合規格的姦錢，錢多輕，所以公卿大臣奏請在京師鑄「官赤仄」錢，錢當五銖錢用，交納賦稅和官用時，非赤仄錢不行。白金幣漸不值錢，百姓不愛使用，政府下令禁止這種行為，但沒有用處，一年多以後，終於廢止不行。這一年，張湯死去，而百姓不思念他。張湯死後兩年，赤仄錢不值錢，百姓用巧詐的辦法、不按政府法定的赤仄錢當五銖錢使用的法令，赤仄錢行不通，又作廢。於是完全禁止郡國鑄錢，專門令上林三官鑄錢。錢多了以後，又下令天下不是三官錢不能流通，各郡國以前所鑄錢幣全部作廢熔化，其銅運送上林三官。此後，民鑄錢日漸減少，盜鑄錢的費用超過了錢值，無利可圖，只有那些技術高超、資金雄厚的富豪才能盜鑄。

9 楊可主管告緡的事情，告緡的案件遍於天下，中產以上的商賈之家大多被告發。杜周主管審理告緡的案件，案件很少有翻案的。又分別派遣御史、廷尉、廷尉正監等，分批到各個郡國，就所在郡國審理當地告緡的案件，得到民間的財物以萬萬計，奴婢以千或以萬來計數，田地大縣數百頃，小縣百餘頃，住宅也同樣很多。於是商賈中家以上大抵破產，結果使民間出現只圖眼前好吃好穿、不再儲蓄財物的現象，而朝廷由於鹽鐵官營、算緡告緡的原因，財用卻稍微富裕了。這一年，又把函谷關向東移置，擴大了關中地域，次年又置左右輔都尉以加強治安。

10 初期，大農主管的鹽鐵官分布多處，所以又設置水衡都尉，想用它來主管鹽鐵；及至楊可主持告緡，上林苑積存的沒收來的財物很多，於是就令水衡都尉主管上林苑。上林苑財物已經充滿之後，就擴大其範圍。這時南粵想用戰船與漢朝在水上爭逐，因此又大修昆明池訓練水軍，池周圍環繞著列館。又修造樓船，高十餘丈，上面插列旗幟，非常壯觀。於是天子有感，又修建柏梁臺，高數十丈。宮室的修建，從此更加富麗堂皇。

11 又把沒收的財物分給各官府，而水衡、少府、太僕、大農各自設置農官，就各郡縣近來沒入之田耕種。沒收的奴婢，分到各個苑囿去飼養狗馬禽獸，還有的分到各官府服役。官府雜置的官吏增多，徒、奴婢眾多，所以這年從黃河水運糧食四百萬石外，再加上政府購買的糧食，方才夠吃。

12 所忠進言：「世家子弟和富人，有的鬥雞賽狗、賽馬，弋獵、博戲，惑亂平民。」於是命令懲辦諸犯法的人，互相牽連的達數千人，名叫「株送徒」。向政府交納財物的人可以補為郎官，從此選拔郎官的制度衰敗了。

13 這時，山東地區因黃河氾濫遭受水災，連續數年收成不好，有的地方出現了人吃人的現象，災區方圓二、三千里。天子哀憐百姓，下令飢民可以遷徙就食江淮之間，想留住那裡的，就安排留在那裡。朝廷派遣的使者，在道路上絡繹不絕，管理著遷徙的災民，又運去巴蜀地區的糧食，賑濟江淮地區的災民。

14 第二年，天子開始巡察郡國。向東渡過黃河，河東太守沒想到天子突然到來，接待天子的事情沒有辦好，畏罪自殺。西行越過隴山，因為倉猝來到，隨從天子的官員沒有吃上飯，隴西太守也自殺。於是天子北出蕭關，隨從數萬騎在新秦中打獵，用以訓練邊兵，而後回到京師。新秦中有的地區千里無亭障要塞，因此誅殺北地郡太守以下的官員，又下令居民得在邊縣放牧牲畜，官府把母馬租給百姓，三年以後歸還，按出息十分之一計算，歸還時十匹母馬多還一匹馬駒，又免除告緡令，用以充實新秦中。

15 既已得了寶鼎，建立了后土祠、泰一祠，公卿大臣向天子陳述了舉行封禪大典的事情，郡國都要預先修治好道路，修繕好舊宮，及馳道經過的各縣，都要準備好宮中需要的飲食諸物，設置好供用的器具，以等待天子的駕臨。

16 第二年，南粵反，西羌侵擾邊境。天子因為山東地區供給不足，赦免天下囚徒使之從軍，依靠南方樓船士二十餘萬人擊南粵，徵發三河以西騎兵擊西羌，又令數萬人渡河築令居。初設張掖郡與酒泉郡，而上郡、朔方、西河、河西開設田官，使塞卒六十萬人，在那裡一邊戍邊，一邊屯田。國家修路運糧，遠的三千里，近的千餘里，費用都取給於大農。邊境兵器不足，於是就調發武庫與工官的兵器來供應。用於戰車與騎兵的戰馬缺乏，朝廷錢少，馬難買到，便制定法令，令列侯封君以下到三百石以上的官吏，按等級出一定數量的母馬給天下各亭，各亭都蓄有母馬，政府每年向各亭徵收一定數量的馬匹作為利息。

17 齊相卜式上書武帝，願父子從軍效死於攻打南粵的戰場。天子下詔表揚，賜爵位關內侯，黃金四十斤，田十頃。並把卜式的事跡公布於天下，天下沒有人響應。列侯以百數，都不要求從軍。到酎祭宗廟時，少府檢查酎金，列侯因酎金不合格犯罪被免去爵位的一百餘人。於是任命卜式為御史大夫。卜式既已在位，發現了鹽鐵官營的弊病，出產的鹽味苦，作的鐵器脆、質量差，價貴，有時強令百姓去買。而船出算賦的結果，導致了經商的人減少，商品價格貴，這都是由於孔僅建議船出算賦的事情造成的。天子聽了很不高興。

18 漢朝接連出兵三年，討伐西羌，滅兩粵，在番禺以西至蜀郡以南新設十七郡，並且按照原來習俗來治理，不收賦稅。南陽、漢中以南各郡，各以其地就近供應新郡官吏士卒作為俸祿的糧食、錢幣、物資，與驛站傳車、馬匹和車馬所用之物。新郡常常發生小的叛亂，殺官吏，漢朝派遣南方士卒前往平定，隔一年就動用萬餘人，費用都依賴大農供給。大農通過均輸的辦法調劑各地的鹽鐵供應以補助賦稅的不足，所以能供給軍用。軍隊所過各縣，只有盡量供給不使缺乏而已，再也不敢以「經賦法」為由而加以拒絕。

19 明年，即元封元年，卜式被貶為太子太傅。而桑弘羊為搜粟都尉，兼領大農令，完全代替孔僅管理天下鹽鐵。桑弘羊用各個官府做買賣，互相競爭，導致物價飛漲，而天下作為賦稅交納的貨物，有的還不能抵償運輸費用；於是奏請設置大農部丞數十人，分部主管郡國的均輸鹽鐵，各郡國時常設置均輸官、鹽官、鐵官，令遠的地方各以其貨物如過去商人販運貨物時交納的賦為賦，由均輸官統一往各地運輸進行交易。設置平準於京師，總管天下運輸來的貨物。令工官製造車輛與車器，費用都由大農供給。大農所屬各官府完全壟斷了天下的貨物，貴時就賣出去，賤時就買進來。如此，富商大賈無法謀取大利，就返回本業去務農，而各種貨物也不會漲價。所以能平抑天下的物價，就叫做「平準」。天子認為這樣是對的，所以允許照此辦理。於是，天子北到朔方，東邊到泰山封禪，巡視海上，沿北部邊境回來。凡經過的地方，都大加賞賜，用帛一百多萬匹，用的錢幣與黃金以萬萬計，都由大農供給。

20 桑弘羊又奏請，令百姓向政府交納糧食可以做官吏，可以贖罪。令百姓按規定數量分等差向甘泉倉交納糧食，可以終身免除徭役，不再實施告緡。其他各郡把糧食送交到緊急需要的地方，而各農官也把收穫的糧食交給朝廷，山東地區經水路運到京師的糧食增加到六百萬石。一年之中，太倉、甘泉倉儲滿了糧食。邊塞也有了餘糧，各均輸官送交帛五百萬匹。對百姓沒有增加賦稅，而國家的財政富裕。於是賜桑弘羊爵位為左庶長，黃金二百金。

21 這一年小旱，天子令百官向上天求雨。卜式進諫說：「國家政府的費用，只應依靠正當的租稅，而現在桑弘羊卻極其反常的令官吏坐在市場的行列中，販賣貨物，追求利潤。烹死弘羊，天就會下雨。」過了很久，武帝病重，任命桑弘羊為御史大夫。

昭帝即位六年❶，詔郡國舉賢良文學之士，問以民所疾苦，教化之要❷。皆對願罷鹽鐵酒榷❸均輸官，毋與❹天下爭利，視❺以儉節，然後教化可興。弘羊難❻，以為此國家大業❼，所以制❽四夷，安邊足用之本，不可廢也。迺與丞相千秋❾共奏罷酒酤。弘羊自以為國興大利，伐❿其功，欲為子弟得官，怨望⓫大將軍霍光，遂與上官桀等謀反，誅滅⓬。

宣、元、成、哀、平五世，亡所變改。元帝時嘗罷鹽鐵官，三年而復之⓭。貢禹⓮言：「鑄錢采銅，一歲十萬人不耕，民坐盜鑄陷刑者多。富人臧錢滿室，猶無厭足⓯。民心動搖，棄本逐末，耕者不能半，姦邪不可禁，原起於錢。疾⓰其末⓱者絕其本⓲，宜罷采珠玉金銀鑄錢之官，毋復以為幣，除其販賣租銖之律⓳，租稅祿賜皆以布帛及穀，使百姓壹意農桑。」議者以為交易待錢⓴，布帛不可尺寸分裂。禹議亦寢㉑。

自孝武元狩五年三官初鑄五銖錢㉒，至平帝元始中㉓，成錢㉔二百八十億萬餘云。

【章　旨】以上為卷下的第五部分，寫昭帝以後經濟政策的調整與從武帝始至平帝鑄造五銖錢的情況。

【注　釋】❶昭帝即位六年　指昭帝始元六年（西元前八一年）。❷教化之要　政教風化的要領。❸酒榷　酒類專賣。榷，渡水的橫木。指專利、專賣。❹毋與　不要與。❺視　通「示」。❻難　指詰難。反問；反駁。❼大業　大的功利事業。❽制　控制；制服。❾千秋　田千秋。本書卷六十六有傳。❿伐　自我誇耀；自誇其功。⓫怨望　怨恨；心懷不滿。⓬遂與二句　事見本書卷六十三〈武五子傳・燕剌王劉旦傳〉。⓭罷鹽鐵官二句　〈元帝紀〉元帝初元五年（西元前四四年）罷，永光三年（西元前四一年）復。⓮貢禹　元帝時為諫大夫，多上書言得失。本書卷七十二有傳。⓯厭足　滿足。⓰疾　指厭惡。⓱末　指事物發展的結果。⓲本　指事物發展的根源。⓳除其販賣租銖之律　廢除按商人買賣貨物價值徵收商稅的法令。租，稅。銖，二十四銖為一兩。喻收商稅計算之細微。⓴交易待錢　商品交易時需要錢，或依靠錢。待，依靠；需要。㉑寢　擱置起來；停止。㉒三官初鑄五銖錢　在元鼎四年（西元前一一三年），非元狩五年（西元前一一八年）。㉓平帝元始中　西元一至五年。㉔成錢　鑄成的錢。

【語　譯】昭帝即位的第六年，詔令各郡國推舉賢良文學之士，向他們詢問民眾的疾苦，及教化的要領。他們都回答說，希望廢除鹽鐵官營、酒類專賣與均輸官，不要與天下百姓爭利，要給百姓做出節儉的榜樣，然後好的教化習風自然可以興起。桑弘羊反駁賢良文學，說這些措施都是國家大的功利事業所依憑，是用以制服四夷、安定邊境與政府財政充裕的根本保證，不可廢除。於是就與丞相田千秋共同上奏，僅廢除酒類專賣一項。桑弘羊自以為為國興了大利，誇耀自己的功勞，想為子弟謀取官職，怨恨大將軍霍光，就與上官桀等人謀反，被誅殺全族。

宣帝、元帝、成帝、哀帝、平帝五世，鹽鐵、均輸等制度沒有變更。元帝時曾一度罷除鹽鐵官，過了三年又恢復了。貢禹上書說：「鑄錢、採銅，一年就有十萬人不耕田，民眾因犯盜鑄罪被判刑的人很多。富人儲藏的錢裝滿了屋子，還不滿足。民心浮動，棄農經商，耕種的人不到一半，奸邪的事不能禁止，其根源皆起於錢。厭惡事情的結果就要斷絕其根源，應罷除採珠玉金銀與鑄錢之官，不要再以其為貨幣，廢除販賣貨物徵收商稅的法律，租稅俸祿賞賜都用布帛與穀物，使百姓專心致力於農桑。」討論這一問題的大臣認為交易依靠錢幣，布帛不能一尺一寸地分割。貢禹的建議因此就被擱置了起來。

從武帝元狩五年上林三官開始鑄造五銖錢，到平帝元始年間，共鑄成五銖錢二百八十億萬多。

1 王莽居攝❶，變漢制，以周錢有子母相權❷，於是更造大錢，徑寸二分❸，重十二銖，文曰「大錢五十❹」。又造契刀、錯刀。契刀，其環如大錢，身形如刀，長二寸，文曰「契刀五百❺」。錯刀，以黃金錯其文❻，曰「一刀直五千❼」。與五銖錢凡四品❽，並行。

2 莽即真❾，以為書「劉」字有金刀❿，迺罷錯刀、契刀及五銖錢，而更作金、銀、龜、貝、錢、布之品，名曰「寶貨」。

3 小錢徑六分，重一銖，文曰「小錢直一⓫」。次⓬七分，三銖，曰「么⓭錢一十」。次八分，五銖，曰「幼錢二十」。次九分，七銖，曰「中錢三十」。次一寸，九銖，曰「壯錢四十」。因前「大錢五十」，是為錢貨六品⓮，直各如其文。

4 黃金重一斤，直錢萬。朱提銀⑮重八兩為一流，直一千五百八十。它銀一流直千。是為銀貨二品。

5 元龜岠冉長尺二寸⑯，直二千一百六十，為大貝十朋。公龜九寸⑰，直五百，為壯貝十朋。侯龜七寸以上，直三百，為么貝十朋。子龜五寸以上，直百，為小貝十朋。是為龜寶四品。

6 大貝四寸八分⑱以上，二枚為一朋，直二百一十六。壯貝三寸六分以上，二枚為一朋，直五十。么貝二寸四分以上，二枚為一朋，直三十。小貝寸二分以上，二枚為一朋，直十。不盈寸二分，漏度⑲不得為朋，率枚直錢三。是為貝貨五品⑳。

7 大布㉑、次布、弟布、壯布、中布、差布、序布㉒、幼布、么布、小布。小布長寸五分，重十五銖，文曰「小布一百」。自小布以上，各相長一分，相重一銖㉓。文各為其布名，直各加一百㉔。上至大布，長二寸四分，重一兩，而直千錢矣。是為布貨十品㉕。

8 凡寶貨五物㉖，六名㉗，二十八品㉘。

9 鑄作錢布皆用銅，殽以連㉙錫，文質周郭放㉚漢五銖錢云。其㉛金銀與它物雜，色不純好，龜不盈㉜五寸，貝不盈六分，皆不得為寶貨。元龜為蔡㉝，非四民㉞所得居[35]，有者，入大卜受直。

10 百姓憒亂[36]，其貨[37]不行。民私以五銖錢市買。莽患[38]之，下詔：「敢非[39]井田挾[40]五銖錢者為惑眾，投諸四裔[41]以御魑魅[42]。」於是農商失業[43]，食貨[44]俱廢，民涕泣於市道[45]。坐[46]賣買田宅奴婢鑄錢抵罪[47]者，自公卿大夫至庶人，不可稱數。莽知民愁，迺但行小錢直一，與大錢五十，二品並行，龜貝布屬且寑。

11 莽性躁擾[48]，不能無為，每有所興造[49]，必欲依古得經文[50]。國師公劉歆[51]言周有泉府之官[52]，收不讎[53]，與欲得[54]，即易所謂「理財正辭，禁民為非[55]」者也。莽乃下詔曰：「夫周禮有賒貸[56]，樂語有五均[57]，傳記[58]各有斡焉。今開賒貸，張[59]五均，設諸斡者，所以齊[60]眾庶，抑并兼也。」遂於長安及五都立五均官，更名長安東西市令及洛陽、邯鄲、臨甾、宛、成都市長皆為五均司市師。東市稱京，西市稱畿，洛陽稱中，餘四都各用東西南北為稱，皆置交易丞[61]五人，錢府丞[62]一人。工商能采金銀銅連錫登龜[63]取貝者，皆自占[64]司市錢府，順時氣[65]而取之。

12 又以[66]周官稅民：凡田不耕為不殖，出三夫[67]之稅；城郭中宅不樹藝者為不毛，出三夫之布[68]；民浮游無事，出夫布一匹[69]。其不能出布者，冗作[70]，縣官衣食之[71]。諸取眾物鳥獸魚鼈百蟲於山林水澤及畜牧者，嬪婦[72]桑蠶織紝[73]紡績[74]補縫，工匠醫巫[75]卜祝[76]及它方技商販賈人坐肆列[77]里區[78]謁舍[79]，皆各自占所為[80]於其在所[81]之縣官，除其本，計其利，十一分之，而以其一為貢[82]。敢不自占，自占不以實者，盡沒入所采取[83]，而作縣官一歲[84]。

13 諸司市常以四時中月[85]實定所掌[86]，為物上中下之賈[87]，各自用為其市平[88]，毋拘它所[89]。眾民賣買五穀布帛絲緜之物，周於民用[90]而不讎者，均官[91]有以考檢厥實[92]，用其本賈取之[93]，毋令折錢[94]。萬物卬[95]貴，過平一錢[96]，則以平賈賣與民。其賈氐[97]賤減平[98]者，聽民自相與市，以防貴庾[99]者。民欲祭祀喪紀[100]而無用[101]者，錢府以所入工商之貢但賒之[102]。祭祀毋過旬日[103]，喪紀毋過三月。民或乏絕，欲貸以治產業[104]者，均授之[105]，除其費[106]，計所得受息[107]，毋過歲什一。

14 羲和[108]魯匡[109]言：「名山大澤[110]，鹽鐵錢布帛，五均賒貸，斡在縣官[111]，唯酒酤[112]獨未斡。酒者，天之美祿[113]，帝王所以頤養[114]天下，享祀[115]祈福[116]，扶衰[117]養疾[118]。百禮之會[119]，非酒不行。故詩曰『無酒酤我[120]』，而論語曰『酤酒不食[121]』，二者非相反也。夫詩據[122]承平之世，酒酤在官，和旨[123]便人[124]，可以相御[125]也。論語孔子當周衰亂，酒酤在民[126]，薄惡[127]不誠[128]，是以疑而弗食。今絕天下之酒，則無以[129]行禮相養；放而亡限[130]，則費財傷民。請法古，令官作酒，以二千五百石為一均[131]，率開一盧[132]以賣，讎五十釀為準。一釀用麤米二斛，麴一斛，得成酒六斛六斗。各以其市月朔[133]米麴三斛，并計其賈而參分之，以其一[134]為酒一斛之平[135]。除米麴本賈，計其利而什分之，以其七入官[136]，其三及醩[137]截[138]灰炭給工器薪樵之費。」

15 羲和置命士[139]督[140]五均六斡[141]，郡有數人，皆用富賈。洛陽薛子仲、張長叔、臨菑姓偉[142]等，乘傳求利，交錯天下[143]。因[144]與郡縣通姦[145]，多張空簿[146]，府臧[147]不實，百姓俞病[148]。莽知民苦之，復下詔曰：「夫鹽，食肴之將[149]；酒，百藥之長，嘉會之好[150]；鐵，田農之本；名山大澤，饒衍之臧[151]；五均賒貸，百姓所取平[152]，卬[153]以給澹；鐵[154]布銅冶[155]，通行有無[156]，備民用也。此六者，非編戶齊民所能家作[157]，必卬於市，雖貴數倍，不得不買。豪民富賈，即要[158]貧弱，先聖知其然[159]也，故斡之。每一斡為設科條[160]防禁，犯者辠至死。」姦吏猾民並侵[161]，眾庶各不安生[162]。

16 後五歲[163]，天鳳元年，復申[164]下[165]金銀龜貝之貨，頗增減其賈直[166]。而罷大小錢，改作貨布[167]，長二寸五分，廣一寸，首長八分有奇[168]，廣八分，其圜好[169]徑二分半，足枝[170]長八分，間廣[171]二分，其文右曰「貨」，左曰「布」[172]，重二十五銖，直貨泉二十五。貨泉徑一寸，重五銖，文右曰「貨」，左曰「泉」[173]，枚直一，與貨布二品並行[174]。又以大錢行久，罷之，恐民挾不止[175]，迺令民且獨行大錢，與新貨泉俱枚直一[176]，並行盡六年[177]，毋得復挾大錢矣。每壹易錢，民用[178]破業，而大[179]陷刑。莽以私鑄錢死[180]，及非沮[181]寶貨投四裔，犯法者多，不可勝行[182]，迺更輕其法：私鑄作泉布者，與妻子沒入[183]為官奴婢；吏及比伍，知而不舉告，與同罪；非沮寶貨[184]，民罰作一歲，吏免官。犯者俞眾，及五人相坐[185]皆沒入，郡國檻車[186]鐵鎖[187]，傳送[188]長安鍾官[189]，愁苦死者什六七。

17 作貨布後六年[190]，匈奴侵寇甚，莽大募天下囚徒人奴[191]，名曰豬突[192]豨勇[193]。壹切[194]稅吏民，訾三十而取一[195]。又令公卿以下至郡縣黃綬吏[196]，皆保養[197]軍馬，吏盡復以與民[198]。民搖手觸禁[199]，不得耕桑，繇役煩劇[200]，而枯旱蝗蟲[201]相因[202]。又用[203]制作[204]未定，上自公侯，下至小吏，皆不得奉祿，而私賦斂，貨賂上流[205]，獄訟不決。吏用[206]苛暴立威，旁緣莽禁[207]，侵刻小民。富者不得自保，貧者無以自存，起為盜賊，依阻[208]山澤，吏不能禽[209]而覆蔽之[210]，浸淫[211]日廣[212]，於是青、徐、荊楚[213]之地往往萬數。戰鬬死亡，緣邊[214]四夷所係虜[215]，陷罪，饑疫[216]，人相食，及莽未誅，而天下戶口減半矣。

18 自發豬突豨勇後四年[217]，而漢兵誅莽。後二年[218]，世祖[219]受命，盪滌[220]煩苛，復五銖錢(221)，與天下更始(222)。

【章　旨】以上為卷下的第六部分，寫王莽當政後錢幣與經濟政策的變化。

【注　釋】❶王莽居攝　指王莽居位攝政。莽曾為假皇帝、攝皇帝，代替天子行事。❷子母相權　小錢大錢，其價值有一定比例，同時流通。❸更造大錢二句　又造了大錢，直徑一寸二分。❹大錢五十　大錢，當作大泉。這種錢「關中地帶出土不絕。大泉五十較五銖為大，錢邊較五銖為寬。〈志〉文所稱重十二銖，已合半兩，與實際情況不符，殆約略言之」(陳直說)。❺契刀五百　指一契刀值五銖錢五百。❻黃金錯其文　刀幣上的文字是以黃金鑲嵌的。❼一刀直五千　應為一刀平五千。❽凡四品　指大錢、契刀、錯刀，加上五銖錢，共四個品種。❾即真　當了真皇帝。❿劉字有金刀　指劉字有金刀二字。故王莽禁忌之。⓫小錢直一　小錢，當作小泉。王莽時所鑄大小錢皆無錢字，「而皆曰『泉』」。直，值。⓬次　意為又一種。⓭么　小也。⓮錢貨六品　指小泉、么泉、幼泉、中泉、壯泉、大泉六種貨幣。⓯朱提銀　又名善銀，即優質白銀。犍為郡朱提縣出產，所以名朱提銀。⓰元龜岠冉長尺二寸　大龜甲兩邊的距離。元龜，大龜。岠，距離。冉，龜甲的邊緣。元龜……直(錢)二千一百六十，為大貝十朋。則知大貝一朋值錢二百一十六。蘇林曰：「兩貝為朋，朋值二百一十六，元龜(值)十朋，故二千一百六十也。」又王國維《觀堂集林・說玨朋》：「古代以貝為貨幣，五貝為一串，兩串為朋。」⓱公龜九寸　王念孫曰：「『九寸』下有『以上』二字，與下侯龜、子龜文同一例，而今本脫之。」⓲四寸八分　指兩邊的長度。⓳漏度　不合格之意。⓴貝貨五品　陳直在《漢書新證》曰：「龜、貝兩貨，恐未發行，不然自宋以來，從未見有出土者。」㉑布　錢名。所謂布，指分布流行而言。㉒序布　舊本作「厚布」。《漢書補注》引葉德輝、楊樹達《漢書窺管》皆認為當作「序布」。㉓小布以上三句　指從小布以上，各自長增加一分，重增加一銖。㉔直各加一百　從小布開始，值各加一百，到大布值千錢。㉕布貨十品　王莽十布，均見《古泉彙・利・三》。㉖五物　指金、銀、龜、貝、布五種幣材。㉗六名　錢貨、金貨、銀貨、龜寶、貝貨、布貨，此為六名。㉘二十八品　錢貨六品、金貨一品、銀貨二品、龜寶四品、貝貨五品、布貨十品。共為二十八品。㉙連　鉛。㉚放　仿；仿照。㉛其　語氣詞，用在句首，表示轉接。意同「至若」、「假若」。㉜不盈　不夠；不滿。㉝蔡　一說為大龜之名，一說為蔡地出的善龜。㉞四民　士農工商。㉟居　指蓄藏。㊱憒亂　煩亂。㊲其貨　指上述二十八種寶貨。㊳患　憂患。㊴非　誹謗。㊵挾　持。㊶投諸四裔　流放四周遠處。㊷魑魅　精怪。㊸失業　失去謀生之路。㊹食貨　指有關糴食與貨幣交換的事業。㊺市道　街市道路。㊻坐　犯罪。㊼抵罪　當罪。抵，當也。見《史記・高祖本紀》注。㊽躁擾　浮躁煩勞。㊾興造　興作。㊿得經文　合經文。(51)劉歆　西漢末古文經學家。本書卷三十六有傳。(52)泉府之官　掌借貸與收購滯銷之物。(53)收不讐　收購售不出去的貨物。讐，通「售」。(54)與欲得　指貧者欲貸者、官府貸之。(55)理財正辭二句　理財義正辭嚴，能禁止人民做非法之事。(56)賒貸　賒給百姓祭祀、葬喪所需之物，定期償還，不要利息。貸是貸給百姓之物，折價，收取利息。(57)五均　管理市場物價的官府。(58)傳記　典籍。(59)張　設立。(60)齊　均。(61)交易丞　五均司市師屬官，掌平衡物價，實則賤買貴賣，從中謀利。(62)錢府丞　五均司市師的屬官，掌稅收與賒貸。(63)登龜　如淳曰：「登，進也。龜有靈，故曰登。」(64)自占　自報。(65)時氣　時令節氣。(66)以　按。(67)三夫　一夫百畝，三夫即三百畝。夫指丁男。(68)布　指布匹。(69)夫布一匹　一夫出布一匹。(70)冗作　雜工。(71)縣官衣食之　官府供給衣食。(72)嬪婦　婦女。(73)織紝　織布。(74)紡績　紡紗、績麻。(75)醫巫　醫生與巫師。(76)卜祝　占卜與祭祀時致祝辭之人。(77)肆列　商店。(78)里區　住家。(79)謁舍　客舍；旅店。(80)所為　所為之業。(81)在所　所在。(82)其一為貢　指抽十分之一的稅。(83)采取　指盈利。(84)作縣官一歲　指在官府作苦役一歲。(85)四時中月　指四季每季中間的一個月。四時，四季。(86)實定所掌　指切實確定物價。(87)為物上中下之賈　定出上中下三種物價。(88)市平　本市的平價。(89)毋拘它所　不受其他都市的限制。毋拘，不拘泥；不受限制。(90)周於民用　民眾的必需用品。周，遍。(91)均官　指交易丞。(92)考檢厥實　考察其實。厥，其。(93)用其本賈取之　按貨物原價收購。(94)折錢　賠錢；賠本。(95)卬　通「昂」。物價上漲。(96)過平一錢　超過評價一錢。(97)氐　低。(98)減平　少於平價。(99)貴庾　積物待高價出售。庾，積。(100)喪紀　喪事。(101)無用　無錢用。(102)但賒之　不要利息地賒貸給他。顏師古曰：「但，空也，徒也。言空賒與之，不取息利也。」(103)旬日　十日。(104)治產業　經營產業。(105)均授之　依先後次序給予。(106)除其費　扣除其必要的衣食等成本費用。(107)計所得受息　計其盈利取息。(108)羲和　王莽改名大司農為羲和。(109)魯匡　人名，王莽時為羲和，建議實行六管。六管，即鹽、鐵、酒專賣，政府鑄錢，名山大澤收稅，五均賒貸六項。(110)名山大澤　指山澤之稅。(111)斡在縣官　由政府管理。(112)酒酤　賣酒。(113)美祿　美好的俸祿。(114)頤養　保養。(115)享祀　祭祀上供。(116)祈福　求神降福。(117)扶衰　撫養衰老。(118)養疾　調養疾病。(119)百禮之會　各種禮樂集會。(120)無酒酤我　意為「沒有酒就給我去買」。出自《詩經・小雅・伐木》。(121)酤酒不食　意為「買來的酒不飲」。出自《論語・鄉黨》。(122)據　處；當。(123)和旨　調和甘美。(124)便人　宜人；口味適合人。(125)御　進。(126)酒酤在民　酒的買賣由百姓經營。(127)薄惡　酒質很差。(128)不誠　買賣不誠實。(129)無以　不能；沒有。(130)亡限　無限。(131)均　酒的量名。(132)盧　賣酒之區。或曰安放酒罈的土墩子。(133)月朔　夏（農）曆每月初一。(134)其一　指米麴價的三分之一。(135)平平價。[136]計其利二句　官府取釀酒利的十分之七。[137]醴　酒糟。[138]截　醋。[139]命士　王莽時俸祿五百石的官稱命士。[140]督監督。[141]五均六斡　王莽於始建國二年（西元十年）實行五均六斡。五均，指五均司市師。六斡，指鹽鐵酒專賣、鑄錢、山澤物產稅、五均賒貸。[142]薛子仲張長叔臨菑姓偉　三人均見本書卷九十一〈貨殖傳〉。姓偉，姓姓，名偉。[143]交錯天下　往來全國各地。[144]因　就；於。[145]通姦　指互相勾結作弊。[146]多張空簿　多設假帳。張，設。空簿，假帳。[147]府臧　官府的庫藏。[148]俞病　愈加困苦。俞，通「愈」。病，困苦。[149]食肴之將　菜餚之將帥。[150]嘉會之好　宴會之美物。[151]饒衍之臧　物資富饒之庫藏。衍，滿溢；盛多。[152]所取平　所能得到平均。[153]卬　通「仰」。賴。[154]鐵　當作錢。[155]銅冶　指鑄幣。[156]通行有無　通有無。[157]家作　家家自作。[158]要　要挾。[159]然　如此；這樣。[160]科條　法令條文。[161]並侵　指依傍法令條文，侵刻小民。並，通「傍」。依傍。[162]安生　安於謀生之業。[163]後五歲　初設六斡在始建國二年（西元一〇年）。後五年，即天鳳元年（西元一四年），首尾共五年。[164]復申　再次下令申明。[165]下　頒布；下令。[166]頗增減其賈直　略微增減其價值。頗，略微。賈直，價值。[167]貨布　布幣，即鏟形幣。戰國三晉有鏟形幣，王莽仿之。[168]有奇　有餘。[169]圜好　圓孔。[170]足枝　鏟形布的兩足。[171]間廣　指鏟形幣兩足間的寬度。[172]右曰貨二句　當讀為「布貨」。見蔡雲《癖談》。[173]右曰貨二句　貨泉，圓形有孔的銅錢。當讀為「泉貨」。見蔡雲《癖談》。[174]與貨布二品並行　陳直曰：「王莽各錢鑄造，以大泉五十，貨布、貨泉三種最多，以出土之數量，可以證明。」[175]挾不止　指持錢而不停止使用。[176]與新貨泉俱枚直一　大錢原值五十，現與新貨泉均值一，大為貶值，意在促其作廢。[177]盡六年　指天鳳六年（西元一九年）。[178]用　因。[179]大　多。[180]私鑄錢死　私鑄錢者處死刑。[181]非沮　誹謗；阻止。非，通「誹」。[182]不可勝行　不能盡辦。勝，盡。行，法辦。[183]沒入　沒收。[184]寶貨　原有的金、銀、龜、貝，與新發行的各種貨幣，通稱寶貨。[185]五人相坐　五家比鄰株連判罪。[186]檻車　裝載犯人的車。[187]鐵鎖　鎖犯人的刑具。[188]傳送　由各地官府輪流押送。即「遞解」。[189]鍾官　掌鑄錢的上林三官之一。[190]作貨布後六年　指天鳳六年（西元一九年）。[191]囚徒人奴　囚徒指死罪囚，人奴指吏民的私有奴隸。見本書卷九十九〈王莽傳〉。[192]豬突　像豬一樣觸（撞）突人。服虔曰：「豬性觸突人，故取以喻。」[193]豨勇　像大野豬一樣勇。豨，大野豬。[194]壹切　一律。[195]訾三十而取一　資產三十而取一。[196]黃綬吏　漢代比二百石以上至五百石，皆銅印黃綬。見卷十九〈百官功卿表〉。[197]保養　保護和飼養，不許死傷。[198]吏盡復以與民　官吏都轉給百姓保養。[199]民搖手觸禁　指百姓一動就觸犯法令。[200]煩劇　繁重。[201]蝗蟲　王念孫曰：「蝗蟲本作蟲蝗。枯旱、蟲蝗相對為文。……蟲蝗猶言蟲螟、蟲蟻。」見其《讀書雜志》。[202]相因　相連。[203]又用　又因。[204]制作　制度。[205]貨賂上流　賄賂官吏。貨賂，賄賂。上流，指官吏。[206]用　依靠；憑。[207]旁緣莽禁　依傍王莽的法禁。[208]依阻依據。209 禽　通「擒」。210 覆蔽之　隱瞞實際情況。211 浸淫　漸漸。212 廣　多。213 青徐荊楚　即青州、徐州、荊州。214 緣邊　沿邊。指邊境。215 係虜　俘虜。216 饑疫　災荒瘟疫。217 後四年　指地皇四年，即更始元年（西元二三年）。218 後二年　指東漢光武帝建武元年（西元二五年）。219 世祖　東漢光武帝劉秀。220 盪滌　清除。221 復五銖錢　建武十六年（西元四〇年）東漢始鑄五銖錢。222 更始　重新開始。

【語　譯】王莽居位攝政後，改變了漢朝的制度，以周朝有子母相權的錢幣制度，於是更造大錢，直徑一寸二分，重十二銖，錢文為「大錢五十」。又鑄造契刀幣、錯刀幣。契刀，刀上的環如同大錢，身子的形狀如刀，長二寸，錢文是「契刀五百」。錯刀，用黃金鑲嵌其錢文，錢文是「一刀直五千」。大錢、契刀、錯刀與五銖錢共四種，同時流通。

2 王莽當了真皇帝以後，認為書寫的「劉」字中有金、刀二字，於是罷除錯刀、契刀與五銖錢，而改作金、銀、龜、貝、錢、布六種貨幣品種，名叫「寶貨」。

3 小錢直徑六分，重一銖，錢文為「小錢直一」。其次的一種直徑七分，重三銖，錢文為「么錢一十」。又次的一種，直徑八分，重五銖，錢文為「幼錢二十」。又次的一種，直徑九分，重七銖，錢文為「中錢三十」。又次的一種，重九銖，錢文為「壯錢四十」。再加上以前的「大錢五十」，是為錢貨六個品種，值各如其文。

4 黃金以斤為單位，重一斤，值錢一萬。朱提銀重八兩，為一流的善銀，值一千五百八十錢。一般的銀一流值一千錢。這是銀貨幣的兩種。

5 元龜兩邊的距離為一尺二寸，值錢二千一百六十文，相當於大貝十朋。公龜兩邊的距離為九寸以上，值五百文，相當於壯貝十朋。侯龜兩邊的距離為七寸以上，值三百文，相當於么貝十朋。子龜兩邊的距離五寸以上，值一百文，相當於小貝十朋。這是龜貨的四種。

6 大貝四寸八分以上，兩枚為一朋，每朋值錢二百一十六文。壯貝三寸六分以上，兩枚為一朋，每朋值五十文。么貝二寸四分以上，兩枚為一朋，每枚值三十文。小貝一寸二分以上，兩枚為一朋，每朋值十文。不合一寸二分的，不合制度，不得為朋，一律每枚值三文。這是貝貨五種。

7 大布、次布、弟布、壯布、中布、差布、序布、幼布、么布、小布。小布長一寸五分，重十五銖，錢文為「小布一百」。從小布以上，各自增加長度一分，增加重量一銖。錢文各是它的布名，布值各自逐次增加一百。上至大布，長二寸四分，重一兩，值一千錢。這就是布貨十種。

8 以上總計寶貨五種類別，六種名稱，二十八個品種。

9 鑄作錢貨、布貨都用銅，混雜以鉛錫，錢貨、布貨文質前後兩面與周郭邊框都仿照漢朝的五銖錢。金銀如與其他物質混雜，成色不好，龜不夠五寸，貝不夠六分，都不能為寶貨。元龜有名的為蔡龜，不是士農工商四民所能蓄藏，有了，可送到太卜官那裡去領大龜所值的錢。

10 百姓因幣制變換而煩亂不安，不用這些寶貨。民眾私下仍用五銖錢買賣貨物。王莽為此憂慮，下詔說：「膽敢誹謗井田制和私藏五銖錢者，就是惑亂民眾，要把他們流放到四方邊遠地區，去抵禦魑魅鬼怪。」當時農民與商賈都失去本業，農業與工商業都陷於停頓，百姓在城市街道上哭泣。因買賣田宅、奴婢、鑄錢而被判刑者，從公卿大夫至於庶人，不可勝數。王莽知道民眾愁怨，於是只使用「小錢直一」和「大錢五十」兩種貨幣，龜寶、貝貨、布貨之類暫且停止流通。

11 王莽性情浮躁煩勞，不能清淨無為，每有所興作改制，一定要符合古文儒家經典的文意。國師公劉歆進言說，周有泉府之官，收取市場滯銷多餘的貨物，供給缺乏而需要的貨物。這就是《易經》上所說的「理財要義正辭嚴，禁止民作非法的事情」。王莽於是下詔說：「《周禮》中有管理賒貸的官府，《樂語》中有管理物價的五均，典籍中五均賒貸各有主管官員。現在要進行賒貸，設五均官府，設置主管官員，用於使百姓貧富均平，抑制兼併。」於是就在長安和五大都會設立五均官，把長安東市令、西市令和五大都會洛陽、邯鄲、臨淄、宛、成都的市長，都改名為五均司市師。東市稱「京」，西市稱「畿」，洛陽稱「中」，其餘四個都會分別稱「東」、「西」、「南」、「北」，五均司市師下都設置交易丞五人，錢府丞一人。工商業者能採取金、銀、銅、鉛、錫，得到龜與貝的，都要自報於司市錢府，順時令節氣而取之。

12 王莽又按《周官》的規定向百姓徵收賦稅：凡占有百畝之田不耕種的叫「不殖」，罰交三百畝的田稅；城郭中住宅周圍沒有種桑、果木、菜蔬的叫不毛，罰交三個丁男出的布匹；遊手好閒無所事事的人，罰交一匹布。不能交布的，罰做雜工，由政府供給衣食。凡是從山林、水澤採捕各種鳥獸、魚鱉、百蟲及從事畜牧業者，婦女種桑、養蠶、紡紗、織布、績麻、補縫，與工匠、醫巫、卜祝及其他方技、商販、坐肆列的賈人、里區的住戶、開旅店的，都要向當地政府自報所從事的職業。除去本錢，計算其贏利，分為十份，而以其中的一份作為賦稅。如敢有不自報，或自報不實的，全部沒收其所採之物或所獲之利，並罰其在官府服役一年。

13 各個五均司市師固定在四季的中間一個月平定物價，規定各種貨物上、中、下的價格，作本市的平價，不受其他地方價格的限制。民眾買賣五穀、布帛、絲綿等生活必需品，交易丞考察其實，按貨物原價予以購進，不使賣者折本。各種貨物如果漲價，超過平價一錢，官府便以平價賣給民眾。貨物減價低於平價，聽任民眾自由買賣，以防止商人囤積居奇。民眾想祭祀、喪事而缺乏費用的，錢府可以用所收工商業稅賒貸給他們，不收利息。祭祀貸款的償還不能超過十天，喪事貸款的償還不能超過三月。有的民眾過於貧困，要貸款經營產業，要按照申請的先後次序授給他們，除去衣食等成本費之外，計算其贏利而收取利息，但年息不能超過十分之一。

14 羲和魯匡進言說：「名山大川之稅、鹽、鐵、鑄錢布帛、五均賒貸都由官府經營管理，唯獨賣酒沒有由官府管理。酒，是上天美好的賜予，帝王用來保養天下百姓與祭祀上供、求神祈福、扶衰養疾之所需。各種禮樂盛會，沒有酒就不能舉行。所以《詩經》說『沒有酒就給我去買酒』，但是孔子在《論語》上卻說『買來的酒不喝』，這兩種說法並非互相矛盾。《詩經》的時代，正處於周朝的盛世，買賣酒由官府管理，甘甜宜人，可用來進獻給親朋好友。《論語》上孔子所言，正處於周朝衰敗之時，酒的買賣由民間經營，酒的質量差，買賣不誠實，因此孔子懷疑而不喝。現在如禁絕天下釀酒，就沒有用於舉行禮樂宴會和保養天下百姓的東西了；而如果放任不管，就會使百姓破費錢財，受到傷害。請效法古代，令官府管理釀造酒，以二千五百石為一均，大致開設一個店鋪賣酒，以售五十釀為限。每釀用粗米二斛，麴一斛，做成酒六斛六斗。各店鋪按本市每月初一米、麴三斛的價錢，分作三份，以一份作為一斛酒的平價。除去米、麴的本價，計其盈利，分為十份，以其七份交給官府，剩下的三份和酒糟、酸醋、燒殘的灰炭，作為人工、工具、燃料的費用。」

15 義和設置命士督察五均六斡，每郡數人，用的都是富商大賈。洛陽薛子仲、張長叔、臨菑姓偉等人，乘坐驛站的車子，追求六斡之利，往來於全國各地。他們與郡縣官吏互相勾結，多設假帳，官府庫藏不實，百姓更加困苦。王莽知道百姓以六斡為苦，又下詔說：「鹽，是菜餚的將帥；酒，是各種藥物之長，宴會的美物；鐵，是種田之根本；名山大澤，是富饒物資的倉庫；五均賒貸，是百姓能得以平均，得到供給的依賴；冶銅鑄錢，能通有無、以備百姓民生之用。這六種事物，不是百姓家家戶戶所能自己製作，必須仰賴於市場，雖然貴數倍，也不能不買。豪民富商，則藉以要挾貧民，先聖知其如此，所以必須加以管理。每一斡訂立法令條文，防範、禁止違反六斡，違反者判罪，甚至處死刑。」奸詐的官吏與狡猾的豪民利用王莽的六斡法，侵刻百姓，使百姓不能安生。

16 實行六斡的第五年，天鳳元年，又再次下令頒行金貨、銀貨、龜貨、貝貨，稍微增加其價值。廢除錢貨六品，改為貨布一品，長二寸五分，寬一寸，首長八分有餘，寬八分，圓孔直徑二分半，錢幣的足長八分，兩足之間寬二分，貨布上的文字右邊是「貨」，左邊是「布」，重量為二十五銖，值貨泉二十五。貨泉直徑一寸，重量五銖，其文右邊為「貨」，左邊為「泉」，每枚值一文，與貨布共兩個品種，同時流通。又因原來值五十文的大錢流行日久，將要禁止流通，恐怕百姓私藏使用，於是下令暫時允許大錢流行，與新貨泉同為每枚值一文，並規定流行到天鳳六年為止，以後再也不許私藏大錢。每一次幣制改變，百姓都因此破產，而且多陷於刑罰。王莽因規定私鑄錢者處死，及誹謗、阻止貨布、貨泉等貨幣流通者要流放到四方邊遠地區，犯法的人太多，無法加以執行，於是就減輕處罰：私自鑄作貨泉、貨布者，本人及妻子兒女收為官奴婢；官吏與五家鄰居相保者，知情而不舉告，與犯法者同罪；誹謗、阻止貨布、貨泉等貨幣流通者，百姓罰服役一年，官吏免去官職。而犯罪的人愈多，五家相保連坐，都沒入為官奴婢，各郡國用檻車、鐵鎖押送犯人到長安鍾官，愁怨受苦而死者十分之六七。

17 發行貨布的第六年，匈奴大肆侵擾邊境，王莽徵發天下死罪囚徒與私人奴婢組成軍隊，名叫「豬突豨勇」。

這支軍隊的一切花費來自吏民的納稅，按資產三十而取一。又令公卿以下到郡縣二百石至五百石的官吏，都負責保護和飼養軍馬，而這些官吏又都轉給百姓去飼養。法令煩苛，民眾動不動就觸犯法令，無法種田養蠶，徭役極為繁重，枯旱與蟲蝗等災害連年不斷。又因為制度未定，上自公侯，下至小吏，都得不到俸祿，於是就私自向百姓徵收賦稅，收取賄賂，訴訟不決斷。官吏憑藉苛刻暴虐建立威勢，依靠王莽的法禁，侵奪小老百姓。當時富者不能自保，貧者無法自己生存，於是占據山林水澤，群起為盜寇，官吏因不能擒獲而隱瞞實情，漸漸越來越嚴重，因此青州、徐州、荊州之地常常聚集了上萬的人。百姓有的在戰鬥中死亡，有的在邊境被四方夷人俘虜，有的陷於刑獄，加以饑荒瘟疫，人吃人，還沒等到王莽被殺，天下戶口已經減少了一半。

18 自徵發豬突豨勇後四年，漢兵殺死王莽。過了兩年，世祖受天命即帝位，廢除王莽時期煩苛的法令，恢復五銖錢，與天下百姓一起重新開始。

贊曰：易稱「裒多益寡❶，稱物平施❷」，書云「楙遷有無❸」，周有泉府之官❹，而孟子亦非❺「狗彘❻食人之食不知斂❼，野有餓莩而弗知發❽」。故管氏之輕重❾，李悝之平糴，弘羊均輸，壽昌常平，亦有從徠❿。顧⓫古為之有數⓬，吏良而令行，故民賴⓭其利，萬國⓮作乂⓯。及孝武時，國用饒給，而民不益賦⓰，其次也。至于王莽，制度失中⓱，姦軌⓲弄權⓳，官民俱竭，亡次⓴矣。

【章旨】以上為本卷的贊語，寫本書作者對周代以後經濟思想政策的簡略評價。

【注釋】❶裒多益寡　取多補少。見《易經・謙卦・象辭》。裒，減少。益，增補。❷稱物平施　稱量物之多少，公平施與。稱，稱量。施，給予。❸楙遷有無　進行貿易，互通有無。語出《尚書・虞書・益稷》。楙遷，貿易往來。❹泉府之官

《周禮》地官的屬官，掌市上滯銷物資與借貸收息。❺非　非難；責怪。❻彘　豬。❼不知斂　指不知收購。斂，指收購糧食。❽野有餓莩而弗知發　野有餓死的人而不知發放糧食救濟災民。莩，同「殍」。引文見《孟子．梁惠王上》。❾管氏之輕重　指管仲在齊國實行的輕重經濟政策。❿從徠　由來；來源。徠，同「來」。⓫顧　但；只是。⓬為之有數　指有一定的辦法。⓭賴　蒙受；依賴。⓮萬國　全國各地。⓯乂　治也。治理；安定。⓰孝武時三句　主要指元封元年桑弘羊為搜粟都尉，領大農，盡管天下鹽鐵，在各地置均輸鹽鐵官，在京師置平準，又令民得入粟補吏、贖罪等，使山東水運一歲中至六百萬石，均輸帛五百萬匹，人民不增加賦稅而國家財用充裕。⓱失中　不當；失當。⓲姦軌　為非作歹的奸臣。⓳弄權　濫用權力。⓴亡次　無等次可言。亡，通「無」。

【語　譯】史官評議說：《易經》上說「取有餘而補不足，計算物的多少，平均分配」，《書經》上說「開展貿易，互通有無」，周朝有管理滯銷貨物與借貸的泉府機構，孟子也批評梁惠王說「遇到豐年，讓狗豬吃人吃的糧食，而不知提高價格收購糧食。遇到荒年，野外有餓死的人，卻不降低糧價賣給人民」。所以管仲推行平抑糧價的輕重之法，李悝實行穩定糧價的平糴法，桑弘羊設立統一購銷的均輸官，耿壽昌建立常平倉，都是有來源的。不過古人做這些事情，是有一定辦法的，官吏賢良，政令也能貫徹執行，所以百姓都能得到這些政策的好處，天下因此得到了治理。到漢武帝時，雖然做到國家財用充裕，百姓沒有增加賦稅，但算是次等了。至於王莽，制度失當，奸臣掌權，濫用權力，官民都窮困到了極點，那就沒有等次可言了。

【研　析】〈食貨志上〉圍繞「食」的問題，首先記載了周代的井田制度及有關的受田辦法、賦役制度與野邑鄉里制度。到春秋戰國則講了東方各國井田制破壞、賦役制變化與個體小農的狀況，以及商鞅變法「壞井田」後，秦的強盛統一六國，又因賦役繁重、刑罰苛暴，導致天下亡秦的後果。漢朝建立後，則記載了西漢初年社會經濟殘破與西漢前期恢復發展經濟種種措施、漢武帝初年社會經濟繁榮富庶的狀況，以及漢武帝晚年恢復發展經濟的措施與西漢中期經濟的繁榮景象。漢元帝後，由於政治日益腐敗，各種改革措施均無濟於事，遂導致王莽統治時期的社會動亂與新莽滅亡。上述這些有關歷史事實的記載，都有極高的史料價值，對於了解中國古代的社會經濟狀況是至為珍貴的。

〈食貨志下〉則圍繞「貨」的問題，記載了先秦至西漢錢幣的產生與發展，及物價、財政政策的變化。其中以下兩個問題值得注意：

其一，春秋戰國齊國地區出現了關於貨幣的輕重理論，並以此理論為根據制定國家的財政政策，增加國家的財政收入，抑制富豪掠奪民眾。這反映了當時人們對價值、價格規律已有一定的認識。而且，這一理論對後世也有不可忽視的影響。

其二，漢初因秦錢重難用，「令民鑄錢」，民間鑄的錢稱為莢錢或榆莢錢，錢越鑄越輕，物價越來越貴。高后時禁民鑄錢未成功，文帝時「除盜鑄令，使民放鑄」，出現了吳、鄧錢「布天下」的現象。吳王濞的謀反與此是有一定關係的。景帝時禁止民間鑄錢與私採黃金珠玉。武帝時多次進行貨幣改革，嚴禁私人鑄錢，國家鑄的「五銖錢」成色好、輕重適當、技術含量高，難於盜鑄，才取得了成功。後來不僅東漢沿用，而且一直到魏晉南北朝仍在鑄造使用。這說明國家壟斷鑄幣，在一定條件下，對經濟穩定、社會安定都是有益的。

卷二十五上

郊祀❶志第五上

【題解】〈郊祀志〉分上、下兩分卷，以元封二、三年為界。上分卷主要敘述先秦至漢武時代郊祀及封禪事，材料多來自《史記・封禪書》並略事修改，主要是刪去了司馬遷對漢武批評的部分字句。下分卷除敘述漢武時代祠祀事外，著重記敘元、成、哀、平及王莽時代郊祀事。全卷除敘事外，還著重記錄了匡衡、張譚、劉向、谷永、杜鄴、王莽等人關於郊祀的議論，揭露了眾方士的欺世惑眾言行及王莽的迷信活動。班固受司馬遷批判封禪迷信的影響，對這類活動雖有譏刺，但又有「祀者，所以昭孝事祖，通神明也」的議論，同時又指出「自神農、黃帝下歷唐虞三代而漢得火焉」，這種思想顯然與他所處的時代有很大關係，也是他與司馬遷的明顯區別。

洪範八政❷，三曰祀。祀者，所以昭孝事祖❸，通神明❹也。旁及四夷❺，莫不修❻之；下至禽獸，豺獺有祭❼。是以聖王為之典禮❽。民之精爽不貳❾，齊肅❿聰明者，神或⓫降之，在男曰覡⓬，在女曰巫，使制神之處位⓭，為之牲器⓮。使先聖之後，能知山川，敬於禮儀⑮，明神之事者，以為祝⑯；能知四時犧牲⑰，壇⑱場上下，氏姓所出者⑲，以為宗⑳。故有神民之官，各司其序㉑，不相亂也。民神異業㉒，敬而不黷㉓，故神降之嘉生，民以物序㉔，災禍不至，所求不匱㉕。

【章旨】本段主旨在於論述「祀」之意義，即「祀者，所以昭孝事祖，通神明也」，這也是全卷的中心話題。

【注釋】❶郊祀　古代在郊外祭天、祭地的大典。郊謂大祀，祀為群祀。❷洪範八政　〈洪範〉，《尚書》篇名。八政，指食、貨、祀、司空、司徒、司寇、賓、師等古代國家的八項政事。關於八政，除〈洪範〉的說法外，《禮記・王制》則以飲食、衣服、事為、異別、度、量、數、制為八政；《逸周書・常訓》則以夫、妻、父、子、兄、弟、君、臣為八政。後世言八政，多指《尚書・洪範》所言之八政。❸昭孝事祖　謂昭明孝道，以侍奉祖先。昭，昭明；顯揚。事，事奉。❹神明　天地間一切神祇的總稱。❺四夷　即東夷、西戎、南蠻、北狄。❻修　以某某為榜樣而遵循、學習。❼豺獺有祭　《禮記・月令》有「孟春之月，魚上冰，獺祭魚；季秋之月，鞠有黃華，豺乃祭獸戮禽」之說。豺在深秋季節殺獸以準備冬天的食物，有似人的陳物而祭。獺祭魚，亦作獺祭。謂孟春之月，獺常常捕魚陳列在水邊的行為，猶如人陳列祭品而進行祭祀。❽典禮　法典禮儀。指隆重的禮典制度和禮儀。❾精爽不貳　指精神專一沒有二心。爽，明亮；清朗。貳，不專一。❿齊肅　齊即齋。虔誠而專一。⓫或　有；也許。⓬覡　男巫謂之覡。⓭使制神之處位　使其規定神靈所處之位置。制，規定；制定；判定。處，居；存在。⓮牲器　牲，指祭祀所用之牲畜。器，祭祀所用之器具。⓯敬於禮儀　敬重於所行之禮儀。⓰祝　祭祀時主持祝告的人。⓱四時犧牲　四時，春、夏、秋、冬四季。犧牲，祭祀所用牲畜的通稱。⓲壇　土築的高臺，用於朝會、會盟、祭祀等。⓳氏姓所出者　氏姓之由來，也即氏姓與神靈之關係。⓴宗　宗主；宗人；祭祀的主持者。㉑各司其序　司，主持；掌管。序，次序；秩序；職責。㉒異業　異，不相同；分別。業，本業。㉓黷　輕慢不敬；冒犯。㉔神降之嘉生二句　嘉生，指嘉穀。嘉，善；美。生，穀物。物序，王念孫以為「序」當作「享」，物序當作物享。應劭曰：「『嘉生，嘉穀也。』嘉穀既生，則民取之以供粢盛，故曰：『神降之嘉生，民以物享也。』」㉕匱　缺乏。

【語　譯】〈洪範〉八種政事中，第三種叫祀。祭祀是用來表明孝心事奉祖先以通神明的。祭祀旁及周邊的少數民族，他們也沒有不遵循學習進行祭祀的；下至於禽獸，豺和獺也進行祭祀。所以聖明的君王為祭祀制定了法典禮儀。人之精神專一沒有二心，虔誠嚴肅明智的，神靈就會降臨到他身上，在男的叫覡，在女的叫巫，讓他規定安排神靈的位置，供給他犧牲和祭品。假使前代聖賢的後代，能了解山川，敬重禮儀、懂得神靈之事的，就作為祭祀時主持祝告的人；能知道四季祭祀所用的犧牲、舉行祭祀時壇場情況，氏姓與神靈的關係，就作為宗人。所以有主神及主民之官，各自管理分內的事情，不相混亂。民與神各有不同的本業，敬重而不輕慢，所以神靈便會降下嘉穀，民取之以為粢盛，災禍便不會降臨，民所需求的東西就不會匱乏。

1 及少昊❶之衰，九黎亂德❷，民神雜擾❸，不可放物❹。家為巫史❺，享祀無度❻，黷齊明而神弗蠲❼。嘉生不降，禍災荐臻❽，莫盡其氣❾。顓頊❿受之，迺命南正重司天以屬神⓫，命火正黎司地以屬民⓬，使復舊常⓭，亡相侵黷⓮。

2 自共工氏霸九州⓯，其子曰句龍，能平⓰水土，死為社祠⓱。有烈山氏⓲王天下，其子曰柱⓳，能殖百穀⓴，死為稷㉑祠。故郊祀社稷，所從來尚㉒矣。

3 虞書㉓曰，舜在璿璣玉衡㉔，以齊七政㉕。遂類于上帝㉖，禋于六宗㉗，望秩㉘于山川，徧于群神㉙。揖五瑞㉚，擇㉛吉月日，見四嶽諸牧㉜，班瑞㉝。歲二月，東巡狩㉞，至于岱宗㉟。岱宗，泰山也。柴㊱，望秩于山川，遂見東后㊲。東后者，諸侯也。合時月正日㊳，同律度量衡㊴，修五禮五樂㊵，三帛二生一死為贄㊶。五月，巡狩至南嶽。南嶽者，衡山㊷也。八月，巡狩至西嶽。西嶽者，華山㊸也。十一月，巡狩至北嶽。北嶽者，恆山㊹也。皆如岱宗之禮。中嶽，嵩高㊺也。五載一巡狩。

4 禹遵之㊻。後十三世，至帝孔甲㊼，淫德好神㊽，神瀆，二龍去之㊾。其後十三世，湯伐桀㊿，欲遷夏社(51)，不可，作夏社(52)。迺遷烈山子柱，而以周棄(53)代為稷祠。後八世(54)，帝太戊有桑穀生於廷(55)，一暮大拱(56)，懼。伊陟(57)曰：「祅不勝德(58)。」太戊修德，桑穀死。伊陟贊巫咸(59)。後十三世，帝武丁得傅說為相(60)，殷復興焉，稱高宗。有雉登鼎耳而雊(61)，武丁懼。祖己(62)曰：「修德。」武丁從之，位以永寧。後五世，帝乙嫚神而震死(63)。後三世，帝紂(64)淫亂，武王(65)伐之。由是觀之，始未嘗不肅祗(66)，後稍怠嫚(67)也。

5 周公相成王(68)，王道大洽(69)，制禮作樂，天子曰明堂辟雍(70)，諸侯曰泮宮(71)。郊祀后稷(72)以配天，宗祀文王(73)於明堂以配上帝。四海之內各以其職來助祭。天子祭天下名山大川，懷柔百神(74)，咸秩無文(75)。五嶽視三公(76)，四瀆視諸侯(77)。而諸侯祭其疆內(78)名山大川，大夫祭門、戶、井、竈、中霤五祀(79)，士庶人(80)祖考(81)而已。各有典禮，而淫祀有禁(82)。

【章　旨】以上敘述傳說時代至周文王時的種種祭祀制度及祭祀情況。

【注　釋】❶少昊　或作少皞，傳說中的古代部落首領。❷九黎亂德　九黎，古代南方少數部族諸部落。亂德，破壞秩序。❸民神雜擾　民與神紛亂雜擾。❹放物　亦作方物。放，依也。物，事情物類。❺家為巫史　謂巫史地位下降，普通人亦多為之。❻享祀無度　享祀，享受祭祀。度，規則。謂祭祀沒有節制。❼黷齊明而神弗蠲　黷，輕慢不敬。齊，通「齋」。弗，不。蠲，清潔。❽荐臻　荐，再；又；接連。臻，至；到達。又作增加、加重講。❾莫盡其氣　盡，達到。氣，氣數；壽命。不能享盡天年。❿顓頊　傳說中古代部族首領。他曾任命重擔任主管天文並溝通天神的工作，任命黎負責辦理民事之官。⓫迺命句　南正，官名。重，人名。司天，主管觀察天象。屬神，溝通神靈。屬，委也。⓬命火正句　火正，官名。黎，人名。屬民，溝通人民。⓭舊常　老規矩；舊規則。⓮亡相侵黷　亡，無；不要。侵黷，侵犯；冒犯。⓯自共工氏霸九州　共工，古代傳說中的天神，與顓頊爭為帝，怒而觸不周之山，使天柱折，地維絕。九州，《尚書·禹貢》講禹別九州，即將天下分別為九個州，依次為：冀州、兗州、青州、徐州、揚州、荊州、豫州、梁州、雍州。後世用以泛指中國。⓰平　整治；治理。⓱社祠　社，土地神。祠，祭祀。句龍死後被作為土地神而供奉。⓲烈山氏　即傳說中的炎帝神農氏，是中國古代農業和醫藥的發明者。因起源於烈山，故號為烈山氏。⓳柱　炎帝之子，據說他能種植百穀，死後被作為五穀神而供奉。⓴殖百穀　殖，種植。百穀，糧食作物的通稱。㉑稷　五穀神。㉒尚　通「上」。久遠之意。㉓虞書　《尚書》中的一部分，現存五篇主要記載傳說時代的唐堯、虞舜、夏禹等人物事跡。㉔舜在璿璣玉衡　舜，古帝名。姚姓，有虞氏，名重華，所以史稱虞舜或單稱舜。傳說時代部落聯盟首領。受堯禪為共主，建都在蒲阪（今山西永濟境），後禪位於禹，死葬蒼梧。在，觀察。璿，美玉。璣，古代觀察天象的儀器，後世稱渾天儀。衡，古代天文儀器的部件，形如衡管，用以觀察日月星辰的變化。㉕齊七政　齊，正齊，即通過觀察日月星辰的運動變化來檢驗政治的實施，以正齊、校正其得失。七政指日、月和金、木、水、火、土五星。㉖類于上帝　類，古代祭祀名。以特別事祭告於天。上帝，天神；天帝。㉗禋于六宗　禋，古代祭祀名。升煙以祭，古人相信，把祭品放在柴火上焚燃，其香氣會隨煙上達於天神。六宗，古代祭祀的六神，諸說不一，一說指水、火、雷、風、山、澤；一說是指天、地、東、西、南、北；一說是指日、月、星、四時、寒暑、水旱；一說指星、辰、風伯、雨師、司中、司命。㉘望秩　謂按等級遙祭山川。㉙偏于群神　即普遍地祭祀群神。偏，普遍。㉚揖五瑞　揖，與輯同，合也，集中也。五瑞，古代諸侯用作符信的五種玉，即珪、璧、琮、璜、璋。璜用以徵召，璧用以聘問，璋用以發兵，珪用以信質，琮用以起土功之事。㉛擇　選擇；挑選。㉜見四嶽諸牧　見，接受朝見。四嶽，一說為共工後裔，因佐禹治水有功，賜姓姜，封於呂，並使其為諸侯之長。一說四嶽為堯臣羲、和四子，分掌四方之諸侯，又泰山、華山、衡山、恆山也總稱為四嶽。此處之四嶽當指分掌四方的長官。牧，官名，指一州之長官。㉝班瑞　班，頒布。瑞指瑞玉。指舜驗視諸侯之瑞玉（見㉚）後，再賜還給諸侯，以表示瑞玉雖受之於堯，但經堯驗視後再發還，今後即為堯臣。㉞巡狩　古代天子出行，視察邦國州郡叫巡狩。狩又作守。㉟岱宗　五嶽之一，泰山的別稱，在今山東泰安北，古代認為泰山為四嶽所宗，故稱為岱宗。㊱柴　古代祭禮之一。燃柴以祭天。㊲東后　后，古代部落首領稱呼，此處指東方諸侯。㊳合時月正日　合，調整；校正。調校正四時節氣、月之大小，日之長短，使不失時。時，四時。月，十二月。日，三百六十日。㊴同律度量衡　律，音律。度謂丈、尺、寸。量為斛，斗。衡，斤兩。同謂統一，同律度量衡即統一度量衡。㊵修五禮五樂　修，修治。五禮指吉禮（用於祭祀）、凶禮（用於喪葬）、賓禮（用於禮賓）、軍禮（用於軍事）、嘉禮（用於冠婚）。五樂，五種樂器及在不同季節的運用，即春用琴瑟、夏用笙竽、季夏用鼓、秋用鐘、冬用磬，五樂在〈封禪書〉中作「五玉」。㊶三帛句　三帛，帛，絲織品。分為黑、紅、黃三種不同的顏色，為三公在向天子述職時所持的禮物。二生，指活的羔和雁，卿和大夫述職時所持之禮物。一死，指死雉（野雞），士所持之禮物。贄，禮物總稱。㊷衡山　古代的南嶽。古代指位於今安徽霍山縣西南的天柱山，非指今湖南衡陽境內的衡山。㊸華山　古代的西嶽。在今陝西華陰南。㊹恆山　古代的北嶽。古指位於今河北曲陽西北的恆山（今稱大茂山），非指今山西的恆山。㊺嵩高　古稱中嶽。即嵩山，又名太室山。在今河南登封北。㊻禹遵之　禹，又稱夏禹、大禹。傳說中夏后氏部落首領。因助舜治水有功，舜死後，受禪為部落聯盟領袖，禹死後，他的兒子夏啟建立了中國歷史上第一個家天下的王朝——夏朝。遵之，遵從；遵循。謂禹遵從了舜的制度。㊼孔甲　從禹之後，歷十三世，至帝孔甲。孔甲在位三十一年。㊽淫德好神　淫德，德行不端；德操不正。好神，喜好神祀。㊾二龍去之　傳說天帝曾賜二龍作騎乘給孔甲，但由於孔甲輕慢神靈，二龍離他而去。㊿湯伐桀　湯，姓子，名履，又名成湯。商朝開國之君。原為夏臣，夏末，夏王桀無道，暴虐百姓，湯乘機起兵伐桀，將其流放南巢（今安徽巢湖市西南），遂奪取天下，建都於亳（今河南商丘北。或說在西亳，今河南偃師），國號商。桀，夏朝最後一位君主。(51)夏社　夏朝國家的土地神祠。(52)夏社　湯所作。《史記・封禪書》有「湯伐桀，欲遷夏社，不可，作〈夏社〉」。(53)棄　周部族的第一位男性祖先，相傳其母曾欲棄之不養，故名棄。舜時為農官，封於邰（今陝西武功），號后稷。(54)後八世　指商湯以後八世，即太丁、外丙、任壬、太甲、沃丁、太康、小甲、雍己。(55)帝太戊句　太戊，商朝的第十代國君。他即位前商朝中衰，即位後他任用賢臣伊陟、巫咸等人輔政，使商朝得以復興。桑穀，桑樹和穀樹（即楮樹，又名構樹）。桑穀生於廷，桑樹和穀樹生長於朝堂之上，是一種反常的自然現象，意指一種凶兆。56一暮大拱　一個晚上長成兩手合圍那麼粗，比喻生長速度之快。暮，晚上。拱，兩手合圍。57伊陟　太戊的賢臣，伊尹之子。58祆不勝德　意謂邪惡戰勝不了美德。祆，妖孽；邪惡。勝，勝過。德，美德。59贊巫咸　贊，敘說；訴說。巫咸，太戊的賢臣，傳說他是用蓍草進行占卜的創造發明者，主持祈神消災之事。60帝武丁句　武丁，即殷高宗，在位五十九年，是商朝在位最久的統治者，商朝中興的國君。傅說，武丁時著名的賢相，相傳他曾在傅巖（今山西平陸東）為人築牆，為武丁訪得，舉以為相，佐武丁治國，天下因之大治。因得之於傅巖，故號曰傅說。61有雉登鼎耳而雊　雉，野雞。鼎，三足兩耳的炊器，後成為王權的象徵。雊，野雞叫。本為一種自然現象，但當時都認為不祥，以為是上天的警告。62祖己　殷著名的賢臣。63帝乙句　帝乙，即武乙。為政昏亂無道，曾以革囊盛血，舉弓而射，曰之射天，後田獵於河、渭一帶為雷電擊死。64紂　名受，曰帝辛。商王朝最後一位統治者。曾出兵平定東夷，對中原華夏文化向江淮流域傳播起了一定作用，在其晚年實行暴斂重刑政策，民怨沸騰，周武王聯合諸侯之兵在牧野（今河南淇縣西南）打敗紂兵，紂王自殺，商朝滅亡。65武王　周武王，姓姬，名發。周文王之子，定都鎬京（今陝西西安西南）。66肅祇　嚴肅、恭敬。67怠嫚　鬆懈；不經意。68周公相成王　周公，姓姬，名旦，西周初期著名的政治家、軍事家。曾輔佐周武王伐紂。武王死後，成王年幼，周公攝政，在此期間，他平定了三監叛亂，又制禮作樂，從政治和思想上鞏固了西周的統治。相，輔佐。69王道大洽　王道，儒家提出的一種以仁義治天下的主張。洽，和諧、廣博、普遍的意思。70明堂辟雍　明堂，古代天子宣明政教之處。凡朝會、祭祀、慶賞、選士、養老、教學等大典皆在此舉行。辟雍，周代為貴族子弟所設的學校。71泮宮　古代學校（宮）前有狀如半月的水池，所以把學宮稱為泮宮。72后稷　名棄。周朝的始祖，古代被尊奉為穀神。73宗祀文王　宗祀，在宗廟裡祭祀。文王，名姬昌，周武王之父。74懷柔百神　懷柔，以柔順之道招撫之。百神，眾神，百總其成數而言。75咸秩無文　即原先沒有禮文規定的，統統按照次序進行祭祀。咸，都；全。秩，次序。文，禮文。76五嶽視三公　即祭祀五嶽的禮儀、禮物之數，比照三公來進行。視，比照。三公，西周時的太師、太傅、太保總稱三公。77四瀆視諸侯　四瀆，古代稱江（長江）、河（黃河）、淮（淮河）、濟（濟水）為四瀆。諸侯，指那些具有侯爵稱號的諸侯。78畺內　境內；界內。79五祀　指對門、戶、井、灶、中霤（室中）的祭祀。80士庶人　士及普通老百姓。81祖考　祖，祖先。考，父親。82淫祀有禁　淫祀，不合禮制的祭祀。禁，禁止。

【語譯】待到少昊氏衰落以後，九黎叛亂，破壞正常秩序，人神相擾亂，不能明白各自的職責關係。巫史地位下降，普通人家可從事，祭祀沒有了原則制度，褻瀆了齋戒，玷汙了神明，而神靈認為不潔淨。嘉穀不再降生，而災禍接連不斷，沒有人能享盡天年。顓頊受命後，就命令南正重負責觀察天象來溝通天神，命令火正黎負責觀察地理以託付溝通萬民之事，使天下秩序恢復到過去的常態，不再互相冒犯。

2 自從共工氏稱霸中國後，他有個兒子叫句龍，能治理水土，死後被作為土地神來祭祀。後來有叫烈山氏的稱王天下，他的兒子叫做柱，能夠種植百穀，死後被作為穀神而受到供奉。所以用郊祀的禮儀來祭祀土地神和穀神，其起源是相當久遠的。

3 〈虞書〉上說，舜觀察璿璣玉衡，以便通過了解日月的運行是否正常，來檢查自己的施政是否合乎天意。於是類祭上帝、禋祭六宗，按次序遙祭名山大川，遍祭各類神靈。收集查驗公侯伯子男五等諸侯所持的五玉瑞信，選擇吉月吉日，會見分掌四嶽及各州的牧守，把瑞玉再頒賜給他們。每年二月，到東方巡視，到達岱宗。岱宗就是泰山。舉行柴祀，對名山大川進行望祭，接著便會見東后。東后就是東方的諸侯。統一調整一年四季的月分，校正每月的時刻，統一聲律和度量衡，修治祭祀、喪葬、賓客、軍旅、冠婚五種禮儀和琴瑟、笙竽、鼓、鐘、磬五種樂器，把三種絲織品，二種活牲，一隻死野雞作卿、大夫和士的朝見禮物。五月，到達南嶽巡視。南嶽即衡山。八月，到西嶽巡視。西嶽就是華山。十一月，到達北嶽巡視。北嶽就是恆山。所用禮儀都與朝會岱宗的禮儀相同。中嶽就是嵩山，每五年巡察一次。

4 夏禹遵從虞舜時代的制度。他以後十三代，到了帝孔甲，孔甲德操不正，喜好淫祀，使神靈受到玷汙和輕視，因此天帝賜給他作為騎乘的兩條龍也就離他而去。他之後十三代，傳到了夏桀，商湯討伐桀，並打算把夏朝的社壇遷走，不能實現，就作了〈夏社〉。於是把烈山氏的兒子柱的神位從社祠遷走，用周棄來代替他作為穀神祭祀。商湯以後第八代傳到帝太戊，當時有桑樹和穀樹共生於朝堂之上，一夜之間竟長到有兩手合圍那麼粗，太戊以為不祥，非常害怕。這時他的大臣伊陟說：「妖孽戰勝不了高尚的德行。」太戊於是便修身立德，不久桑樹和穀樹都死掉了。伊陟把此事告訴巫咸。以後十三代到了帝武丁，武丁從傅巖訪得了傅說，以之為相，殷朝又開始中興，武丁被尊為高宗。有一次，一隻野雞登上鼎耳鳴叫，武丁感到害怕。祖己告訴他：「要修德。」武丁聽從了他的意見，帝位得以長久安寧。以後五代，帝乙因輕視侮嫚了神靈，結果被雷電擊死。以後又過了三代，帝紂淫亂，周武王起兵討伐他。從此看來，創業的君主開始未嘗不肅敬神祇，但到了他的後代便漸漸怠慢鬆懈了。

5 周公輔佐成王，王道政治相當和諧，制定禮樂，天子舉行祭祀、朝會的地方叫做明堂，所設學校叫辟雍，諸侯進行祭祀，所設學校叫泮宮。郊祀時以后稷配享上天，在明堂祭祀祖宗時以文王配祭上帝。四海之內的臣民各按自己的職位來輔助祭祀。天子祭祀天下的名山大川，以招徠安撫天下眾神，沒有禮文規定的都按次序來祭祀。祭祀五嶽比照對待三公之禮進行，視四瀆如同對待諸侯之禮。諸侯只祭祀他們封國內的名山大川，大夫只祭祀門、戶、井、灶、中霤五個神祇，平民老百姓只祭祀自己的祖先就行了。這些各自有禮文典儀，不合乎禮制規定的祭祀就加以禁止。

1 後十三世❶，世益衰，禮樂廢。幽王❷無道，為犬戎❸所敗，平王東徙雒邑❹。秦襄公攻戎救周❺，列為諸侯，而居西，自以為主少昊之神❻，作西畤❼，祠白帝❽，其牲用駵駒❾黃牛羝羊❿各一云。

2 其後十四年，秦文公東獵汧渭之間⓫，卜居⓬之而吉。文公夢黃蛇自天下屬地⓭，其口止於鄜衍⓮。文公問史敦⓯，敦曰：「此上帝之徵，君其祠之。」於是作鄜畤⓰，用三牲⓱郊祭白帝焉。

3 自未作鄜畤，而雍旁故有吳陽武畤⓲，雍東有好畤⓳，皆廢無祀。或曰：「自古以雍州積高[20]，神明之隩[21]，故立畤郊上帝，諸神祠皆聚云。蓋黃帝時嘗用事[22]，雖晚周亦郊焉。」其語不經見[23]，縉紳[24]者弗道。

4 作鄜畤後九年，文公獲若石云[25]，于陳倉北阪[26]城祠之。其神[27]或歲不至，或歲數。來也常以夜，光輝若流星[28]，從東方來，集[29]於祠城，若雄雉，其聲殷殷云[30]，野雞夜鳴。以一牢[31]祠之，名曰陳寶[32]。

5 作陳寶祠後七十一年，秦德公[33]立，卜居雍，子孫飲馬於河[34]，遂都雍[35]。雍之諸祠自此興。用三百牢[36]於鄜畤，作伏祠[37]。磔狗邑四門[38]，以御蠱災[39]。

6 後四年，秦宣公作密畤[40]於渭南，祭青帝[41]。

7 後十三年，秦穆公[42]立，病臥五日不寤[43]；寤，迺言夢見上帝，上帝命穆公平晉亂[44]。史書而臧之府[45]。而後世皆曰上天[46]。

8 穆公立九年，齊桓公[47]既霸，會諸侯於葵丘[48]，而欲封禪[49]。管仲[50]曰：「古者封泰山禪梁父者七十二家[51]，而夷吾所記者十有二[52]焉。昔無懷氏[53]封泰山，禪云云[54]；虙羲[55]封泰山，禪云云；神農氏[56]封泰山，禪云云；炎帝[57]封泰山，禪云云；黃帝封泰山，禪亭亭[58]；顓頊封泰山，禪云云；帝嚳[59]封泰山，禪云云；堯[60]封泰山，禪云云；舜封泰山，禪云云；禹封泰山，禪會稽[61]；湯封泰山，禪云云；

周成王封泰山，禪於社首(62)：皆受命(63)然後得封禪。」桓公曰：「寡人北伐山戎(64)，過孤竹(65)；西伐，束馬縣車(66)，上卑耳之山(67)；南伐至召陵(68)，登熊耳山(69)，以望江漢(70)，兵車之會三(71)，乘車之會六(72)，九合(73)諸侯，一匡天下(74)，諸侯莫違我。昔三代(75)受命，亦何以異乎？」於是管仲睹桓公不可窮以辭(76)，因設之以事(77)，曰：「古之封禪，鄗上黍(78)，北里禾(79)，所以為盛(80)，江淮間一茅三脊(81)，所以為藉(82)也。東海致比目之魚(83)，西海致比翼之鳥(84)，然後物有不召而自至者十有五焉。今鳳凰麒麟(85)不至，嘉禾不生，而蓬蒿藜莠(86)茂，鴟梟(87)群翔，而欲封禪，無乃(88)不可乎？」於是桓公乃止。

9 是歲，秦穆公納晉君夷吾(89)。其後三置晉國之君(90)，平其亂。穆公立三十九年而卒。

10 後五十年，周靈王(91)即位。時諸侯莫朝(92)周，萇弘(93)迺明鬼神事，設射不來(94)。不來者，諸侯之不來朝者也。依物怪(95)，欲以致(96)諸侯，諸侯弗從，而周室愈微(97)。

11 後二世，至敬王(98)時，晉人殺萇弘(99)。是時(100)，季氏專魯(101)，旅於泰山(102)，仲尼譏之(103)。

12 自秦宣公作密畤後二百五十年，而秦靈公於吳陽作上畤(104)，祭黃帝；作下時[105]，祭炎帝。

13 後四十八年，周太史儋[106]見秦獻公[107]曰：「周始與秦國合而別[108]，別五百載當復合[109]，合七十年而伯王出焉[110]。」儋見後七年，櫟陽雨金[111]，獻公自以為得金瑞，故作畦時[112]櫟陽，而祀白帝。

14 後百二十歲，周赧王[113]卒，九鼎入於秦[114]。或曰，周顯王之四十二年[115]，宋大丘社亡[116]，而鼎淪沒於泗水彭城[117]下。

15 自赧王卒後七年，秦莊襄王[118]滅東周，周祀絕[119]。後二十八年，秦并天下[120]，稱皇帝。

【章旨】以上綜述了秦統一前的周、秦郊祀制度及相關史事。

【注釋】❶後十三世 記述有誤。自成王至幽王，中經康王、昭王、穆王、共王、懿王、孝王、夷王、厲王、宣王、幽王凡十世。❷幽王 （西元前？—前七七一年），姓姬，名宮涅。西周國王。在位時荒淫無道，天災頻仍，人民流離失所，因寵愛褒姒，欲廢掉申后及太子宜臼，結果申侯聯合犬戎攻周，殺幽王於驪山（今陝西臨潼東南）之下，西周滅亡。❸犬戎 古代西戎族。❹平王東徙雒邑 平王，周平王宜臼。雒邑，今河南洛陽王城公園一帶。西周滅亡後，周平王遷都於此。❺秦襄公句 秦襄公，秦莊公之子，西元前七七七—前七六六年在位。是秦國的開國君主。戎，當時中原國家對西北諸少數部族的稱呼。周，朝代名。西元前十一世紀周武王滅商後建國，西元前七七一年幽王被殺，第二年遷都雒邑。歷史上稱平王東遷以前為西周，以後為東周。東周又分為春秋和戰國兩個時期，西元前二五六年為秦所滅，共歷三十四王，八百餘年。❻主少昊之神 即以少昊為神主，主持祭祀少昊的神靈。少昊，即少皞。❼西時 時，古代祭祀天地及五方帝的地方。西時，專指秦人祭祀白帝之壇。❽白帝　五方帝中的西方天帝白招拒。一說指少昊氏。❾騂駒　指赤身黑鬣的幼馬。❿羝羊　公羊。⓫秦文公句　秦文公，秦襄公之子，西元前七六五年，秦襄公去世，文公即位，在位五十年（西元前七六五—前七一六年）。汧、渭二水名。汧水即今千河，源於今甘肅六盤山南麓，東南流經陝西隴縣、千陽，在寶雞境內入渭河。汧，亦邑名，在今陝西隴縣南。渭，源於今甘肅渭源，東流至潼關入黃河。⓬卜居　通過占卜來選擇居址。⓭黃虵自天下屬地　黃虵，黃色的蛇，古代多以蛇為白帝神。屬，相接；附著。⓮鄜衍　鄜，古代地名，在今陝西關中西部。一說陝西富平，誤。衍，指低下平坦的地方。⓯史敦　史，太史。敦，人名。⓰鄜畤　設在鄜地的祭壇。⓱三牲　指牛、羊、豬三種用作祭祀的犧牲。⓲而雍旁句　雍，邑名，在今陝西鳳翔南。秦德公元年（西元前六七七年）自平陽遷都於此。吳陽，地名，在雍近旁。武畤，祭壇，秦人祭地神的壇場。⓳好畤　秦人祭天神的壇場，在今陝西乾縣。⓴雍州積高　雍州，古代所謂九州之一。積高，謂地勢高亢。㉑隩　可以定居的地方。㉒黃帝時嘗用事　黃帝，姓公孫，號軒轅氏，傳說中我國各族的共同祖先。用事，指舉行祭祀一類活動。㉓經見　見於經典。經，經典。㉔縉紳　也作搢紳、薦紳。古代官吏的裝束。縉，插。紳，指紳帶。指官吏上朝將笏插於紳帶間。縉紳用以指代官吏士大夫。㉕若石云　質地有似石質。指文公二年所獲狀若山雉之物。云，語助詞，無實際意義。㉖陳倉北阪　陳倉，地名，在今寶雞東。阪，高亢平坦的地方。㉗其神　秦人傳說中的雄雉之神葉君，每隔一、二年與雌雉之神寶夫人相見。㉘光輝若流星　像流星一樣發出明亮的光芒。㉙集　聚集。㉚殷殷云　殷殷，象聲詞。云，語助詞。㉛一牢　指祭祀用牛或羊、豬一套。牢，祭祀所用的犧牲。㉜陳寶　秦人傳說，秦文公遊獵於陳倉，得到一塊狀如山雉的石頭，顏色似人的肝臟，「歸而寶祠之」，故曰「陳寶」。㉝秦德公　秦憲公之子，秦武公之弟。武公死後，其子白不立，由其弟德公即位，西元前六七七—前六七六年在位，建都於雍。㉞河　黃河。㉟都雍　都，動詞，建都。雍，今陝西鳳翔南。㊱三百牢　即犧牲三百。有說「百」乃「白」之誤，因少昊為西帝，白帝，故祭祀牲用白色，可存一說。㊲伏祠　指在伏日（初伏、中伏、末伏）那一天舉行的祠祀。伏，伏日，按曆法有三伏，以夏至後第三個庚日為初伏第一天，第四個庚日為中伏第一天，立秋後第一個庚日為末伏第一天，稱為三伏。㊳磔狗邑四門　在伏日殺狗並肢解後放到邑之四門以禦蠱、防災。此種習俗由秦人始創。磔即分裂犧牲。㊴蠱災　惡性災禍。蠱，一種極毒之蟲。㊵秦宣公作密畤　秦宣公，德公之子，西元前六七五—前六四四年在位。密畤，秦宣公四年（西元前六七二年）建。㊶青帝　中國古代神話中的五天帝之一。是位於東方的司春之神，又稱蒼帝、木帝。㊷秦穆公　（西元前？—前六二一年），名任好。西元前六五九—前六二一年在位。號稱「春秋五霸」之一。是秦先公中頗有作為的政治家。在位期間任用百里奚、蹇叔、由余、丕豹、白乙丙、西乞術等賢臣名將，壯大了秦國的力量，多次戰勝三晉，向西攻滅西戎，滅國十二，開地千里。㊸寤　睡醒。㊹平晉亂　平，平息。晉，晉國。周初分封的諸侯國之一，建都於唐（今山西翼城西）。晉文公時，國力強大，成為霸主。春秋後期，晉國內部六卿與王室矛盾激化，相互兼併，晉國後為韓、趙、魏三家瓜分。晉亂，指晉獻公晚年寵幸驪姬，殺太子申生，結果在獻公死後，發生了群公子爭位的鬥爭，使晉國陷入混亂。㊺史書而臧之府　史，史官，掌記事及圖書。府，本處特指國家藏書的地方。㊻上天　登上天庭。㊼齊桓公　（西元前？—前六四三年），西元前六八五—前六四三年在位。「春秋五霸」之一。㊽葵丘　地名，在今河南蘭考東北。齊桓公於西元前六六一年邀集了魯、宋、衛、陳、許、曹等國諸侯在此結盟。㊾封禪　古代帝王祭天地的大典。在泰山上築土為壇，報天之功，稱為封；在泰山之下的梁父山上闢場祭地，報地之德，稱禪。㊿管仲　（西元前？—前六四五年），名夷吾，字仲。齊桓公時的名相。51古者封泰山禪梁父者七十二家　梁父，一作梁甫山，在今山東泰安東南。七十二家，《韓詩外傳》云：孔子升泰山，觀易姓而王，可得而數者七十餘人，不得而數者萬數也。52十有二　即十二家。53無懷氏　傳說在伏羲氏之前的遠古部落首領。54云云　山名，泰山支脈。55虙羲　即伏羲，傳說中遠古部落的首領，以教民結網捕魚，從事畜牧而著名。56神農氏　又稱烈山氏，傳說中遠古部落的首領，是農業和醫藥的發明者。57炎帝　傳說是神農氏的後代。58亭亭　山名，泰山的支脈。59帝嚳　號高辛氏，上古帝王名。相傳為黃帝的曾孫，堯的父親。60堯　名放勳，號陶唐氏，又稱伊祁氏，古代部落聯盟首領。傳說他曾制定曆法，以定時令，晚年傳位於舜。61會稽　山名。在今浙江紹興東南。相傳大禹曾大會諸侯於此，計功封貴，故名會稽山。62社首　山名，在今山東泰安西南。63受命　受天命。依君權神授說，古代帝王的登位，都是出於上天的意志，即由上天所派遣，所以把帝王登位稱為受天命。64山戎　春秋時活躍在今河北東北部地區的少數部族。65孤竹　春秋時古國名，在今河北盧龍南。66束馬縣車　指在山路行軍時為防止跌滑而包裹馬腳，掛牢車子。束馬，約束馬匹。縣車，縣即懸，懸掛、掛牢車子。67卑耳之山　即辟耳山，在今山西平陸西北。68召陵　地名，在今河南郾城東。69熊耳山　山名，在今河南盧氏南，秦嶺東段支脈。又說，在今湖南益陽東，因東西兩峰相對，狀如熊耳，故名。70江漢　古代江指長江，漢指漢水。71兵車之會三　兵車之會，喻戰爭，此處特指春秋時由齊桓公指揮的三次會戰：一是指魯莊公十三年（西元前六八一年）齊與魯、宋、陳、蔡、邾等諸侯國會盟北杏（今山東東阿北）平定宋國內亂之戰；一指魯僖公四年（西元前六五六年）會諸侯之師，討伐蔡國，進而又伐楚之戰；三指魯僖公六年（西元前六五四年）齊桓公同宋、陳、衛、曹等國伐鄭之戰。72乘車之會六　指齊桓公與各諸侯國之間的六次會盟。分別指：魯莊公十四年（西元前六八〇年）冬，與魯、宋、衛、鄭等諸侯國同盟於鄄（今山東鄄城北）；魯莊公十五年（西元前六七九年）再會盟於鄄；魯莊公十六年（西元前六七八年）冬，與宋、魯、陳、衛、鄭、許、滑、滕等諸侯國會盟於幽（幽州，時為宋地，不詳所在）；魯僖公五年（西元前六五五年）與魯、宋、陳、衛、鄭、許、曹等諸侯國會盟於首止（今河南睢縣東南）；魯僖公八年（西元前六五二年）與魯、宋、衛、許、曹、陳等國諸侯會盟於洮（今山東鄄城西）；魯僖公九年（西元前六五一年）與魯、宋、衛、鄭、許、曹等國諸侯在葵丘（今河南民權東北）會盟。[73]九合　指齊桓公與各諸侯國的三次兵車之會及六次會盟。[74]一匡天下　匡，正義；扶正。指齊桓公確定了周襄王的統治權，拯救了周王朝的統治。[75]三代　指夏、商、周三代。[76]窮以辭　窮，窮盡。窮以辭，意謂使其理屈辭窮，無言以對。[77]設之以事　設，陳設。指陳設事由，舉例以勸說。[78]鄗上黍　鄗上，地名。在今河北高邑東。黍，黃米。[79]北里禾　北里，地名，不詳其所在。禾，古代對糧食作物的總稱，有時也專指粟而言。[80]盛　指裝於盛器的糧食，即粢盛。[81]江淮間一茅三脊　江淮，長江和淮河。茅，茅草。三脊，茅草稈上的三個稜狀突起，一茅三脊，古代認為是靈茅。[82]藉　草墊，古人將茅草鋪在地上以為坐墊。[83]東海致比目之魚　東海，泛指東方海域。致，送給；給與。比目魚，學名叫鰈。古人認為這種魚只有一目。須兩兩配合，才能游行。[84]西海致比翼之鳥　西海，古代人的觀念中，中國四周都是海，此泛指西方。比翼鳥，相傳此鳥只有一翼一目，必須兩兩相得才能飛行。[85]鳳凰麒麟　鳳凰，傳說中的祥瑞之鳥，雄曰鳳，雌曰凰。麒麟，傳說中的瑞獸，雄曰麒，雌曰麟。其狀似鹿，牛尾、馬蹄、一角，背毛五彩，不食生物。[86]蓬蒿藜莠　皆惡草名。[87]鴟梟　鴟，鷹類。梟，通「鴞」。即貓頭鷹。古人認為這都是不祥之鳥。[88]無乃　莫非；莫不；豈不是。表示委婉的意思。[89]夷吾　晉惠公之名。[90]三置晉國之君　指秦穆公三次安置了晉國的惠公、懷公、文公三位國君。[91]周靈王　名泄心。西元前五七一—前五四五年在位。[92]朝　古代凡見人皆曰朝。後來把諸侯定期見天子，諸侯之間相拜見、臣下見君主等都叫朝。[93]萇弘　周敬王時的大夫，會方術，後在晉國內亂中被殺。[94]設射不來　設，設置。射，箭靶。即把不來朝見周王的諸侯作為箭靶來射，以之作為懲罰。[95]物怪　怪異之物。[96]致　招致；引來。[97]微　衰微；衰敗。[98]敬王　周敬王姬丐，西元前五一九—前四七七年在位。[99]晉人殺萇弘　事在魯哀公三年（西元前四九三年）。周敬王時，萇弘是劉文公的屬官，劉氏與范氏世代結為婚姻，當晉大夫范吉射、中行寅作亂時，事情涉及到萇弘，因萇弘幫助過范氏，所以晉人興師進犯周室，周敬王被迫殺了萇弘。[100]是時　這時；當時。[101]季氏專魯　季氏，指季桓子，季氏是春秋時代魯莊公弟季友之後，季氏世為魯大夫，勢力很大，長期把握國政。專，專權；把持國政。[102]旅於泰山　旅，祭名。古代指祭天地山川以祈禱求福。旅於泰山，即對泰山進行旅祭。[103]仲尼譏之　仲尼，孔子之字。季氏作為魯君的陪臣，按古代禮制是不能祭祀泰山的。譏，譏刺；批評。[104]秦靈公句　秦靈公，秦懷公的孫子，其父太子昭子早死，懷公得立為君，西元前四二四—前四一五年在位。吳陽，地名，在今陝西寶雞西北。上畤，祭壇名。(105)下畤　祭壇名。(106)太史儋　太史，官名。春秋時代西周主管記載史事、編寫史書、兼管國家典籍與天文曆法的官員。儋，人名。(107)秦獻公　名連，又名元，靈公之子，西元前三八四—前三六二年在位。(108)周始與秦國合而別　周與秦同為黃帝之後，在周朝未封非子之前二者相合。分封非子之後則為別。(109)別五百載當復合　指秦昭襄王五十二年，西周君獻邑於秦為復合。(110)合七十年旬　合七十年，七十為十七之誤。《史記・封禪書》作十七。伯王，霸王，此處指秦始皇。(111)櫟陽雨金　櫟陽，地名，在今陝西臨潼武屯鄉。雨，動詞，下雨。(112)畦畤　祭壇名稱。(113)周赧王　名姬延。西元前三一四—前二五六年在位。(114)九鼎入於秦　九鼎，傳說夏禹所鑄，以象九州，被奉為國家權力的象徵。周亡後，秦取其九鼎，其中一只沉於泗水。(115)周顯王之四十二年　周顯王，名高。四十二年，西元前三二七年。(116)大丘社亡　大丘或作泰丘。社，社神。亡，謂社主亡失。(117)泗水彭城　泗水，水名。源於山東泗水縣東蒙山，南流入淮。彭城，邑名，今江蘇徐州。(118)秦莊襄王　名子楚，秦始皇之父，西元前二四九—前二四七年在位。(119)周祀絕　周朝的祭祀斷絕了，意謂周朝滅亡了。(120)秦并天下　并，兼併；統一。秦併天下在西元前二二一年。

【語　譯】後十三代，世道愈益衰落，禮樂制度也已荒廢。周幽王無道，被犬戎打敗，周平王東遷到雒邑。秦襄王率兵攻打犬戎救助周王，被封為諸侯，居住在西垂一帶，秦人自以為居住西垂應當主持對少昊神靈的祭祀，建造起西畤，祭祀白帝，同時用赤毛黑鬣的幼馬、黃牛和公羊各一頭作為祭祀所用的犧牲。

2　此後十四年，秦文公向東打獵到了汧水、渭水之間，用占卜的方式選擇定都之地，得到吉兆。當時文公夢見黃蛇從天而降，牠的口停在鄜地山坡的平坦之處。秦文公詢問太史敦，太史敦告訴他說：「這是上帝的象徵，您一定要祭祀祂。」於是建立鄜畤，用三牲來郊祭白帝。

3　在沒有建立鄜畤時，雍都的近旁原先就有吳陽武畤，在雍都以東有好畤，但都已經廢棄，而無人祭祀。有人講：「自古以來雍州地勢高亢，是神靈們定居的地方，所以在這裡築壇來郊祀上帝，諸神的祠壇都聚集在這裡。因為黃帝時曾經在這裡舉行過祭祀，就是到晚周也還在這裡舉行郊祀。」這些話不見於經典，士大夫們也不加稱述。

4　在建立鄜畤後九年，秦文公獲得了一塊狀似山雉的石質的東西，於是在陳倉的北阪築城來祭祀它。這個神靈有時一年都不來，有時一年來幾次。來的時候經常在夜晚，有著像流星一樣的光芒，從東方來臨，聚集在祠城中，像雄雉一樣，殷殷而鳴啼，引發野雞在夜間鳴叫。每次用一套犧牲來祭祀它，稱其為陳寶。

5 在建立陳寶祠後七十一年，秦德公立為國君，為建立新都雍進行了占卜，卜辭說「後代子孫可以到黃河邊去飲水」，於是在雍開始定都。雍地眾多的祀祠從此興盛起來。秦德公用三百套犧牲在鄜時進行祭祀，建立在伏日祭祀的祠祀。殺狗並肢解懸掛在雍都的四個城門上，以用來防禦蟲災。

6 其後四年，秦宣公在渭河南岸修築了密時，用來祭祀青帝。

7 以後十三年，秦穆公登了君位，生病沉睡五天沒有醒來；醒來說他夢見了上帝，上帝命令他去平息晉國的內亂。史官記載了他的話並藏之於官府。後世都說秦穆公曾經登上了天庭。

8 秦穆公即位後九年，齊桓公已經稱霸，在葵丘會盟諸侯，並想去泰山祭祀天地。管仲說：「古代在泰山築壇祭天，在梁父山上祭地的有七十二家，而我所記得的有十二家。以前無懷氏在泰山祭天，在云云山祭地；伏羲氏在泰山祭天，在云云山祭地；神農氏在泰山祭天，在云云山祭地；炎帝在泰山祭天，在云云山祭地；黃帝在泰山祭天，在亭亭山祭地；顓頊在泰山祭天，在云云山祭地；帝嚳在泰山祭天，在云云山祭地；唐堯在泰山祭天，在云云山祭地；虞舜在泰山祭天，在云云山祭地；夏禹在泰山祭天，在會稽山祭地；商湯在泰山祭天，在云云山祭地；周成王在泰山祭天，在社首山祭地：他們都是在承受天命之後，然後才得以舉行封禪的大典。」齊桓公說：「我北面討伐山戎，經過孤竹國；西面討伐，包裹馬腳，掛牢車輛，攀登卑耳山；南面討伐楚國，到達召陵，登上熊耳山，遠瞧長江和漢水，率領諸侯三次會師，舉行了六次盟會。總共九次會合諸侯，拯救了周朝的天下，諸侯們沒有敢於違抗我的命令的。這和夏、商、周三代承受天命相比，又有什麼不同呢？」這時管仲看到齊桓公不可以用言詞去說服，使他感到理屈，就引用一些具體事例來規諫他，說：「古代帝王到泰山去進行封禪，都用鄗上所產的黍子，北里所產的粟米作為祭品，還用長江、淮河一帶所出的三脊靈茅，作為神靈的墊席。東海獻上了比目魚，西海獻來比翼鳥，還有十五種不召而至的祥瑞之物。現在鳳凰、麒麟不來，嘉穀不長，而蓬蒿藜莠這些惡草都長得很茂盛，鴟梟等惡鳥群飛而來，在這種情況下，想要舉行封禪大典，恐怕不可以吧？」於是齊桓公才打消了去封禪的念頭。

9 這一年秦穆公接納了晉君夷吾。此後又三次安置了晉國的君主，平定了晉國的內亂。在位三十九年而去世。

10 五十年後，周靈王即位。當時諸侯都不朝覲周王，萇弘就有意宣揚鬼怪神靈之事，在朝堂上設起「不來」的箭靶。「不來」就是指那些不來朝拜周王的諸侯。他是想憑藉鬼怪神異來招致諸侯，但諸侯不依從，因而周室更加衰微。過了兩代，到周敬王時，在晉國的逼迫下，周人殺了萇弘。

11 這時，季孫氏把持著魯國的政權，竟然僭越身分，旅祭泰山，仲尼譏刺了這件事。

12 自秦宣公建立密畤以後二百五十年，秦靈公在吳陽興建了上畤，祭祀黃帝；又建了下畤，祭祀炎帝。

13 四十八年後，周朝太史儋會見秦獻公說：「周朝與秦國原本是合在一起的，後來才分開，分開五百年後當重新復合，復合十七年後，霸王就要出現。」太史儋會見秦獻公七年之後，在都城櫟陽，天上落下了金子，秦獻公認為自己得到了金瑞，於是在櫟陽修建了畦畤，祭祀白帝。

14 一百二十年後，周赧王去世，九鼎落入秦國人手中。有人說，周顯王四十二年，宋國的大丘社社主消失後，鼎就沉沒在彭城的泗水下面。

15 從周赧王去世七年後，秦莊襄王便滅亡了東周，周朝的祭祀斷絕了。在二十八年後，秦國統一了天下，秦王稱皇帝。

1 秦始皇帝❶既即位，或曰：「黃帝得土德❷，黃龍地螾見❸。夏得木德，青龍止❹於郊，草木鬯茂❺。殷得金德，銀自山溢❻。周得火德，有赤烏之符❼。今秦變❽周，水德之時。昔文公出獵，獲黑龍，此其水德之瑞。」於是秦更名河❾曰

「德水」，以冬十月為年首，色上⑩黑，度以六為名⑪，音上大呂⑫，事統上法⑬。

2 即帝位三年，東巡狩郡縣，祠騶嶧山⑭，頌功業⑮。於是從齊魯之儒生博士⑯七十人，至於泰山下。諸儒生或議曰：「古者封禪為蒲車⑰，惡傷山之土石草木；埽地而祠，席用菹稭⑱，言其易遵也。」始皇聞此議各乖異⑲，難施用，由此黜⑳儒生。而遂除㉑車道，上自泰山陽㉒，至顛㉓，立石頌德，明其得封也。從陰㉔道下，禪於梁父。其禮頗采泰祝㉕之祀雍上帝所用，而封臧皆祕之㉖，世不得而記㉗也。

3 始皇之上泰山，中阪㉘遇暴風雨，休於大樹下。諸儒既黜，不得與㉙封禪，聞始皇遇風雨，即譏之。

4 於是始皇遂東遊海上，行禮祠名山川及八神㉚，求僊人羨門之屬㉛。八神將自古而有之；或曰太公㉜以來作之。齊所以為齊，以天齊㉝也。其祀絕，莫知起時。八神，一曰天主，祠天齊。天齊淵水㉞，居臨菑㉟南郊山下下者。二曰地主，祠泰山梁父。蓋天好陰，祠之必於高山之下時㊱，命曰「時」；地貴㊲陽，祭之必於澤中圜丘㊳云。三曰兵主，祠蚩尤㊴。蚩尤在東平陸監鄉㊵，齊之西竟也。四曰陰主，祠三山㊶。五曰陽主，祠之罘山㊷。六曰月主，祠萊山㊸。皆在齊北，並㊹

勃海。七曰日主，祠盛山[45]。盛山斗入海[46]，最居齊東北陽[47]，以迎日出云。八曰四時主，祠琅邪[48]。琅邪在齊東北，蓋歲之所始。皆各用牢具[49]祠，而巫祝所損益[50]，圭幣雜異[51]焉。

5 自齊威、宣時[52]，騶子之徒論著終始五德之運[53]，及秦帝[54]而齊人奏之，故始皇采用之。而宋毋忌、正伯僑、元尚、羨門高[55]最後，皆燕[56]人，為方[57]僊道，形解銷化[58]，依[59]於鬼神之事。騶衍以陰陽主運[60]顯於諸侯，而燕齊海上之方士傳其術不能通[61]，然則怪迂阿諛苟合[62]之徒自此興，不可勝數也。

6 自威、宣、燕昭使人入海求蓬萊、方丈、瀛洲[63]，此三神山者，其傳在勃海中[64]，去[65]人不遠。蓋嘗有至者，諸僊人及不死之藥皆在焉。其物禽獸盡白，而黃金銀為宮闕。未至，望之如雲；及到，三神山反居水下。水臨之[66]，患且至[67]，則風輒[68]引船而去，終莫能至云。世主莫不甘心[69]焉。

7 及秦始皇至海上[70]，則方士爭言之。始皇如恐弗及[71]，使人齎[72]童男女入海求之。船交[73]海中，皆以風為解[74]，曰未能至，望見之焉。其明年，始皇復游海上，至琅邪，過恆山[75]，從上黨[76]歸。後三年，游碣石[77]，考入海方士，從上郡[78]歸。後五年，始皇南至湘山[79]，遂登會稽，並海上[80]，幾[81]遇海中三神山之奇藥[82]。不得，還到沙丘[83]崩。

8 二世元年[84]，東巡碣石。並海，南歷泰山，至會稽，皆禮祠之，而刻勒[85]始皇所立石書旁，以章[86]始皇之功德。其秋，諸侯叛秦。三年而二世弒[87]死。

9 始皇封禪之後十二年而秦亡。諸儒生疾[88]秦焚詩書，誅滅文學[89]，百姓怨其法[90]，天下叛之，皆說曰：「始皇上泰山，為風雨所擊，不得封禪云。」此豈所謂無其德而用其事[91]者耶？

10 昔三代之居皆河洛[92]之間，故嵩高為中嶽，而四嶽各如其方，四瀆咸在山東[93]。至秦稱帝，都咸陽[94]，則五嶽、四瀆皆并在東方。自五帝[95]以至秦，迭[96]興迭衰，名山大川或在諸侯，或在天子，其禮損益世殊[97]，不可勝記。及秦并天下，令祠官所常奉天地名山大川鬼神可得而序[98]也。

11 於是自崤[99]以東，名山五，大川祠二。曰太室。太室，嵩高也。恆山，泰山，會稽，湘山。水曰泲[100]，曰淮。春以脯酒為歲禱[101]，因泮凍[102]；秋涸[103]凍；冬塞禱祠[104]。其牲用牛犢[105]各一，牢具圭幣各異。自華以西，名山七，名川四。曰華山，薄山[106]。薄山者，襄山也。嶽山[107]，岐山[108]，吳山[109]，鴻冢[110]，瀆山[111]。瀆山，蜀之岷山也。水曰河，祠臨晉[112]；沔[113]，祠漢中[114]；湫淵[115]，祠朝那[116]；江水，祠蜀[117]。

亦春秋泮涸禱塞如東方山川，而牲亦牛犢牢具圭幣各異。而四大冢[118]鴻、岐、吳、嶽，皆有嘗禾[119]。陳寶節[120]來祠，其河加有嘗醪[121]。此皆雍州之域，近天子都，故加車一乘，騮駒四。霸、產、豐、澇、涇、渭、長水[122]，皆不在大山川數，以近咸陽，盡得比[123]山川祠，而無諸加[124]。汧、洛[125]二淵，鳴澤[126]、蒲山、嶽壻山之屬，為小山川，亦皆禱塞泮涸祠，禮不必同。而雍有日、月、參、辰、南北斗、熒惑、太白、歲星、填星、辰星、二十八宿、風伯、雨師、四海、九臣、十四臣、諸布、諸嚴、諸逐之屬[127]，百有餘廟，西[128]亦有數十祠。於湖[129]有周天子祠，於下邽[130]有天神。豐、鎬有昭明、天子辟池[131]。於杜[132]、亳有五杜主[133]之祠、壽星祠；而雍、菅[134]廟祠亦有杜主。杜主，故周之右將軍，其在秦中[135]最小鬼之神者也。各以歲時奉祠[136]。

12 唯雍四時上帝[137]為尊。其光景動人民，唯陳寶。故雍四時，春以為歲祠禱，因泮凍，秋涸凍，冬賽祠，五月嘗駒[138]，及四中之月[139]月祠，若陳寶節來一祠。春夏用騂[140]，秋冬用騮。時駒四匹，木寓龍一駟[141]，木寓車馬一駟，各如其帝色[142]。黃犢羔[143]各四，圭幣各有數，皆生瘞埋[144]，無俎豆[145]之具。三年一郊。秦以十月為歲首，故常以十月上宿[146]郊見，通權火[147]，拜於咸陽之旁，而衣上白，其用如經[148]

祠云。西畤、畦畤，祠如其故，上不親往。諸此祠皆太祝常主，以歲時奉祠之。至如它名山川諸神及八神之屬，上過則祠，去則已149。郡縣遠方祠者，民各自奉祠，不領於天子之祝官150。祝官有祕祝151，即有152災祥，輒祝祠移過於下153。

【章　旨】以上敘述秦朝時期的郊祀活動，以及對古代郊祀制度的改造和統一。

【注　釋】❶秦始皇帝　名嬴政，西元前二四六—前二一〇年在位。秦莊襄王之子、秦王朝的創立者。❷土德　依戰國陰陽學家的說法，五行（水、火、木、金、土）既相剋又相生，並將之附會於王朝的興衰替代上，認為每個王朝都據有一德，如黃帝得土德、秦朝得水德等，五行與五德循環運行，反覆不已。❸地螾見　地螾，即蚯蚓。見，通「現」。顯現。❹止　停留；居留。❺鬯茂　鬯，通「暢」。暢茂；茂盛。❻溢　流出。❼赤烏之符　符，符命。傳說周武王伐紂，有火如赤烏自天而降，古人認為這是天賜武王之祥瑞，是王者受命之徵。❽變　變更；取代。❾更名河　更名，變更名稱。河，指黃河。❿上　通「尚」。崇尚；推崇。⓫度以六為名　度，制度；法度。以六為名，即用六作為名稱的單位，如六寸為符、法冠六寸、六尺為步之類。⓬大呂　中國古代樂律名。中國古代樂分為十二律，即黃鐘、大呂、太簇、夾鐘、姑洗、仲呂、蕤賓、林鐘、夷則、南呂、天射、應鐘。大呂居於六陰律之首，相當於西樂的C#。⓭事統上法　秦國崇尚法治，一切以法律為準繩。事，謂政事。法，法治；法令。⓮騶嶧山　騶，縣名，即今山東鄒縣。嶧山，山名，在今山東鄒城東南。⓯頌功業　頌，讚頌。功業，指秦統一天下的豐功偉業。⓰齊魯之儒生博士　齊，國名，周初分封的諸侯國之一，姜姓，建都營丘（後稱臨淄，在今山東淄博東北），西元前二二一年為秦所滅。魯，國名，周初分封的諸侯國之一，姬姓，建都曲阜（今山東曲阜），西元前二五六年為楚國所滅。博士，古代學官名。⓱蒲車　用蒲草裹著車輪的車子。這種車子主要用以祭祀大典或徵召賢人、隱士所用。⓲苴稭　草席。⓳乖異　有異於常；離奇；古怪。⓴黜　斥退；貶退。㉑除　修建；開通。㉒陽　向著太陽的一面，古代人稱山南水北為陽。㉓顛　原意指頭頂，這裡指山頂。㉔陰　與陽相對，古代稱山北水南為陰。㉕泰祝　也作太祝，官名，掌管祭祀。㉖封藏皆祕之　臧，通「藏」。祕，保密；隱祕。㉗記　記述；記載。㉘中阪　山坡的中間。㉙與　參加；參與。㉚八神　古代認為有主宰人類宇宙的八位神靈，他們是：天主、地主、兵主、陰主、陽主、月主、日主、四時主。㉛羨門之屬羨門，名子高，古代傳說中的仙人。屬，類；種類。㉜太公　即太公望，名姜尚，俗稱姜太公。相傳周代初年，姜太公曾在渭水之濱垂釣，為周文王所禮遇，立為國師，後輔佐武王滅商。周朝建立後，被封於齊地，是齊國的始祖。㉝以天齊　齊，通「臍」。天齊（臍）即天之中央。㉞天齊淵水　泉水名，在齊國都城南。淵水，泉水。㉟臨菑　邑名。故址在今山東淄博東北臨淄鎮，西周至戰國時代齊國都所在地。㊱時　即塒，本是雞類的棲息之地。秦人將其祭祀神靈的地方稱為時。時為秦人所特有。㊲貴　以……為貴。㊳圜丘　古代祭天的圓形高臺。㊴蚩尤　古代九黎族部落首領，後為黃帝所殺。㊵東平陸監鄉　東平陸，邑名。在今山東東平。監鄉，鄉名。㊶三山　即參山，在今山東掖縣北。㊷之罘山　山名，在今山東煙臺北。㊸萊山　山名，在今山東黃縣東南。㊹並　通「傍」。沿著。㊺盛山　山名，即成山，在今山東榮城東北。㊻斗入海　斗，絕也。謂山勢曲折陡峭，延伸入海。㊼陽　據王先謙《漢書補注》，陽當為「隅」之誤。㊽琅邪　山名，在今山東諸城東。㊾牢具　指盛有犧牲的祭祀器具。㊿巫祝所損益　巫祝，祠祀的負責者。損益，減增。51圭幣雜異　圭幣，祭祀所用的玉、帛。雜異，複雜而不同。52齊威宣時　指齊威王、齊宣王時期。53騶子句　騶子，騶亦作鄒，即鄒衍，齊人。戰國末期的陰陽五行家，他提出「陰陽主運，五德終始」的哲學命題，把此前流行的陰陽五行學說附會到王朝興替上。終始五德，依陰陽五行家的說法。水、火、木、金、土五行相生相剋，終而復始，循環往復變化，而王朝的興衰與五行相剋相生一樣，也是循環往復、周而復始的。54秦帝　指秦始皇統一天下稱皇帝。帝，稱帝。55宋毋忌正伯僑元尚羨門高　都是傳說中的仙人。56燕　國名，周初的主要封國之一，始封者為召公奭，建都在薊，今北京房山縣琉璃河一帶。戰國七雄之一，西元前二二二年為秦所滅。57方　即仿，有仿照、效法的意思。58形解銷化　形解，意謂解脫形體。銷化，消亡；消失。古代方士認為人通過修道學仙，便可以使形體解脫，成為仙人。59依　依靠；依託。60陰陽主運　鄒衍在其著作〈主運篇〉中提出「陰陽交替」的觀點，並將其與「天人感應」結合起來，用以比附新舊王朝的更替。其本質與五德終始說完全一致。61方士傳其術不能通　方士，方術之士。傳其術不能通，雖然繼承了他的學說，但卻不能明白其本質。62怪迂阿諛苟合　怪迂，怪異而迂腐。阿諛，曲意逢迎。苟合，無原則地附和。63自威宣句　燕昭，戰國時代的燕國國君。蓬萊方丈瀛洲，古代傳說東海中的三座神仙居住的神山，總稱三神山。64傳在勃海中　傳，傳說。勃海，即今渤海。65去　離開；距離。66水臨之　此水字涉上文而衍。臨之，指臨近那片水域。67患且至　患，擔心；擔憂。且至，將至；快要到達。68輒　每每；總是。69甘心　情願；羨慕。70海上　海邊。71如恐弗及　擔心到不了那裡。恐，恐怕；擔心。72齎　攜帶。73交　交錯；進入。74皆以風為解　都以被風所阻為解說。皆，都。解，解說；藉口。75恆山　五嶽之一，北嶽山名。76上黨　地名。在今山西東南部，治長子（今長子西南）。

[77]碣石　山名。即今河北昌黎西北的仙台山。[78]上郡　秦郡名。治膚施，在今陝西榆林南。[79]湘山　一名君山，又名洞庭山。在今湖南岳陽西南洞庭湖中。由於湖水近年減退，山已與陸地相連。[80]並海上　即沿著海上北上。並，同「傍」。[81]幾　即冀，寄於希望。[82]奇藥　神奇之藥，即長生不老之藥。[83]沙丘　地名。在今河北廣宗西北大平臺。[84]二世元年　二世，即秦二世皇帝胡亥。西元前二一〇—前二〇七年在位。二世元年為西元前二〇九年。[85]刻勒　立石雕刻。[86]章　通「彰」。表彰；表揚。[87]弒　子殺父、臣殺君曰弒。[88]疾　憎恨；仇恨。[89]誅滅文學　誅，誅殺。文學，文學之士。[90]法　指秦所實行的法律制度。[91]無其德而用其事　指秦始皇不具備理想中上古帝王的德行，而卻要勉強舉行封禪這件事。[92]河洛　黃河、洛水。[93]四瀆咸在山東　四瀆，指江、淮、河、濟。《釋名．釋水》：「天下大水四，謂之四瀆，江、淮、河、濟是也。」山東，先秦到秦漢時期稱今天崤山或華山以東地區為山東。[94]咸陽　邑名。秦孝公十二年（西元前三五〇年）將都城由櫟陽遷此，秦統一後一直作為都城。故址在今咸陽東北窯店鎮一帶。[95]五帝　上古帝王，是傳說中原始社會末期部落聯盟的領袖，其說不一，一般指：黃帝、顓頊、帝嚳、唐堯、虞舜。[96]迭　重疊；交替。[97]其禮損益世殊　這是說他們在郊祀禮儀上隨著時代的不同而有減有增。損益，減少增加。殊，相異；不同。[98]可得而序　指秦兼併天下之後，對天地山川人鬼神靈的祭祀進行了統一，以順序排列，因而才能夠記載下來。[99]崤　崤山，山名，在今河南西部。[100]泲　水名，又名濟水、沙河、白漕水，發源於河北贊皇西南贊皇山。[101]以脯酒為歲禱　脯，乾肉。歲，原意指一年的農事收成。禱，禱告，祈求神靈的福佑。[102]泮凍　河流解凍。泮，解；溶解。[103]涸　凍結。[104]冬塞禱祠　即到了冬季莊稼已收穫完畢，就要舉行酬報神靈、祈禱求福的祭祀。塞，通「賽」。酬報神靈。[105]牛犢　初生不久的小牛。[106]薄山　山名，在今山西永濟南。[107]嶽山　山名，在今陝西周至。一說武功，誤。[108]岐山　山名，又名天柱山、鳳凰山，在今陝西岐山縣東北。[109]吳山　又名虞山，在今陝西隴縣南。[110]鴻冢　山名，在今陝西鳳翔東。[111]瀆山　山名，即岷山，在今四川松潘北。[112]水曰河二句　河，指黃河。臨晉，縣名，在今陝西大荔東南。[113]沔　水名，漢水上游。[114]漢中　郡名。秦惠文君後十三年，攻楚漢中，取地六百里，置漢中郡，秦、漢沿置，治南鄭（今陝西漢中）。[115]湫淵　湖水名，在今寧夏固原。[116]朝那　漢縣名，在今甘肅平涼西北。[117]江水祠蜀　江水，江指長江。蜀，秦郡名，治成都。[118]冢　原意指山頂。也泛指大山。[119]嘗禾　嘗，嘗祭，祭祀名。謂以新穀祭祀。[120]節　節令；時節。[121]嘗醪　即以新釀來祭祀。醪，酒釀；濁酒。[122]霸產豐澇涇渭長水　皆水名。霸產豐，今分別作灞、滻、灃。霸，古稱滋水，在今陝西西安東南。產，即滻河，源於陝西藍田西南，至今西安東南入灞水。豐，即灃河，源於陝西戶縣東南灃峪口，流至今咸陽東北入於渭水。澇，即澇河，源出今陝西戶縣西南澇峪口，北流合於潏水而入渭水。涇，涇河，源於寧夏固原南六盤山，

東南流至陝西高陵西南入於渭水。長水，又名荊河、荊水，源於陝西藍田西，北流至長安東南入滻河。(123)比　比照；按照；類似。(124)無諸加　無所增加。(125)汧洛　二水名。汧，汧河，在今陝西隴縣。洛，洛河，渭水支流。(126)鳴澤　澤名。其地有二說，一在涿郡（今河北涿州），一在咸陽。(127)而雍有句　參，即參宿，二十八宿之一。辰，心宿，二十八宿之一。南北斗，南斗、北斗，斗宿別名。二十八宿之一。熒惑，火星。太白，金星。歲星，木星。填星，土星。辰星，水星。二十八宿，中國古代天文學家把黃道（即太陽和月亮所經的天區）的恆星分成二十八個星區，東西南北各有七個，稱二十八宿。東方：角、亢、氐、房、心、尾、箕；北方：斗、牛、女、虛、危、室、壁；西方：奎、婁、胃、昴、畢、觜、參；南方：井、鬼、柳、星、張、翼、軫。風伯，神話傳說中的風神。雨師，神話中的雨神。四海，神話中的海神。九臣十四臣，疑為元臣、六十四臣之脫誤。九臣，九皇之臣。六十四臣，六十四民之臣。漢時皆列祀典。諸布，諸祭星處。諸嚴，嚴本作莊，因避漢明帝諱而改。逐當為遂之誤，道路之神。(128)西　邑名。秦人早期都邑。漢置西縣，在今甘肅天水市西南。(129)湖　縣名。在今河南靈寶西。(130)下邽　縣名。在今陝西渭南下邽鎮東南。(131)豐鎬句　豐鎬，西周舊都，在今陝西長安斗門鎮馬王村一帶。昭明，即火星。天子辟池，西周首都有辟雍，四周環繞以水，稱辟池。(132)杜　縣名。西周時有杜國，漢代置縣。在今陝西長安杜曲鎮一帶。(133)杜主　即杜伯，周宣王時大夫，封於杜，故名，因被周宣王無罪殺死，後人尊以為神。(134)菅　縣名。在今山東濟陽北。(135)秦中　區域名，今陝西中部地區。(136)各以歲時奉祠　即每年按不同時令進行分別的祭祀。(137)四時上帝　指秦人在其首都雍城一帶設四時（壇）所祭祀的各位天帝，即在鄜時祭祀白帝、密時祭祀青帝、吳陽上時祭祀黃帝、吳陽下時祭祀赤帝（炎帝）。(138)五月嘗駒　即五月以少壯的馬駒進行祭祀。嘗，祭祀名。(139)四中之月　即四時之仲月，即二月、五月、八月、十一月。(140)騂　赤色馬。(141)木寓龍一駟　寓即偶的別體。木寓龍即木偶龍，用木頭雕刻的龍，古代用作祭祀或喪葬的明器。一駟，本指駕車的四馬，此處喻四條龍，及所駕車。(142)各如其帝色　指祭祀的牢具、犧牲及用物與所祭的各方天帝在顏色上相一致。(143)犢羔　初生的小羊。(144)皆生瘞埋　全部活埋。生，活的。瘞，埋葬。(145)俎豆　祭祀時用來盛物的器具。俎，長方形的案板。豆，一種高腳形盤。(146)上宿　即皇帝進行齋戒，以示對祭祀對象的恭敬。(147)權火　烽火。(148)經　常；經常；平常。(149)去則已　即離開了就停止。已，停止；結束。(150)祝官　掌管祭祀禮儀的官員。(151)祕祝　官名。指專門為帝王進行禱告的祝官。(152)即有　如果有；假如有。即，假如；如果。(153)輒祝祠移過於下　輒，就；總是。移過於下，即把災禍轉移到下屬（臣民）的身上。

【語　譯】秦始皇已經做了皇帝，有人說：「黃帝得土德，有黃龍和大蚯蚓出現。夏朝得木德，青龍降到了郊外，草木長得格外茂盛。殷人得到金德，銀子從山中淌溢出來。周朝獲得了火德，有赤烏作為祥瑞而降臨。現在秦朝變革了周朝，是得水德的時代。從前秦文公外出打獵時，獲得了黑龍，這是秦得水德的瑞兆。」於是秦始皇命令把黃河改名為德水，以冬季十月作為一年的開始，顏色崇尚黑色，度量單位都以六為標準，音樂崇尚大呂，政事統統崇尚法律。

2 秦始皇即帝位的第三年，到東方各郡縣進行巡察，祭祀了騶縣的嶧山，在這裡刻石讚頌秦的功業。當時隨從的齊、魯儒生博士七十人，來到了泰山腳下。眾儒生中有人建議說：「古代帝王封禪都用蒲草把車輪子包裹起來，以避免傷害了山上的山石草木；打掃地面而進行祠祀，用茅草做薦席，是說這些古禮易於遵從。」秦始皇聽到這些議論，感到離奇怪異，很難實行，從此不再信用儒生。於是下令修建車道，從泰山的南坡登上山頂，樹立石碑歌頌功德，表明他應當封禪的理由。然後從山北的道路下山，在梁父山祭地。這次封禪多採用泰祝在雍都祭祀上帝所用的禮儀，禮儀的文字記錄全都密藏起來，因此世人不得而知，難以記載下來。

3 始皇上泰山時，半路遇上暴風雨，不得不在大樹下休息避雨。眾儒生因為被黜退，不得參與封禪，聽到秦始皇遇上了暴風雨，就都嘲笑他。

4 於是秦始皇又到東海去巡遊，邊巡遊邊祭祀名山大川及八神，訪求仙人羨門之輩。八位神將自古就有；也有人說是姜太公以來才興起的。齊國之所以叫齊，因為它處在天的中央。對他的祭祀典禮早已斷絕了，不知起於何時。八神，一叫天主，祭於天齊泉。天齊泉在臨菑南郊山下。二叫地主，在泰山腳下的梁父山祭祀。大概天神喜歡陰氣，祭祀他一定要選在高山的下面築壇，命之曰「時」；而地神尊貴陽氣，所以祭祀地神一定要選擇四面環水的圓丘上。第三是兵主，祭祀蚩尤。蚩尤在東平陸監鄉，這裡是齊國的西部邊境。四是陰主，在三山祭祀。五是陽主，在之罘山祭祀。六是月主，在萊山祭祀。這些地方都在齊國的北部，臨近勃海。第七曰日主，在盛山祭祀。盛山陡峭曲折伸入到大海中，在齊國的最東北面，到這裡迎接太陽的升起。第八是四時主，在琅邪山祭祀，琅邪山在齊國的東北部，在這裡祈禱一年的開始。對八神各用一套牢具祠祀，司祭的巫祝人員據情況有不同的增減，圭幣也就各不相同了。

5 從齊威王、齊宣王的時候起，鄒衍及其門徒著書論述水、火、木、金、土五種物質相生相剋、終而復始的循環變化，用以說明各代王朝興衰更替的原因，到秦稱帝時，齊人就把他上奏朝廷，因而秦始皇便加以採用。而宋毋忌、正伯僑、元尚、羨門高等，都是燕國人，他們研究神仙方術、銷解形體，依託鬼神之類的事情。鄒衍憑藉著陰陽主運的學說，顯名於諸侯，而燕國、齊國沿海一帶的方士，雖然繼承並傳學他的學說，但卻不懂得他的實質，於是這些荒誕怪異、曲意逢迎之徒從此興起，多到難以數清的地步。

6 從齊威王、齊宣王、燕昭王的時候起就派人下海尋找蓬萊、方丈、瀛洲這三座神山，傳說它們都在勃海中，離有人煙的地方不遠。據說有人曾經到過那兒，各位仙人及長生不老的藥都在那裡。那裡的東西及禽獸全都是白色，用黃金和白銀建造宮闕。沒有到達那兒，遠遠望去像是一片雲彩；到達之後，三座神山反而位於水下。當船接近那片水域時，神仙怕人要來，就用風把船吹走，所以始終不能到達那裡。世間的君主沒有誰不羨慕那個地方。

7 等秦始皇到達海邊，方士都爭著對他講這件事。秦始皇擔心不能到達那裡，就派人帶著童男童女到海上去尋找這些神山。船進入海中，回來時都拿受到風所阻擋不能到達作解說，說沒能到達，但看見它們了。第二年，秦始皇又巡遊海邊，到了瑯邪台，經過恆山，取道上黨回來。三年後，秦始皇巡遊碣石，察問到海上求仙的方士們，從上郡歸來。此後五年，秦始皇南巡來到湘山，隨之登上會稽山，沿海而上，希望能遇到海中三座神山上的奇藥。沒有如願，回歸途中，病死在沙丘。

8 秦二世元年，向東巡行到碣石。濱海，南下經過泰山，到了會稽山，都進行了禮祀。並在秦始皇所立的石碑旁雕刻文辭，用來表彰其父秦始皇的功德。這年秋天，諸侯起兵反叛秦朝。過了三年，秦二世便被臣下殺死。

9 自秦始皇封禪後過了十二年秦朝滅亡。儒生們憎恨秦始皇焚燒《詩》、《書》，殺戮文學之士，老百姓也都怨恨秦王朝的苛刻法律，天下共起而叛之，大家都說：「秦始皇上泰山時，被暴風雨所襲擊，不得進行封禪。」這難道是所謂的沒有德行而偏要去封禪嗎？

10 從前夏、商、周三代都定居在黃河、洛水之間，所以嵩山就成為中嶽，而其他四嶽也就各以其方位定名。四條大水都在崤山、華山以東的山東地區。到秦始皇稱帝，定都咸陽，於是五嶽、四瀆全都在東方。從五帝到秦始皇，興衰交替，名山大川有時在諸侯國境內，有時在天子的所在之地，對它們的祭祀禮儀，隨著朝代的興替，也有減有增，各有不同，難以記載下來。等到秦兼併統一了天下，命令祠官經常祭祀天地名山、大河、鬼神，才得以按照次序加以記錄下來。

11 當時從崤山以東，所祭祀的名山有五座，大河有二條。山分別叫太室，太室，就是嵩山。恆山、泰山、會稽山、湘山。大河是泲水和淮河。春季用乾肉和酒作為祭品為年成祈禱，因為這時河流開始解凍了；秋天河流又結冰了；冬天舉行酬報神靈並祈禱祝福的祭祀。祭品用牛及小牛犢各一頭，但祭祀所用牢具與玉帛各有差異。從華山以西，有七座名山，四條河流。七座名山，包括華山、薄山。薄山就是襄山。還有岳山、岐山、吳山、鴻冢、瀆山。瀆山就是蜀郡的岷山。四條河流，一條叫黃河，在臨晉祭祀；一叫沔水，在漢中祭祀；一叫湫淵，在朝那祭祀；一叫江水，在蜀郡祭祀。也是在春秋解凍和結凍時，舉行酬報神靈和祈禱求福的祭祀，如同祭祀東方的山川一樣，祭祀時所用牢具、犧牲、玉帛亦各有差異。而四座名山，鴻冢、岐山、吳山、嶽山都有進獻新穀的祭祀。陳寶神按節令來享受祭祀，祭祀黃河增加了進獻新酒釀的祭祀。這都是雍州地區，靠近天子的都城，所以祭祀時要加車一乘，四匹赤毛黑鬣的小馬。霸水、產水、豐水、澇河、涇河、渭河、長水，都不在大山名川之數內，但因為臨近咸陽，所以都可以比照大河和名山的禮儀來祭祀，沒有另外附加的禮教和祭品。汧水和洛水，鳴澤、蒲山、嶽壻山之類，都是小山小河，也都在每年結凍和解凍的季節，舉行酬神祈福的祭祀，但禮儀不一定要相同。雍城有日、月、參、辰、南北斗、火星、金星、木星、土星、水星、二十八宿、風伯、雨師、四海、九臣、六十四臣、諸布、諸嚴、諸逐之類，一百多座廟，西縣也有數十座祠廟。在湖縣有周天子祠，在下邽有天神祠。豐、鎬有昭明祠和天子辟雍。在杜、亳地有五座杜主祠、壽星祠；而雍、菅廟祠也有杜主。杜主是以前西周的右將軍，他在秦中地區是最小的鬼神。這些一年四季都按時節進行祭祀。

12 只有雍地四時所祭祀的四位天帝最為尊貴。而神降臨時光彩最為動人的，只有陳寶神的祭祀。以前雍地的四時，春季為年成祈禱，因為解凍了，秋天又結凍了，冬季為酬報神靈而祭祀，五月舉行進獻少壯馬駒的嘗祭，到了四季仲月舉行月祭，與陳寶神按節令來享受一次祭祀一樣。春夏用純赤色的馬，秋冬用赤毛黑鬣的馬。每時時用少壯馬駒四匹，木偶龍駕車一駟，四匹馬駕的木偶車一輛，所有祭牢具、犧牲、用物的顏色與各方所奉祀天帝顏色一致。黃色的小牛、小羊各四頭，玉帛各有一定的數量，牲品都生埋在地下，無需俎豆等禮器。三年郊祀一次。秦朝把冬季十月作為一年的開端，所以皇帝經常在十月齋戒郊祭，點燃火炬，在咸陽附近禮拜，衣服崇尚白色，所用之物與通常祭祀一樣。對西時、畦時的祭祀與過去相同，皇帝不親自前去。這些祭祀都由太祝經常主持，每年按時節奉祀。至於其他名山大川諸神及八神之類神靈，皇帝經過就祭祀，離開後就作罷。郡縣邊遠地區的祭祀，由老百姓各自祭祀，不歸天子祝官來管理。祝官中有祕祝一職，如果有災祥，他們總是把災禍轉移到臣民身上。

1 漢興，高祖❶初起，殺大蛇，有物❷曰：「蛇，白帝子，而殺者赤帝❸子也。」及高祖禱豐枌榆社❹，狥沛❺，為沛公，則祀蚩尤，釁鼓旗❻。遂以十月至霸上❼，立為漢王。因以十月為年首，色上赤。

2 二年❽，東擊項籍❾而還入關，問：「故秦時上帝祠何帝也？」對曰：「四帝，有白、青、黃、赤帝之祠。」高祖曰：「吾聞天有五帝，而四，何也？」莫知其說。於是高祖曰：「吾知之矣，迺待我而具五也。」迺立黑帝❿祠，名曰北時⓫。有司進祠，上不親往。悉召故秦祀官，復置太祝、太宰⓬，如其故儀禮。

因今縣為公社⑬。下詔曰：「吾甚重祠而敬祭⑭。今上帝之祭及山川諸神當祠者，各以其時禮祠之如故。」

3 後四歲，天下已定，詔御史⑮令豐治枌榆社，常以時，春以羊彘祠之⑯。令祝立蚩尤之祠於長安⑰，長安置祠祀官、女巫。其梁巫祠天、地、天社、天水、房中、堂上之屬⑱；晉巫祠五帝、東君、雲中君、巫社、巫祠、族人炊之屬⑲；秦巫祠杜主、巫保、族纍之屬⑳；荊巫祠堂下、巫先、司命、施糜之屬㉑；九天巫祠九天㉒：皆以歲時祠宮中。其河巫祠河於臨晉㉓，而南山巫祠南山、秦中㉔。秦中者，二世皇帝也。各有時日。

4 其後二歲，或言曰周興而邑㉕立后稷之祠，至今血食㉖天下。於是高祖制詔㉗御史：「其令天下立靈星祠㉘，常以歲時祠以牛。」

5 高祖十年春，有司㉙請令縣常以春二月及臘㉚祠稷以羊彘，民里社各自裁㉛以祠。制曰：「可。」

【章旨】以上敘述漢高祖即位後對天地及諸多神靈的祭祀制度，特別是建立北畤，祠祀黑帝，可看出五行思想在漢初的影響。

【注釋】❶高祖　劉邦死後的諡號。以其功勞最高，又為漢帝之祖。西元前二〇二至前一九五年在位。❷有物　有神靈。

❸赤帝　五方帝之一，神話傳說中的南方天帝。❹豐枌榆社　豐，封邑，在今江蘇豐縣。枌榆社，土地神。❺狥沛　狥，攻取；攻奪。沛，今江蘇沛縣。❻釁鼓旗　釁，血祭。以牲血祭祀鼓旗。❼霸上　地名，在今陝西西安東霸水西岸白鹿原北首。❽二年　指漢王二年，劉邦在西元前二〇六年被封為漢王，二年即西元前二〇五年。❾項籍　即項羽，下相（今江蘇宿遷）人。楚國貴族，秦二世元年，從叔父項梁在吳（今江蘇蘇州）起兵，與劉邦聯合滅秦，後為劉邦所敗，自殺身亡。❿黑帝　五方帝之一，北方天帝。⓫北畤　祭壇名。⓬太宰　周官名。後世沿用，掌祭祀事。⓭公社　即官社。⓮重祠而敬祭　重，重視。敬，恭敬。是說自己重視祠祀，恭敬對神靈的祭祀。⓯御史　此處指御史大夫。御史大夫，秦漢官名。職副丞相，位尊權重。⓰以羊彘祠之　彘，豬。祠，同「祀」。祭祀之義。⓱長安　西漢都城，故城在今陝西西安西北。⓲其梁巫句　梁，地區名，指戰國時魏國所在地，即今河南開封一帶。梁巫，指來自梁地的女巫。天社、天水、房中、堂上皆神名。⓳晉巫祠句　晉，地區名，今山西等地。東君、雲中君、巫社、巫祠、族人炊皆神名。顏師古注為東君，日神；雲中君，雲神；巫社、巫祠，皆古之巫神；族人炊，古主炊母之神。可作參考。⓴秦巫祠句　秦，秦地，指秦中地區。杜主、巫保、族纍皆神名。㉑荊巫祠句　荊，地區名，今湖北、湖南大部分地區。堂下、巫先、司命、施糜皆神名。㉒九天巫祠九天　九天指：中央鈞天、東方蒼天、東北變天、北方玄天、西北幽天、西方顥天、西南朱天、南方炎天、東南陽天。皆神名，即中央之天與八方之天。九天巫，指專門負責祭祀九天的神巫。㉓其河巫句　河巫，專門負責祭祀河（即黃河）的神巫。臨晉，秦漢縣名，今陝西大荔東。㉔而南山句　南山，泛指今陝西境內秦嶺山脈的終南山。南山巫，即專門負責祭祀南山的神巫。秦中，這裡特指秦二世皇帝。據說他死後，靈魂變成厲鬼。㉕邑　古代居民聚落，也指縣邑。㉖血食　祭祀必殺牲為祭品，故稱享受祭祀為血食。㉗制詔　皇帝的命令。秦始皇即位後，為顯示皇帝的獨尊地位，規定皇帝之命為「制」，令為「詔」。漢代承襲下來。㉘靈星祠　靈星，星名。又稱天田星，主稼穡。靈星祠，為祭祀靈星而設立的祠廟。㉙有司　主管部門；主管官吏。㉚臘　祭名。古代稱祭百神為臘。常在夏曆十二月舉行。㉛民里社各自裁　里，秦漢時代鄉以下的基層行政組織。里社，里中供奉的土地神。裁，裁斷；決斷。自裁，即自己決斷、決定。

【語　譯】漢朝建立，漢高祖劉邦剛剛起兵時，曾經殺了一條大蛇，有神靈說：「蛇是白帝的兒子，而殺牠的是赤帝的兒子。」等到高祖在豐邑的枌榆社祈禱，攻奪了沛縣，做了沛公的時候，就祭祀蚩尤，血祭鼓旗。緊接著十月就到達了霸上，被立為漢王。因此把十月作為一年的開端，服色以赤為尊貴。

2 漢高祖二年，向東攻打項籍後回到關中，問道：「以前秦朝所祭祀的上帝到底是什麼帝？」有回答說：「共四位，有白帝、青帝、黃帝、赤帝四帝的祠祀。」劉邦說：「我聽說天上有五帝，為何只有四位？」眾人都不知道緣故，回答不上來。於是劉邦說：「我知道了，就是要等我來具備五個之數了。」於是建立了黑帝祠廟，稱作北時。由有關祭祀官去祭，高祖不親自去。召來以前秦朝負責祭祀的官員，重新設立了太祝、太宰，與以前的禮儀一樣。並下令各縣建立官社。下詔說：「我非常重視祠祀，恭敬祭祀。如今對上帝及名山大川諸神應當祭祀的，各自按時節像過去一樣去祭祀。」

3 四年以後，天下已經安定，皇帝下詔御史大夫，令修治豐邑的枌榆社，按時令來進行祭祀，春季用羊和豬來祭祀。又命令祝官在長安建立蚩尤的祠廟，同時在長安設立祠祀官、女巫。其中由梁地的巫祭祀天、地、天社、天水、房中、堂上之類神靈；晉地的巫來祭祀五帝、東君、雲中君、巫社、巫祠、族人炊之類神靈；秦地之巫祭祀杜主、巫保、族纍之類神靈；荊地之巫祠堂下、巫先、司命、施糜之類神靈；九天之巫祭祀九天：都按四時節令在宮中祭祀。其中負責祭河的巫在臨晉進行祭祀，南山之巫祭祀南山及秦中。秦中，就是秦二世皇帝。以上各類祭祀，都有規定的時日。

4 這以後二年，有人說周朝建立後在各邑都建有后稷的祠廟，直到現在還享受著天下人民的祭祀。於是漢高祖下詔書給御史大夫：「令全國各地都要建立靈星祠，每年按時殺牛以祭祀。」

5 漢高祖十年春，有主管部門請求由朝廷下令，令各縣每年在春季二月及臘祭用羊和豬祭祀后稷，在鄉里的土地神可讓里社中人根據自己的情況來決定如何祭祀。皇帝下制書答曰：「可。」

1 文帝即位十三年❶，下詔曰：「祕祝之官移過於下，朕甚弗取，其除之❷。」

2 始名山大川在諸侯，諸侯祝各自奉祠，天子官不領❸。及齊、淮南國❹廢，令太祝盡以歲時致禮如故。

3 明年，以歲比登❺，詔有司增雍五畤路車各一乘❻，駕被具❼；西畤、畦畤寓車各一乘，寓馬四匹，駕被具；河、湫、漢水，玉加各二。及諸祠皆廣❽壇場，圭幣俎豆以差❾加之。

4 魯人公孫臣❿上書曰：「始秦得水德，及漢受之，推終始傳⓫，則漢當土德，土德之應黃龍見⓬。宜改正朔⓭，服色⓮上黃。」時丞相張蒼好律曆⓯，以為漢迺水德之時，河決金隄⓰，其符⓱也。年始冬十月⓲，色外黑內赤⓳，與德相應。公孫臣言非是，罷⓴之。明年，黃龍見成紀㉑。文帝召公孫臣，拜㉒為博士，與諸生申明土德，草㉓改曆服色事。其夏，下詔曰：「有異物之神見於成紀，毋害於民，歲以有年㉔。朕幾郊祀上帝諸神，禮官議，毋諱以朕勞㉕。」有司皆曰：「古者天子夏親郊祀上帝於郊，故曰郊。」於是夏四月，文帝始幸雍郊見五畤，祠衣皆上赤。

5 趙人新垣平以望氣見上㉖，言：「長安東北有神氣㉗，成五采，若人冠冕㉘焉。或曰東北神明之舍，西方神明之墓也。天瑞下㉙，宜立祠上帝，以合符應。」於是作渭陽五帝廟㉚，同宇㉛，帝一殿，面五門，各如其帝色㉜。祠所用及儀亦如雍五時。

6 明年夏四月，文帝親拜霸渭之會㉝，以郊見渭陽五帝。五帝廟臨渭，其北穿蒲池㉞溝水，權火舉而祠，若光煇然屬㉟天焉。於是貴平至上大夫㊱，賜累㊲千金。而使博士諸生刺六經中作王制㊳，謀議巡狩封禪事。

7 文帝出長門㊴，若見五人於道北，遂因㊵其直立五帝壇，祠以五牢。

8 其明年，平使人持玉杯，上書闕下㊶獻之。平言上曰：「闕下有寶玉氣來者。」已㊷視之，果有獻玉杯者，刻曰「人主延壽」。平又言：「臣候日再中㊸。」居頃之㊹，日卻㊺復中。於是始㊻更以十七年為元年，令天下大酺㊼。平言曰：「周鼎亡在泗水中，今河決通於泗，臣望東北汾陰㊽直有金寶氣，意㊾周鼎其出乎？兆㊿見不迎則不至。」於是上使使治廟汾陰南，臨河，欲祠出周鼎。人有上書告平所言皆詐(51)也。下吏治(52)，誅夷(53)平。是後(54)，文帝怠於改正服鬼神之事(55)，而渭陽、長門五帝使祠官領，以時致禮，不往焉。

【章　旨】以上主要概括介紹了漢文帝時的郊祀情況，揭露了以新垣平為代表的方士的欺詐行為和漢文帝的覺悟及態度。

【注　釋】❶文帝即位十三年　西元前一六七年。文帝，西漢文帝劉恆。西元前一八〇—前一五七年在位。❷其除之　其，副詞，應當。除，去掉；廢除。❸天子官不領　天子官，指漢朝中央官吏。西漢實行郡國並行制度，官吏分為中央直接任命管轄與地方諸侯官吏系統兩部分。領，管理；統領。❹齊淮南國　齊，漢初封國。始封者為漢高祖長子劉肥，至劉俚國廢。齊國境內有泰山。淮南國，漢初封國。孝文帝六年，謀反，國除。淮南國內有天柱山。❺以歲比登　指莊稼連年豐收。比，接連。登，成熟；豐收。❻路車各一乘　路車，即輅車，古代天子或諸侯貴族所乘的車。乘，四匹馬拉的車。❼駕被具　駕被指車馬的飾物。具，完備。❽廣　擴大。❾差　級別；等級。❿魯人公孫臣　魯，地區名。今山東泰山以南地區。公孫臣，姓公孫，名臣，文帝朝方士。⓫推終始傳　推，推算；推斷。終始，原意指從開頭到結局，即事物發生演變的全部過程。這裡指「五德終始」說。戰國末期陰陽家鄒衍的學說，指水、火、木、金、土五種物質德性相生相剋和終而復始的循環變化，論者用以推斷自然的變化和王朝興亡的原因。⓬土德之應黃龍見　土德，五德之一。陰陽學說以五行相生相剋附會王朝命運，謂土盛者為土德。黃龍，古代傳說中的動物名。讖緯家以為是帝王之瑞徵。⓭宜改正朔　宜，適宜；應當。正朔，正為一年之開始，朔為一月之開始，古代帝王易姓受命，必改正朔，因而歷代的正朔都有不同。⓮服色　指冠服、車馬等的顏色，依陰陽五行理論，每朝皆有不同的德行，而每種德行也對應有不同的顏色，如夏尚黑，殷尚白，周尚赤之類。⓯張蒼好律曆　張蒼（西元前二五六—前一五二年），陽武（今河南原陽）人。秦時官御史，劉邦時封北平侯，為丞相，精通律曆。律曆，指音律和曆法。⓰河決金隄　河決，河水沖決堤岸。金隄，漢時在東郡（今河南濮陽）一帶所修的石堤。⓱符　符應；先兆。⓲年始冬十月　即將夏曆的十月作為一年的開端。⓳色外黑內赤　依陰陽家說法，十月天氣已冷，故陰氣在外，故外黑；陽氣這時尚伏於地，故內赤。⓴罷　取消；擱置。㉑成紀　漢縣名，在今甘肅通渭東北。㉒拜　本意指表示恭敬的一種禮節。此處指拜官、封爵的禮節。㉓草　草擬；起草；創立。㉔歲以有年　歲，年歲。年謂收成。即一年有好收成。㉕毋諱以朕勞　不要因煩勞我而有所隱諱。諱，隱諱；隱瞞。勞，辛勞；勞苦。㉖趙人句　趙，地區名。今河北邯鄲一帶。新垣平，一作「辛垣」，文帝時的方士。望氣，中國古代方士的一種占候術，在占候術士看來，氣是一種可望、可以觀察到的帶有神祕意義的東西，通過對氣的觀察，可以預測吉凶和事物的未來。㉗神氣　神奇的雲氣。㉘冠冕　古代帝王、官員所戴的帽子。㉙天瑞下　天降祥瑞。㉚渭陽五帝廟　孝文帝用新垣平，十五年立渭陽五帝廟，郊祀上帝。在今西安東北。㉛同宇　宇，房頂蓋。同宇謂帝廟分設於同一個大屋頂下。㉜各如其帝色　即各同五方帝所占之色，亦即：東方青色、南方赤色、西方白色、北方黑色、中央黃色。㉝霸渭之會　霸水與渭水的交匯之處。在今陝西西安霸橋鎮西北。㉞蒲池　池沼名，在今霸橋西北。有說是秦始皇所修建之蘭池，誤。蘭池在今陝西咸陽東柏家咀一帶，與霸渭交匯相距絕遠，又隔渭河，其何以穿引？㉟屬　相連。㊱貴

平至上大夫　貴，尊貴；尊寵。上大夫，官名，大夫中的最高級。㊲累　累計；總計。㊳剌六經中作王制　剌，探取。王制，書名。據王鳴盛在《十七史商榷》中認為：(司馬貞)《索隱》引劉向《七錄》云文帝所造書有〈本制〉、〈兵制〉、〈服制〉篇，此三篇即〈封禪書〉所謂《王制》也，而非今《禮記》中所有〈王制〉。㊴長門　亭名，其地有兩說，一說在霸陵，即今日白鹿原西北，靠近古代通往潼關的大道旁；一說在唐代雍州萬年縣東北苑中。其實此二說實指一地，只是觀察點不同而已。㊵因　就；依。㊶闕下　宮闕之下，這裡用以借指皇帝。㊷已　已而；隨後。㊸日再中　太陽再次當頂。㊹居頃之　等了一會兒；過了不久。㊺卻　退後。㊻始　開始；第一次。㊼大酺　酺，古代國有喜慶，特賜臣民聚會飲酒。大酺，指盛大的、大規模的聚飲。㊽汾陰　縣名。在今山西萬榮西南。㊾意　估計；料想。㊿兆　徵兆；預兆。(51)詐　欺騙；作假。(52)下吏治　即將新垣平下獄，交主管官吏處理。(53)誅夷　即滅其家族。誅，誅殺。夷，夷平；夷滅。(54)是後　從此之後。(55)怠於改正服鬼神之事　怠，懈怠。正指正朔。服，服色。

【語　譯】漢文帝即位後十三年，下詔說：「祕祝官把過失和災禍推移到臣民身上，我感到此不可取，應將其廢除。」

2　開始時有些名山大川在諸侯國境內，諸侯國的祝官各自供奉祭祀，天子的祝官不統管。等到齊國和淮南國被廢除，才令太祝每年按節令跟以前一樣去祭祀。

3　第二年，因為連年莊稼獲得大豐收，文帝於是下令有關管理部門增加雍地五畤的輅車各一輛，車馬的飾物全部齊備；西畤、畦畤的木偶車各一輛、木偶馬四匹，車馬的飾物也全部備齊；黃河、湫淵、漢水各加玉璧二枚。凡有祭祀的場所都擴大壇場，而祭祀所用玉、帛、俎、豆則按等級予以增加。

4　魯國人公孫臣上書說：「秦朝原先獲得的是水德，現在漢朝得到天下，推演五德終始的學說，那麼漢朝應當是土德，土德的符應是黃龍的出現。應當更換正月朔日，服色崇尚黃色。」當時丞相張蒼喜好音律和曆法，認為漢朝正當水德，黃河在金隄決口，就是它的符應。一年以冬季十月為開端，十月陰氣在外，陽氣內伏，色氣外黑內赤，與水德正好相合。公孫臣所說不正確，否定了他的意見。明年，黃龍出現在成紀。文帝召見了公孫臣，並拜他為博士，讓他同其他儒生一道闡明土德的理論，並起草修改曆法及服色的方案。當年夏天，文帝下詔說：「有怪異的神物在成紀出現，沒有傷害百姓，年成還獲得豐收，我希望去郊祀上帝及其他神靈，請禮官們討論，不要因為怕煩勞我而有所隱諱。」主管禮祀的官員都說：「古代天子在夏季親自到郊外去祭祀天帝，所以叫郊。」於是在初夏四月，文帝首次到雍縣郊外的五時去進行祭祀，祭服都以赤色為禮。

5 趙地人新垣平以擅長於望氣占候而見皇帝，說：「長安東北方有神異之氣，形成五彩顏色，像人的冠冕一樣。有人說東北方是神明居住的地方，西方是神明的墳墓所在地。天降下了祥瑞，應當建立祠廟祭祀上帝，以應和符瑞。」於是修建了渭陽五帝廟，在同一廟宇內，每一帝各有一殿，廟宇每面開五門，與每一帝所代表的顏色一致。祭祀所用及禮儀也和雍地的五時一樣。

6 第二年夏季四月，文帝親自去霸水和渭水交匯的地方，郊祀渭陽五帝。五帝廟北臨渭水，在它的北面穿引蒲池的水，點燃了火炬進行祭祀，光輝燦爛，與天相連。皇帝寵貴新垣平，官至上大夫，賜給他累計達上千萬的錢。又命博士及儒生們採取《六經》之文及要義製作《王制》，商討進行巡狩和封禪的事情。

7 漢文帝出長門亭，彷彿看見有五個人站在大路北邊，於是在他們站立的地方修建了五帝壇，用五牢加以祭祀。

8 第二年，新垣平指使人拿著玉杯，上書朝廷，呈獻此杯。新垣平對文帝說：「宮闕之下有寶玉瑞氣來臨。」一察看，果然有人來獻玉杯，杯上刻有「人主延壽」的字樣。新垣平又說：「臣觀察太陽會再次回到天中央。」過了一會兒，太陽果然又回到頭頂的天中央。於是開始改十七年為元年，下令天下百姓聚眾歡飲。新垣平說：「周朝的寶鼎沉沒在泗水之中，現在黃河決堤而與泗水相通，臣看見東北方向汾陰地方上空有金寶之氣，料想是周鼎要出現了吧？瑞兆出現而不去迎接，它就不會到來。」於是文帝派遣使者在汾陰南面修建了祠廟，想通過祭祀而使周鼎出現。有人上書舉告新垣平所說的全是假話。文帝讓臣下去處治，殺了新垣平及其家族。這件事過後，漢文帝對於改正朔、服色及祭祀鬼神之事不再感興趣，把渭陽五帝廟、長門五帝的祭祀交由祠官去管，按時節祭祀，自己再也不去了。

1 明年，匈奴數❶入邊，興兵守御。後歲少❷不登。數歲而孝景❸即位。十六年，祠官各以歲時祠如故，無有所興❹。

2 武帝❺初即位，尤敬鬼神之祀。漢興已六十餘歲❻矣，天下艾安❼，縉紳之屬❽皆望天子封禪改正度❾也，而上鄉儒術❿，招賢良⓫。趙綰、王臧等以文學為公卿⓬，欲議古立明堂城南，以朝諸侯，草巡狩封禪改曆服色事未就⓭。竇太后⓮不好儒術，使人微伺趙綰等姦利事⓯，按⓰綰、臧，綰、臧自殺，諸所興為皆廢。六年，竇太后崩。其明年，徵文學之士。

3 明年，上初至雍，郊見五畤。後常三歲一郊。是時上求神君⓱，舍之上林中磃氏館⓲。神君者，長陵⓳女子，以乳死⓴，見神於先後㉑宛若。宛若祠之其室，民多往祠。平原君㉒亦往祠，其後子孫以尊顯。及上即位，則厚禮置祠之內中。聞其言，不見其人云。

4 是時，李少君亦以祠竈、穀道、卻老方見上㉓，上尊之。少君者，故深澤侯人㉔，主方㉕。匿其年及所生長㉖。常自謂七十，能使物㉗，卻老。其游以方徧諸侯，無妻子㉘。人聞其能使物及不死，更餽遺之㉙，常餘金錢衣食。人皆以為不治產業而饒給㉚，又不知其何所人，愈信，爭事之。少君資㉛好方，善為巧發奇中㉜。常從武安侯㉝宴，坐中有年九十餘老人，少君迺言與其大父游射㉞處，老人為兒從其大父，識其處，一坐盡驚。少君見上，上有故㉟銅器，問少君。曰：「此器齊桓公十年陳於柏寢㊱。」已而按其刻㊲，果齊桓公器。一宮盡駭，以為少君神，數百歲人也。少君言上：「祠竈皆可致物㊳，致物而丹沙㊴可化為黃金，黃金成以為飲食器則益壽，益壽而海中蓬萊僊者迺可見之，以封禪則不死。黃帝是也。臣嘗游海上，見安期生㊵，安期生食臣棗㊶，大如瓜。安期生僊者，通蓬萊中，合㊷則見人，不合則隱。」於是天子始親祠竈，遣方士入海求蓬萊安期生之屬，而事化丹沙諸藥齊為黃金㊸矣。久之，少君病死。天子以為化㊹去不死也，使黃錘史寬舒㊺受其方，而海上燕齊怪迂之方士多更來言神事矣。

亳人謬忌奏祠泰一方㊻，曰：「天神貴者泰一，泰一佐㊼曰五帝。古者天子以春秋祭泰一東南郊，日一太牢㊽，七日，為壇開八通之鬼道㊾。」於是，天子令太祝立其祠長安城東南郊，常奉祠如忌方㊿。其後，人上書言：「古者天子三年一用太牢祠三一：天一、地一、泰一(51)。」天子許之，令太祝領祠(52)之於忌泰一壇上，如其方。後人復有言：「古天子常以春解祠(53)，祠黃帝用一梟、破鏡；冥羊(54)用羊祠；馬行(55)用一青牡馬；泰一、皋山山君(56)用牛；武夷君(57)用乾魚；陰陽使者(58)以一牛。」令祠官領之如其方，而祠泰一於忌泰一壇旁。

6 後二年，郊雍，獲一角獸(59)，若麃(60)然。有司曰：「陛下肅祗(61)郊祀，上帝報享(62)，錫(63)一角獸，蓋麟(64)云。」於是以薦(65)五畤，畤加一牛以燎(66)。賜諸侯白金，以風符應(67)合於天也。於是濟北王(68)以為天子且(69)封禪，上書獻泰山及其旁邑，天子以它縣償之(70)。常山王(71)有罪，遷(72)，天子封其弟真定(73)，以續先王祀，而以常山(74)為郡。然後五嶽皆在天子之郡(75)。

7 明年，齊人少翁(76)以方見上。上有所幸李夫人(77)，夫人卒，少翁以方蓋(78)夜致夫人及竈鬼之貌云，天子自帷(79)中望見焉。迺拜少翁為文成將軍，賞賜甚多，以客禮禮之(80)。文成言：「上即欲與神通(81)，宮室被服非象神，神物不至。」迺作畫雲氣車，及各以勝日駕車辟惡鬼(82)。又作甘泉宮(83)，中為臺室，畫天地泰一諸鬼神，而置祭具以致天神。居歲餘，其方益衰(84)，神不至。迺為帛書以飯牛(85)，陽(86)不知，言此牛腹中有奇。殺視得書，書言甚怪。天子識其手(87)，問之，果為書。於是誅文成將軍，隱之。

8 其後又作柏梁(88)、銅柱、承露僊人掌之屬矣。

9 文成死明年，天子病鼎湖(89)甚，巫醫無所不致(90)。游水發根(91)言上郡有巫，病而鬼下之(92)。上召置祠之甘泉。及病，使人問神君(93)，神君言曰：「天子無(94)憂病。病少瘉，強(95)與我會甘泉。」於是上病瘉，遂起，幸甘泉，病良已(96)。大赦，置壽宮(97)神君。神君最貴者曰太一，其佐曰太禁、司命之屬(98)，皆從之。非可得見，聞其言，言與人音等(99)。時去時來，來則風肅然。居室帷中，時晝(100)言，然常以夜。天子祓(101)，然後入。因巫為主人，關飲食(102)，所欲言，行下(103)。又置壽宮、北宮(104)，張羽旗(105)，設共具(106)，以禮神君。神君所言，上使受書(107)，其名曰「畫法(108)」。其所言，世俗之所知也，無絕殊者，而天子心獨(109)憙。其事祕，世莫知也。

10 後三年，有司言元宜以天瑞(110)，不宜以一二數。一元曰「建(111)」，二元以長星曰「光(112)」，今郊得一角獸曰「狩(113)」云。

11 其明年，天子郊雍，曰：「今上帝朕親郊(114)，而后土(115)無祀，則禮不答(116)也。」有司與太史令(117)談、祠官寬舒議：「天地牲，角繭栗(118)。今陛下親祠后土，后土宜於澤中圜丘(119)為五壇，壇一黃犢牢具。已祠盡瘞(120)，而從祠(121)衣上黃。」於是天子東幸汾陰(122)。汾陰男子公孫滂洋(123)等見汾旁有光如絳(124)，上遂立后土祠於汾陰脽上(125)，如寬舒等議。上親望拜(126)，如上帝禮。禮畢，天子遂至滎陽(127)。還過雒陽(128)，下詔封周後(129)，令奉其祀。語在武紀。上始巡幸郡縣，寖尋於泰山(130)矣。

12 其春，樂成侯[131]上書言欒大。欒大，膠東宮人[132]，故[133]嘗與文成將軍同師，已而為膠東王尚方[134]，而樂成侯姊為康王[135]后，無子。王死，它姬子立為王，而康后有淫行，與王不相中[136]，相危以法[137]。康后聞文成死，而欲自媚[138]於上，乃遣欒大入，因[139]樂成侯求見言方。天子既誅文成，後悔其方不盡[140]，及見欒大，大說。大為人長美[141]，言多方略[142]，而敢為大言，處之不疑[143]。大言曰：「臣嘗往來海中，見安期、羨門之屬，顧[144]以臣為賤，不信臣。又以為康王諸侯耳，不足與方。臣數以言康王，康王又不用臣。臣之師曰：『黃金可成，而河決可塞，不死之藥可得，僊人可致[145]也。』然臣恐效文成，則方士皆掩口[146]，惡[147]敢言方哉！」上曰：「文成食馬肝[148]死耳。子誠[149]能脩其方，我何愛[150]乎！」大曰：「臣師非有求人，人者求之。陛下必欲致之，則貴其使者[151]，令為親屬，以客禮待之，勿卑，使各佩其信印[152]，迺可使通言於神人。神人尚肯邪不邪[153]，尊其使然後可致也。」於是上使驗小方，鬭棊，棊自相觸擊[154]。

13 是時，上方憂河決而黃金不就[155]，迺拜大為五利將軍。居月餘，得四印；得天士將軍、地士將軍、大通將軍印。制詔御史：「昔禹疏九河[156]，決四瀆[157]。間者[158]，河溢皋陸[159]，隄繇[160]不息。朕臨[161]天下二十有八年，天若遺朕士而大通[162]焉。

乾稱『飛龍』[163]，『鴻漸于般[164]』，朕意庶幾與焉[165]。其[166]以二千戶封地士將軍大為樂通[167]侯。」賜列侯甲第[168]，童[169]千人。乘輿斥車馬帷帳[170]器物以充其家。又以衛長公主妻之[171]，齎[172]金十萬斤，更名其邑曰當利公主[173]。天子親如[174]五利之第，使者存問[175]共給，相屬於道[176]。自大主[177]將相以下，皆置酒其家，獻遺之。天子又刻玉印曰「天道將軍」，使使衣羽衣[178]，夜立白茅[179]上，五利將軍亦衣羽衣，立白茅上受印，以視不臣[180]也。而佩「天道」者，且為天子道[181]天神也。於是五利常夜祠其家，欲以下神[182]。後裝治行[183]，東入海求其師云。大見[184]數月，佩六印，貴震天下，而海上燕齊之間，莫不搤擥[185]而自言有禁方[186]能神僊矣。

14 其夏六月，汾陰巫錦為民祠魏脽后土營旁[187]，見地如鉤狀，掊[188]視得鼎。鼎大異於眾鼎，文鏤無款識[189]，怪之，言吏。吏告河東太守勝[190]，勝以聞[191]。天子使驗問巫得鼎無姦詐，迺以禮祠，迎鼎至甘泉，從上行，薦之。至中山[192]，晏溫[193]，有黃雲焉。有鹿過，上自射之，因之以祭云。至長安，公卿大夫皆議尊寶鼎。天子曰：「間者河溢，歲數不登，故巡祭后土，祈為百姓育穀。今年豐楙未報[194]，鼎曷為[195]出哉？」有司皆言：「聞昔泰帝[196]興神鼎一，一者一統，天地萬物所繫象[197]也。黃帝作寶鼎三，象天地人。禹收九牧[198]之金，鑄九鼎，象九州。皆嘗鬺亨(199)。上帝鬼神。其空足曰鬲(200)，以象三德(201)，饗承天祜(202)。夏德衰，鼎遷於殷；殷德衰，鼎遷於周；周德衰，鼎遷於秦；秦德衰，宋之社(203)亡，鼎迺淪伏而不見。周頌(204)曰：『自堂徂基(205)，自羊徂牛，鼐鼎及鼒(206)；不吳不敖(207)，胡考之休(208)。』今鼎至甘泉，以光潤龍變(209)，承休無疆(210)。合茲(211)中山，有黃白雲降，蓋若獸為符，路弓乘矢(212)，集獲壇下(213)，報祠大亨(214)。唯受命而帝者心知其意而合德(215)焉。鼎宜視宗禰廟(216)，臧於帝庭(217)，以合明應(218)。」制曰：「可。」

15 入海求蓬萊者，言蓬萊不遠，而不能至者，殆(219)不見其氣。上迺遣望氣佐(220)候其氣云。

16 其秋，上雍(221)，且郊(222)。或曰：「五帝，泰一之佐(223)也，宜立泰一而上親郊之。」上疑(224)未定。

17 齊人公孫卿(225)曰：「今年得寶鼎，其冬辛巳朔旦冬至(226)，與黃帝時等。」卿有札書(227)曰：「黃帝得寶鼎冕侯(228)，問於鬼臾區(229)，鬼臾區對曰：『黃帝得寶鼎神策(230)，是歲己酉朔旦冬至，得天之紀(231)，終而復始。』於是黃帝迎日推策(232)，後率(233)二十歲復朔旦冬至，凡二十推(234)，三百八十年，黃帝僊登于天。」卿因所忠(235)欲奏之。所忠視其書不經，疑其妄言，謝(236)曰：「寶鼎事已決矣，尚何以為！」卿因嬖人[237]奏之。上大說，迺召問卿。對曰：「受此書申公[238]，申公已死。」上曰：「申公何人也？」卿曰：「齊人，與安期生通，受黃帝言[239]，無書，獨有此鼎書。曰：『漢興復當黃帝之時。』曰：『漢之聖者，在高祖之孫且[240]曾孫也。寶鼎出而與神通，封禪。封禪七十二王，唯黃帝得上泰山封。』申公曰：『漢帝亦當上封，上封則能僊登天矣。黃帝萬諸侯，而神靈之封君七千[241]。天下名山八，而三在蠻夷[242]，五在中國[243]。中國華山、首山、太室山、泰山、東萊山[244]，此五山黃帝之所常游，與神會。黃帝且戰且學僊，患百姓非其道[245]，迺斷斬[246]非鬼神者。百餘歲然後得與神通。黃帝郊雍上帝，宿三月。鬼臾區號[247]大鴻，死葬雍，故鴻冢[248]是也。其後黃帝接萬靈明庭[249]。明庭者，甘泉也。所謂寒門[250]者，谷口[251]也。黃帝采首山銅，鑄鼎於荊山[252]下。鼎既成，有龍垂胡顥[253]下迎黃帝。黃帝上騎，群臣後宮從上龍七十餘人，龍迺上去。餘小臣不得上，迺悉持龍顥，龍顥拔，墮，墮黃帝之弓。百姓卬[254]望黃帝既上天，乃抱其弓與龍顥號[255]，故後世因名[256]其處曰鼎湖，其弓曰烏號。』」於是天子曰：「嗟乎[257]！誠得如黃帝，吾視去妻子如脫屣耳。」拜卿為郎[258]，使東候神於太室。

18 上遂郊雍，至隴西[259]，登空桐[260]，幸甘泉。令祠官寬舒等具[261]泰一祠壇，祠壇放亳忌[262]泰一壇，三陔[263]。五帝壇環居其下，各如其方[264]。黃帝西南，除八通鬼道。泰一所用，如雍一時[265]物，而加醴棗脯[266]之屬，殺一氂牛以為俎豆牢具[267]。而五帝獨有俎豆醴進[268]。其下四方地，為腏[269]，食群神從者及北斗云。已祠，胙餘皆燎之[270]。其牛色白，白鹿居其中[271]，彘在鹿中[272]，鹿中水而酒之[273]。祭日以牛，祭月以羊彘特[274]。泰一祝宰則衣紫及繡。五帝各如其色，日赤[275]，月白[276]。

19 十一月辛巳朔旦冬至，昒爽[277]，天子始郊拜泰一。朝朝日[278]，夕夕月[279]，則揖[280]；而見[281]泰一如雍郊禮。其贊饗[282]曰：「天始以寶鼎神策授皇帝，朔而又朔[283]，終而復始，皇帝敬拜見焉。」而衣上黃。其祠列火[284]滿壇，壇旁亨[285]炊具。有司云「祠上有光」。公卿言：「皇帝始郊見泰一雲陽，有司奉瑄玉嘉牲薦饗[286]，是夜有美光，及晝，黃氣上屬天。」太史令談、祠官寬舒等曰：「神靈之休[287]，祐福兆祥[288]，宜因此地光域[289]立泰時壇以明應。令太祝領，秋及臘[290]間祠。三歲天子壹郊見。」

20 其秋，為伐南越[291]，告禱泰一，以牡荊畫幡日月北斗登龍[292]，以象太一[293]三星，為泰一鋒旗[294]，命曰「靈旗」。為兵禱，則太史奉以指所伐國。而五利將軍使[295]不敢入海，之[296]泰山祠。上使人隨驗，實無所見。五利妄言見其師，其方盡，多不讎(297)。上迺誅五利。

21 其冬，公孫卿候神河南(298)，言見僊人迹緱氏(299)城上，有物如雉，往來城上。天子親幸緱氏視迹，問卿：「得毋(300)效文成、五利乎？」卿曰：「僊者非有求人主，人主者求之。其道非少(301)寬暇，神不來。言神事，如迂誕(302)，積以歲，迺可致。」於是郡國各除道，繕治(303)宮館名山神祠所，以望幸矣。

22 其春，既滅南越，嬖臣李延年(304)以好音見。上善之(305)，下(306)公卿議，曰：「民間祠有鼓舞樂(307)，今郊祀而無樂，豈稱(308)乎？」公卿曰：「古者祠天地皆有樂，而神祇(309)可得而禮。」或曰：「泰帝使素女鼓五十弦瑟(310)，悲，帝禁不止(311)，故破(312)其瑟為二十五弦。」於是塞南越(313)，禱祠泰一、后土，始用樂舞，益召歌兒(314)，作二十五弦及空侯(315)瑟自此起。

23 其來年冬，上議曰：「古者先振兵釋旅(316)，然後封禪。」迺遂北巡朔方(317)，勒兵(318)十餘萬騎，還祭黃帝冢橋山(319)，釋兵涼如(320)。上曰：「吾聞黃帝不死，有冢，何也？」或對曰：「黃帝以僊上天，群臣葬其衣冠。」既至甘泉，為且用事泰山(321)，先類祠(322)泰一。

24 自得寶鼎，上與公卿諸生(323)議封禪。封禪用希曠絕(324)，莫知其儀體(325)，而群儒采封禪尚書、周官[326]、王制之望祀射牛[327]事。齊人丁公年九十餘，曰：「封禪者，古[328]不死之名也。秦皇帝不得上封[329]。陛下必欲上，稍上即無風雨，遂上封矣。」上於是迺令諸儒習射牛，草封禪儀。數年，至且行，天子既聞公孫卿及方士之言，黃帝以上封禪皆致怪物與神通，欲放黃帝以接神人蓬萊，高世比德於九皇[330]，而頗采儒術以文[331]之。群儒既已不能辯明封禪事，又拘於詩、書古文而不敢騁[332]。上為封祠器視[333]群儒，群儒或曰：「不與古同。」徐偃[334]又曰：「太常[335]諸生行禮不如魯善。」周霸屬圖封事[336]，於是上黜[337]偃、霸，而盡罷諸儒弗用。

25 三月，迺東幸緱氏，禮登中嶽太室。從官在山上聞若有言「萬歲」云[338]。問上[339]，上不言[340]；問下[341]，下不言。迺令祠官加增太室祠，禁毋伐其山木，以山下戶凡三百封崇高，為之奉邑[342]，獨給祠，復，無有所與[343]。上因東上泰山，泰山草木未生，迺令人上石立之泰山顛[344]。

26 上遂東巡海上，行禮祠八神。齊人之上疏[345]言神怪奇方者以萬數，迺益發[346]船，令言海中神山者數千人求蓬萊神人。公孫卿持節[347]常先行候名山，至東萊，言夜見大人，長數丈，就[348]之則不見，見其迹甚大，類禽獸云。群臣有言見一老父[349]牽狗，言「吾欲見鉅公[350]」，已忽[351]不見。上既見大迹，未信，及群臣又言老父，則大[352]以為僊人也。宿留海上[353]，與方士傳車[354]，及間[355]使求神僊人以千數。

27 四月，還至奉高[356]。上念[357]諸儒及方士言封禪人殊[358]，不經，難施行。天子至梁父，禮祠地主[359]。至乙卯[360]，令侍中儒者皮弁縉紳[361]，射牛行事。封泰山下東方，如郊祠泰一之禮。封[362]廣丈二尺，高九尺，其下則有玉牒書[363]，書祕[364]。禮畢，天子獨與侍中奉車子侯[365]上泰山，亦有封。其事皆禁[366]。明日，下陰道。丙辰[367]，禪泰山下阯東北肅然山[368]，如祭后土禮。天子皆親拜見，衣上黃而盡用樂焉。江淮間一茅三脊為神藉[369]，五色土益雜封[370]。縱[371]遠方奇獸飛禽及白雉[372]諸物，頗以加祠[373]。兕牛象犀[374]之屬不用。皆至泰山，然後去。封禪祠，其夜若有光，晝有白雲出封中。

28 天子從禪還，坐明堂，群臣更上壽，下詔改元為元封。語在武紀。又曰：「古者天子五載一巡狩，用事泰山，諸侯有朝宿地[375]。其令諸侯各治邸[376]泰山下。」

29 天子既已封泰山，無風雨，而方士更言蓬萊諸神若[377]將可得，於是上欣然庶幾[378]遇之，復東至海上望焉。奉車子侯暴病[379]，一日死。上迺遂去，並海上，北至碣石，巡自遼西[380]，歷北邊至九原[381]。五月，迺至甘泉，周萬八千里[382]云。

30 其秋，有星孛於東井[383]。後十餘日，有星孛於三能[384]。望氣王朔[385]言：「候[386]

獨見填星出如瓜，食頃[387]，復入。」有司皆曰：「陛下建漢家封禪[388]，天其報德星[389]云。」

31 其來年冬，郊雍五帝[390]。還，拜祝[391]祠泰一。贊饗曰：「德星昭衍[392]，厥維[393]休祥。壽星仍出[394]，淵耀[395]光明。信星[396]昭見，皇帝敬拜泰祝之享[397]。」

32 其春，公孫卿言見神人東萊山，若云：「欲見天子。」天子於是幸緱氏城，拜卿為中大夫。遂至東萊，宿，留之[398]數日，毋所見，見大人迹云。復遣方士求神人采藥以千數。是歲旱。天子既出亡名[399]，迺禱萬里沙[400]，過祠泰山。還至瓠子[401]，自臨塞決河[402]，留二日，湛祠[403]而去。

【章旨】以上各段主要敘述漢武時代的郊祀、封禪等內容及其對祠祀制度的改革。

【注釋】❶數　多次；不斷。❷少　稍；略微。❸孝景　即西漢景帝劉啟（西元前一八八—前一四四年）。❹無有所興　興，興建。沒有興建新的祠廟。❺武帝　（西元前一五六—前八七年），名徹。西漢景帝之子。西元前一四〇—前八七年在位。❻六十餘歲　指從漢高祖即位到這時已六十多年。❼艾安　指天下安定、太平無事。艾，通「乂」。乂，安定之意。❽縉紳之屬　插笏於紳帶間，古代官吏的裝束。指貴族官僚。❾改正度　正，指正朔。度，指度量。❿鄉儒術　鄉，通「向」。嚮往；傾向，此處引申為崇尚。儒術，指儒家學術。⓫賢良　「賢良文學」或「賢良方正」的簡稱，漢武帝時代選拔官吏的科目。⓬趙綰句　趙綰，代（今河北蔚縣）人，武帝即位後任御史大夫。王臧，蘭陵（今山東棗莊）人。二人崇尚儒術，且建議漢武帝獨尊儒術，因而受到喜好黃老之術的太皇太后排斥，二人上書請毋奏事太皇太后，獲罪下獄自殺。公卿，指此二人所擔任的職務，趙綰所任御史大夫是三公之一，王臧時任郎中令為九卿之一。⓭未就　即未完成，尚未成功。就，完成；成功。

⓮竇太后　漢文帝皇后，漢武帝的祖母。⓯使人句　微伺，於暗中察訪、觀察。姦利事，以非法手段謀取利益。⓰按　審查；拷問。⓱神君　據漢魏小說《漢武故事》（又名《漢武帝故事》），相傳長陵有女子嫁人後，生下一男孩夭折了，她也悲痛而死，死後常在她妯娌宛若身上顯靈，宛若便立祠敬她，其後老百姓也多前去祭祀，平原君（漢武帝外祖母）也經常往祠，武帝即位，也置厚禮於其祠中。⓲上林中磃氏館　上林，苑名，故址在今陝西西安以西，周至、戶縣境內，秦時所建。磃氏館，上林苑中別館名。其具體所在不詳。磃，《史記．封禪書》作「蹏」。⓳長陵　陵墓名，漢高祖劉邦的陵墓。又邑名，漢代五陵邑之一。在今陝西咸陽東北窯店鎮。⓴以乳死　乳，生小孩。以乳死，因生小孩而死。㉑見神於先後　見，通「現」、「顯」。先後，關中俗稱妯娌為先後，指兄弟妻子間互稱。㉒平原君　漢武帝外祖母的封爵稱號。名臧兒。㉓祠竈句　竈，灶神；供於灶上的神。傳說灶神於農曆臘月二十三至除夕上天陳報人之善惡，掌管一家禍福。穀道，古代方士求取長生不老之術，穀道有兩說，一說指辟穀不食之術，一說指種穀得金之術。卻老，防止衰老，延長生命。方，指方術，道術。㉔深澤侯人　侯名。深澤，縣名，在今河北深澤。深澤侯，名趙胡。人，當從《史記．封禪書》作舍人。㉕主方　主管方術之事。方，古代指醫卜星相等方術。㉖匿其年及所生長　匿，隱瞞。所生長，指出生長成的地方或經歷。㉗使物　能驅使鬼怪神靈。使，驅使。物，鬼怪神靈。㉘妻子　指妻子和子女。㉙更餽遺之　更，相繼之意。餽遺，贈予。㉚不治產業而饒給　治，經營，泛指從事某種工作。饒給，豐饒；富足。㉛資　天資；資質。指人的天資稟賦。㉜巧發奇中　能相機行事，每能應驗、猜中。㉝武安侯　名田蚡，漢景帝同母弟，曾任太尉、丞相。㉞與其大父游射　大父，祖父。遊射，出遊射獵。㉟故　從前；古代。㊱柏寢　臺名。《晏子春秋》：「景公新成柏寢之臺。」在齊國，今山東廣饒境。㊲已而按其刻　已而，隨即。按，審驗；查驗。刻，指銅器上的銘文。㊳致物　招來鬼怪神靈。㊴丹沙　即硫化汞。古代方士認為丹砂可煉成黃金和不死之藥。㊵安期生　亦稱「安期」、「安其生」。仙人名。秦、漢間齊國人，一說琅邪阜鄉人。傳說他曾從河上丈人習黃帝、老子之說，在東海邊賣藥。秦始皇東遊，與語三日夜，賜金璧數千萬，皆置之阜鄉亭而去。留書及赤玉舄一雙為報。後秦始皇遣使入海求之。未至蓬萊山，遇風波而返。一說，生平與蒯通友善，常以策干項羽，未能用。後之方士、道家因謂其為居海上之神仙。㊶食臣棗　即拿出棗子給臣（我）吃。食，通「飼」。拿東西給人吃。㊷合　志同道合。㊸事化丹沙諸藥齊為黃金　事，從事。化，冶煉。指從事丹砂等藥劑冶煉黃金之事。㊹化　仙化；羽化。㊺黃錘史寬舒　黃，秦、漢縣名，在今山東黃縣東。錘，〈地理志〉作「腄」。秦、漢縣名，今山東文登西。史，刀筆小吏。寬舒，人名。㊻亳人句　亳，地名，在今山東曹縣南。謬忌，方士。泰一，也作「泰壹」、「太一」。傳說中的天神名。㊼佐　輔佐。㊽太牢　古代祭祀，牛、羊、豕三牲具備謂之太牢。㊾八

通之鬼道　在祭壇的八方都築有供神靈往來的道路。(50)奉祠如忌方　用謬忌的方式來祠祀。(51)三一二句　三一，即天一、地一、泰一。天一，太歲的別名。地一，神名。(52)領祠　領，理；治。祠，祠祀。(53)解祠　厭邪之意，也作消解災禍講。(54)一梟破鏡二句　梟，鳥名。為鳥綱鴟鴞科各類鳥的泛稱。舊傳梟食母，故常以喻惡人。破鏡，或寫作「破獍」，狀如虎豹而小的一種野獸，始生還食其母。冥羊，神名，也指祠冥羊的廟。(55)馬行　神名。(56)臯山山君　此處疑有誤。楊樹達引李慈銘云：「臯，澤二字古書多相亂，此蓋本作『睪山君』，謂睪山之神也。與下武夷君同。」〈封禪書〉作「澤山君地長」。(57)武夷君　武夷山神。武夷山在今福建崇安南。(58)陰陽使者　陰陽之神。(59)一角獸　長著一隻角的野獸。(60)若麃　若，好像；相似。麃，同「麕」。鹿類動物。(61)陛下肅祗　陛下，帝王宮殿的臺階之下。也用於對帝王的尊稱。肅祗，莊嚴而恭敬的樣子。(62)報享　報答對他們的祭祀。(63)錫　即賜，給予。(64)蓋麟　蓋，語助詞，大概、可能。麟，即麒麟。古代傳說中的一種瑞獸。(65)薦　貢獻；進獻。(66)燎　古代祭祀形式之一。把犧牲玉帛放在柴堆上，焚燒以祭天。(67)風符應　風，同「諷」。示意、暗示之意。符應，瑞應。以天降符瑞附會於人事。(68)濟北王　漢高祖劉邦的曾孫，名胡。濟北國建都盧，在今山東長清南。(69)且　將要。(70)以它縣償之　償，補給；補償。即用其他縣補償給他。(71)常山王　名勃，漢景帝孫。(72)遷　貶遷；流放。(73)真定　漢代封國名。在今河北石家莊以東，建都真定。(74)常山　漢郡名。原名恆山，後因避漢文帝劉恆諱，改曰常山。轄今河北西南地區。(75)皆在天子之郡　郡，原意指天子所統轄的區域。全在天子管轄的郡縣範圍內。(76)少翁　齊地方士。據《漢武故事》，言此人長相若少年，自言已兩百多歲。(77)李夫人　漢武帝寵妃。(78)蓋　副詞，大概、大概是。作連詞當承接上文，表示原因或理由。云，語末助詞。(79)帷　帷帳；帷幕。(80)禮之　以禮節來接待他。(81)即欲與神通　即，即使；假若。通，交通；會合。(82)以勝日駕車辟惡鬼　勝日，古代五行家謂金、木、土、水、火五行相剋之日為勝日，如火勝金，用丙與丁日，不用庚辛之類。辟，排除；驅走。(83)甘泉宮　又名雲陽宮。故址在今陝西淳化鐵王鄉涼武帝村北。(84)益衰　益，更加。衰，衰落；衰退。這裡指其方術越來越不靈驗。(85)為帛書以飯牛　帛書，書寫在帛上的文字。飯，餵。(86)陽　通「佯」。假裝。(87)手　這裡指筆跡。(88)柏梁　漢未央宮臺名。漢武帝元鼎二年（西元前一一五年）建。在未央宮北，柏梁臺鑄銅為柱，是一座高達二十丈（合今約四十七公尺）的高臺建築，因此臺建築以香柏木為梁架，「香聞數十里」（《漢武故事》），故名。又因臺頂之上置有銅鳳凰，故亦稱為鳳闕。又顏師古引《三輔故事》注云：「建章宮承露盤高二十丈，大七圍，以銅為之，上有仙人掌承露，和玉屑飲之。」漢武帝以為飲玉露可以延年益壽。(89)鼎湖　宮名。漢武帝時營造。相傳黃帝曾在此鑄鼎，鼎成後天上有龍降臨，迎黃帝升天，黃帝的隨從有七十二人也因攀龍髯而升天。漢武帝即因此故事而命名該宮。鼎湖宮遺址在今陝西藍田焦岱鎮。(90)致給予；用。(91)游水發根　人名。姓游水，名發根。(92)病而鬼下之　因他有病，鬼神降臨到他的身上。(93)神君　鬼神。(94)無不用。(95)強　勉強；勉強支撐。(96)病良已　良，的確；確實；真的。已，止。(97)壽宮　供奉神靈的宮殿，即神廟。(98)神君二句　太一，天神名。太禁，太一之佐助。司命，神名，掌管生命之神。(99)等　同；相同。(100)晝　白天。(101)祓　消災祈福的祭祀活動。(102)因巫為主人二句　因，依靠。關，通。關飲食，所欲飲食，由巫通告之。(103)行下　把想說的話，通過巫來傳達。(104)北宮　漢長安宮名。位於長安城中未央宮東北，桂宮以東。遺址在今陝西西安西北郊未央區袁家堡村一帶。(105)張羽旗　張，陳列；陳設。羽旗，裝飾有羽毛的旗幟。(106)共具　指給神靈祭祀用來擺設酒食的器具。共即供。(107)受書　接受其語言，記錄下來。(108)畫法　指記下法術的書名。(109)獨　單獨；獨自；暗自。(110)元宜以天瑞　元，指天子紀元。天瑞，天所降臨人間的祥瑞。元宜以天瑞，謂紀元當以天所降的祥瑞來命名。(111)建　指建元。漢武帝在位使用的第一個年號，也是我國歷代帝王使用年號的開始。(112)光　指「元光」，是漢武帝的第二個年號。(113)狩　即元狩，漢武帝的第四個年號。這一年漢武帝在雍縣郊祀五帝時獲得一隻長著獨角的野獸，有人附會為麒麟，所以漢武帝將這一年的年號改為「元狩」。(114)今上帝朕親郊　現在由我親自來郊祀上帝。(115)后土　指土神或地神。也指祀土地神的社壇。(116)不答　與禮不合。答，應合；當。(117)太史令　官名，屬太常，主掌天文曆法及記事。(118)天地牲二句　祭祀用的牛角要小如蠶繭或栗子，即指用幼牛。古代祭祀天地，以犢角細小為貴。(119)圜丘　古代帝王冬至祭天的地方，後來也用以祭祀天地。圓如天體，高似小丘。(120)瘞　埋葬。(121)從祠　隨從陪祭的人員。(122)汾陰　漢縣名，故址在今山西萬榮西南。(123)公孫滂洋　人名，姓公孫。(124)絳　深紅顏色。(125)脽上　小土山，在汾河南岸，長四五里，寬二里多，高幾十丈，其狀似人的尻脽（即屁股）故名。(126)望拜　即望祭，古祭名。即遙望而祭山川、日月、星辰。(127)滎陽　漢縣名。在今河南滎陽東北。(128)雒陽　亦作洛陽，邑名，在今河南洛陽東北。(129)封周後　漢武帝過雒陽時，封周朝的後代姬嘉，「子南」是他的封邑名，在今河南臨汝東。(130)寖尋於泰山　寖，即浸淫的意思，指漸進。意謂漢武帝將有泰山之行。(131)樂成侯　名丁義，丁禮之曾孫。封邑名樂成，在今河南鄧州西南。丁義後與欒大一起被殺。(132)膠東宮人　膠東，漢初封國名。宮人，主掌君主日常生活事務。(133)故　從前；過去。(134)已而為膠東王尚方　已而，後來。尚方，官署名，官名。古代製造帝王所用物品的專門機構。秦置，屬少府，漢分中、左、右三尚方。(135)康王　名劉寄，康王是其謚號。(136)中　投合；和睦。(137)相危以法　危，危害；傾軋。以法相互傾軋。(138)自媚　主動獻媚、討好。(139)因　借助；通過；依靠。(140)後悔其方不盡　方，指方術。指為（文成將軍）方術沒有完全傳下來而感到惋惜。(141)長美　身材修長。(142)方略　計謀；謀略。(143)處之不疑　此處謂說謊話時神態自若，大言不慚。疑，疑惑。(144)顧　乃。(145)致　得到；求得。(146)掩口　閉口不言；沉默而不說話。

(147)惡　何；怎麼。(148)馬肝　古人傳說馬肝有毒，食之致人死亡。(149)誠　果真；如果。(150)愛　在乎；吝惜。(151)貴其使者　貴，尊貴，這裡是使動用法，意為令其使者尊貴。(152)信印　即印信，古代官吏的身分憑證。(153)尚肯邪不邪　尚，還。邪，語氣助詞，表示疑問。(154)鬭棊二句　此處方士大概利用磁石的磁力作用，使棋子互相撞擊，以顯示其神祕方術。(155)上方憂句　方，正在；正當。黃金不就，就，成功。指用丹砂等煉製黃金未獲成功。(156)九河　禹時黃河的九條支流。現代人多認為是古代黃河下游許多支流的總稱。陸德明《釋文》引《爾雅・釋水》：「九河：徒駭一，太史二，馬頰三，覆釜四，胡蘇五，簡六，絜七，鉤盤八，鬲津九。」(157)四瀆　指長江、黃河、淮河、濟水。(158)間者　最近；近來。(159)皋陸　河岸。皋，通「高」。陸，陸地。(160)隄繇　修堤的徭役。(161)臨　統治；治理。(162)通　通曉；知道。此處指通曉天意。(163)乾稱飛龍　乾，《周易》卦名。飛龍，《周易・乾卦》有「飛龍在天」句，龍飛於天，騰升之象，謂即可顯達之意。(164)鴻漸于般　《易・漸卦》作「鴻漸于磐」，般為古文，磐後起字。高亨注認為此處磐當作泮講。《說文》：「泮，諸侯饗射之宮。」言「鴻進于泮，無矰繳之害，有飲食之利，自是吉象」。鴻，大雁。漸，進也。(165)庶幾與焉　庶幾，也許；差不多。與，心許；讚許。(166)其　應；應當。(167)樂通地名。在今江蘇泗洪東南。(168)列侯甲第　列侯，爵位名。秦制爵分二十等，徹侯位最高，後因避漢武帝名諱，改稱「通侯」或「列侯」。甲第，指豪門貴族的宅第。(169)童　也作僮，奴僕。(170)乘輿斥車馬帷帳　乘輿，帝王所用的車子、衣服、器械、物品。斥，不用者；多餘的。帷帳，帳幕。(171)以衛長公主妻之　衛長公主，武帝衛皇后之女。長公主，皇帝的姊妹或皇女之尊崇者的封號。妻，以女嫁人。(172)齎　持；帶；贈送。(173)其邑曰當利公主　邑，封邑。當利，漢縣名。在今山東掖縣西南。(174)如往；去。(175)存問　問候。(176)相屬於道　在道路上連接不斷。屬，連接。(177)大主　即大長公主，武帝之姑，漢文帝竇皇后之女。(178)羽衣　指以羽毛製成的衣服。喻似神仙飛翔。(179)白茅　亦作「白茆」。植物名。多年生草本，花穗上密生白色柔毛，故名。古代常用以包裹祭品及分封諸侯，象徵土地所在方位之土。(180)以視不臣　說明這不是待臣之道，而是對仙人的禮節。視，通「示」。表明。(181)道　通「導」。即引導。(182)下神　使動用法，使神下來。(183)裝治行　整理行裝出行。(184)見　即現。(185)搤掔　握著手腕，形容激動振奮的樣子。掔，「掔」字之訛。手腕。(186)禁方　祕方。(187)巫錦句　錦，人名。魏脽，即汾陰。營，祠廟的四周。(188)掊　通「抔」。扒，指用手扒開土。(189)文鏤無款識　文鏤，雕刻的紋飾。款識，指鐘鼎彝器上鑄刻的文字。陰文稱作款，陽文叫做識。(190)河東太守勝　河東，漢郡名。轄今山西西南部，治安邑（今山西夏縣西北）。太守，也作郡守，郡的最高行政長官。勝，人名。(191)以聞　以此上報。(192)中山　也稱仲山，在今陝西涇陽西北。(193)晏溫　天氣晴和溫暖。(194)豐楙未報　雖獲豐年，而未舉行報天之祭。楙即茂。豐茂，豐年。報謂報祭。(195)曷為　為何；為什麼。(196)泰帝　也作太帝。指太古之帝，傳說中的伏羲氏、神農氏等。197繫象 〈封禪書〉作繫終，歸結意。象，象徵。198九牧 九指九州。牧是州的長官。199鬺亨 鬺，烹煮。亨，烹的本字。鬺亨，即烹煮牲牢進行祭祀。200鬲 烹煮器，鬲有三足，足中空。201三德 指正直、剛克、柔克三種品德。202饗承天祜 即享受上天賜予的福佑。饗，通「享」。享受。祜，福佑。203宋之社 宋，國名。周武王滅商後，封商紂之子武庚於商的舊都亳（今河南商丘北），周成王時，武庚因叛亂被殺，又以其地封給商紂之庶兄微子，建立宋國。社，土地神，也是祭祀土地神的場所。204周頌 《詩經》中篇章。205徂基 徂，往；到。基，指牆根。206鼐鼎及鼒 鼐，大鼎。鼒，小鼎。207不吳不敖 吳，喧譁。敖，通「傲」。指傲慢。208胡考之休 胡，代詞，表示疑問或反詰。考，壽。休，美；福祿。209光潤龍變 光潤，指鼎的外表光滑華美。龍變，龍是古代傳說中的一種神異動物，能上天入海，變化莫測。這裡用龍變來形容此鼎裝飾的龍紋變幻神奇。210承休無疆 指承續的福祿沒有窮盡。承，承續；承受。疆，止境；窮盡。211茲 此；這。212路弓乘矢 路弓，大弓。乘，四矢曰乘。乘矢，四矢。213集獲壇下 集，集中；會聚。謂獲鹿事。214大亨 指古代帝王諸侯合祭歷代祖先的祭禮。亨，通「饗」。215合德 德即道，也即天意。古人認為有一種幽隱無形的道顯現於萬物。合德即合道，與天意、天道相合。216宗禰廟 即祖廟。禰，古代父死，其神主進入祖廟以後稱「禰」。祖禰，祖先。217帝庭 上帝或皇帝的殿廷。這裡特指甘泉宮內供奉天帝的殿廷。218明應 指上天所降符瑞的應驗。明，神明。應，符應。219殆 大概；可能。220望氣佐 望氣，也作望氛。古代方士的一種占候術，觀察雲氣以預測吉凶。佐，指副職或擔任副職者。此處指望氣官員的副職、輔佐。221上雍 上，去；到。雍地在今陝西鳳翔，古代郊祀必於高亢之處，鳳翔，在長安以西的鳳翔原上，地形高亢，故云上。王念孫謂當從〈封禪書〉作「上幸雍」，兩說皆可通。222且郊 且，副詞，將要。郊，即郊祀。223佐 副手；輔佐。224疑 遲疑；猶豫。225公孫卿 人名，姓公孫，齊地方士。226辛巳朔旦冬至 辛巳朔，辛巳日為朔日，即初一。旦冬至，即天明（早晨）交冬至。227札書 即寫在木簡上的文書。228冕候 地名。據王先謙《漢書補注》，冕候當是「冤句」的誤寫。冤句，漢縣名，在今山東曹縣西北。229鬼臾區 傳說中黃帝的臣子。230神策 亦作神筴，卜筮所用之蓍草。231紀 曆數。232迎日推策 迎日，專用祭名，以迎日出。推，推算曆法。即照日月運行，推算曆法，預知朔望節氣等。233率 通常；大概。234推 推算；計算。235所忠 武帝近臣之一。236謝 推辭；推託。237嬖人 寵者；寵愛的人。238申公 方士名。239受黃帝言 接受黃帝面授之言。240且 連詞，表選擇。還是，或者之意。241黃帝萬諸侯二句 此句謂黃帝時有上萬個諸侯，而主持祭祀的封國共有七千個。242蠻夷 古代對東方和南方各族的一種泛稱。有時也泛指中原華夏族以外的四方各部族。243中國 古代指中原地區。244中國華山句 華山，又稱西嶽，在今陝西東部。首山，山名，在今山西永濟南。太室，即嵩山，古稱中嶽，在今河南登封北。東萊，即萊山，有兩座，一在今山東萊陽北，一在今山東黃縣東南。(245)患百姓非其道　患，擔心；憂慮。非，非難；反對。(246)斷斬　即審判斬殺。斷，判；審判。斬，殺。(247)號　別名；別號。(248)鴻冢　古冢名，亦為山名。冢，隆起的墳墓。據司馬貞《索隱》：「黃帝大臣大鴻葬雍，鴻冢蓋因大鴻葬為名也。」(249)明庭　即明堂。古代天子宣布政教之廳堂。(250)寒門　又作塞門。(251)谷口　地名，在今陝西涇陽西北，秦漢於此置雲陽縣。(252)荊山　山名。在今河南靈寶境內。(253)胡頿　胡，頸部下垂之肉。頿，面頰上的長鬚。(254)卬　通「仰」。(255)號　大聲哭喊。(256)名　動詞，命名、起名。(257)嗟乎　感歎聲。(258)郎　官名。戰國時置，秦漢沿置。有議郎、中郎、侍郎、郎中等。員額無定，隸屬郎中令。其職責原為護衛陪從，隨時建議，備顧問及差遣等。東漢以後因尚書臺分曹任事者為尚書郎，職責範圍已大不同以往，侍郎、郎中都成為各部要職。(259)隴西　郡名，其轄境在今甘肅的隴南地區，郡治狄道（今甘肅臨洮）。(260)空桐　即崆峒山，在今甘肅平涼西。(261)具　準備供設。(262)放毫忌　放，通「仿」。模仿；效法。毫忌，即前文的毫人謬忌。(263)三陔　即重壇。陔，層次；階次。(264)方　指方位，即指五帝在五行系統中所當對應的方位。(265)一時　指五時之一。(266)醴棗脯　醴，甜酒。脯，乾肉。(267)殺一犛牛句　犛牛，一種毛很長的牛，有說指牦牛。俎豆，肉案及盛放作料的器具。(268)而五帝句　獨，只；僅。進，進獻；供奉。(269)腏　同「綴」。連續；接續。(270)胙餘皆燎之　胙，祭祀用的酒肉。燎，實柴焚燒。(271)白鹿居其中　謂置白鹿於白牛體中。(272)彘在鹿中　將彘放置在鹿的身體中。(273)鹿中水而酒之　在鹿體中灌上水及酒。(274)特　公牛，也泛指牛。(275)日赤　指祭日則穿紅色衣服。(276)月白　祭月則穿白色衣服。(277)昒爽　同「昧爽」。天微明而太陽尚未出來的時候。(278)朝朝日　早上朝拜太陽。(279)夕夕月　傍晚時祭祀月神。後一個夕字為動詞。古代稱祀月為夕。(280)揖　拱手行禮。(281)見　朝見；拜見。(282)贊饗　進行郊祀時對神靈的祝辭。(283)朔而又朔　指過了一個初一，又迎來了另一個初一。(284)列火　陳列火炬。(285)亨　通「烹」。烹飪。(286)有司句　奉，通「捧」。瑄玉，古代祭天用的大璧。璧大六寸謂之瑄。嘉牲，肥美的犧牲。薦饗，進獻酒與犧牲。(287)休　美善；福祿。(288)祐福兆祥　祐，指神靈的福祐。兆祥，預示吉利。(289)光域　美光所被之地區。(290)臘　臘月，即夏曆十二月。(291)南越　也作南粵，即南越國。在今廣東、廣西及越南北部地區。其時南越國相呂嘉謀反，殺南越王趙興及太后、漢使者終軍等，漢武帝派兵征討。(292)以牡荊畫幡日月北斗登龍　牡荊，灌木名。幡，長條形旗幟。北斗登龍，即北斗七星。(293)太一　星名。即帝星。又名北極二。因離北極星最近，故隋唐以前文獻多以之為北極星。(294)泰一鏠旗　指排列在最前面的旗幟。案：王念孫以為「旗」字為後人所加。景祐本無「旗」字。(295)使　被派遣為使臣的人。(296)之　動詞。往；到。(297)讎　應驗；靈驗。(298)河南　漢郡名。轄今河南北部地區，郡治洛陽。(299)緱氏　漢縣名。在今河南偃師東南緱氏鎮一帶。(300)得毋　莫非；莫不是。(301)少　稍微。(302)迂

誕　迂腐荒誕，出於事理之外。(303)繕治　修葺治理。(304)李延年　漢代著名音樂家，善歌，以善創造新聲出名。其妹李夫人受寵於漢武帝，他也因此進宮，官至協律都尉。(305)善之　喜歡、寵愛他。(306)下　下達、下交，動詞。(307)鼓舞樂　古代民間的一種雜舞。(308)稱　相稱；合適。(309)神祇　天神與地神的合稱。(310)素女鼓五十弦瑟　素女，傳說中的古代神女。與黃帝同時，或言其善於絃歌。瑟，古代一種撥絃樂器，通常為二十五絃，絃各有柱，可以上下移動，以定音的高低清濁。(311)帝禁不止　禁，經受。不止，不能自止。指泰帝經受不了。(312)破　打破，引申為改變。(313)塞南越　塞，此處通「賽」，酬報之意。舊時祭祀酬報神靈之稱。這裡指漢武帝因平定了南越而舉行的酬報神靈的祭祀。(314)益召歌兒　益，多；增加。歌兒，即歌童、歌手。(315)空侯　即「箜篌」，樂器名，屬撥絃樂器，有豎式和臥式兩種。(316)振兵釋旅　收繳兵器，解散軍隊。振，收取；收；約束。釋，解散。(317)朔方　郡名。轄今內蒙古自治區西南河套地區。郡治朔方（今烏拉特前旗東南）。(318)勒兵　統率；部署。(319)橋山　也稱子午山，在今陝西黃陵境內，山上有黃帝陵。冢下有傳說中的漢武帝掛甲柏。(320)涼如　地名，不詳其所在。(321)為且用事泰山　且，副詞，將要。用事，有事；行事。指封禪、祭祀一類活動。(322)類祠　祭祀名。古代因征戰出師而祭天。類，同「禷」。(323)諸生　眾儒生。(324)用希曠絕　希，通「稀」。少。曠絕，空缺、斷絕。(325)儀體　「體」當依《史記・封禪書》作「禮」為是。即封禪的禮儀制度。(326)周官　即《周禮》，是一部全面記載周朝官制、禮儀制度的著作，因其與《尚書》中的〈周官〉篇同名，改稱《周官經》，西漢末又改稱《周禮》。(327)射牛　古代帝王、諸侯祭祀天地、宗廟，必自射牛以為隆重。(328)古　古時，古代，時間久遠之意。引申為永久、永遠。(329)上封　上泰山舉行封禪禮。(330)九皇　《鶡冠子・天則》有「九皇之制，主不虛王，臣不虛貴階級」的話，九皇指上古傳說中的九個帝王。(331)文　文飾；修飾。(332)不敢騁　不敢放縱；放任；自由發揮。(333)視　通「示」。(334)徐偃　博士。(335)太常　官名。九卿之一。掌管宗廟禮儀，兼管選試博士。(336)周霸屬圖封事　周霸，不詳。屬，下屬。圖，謀劃；策劃。封事，封禪之事。(337)黜　斥退；罷免。(338)從官句　從官，隨從官員。若，好像；似乎。(339)上　走在前面的人。(340)不言　未曾呼喊。(341)下　指走在後面的人。(342)奉邑　邑指湯沐邑。奉邑，即嵩山的封邑。(343)復二句　復，免除。無有所與，不再承擔賦稅和徭役。(344)上石立之泰山顛　上石，將刻石運上山。應劭《風俗通義》云漢武帝此次刻石高二丈一尺，文為：「事天以禮，立身以義，事父以孝，成民以仁。四守之內，莫不為郡縣，四夷八蠻，咸來貢職。與天無極，人民蕃息，天祿永得。」顛，山的最高處。(345)疏　奏章。(346)益發　多派；增派。(347)節　古代使臣所持以作憑證的信物。有竹製、銅製多種。(348)就　接近；靠近。(349)老父　古代對老年人的尊稱。(350)鉅公　此處指天子而言。(351)已忽　瞬間；一會兒。(352)大很以為；滿以為。(353)宿留海上　過夜為宿。宿留海上即停留海上過夜。(354)傳車　古代驛站的專用車輛，用以傳遞文書，轉運客人等。(355)間　更迭；交替。(356)奉高　縣名。在今山東泰安東北。(357)念　考慮。(358)殊　歧異；不同。(359)地主　地神，八神之一。(360)乙卯　古代干支記日的日期，即漢武帝元封元年（西元前一一〇年）夏曆四月十九日。(361)令侍中句　侍中，秦漢時的加官名，本意為入侍天子，侍從皇帝左右。皮弁，冠名。用白鹿皮製成的禮帽。(362)封　用土修築的祭壇。(363)玉牒書　古代帝王封禪告天的文書，以玉為之，故曰玉牒書。(364)書祕　玉牒書所書內容密不告人。(365)奉車子侯　奉車，奉車都尉的簡稱，專掌天子車馬的官員。子侯，霍去病兒子霍嬗的字。(366)禁　禁止讓外界知道。(367)丙辰　乙卯日的次日，元封元年夏曆四月二十日。(368)禪泰山句　阯，山腳。肅然山，山名。在今山東萊蕪西北。(369)神藉　藉，薦席，這裡指用茅草鋪地。(370)五色土益雜封　五色土，五種顏色的土，分別代表了五個方位。即青色土代表東方，赤色土代表南方，白色土代表西方，黑色土代表北方，黃色土代表中央。益，填滿。雜，顏色相錯雜。(371)縱　放縱。(372)白雉　白色的野雞。古人以為是祥瑞之物。(373)頗以加祠　以增加祠祀的氣氛。(374)兕牛象犀　兕，古代祭祀稱雌犀牛為兕。犀，犀牛。(375)朝宿地　諸侯朝會時的留宿地。(376)邸　府第。即上文所言諸侯朝會時的留宿地。(377)若　假若；或許。(378)庶幾　也許可以；可能。(379)暴病　急症；急病。(380)遼西　漢郡名。轄今遼寧中西部及河北東北地區，郡治在陽東（今遼寧義縣以西）。(381)歷北邊至九原　北邊，漢代北方邊郡。九原，漢縣名。在今內蒙古包頭西。(382)周萬八千里　行程一萬八千里。(383)孛於東井　孛，謂彗星出現時光芒四射的現象。東井，星宿名。即井宿，二十八宿之一。因在玉井之東，故稱。(384)三能　能，通「台」。三能即三台。《晉書．天文志上》：「三台六星，兩兩而居……在人曰三公，在天曰三台。主開德宣符也。西近文昌二星曰上台，為司命，主壽。次二星曰中台，為司中，主宗室。東二星曰下台，為司祿，主兵，所以昭德塞違也。」(385)望氣王朔　望氣，觀察雲氣及星象。王朔，方士名。(386)候　觀測；伺望。(387)食頃　吃一頓飯的工夫。(388)建漢家封禪　創建了漢朝的封禪制度。(389)報德星　即以德星來報答。德星，古代人往往把有異常現象的星說成是祥瑞的象徵，稱之為德星。(390)郊雍五帝　郊，郊祀。雍五帝，即雍五畤。漢代設在雍州（今陝西鳳翔）祀天上五方上帝的祠所。秦時設有四畤：文公設鄜畤、祭西方白帝；宣公設密畤，祭東方青帝；靈公設上畤，祭中央黃帝；又設下畤，祭南方炎帝。漢高祖時又設北畤，祭北方黑帝，以上合雍五畤。(391)祝　祝辭。(392)昭衍　即光明廣布。昭，光明。衍，廣布；布滿。(393)厥維　厥，其；那。維，是。(394)壽星仍出　壽星，南極星。仍，接連；接著。(395)淵耀　喻光明深遠。淵，深遠。(396)信星　土星。(397)泰祝之享　太祝的祭享酒食。(398)之　語中助詞。(399)亡名　無正當理由或目的。(400)萬里沙　地名。在今山東掖縣東北。(401)瓠子　即瓠子口。在今河南濮陽西南。是當時黃河決口的地方。(402)自臨塞決河　謂漢武帝親臨現場帶領群臣和百姓堵塞瓠子黃河決口。(403)湛祠　湛，通「沉」。即沉白馬、玉璧之類於黃河，以祭祀河神。

【語　譯】第二年，匈奴多次入侵邊境，文帝下令調發軍隊去守衛防禦。後來年成略有歉收。過了幾年孝景帝即位。十六年，祠官仍像過去一樣各以每年時節去進行祭祀，再沒有興建新的祠廟。

2 武帝剛剛即位時，特別重視對鬼神的祭祀。漢朝興起已六十多年了，天下安寧，朝廷官員及士大夫們都希望天子舉行封禪、改正朔、度量和服色制度，而武帝也崇尚儒家學說，招納賢良文學之士。趙綰、王臧因長於文學而擔任了公卿，他們想效法古代在都城南郊建立明堂，用來朝會諸侯，起草天子巡狩、封禪、更改曆法、服色制度等事還沒有結果。竇太后不喜歡儒家學說，派人暗中察訪趙綰、王臧用非法手段謀取私利的事，審問了趙綰、王臧，趙綰與王臧自殺，他們所倡辦的一切事情都廢棄了。六年後，竇太后去世了。第二年，漢朝就徵召文學之士。

3 第二年，漢武帝初次來到雍城，郊祀五時。以後每三年祭祀一次。此時漢武帝祈求神君，將其神靈安置在上林苑的磃氏館中。所謂神君，實際是長陵的一個女子，因為難產死了，在她的妯娌宛若身上顯靈。宛若就把她供奉在自己的屋內，老百姓很多人也都到那裡去祠祀。平原君也去祠祀，後來她的子孫都因此而尊貴顯赫。及漢武帝即位，就以豐厚的祭禮在宮內置祠供奉她。據說在祭祀時，只聽見她講話，而見不到她的人影。

4 這時，李少君也憑祭灶、辟穀、長生不老等方術得見於漢武帝，武帝對他非常尊重。李少君本是已故深澤侯家中的人，主管方術醫藥事。他隱瞞了自己的年齡及經歷。常自稱自己七十歲，能役使鬼怪神靈及長生不老。他憑藉方術遍遊諸侯，沒有妻子兒女。人們聽說他能役使鬼神及長生不老，紛紛向他饋贈禮物，因而使他經常積餘下金錢和衣食。人們都認為他不經營產業而又能生活富足，也不知道他到底是哪裡人，愈發相信他，爭著事奉他。李少君天資擅長方術，善於使用巧妙的手段而猜中事情。他曾經跟從武安侯宴飲，席間有位九十多歲的老人，少君就說出同他的祖父遊玩和射獵之處，那位老人小時候曾跟隨自己的祖父，認識那個地方，李少君的話讓在座的人都感到非常吃驚。李少君拜見武帝，武帝有件古銅器，詢問李少君。李少君說：「這件銅器齊桓公十年曾放在柏寢臺。」武帝隨即讓人查考銅器上的銘文，果然是齊桓公時的器物。整個皇宮的人都感到吃驚，認為李少君果然是神仙，是幾百歲的人了。李少君對武帝說：「祭祀灶神可以招致神靈，有了神靈，丹砂便可以化為黃金，黃金煉成後可以做成飲食器皿，可以使人長壽，延年益壽就可以見到海中蓬萊山上的仙人，舉行封禪大典就可以長生不老。黃帝就是這樣的。臣曾經周遊海上，見過安期生，安期生就拿棗子給臣吃，棗子長得與瓜一樣大。安期生是神仙，往來於蓬萊山中，和他同道，他就見人，不同道，就隱而不見。」於是武帝便親自祭祀灶神，派方士入海去尋找蓬萊山上的安期生之流，同時開始用丹砂等各種藥物煉成黃金的工作。過了很久，李少君得病死去。武帝認為他是羽化成仙，並沒有死去，派黃錘史寬舒繼續李少君的方術，而沿海一帶燕齊地方許多怪誕迂腐的方士紛紛前來談論神鬼之事。

5 亳地人謬忌上奏祠祀泰一的方術，他說：「天神中最尊貴的是泰一，泰一的輔佐是五帝。古代天子於每年的春秋在東南郊祭祀泰一，每天用一太牢，共七天，並在祭壇上開闢八方通達的神道，作為神靈通行之路。」當時武帝命令太祝在長安城東南郊建立泰一祠，經常以謬忌的方法進行祭祀。這之後，有人上書說：「古代天子每三年有一次用太牢祭祀三神：天一、地一、泰一。」武帝同意這樣去做，命令太祝在謬忌的泰一壇上按照上面所說的方法進行祭祀。後來又有人說：「古代天子常在春天舉行消災求福的祭祀，祠祀黃帝用一梟鳥、破鏡；祭祀冥羊用羊；用一匹青牡馬祭祀馬行；用牛祭祀泰一、皋山山君；用乾魚祭祀武夷君；用一頭牛祭祀陰陽使者。」武帝命令祠官按照他的方法主持祭祀，而在謬忌的泰一壇旁祭祀泰一。

6 此後二年，武帝到雍進行郊祭，捕獲到一頭長著一隻角的野獸，外形長得像麃子一樣。主管官員說：「陛下莊嚴恭敬地祭祀天地，上帝回報您的歆享，賜給一隻獨角獸，這當是麒麟了。」當時就用來進獻五畤，每時增加一頭牛焚柴以祭。賜諸侯白金，以暗示這種符瑞符合天意。當時濟北王認為武帝將要舉行封禪，就上書把自己領地內的泰山及旁邑的地方獻出來，武帝用其他的縣邑補償了他。常山王犯罪被貶謫流放，武帝封他的弟弟為真定王，讓他繼續先王的祭祀，而以常山為郡。從此以後，五嶽都在天子的領地中了。

7 第二年，齊地人少翁以方術晉見皇帝。武帝有一個寵愛的李夫人，夫人死了，少翁用方術夜間招來夫人及灶神的形像，武帝從帷帳中看見他們。於是拜少翁為文成將軍，賞賜給他的東西很多，用接待貴賓的禮節來接待他。文成將軍說：「皇上若想與神靈溝通，宮室被服等什物不像神仙用的，神仙就不會來。」武帝於是下令製作畫有各種雲氣的車，及各在勝日駕各色車以驅趕惡鬼。又興建了甘泉宮，宮中建有臺室，畫上天地泰一各種神靈。供置祭祀用品以招致神靈。過了一年多，他的方術越來越不靈驗，神靈不來。他用絹帛書餵牛，假裝不知道，說這牛肚子中有奇物。殺牛一看，果然有一卷書，書上所言也很奇怪。武帝熟悉少翁的筆跡，問他，果然是其所書。於是下令誅殺了文成將軍，但把這件事隱瞞下來。

8 這以後又建造了柏梁臺、銅柱、承露仙人掌之類。

9 文成將軍死後的第二年，武帝在鼎湖宮病得很厲害，巫醫幾乎沒有不被召來的。游水發根說上郡有一個巫醫，鬼神在他病中降附在他身上。武帝把他召來並在甘泉宮置祠進行祭祀。等到生病了，派人去問神君，神君說道：「天子不用擔憂自己的病。待他身體稍好，請他勉強支撐到甘泉宮和我相會。」那時武帝的病好了起來，遂起來行幸甘泉宮，病果真完全好了。武帝宣布大赦天下，建造壽宮供奉神君。神君地位最高者叫太一，他的輔佐叫太禁、司命一類，都追隨著太一神。眾神是沒辦法看到的，只能聽到祂們講話，聲音與一般人一樣。時去時來，來時則風聲肅然。停留在居室中的帷帳內，有時白晝講話，但更經常的則是在夜晚。武帝舉行祈福消災的祭祀後，方進入壽宮。神君把巫作為主人，需要飲食時，通過巫來告知，所想說的話，也由巫師傳達下來。又設置壽宮和北宮，樹起用羽毛裝飾的旗幟，擺設祭器，陳列各種供品，以禮來祭祀神君。神君所說的話，皇帝派人記錄下來，稱之為「畫法」。他們所說的話，一般世俗人都能聽懂，沒有什麼特別奧祕的地方，可是武帝卻偏偏喜歡。這些事情都很神祕，世人是無法知道的。

10 此後三年，有關官員說紀元應當根據上天賜降的瑞兆來命名，不應當以一、二等來計數。第一個年號叫「建元」，第二個年號因為有長星出現，叫「元光」，如今郊祭又獲得一角獸，就叫「元狩」。

11 第二年，武帝到雍縣進行郊祀，說：「如今天帝由我親自祭祀，但是后土卻沒有人祭祀，是與禮不相應合的。」主管官員就同太史令司馬談、祠官寬舒商議說：「祭祀天地所用的犧牲，牛角要像蠶繭、栗子一樣小。如今陛下要親自祭祀后土，應當在湖中的圜丘上建立五個祭壇，每壇用一黃犢作犧牲。祭祀完畢後全部埋入地下，隨從祭祀的人應當全部穿黃色衣服。」當時武帝東行到汾陰。汾陰男子公孫滂洋等人看見汾陰之旁有深紅色的光芒，武帝按照寬舒等人的意見，在汾陰的高丘之上修建了后土祠。武帝親自望祭，跟祭祀上帝的禮儀一樣。行禮結束，武帝東到滎陽。回來經過洛陽時，下詔令賜封周朝的後代，命令其奉祀他們的祖先。這些事在〈武帝紀〉中有記載。武帝開始巡幸郡縣，慢慢地接近泰山了。

12 這年春天，樂成侯上書推薦欒大。欒大是膠東王的宮人，以前曾和文成將軍同學於一個老師，後來成為膠東王的尚方，而樂成侯的姊姊是膠東康王的王后，沒有兒子。康王死後，別的姬妾的兒子繼位為王，康后有淫亂行為，與王不和，相互利用法律進行傾軋。康后聽說文成將軍已死，而想主動獻媚於武帝，於是便派遣欒大入宮，靠著樂成侯的關係求見武帝，言自己精通方術。武帝既殺了文成，後悔他的方術沒有完全傳下來，等到見了欒大，大為高興。欒大人長得修長漂亮，說話很有謀略，而又敢說大話且神態自若，讓人一點也不懷疑。欒大說：「臣經常來往於海上，見到安期生、羨門高他們，他們認為臣地位低下，不信任臣。又認為康王不過是一諸侯，不值得把方術傳授給他。臣多次把情況告訴康王，康王又不用臣。臣的老師說：『黃金可以煉成，黃河決口可以堵住，不死之藥可以得到，神仙可以招來。』但臣害怕像文成將軍那樣的下場，所以方士都閉上嘴巴，哪敢再談方術呢！」武帝說：「文成是食了馬肝而死的。你如果真能研究整理出他的方術，朕還吝惜什麼！」欒大說：「臣的老師並非有求於人，而是人有求於他。陛下一定要見他，就要尊貴他的使者，讓他成為陛下的親信，用客禮來招待他，不要鄙視他，使他們各自佩帶其印信，才可以使他和神仙打交道。神仙究竟肯不肯來，要看皇帝是否尊重其使者，只有尊貴其使者，然後神仙才可請來。」於是武帝讓他用一個小方術來驗證一下，欒大就用鬥棋，讓棋子在棋盤中能自相撞擊。

13 當時武帝正在為黃河決口和黃金鑄造不成而憂慮，於是拜欒大為五利將軍。過了一個多月，欒大就得到四枚官印；佩上了天士將軍、地士將軍、大通將軍印。武帝下詔書給御史大夫道：「從前夏禹疏通九河，開通四瀆。近年來黃河氾濫，淹沒岸邊高地，為築堤防，勞役一直沒有停止。朕治理天下二十八年了，上天如果派人來幫助我，那麼欒大通曉天意，他就是其一了。〈乾卦〉稱『飛龍在天』有騰升之象，『鴻漸于般』無嬗繳之害，有飲食之利。朕的意思也正與其相吻合。以二千戶封地封土將軍欒大為樂通侯。」賜給他列侯的宅第，僮僕千人。從皇上乘輿中拿出車馬帷帳器物來充實他家。又把衛長公主嫁給他，送給他黃金十萬斤，將其封邑改名為當利公主。武帝親自到五利將軍的住宅，派使者前往慰問供應，絡繹不絕。從大長公主到朝廷將相以下，都備辦酒宴到他家，進獻給他。武帝又專門刻製了玉印稱為「天道將軍」，派使者穿著羽衣，夜晚站立在白茅之上，五利將軍也穿著羽衣，站立在白茅上接受印信，以表示不是普通的人臣。而佩帶「天道」之印，是要為天子引導天神。於是五利將軍常常於夜晚在家中祭祀，想要求神仙降臨。後來又整理行裝，向東到海上訪求他的老師。欒大現身僅幾個月，便佩上六枚官印，其尊貴震動天下，因而燕齊一帶沿海之間的方士，無不握腕振奮，都聲言自己有祕方能修煉成神仙。

14 這年夏天六月，汾陰地方有位叫錦的巫師在魏脽后土祠旁為老百姓祭祀土地神，看到地面有裂紋狀如彎鉤，扒開土一看，是一只鼎。這只鼎和其他鼎不大一樣，雕刻著精美的紋飾，但沒有銘文，錦感到奇怪，就把這件事告知了當地官吏。官吏即上報給河東太守勝，勝隨即報告給朝廷。武帝派使者到河東查驗了關於此鼎的情況，得知沒有奸詐，就設禮祭祀，將鼎迎到甘泉宮，鼎隨武帝而行，以時祭獻。到達中山，天氣晴暖，有大片黃雲出現。這時有一隻野鹿跑過，武帝親自射殺之，順便用來祭祀。到達長安後，公卿大夫都議論說要尊奉寶鼎。武帝說：「近來黃河水災氾濫，年成連年歉收，所以巡察祭祀后土，為百姓祈求穀物育成。今年豐收，但還沒有進行報祭，寶鼎為什麼會出現呢？」有關官員都說：「聽說從前泰帝鑄造過一只神鼎，一是表示天下一統，是天地萬物形象聯屬統一的象徵。黃帝鑄造了三口寶鼎，以象徵天、地、人。大禹收集九州的金屬，鑄造了九鼎，以象徵九州。都曾用烹煮犧牲祭祀天地鬼神。鼎足中空的器物叫鬲，用來象徵三德，承享上天降賜的福佑。夏朝德行衰敗，寶鼎便遷移到殷朝；殷朝德行衰敗，寶鼎又轉移到周人手上；周朝德行衰敗，寶鼎遷移到秦朝；秦朝德行衰微，宋的社壇遭毀亡之後，寶鼎從此便淪沒不現了。〈周頌〉說：『從堂室到牆根，從羊到牛，從大鼎到小鼎，視察了全部，都很乾淨；不譁不傲極肅穆，何愁壽考不會長久。』現在鼎已到甘泉宮，色澤光潤，變幻的紋飾如龍行天入海，承受的福佑無窮無盡。這與在中山有黃雲降臨的徵兆極相符合，這大概就像獸的形狀，作為符瑞，陛下用大弓和四支箭射得的野鹿陳列在祭壇下，就是上天對祭祀大亨的回報。只有承受天命當上皇帝的人心中才知道它的意義並與天合德。鼎應當放在祖禰廟裡，藏在帝王的宮廷裡，才合於神明的瑞應。」武帝下詔說：「可以。」

15 到海上尋找蓬萊神山的人，說蓬萊仙境並不遠，但不能到達的原因，大概是因為看不到那天上顯現的瑞氣。武帝於是派遣望氣的官員幫助他們去等候觀察雲氣。

16 這年秋天，武帝到雍城，將要舉行郊祀。有人說：「五帝是泰一的輔佐，應當立泰一神位，由皇上親自去郊祭。」武帝猶豫而未決。

17 齊地人公孫卿說：「今年得到寶鼎，冬天辛巳是初一早晨交冬至，正和黃帝時一樣。」公孫卿有札書說：「黃帝在冕候得到寶鼎，詢問鬼臾區，鬼臾區答道：『黃帝得到寶鼎和神策，這年是己酉初一，凌晨交冬至，得到天道運行的規律，周而復始。』於是黃帝舉行迎日出之祭禮，按日月運行推算曆法，以後基本上二十年重複一次初一和冬至，共推演了二十次，有三百八十年，黃帝成仙升天。」公孫卿想通過所忠把他的簡書上奏給武帝。所忠看他的書不合於經典文獻，懷疑他是胡言妄語，就推辭說：「寶鼎的事情已經解決了，還有什麼可言的！」公孫卿就託武帝寵愛的人把簡書傳了上去。武帝看後大為高興，就召見詢問公孫卿。公孫卿答道：「這本書是申公傳給臣的，申公已經死了。」武帝問：「申公是什麼人？」公孫卿答：「他是齊國人，與安期生有交往，接受過黃帝的面授，沒有其他的書，獨有此鼎書。說：『漢朝的建國又與黃帝得鼎的時令相同。』說：『漢朝的聖主應當出現在高祖的孫子或曾孫一代。寶鼎出現而與神靈相通，應當舉行封禪大典。自古以來舉行封禪的有七十二王，只有黃帝能夠登上泰山進行祭天。』申公說：『漢帝也應當上泰山進行封禪，上泰山封禪就能成仙登天。黃帝時有萬國諸侯，而主持祭祀神靈者有七千。天下有八座名山，其中三座在蠻夷，五座在中原。中原有華山、首山、太室山、泰山、東萊山。這五座山是黃帝經常去遊玩的，在那裡與神仙相會。黃帝一面作戰一面學習仙道，擔心百姓非難他的仙道，就斬殺了那些非議鬼神的人。這樣百多年之後，才得以與神仙交通。黃帝在雍地郊祀上帝，住了三個月。鬼臾區別號叫大鴻，死後葬在雍城，所以他的墳墓就叫做鴻冢。這之後黃帝接引萬千的神靈於明堂。明堂就是甘泉山。所謂寒門，就是谷口。黃帝開採首山之銅，在荊山下鑄鼎。鼎鑄好之後，有一條龍垂下鬍髯來迎接黃帝。黃帝騎上龍，群臣及後宮妃嬪們跟著騎上去的有七十多人，龍才上天。其餘小臣不能上去，就全抓住龍鬚，龍鬚被拔斷，人掉了下來，黃帝的弓也掉了下來。百姓抬頭看見黃帝已上天，於是就抱著他的弓和龍鬚大聲哭喊，因此後世的人就把這個地方叫做鼎湖，把黃帝的弓叫做烏號。』」於是武帝說：「啊呀！果真能像黃帝，我將把離開妻子和兒女看得像脫掉鞋子一樣了。」於是就任命公孫卿為郎官，派他到東方的太室山去迎候神靈。

18 武帝於是到雍地進行郊祀，來到隴西郡，登上崆峒山，親臨甘泉宮。命令祠官寬舒等人準備供設泰一神的祠壇，祠壇的形式仿照亳忌的泰一壇，三重壇。五帝壇環繞在泰一壇之下，各自按照自己對應的方位。黃帝壇在西南，修治八條通鬼神之道。祭祀泰一神所用的祭品，與雍地一畤的物品一樣，只增加醴酒、棗、乾肉之類，殺一頭犛牛作為祭品。對五帝獨有專門的俎豆和醴酒進奉。壇下的四方，是為連續祭祀群神的隨從和北斗星的。祭祀完畢，剩下的祭品都要實柴燒掉。祭祀用牛的顏色是白的，白鹿放在牛的體腔內，豬又放在鹿的體腔內，鹿的體腔內盛上水和酒。祭祀日神用牛，祭祀月神用一頭羊、豬或者公牛。祭祀泰一的祝宰要穿著紫色及彩繡的絲綢衣服。祠祀五帝的司祭人員所穿衣服顏色和五帝的顏色一致，祭祀日神的穿紅色衣服，祭祀月神的穿白色衣服。

19 十一月辛巳初一冬至，天剛拂曉，武帝開始郊祀泰一。早晨祭日，傍晚祭月，只行揖禮；而朝見泰一，就同於在雍地行郊祀禮一樣。祝辭說：「上天開始把寶鼎神策授給皇帝，初一一次接著一次，終而復始，皇帝恭敬的拜見天神。」衣服以黃色為貴。祭壇上環列著火炬，壇旁放著烹煮的炊具。有關祠祀的官員說「祭壇的上空有光芒」。公卿大臣們說：「皇帝初次郊祀泰一在雲陽，主管官員捧著六寸大璧和肥美的犧牲進獻於神靈，那天夜晚天空出現了美麗的光彩，直到第二天白天，黃氣一直上達至天。」太史令司馬談、主祠官寬舒等人說：「神靈的福祿，祐福的吉兆，應在這片出現光彩的地方建立泰時壇，以彰顯上天的瑞應。命太祝管理，在秋天和臘月進行祭祀。每三年天子親自前往郊祀一次。」

20 這年秋天，為了討伐南越而向泰一神禱告，用牡荊為旗柄，在旗幡上畫著日月、北斗、升龍，以象徵太一的三顆星，作為泰一鋒旗，稱作「靈旗」。為出征而禱告，由太史捧旗以指向所伐國的方向。但五利將軍的使臣不敢下海，到泰山去祭祀。皇帝派人隨著去察驗，其實什麼也沒有看到。五利將軍卻謊稱看到了自己的仙師，其實他的方術已用盡，大多都沒有靈驗兌現。皇帝於是就殺了五利將軍。

21 這年冬天，公孫卿在河南迎候神仙，說在緱氏城上看見了神仙的蹤跡，有個像野雞的東西，往來於城上。武帝親自到緱氏城去察看這蹤跡，問公孫卿道：「你該不會效法文成和五利將軍吧？」公孫卿回答說：「仙人並沒有什麼要求於人主的，而是人主有求於他。這種事情如不能寬容時日，神仙是不會來的。談論神仙之事，好像迂腐怪誕，但如果積累一定的年歲，神仙是可以招致的。」於是郡國各自修治道路，繕治宮室和名山的神祠，用以等待天子駕臨。

22 這年春天，已經消滅了南越，漢武帝寵愛的大臣李延年以擅長音樂來晉見。漢武帝很欣賞他的音樂，交給公卿大臣討論，說：「民間祭祀有鼓舞樂，現在郊祀卻沒有音樂，能相稱嗎？」公卿大臣說：「古代祭祀天地都有音樂，神靈才可能來享受祭祀。」有人說：「泰帝讓素女彈五十絃的瑟，因音調悲切，泰帝抑制不了感情，所以把瑟分成二十五絃。」當時為平定南越而舉行酬神的祭祀，祭祀泰一和后土，開始採用音樂歌舞，並增加歌手，用二十五絃和箜篌從此開始。

23 來年冬天，武帝說：「古代帝王先要約束武備，解散軍隊，然後才舉行封禪。」於是北上巡視朔方，統率十多萬兵騎，返回時祭祀黃帝冢於橋山，在涼如解散軍隊。武帝說：「我聽說黃帝沒有死，如今卻有陵墓，這是為什麼？」有大臣回答說：「黃帝成仙上天，群臣在這裡埋葬了他的衣冠。」到達甘泉宮後，因為將要到泰山去祭祀，就先類祠了泰一。

24 自從獲得寶鼎以後，武帝與公卿及眾儒生討論封禪的事。因為封禪很久沒人舉行過了，不知道它的具體禮節儀式，儒生們主張採用《尚書》、《周官》、《王制》等書中記載的天子遙望祭祀和親自射牛的禮儀。齊地人丁公已有九十多歲，他說：「封禪，是一個永遠不會磨滅的盛名。秦始皇沒有能夠上泰山舉行封禪大典。

陛下一定要想上泰山的話，慢慢上去若沒有風雨，便可以上山舉行封禪。」武帝於是就命令眾儒生練習射牛，草議封禪的禮儀。過了幾年，到了將要出行封禪的時候，武帝又聽到了公孫卿和其他方士的話，說黃帝以上各代在封禪時都招致奇異之物而與神仙相通，所以也想效仿黃帝來接待神人於蓬萊山，超脫世俗而與傳說中的九皇比擬德操，因而多採納儒家的學說進行文飾。眾儒生既然不能辯明封禪的事情，又拘泥於《詩》、《書》等古典文獻的記載，因此不敢自由發揮。武帝把封禪祠祀的器物給眾儒生看，儒生中有人講：「這與古代的不同。」徐偃又說：「太常諸儒生所行之禮，不如魯國的完善。」周霸及他的下屬策劃封禪的事，當時武帝便斥退了徐偃和周霸，並將眾儒生統統罷去而不用。

25 三月，武帝向東巡視至緱氏縣，循禮登上中嶽太室山。隨從的官員在山上彷彿聽到有高呼「萬歲」的聲音。問走在前面的人，說他們沒有呼喊；問走在後面的人，也說他們沒有呼喊。於是武帝下令祠官增加對中嶽太室山的祭祀，禁止砍伐太室山上的樹木，把山下三百戶農民人口作為嵩山的封戶，其所在地方作為嵩山的封邑，單獨供給祭祀，免除其賦稅、徭役，而不再有其他的負擔。武帝接著東上泰山，泰山上的草木還沒有萌芽，於是下令把所刻石碑運上山，樹立在泰山頂上。

26 武帝隨即東巡海邊，舉行祭祀八神的禮儀。齊地人上疏陳言神奇方術的有數以萬人，於是增派船隻，命令那些言說海中神山者數千人去訪求蓬萊神仙。公孫卿持武帝所頒符節常常先行尋候名山，到東萊，他說夜裡見到一個巨人，身高數丈，到跟前後就不見了，看到他的腳印很大，像禽獸的一樣。群臣有人也說見到一個老人牽著一隻狗，說「我想見鉅公」，瞬間又不見了。武帝看到大腳印後，還是不相信，等到群臣又說到這個老父，則滿以為那就是仙人了。武帝於是留宿海邊，賜給方士傳車，交替派出尋找仙人的使者數以千計。

27 四月，武帝回到奉高縣。武帝考慮到各位儒生和方士所談論的封禪，人人都不一樣，不合乎常理，難以施行。武帝到達梁父，以禮祀土地神。到乙卯這一天，命令侍中及儒生頭戴皮弁，插笏於帶，射牛祭祀。在泰山下的東方設置祭壇祭祀，如郊祠泰一的禮儀。封壇寬一丈二尺，高九尺，下面瘞埋著玉牒書，玉牒書上的內容無人知曉。祭禮完畢，武帝單獨和侍中、奉車都尉子侯登上泰山，也設壇祭祀了天神。這些事情都禁止外傳。第二天，從山北下山。丙辰這天，在泰山腳下的東北面的肅然山舉行了祭地儀式，和祭祀后土的禮儀完全一樣。武帝都是親自去拜祭，穿上黃色的衣服，全部配用了音樂。用江淮間所產的一脊三茅的茅草作為祭神時擺設供品的薦席，並用五色土填滿祭壇。放出遠方的奇獸飛禽和白雉等異物，以增加祭祀時的隆重氣氛。兕及大象、犀牛之類不用。天子一行全部到了泰山，然後離開那裡。封禪祠祀，那天夜裡好像有光芒，白天有白雲從祭壇中升起。

28 武帝封禪歸來，坐在明堂，群臣輪流上前祝福，於是下詔改元為元封。這些都記在〈武帝紀〉中。武帝又說：「古代天子五年進行一次巡狩，到泰山行祭祀禮，諸侯都有朝會時的留宿地。特此命令諸侯各自在泰山下營建府第。」

29 武帝既已封禪泰山，沒有遇到風雨，而方士們又紛紛說蓬萊島上的神仙似乎也可以見到，於是武帝非常高興，也希望有可能遇見神仙，又重新東回到海邊遙望。這時奉車都尉霍子侯突然患了急症，當天就病死了。武帝才不得不離開，沿海而北上，到了碣石，從遼西郡開始巡視，遍歷了北方邊郡，到達九原。五月到達甘泉宮，行程一萬八千里。

30 這年秋天，有彗星出現在東井宿中。之後十多天，又有彗星出現在三能宿中。觀測星象雲氣的王朔說：「臣觀察天象，獨見填星出來像瓜一樣，只一頓飯的工夫，又隱沒不見了。」有關官員都說：「陛下創建了漢朝的封禪制度，上天就以德星的出現作為回報。」

31 來年冬天，郊祀雍城五帝。歸來又拜祝泰一神。祝辭說：「德星大放光芒，很是吉祥。壽星接連出現，閃耀著光輝。信星昭然出現，皇帝為此敬拜泰祝的享食。」

32 這年春天，公孫卿上言說他在東萊山看見了神人，並說：「想要晉見天子。」武帝於是來到緱氏城，任命公孫卿為中大夫。接著來到東萊，居住了好幾天，但沒有看到什麼，只看見了巨人的腳印。又派遣方士數千人去訪求神仙和採藥。當年大旱。武帝因這次出巡沒有正當名義，就去萬里沙神祠進行禱祭，經過泰山順便進行了祭祀。回到瓠子，武帝親臨黃河堵塞決口，停留了兩天，把祭品沉入黃河祭祀後就離開了。

卷二十五下

郊祀志第五下

1 是時既滅兩粵❶，粵人勇之❷乃言：「粵人俗鬼❸，而其祠皆見鬼，數有效❹。昔東甌王❺敬鬼，壽百六十歲。後世怠嫚，故衰耗❻。」迺命粵巫立粵祝祠❼，安臺無壇，亦祠天神帝百鬼❽，而以雞卜。上信之，粵祠雞卜❾自此始用❿。

2 公孫卿曰：「僊人可見，上往常遽⓫，以故不見。今陛下可為館⓬如緱氏城，置脯棗，神人宜⓭可致。且⓮僊人好樓居。」於是上令長安則作飛廉、桂館⓯，甘泉則作益壽延壽館⓰，使卿持節設具⓱而候神人。迺作通天臺⓲，置祠具其下，將招來神僊之屬。於是甘泉更置前殿，始廣⓳諸宮室。夏，有芝⓴生甘泉殿房內中。天子為塞河，興通天，若有光云㉑，乃下詔赦天下。

3 其明年，伐朝鮮㉒。夏，旱。公孫卿曰：「黃帝時封則天旱，乾封㉓三年。」

上迺下詔：「天旱，意㉔乾封乎？其令天下尊祠靈星㉕焉。」

4 明年，上郊雍五畤，通回中道㉖，遂北出蕭關㉗，歷獨鹿、鳴澤㉘，自西河㉙歸，幸河東祠后土。

5 明年冬，上巡南郡㉚，至江陵而東。登禮灊之天柱山㉛，號曰南嶽。浮江㉜，自潯陽出樅陽㉝，過彭蠡㉞，禮其名山川。北至琅邪，並海上。四月，至奉高修封焉。

6 初，天子封泰山，泰山東北阯古時有明堂處，處險不敞㉟。上欲治明堂奉高旁，未曉其制度。濟南人公玉帶㊱上黃帝時明堂圖。明堂中有一殿，四面無壁，以茅蓋，通水，水圜㊲宮垣，為復道㊳，上有樓，從西南入，名曰昆侖㊴，天子從之入，以拜祀上帝焉。於是上令奉高作明堂汶㊵上，如帶圖。及是歲脩封，則祠泰一、五帝於明堂上坐㊶，合高皇帝㊷祠坐對之。祠后土於下房，以二十太牢。天子從昆侖道入，始拜明堂如郊禮。畢，尞堂下。而上又上泰山，自有祕祠其顛。而泰山下祠五帝，各如其方，黃帝并㊸赤帝所，有司侍祠㊹焉。山上舉火，下悉應之。還幸甘泉，郊泰畤。春幸汾陰，祠后土。

7 明年，幸泰山，以十一月甲子㊺朔旦冬至日祀上帝於明堂，毋修封㊻。其贊饗曰：「天增授皇帝泰元㊼神策，周而復始。皇帝敬拜泰一。」東至海上，考入海及方士求神者，莫驗，然益遣，幾遇之。乙酉㊽，柏梁災㊾。十二月甲午㊿朔，上親禪高里[51]，祠后土。臨勃海，將以望祀蓬萊之屬，幾至殊庭[52]焉。

8 上還，以柏梁災故，受計[53]甘泉。公孫卿曰：「黃帝就青靈臺[54]，十二日燒，黃帝乃治明庭。明庭，甘泉也。」方士多言古帝王有都[55]甘泉者。其後天子又朝諸侯甘泉，甘泉作諸侯邸。勇之迺曰：「粵俗有火災，復起屋，必以大，用勝[56]服之。」於是作建章宮[57]，度[58]為千門萬戶。前殿度高未央[59]。其東則鳳闕，高二十餘丈。其西則商中[60]，數十里虎圈[61]。其北治大池，漸臺[62]高二十餘丈，名曰泰液[63]，池中有蓬萊、方丈、瀛洲、壺梁[64]，象海中神山龜魚之屬。其南有玉堂璧門大鳥[65]之屬。立神明臺[66]、井幹樓[67]，高五十丈，輦道相屬[68]焉。

9 夏，漢改曆，以正月為歲首，而色上黃，官更印章以五字[69]，因為太初元年[70]。是歲，西伐大宛[71]，蝗大起。丁夫人、雒陽虞初等以方祠詛匈奴、大宛焉[72]。

10 明年，有司言雍五畤無牢孰具[73]，芬芳[74]不備。迺令祠官進畤犢牢具，色食所勝[75]，而以木寓馬[76]代駒云。及諸名山川用駒者，悉以木寓馬代。獨[77]行過親祠，迺用駒，它禮如故。

11 明年，東巡海上，考神僊之屬，未有驗者。方士有言黃帝時為五城十二樓[78]，以候神人於執期[79]，名曰迎年[80]。上許作之如方[81]，名曰明年[82]。上親禮祠，上犢黃焉。

12 公玉帶曰：「黃帝時雖封泰山，然風后、封鉅、岐伯令黃帝封東泰山[83]，禪凡山[84]，合符[85]，然後不死。」天子既令設祠具，至東泰山，東泰山卑小，不稱其聲[86]，迺令祠官禮之，而不封焉。其後令帶奉祠候神物。復還泰山，修五年之禮如前，而加禪祠石閭[87]。石閭者，在泰山下阯南方，方士言僊人閭[88]也，故上親禪焉。

13 其後五年，復至泰山修封，還過祭恒山。

14 自封泰山後，十三歲而周徧[89]於五嶽、四瀆矣。

15 後五年，復至泰山修封。東幸琅邪，禮日成山[90]，登之罘，浮大海，用事八神延年[91]。又祠神人於交門宮[92]，若有鄉[93]坐拜者云。

16 後五年，上復修封於泰山。東游東萊，臨大海。是歲，雍縣無雲如靁者三[94]，或如虹氣蒼黃，若飛鳥集棫陽宮[95]南，聲聞四百里。隕石[96]二，黑如黳[97]，有司以為美祥，以薦宗廟。而方士之候神入海求蓬萊者終無驗，公孫卿猶以大人之迹為解98。天子猶羈縻99不絕，幾遇其真。

17 諸所興，如薄忌泰一及三一、冥羊、馬行、赤星，五100。寬舒之祠官以歲時致禮。凡六祠101，皆大祝領之。至如八神，諸明年、凡山它名祠，行過則祠，去則已。方士所興祠，各自主102，其人終103則已，祠官不主。它祠皆如故。甘泉泰一、汾陰后土，三年親郊祠，而泰山五年一修封。武帝凡五修封。昭帝104即位，富於春秋，未嘗親巡祭云。

【章　旨】以上主要敘述漢武帝一代多次舉行的封禪大典及其他祠祀活動，揭露了封建帝王渴求長生及諸方士欺世惑眾的言行。

【注　釋】❶兩粵　指東越（包括東甌和閩越），在今浙江境內和江西東部的為東甌，在今福建境內的為閩越，秦代併為東越。在今廣東和廣西東部，湖南南部的為南越。東越與南越至秦代合稱兩越。粵，同「越」。❷勇之　人名。❸俗鬼　風俗迷信鬼神。❹數有效　數，多次；屢次。效，效驗。❺東甌王　即東海王，名搖，東越族的首領。秦末各地人馬起義時，東越貴族無諸與搖乘機起兵獨立。西漢初年，劉邦因無力統一，封無諸為閩越王，漢惠帝三年（西元前一九二年）又封搖為東海王，建都東甌（今浙江永嘉西南）。❻衰耗　衰敗。❼粵祝祠　即按越地傳統形成的祠廟。❽天神帝百鬼　天帝與百鬼。❾雞卜　古代占卜方法。占卜時取活雞一隻、狗一條。祝願完畢，殺雞狗，煮熟進行祭祀，然後取下雞的兩眼骨，觀察骨上孔隙裂紋是否像人物之形以判斷吉凶。❿用　採用；流行。⓫遽　急促；匆忙。⓬館　通「觀」。指臺閣、廟宇等樓觀。⓭宜　當；可以；大概。⓮且　況且；而且。⓯飛廉桂館　飛廉，西漢長安上林苑的樓觀。漢武帝元封二年（西元前一〇九年）建造，高四十丈。飛廉為傳說中的神禽，身似鹿，頭如雀而長角，尾如蛇，花紋如豹，武帝時以銅鑄造飛廉置於觀上，以招致神仙。桂館，亦為上林苑中別館，元封二年建，具體規模不詳。⓰益壽延壽館　《史記》作益延壽館，漢武帝元封二年（西元前一〇九年）造，在漢代甘泉宮內，漢武帝派公孫卿持節設置供品在此恭候神仙。《秦漢瓦當文字》收有「益延壽」瓦當。當為該館之物。⑰具　祠具，指祭祀神靈所用的供具。⑱通天臺　西漢甘泉宮內建築之一。漢武帝元封二年（西元前一〇九年）建造。因該臺極高，故以通天為名。通天臺高三十丈，望雲雨在其下，立於其上可望見長安城。⑲廣　擴建；擴大。⑳芝　靈芝，一種菌類植物。㉑若有光云　此句是說由於漢武帝堵塞了河決，修建了通天臺，天上出現了神光的瑞應。若，好像。光，光芒。㉒朝鮮　國名。漢代是轄今遼寧、吉林兩省部分地區和朝鮮半島北部。漢初處在衛滿統治下。㉓乾封　晒乾封壇。㉔意　意料；猜測。㉕靈星　星名。又稱天田星、龍星。主農事。古代以壬辰日祀於東南，取祈年報功之意。因古代祭靈星以后稷配食，故靈星又為后稷之代稱。㉖回中道　古代道路名。南起陝西寶雞境內的汧水河谷，北出寧夏回族自治區固原境內的蕭關。為關中平原與隴東高原間的交通要道。秦始皇二十七年（西元前二二〇年）出巡隴西、北地而途經此路。因途中有秦代的回中宮而得名。㉗蕭關　關名。秦漢時為關中四塞之一。是關中通往塞北的交通要衝。在今寧夏回族自治區固原東南。㉘獨鹿鳴澤　獨鹿，山名。在今甘肅平涼西。鳴澤，即今甘肅平涼西之獨鹿鳴澤，又名彈箏峽。㉙西河　漢郡名。轄今內蒙古自治區，山西和陝西部分地區，郡治平定（今內蒙古自治區東勝）。㉚南郡　秦故郡名。秦昭襄王二十九年，攻楚，取郢設南郡。漢沿襲之。轄今湖北西南部，郡治在江陵（今湖北江陵）。㉛登禮句　登禮，登山行祭禮。灊，縣名。治今安徽霍山縣東北。天柱山，又名皖山、潛山，在今安徽霍山縣西南。㉜浮江　指乘船行於長江上。㉝自潯陽出樅陽　潯陽，即尋陽，在今湖北黃梅西南。樅陽，縣名。在今安徽樅陽。㉞彭蠡　澤名。位於尋陽與樅陽之間。約為今鄂東皖西一帶沿江的湖泊，後形成今天的鄱陽湖。㉟敞　寬敞。㊱濟南人公玉帶　濟南，漢郡名。轄今山東歷城、濟南、章丘等縣區，郡治在東平陵（今山東章丘西北）。公玉帶，人名，姓公玉，名帶。㊲圜　環；環繞。㊳復道　樓閣間有上下兩重通道而架空者為復道。俗稱天橋。㊴昆侖　山名。在今新疆、西藏之間。傳說黃帝時在山上建有供神仙居住的五城十二樓。漢武帝依照黃帝時明堂圖修建的明堂與昆侖五城十二樓相似，所以也這樣命名。㊵汶　水名。從泰山東北流過，經奉高縣城西南注入巨野澤。㊶上坐　尊者的席位。坐，通「座」。㊷高皇帝　指漢高祖劉邦。㊸并　合併，指同在一起。㊹有司侍祠　由負責主管的官員陪祭。㊺十一月甲子　指漢武帝太初元年（西元前一〇四年）夏曆十一月初七日。㊻毋修封　武帝時封禪每五年一次，這時還只兩年，故僅祀於明堂，而不再舉行封禪大典。毋修封，即不封禪。㊼泰元　天的別稱。㊽乙酉　夏曆十一月二十八日。㊾柏梁災　此處指柏梁臺遭遇火災。㊿十二月甲午　夏曆十二月初八日。(51)高里　山名。在今山東泰安西南，泰山支脈。(52)殊庭　異域。指神仙居住的地方。(53)受計　計，計簿；計帳。秦漢時代每年年終各個郡縣的每個部門都要將所轄地區的經濟收入、戶口多少、土地面積數量、耕地的增減以及社會治安情況進行彙總，以計簿的形式向中央彙報，稱之為「上計」，皇帝或者丞相、御史大夫接受郡國所呈送的計簿就稱為受計。(54)青靈臺　傳說中黃帝所築臺名，臺成十二日就發生火災燒毀。(55)都　此處作動詞用，建都的意思。(56)勝　以詛咒鎮住、制服他人或邪惡之事物。(57)建章宮　漢都長安宮名。漢武帝太初元年（西元前一〇四年）起築。宮城周回二十餘里，四面各有一座宮門。正門在南，稱為閶闔。東宮門和北宮門外各有一對高二十五丈的闕樓，上立鎏金銅鳳凰，稱為鳳闕。宮中宮殿密布，號稱「千門萬戶」。建章宮是漢武帝時期活動的主要宮室，遺址在今西安三橋鎮以北。(58)度　計算，此處作規劃、布局講。(59)未央　漢都長安宮名。西漢初蕭何於漢高帝七年（西元前二〇〇年）二月至九年（西元前一九八年）十月建造。是西漢王朝的皇宮，猶如天帝所居紫宮，所以又稱作紫宮。周回二十二里，面積五平方公里。遺址在今西安未央區未央宮鄉馬家寨至周家河灣一帶。(60)商中　〈封禪書〉及〈孝武紀〉均作「唐中」，商為唐之訛。唐中，池名。在漢太液池東南。(61)虎圈　養虎的圈欄，在漢上林苑中。(62)漸臺　凡四面環水的高臺建築，均稱漸臺。此處的漸臺是指建章宮中的漸臺，臺在太液池中。(63)泰液　即泰液池。建章宮池名。位於建章宮前殿西北，以象北海，占地十頃，是引昆明池水而形成的一個範圍寬廣的人工湖。池北岸有人工雕刻而成長三丈、高五尺的大石鯨，西岸有六尺長的石鱉三枚，另有各種石雕的魚龍、奇禽、異獸等，池中除建有高二十餘丈的漸臺之外，還築有瀛州、蓬萊、方丈三座神山。遺址在今西安未央區未央宮鄉高低堡子西北一帶。(64)壺梁　傳說中的海中仙山。這裡是託名的建築。(65)玉堂璧門大鳥　玉堂，宮名。璧門，帶有玉雕飾的門。大鳥，雕刻的神鳥形象。(66)神明臺　漢建章宮樓臺名。漢武帝時修建。位於建章宮前殿西北，臺高五十丈，臺名神明，是說臺高神明可居其上。臺上立有銅柱，柱上有一個巨大的銅仙人，仙人的手掌有承露盤，用以承接空中的露水。據說飲用之後可羽化成仙。神明臺遺址在今西安未央宮鄉孟村之北。(67)井幹樓　又稱井幹臺、涼風臺，漢建章宮樓臺名。漢武帝太初二年（西元前一〇三年）建。位於南宮門內之西，井幹樓積木為高樓，形若井上的木欄干，高達五十丈。(68)輦道相屬　輦道，在樓閣之間修建的可供輦車通行的空中通道。相屬，相連接。(69)官更印章以五字　按五德終始說，漢當土德，土在五行排列序數為五，故改官印為五個字，若字數不足五，則以「之」字為補充。(70)因為太初元年　因為，因而定為。太初元年，西元前一〇四年。(71)大宛　西域國名。都城在貴山城（今中亞卡散賽）。(72)丁夫人句　丁夫人，姓丁，名夫人，越人。虞初，方士。祠詛，用祭祀方式詛咒敵人。(73)牢孰具　孰，通「熟」。指煮熟的祭牲、祭品。(74)芬芳　香味。(75)色食所勝　犧牲和祭品的顏色，以五行相勝的原則選擇。(76)木寓馬　即木雕的馬。(77)獨　單獨；只有。(78)五城十二樓　相傳黃帝曾在昆侖山上建有金臺五座、玉樓十二座，以供諸神仙居住。(79)執期　地名。(80)迎年　意即祈年，祈求壽考。(81)如方　如黃帝時之方法，樣式。(82)明年　意為明得延年益壽。(83)然風后句　風后封鉅岐伯，三人相傳是黃帝的臣子。也有說封鉅是黃帝之師。東泰山，山名。又名沂山，在今山東臨朐南。(84)凡山　山名。在今山東昌東西南。(85)合符　符合天意。(86)不稱其聲與其聲名不相稱。(87)石閭　山名，在今山東泰安南。(88)閭　即里。(89)周徧　遍及。(90)成山　山名。在今山東榮成東北。(91)延年　延年益壽。(92)交門宮　宮名。(93)鄉　即「向」。朝向。(94)無雲如靁者三　沒有出現烏雲卻有三次打雷的聲音，這在古人看來是一種奇異天象。(95)棫陽宮　秦漢離宮。初建於秦昭王時，棫為一種樹木名稱，該宮名即源於此。遺址在今鳳翔南古城村東北一帶，這裡曾採集到有「棫陽」二字的瓦當，發現有戰國到秦漢的建築遺址。(96)隕石　墜落到地面的流星體。(97)黳黑色的玉石。(98)解　解說；解釋。(99)羈縻　籠絡；控制。(100)如薄忌二句　薄忌泰一，指按薄忌方式建立的泰一祠。赤星，即靈星，靈星左角赤，故曰赤星。五指泰一、三一、冥羊、馬行、赤星五神祠。(101)六祠　指以上五祠再加上后土祠。(102)自主各自主持祭祀。(103)終　死。(104)昭帝　劉弗陵（西元前九四—前七四年），漢武帝少子。西元前八七—前七四年在位。

【語　譯】當時已經消滅了兩粵，粵地人勇之上言說：「粵地人的習俗崇尚鬼神，因而他們在祭祀時都能見到鬼神，時常有效驗。以前東甌王敬鬼，壽命達一百六十歲。他的後代怠慢鬼神，所以衰敗了。」於是武帝命令粵地的巫師建立起粵地傳統的祠廟，築起祭臺，而不設祭壇，也祭祀天帝和百鬼，並採用雞卜的方法。武帝對此感到可信，從此粵式祠廟和雞卜的方法也開始被採用流傳開來。

2　公孫卿說：「仙人是可以見到的，可是皇帝求仙往往操之過急，因此沒能見到。現在陛下可以建造樓觀，如同在緱氏城所建的一樣，供設乾肉和果棗等祭品，神仙理當是可以招來的。而且神仙是喜歡住在高大的樓觀上的。」於是武帝下令在長安建造飛廉觀、桂館，在甘泉宮建造益延壽館，派公孫卿帶著符節，布置祭品去迎接神人。同時又建了通天臺，在臺下設置供品，以招來神仙之類。在甘泉宮又建築前殿，開始擴建許多宮室。夏天，有靈芝生長在甘泉宮的殿房裡面。天子因為堵塞黃河決口，興建了通天臺，天空好像出現了神光，於是下詔大赦天下。

3　過了一年，攻打朝鮮。夏天，天旱。公孫卿說：「黃帝時祭天就天旱，封土乾了三年。」武帝於是下詔：「天出現乾旱，看來是希望晒乾封壇吧？以之令天下各地恭祭靈星。」

4 第二年，武帝又到雍縣五畤舉行郊祀，通過回中道，往北經過蕭關，歷獨鹿山、鳴澤，從西河郡回來，又親自到河東郡祭祀后土。

5 次年冬天，武帝出巡南郡，到江陵後折回東行。登上灊縣的天柱山舉行祭祀禮儀，稱它為南嶽。接著泛舟沿長江而下，從潯陽縣出發前往樅陽縣，途中經過彭蠡澤，一路祭祀沿途的名山大川。然後向北到達琅邪郡，沿海而上。四月間到達奉高縣，舉行了封禪典禮。

6 當初，天子在泰山行封禪祭禮時，泰山東北山腳下有古代修建明堂的地方，地勢險要而不寬敞。武帝於是想在奉高附近另建明堂，但對其制度並不明瞭。這時濟南人公玉帶獻上黃帝時的明堂圖案。明堂圖中畫有一座殿堂，四周沒有牆壁，屋頂上用茅草覆蓋，殿堂四面通水，水環繞著宮垣，修有複道，上面有樓閣，從西南方向進入，名叫昆侖，天子就從這條複道進入殿堂，以拜祀上帝。當時武帝命令在奉高縣的汶水旁按照公玉帶的圖樣修建明堂。等到這年修建封壇，就在這裡祠祀泰一、五帝於上座，將高皇帝的靈位設立在對面。在下房祭祀后土神，用二十太牢。天子從昆侖道進入，開始按郊祀的禮儀在明堂拜祭。祭禮完畢，再在堂下進行燎祭。武帝又登上泰山，在山頂自己祕密祭祀。在泰山下祭祀五帝時，按祂們各自所屬的方位致祭，黃帝和赤帝並在一處，有關負責官員參加陪祭。祭祀時在山上舉火，山下也舉火相應。回來時到甘泉宮，郊祀泰畤。春天武帝駕臨汾陰，祭祀后土神。

7 第二年，武帝到泰山，十一月初七甲子日天剛亮在明堂祭祀上帝，不進行祭天大典，有祝辭說：「上天增授給皇帝泰元神策，周而復始，皇帝虔誠地祭祀泰一神。」接著東行到海邊，詢問入海的人和去求神的方士，沒有應驗，還是繼續增派人員前去，仍希望能遇到神仙。乙酉這天，柏梁臺發生火災。十二月甲午初一，武帝親自到高里祭祀后土神。駕臨勃海，將對蓬萊等進行望祭，希望能夠前往神仙居住的殊庭。

8 武帝回來後，因為柏梁臺遭受火災的緣故，就在甘泉宮接受各郡國所呈上的計簿。公孫卿說：「黃帝建成青靈臺後，過了十二天就被燒了，黃帝於是修建了明庭。明庭就是甘泉宮。」有許多方士都說古代帝王有建都甘泉的。這以後天子又在甘泉宮會見諸侯，並在甘泉宮修築了諸侯的官舍。勇之便說：「按粵人的風俗，遇到火災，重新蓋房子，一定要比原先的大，以壓邪得吉。」於是開始營建建章宮，計劃建成千門萬戶。前殿高度要超過未央宮。建章宮的東面為鳳闕，高二十多丈。西面是唐中，建有周圍幾十里的虎圈。在它的北面修建了一個大池，池中的漸臺高達二十多丈，池名泰液池，池中還建有蓬萊、方丈、瀛州、壺梁，模擬製作了和海中一樣的神山龜魚之類。南面建有玉堂、璧門和大鳥的塑像。宮內又建有神明臺、井幹樓，高達五十多丈，各樓臺之間用輦道相連接。

9 夏天，漢朝修改曆法，以正月作為一年的開頭，顏色以黃色為尊貴，官印一律改為五個字，因此以當年為太初元年。這一年，向西攻打大宛，蝗災大規模發生。丁夫人、雒陽虞初等人用方術祭祀神靈以詛咒匈奴、大宛。

10 第二年，主管官員說雍地的五畤沒有煮熟的犧牲和祭品，芳香不夠完備。武帝下令祠官用牛犢作祭牲給五畤，顏色按照五行相勝進行配置，用木偶馬取代駒。所有名山大川此前用駒的，都改用木偶馬來取代。只有武帝經過時親自祭祀，才用駒，其他祭禮依舊。

11 過了一年，天子向東巡視海邊，考察神仙一類，沒有應驗的。方士中有人講黃帝時建造過五城十二樓，在執期迎候神人，名叫迎年。武帝同意按照黃帝時樣式建造五城十二樓，名叫明年。武帝親自去祭祀，所祭獻的是黃色牛犢。

12 公玉帶說：「黃帝時雖然封過泰山，但是風后、封鉅、岐伯要黃帝到東泰山祭天，到凡山祭地，與天意相合，就可以長生不死。」天子已經下令設置祭具，到東泰山，東泰山過於矮小，與它的聲名不相稱，乃下令讓祠官祭祀它，而不在這裡舉行封禪大典。其後令公玉帶留下供奉祭祀，等候神靈的到來。重新回到泰山，按照以前的慣例舉行五年一次的封禪典禮，增加了石閭山的土地神祭祀。石閭山在泰山腳下的南面，方士們說這是仙人的故居，所以武帝親自去祭祀它。

13 這以後過了五年，天子又重新到泰山修整封壇舉行祭祀，回途中又祭祀了恆山。

14 自泰山修壇祭天後，十三年中把五嶽、四瀆全部祭祀了一遍。

15 這以後過了五年，又重新到泰山舉行封禪大典。又東巡琅邪，在成山祭日，登上之罘山，船行海上，祭祀八神以祈壽考。又在交門宮祠祀神人，當時好像有神人向祠堂神位行跪拜禮的景象出現。

16 過了五年武帝又重新到泰山築壇祭天。東遊東萊郡，蒞臨大海。這一年雍縣三次出現沒有烏雲而打雷的情形，天空有如彩虹一般的青黃相間的雲氣，好像飛鳥聚集在棫陽宮南面的上空，聲音震動在四百里開外。天上降下來二塊隕石，顏色若黑色的玉石一樣，有關官員認為這是最美好的祥瑞，把它薦獻給宗廟。但入海等候神仙和尋找蓬萊仙境的方士卻都沒有應驗，公孫卿依舊用巨人的足跡為之解釋。天子仍然對他們籠絡留戀，希望能遇到真正的仙人。

17 所有興建的祭所祠廟，都如薄忌的泰一及三一、冥羊、馬行、赤星一樣，共五處。有寬舒管領的祠官，每年以時致祭。共有六座祠廟，都由太祝掌管。至於八神，還有明年、凡山等其他著名的祠廟，武帝巡視經過時就祭祀，離開後就作罷。方士們建造的祠廟，由他們自己主管，本人死了，也就停止祭祀，祠官不再去管。其他的祠廟仍像以前那樣。甘泉宮的泰一祠，汾陰的后土祠，天子三年親自去祭祀一次，而泰山每五年去舉行一次封壇祭天禮。漢武帝一共舉行了五次這樣的修壇祭天禮。昭帝即位，年紀尚輕，沒有親自巡視祭祀過。

1 宣帝❶即位，由武帝正統❷興，故立三年，尊孝武廟為世宗❸，行所巡狩郡國皆立廟。告祠❹世宗廟日，有白鶴集後庭。以立世宗廟告祠孝昭寢❺，有鴈五色集殿前。西河築世宗廟，神光興於殿旁，有鳥如白鶴，前赤後青。神光又興於房中，如燭狀。廣川國❻世宗廟殿上有鐘音，門戶❼大開，夜有光，殿上盡明。上迺下詔赦天下。

2 時，大將軍霍光❽輔政，上共己正南面❾，非宗廟之祠不出。十二年，迺下詔曰：「蓋聞天子尊事天地，脩祀山川，古今通禮也。間者，上帝之祠闕而不親十有餘年，朕甚懼焉。朕親飭躬齊戒❿，親奉祀，為百姓蒙⓫嘉氣，獲豐年焉。」

3 明年正月，上始幸甘泉，郊見泰畤，數有美祥。修武帝故事⓬，盛車服⓭，敬齊祠之禮，頗作詩歌。

4 其三月，幸河東，祠后土，有神爵⓮集，改元為神爵。制詔太常⓯：「夫江海，百川之大者也，今闕⓰焉無祠。其令祠官以禮為歲事⓱，以四時祠江海雒水，祈為天下豐年焉。」自是五嶽、四瀆皆有常禮⓲。東嶽泰山於博⓳，中嶽泰室於嵩高⓴，南嶽灊山㉑於灊，西嶽華山於華陰，北嶽常山於上曲陽㉒，河於臨晉㉓，江於江都㉔，淮於平氏㉕，濟於臨邑㉖界中，皆使者持節侍祠。唯泰山與河歲五祠，江水四，餘皆一禱㉗而三祠云。

5 時，南郡獲白虎，獻其皮牙爪，上為立祠。又以方士言，為隨侯、劍寶、玉寶璧、周康寶鼎㉘立四祠於未央宮中。又祠太室山於即墨㉙，三戶山於下密㉚，祠天封苑火井於鴻門㉛。又立歲星、辰星、太白、熒惑、南斗祠於長安城旁。又祠參山八神於曲城[32]，蓬山[33]石社石鼓於臨朐，之罘山於腄[34]，成山於不夜[35]，萊山於黃[36]。成山祠日，萊山祠月。又祠四時於琅邪，蚩尤於壽良[37]。京師近縣鄠[38]，則有勞谷、五牀山、日月、五帝、僊人、玉女祠[39]。雲陽有徑路神祠，祭休屠王也[40]。又立五龍山[41]僊人祠及黃帝、天神、帝原水[42]，凡四祠於膚施[43]。

6 或言益州有金馬碧雞之神[44]，可醮祭[45]而致，於是遣諫大夫[46]王褒[47]使持節而求之。

7 大夫劉更生獻淮南枕中洪寶苑祕之方[48]，令尚方[49]鑄作。事不驗，更生坐論[50]。京兆尹張敞[51]上疏諫曰：「願明主時忘車馬之好，斥遠方士之虛語，游心[52]帝王之術，太平庶幾可興也。」後尚方待詔[53]皆罷。

8 是時，美陽[54]得鼎，獻之。下有司議，多以為宜薦見宗廟，如元鼎時故事。張敞好古文字，按鼎銘勒[55]而上議曰：「臣聞周祖始乎后稷，后稷封於斄[56]，公劉發迹於豳[57]，大王建國於郊梁[58]，文武興於酆鎬[59]。由此言之，則郊梁豐鎬之間周舊居也，固宜有宗廟壇場祭祠之臧[60]。今鼎出於郊東，中有刻書曰：『王命尸臣[61]：「官此栒邑[62]，賜爾旂鸞黼黻琱戈[63]。」尸臣拜手稽首[64]曰：「敢對揚天子丕顯休命[65]。」』臣愚不足以迹[66]古文，竊[67]以傳記言之，此鼎殆[68]周之所以褒賜大臣，大臣子孫刻銘其先功，臧之於宮廟也。昔寶鼎之出於汾脽也，河東太守以聞，詔曰：『朕巡祭后土，祈為百姓蒙豐年，今穀嗛(69)未報，鼎焉為出哉？』博問耆老(70)，意(71)舊臧與？誠欲考得事實也。有司驗脽上非舊臧處，鼎大八尺一寸，高三尺六寸，殊異於眾鼎。今此鼎細小，又有款識，不宜薦見於宗廟。」制曰：「京兆尹議是。」

9 上自幸河東之明年正月，鳳凰集祋祤(72)，於所集處得玉寶，起步壽宮(73)，迺下詔赦天下。後間歲(74)，鳳皇神爵甘露(75)降集京師，赦天下。其冬，鳳皇集上林(76)，迺作鳳皇殿(77)，以荅(78)嘉瑞。明年正月，復幸甘泉，郊泰畤，改元曰五鳳(79)。明年，幸雍祠五畤。其明年春，幸河東，祠后土，赦天下。後間歲，改元為甘露(80)。正月，上幸甘泉，郊泰畤。其夏，黃龍見新豐(81)。建章、未央、長樂宮鍾虡(82)銅人皆生毛，長一寸所(83)，時以為美祥。後間歲正月，上郊泰畤，因朝單于(84)於甘泉宮。後間歲，改元為黃龍(85)。正月，復幸甘泉，郊泰畤，又朝單于於甘泉宮。至冬而崩。鳳皇下郡國凡五十餘所。

【章旨】以上敘述漢宣帝即位後的祭祀活動情況，但作者更著筆於漢宣帝時的多次「祥瑞」與改元，其實重在粉飾歷史上的所謂的「昭宣中興」。

【注釋】❶宣帝　名劉詢（西元前九一—前四九年）。西元前七四—前四九年在位。❷正統　劉詢為漢武帝的嫡曾孫，依宗法制度為大宗，故稱正統。❸世宗　漢武帝廟號。❹告祠　祭告宗廟祖先的神靈。❺寢　指寢廟。漢代帝王陵園有寢廟，存放故帝衣冠，也是祭祀之處。❻廣川國　漢代王國名。在今河北南部，都城在信都（今河北冀州）。❼門戶　指廟門。❽霍光　（西元前？—前六八年），字子孟，河東平陽（今山西臨汾）人。西漢權臣，驃騎將軍霍去病異母弟。武帝時為奉車都尉，光祿大夫。昭帝即位後與金日磾、桑弘羊等受遺詔輔政，任大司馬、大將軍，封博陸侯。昭帝死後，迎立昌邑王劉賀為帝，不久即廢，又迎立宣帝，光秉政前後達二十餘年，地節初卒。❾共己正南面　謂任官得人，無為而治。共己，同「恭己」。謂飭身克己、恭敬自持。❿飭躬齊戒　飭躬，謂以端正的態度約束自己。齊，通「齋」。⓫蒙　通「萌」。萌生的意思。也作祈求講。⓬修武帝故事　修，謂整修清理前事。故事，舊的典制。⓭車服　車與章服。⓮神爵　即神鳥。爵，通「雀」。⓯太常　秦漢中央九卿之一。掌宗廟禮儀。⓰闕　通「缺」。⓱歲事　言每年常祠之。⓲常禮　以慣例舉行的祭祀典禮。⓳博　漢縣名。治今山東泰安東南。⓴嵩高　漢縣名。在今河南登封。㉑灊山　即天柱山，在今安徽霍山縣西南。灊，漢縣名，治今安徽霍山縣東北。㉒北嶽常山於上曲陽　常山，本名恆山，避漢文帝劉恆諱，改曰常山。上曲陽，漢縣名，治今河北曲陽西。㉓臨晉　今陝西大荔。㉔江都　漢縣名，治今江蘇揚州西南。㉕平氏　漢縣名，治今河南桐柏西北。㉖臨邑　漢縣名，治今山東東阿。㉗禱　向神靈求福的祝告。㉘隨侯句　隨侯，即隨侯珠。劍寶，即斬蛇劍。玉寶璧，即受命寶和氏璧。以上都是漢天子傳世寶物。周康，周康王。周康寶鼎，周康王時的寶鼎。㉙祠太室山於即墨　太室山，山名，此處為「天室山」之誤。即墨有天室山。即墨，縣名，在今山東萊西西南。㉚三戶山於下密　三戶山，山名，在今山東平度西南。下密，漢縣名，在今山東昌邑東。㉛鴻門　漢縣名，在今陝西榆林東北。如淳曰：「〈地理志〉西河鴻門縣有天封苑火井祠，火從地中出。」㉜又祠參山句　參山，山名，即三山，在今山東掖縣北。曲城，漢縣名，在今山東招遠西北。㉝蓬山　即蓬山祠，在漢臨朐縣。㉞腄　漢縣名。在今山東煙臺福山區。㉟成山於不夜　成山，山名，在今山東榮城東北。不夜，漢縣名，在今山東榮城北。㊱萊山於黃　萊山，山名，在今山東黃縣東南。黃，漢縣名，在今山東黃縣東。㊲壽良　漢縣名，在今山東東平西南。㊳鄠　漢縣名，在今陝西戶縣北。㊴則有勞谷句　勞谷，又作「澇谷」。五牀山日月五帝僊人玉女，都是祠名。㊵雲陽二句　雲陽，漢縣名。在今陝西淳化北。徑路神祠，本匈奴祠名。漢雲陽縣有休屠金人及徑路神祠三所。休屠王，匈奴王號。㊶五龍山　神祠名。㊷帝原水　神祠名。㊸膚施　漢縣名，在今陝西榆林東南。㊹或言句　益州，漢州郡名。轄境約相當於今四川、雲南及貴州、緬甸等部分地區。金馬碧雞，金形似馬，碧形似雞。㊺醮祭　祭祀名，伏章祈禱。㊻諫大夫　掌議論，屬郎中令。(47)王襃　人名，蜀郡資中（今四川資陽）人，奉命往益州祭祀金馬碧雞，死於半道。(48)大夫劉更生句　大夫，官名，掌議論，屬郎中令。劉更生，即劉向（西元前七六—前五年）。淮南，漢王國名。洪，大。苑祕，祕術之苑囿。(49)尚方　官名。掌管供應為帝王所製造的器物。(50)坐論　坐，犯罪。以犯罪論處。(51)京兆尹張敞　京兆尹，官名。漢武帝時改右內史為京兆尹，治長安。張敞，見本書卷七十六〈張敞傳〉。(52)游心　留心；留意。(53)待詔　等候皇帝的命令。漢朝時有以才技應徵而未有正官者，使之待詔，依待詔地方區別，有待詔公車，待詔金馬門等。(54)美陽　漢縣名，在今陝西扶風東。(55)按鼎銘勒　按，案驗；案查。銘勒，鐫刻。(56)斄　也作「邰」，古邑名，相傳周人始祖曾居於此。地在今陝西武功西南，老武功鎮一帶。(57)豳　古邑名，在今陝西旬邑西。(58)大王建國於郊梁　大王，指周文王的祖父古公亶父。大，同「太」。郊梁，二山名，即岐山和梁山，岐山在今陝西岐山縣東北。梁山在今陝西乾縣北。(59)酆鎬　西周京城。酆，周文王所都，在今陝西西安長安區灃河西岸。鎬，周武王所都，在灃河東岸。(60)臧　通「藏」。存在；保留。(61)尸臣　尸臣有二說，一指主事之臣，一說為人名。(62)栒邑　古邑名，在今陝西旬邑東北。(63)旂鸞句　旂，交龍為旂。一種在上面畫有龍形的旗幟。鸞，車上的鈴飾。鸞，通「鑾」。黼黻，古代冕服上所繡的衣紋。黼，黑白相間的狀如斧形的衣紋。黻，黑青相間如亞形的花紋。琱戈，戈上雕刻花紋。(64)拜手稽首　拜手，古代男子見面所行的跪拜禮。雙膝跪地，兩手拱合，俯頭至於手心平。稽首，古代一種跪拜禮，以頭叩地。(65)休命　美善的命令。(66)迹　追蹤；考知。(67)竊　私自；暗中。(68)殆　大概。(69)嗛　通「歉」。歉收。(70)博問者老　博，廣泛。耆老，老年人，六十歲以上者稱耆。(71)意　認為；或許。(72)祋祤　漢縣名，在今陝西耀縣東。(73)步壽宮　西漢離宮之一。漢宣帝神爵二年（西元前六〇年）建造。這年正月，有「鳳凰」降臨祋祤縣，宣帝視為祥瑞，於是在此興建離宮，名步壽宮，又稱祋祤宮，遺址位於今陝西耀縣古城東一里之地。(74)間歲　隔一年。(75)甘露　甘美的雨露，古人迷信，以為降甘露為太平瑞兆。(76)上林　即上林苑。漢上林苑因秦之舊，其地包括今陝西西安，及西至周至、戶縣界，周圍三百多里，苑中劃分為三十六個小區域的苑囿，由宮觀、池沼與園林組成不同特色的景區，是秦漢時代皇帝遊治與狩獵的地方。(77)鳳皇殿　漢有兩鳳凰殿，一在未央宮，是漢武帝時後宮八區之一，在未央殿之東。二是上林苑的鳳凰殿，宣帝神爵四年建。(78)荅　回應；回報。(79)五鳳　漢宣帝年號，西元前五七—前五四年。(80)甘露　漢宣帝年號，西元前五三—前五〇年。(81)新豐　漢縣邑名。漢高帝七年（西元前二〇〇年）因太上皇思念故鄉豐邑（秦屬沛縣，今江蘇沛縣）意欲東歸，高帝按照豐邑的城市街里，改築秦驪邑，並分徙一部分豐民到新邑，因此名為「新豐」（高帝七年只置縣，未改名，高帝十年太上皇崩後改名新豐）。故城在今陝西臨潼城東七公里新豐鎮西的長寫村附近。(82)鍾虡　懸掛鐘、磬等樂器的木架。(83)所　不定數詞，表示大概的數目，猶「許」。(84)單

于　匈奴最高首領的稱號。全稱為「撐犁孤塗單于」。匈奴語「撐犁」是「天」，「孤塗」是「子」，即「天之子」，也就是漢語所言「天子」之意。㊵黃龍　漢宣帝年號。西元前四九年。此年號僅用一年，漢宣帝於該年去世。

【語譯】漢宣帝即位，因為他是漢武帝的嫡曾孫這個正統地位，所以即位三年之後，就尊稱孝武廟為世宗廟，同時凡所巡行過的郡國都要建立世宗廟。告祠世宗廟的那天，有白鶴飛集到後庭。當把建立世宗廟的事情告祠於孝昭帝的寢廟時，有五色的大雁齊集於殿前。在西河修築世宗廟，有神光出現在殿堂之旁，有一隻似白鶴的鳥，前面是赤色，後面是青色。神光又出現在房中，像燭光的形狀。廣川國的世宗廟大殿上有鐘聲出現，門戶大開，晚上有光亮，把殿堂照得一片通明。宣帝於是下詔大赦天下。

2　當時大將軍霍光輔政，宣帝拱手臨朝，無為而治，不是宗廟的祭祀活動，就不出去。十二年，才下詔書說：「曾聽說天子尊敬地祭祀天地，祭祀山川，是古今的通禮。近來，已有十多年沒有親自去祭祀天帝了，我非常恐懼。我決定親自齋戒，親自去供奉祭祀，為老百姓祈求福氣，獲取豐收的年成。」

3　第二年正月，宣帝開始巡幸甘泉宮，在泰畤祭祀天帝，多次出現吉祥的瑞兆。於是整修漢武帝時代的典章制度，隆重的盛裝車馬服飾，恭敬地行齋戒祠的禮儀，寫作了很多詩歌。

4　這年三月，天子親臨河東，祭祀后土，有神雀聚集在那裡，於是改年號為「神爵」。下詔給太常說：「長江和大海，是百川中最大的，現在卻沒有祭祀。現在命令祠官根據禮儀每年舉行祭祀，在四季祭祀長江、大海和洛水，為天下祈求豐年。」從此以後，五嶽、四瀆都依慣例舉行祭祀典禮。在博縣祭祀東嶽泰山，在嵩高縣祭祀中嶽泰室山，在灊縣祭祀南嶽灊山，在華陰祭祀西嶽華山，在上曲陽祭祀北嶽常山，黃河在臨晉祭祀，長江在江都祭祀，淮水在平氏祭祀，濟水在臨邑境內祭祀，都由使者持節主持祭祀。只有泰山與黃河一年五祠，長江一年四祠，其餘都是每年祈禱一次，祭祀三次。

5　當時，南郡捕獲到一隻白虎，把虎皮、虎牙、虎爪獻給朝廷，宣帝為之建立祠廟。又因為方士的建言，在未央宮中為隨侯珠、漢高祖斬蛇寶劍、傳國玉璧、周康王寶鼎建立四座祠廟。又在即墨祭祀天室山，在下密縣祭祀三戶山，在鴻門縣祭祀天封苑火井。又在長安城旁建立歲星、辰星、金星、火星、南斗祠。又在曲城縣祭祀參山八神，在臨朐祭祀蓬山石社石鼓，在腄縣祭祀之罘山，在不夜縣祭祀成山，在黃縣祭祀萊山。在成山祭祀日神，在萊山祭祀月神。又在琅邪祭祀四時神，在壽良縣祭祀蚩尤。在京城附近的鄠縣，則有勞谷祠、五牀山祠、日月祠、五帝祠、僊人祠、玉女祠。在雲陽縣有徑路神祠，祭祀匈奴休屠王。又在膚施縣建立五龍山僊人祠和黃帝祠、天神祠、帝原水祠，共四座祠廟。

6 有人說益州有金馬、碧雞之神，可通過醮祭而招來，於是就派諫大夫王褒奉命持節去求祂們。

7 大夫劉更生進獻淮南王枕中的大寶苑祕方術給宣帝，宣帝就命令尚方鑄造。事情沒有應驗，劉更生以犯罪論處。京兆尹張敞上書規諫說：「希望明主時時忘記對車馬的嗜好，排斥那些方士的謊言，留意於帝王之術，太平之治差不多就可以實現了。」這以後尚方待詔便被撤消了。

8 這時，美陽地方獲得一只青銅鼎，把它獻給宣帝。宣帝將此事交給主管官員們討論，多數人認為應當將其進獻給宗廟，像元鼎年間的先例那樣。張敞愛好古文字，根據鼎上銘刻文字向皇帝講道：「我聽說周朝的祖先從后稷開始，后稷受封於斄，公劉在豳地創業，太王在岐、梁建國，文王、武王在酆鎬興盛。由此說明，岐山、梁山、酆、鎬一帶是周朝過去居住的地方，本來應當有宗廟、壇址祭祀遺跡的。如今這只鼎出現在岐東，鼎上刻的文字說：『王命尸臣：「主管栒邑，賜給你龍旗、鸞車、禮服、雕戈。」尸臣作揖叩頭說：「臣斗膽宣揚天子英明美善的命令。」』臣愚昧不足以探尋古文的奧妙，私自根據傳記來解說，這個鼎大概是周朝用來褒賞大臣的，大臣的子孫在鼎上銘刻下他的先輩的功績，把它藏在宮廟裡。從前寶鼎出現在汾陰的土丘，河東太守將此事報告給武帝，武帝下詔令說：『我巡祭后土，祈求神靈給百姓賜福，以獲得豐年，如今年成歉收，神靈沒有報應，寶鼎為什麼會出現呢？』廣泛地詢問老人，是不是以前真的就埋藏在這兒呢？確實想考查它的真實情況。主管官員檢查發現高丘上不是過去藏鼎的地方，那鼎有八尺一寸大，三尺六寸高，與其他鼎根本不同。現在這只鼎細小，又有銘刻的文字，不宜進獻給宗廟。」宣帝下令說：「京兆尹的建議是正確的。」

9　宣帝從親自巡察河東以後，第二年正月，鳳凰聚集祋祤縣，又在鳳凰所聚集的地方獲得了玉寶，於是在這裡興建步壽宮，下詔大赦天下。後來隔了一年，鳳凰神雀甘露一起降集京城，宣帝下令赦天下。這年冬天，鳳凰又齊集上林苑，於是在苑中修建了鳳凰殿，以回應上天所降的祥瑞。第二年正月，又巡幸甘泉宮，郊祀泰畤，改年號為五鳳。第二年，到雍縣祭祀五畤。來年春天到河東，祠祀后土，大赦天下。隔了一年後，改年號為甘露。正月間，宣帝又巡幸甘泉宮，郊祀泰畤。這年夏天，黃龍在新豐縣出現。建章宮、未央宮、長樂宮的鐘架銅人都長出一寸多長的毛來，當時認為它是美好的徵兆。隔一年後的正月間，宣帝郊祀泰畤，同時藉此機會在甘泉宮會見了匈奴單于。隔一年後，改年號為黃龍。正月間，重新來到甘泉宮，郊祀泰畤，又在這裡會見匈奴單于。到冬天宣帝就去世了。鳳凰飛到各郡國的共有五十多處。

1　元帝❶即位，遵舊儀❷，間歲正月，一幸❸甘泉郊泰畤，又東至河東祠后土，西至雍祠五畤。凡五奉泰畤、后土之祠。亦施恩澤❹，時❺所過毋出田租，賜百戶牛酒❻，或賜爵，赦罪人。

2　元帝好儒，貢禹、韋玄成、匡衡❼等相繼為公卿。禹建言漢家宗廟祭祀多不應❽古禮，上是❾其言。後韋玄成為丞相，議罷郡國廟，自太上皇❿、孝惠帝諸園寢廟⓫皆罷。後元帝寢疾⓬，夢神靈譴罷諸廟祠，上遂復焉。後或罷或復，至哀、平不定⓭。語在韋玄成傳⓮。

3　成帝⓯初即位，丞相衡、御史大夫譚⓰奏言：「帝王之事莫大乎承天之序，承天之序莫重於郊祀，故聖王盡心極慮以建其制。祭天於南郊，就[17]陽之義也，瘞地於北郊，即[18]陰之象也。天之於天子也，因其所都而各饗[19]焉。往者，孝武皇帝居甘泉宮，即於雲陽立泰畤，祭於宮南。今行常幸長安，郊見皇天反北之泰陰[20]，祠后土反東之少陽[21]，事與古制殊。又至雲陽，行谿谷中，阸陜[22]且百里，汾陰則渡大川，有風波舟楫[23]之危，皆非聖主所宜數乘。郡縣治道共張[24]，吏民困苦，百官煩費[25]。勞所保[26]之民，行危險之地，難以奉神靈而祈福祐，殆未合於承天子民之意。昔者周文武郊於豐鄗，成王郊於雒邑。由此觀之，天隨王者所居而饗之，可見也。甘泉泰畤、河東后土之祠宜可徙[27]置長安，合於古帝王。願[28]與群臣議定。」奏可。大司馬車騎將軍[29]許嘉等八人以為所從來久遠，宜如故。右將軍[30]王商、博士師丹、議郎[31]翟方進等五十人以為：禮記曰：「燔柴[32]於太壇，祭天也；瘞薶於太折[33]，祭地也。」兆[34]於南郊，所以定天位也。祭地於太折，在北郊，就陰位也。郊處各在聖王所都之南北。書曰：「越三日丁巳，用牲於郊，牛二。」周公加牲，告徙新邑，定郊禮於雒。明王聖主，事天明，事地察。天地明察，神明章[35]矣。天地以王者為主，故聖王制祭天地之禮必於國郊。長安，聖主之居，皇天所觀視也。甘泉、河東之祠非神靈所饗，宜徙就正陽大陰[36]之處。

違俗復古，循聖制，定天位，如禮便。於是衡、譚奏議曰：「陛下聖德，忽明上通[37]，承天之大典，覽群下，使各悉心盡慮，議郊祀之處，天下幸甚。臣聞廣謀從眾，則合於天心，故洪範曰：『三人占[38]，則從二人言。』言少從多之義也。論當[39]往古，宜於萬民，則依而從之；違道寡與，則廢而不行。今議者五十八人，其五十人言當徙之義，皆著於經傳[40]，同於上世，便於吏民；八人不按經藝[41]，考古制，而以為不宜，無法之議，難以定吉凶。太誓[42]曰：『正稽古[43]立功立事，可以永[44]年，丕天之大律[45]。』詩曰：『毋曰高高在上，陟降[46]厥士，日監在茲[47]。』言天之日監王者之處也。又曰：『迺眷西顧[48]，此維予宅。』言天以文王之都為居也。宜於長安定南北郊，為萬世基。」天子從之。

4 既定，衡言：「甘泉泰畤紫壇[49]，八觚[50]宣通象八方。五帝壇周環其下，又有群神之壇。以尚書禋六宗、望山川、偏群神之義，紫壇有文章[51]采鏤黼黻之飾及玉、女樂[52]、石壇、僊人祠，瘞鸞路、騂駒[53]、寓龍馬，不能得其象於古。臣聞郊柴[54]饗帝之義，埽地而祭，上質[55]也。歌大呂、舞雲門[56]以竢天神，歌太蔟舞咸池[57]以竢地祇。其牲用犢，其席槀稭[58]，其器陶匏[59]，皆因天地之性，貴誠上質，不敢修其文也。以為神祇功德至大，雖修精微而備庶物[60]，猶不足以報功，唯至誠為可(61)，故上質不飾，以章天德。紫壇偽(62)飾、女樂、鸞路、騂駒、龍馬、石壇之屬，宜皆勿修。」

5 衡又言：「王者各以其禮制事天地，非因異世(63)所立而繼之。今雍鄜、密、上下畤，本秦侯各以其意所立，非禮之所載術(64)也。漢興之初，儀制未及定，即且因(65)秦故祠，復立北畤。今既稽古，建定天地之大禮，郊見上帝，青赤白黃黑五方之帝皆畢陳(66)，各有位饌(67)，祭祀備具(68)。諸侯所妄造，王者不當長遵。及北畤，未定時所立，不宜復修。」天子皆從焉，及陳寶祠，由是皆罷。

6 明年，上始祀南郊，赦奉郊之縣及中都官耐罪囚徒(69)。是歲衡、譚復條奏：「長安廚官縣官(70)給祠郡國侯神方士使者所祠，凡六百八十三所，其二百八所應禮，及疑無明文(71)，可奉祠如故。其餘四百七十五所不應禮，或復重，請皆罷。」奏可。本雍舊祠二百三所，唯山川諸星十五所為應禮云。若諸布、諸嚴、諸逐，皆罷。杜主有五祠，置其一。又罷高祖所立梁、晉、秦、荊巫、九天、南山、萊中之屬，及孝文渭陽、孝武薄忌泰一、三一、黃帝、冥羊、馬行、泰一、皋山山君、武夷、夏后啟母石、萬里沙、八神、延年之屬，及孝宣參山、蓬山、之罘、成山、萊山、四時、蚩尤、勞谷、五牀、僊人、玉女、徑路、黃帝、天神、原水之屬，皆罷。候神方士使者副佐、本草待詔[72]七十餘人皆歸家。

7 明年，匡衡坐事[73]免官爵。眾庶多言不當變動祭祀者。又初罷甘泉泰畤作南郊日，大風壞甘泉竹宮[74]，折拔[75]畤中樹木十圍以上百餘。天子異之，以問劉向[76]。對曰：「家人尚不欲絕種祠[77]，況於國之神寶舊畤！且甘泉、汾陰及雍五畤始立，皆有神祇感應，然後營[78]之，非苟而已也。武、宣之世，奉此三神，禮敬敕[79]備，神光尤著。祖宗所立神祇舊位，誠[80]未易動。及陳寶祠，自秦文公至今七百餘歲矣，漢興世世常來，光色赤黃，長四五丈，直祠而息[81]，音聲砰隱[82]，野雞皆雊。每見雍太祝祠以太牢，遣候者乘傳馳詣行在所[83]，以為福祥。高祖時五來，文帝二十六來，武帝七十五來，宣帝二十五來，初元元年以來亦二十來，此陽氣舊祠也。及漢宗廟之禮，不得擅議，皆祖宗之君與賢臣所共定。古今異制，經無明文，至尊至重，難以疑說[84]正也。前始納貢禹之議，後人相因，多所動搖。易大傳[85]曰：『誣神者殃及三世。』恐其咎[86]不獨止禹等。」上意恨[87]之。

8 後上以無繼嗣故，令皇太后詔有司曰：「蓋聞王者承事天地，交接[88]泰一，尊莫著[89]於祭祀。孝武皇帝大聖通明，始建上下[90]之祀，營泰畤於甘泉，定后土於汾陰，而神祇安之，饗國[91]長久，子孫蕃滋[92]，累世遵業[93]，福流於今。今皇帝寬仁孝順，奉循聖緒[94]，靡有大愆[95]，而久無繼嗣。思其咎職[96]，殆在徙南北郊，違先帝之制，改神祇舊位，失天地之心，以妨[97]繼嗣之福。春秋六十，未見皇孫，食不甘味，寢不安席，朕甚悼[98]焉。春秋大復古[99]，善順祀[100]。其復甘泉泰畤，汾陰后土如故，及雍五畤、陳寶祠在陳倉者。」天子復親郊禮如前。又復長安、雍及郡國祠著明者且半。

9 成帝末年頗好鬼神，亦以無繼嗣故，多上書言祭祀方術者，皆得待詔，祠祭上林苑中長安城旁，費用甚多，然無大貴盛[101]者。谷永[102]說上曰：「臣聞明於天地之性，不可惑[103]以神怪；知萬物之情，不可罔以非類[104]。諸背仁義之正道，不遵五經之法言[105]，而盛稱[106]奇怪鬼神，廣崇祭祀之方[107]，求報無福之祠，及言世有僊人，服食不終之藥，遙興輕舉[108]，登遐倒景[109]，覽觀縣圃[110]，浮游[111]蓬萊，耕耘五德[112]，朝種暮穫，與山石無極[113]，黃冶變化[114]，堅冰淖溺[115]，化色五倉[116]之術者，皆姦人惑眾，挾左道[117]，懷[118]詐偽，以欺罔[119]世主。聽其言，洋洋[120]滿耳，若[121]將可遇；求之，盪盪[122]如係風捕景，終不可得。是以明王距[123]而不聽，聖人絕而不語[124]。昔周史萇弘欲以鬼神之術輔尊靈王[125]會朝諸侯，而周室愈微，諸侯愈叛。楚懷王隆祭祀，事鬼神，欲以獲福助，卻秦師，而兵挫地削，身辱國危。秦始皇初并天下，甘心於神僊之道，遣徐福、韓終126之屬多齎童男童女入海求神采藥，因逃不還，天下怨恨。漢興，新垣平、齊人少翁、公孫卿、欒大等，皆以僊人、黃冶、祭祠、事鬼使物、入海求神采藥貴幸127，賞賜累128千金。大尤尊盛，至妻公主，爵位重絫，震動海內。元鼎、元封之際，燕齊之閒方士瞋目扼掔129，言有神僊祭祀致福之術者以萬數。其後，平等皆以術窮詐得130，誅夷伏辜131。至初元中，有天淵玉女、鉅鹿神人、轑陽侯師張宗之姦132，紛紛復起。夫周秦之末，三五之隆133，已嘗專意散財，厚爵祿，竦134精神，舉天下以求之矣。曠日經年135，靡有毫氂136之驗，足以揆137今。經曰：『享多儀，儀不及物，惟曰不享。』論語說曰：『子不語怪神。』唯陛下距絕此類，毋令姦人有以窺朝者。」上善138其言。

後成都侯王商為大司馬衛將軍輔政，杜鄴139說商曰：「『東鄰殺牛，不如西鄰之禴祭140』，言奉天之道，貴以誠質大得民心也。行穢祀豐141，猶不蒙142祐；德修薦143薄，吉必大來。古者壇場有常處，尞禋有常用，贊見有常禮144；犧牲玉帛雖備而財不匱，車輿臣役145雖動而用不勞。是故每舉其禮，助146者歡說，大路147所歷，黎元不知148。今甘泉、河東天地郊祀，咸失方位，違陰陽之宜，及雍五時皆曠遠149，奉尊之役150休而復起，繕治共張無解已時151，皇天著象152殆可略知。前上甘泉，先敺失道[153]；禮月之夕，奉引[154]復迷。祠后土還，臨河當渡，疾風起波，船不可御，又雍大雨，壞平陽宮垣。迺三月甲子，震電災林光宮門[155]。祥瑞未著，咎徵仍臻。迹三郡所奏[156]，皆有變故。不荅不饗[157]，何以甚此！詩曰：『率由舊章[158]。』舊章，先王法度，文王以之，交神于祀，子孫千億。宜如異時公卿之議，復還長安南北郊。」

11 後數年，成帝崩，皇太后[159]詔有司曰：「皇帝即位，思順天心，遵經義[160]，定郊禮，天下說憙[161]。懼未有皇孫，故復甘泉泰畤、汾陰后土，庶幾獲福。皇帝恨[162]難之，卒[163]未得其祐。其復南北郊長安如故，以順皇帝之意也。」

【章旨】以上主要記載元成時期關於郊祀禮制的實行與爭議，特別是提到谷永、杜鄴等人對方士欺世惑眾的批判，意義深刻。

【注釋】❶元帝　名劉奭（西元前七六—前三三年）。西元前四九—前三三年在位。❷舊儀　指漢朝過去的禮儀制度。❸一幸　去一次。❹施恩澤　施，施予；給予。恩澤，恩惠。❺時　有時。❻賜百戶牛酒　以百戶為單位，賞賜居民牛和酒。❼貢禹韋玄成匡衡　貢禹，見本書卷七十二本傳。韋玄成，見本書卷七十三本傳。匡衡，本書卷八十一有傳。❽應　符合。❾是　肯定；認為是正確的。❿太上皇　漢高祖劉邦父親的尊號。⓫寢廟　古代宗廟的正殿稱廟，後殿稱寢，合稱為寢廟。⓬寢疾　臥病。⓭不定　沒有定數；不能確定。⓮韋玄成傳　見本書卷七十三。⓯成帝　劉驁（西元前五一—前七年），西元前三三—前七年在位。⓰譚　張譚，時任御史大夫。⓱就　接近。⓲即　接近；靠近。⓳饗　通「享」。指神鬼享用祭品。⓴泰陰　指陰氣極盛的地方，泛指北方。此句中的長安，吳恂以為「甘泉」之誤。因為上文已云「往者孝武皇帝居甘泉宮，即于雲陽立泰畤，祭于宮南，以身居甘泉宮故耳。今成帝不離輦轂，祭泰畤當于南郊，不應反北之泰陰之甘泉」。㉑少陽 陽氣稍盛的地方，指代東方。㉒阸陝 阸，通「隘」。指狹窄險要之處。㉓舟楫 指船隻。㉔共張 即供帳。指提供住行所需要的各種用品。㉕煩費 麻煩耗費。㉖保 保育；養育。㉗徙 遷徙；遷移。㉘願 願意；希望。㉙大司馬車騎將軍 大司馬，古官名。《周禮》有大司馬，佐王掌邦政。漢初承秦制設太尉一職掌武事。漢武帝建元二年罷太尉，元狩四年初置大司馬，以冠將軍之號。其性質亦為加官，並無軍政實權。車騎將軍，將軍名號，掌宮衛、領禁兵。㉚右將軍 將軍名號。位上卿，掌兵及四夷，漢不常置，或有前後，或有左右。㉛議郎 漢武初年置，專職議論，拾遺補缺。㉜燔柴 古代祭天禮儀。將玉帛、犧牲等置於積柴上而焚之，使煙氣之味上達於天。㉝瘞薶於太折 瘞薶，也作「瘞埋」，古代祭地的禮儀之一。將祭品埋於地下。太折，即泰折，古代祭地神之處，在都城北郊。㉞兆 始。㉟章 通「彰」。彰顯的意思。㊱正陽大陰 正陽，指南面。陽是明，謂南面受朝。這裡是指都城的南面。大陰，即太陰，陰氣極盛的地方，這裡指都城的北方。㊲怱明上通 怱明，即「聰明」。天資靈敏。上通，謂能通曉天意。㊳占 占卜。㊴論當 論，論議。當，符合。㊵著於經傳 著，著明。經傳，儒家經籍的經與傳。㊶經埶 埶，同「藝」。古代《六經》亦稱六藝，這裡泛指經書而言。㊷太誓 《尚書》篇名。㊸正稽古 正，公正。稽古，稽，考；查考古代。㊹永 長；長久。㊺丕天之大律 即奉天之大法。丕，奉。㊻陟降 升降。㊼日監在茲 監，察也。茲，此也。意謂上帝的使者，日夜監視這裡。㊽迺眷西顧 眷，謂回首看。西顧，看到西方（的周圍）。㊾紫壇 紫色的祭壇，帝王祭祀大典用。㊿八觚 八角棱角。觚，棱角。(51)文章 交錯的花紋。(52)女樂 歌舞伎。(53)鸞路騂駒 鸞路，即鸞輅，天子之車駕。騂駒，赤色的少壯馬。(54)郊柴 燒柴以祭天。(55)質 質樸。(56)雲門 周代的六大樂舞之一。用以祭祀天神，相傳為黃帝時所作。(57)歌太蔟舞咸池 太蔟，音律名。十二律中的第三律。咸池，古代樂曲名。傳說為黃帝所作，堯增修沿用。以祭地祇。(58)槀稭 乾草。稻麥類的莖稈。(59)陶匏 瓦器和葫蘆製的器皿。(60)庶物 眾物。(61)唯至誠為可 只有誠摯之心才可以成功。(62)偽 假；虛假。(63)異世 指前代。異，另外。(64)載術 載，記載；記錄。術，方法；制度。(65)因 因襲；沿用。(66)畢陳 全部陳設。(67)饌 食品，這裡指祭品。(68)備具 全部齊備。(69)中都官耐罪囚徒 中都官，漢代京師諸官署的統稱。耐，古代剃去鬢鬚的刑罰。耐，同「耏」。二歲刑。(70)縣官 朝廷；官府。天子的別稱。(71)明文 無明確的文字記載或說明。(72)本草待詔 官名。指以藥方而待詔者。本草，中藥藥方。(73)坐事 因事犯罪。(74)竹宮 甘泉宮的祠宮。甘泉宮中的主體建築之一。漢武帝時建造，以竹作之，故名。竹宮專為皇帝祭祀泰一而設，其位置距圜丘三里，每年正月上辛日在此舉行祀禮。(75)折拔 折斷、拔起。(76)劉向 見前劉更生注。(77)家人尚不欲絕種祠 家人，普通平民。種祠，繼嗣所傳祠。

(78)營 經營；建造。(79)敕 整也。周到齊備。(80)誠 真正；確實。(81)直祠而息 直，當著。息，止也。(82)砰隱 大聲。(83)乘傳馳詣行在所 乘傳，乘坐驛站的傳車。行在所，皇帝出行而居留的地方。(84)疑說 有疑義、未經確證的說法或理論。(85)易大傳 是古代儒家學者對《周易》一書所作的解釋，包括〈彖〉、〈象〉、〈繫辭〉、〈文言〉、〈序卦〉、〈說卦〉、〈雜卦〉等。(86)咎 罪責；災禍。(87)恨 悔恨。(88)交接 交通與承接。指人與神的交往。(89)著 明顯。(90)上下 指天地。(91)饗國 饗，通「享」。指帝王在位。(92)蕃滋 繁衍；滋長。(93)累世遵業 累世，一世接一世；歷代。遵業，遵循祖宗之業。(94)聖緒 指帝王的統緒。(95)靡有大愆 靡，無；沒有。愆，過失；失誤。(96)咎職 過失之所在。(97)妨 妨礙；不利於。(98)悼 痛惜；傷感。(99)大復古 大，推崇；崇尚。大復古即崇尚復古。(100)善順祀 以順祀為善。(101)大貴盛 指權力大，地位高而言。(102)谷永 本書卷八十五有傳。(103)惑 迷惑。(104)罔以非類 罔，欺騙；蒙蔽。非類，不同的族類。(105)法言 合乎禮法的言論。(106)稱 稱讚。(107)方 方術。(108)遙興輕舉 遙，遠。興，興起。指成仙輕身遠去。(109)登遐倒景 登，升。遐，遠。景，通「影」。指人成仙後登上天空，看到下面的影子成為倒影。(110)縣圃 傳說中的神仙居處，在昆侖山頂。亦泛指仙境。(111)浮游 漫遊。(112)耕耘五德 五德，東方甲、南方丙、西方庚、北方壬、中央戊。在此五個方位的地方種植五種莊稼。(113)與山石無極 言壽命與山石一樣長久而沒有極限。(114)黃冶變化 謂以丹砂冶煉而成黃金。(115)淖溺 融化；消融。(116)化色五倉 漢代方士提出的一種修煉方法：即心裡想著身中有五色，腹中有五倉神，五色存則不死，五倉存則不飢。(117)挾左道 挾，擁有；挾帶。左道，邪門歪道。(118)懷 懷藏。(119)欺罔 欺騙；蒙蔽。(120)洋洋 美盛的樣子。(121)若 好像。(122)盪盪 空曠的樣子。(123)距 通「拒」。拒絕。(124)聖人絕而不語 語出《論語·述而》：「子不語怪力亂神。」(125)靈王 周靈王姬泄心。西元前五七一－前五四五年在位。(126)徐福韓終 秦時方士。徐福即徐市。韓終，一作韓眾。《抱朴子·仙藥篇》說韓眾服菖蒲三年，身生毛，日視書萬言，皆能誦之，冬極不寒。(127)貴幸 尊貴而又受寵幸。(128)累 積累；累計。(129)瞋目扼掔 由於情緒激動而睜大眼睛，以手握腕。掔，疑為「掔」字之訛。(130)詐得 謂其欺詐行為為君主所知道。(131)伏辜 服罪；承擔罪責而死。(132)有天淵句 天淵，星官名。鉅鹿，漢郡名、縣名，在今河北平鄉西南。轑陽侯，江仁，漢元帝時坐使家丞上印綬隨張宗學仙免官。轑陽，漢縣名，在今山西左權。(133)三五之隆 指漢代文帝與武帝，他們分別是漢代的第三代和第五代皇帝。(134)竦 肅敬。(135)曠日經年 指空費的時間很長。(136)毫釐 細微；細小。(137)揆 推測；揣測。(138)善 認為很好。(139)杜鄴 本書卷八十五有傳。(140)東鄰殺牛二句 二句見《易·既濟》九五爻辭。東鄰，指商紂王。因周之國都在商都之西，故以西鄰代指周文王。禴祭，煮新菜來祭祀。謂祭祀之道，莫盛於修德，故紂之牛牲，不如文王之蘋藻。(141)行穢祀豐 穢，汙濁；邪惡。豐，豐厚。(142)蒙 蒙受。(143)薦 進獻。(144)贊見有常禮贊，引導。贊禮，祭祀時司儀唱頌詩引導儀式進行。145臣役　大臣與差役。146助　助祭。147大路　即大輅。天子祭天時所乘之車。148黎元不知　意謂百姓無傜役。黎元，百姓。149曠遠　時間久遠，或地處偏遠。150奉尊之役　指祭祀神靈之事。151繕治句　繕治，整治；修繕。無解已時，沒完沒了；沒有結束的日子。152著象　顯示徵象。153先毆失道　前行者迷失了道路。毆，通「驅」。154奉引　祭祀隊伍的前導引車。155震雷句　震雷，雷電。災，使遭受火災。古人稱天火曰災。林光宮，秦離宮名，二世胡亥初建，在雲陽縣境。秦二世之林光宮，縱橫各五里，為一較大的離宮建築群，其遺址在今陝西淳化鐵王鄉涼武帝村。156迹三郡所奏　迹，追尋蹤跡。三郡，指漢代河東、左馮翊、右扶風三郡。157不荅不饗　不荅，謂不答其誠。不饗（享），謂不享其祀。158率由舊章　見《詩經．大雅．假樂》。率，遵循；沿襲。由，用也。舊章，指舊的規章典制。159皇太后　指漢元帝皇后，成帝母親王政君。160經義　經書中的大義理。161說憙　歡樂；高興。162恨　悔恨。163卒　最終；到底。

【語　譯】元帝即位，遵循漢朝舊有的禮儀，每隔一年的正月，去一次甘泉宮郊祀泰畤，又往東到河東祭祀后土，西到雍城祠祀五畤。總共五次祭奉泰畤、后土。也普遍地施百姓恩惠，有時所過的地方免交田租，以百戶為單位賜給百姓牛和酒，或者賜給爵位，赦免罪人。

2　漢元帝喜好儒術，貢禹、韋玄成、匡衡等人相繼為公卿。貢禹建言說漢朝的宗廟祭祀多與古禮不符合，元帝同意他的看法。後來韋玄成為丞相，建議廢除郡國廟，自太上皇到漢惠帝各陵園的寢廟都廢除。後來元帝臥病，夢見神靈來譴責他廢除各祠廟的事，元帝便又重新恢復了那些祠廟。此後時廢時復，到哀帝、平帝時也一直沒有確定。此事記載在〈韋玄成傳〉中。

3　成帝剛即帝位，丞相匡衡、御史大夫張譚上奏說：「帝王的事沒有比上承天所安排的序位更重大的了，而上承天序沒有比郊祀更為重要的，所以聖王都盡心竭慮來建立郊祀的禮制。在都城的南郊祭天，是趨向於陽的意義，在北郊祭地，是趨向於陰的思想。天對於天子，就是依據天子建都的地方來享受他們的祭祀。過去，孝武皇帝居住在甘泉宮，就在雲陽建立泰畤，在甘泉宮的南面祭祀天帝。現在行駕常到長安，郊祀天帝反而北到太陰的地方，祭祀后土反而向東前往少陽之地，行事與古代的制度完全不同。又到雲陽，行走在溪谷之中，道路狹隘陡峭近百里，到汾陰則要渡過大河，有風波舟楫的危險，這些都不是聖主所宜屢次進行的。

郡縣修治道路，供應各種器物，縣吏、民眾皆感困苦，百官煩勞耗費。煩勞老百姓，行走於危險的地方，難以侍奉神靈從而祈求賜福保佑，大概也不合於順承天命，愛護百姓的本意。過去周文王、武王在豐京、鄗京進行郊祀，周成王在洛邑郊祀。由此看來，天神是隨著君主所居住的地方來享受祭祀的，這是顯而易見的。甘泉宮的泰畤，河東的后土祭祀應當遷到長安，同古代帝王的做法相合。希望能與群臣商議確定。」他們的奏議被批准。大司馬車騎將軍許嘉等八人認為郊祀祭禮由來已久，應當與原先的一樣。右將軍王商、博士師丹、議郎翟方進等五十人則認為：《禮記》上說：「焚柴於太壇，是祭天；在太折埋藏祭品，是祭地。」認為始建壇於南郊，是用以確定天帝之位的。在太折祭地，是在北郊，是依太陰之位。郊祀的地方各在聖王所定都城的南北方向。《尚書》上說：「過了三天的丁巳日，在郊外用犧牲祭祀，用二頭牛。」周公增加祭牲，稟告遷徙新都，把郊祀禮儀定在洛邑。明王聖主，事奉上天明確，事奉大地詳細。天神地祇都安排恰當，神靈就彰顯。天地以帝王為主人，所以聖王制定祭祀天地的禮儀一定在國都的郊外。長安是聖明君主居住的地方，也是上天所觀察注視的地方。甘泉、河東的祭祀不是神靈所歆享的地方，應當遷到靠近正陽和太陰的地方。反對流俗，恢復古道，遵循聖王的制度，確定天帝神靈之位，符合禮制為便。當時匡衡、張譚上奏論道：

「陛下聖明賢德，聰明通曉天意，上通承天之大典，統攬群下，使每個人都能盡心竭慮，商議郊祀之處，天下人都很幸運。臣聽說廣泛地與眾人謀議，就與上天的心意相合，所以〈洪範〉上說：『三人占卜，就聽從兩個人所說的。』是說少數服從多數的意思。議論符合古代的禮法，適合於億萬人民的需要，就依從他們；違背規律，只有少數人認同，就要廢棄而不用。現在參加討論的有五十八人，其中有五十個人說明應當遷徙的道理，都明確地記載在經傳中，與上古時代相同，方便於官民；八人不考查經典，研究古代的禮制，而認為不合適，沒有法則的議論，難以決定吉凶。〈太誓〉說：『正確地考察古道而立功立事，可以長久地享有天下，這是侍奉上天的根本法則。』《詩》中講到：『不要說皇天高高在上，祂能升能降，天天監察著這裡。』是說天帝每日都監察帝王所居之處。又說：『上天眷然西顧，這裡是我居住的地方。』是說上天以周文王的都城為居住的地方。所以應當在長安確定南北郊壇的地方，作為萬世的基礎。」成帝聽從了他們的意見。

4 事情已經定下來，匡衡說：「甘泉宮的泰畤紫壇，八角全部相通以象徵八方。五帝壇環繞在它的下面，還有眾神的祭壇。按照《尚書》禋祭六宗，望祭大山大河，普遍祭祀群神的含義，紫壇有錯雜相交的紋飾，彩雕、黑白相間的花紋裝飾以及玉器、女樂、石壇、仙人祠，埋藏的鸞車、赤色的少壯馬、木偶龍馬，不能從古制中得到他們的形象。我聽說郊祀焚柴享祭天帝的意義，掃地而祭，是崇尚質樸。歌唱大呂，跳〈雲門〉舞，以等待天神，歌唱太蔟，跳〈咸池〉舞以等待地神。祭祀用牲是小牛犢，薦席用槁稭，器皿是陶匏，都是依照天地的本性，重視虔誠，崇尚質樸，不敢用文彩來修飾。認為神祇的功德最大，即使修飾精微而且準備眾物，也不足以酬報神靈，唯有至誠才行，所以崇尚質樸而不加以修飾，用來彰明天帝之德。紫壇的人為裝飾、女樂、鸞路、騂駒、龍馬、石壇之類，應當都不修治。」

5 匡衡又說：「帝王各自依據自己的禮儀制度來事奉天地，並不是因襲前代所建立的禮制。現在雍地的鄜、密、上畤、下畤，本是秦侯按照自己的思想建立起來的，不是傳統禮制中所記載的東西。漢朝建立之初，儀制還未來得及確定，暫時根據秦的舊有祠廟，又建立了北畤。現在既然已考察了古代的禮制，建立和確定了祭祀天地的大禮，郊祀上帝，青、赤、白、黃、黑五方帝都全部陳設，各有位置及祭品供奉，祭祀一切具備。諸侯妄自建造的祭祀，帝王不當長期遵照。至於北畤，因為是在禮儀制度還沒有制定時所建立的，所以不宜再重新修復。」天子全部聽從，還有陳寶祠，從這以後都罷廢了。

6 第二年，成帝開始在南郊祭祀天帝，下令赦免供奉祭祀的縣以及京師諸官府中判了耐刑的罪人。這一年，匡衡、張譚再次陳條上奏：「長安的廚官、縣官供給祭祀，以及各郡國侯神使者所奉祀的祠廟，共六百八十三所，其中二百零八所符合禮制，及懷疑而無明確文字記載的，可和以前一樣祭祀。其餘的四百七十五處不合禮制，或者重複的，請全部廢除。」奏議被批准。雍地原有舊祠二百零三處，只有山川諸星祠十五所符合禮制。至於諸布、諸嚴、諸逐，全部廢除。杜主祠有五座，只保留一座。又廢除高祖所建立的梁、晉、秦、荊等地的巫師，九天、南山、萊中之後，以及孝文帝的渭陽、孝武帝薄忌的泰一、三一、黃帝、冥羊、馬行、泰一、皋山山君、武夷、夏后啟母石、萬里沙、八神、延年之類，還有孝宣帝的參山、蓬山、之罘、成山、萊山、四時、蚩尤、勞谷、五牀、僊人、玉女、徑路、黃帝、天神、原水之類，都廢除。迎候神仙的方士、使者、副佐、本草待詔的七十餘人都遣送回家。

7 第二年，匡衡因事犯罪被免除官職和爵位。眾人都說他不該改動祭祀制度。又因為當初停止祭祀甘泉宮的泰畤而在京城南郊祭祀天帝的那天，大風吹壞了甘泉宮的竹宮，吹斷和連根拔起泰畤中一百多棵十圍以上的樹木。天子感到驚異，去詢問劉向。劉向說：「平民百姓尚不敢斷絕祖傳的祠祀，何況國家的神寶舊畤！而且甘泉、汾陰和雍地五畤初立時，都有神靈的感應，然後才有後來的規劃營建，不是臨時敷衍隨便建立的。武帝、宣帝時代，敬奉這三處神靈，禮儀恭謹周到，神靈的光輝尤其顯著。祖宗所立的神靈舊位，確實是不能輕易改動的。還有陳寶祠，從秦文公到現在有七百多年了，漢朝建立後，神靈代代常來，赤黃色的光彩，長四五丈，直到祠廟前才停止，聲音相當大，引來野雞都跟著鳴叫。每當這時，雍地太祝就用太牢來祭祀他，派遣迎候的人乘傳車飛速趕到皇帝的駐地，以為福祥。高帝時，陳寶神來了五次，文帝時來了二十六次，武帝時來了七十五次，宣帝時來了二十五次，從初元元年以來也來了二十次，這是陽氣的舊祠。還有漢朝的宗廟禮儀制度，不得擅自議論，這些都是先祖和賢臣共同制定的。古今的制度有所不同，經典上沒有明確的記載，這些祭祀極為尊敬，極為重大，難以用有疑義、不確定的東西來改動。以前採納了貢禹的意見，後來的人互相因襲，多所動搖。《易大傳》說：『誹謗欺騙神靈的人，災禍要累及三代。』恐怕這個罪責不只限於貢禹等人。」成帝心裡感到很悔恨。

8 後來成帝因為沒有繼嗣的緣故，讓皇太后下詔給主管官員說：「聽說君王事奉天地，交通泰一，尊敬神靈沒有比祭祀更為明顯的了。孝武皇帝英明通達，開始建立了天地神靈的祭祀，在甘泉宮建立了泰畤，定后土之祠於汾陰，因而神祇得以安穩，他在帝位長久，子孫繁衍，歷代都遵循他的祖業，福澤流傳到現在。當今皇帝寬厚仁慈孝順，遵循聖主的統緒，沒有大的過失，但很久以來沒有繼嗣。考慮主要的原因，大概在於遷移了南北郊祀，違背了先帝的制度，改變了神祇原有的位置，失去了天地的本心，以致妨礙了皇室傳宗接代的福氣。六十歲了，還沒見到皇孫，吃東西沒有味道，睡覺也不安穩，我感到非常傷感。《春秋》崇尚復古，以順應祭祀為善。令恢復甘泉宮的泰畤、汾陰的后土祠與過去一樣，以及雍的五畤、陳倉的陳寶祠。」天子又重新親自參加郊祀禮和從前一樣。又恢復長安，雍城以及郡國中著名的祠廟將近一半。

9 成帝晚年相當喜歡鬼神之事，也因為沒有繼嗣的緣故，許多上書談祭祀的方術的人，都獲得了待詔的資格，在上林苑中，長安城旁舉行祭祀，花費很多，但卻沒有因此明顯地獲得官爵權勢的人。谷永勸諫成帝說到：「臣聽說明白天地之性，就不可以被神怪所迷惑；了解萬事萬物實情的，就不可被不同的種類所蒙蔽。那些違背仁義正道，不遵循《五經》符合禮法的言論，而大肆宣揚稱道怪異鬼神，廣泛推崇祭祀方術，祈求沒有福佑回報的淫祠，以及談論世上有仙人，吃不死之藥，能輕身升空，成仙上天，觀覽縣圃，漫遊蓬萊，在五方種植五種莊稼，早上種植，晚上收穫，壽命同山石一樣久長，丹砂可冶煉成黃金，堅冰可在瞬間融化，能得到五色五倉方術的人，都是欺騙眾人的邪惡之徒，依靠邪門歪道，懷藏虛偽奸詐，藉以欺騙和蒙蔽君主。聽他們說話，洋洋灑灑，好像即將可以遇到仙人；去尋找，卻空空蕩蕩如捉風捕影，始終不能求得。因此英明的君主拒絕他們而不聽信，聖人則絕棄而不談論。從前周朝的史官萇弘想用鬼怪神靈的方術來輔佐朝政，使朝會的諸侯尊崇周靈王，但周室卻更加衰弱，諸侯愈加叛離。楚懷王隆重地舉行祭祀，事奉鬼神，想要得到鬼神的福佑幫助，打退秦朝的軍隊，但軍敗地削，身辱國危。秦始皇剛剛吞併天下，就沉湎於神仙道術，派遣徐福、韓終這類人帶著童男童女到海上尋找神仙，採集長生不老之藥，那些人因而逃走，不再回來，招致了天下人的怨恨。漢朝建國後，新垣平、齊地人少翁、公孫卿、欒大等人，都憑藉神仙方術、以丹砂冶煉黃金、到處祭祀、事奉鬼神能役使萬物、入海求神仙採集不死之藥等取得尊貴和寵幸，賞賜黃金累達千斤。欒大尤其尊寵貴盛，甚至娶了公主，爵位一加再加，震動了全國。漢武帝元鼎到元封年間，燕齊一帶的方士都張目扼腕，激動興奮不已，說有神仙，通過祭祀可以致福的人數以萬計。這以後新垣平等人都因為道術窮盡詐偽暴露，伏罪被殺。到初元年間，有天淵玉女、鉅鹿神仙、轑陽侯師張宗的奸偽，紛紛重新興起。周朝和秦朝末年，文帝和武帝的盛世，就曾特意散發財物，提供高官厚祿，專注精神，在全國範圍內以求神仙。曠日持久，費了許多時日，沒有絲毫的應驗，這些都足以作為今天的借鑑。經書說：『祭祀有多種禮儀，而不涉及禮物，只能說沒有被神靈歆享。』《論語》說到：『子不語怪神。』希望陛下能拒絕這些東西，不要讓那些邪惡之徒窺視朝政。」皇帝認為谷永的話講得很好。

10 後來成都侯王商任大司馬衛將軍輔佐朝政，杜鄴勸王商道：「『商紂王殺牛祭祀，比不上周文王用湯煮新菜來祭祀』，這是說事奉天帝的原則，貴在以誠實質樸大得民心為上。行為不端，即使祭祀豐厚，還是不能蒙獲福佑；只要德行修明，就是祭品單薄，吉祥也一定會來。古代祭壇有固定的地方，焚柴禋祀有固定的物用，贊見有固定的禮儀；犧牲玉帛雖然具備但國家財產不會匱乏，車馬大臣差役雖然使用但不會勞累。所以每當舉行祭祀活動，助祭的人都感到高興，天子車駕經過的地方，百姓也不知道。現在甘泉、河東祭祀天地都搞錯了方向和位置，違背了陰陽之本義，並且雍地的五時時間已非常久遠，尊奉神靈的勞役停止後又重新興起，整治道路和祠廟、供應器物和祭品沒完沒了，皇天顯示的徵象大概可以約略地知道。前次皇帝去甘泉宮，前行者迷失了道路；祭祀月神的傍晚，前導引車再次迷失了方向。祭祀后土祠歸來，到黃河邊正要渡河，大風颳起了波浪，船隻不能駕駛，雍地又連遭大雨，毀壞了平陽宮的圍牆。三月甲子那天，雷電擊壞了林光宮的大門。祥瑞沒有出現，壞的徵兆卻連續到來。考察三郡所上奏議，都有變故。祭祀不合天意，不被神靈歆饗，哪還有比這更嚴重的！《詩經》說：『要遵循沿用舊章。』舊章是先王的法度，周文王用它來祭祀神靈，子孫成千上萬。應當按照往日公卿們所議定的，重新回到長安的南北郊舉行郊祀禮。」

11 過後幾年，成帝逝世，皇太后下命令給主管官員說：「皇帝即位後，想要順承天意，遵從經義，定郊祀之禮，天下人都感到歡樂。由於擔心沒有皇孫，所以恢復了甘泉宮的泰時和汾陰的后土祠，希望因此而獲得福祐。皇帝悔恨郊祀之禮太艱難，最終沒有得到上天的福祐。應當恢復長安南北郊的祭祀，和過去一樣，以順應皇帝的心意。」

1 哀帝❶即位，寢疾，博徵❷方術士，京師諸縣皆有侍祠使者，盡復前世所常興諸神祠官，凡七百餘所，一歲三萬七千祠云。

2 明年，復令太皇太后❸詔有司曰：「皇帝孝順，奉承聖業，靡有解怠❹，而久疾未瘳❺。夙❻夜唯思，殆繼體❼之君不宜改作❽。其復甘泉泰畤、汾陰后土祠如故。」上亦不能親至，遣有司行事而禮祠焉。後三年，哀帝崩。

3 平帝元始❾五年，大司馬王莽❿奏言：「王者父事天⓫，故爵稱天子。孔子曰：『人之行莫大於孝，孝莫大於嚴父⓬，嚴父莫大於配天⓭。』王者尊其考⓮，欲以配天，緣考之意，欲尊祖，推而上之，遂及始祖。是以周公郊祀后稷以配天，宗祀文王於明堂以配上帝。禮記天子祭天地及山川，歲徧。春秋穀梁傳以十二月下辛卜⓯，正月上辛⓰郊。高皇帝受命，因雍四時起北時，而備五帝，未共⓱天地之祀。孝文十六年用新垣平，初起渭陽五帝廟，祭泰一、地祇，以太祖高皇帝配。日冬至祠泰一，夏至祠地祇，皆并祠⓲五帝，而共一牲，上親郊拜。後平伏誅，迺不復自親，而使有司行事。孝武皇帝祠雍，曰：『今上帝朕親郊，而后土無祠，則禮不荅也。』於是元鼎四年十一月甲子⓳始立后土祠於汾陰。或曰，五帝，泰一之佐，宜立泰一。五年十一月癸未⓴始立泰一祠於甘泉，三歲一郊，與雍更祠㉑，亦以高祖配，不歲事㉒天，皆未應古制。建始元年，徙甘泉泰畤、河東后土於長安南北郊。永始㉓元年三月，以未有皇孫，復甘泉、河東祠。綏和㉔二年，以卒不獲祐，復長安南北郊。建平㉕三年，懼孝哀皇帝之疾未瘳，復甘泉、汾陰祠，竟復無福。臣謹與太師孔光、長樂少府平晏、大司農左咸、中壘校尉劉歆、太中大夫朱陽、博士薛順、議郎國由等六十七人議㉖，皆曰宜如建始時丞相衡等議，復長安南北郊如故。」

4 莽又頗㉗改其祭禮，曰：「周官天墜㉘之祀，樂有別㉙有合。其合樂㉚曰『以六律、六鍾、五聲、八音、六舞㉛大合樂』，祀天神，祭墜祇，祀四望，祭山川，享先妣先祖㉜。凡六樂㉝，奏六歌㉞，而天墜神祇之物㉟皆至。四望，蓋謂日月星海也。三光㊱高而不可得親，海廣大無限界，故其樂同。祀天則天文㊲從，祭墜則墜理㊳從。三光，天文也。山川，地理也。天地合祭㊴，先祖配天，先妣配墜，其誼㊵一也。天墜合精㊶，夫婦判合㊷。祭天南郊，則以墜配，一體之誼也。天墜位皆南鄉㊸，同席㊹，墜在東，共牢㊺而食。高帝、高后配於壇上，西鄉，后在北，亦同席共牢。牲用繭栗㊻，玄酒陶匏㊼。禮記曰天子籍田㊽千晦以事天墜，繇㊾是言之，宜有黍稷㊿。天地用牲一，燔尞瘞薶用牲一，高帝、高后用牲一。天用牲左，及黍稷燔尞南郊；墜用牲右，及黍稷瘞於北郊。其旦，東鄉再拜朝日；其夕，西鄉再拜夕月。然後孝弟[51]之道備，而神祇嘉享，萬福降輯[52]。此天墜合祀，以祖妣配者也。其別樂曰『冬日至，於墜上之圜丘奏樂六變[53]，則天神皆降；夏日至，於澤中之方丘奏樂八變[54]，則墜祇皆出』。天墜有常位，不得常合，此其各特祀者也。陰陽之別於日冬夏至，其會也以孟春正月上辛若丁。天子親合祀天墜於南郊，以高帝、高后配。陰陽有離合，易曰『分陰分陽，迭用柔剛』。以日冬至使有司奉祠南郊，高帝配而望群陽[55]，日夏至使有司奉祭北郊，高后配而望群陰，皆以助致微氣[56]，通道幽弱[57]。當此之時，后不省方[58]，故天子不親而遣有司，所以正承天順地，復聖王之制，顯太祖之功也。渭陽祠勿復修。群望未悉定，定復奏。」奏可。三十餘年間，天地之祠五徙焉。

後莽又奏言：「書曰：『類於上帝，禋于六宗。』歐陽、大小夏侯[59]三家說六宗，皆曰上不及天，下不及墜，旁不及四方，在六者之間，助陰陽變化，實一而名六，名實不相應。禮記祀典，功施於民則祀之。天文日月星辰，所昭仰[60]也；地理山川海澤，所生殖[61]也。易有八卦，乾坤六子[62]，水火不相逮[63]，雷風不相誖[64]，山澤[65]通氣，然後能變化，既[66]成萬物也。臣前奏徙甘泉泰畤、汾陰后土皆復於南北郊。謹按周官『兆五帝於四郊[67]』，山川各因其方[68]，今五帝兆居在雍五畤，不合於古。又日月靁風山澤，易卦六子之尊氣，所謂六宗也。星辰水火溝瀆，皆六宗之屬也。今或未特祀[69]，或無兆居。謹與太師光、大司徒[70]宮、羲和[71]歆等八十九人議，皆曰天子父事天，母事墬，今稱天神曰皇天上帝，泰一兆曰泰畤，而稱地祇曰后土，與中央黃靈[72]同，又兆北郊未有尊稱。宜令地祇稱皇墬后祇，兆曰廣畤。易曰：『方以類聚[73]，物以群分。』分群神以類相從為五部，兆天墬之別神：中央帝黃靈后土畤及日廟、北辰、北斗、填星、中宿中宮於長安城之未墬兆；東方帝太昊青靈勾芒[74]畤及靁公、風伯廟、歲星、東宿東宮於東郊兆；南方炎帝赤靈祝融[75]畤及熒惑星、南宿南宮於南郊兆；西方帝少皞白靈蓐收[76]畤及太白星、西宿西宮於西郊兆；北方帝顓頊黑靈玄冥[77]畤及月廟、雨師廟、辰星、北宿北宮於北郊兆。」奏可。於是長安旁諸廟兆畤甚盛矣。

6 莽又言：「帝王建立社稷[78]，百王不易。社者，土也。宗廟，王者所居。稷者，百穀之主，所以奉宗廟，共粢盛[79]，人所食以生活也。王者莫不尊重親祭，自為之主，禮如宗廟。詩曰：『乃立冢土。』[80]又曰：『以御田祖[81]，以祈甘雨。』禮記曰：『唯祭宗廟社稷，為越紼[82]而行事。』聖漢興，禮儀稍定，已有官社[83]，未立官稷[84]。」遂於官社後立官稷，以夏禹配食官社，后稷配食官稷。稷種穀樹[85]。

徐州牧歲貢五色土[86]各一斗。

7 莽篡位[87]二年，興神僊事，以方士蘇樂[88]言，起八風臺[89]於宮中。臺成萬金[90]，作樂其上，順風作液湯[91]。又種五粱禾[92]於殿中，各順色置其方面，先鬻鶴髓、毒冒、犀玉[93]二十餘物漬[94]種，計粟斛[95]成一金，言此黃帝穀僊之術也。以樂為黃門郎[96]，令主之。莽遂崇鬼神淫祀，至其末年，自天地六宗以下至諸小鬼神，凡千七百所，用三牲鳥獸三千餘種。後不能備，迺以雞當鶩[97]鴈，犬當麋鹿[98]。數下詔自以當僊[99]，語在其傳。

【章　旨】以上主要揭露了王莽篡位前後對祭祀制度的改造和迷信活動。

【注　釋】❶哀帝　劉欣。西元前七—前一年在位。❷博徵　廣泛徵召。❸太皇太后　皇帝祖母的稱號，這裡指成帝母王政君。❹解怠　懶惰；鬆懈。解，通「懈」。❺瘳　病癒。❻夙　早。❼繼體　繼位；繼承大統。❽改作　改變前人的做法。❾平帝元始　平帝，劉衎。西元一—五年在位。元始，漢平帝年號（西元一—五年）。❿王莽　（西元前四五—二三年），新朝的建立者。西元八—二三年在位。⓫父事天　把天當作父親一樣來侍奉。⓬嚴父　尊敬父親。《孝經・聖治》：「人之行莫大于孝，孝莫大于嚴父。」⓭配天　指進行祭祀天帝時，以祖先來配享。⓮考　對死去父親的稱呼。⓯春秋句　春秋穀梁傳，書名。戰國時期穀梁赤作。解釋《春秋》的義例。下辛，下旬的辛日。辛，天干的第八位。⓰上辛　上旬的辛日。⓱共　通「供」。即供奉。⓲并祠　一起、共同祠祀。⓳元鼎四年十一月甲子　元鼎四年夏曆十一月初八日。⓴五年十一月癸未　指元鼎五年夏曆十一月初三日。㉑更祠　輪流祭祀。更，輪流。㉒歲事　每年奉祠。㉓永始　漢成帝年號，西元前一六—前一三年。㉔綏和　漢成帝年號，西元前八年。㉕建平　漢哀帝年號，西元前六—前三年。㉖臣謹與句　孔光，（西元前六五—前五年），本書卷八十一有傳。長樂，漢都長安宮名。漢高帝時由丞相蕭何主持在秦興樂宮基礎上營修而成。位於漢長安城東南郊，周回二十里，遺址在今西安未央區未央宮鄉閣老門村一帶。大司農，秦名治粟內史，漢初因之，景帝後元年更名大農令。武帝太初元年更名大司農。秦漢九卿之一。掌國家錢穀租稅等財政收入和支出。中壘校尉，官名，掌北軍之壘門，為八校尉之一。太中大夫，光祿勳屬官，掌議論。是皇帝的高級參謀。議郎，漢武帝置，掌議論。㉗頗　略微；稍微。㉘墜　同「地」。㉙樂有別　樂，音樂。別，分開。㉚合樂　指各種音樂同時演奏。㉛以六律句　六律，古代樂律有十二，陰陽各六，陽為律，陰為呂。廣義的六律是指包括陰陽各六共十二律。即黃鐘、大呂、太簇、夾鐘、姑洗、中呂、蕤賓、林鐘、夷則、南呂、天射、應鐘。其中奇數六律為陽律，稱「六律」；偶數六律為陰律，稱「六呂」。一般狹義的六律僅指陽律。律，指用竹管製作的定音器。六鐘，指按六律確定的鐘的六種聲調。五聲，指古代音階的五個階名：宮、商、角、徵、羽，也稱五音。八音，古代八類樂器，即：金、石、絲、竹、匏、土、革、木的總名。六舞，有兩種，一謂黃帝之〈雲門〉、堯之〈咸池〉、舜之〈大韶〉、禹之〈大夏〉、湯之〈大濩〉、武王之〈大武〉。二謂帗舞、羽舞、皇舞、旄舞、干舞、人舞。㉜先妣先祖　先妣，指周族的遠祖姜嫄。先祖，先王先公。㉝六樂　有兩說：一謂黃帝、堯、舜、禹、湯、周武王的六代古樂。一謂六種金屬樂器：鐘、鎛、錞、鐲、鐃、鐸。㉞六歌　指歌唱大呂六律。㉟天墜神祇之物　指羽物和川澤之神、裸物和山林之神、鱗物和丘陵之神、毛物和墳衍之神、介物和土神、象物和天神。㊱三光　指日、月、星辰。㊲天文　日月星辰等天體在宇宙間分布運行等現象。古人把風、雨、雲、露、霜、雪地文現象也列入天文範圍。㊳墜理　土地、山川等的環境形勢。㊴天地合祭　指把對天地的祭祀合併進行。㊵誼　通「義」。意義。㊶精　精氣；靈氣。㊷判合　兩半相合；兩性相配。㊸南鄉　朝著南方。鄉，通「向」。㊹席　薦席。供坐臥鋪墊用，用莞蒲編織而成。㊺共牢　古代新婚夫婦共食一牲叫共牢。這裡指天地共享一牲。㊻繭栗　指用牲的角像蠶繭、板栗一樣小。這裡指幼牛。㊼玄酒　上古祭祀用水，古人認為水是黑色，故曰玄酒，後引申為薄酒。㊽籍田　古代天子、諸侯徵用民力耕種的田。每逢春耕前，由天子、諸侯執耒耜在籍田上三推或一撥，稱為「籍禮」，以示對農業的重視。㊾繇　通「由」。㊿黍稷　穀物名。(51)孝弟　孝敬父母，敬愛兄長。弟，通「悌」。(52)輯　通「集」。收集；聚集。(53)六變　謂樂章改變六次。古代祭百神，樂章變六次祭典始成。(54)八變　指樂章六變基礎上再演唱兩部。(55)群陽　各種陽象。陽性神靈，如日神、山神。(56)微氣　隱微的靈氣。(57)通道幽弱　通道，開通引導。幽弱，隱祕而柔弱的靈氣。(58)當此之時二句　源於《易經．復》象辭：「先王以至日閉關，商旅不行，后不省方。」當此之時，謂冬至之日。后，君主。省，視察。方，邦。(59)歐陽大小夏侯　指歐陽生（和伯）、夏侯始昌、夏侯勝。(60)昭仰　光明令人瞻仰。(61)生殖　孳生繁殖。(62)乾坤六子　乾坤，指《周易》中的〈乾〉、〈坤〉二卦。六子，指〈震〉、〈巽〉、〈坎〉、〈離〉、〈艮〉、〈兌〉。顏師古曰：「〈震〉為長男、〈巽〉為長女，〈坎〉為中男、〈離〉為中女，〈艮〉為少男、〈兌〉為少女，故云六子。」63水火不相逮　水火，八卦中〈坎〉代表水，〈離〉代表火。逮，及。64靁風不相詩　靁風，八卦中〈震〉代表雷，〈巽〉代表風。詩，相反；背反。65山澤　八卦中〈艮〉代表山，〈兌〉代表澤。66既　盡。67兆五帝於四郊　兆，古代指設在四郊的祭壇。五帝於四郊，指青帝於東郊，赤帝及黃帝於南郊，白帝於西郊，黑帝於北郊。68各因其方　各以其所處方位。69特祀　單獨祭祀。70大司徒　官名。周官。周官有大司徒，掌國家之土地與人民。漢哀帝罷丞相，置大司徒，與大司馬、大司空，並稱三公。71羲和　官名。唐虞時有掌管天地四時的羲氏與和氏，王莽時更名大司農曰羲和，後更為納言。是王莽時主管全國財賦的官吏。72黃靈　五方天帝中的中央神名。73方以類聚　指同一類的事物聚集在一起。74勾芒　木神。主管樹木。75祝融　神名。傳說為帝嚳時的火官，後尊為火神，命曰祝融。76蓐收　古代傳說中的西方神名，司秋。77玄冥　神名，水神。78社稷　社，土地神。稷，穀神。古時用作國家的代稱。79粢盛　古代盛在祭器內以供祭祀的穀物。80詩曰乃立冢土　見《詩經・大雅・緜》。冢，大也。土，土神。即太社，天子祭土神的地方。81御田祖　御，進用；奉上。田祖，稷神。82越紼　紼，指牽引柩車的繩索。謂不受私喪的限制，在喪期參加祭天地社稷的典禮。83官社　帝王祭祀土神的社宮。84官稷　帝王祭祀五穀神的社宮。85穀樹　即楮樹。穀子類穀，所以在官稷處種之。86徐州牧歲貢五色土　徐州，州名，轄境約當今江蘇北部及山東東南部。徐州牧，徐州的長官。五色土，即青、赤、黃、白、黑五種顏色的土，象徵東、南、中、西、北五個方位。87篡位　謂奪取君位。88蘇樂　方士名。89八風臺　臺名。在漢長安城。陳直云：「《金石萃編》卷二十二有『八風壽成當』。瓦當，蓋即八風臺遺物。」90臺成萬金　指築成此臺耗費了一萬斤金。91液湯　古時的一種湯藥。92五粱禾　五色的穀物。93鶴髓毒冒犀玉　鶴髓，鶴的骨髓。毒冒，動物名，即玳瑁。犀玉，犀角和玉。94漬　浸泡。95計粟斛　計，計算。斛，量器名。古代以十斗為一斛。96黃門郎　官名。郎官給事黃門，簡稱黃門郎。97鶩　野雞。98麞鹿　鹿類動物，俗稱四不像。99當僊　會要成為神仙。

【語　譯】哀帝即位，臥病在床，廣泛徵召那些懂得方術的人，京城各縣都有了奉侍祭祀的使者，全部恢復了前代所常設的各種神靈的祭祀官，共有七百多所，一年有三萬七千次的祭祀。

2　第二年，再次讓太皇太后下令給主管官員說：「皇帝孝順，奉承漢朝的聖業，沒有絲毫的鬆懈怠慢，然而長期患病未能痊癒。早晚考慮，大概是由於繼位的皇帝不應當改變祖先的作為。下令恢復甘泉宮的泰畤，汾陰后土的祠祀，像以前一樣。」哀帝也不能親自到那些地方去，派遣主管官員到那裡去主持祭祀禮儀。過後三年，哀帝就去世了。

3 平帝元始五年，大司馬王莽上奏：「君主像對待父親一樣侍奉上天，所以帝王的爵號就稱天子。孔子說：『人的行為沒有比孝更大的，孝中沒有比尊敬父親更大的，尊敬父親沒有比讓他配享上天更重要的了。』君主尊敬他的先父，想讓他配享上天，因父之緣故，意欲尊崇祖先，推論上去，遂及於始祖。因此周公郊祀后稷以配天，在明堂祭祀文王來配上帝。《禮記》說天子祭祀天地及山川，一年祭祀一遍。《春秋穀梁傳》說在十二月下旬的辛日占卜，正月上旬的辛日郊祀。高皇帝承受天命，依照雍地的四時修建了北畤，從而配全了五帝，沒有供奉天帝神祇的祭祀。孝文帝十六年任用新垣平，開始建造渭陽五帝廟，祭祀泰一、地神，用太祖高皇帝來配享。冬至日祭祀泰一神、夏至時祭祀地神，都一同祭祀五帝，而共用一套犧牲，皇帝親自郊祀拜禮。後來新垣平被誅殺，皇帝才不親自前去，而派有關官員去辦理這些事。孝武皇帝在雍祠祀時說：『現在天帝由我親自來祭祀，但后土卻沒有祭祀，這是禮所不容許的。』於是元鼎四年十一月甲子開始在汾陰建立后土祠。有人說，五帝是泰一的輔佐，應該建立泰一祠。元鼎五年十一月癸未開始在甘泉宮建立泰一祠，每三年郊祭一次，與雍地的五畤輪流祭祀，也以高祖來配享，沒有每年都祭祀上天，都不符合古代的禮制。建始元年，把甘泉的泰畤、河東的后土祠遷到了長安的南北郊。永始元年三月，因為沒有皇孫，又重新恢復了甘泉和汾陰的祭祀。綏和二年，因為最終沒有獲得福佑，又恢復了長安南北郊的祭祀。建平三年，擔心漢哀帝的病不會康復，又恢復了對甘泉和汾陰的祭祀。但仍沒有福佑。我慎重地和太師孔光、長樂少府平晏、大司農左咸、中壘校尉劉歆、太中大夫朱陽、博士薛順、議郎國由等六十七人商議，都說應當像建始時期丞相匡衡等人議定的那樣，把長安南北郊的祭祀恢復回原來的樣子。」

4 王莽又略微改革了祭祀的禮儀。說：「《周官》上講天地的祭祀，音樂有區別也有合奏。合奏的音樂規定『以六律、六鐘、五聲、八音、六舞大合奏』，祭祀天神，祭祀地神，祭祀四望，祭祀山川，以先祖先妣配享。共演奏六種音樂，六種歌曲，於是天地神靈都會到來。四望就是指日、月、星、海。日、月、星辰高遠而不能親近，大海寬廣無邊無涯，所以祭祀他們採用同一種音樂。祭祀天神，那麼天文就相隨；祭祀地祇，那麼地理就順從。三光，就是天文。山川屬於地理。天地合在一起祭祀，以先祖配享天神，讓先妣配享地祇，其意義都是一樣的。天地配合以成萬物，就如夫妻兩性配合。在南郊祭天，就讓地神配享，是陰陽一體的意思。天地神靈的位置都南向，同坐一張薦席，地神在東，共享一套祭牲。漢高帝、高后神位設在祭壇配享，向西，高后在北面，也是同坐一席、共享一套祭牲。祭牲用角長得像蠶繭和板栗一樣的幼牛，用陶匏盛著玄酒。《禮記》上說天子以籍田千畝來奉事天地，由此看來，祭祀天地神靈應當有黍稷，祭祀天地時用一頭祭牲，焚柴瘞埋用一頭祭牲，祭祀高帝、高后用犧牲一頭。祭天時用祭牲的左體，以及黍稷並在南郊燔燒；祭地用犧牲的右體，加上黍稷在北郊瘞埋。早晨，向東兩次祭拜朝陽；傍晚，向西兩次祭拜月神。然後孝順父母，敬愛兄長的原則就具備了。從而神靈會很好地歆享，一切福祿都會降集。這就是天地一同祭祀、用祖妣來配享的方式。其中獨奏演的音樂規定『冬至日，在地上的圜丘演奏六部變化的音樂，那麼天神就降臨；夏至日，在湖沼中的方丘上演奏八種變化的音樂，那麼地神都會出現』。天地之神都有自己固定的位置，不能經常合祭，這是他們各自需要特別祭祀的方式。陰陽的分別在於太陽的冬至、夏至，而其相會則在孟春正月上旬的辛日或丁日。天子親自在南郊合祭天地，以高帝、高后配享。陰陽有離有合，《易經》說『陰陽相分，柔剛就互用』。在冬至日派主管官員在南郊祭祀天帝，讓高帝配享，望祀各種陽性神靈；在夏至日派主管官員在北郊祭祀地神，讓高后配享，望祭各種陰性神靈，這都是為了招致精妙的靈氣，開通引導隱祕柔弱的靈氣。在這種時候，君主不巡視四方，所以皇帝不親自去，而派遣主管官員們去，用以端正承天順地，恢復古聖王制度，顯揚太祖之功。渭陽祠廟不要再重修，各種望祭也沒有完全確定，確定後再上奏。」奏議得到許可。在三十多年內，天地神靈之祠有五次遷徙。

5 後來王莽又上奏說：「《書經》說：『類祭上帝、禋祀六宗。』歐陽氏和大、小夏侯三家解說六宗，都說上不及天，下不及地，旁不及四方，在這六者之間，助成陰陽的生滅變化，實際上是一個東西，而名稱有六個，名與實不相符合。《禮記》上祀典的原則是對人民有功德的就祭祀它。天文的日、月、星辰，是人民所瞻仰的；地理的山川海澤，是人民所賴以生息繁衍的。《易經》有八卦，〈乾〉、〈坤〉六子中，水火不相及，雷與風不相悖，山與河氣息相通，這樣才能生滅轉化，終於造成萬物。臣上次報請將甘泉的泰畤、汾陰的后土都恢復到京城的南北郊，謹據《周官》『建立五帝的祭壇於四郊』的教導，山川各根據它們所在的方位，現在五帝的祭壇在雍地的五畤，與古制不相符合。另外日月雷風山澤，《易》卦六子的尊貴精氣，就是所記的六宗。星辰水火溝瀆，都是六宗的一部分。現在它們有的沒有特別加以祭祀，有的沒有祭壇可居。臣愼重地同太師孔光、大司徒宮、羲和劉歆等八十九人商議，都說天子像事奉父親一樣事奉天，像事奉母親一樣事奉地，如今稱呼天神叫皇天上帝，泰一的祭壇為泰畤，而把地神稱后土，與中央天帝黃靈相同，另外建立北郊的祭壇沒有尊稱，應當把地神稱為皇墬后祇，祭壇稱為廣畤。《易經》說：『同一類的事物相聚在一起，事物按照種類來劃分。』把眾神各歸各類分為五部，為天地以外的神建造祭壇：中央天帝黃靈后土畤和日廟、北辰、北斗、土星、中宿中宮，在長安城的未地建立祭壇；東方天帝太昊青靈勾芒畤以及雷公、風伯廟、歲星、東宿東宮於長安城東郊建立祭壇；南方是炎帝赤靈祝融畤和火星、南宿南宮，在南郊建立祭壇；西方是帝少皞白靈蓐收畤以及金星、西宿西宮，在西郊建立祭壇；北方是帝顓頊黑靈玄冥畤及月廟、雨師廟、水星、北宿北宮，在北郊建立祭壇。」奏議被批准。當時長安城周圍各廟的祭壇和畤是相當興盛。

6 王莽又說：「帝王建立社稷，歷代君主都不改變其制。社，就是土地神。宗廟，是帝王神靈所居之地，稷是百穀的主神，用它來奉祀宗廟，供作祭品，人們食用以維持生存。君主沒有不尊重而親自去祭祀的，親自為祭祀的主持，禮儀如同祭祀宗廟一樣。《詩》說：『建立太社。』又說：『祭祀稷神，祈求甘露。』《禮記》說：『只有祭祀宗廟社稷，拋棄私家喪事去進行祭祀。』聖漢建立後，禮儀制度逐漸確立，已經建立了官社，但還沒有官稷。」於是在官社的後面建立官稷，以夏禹配食官社，以后稷配食官稷，在穀神廟周邊種上楮樹。徐州牧每年進獻五色土各一斗。

7 王莽篡奪皇位後第二年，大興神仙事，根據方士蘇樂的建議，在宮中興建了八風臺。臺的建成花費了一萬金，在臺上演奏音樂，順著風向建造了液湯。又在殿中種植了五色禾，分別順著各自的顏色種植在它們各自的方位上，先把鶴的骨髓、玳瑁、犀角、寶玉等二十多種東西煮出汁來，再浸泡穀種，估算每斛穀子種出來合一斤黃金，說這是黃帝穀仙的辦法。任命蘇樂為黃門郎，讓他來主持這件事。王莽從此崇尚鬼神和那些不合禮制的祭祀，到了他統治的末年，從天地六宗以下一直到各種小鬼神，共修建祠廟一千七百所，使用三牲、鳥獸達三千多種。後來不能備齊，就用雞來代替鶩雁，用狗代替麋鹿。多次下詔認為自己應當成為神仙，這方面的情況，都記載在他的本傳中。

贊曰：漢興之初，庶事草創❶，唯一叔孫生❷略定朝廷之儀。若迺正朔、服色、郊望之事，數世猶未章焉。至於孝文，始以夏郊，而張蒼據❸水德，公孫臣、賈誼❹更以為土德，卒不能明。孝武之世，文章❺為盛，太初改制，而兒寬❻、司馬遷等猶從臣、誼之言，服色數度，遂順黃德❼。彼以五德之傳從所不勝，秦在水德，故謂漢據土而克之。劉向父子以為帝出於震，故包羲氏❽始受木德，其後以母傳子❾，終而復始，自神農、黃帝下歷唐虞三代而漢得火焉。故高祖始起，神母夜號，著❿赤帝之符，旗章⓫遂赤，自得天統⓬矣。昔共工氏以水德間於木火，與秦同運⓭，非其次序，故皆不永⓮。由是言之，祖宗之制蓋有自然⓯之應，順時宜⓰矣。究⓱觀方士祠官之變，谷永之言，不亦正⓲乎！不亦正乎！

【章旨】贊語概括了有漢一代郊祀制度因革之始末，從中可以看到班固受司馬遷批判精神的影響，而

「祖宗之制蓋有自然之應」則反映了他與司馬遷的不同。

【注　釋】❶庶事草創　庶事，眾事。草創，開始創設。❷叔孫生　即叔孫通。生，秦漢人稱先生為生。❸據　主張；堅持。❹賈誼　本書卷四十八有傳。❺文章　文物典章。❻兒寬　本書卷五十八有傳。❼順黃德　順，順應；適應。黃德，即土德。❽包羲氏　即伏羲氏。❾以母傳子　木生火，故云以母傳子。❿著　著明。⓫旗章　旌旗；徽章。⓬天統　統，統緒。班固認為漢為唐堯之後，承堯為火德，繼承上天所賜之傳統，故曰天統。⓭運　氣數；運氣。⓮永　長久。⓯自然　天生而非人為。⓰時宜　時勢。⓱究　窮極。⓲正　正確；符合真理。

【語　譯】史官評議說：漢朝建立初期，眾事都處在草創階段，只有叔孫通簡略地制定了朝廷的禮儀制度。至於曆法、服色、郊望等事，經過幾代都沒有明確。到了孝文帝時，才開始在夏天郊祭，但張倉是根據水德，公孫臣、賈誼則認為應更改為土德，終不能明瞭。孝武帝時代，禮樂法度興盛，太初時改革禮制，而兒寬、司馬遷等人仍依公孫臣、賈誼所說，服色制度便依順黃德。他們依據五德遞依從所不勝的原理，認為秦為水德，所以漢朝處於土德來克勝它。劉向父子認為帝出於〈震〉，所以伏羲氏開始接受木德，這以後便由母親傳給兒子，終而復始，從神農、黃帝以下歷經唐、虞、夏、商、周三代再到漢朝獲得火德。所以漢高帝剛起兵時，神母夜晚哭號，表明赤帝的符應，旗幟徽章於是採用赤色，自然是獲得天統。以前共工氏以水德隔在木德與火德的中間，與秦朝是同一氣數，不是依照五德的順序，所以都不長久。從這可以得出結論，祖宗的制度是有自然的符應，順應時勢。深入考察方士和祠官的變易，谷永的話，不也很正確嗎！不也很正確嗎！

【研　析】《漢書・郊祀志》分上、下二卷，上承《史記・封禪書》的主體內容，並續寫漢武帝以後到漢末國家祭祀活動的相關內容，全面反映了秦漢國家祭祀活動的形成與變化。對於篇中記錄的史實，中外學者從各個側面進行過深入的研究，比較重要的論著有顧頡剛的《秦漢的方士與儒生》、王柏中的《神靈世界秩序的構建與儀式的象徵：兩漢國家祭祀制度研究》、蒲慕洲的《追求一己之福：中國古代的信仰世界》、魯惟一的《漢代的信仰、神話和理性》，以及李零收於其《中國方術考》一書中的〈秦漢禮儀中的宗教〉、〈秦漢祠時通考〉

等論文。茲根據本篇上、下二卷內容，就秦漢國家祭祀活動與政治統一的關係，予以申說。

秦漢是中國古代統一政權的創立與定型時期，統一自然有賴於一系列政治軍事行動，而要實現穩定的統一，不僅需要一整套行之有效的政治經濟制度，還需要民眾對於國家心理上認同，而信仰與神靈的統一，是達成民眾心理認同的重要手段。

儘管在古人看來，中國的統一早在周代就已出現，春秋戰國時代是分裂時代，而事實上，周代的所謂統一，只不過是在通過分封制及一系列禮儀活動，促成了黃河流域各族群的華夏認同，並挾黃河流域文化優勢，強烈影響長江流域，這是秦漢統一國家出現的心理基礎。但春秋戰國時期各地社會經濟進步過程中，區域性的政治實體獨立發展，形成越來越激烈的政治軍事衝突，並在各地久遠傳統基礎上，形成各自不同的神靈崇拜系統。如篇中所說的西方秦國祭祀白、青、黃、赤帝四畤，東方齊國則祭祀天主、地主、兵主、陰主、陽主、月主、日主、時主等八神，顯屬不同的神靈系統。秦地百姓崇拜華山、薄山、嶽山、岐山、吳山、鴻塚、瀆山，而六國所崇拜的則是嵩山、恆山、泰山、會稽山、湘山。秦地民眾祭祀黃河、湫淵、沔水、江水，而齊地百姓祭祀的則是與自己生活密切相關的濟水，楚地百姓則將淮水之神視作必須祭祀的神靈。篇中所說秦及西漢前期極為活躍的秦巫、晉巫、荊巫、梁巫、粵（越）巫、九天（胡）巫等巫祝，也無疑代表著各自地域的神靈系統、影響各地民眾的心靈世界。

實現統一的統治者，打敗政治上的對手容易，消除各地民眾崇拜的神靈則難。從篇中秦始皇、漢武帝兩位最強有力的統治者圍繞神靈進行的活動，我們可以發現，他們總地來說，都無意與這些具有強大傳統的神靈為敵，而是加以吸納、整合，為我所用。秦帝國確立的國家祭祀對象，雖然仍以秦地四畤為尊，祭祀的山、水中，也仍以地在西方的為主，但東方的山水也進入了國家祭典。燕、齊方士聚集於秦始皇周圍，他巡視東方，封禪泰山，齊地八神「皆各用牢具祠，而巫祝所損益，圭幣雜異焉」，向所征服的地區的神靈，低下他高貴的頭顱。暴力滅秦的楚人劉邦，以關中控制全國，不得不對秦地神靈給以足夠的尊重，在秦四畤基礎上增加黑帝畤，「悉召故秦祀官，復置太祝、太宰，如其故儀禮」。漢文帝「作渭陽五帝廟，同宇，帝一殿，面五門，各如其帝色」，將原本祭地各不相同的五帝聚於一處，至漢武帝時，終於在甘泉形成了龐大的以太一為主神的國家祭祀中心，各地神靈雜糅於其中。漢末成帝時，在對地域神靈吸納、整合、重塑的基礎上，圍繞都城長安，形成以祭天、祭地為主、合祭其他認可的神靈的國家祭典，秦國四時、齊地八神，均不見了蹤影。秦朝時雜糅東西方的山川祭祀，也被「五嶽四瀆」取代。不被納入國家祭典的地方神靈，則被視作「淫祀」，隨時有被打擊、取締的可能。政治統一因神靈統一而在心理上被切實認同。

秦漢國家祭典制度化過程，也是突顯專制與集權的過程。在先秦秦國不斷發展中形成的四時，仍是秦朝主祭的神靈，「唯雍四畤上帝為尊」，白帝畤尤受重視，但四畤各有處所，祭儀並無絕對差異。齊地「八神」，祀地異處，亦不見明確的主次之分。秦始皇雖首次建立了統一國家，卻未能找到一個足以統領各地神靈的最高神祇。更強有力推進專制集權的漢武帝，「尤敬鬼神之祀」，雖然不少活動完全是出於個人長生的祈求，並因此鬧出不少笑話。其具有創造性的祭祀活動是：「甘泉泰一、汾陰后土，三年親郊祠，而泰山五年一修封。」泰一，或者如《史記·封禪書》所稱太一，在先秦諸子中是與太極相似的哲學概念，漢代方士則將其打扮成最高神靈。亳人謬忌稱「天神貴者泰一，泰一佐曰五帝」，進獻祭祀泰一的方法，顯然切中了漢武帝強化皇帝權威的心理追求。對於「五帝，泰一之佐也，宜立泰一而上親郊之」的說法，漢武帝一開始也「疑未定」，只修了一個泰一壇，在所祭祀的眾多神靈中增加一個而已。但最終還是下定決心，在甘泉修建「泰一祠壇」，壇有三層，「五帝壇環居其下，各如其方」，源自秦朝傳統的「五帝」於是仆倒在新造大神「太一」的腳下。漢天子親自主持祭祀「太一」，五年一次到泰山「修封」，皇帝不但是政治上最高權力的擁有者，也是國家祭典的最高祭司，君權、神權於是合一。

在秦漢國家祭典發展過程中，儒者從隔膜到積極參與，並最終改變國家祭典的性質，也是閱讀本篇值得注意的問題。孔子不言怪力亂神，亦不言天道，後世儒者恪守周禮，在秦及漢初的神靈祭祀活動中，基本上沒有發言權。儒者雖稱頌泰山封禪的偉大意義，但當秦始皇要進行封禪活動時，他們「議各乖異，難施用，由此黜儒生」；後來漢武初次封禪，「諸儒及方士言封禪人殊，不經，難施行」。好在秦皇、漢武均是不可一世的帝王，大可自行其是，而方士、巫師則迎合統治者政治的需要及其對長生的追求，大行其道。漢武帝以後，儒學獨尊，在政治上擁有越來越多發言權的儒生官僚，對「漢家宗廟祭祀多不應古禮」深為不滿。致力以禮教改革早先顯得有些烏煙瘴氣的國家祭祀活動，並在漢成帝時，成功地主導了國家祭典的改革，改革的核心內容就是「於長安定南北郊，為萬世基」。雖然後來稍有反復，但遵循儒家經典的說法，皇帝以虔誠之態度，於都城南郊立圓壇以祭天、北郊掘方形窪地以祭地，清除源自民間的倡優鼓舞、巫術雜神，這些大的原則最終還是確立下來，並成為以後歷代政權相沿不絕的傳統，儒學也因此在實踐中具有了宗教的意味，並獲得了「儒教」的稱呼。

卷二十六

天文志第六

【題　解】《漢書・天文志》，可算是《史記・天官書》的改寫增補稿，沒有什麼創新。現將《漢書・天文志》的主要內容，以及與《史記・天官書》的關係介紹如下：

一、介紹全天星座，幾乎一字不漏地抄自〈天官書〉，僅在開頭加了近二百字的說明文字。

二、關於五星的占文，與〈天官書〉大同小異，但其中歲星紀年的資料，單獨抽出置於其後，由於《三統曆》中已介紹了五星的運動週期，刪除了有關五星出沒週期的文字。

三、全部引載〈天官書〉天文地理分野占文，但〈天官書〉將地區分野、國家分野、十日占分野異置三處，〈天文志〉則將三種分野文字並置在一起。

四、客星、妖星占，全部錄自〈天官書〉。

五、太陽、月亮及其運動的占文，部分引自〈天官書〉，但由於漢代對於日月運動的知識進步很快，〈天文志〉將日行黃道、月行九道的新知識補充了進去。由於《三統曆》已載有推算月食之文，故〈天文志〉刪除了〈天官書〉中有關月食週期的文字。

六、候雲氣占，照錄〈天官書〉。

七、候歲美惡占，照錄〈天官書〉。

八、西漢二百年異常天象與災異，均由馬續獨自增補。

《史記・天官書》確有天人感應的思想，認為天變影響到人間政治和社會治亂。但是，〈天官書〉僅用簡短的文字論及彗星四起，秦滅六國；枉矢西流，諸侯反秦；五星聚於東井，而漢有天下等。馬續系統地將其擴充到整個西漢二百年，將天變與人間治亂，配以各種占語，一一對應。由於有歷史事實為印證，星占幾乎成為時人確信的偽科學，成為以後歷代〈天文志〉、〈五行志〉的先導。不過，從以上介紹可以看出，《漢書・天文志》對《史記・天官書》的改編、整理和擴充，還是很有成就的。

1 凡天文在圖籍昭昭可知者❶，經星常宿中外官❷凡百一十八名，積數七百八十三星❸，皆有州國官宮物類之象❹。其伏見蚤晚❺，邪正存亡❻，虛實闊陿❼，及五星所行，合散犯守，陵歷鬭食❽，彗孛飛流❾，日月薄食❿，暈適背穴，抱珥虹蜺⓫，迅雷風祅⓬，怪雲變氣，此皆陰陽之精，其本在地⓭，而上發于天者也。政失於此，則變見於彼，猶景之象形，鄉之應聲⓮。是以明君覩之而寤，飭身正事，思其咎謝⓯，則禍除而福至，自然之符也⓰。

2 中宮⓱天極星⓲，其一明者，泰一之常居也⓳。旁三星三公，或曰子屬。後句四星，末大星正妃，餘三星後宮之屬也。環之匡衛十二星，藩臣⓴。皆曰紫宮㉑。

3 前列直斗口㉒三星，隨北耑銳㉓，若見若不見㉔，曰陰德，或曰天一㉕。紫宮左三星曰天槍，右四星曰天棓。後十七星絕漢抵營室，曰閣道[26]。

4 北斗七星，所謂「琁、璣、玉衡，以齊七政」[27]。杓攜龍角，衡殷南斗，魁枕參首。用昏建者杓，杓，自華以西南；夜半建者衡，衡，殷中州河、濟之間；平旦建者魁，魁，海岱以東北也[28]。斗為帝車，運于中央，臨制四海。分陰陽，建四時，均五行，移節度，定諸紀，皆繫於斗。

5 斗魁戴筐六星[29]，曰文昌宮：一曰上將，二曰次將，三曰貴相，四曰司命，五曰司祿，六曰司災。在魁中，貴人之牢[30]。魁下六星兩兩而比者，曰三能。三能色齊，君臣和；不齊，為乖戾。柄輔星[31]，明近，輔臣親彊；斥小，疏弱。

6 杓端有兩星[32]：一內為矛，招搖；一外為盾，天鋒[33]。有句圜十五星，屬杓，曰賤人之牢[34]。牢中星實則囚多，虛則開出。天一、槍、棓、矛、盾動搖，角大，兵起。

7 東宮蒼龍[35]，房、心[36]。心為明堂，大星天王，前後星子屬。不欲直，直，王失計。房為天府，曰天駟[37]。其陰，右驂[38]。旁有兩星曰衿。衿北一星曰舝[39]。東北曲十二星曰旗。旗中四星曰天市[40]。天市中星眾者實，其中虛則耗[41]。房南眾星曰騎官。

8 左角，理，右角，將。大角者(42)，天王帝坐廷。其兩旁各有三星，鼎足句之，曰攝提。攝提者，直斗杓所指，以建時節，故曰「攝提格」(43)。亢為宗廟，主疾。其南北兩大星，曰南門。氐為天根，主疫。尾為九子，曰君臣。斥絕，不和。箕為敖客，后妃之府，曰口舌(44)。火犯守角，則有戰。房、心，王者惡之(45)。

9 南宮朱鳥(46)，權、衡(47)。衡，太微，三光之廷(48)。筐衛十二星，藩臣：西，將；東，相；南四星，執法；中，端門；左右，掖門(49)。掖門內六星，諸侯(50)。其內五星，五帝坐(51)。後聚十五星，曰哀烏郎位(52)。旁一大星，將位(53)也。月、五星順入軌道(54)，司其出(55)。所守，天子所誅也。其逆入，若不軌道，以所犯名之；中坐，成形，皆群下不從謀也(56)。金、火尤甚(57)。廷藩西有隨星四，名曰少微，士大夫(58)。權，軒轅，黃龍體(59)。前大星，女主象；旁小星，御者後宮屬(60)。月、五星守犯者，如衡占(61)。

10 東井為水事。火入之，一星居其左右，天子且以火為敗。東井西曲星曰戉；北，北河；南，南河。兩河、天闕間為關梁(62)。輿鬼，鬼祠事，中白者為質(63)。火守南北河，兵起，穀不登。故德成衡，觀成潢，傷成戉，禍成井，誅成質(64)。

11 柳為鳥喙(65)，主木草。七星，頸，為員宮，主急事(66)。張，嗉，為廚，主觴客[67]。翼為羽翮，主遠客[68]。

12 軫為車，主風[69]。其旁有一小星，曰長沙，星星不欲明；明與四星等，若五星入軫中，兵大起。軫南眾星曰天庫，庫有五車。車星角，若益眾；及不具，亡處車馬[70]。

13 西宮[71]咸池，曰天五潢。五潢，五帝車舍[72]。火入，旱；金，兵；水，水。中有三柱，柱不具，兵起[73]。

14 奎曰封豨，為溝瀆。婁為聚眾。胃為天倉。其南眾星曰廥積。

15 昴曰旄頭，胡星也，為白衣會[74]。畢曰罕車[75]，為邊兵，主弋獵。其大星旁小星為附耳。附耳搖動，有讒亂臣在側。昴、畢間為天街。其陰，陰國；陽，陽國[76]。

16 參為白虎。三星直者，是為衡石[77]。下有三星，銳，曰罰，為斬艾事[78]。其外四星，左右肩股也[79]。小三星隅置，曰觜觿，為虎首，主葆旅事[80]。其南有四星，曰天廁。天廁下一星，曰天矢。矢黃則吉，青、白、黑，凶[81]。其西有句曲九星，三處羅列：一曰天旗，二曰天苑，三曰九游。其東有大星曰狼。狼角變色，多盜賊。下有四星曰弧，直狼[82]。比地有大星，曰南極老人。老人見，治安；不見，兵起。常以秋分時候之南郊[83]。

17 北宮玄武[84]，虛、危[85]。危為蓋屋；虛為哭泣之事。其南有眾星，曰羽林天軍。軍西為壘，或曰戉。旁一大星，北落[86]。北落若微亡，軍星動角益稀，及五星犯北落，入軍，軍起。火、金、水尤甚。火入，軍憂；水，水患；木、土，軍吉[87]。危東六星，兩兩而比，曰司寇。

18 營室為清廟，曰離宮、閣道[88]。漢中四星，曰天駟。旁一星，曰王梁。王梁策馬，車騎滿野[89]。旁有八星，絕漢，曰天橫[90]。天橫旁，江星。江星動，以人涉水。杵、臼四星，在危南。匏瓜，有青黑星守之，魚鹽貴[91]。

19 南斗[92]為廟。其北建星。建星者，旗也。牽牛為犧牲，其北河鼓。河鼓大星，上將；左，左將；右，右將。婺女，其北織女。織女，天女孫也[93]。

【章旨】以上論述全天恆星的結構和分布，以及各星官星宿的特性與社會災變的關係。

【注釋】❶圖籍昭昭可知者　在圖畫和書籍，明白可以知道的。❷經星常宿中外官　經星，指恆星。常宿，經常在位不變的星宿。中外官，中官，指中宮，北極附近的星座，包括紫微垣、太微垣、天市垣三垣；外官，包括二十八宿及黃道南北二十八宿以外諸星。即中外官實際包括星空中所見的一切恆星。張衡〈靈憲〉曰：「中外之官，常明者百有二十四，可名者三百二十，為星二千五百，微星之數，蓋萬有一千五百二十。」《晉書・天文志》有〈天文經星〉欄，包括中宮、二十八舍、和星官在二十八宿之外者。❸凡百一十八名二句　這是《漢書・天文志》所統計的星座數和星數。從前條注引〈靈憲〉所載可見，當時各家所述星座數和星數有異，直到三國時陳卓總三家星官，才逐漸形成一個較為統一的標準。❹皆有州國官宮物類之象　星座有各種不同的名稱，有的為州名，有的為國名，有的為官職名，有的為宮殿名稱，有的為物品、動物的名稱和形象。❺伏見蚤晚　隱伏和出現的早晚，此天象主要是指行星。❻邪正存亡　這是指行星的運動狀態。邪，偏離了正常軌道。正，在正常軌道運行。存，見到；存在。亡，不見；隱沒。❼虛實闊陿　此是指星座在星占上的狀態。虛實，指某個星座中星數出現的多少。闊陿，指視覺上發現某個星座星與星之間位置發生寬窄的變化。❽五星所行三句　此為五星之間或五星與恆星之間發生的接近或掩蓋狀態的用詞。合，為聚會和接近，大致出現在同一個星座就可稱為合。散就是分散，離去。犯，兩星相距一度之內為犯，但一定是光耀自下而上才能稱犯。如果是光耀自上而下，則稱之侵。又以大迫小謂之侵，以小逼大謂之淩。文中之陵字，即淩字的異寫。歷者，為相靠近直到掩蓋而過。二體復合、往返稱為鬭，鬭者，爭鬥也。此處所謂的食，是指五星或月亮掩蓋其他星體的現象。❾彗孛飛流　彗孛，均指彗星。孛通常指無尾之彗星。飛流，均指流星，向上行為飛，向下行為流。❿日月薄食　指日食和月食。薄食者，淺薄之食。⓫暈適背穴二句　暈，指日暈。適，通「謫」。日食前日面發黑的現象。背，指日暈時兩側由內向外出現的光氣現象。穴，指日暈時上部如半環向外的光氣現象。抱，環抱朝向太陽的雲氣。珥，出現在太陽表面兩旁的雲氣。虹，「虹」的異體。日光經過地球表面水氣時呈現的圓弧形彩帶，彩帶有雌雄，雄者為虹，雌者為霓。前六種為太陽表面爆發時出現的各種雲氣，後兩種則是日光通過地球大氣時出現的現象，但均與太陽有關，古人歸為一類。⓬迅雷風祅　迅猛的雷電和暴風。風祅，即妖風，由妖怪的作用形成的怪風，如龍捲風等。⓭其本在地　天上出現的這些怪象，它們的本源都在地上，即天地是相通的。⓮政失於此四句　地上國政有錯誤，則星象就發生變化，就如事物形象所投下的影子，響聲所返回的回聲。失，錯誤。景，同「影」。鄉，通「響」。回聲。⓯明君覩之而寤三句　聰明的君主見到這些天象，就悟出了自己執政所產生的過失，便修養自己的品德行為，改正行政中的失誤，思慮悔改，並向人民謝罪。⓰禍除而福至二句　明君採取了改正措施之後，便禍除福來，天上也會顯現出祥和的景象。⓱中宮　中國古代天文學家把全天星座分為五個天區，稱為東、南、西、北、中宮。古人從目視觀測中發現，眾星都圍繞北極星旋轉，故將北極看作天的中央，稱北極附近的天區為中宮。⓲天極星　即北極星，古人經目視觀測，發現它位於北天極，一年四季及每天的早晚，它的位置都不發生移動。所以最為尊貴，其餘眾星，都環繞它運轉，故曰眾星拱之。⓳其一明者二句　在北極附近，其中有一顆明亮的星叫作泰一星，這個泰一星就是天極星。泰一，也寫作太一、太乙，它相當於《周易》中的太極。太是至高無上的意思，一是絕對唯一的意思。常居，即經常位於北極而不移動。這句話源自〈天官書〉，是司馬遷依據古代的傳說寫下的。可見太一星在遠古時曾作過北極星。但在漢代時的北極，已經不在太一星的位置，而是在樞星即紐星的位置。⑳環之匡衛十二星二句　環繞輔助保衛的十二顆星，稱為藩臣。藩臣即保衛帝王的諸侯和大臣。這十二星是指紫微垣垣牆諸星，後世標為十五星。㉑皆曰紫宮　都稱為紫宮中的星。紫宮即中宮。㉒前列直斗口　北斗星斗口前陳列的三顆星。㉓隨北耑銳　從北下垂，前端尖銳。耑銳，〈天官書〉作「耑兌」。耑，通「端」。㉔若見若不見　像有出現又似沒出現。形容星星暗弱。㉕曰陰德二句　這三顆星叫作陰德，又名天一。後世星圖，將天一與陰德分為兩個星座，天一星在太乙星下方，陰德二星則在紫微垣內尚書星旁。㉖後十七星絕漢抵營室二句　天槍、天棓星的下方十七星叫作閣道，通過銀河，抵達營室星座。絕漢，越過銀河。營室，即室宿和壁宿。閣道，後世星圖中閣道為六星，輦道為五星。按〈天文志〉和〈天官書〉所言之方位，此閣道似為輦道之誤。〈天文志〉無輦道星名。㉗北斗七星三句　北斗星，稱為璇璣玉衡，利用它，可以確定日月五星的運行。北斗七星，是紫微垣中組成斗杓形狀的最為明亮的星座。其中的每顆星又都有專名：天樞、天璇、天璣、天權，組成四方的斗魁狀，如渾天儀的圓環，故曰璇璣；玉衡、開陽、搖光似斗把，或叫作斗柄，如渾天儀中的橫筒，故曰玉衡。齊七政，指推算日月五星的行度。㉘杓擕龍角十二句　斗柄連接著蒼龍星的角（即大角星和角宿），玉衡星正對著南斗星（即斗宿），斗

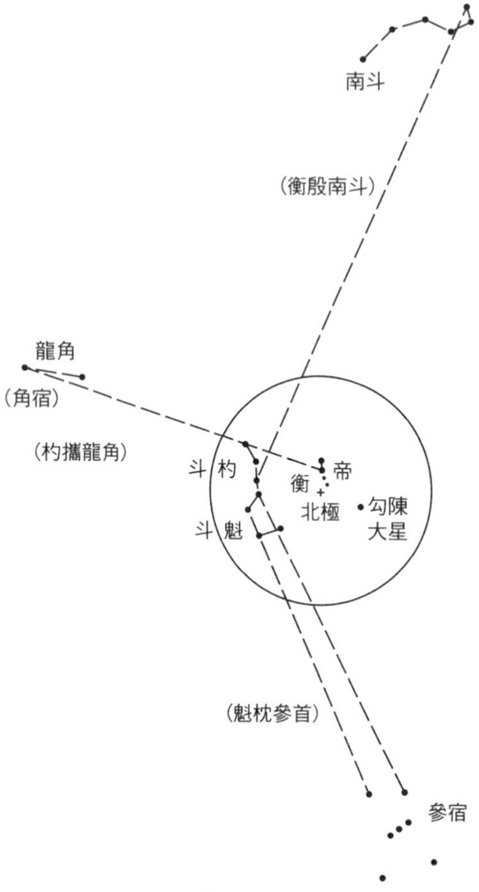

圖一　潘鼐重畫朱文鑫〈天官書〉恆星圖考中杓衡魁建示意圖

魁四星枕在參宿的頭部，即參宿的左右肩。這是建立斗建的三種不同方式，以斗柄指向定季節為昏建，以衡星指向定季節為夜半建，以魁星指向定季節為平旦建。其中「杓，自華以西南」、「衡，殷中州河、濟之間」、「魁，海岱以東北」為北斗分野的用語。（見圖一）㉙斗魁戴筐六星　斗魁四星上方的六顆星，如魁戴著的筐帽。㉚在魁中二句　在斗魁四星的中間，是貴人的牢獄。牢獄，指斗魁中的天理四星。㉛柄輔星　斗柄旁的輔星。具體指開陽星旁的輔星。㉜杓端有兩星　在斗柄的端點外，有兩顆名叫招搖和天鋒的星。㉝天蠭　即「天蜂」。〈天官書〉作「天鋒」。既然天鋒為盾，當為戰鬥中的防禦武器，不是蜜蜂，故此處的蠭（蜂）當為誤字。㉞有句圜十五星三句　句圜，為鉤環狀的星座。賤人之牢星座與前面所論及的貴人之牢天理星是相對應的。後世的星圖中無賤人之牢星座。《春秋緯》曰：「貫索，賊人之牢。中星實，則囚多，虛則開脫。」貫索也成鉤環狀，為九星，可見〈天文志〉和〈天官書〉之賤人之牢即後世之貫索。（見圖二）㉟蒼龍　又作「青龍」。為黃道帶四方星之一，與朱鳥、白虎、玄武合為四方星。黃道帶四方對應於四季和四色，故曰蒼龍。蒼者青色也。㊱房心　房宿和心宿，為東方蒼龍七宿中的主星。故在東宮中首先予以介紹。㊲房為天府二句　房為明堂，天子布政之宮，故曰天府。房又為天駟。天駟者，天上之駟馬也，也可釋作四馬拉的車。㊳其陰二句　它的北面為右驂。後世星圖中沒有右驂這個星座。《晉書・天文志》曰：房四星「亦曰天駟，為天馬，主車駕。南星曰左驂，次左服，次右服，次右驂」。按《晉書・天文志》的解釋，房宿四星中最北一星曰右驂星。㊴旁有兩星曰衿二句　房宿旁邊有顆星叫作鉤鈐，鉤鈐的北面有一

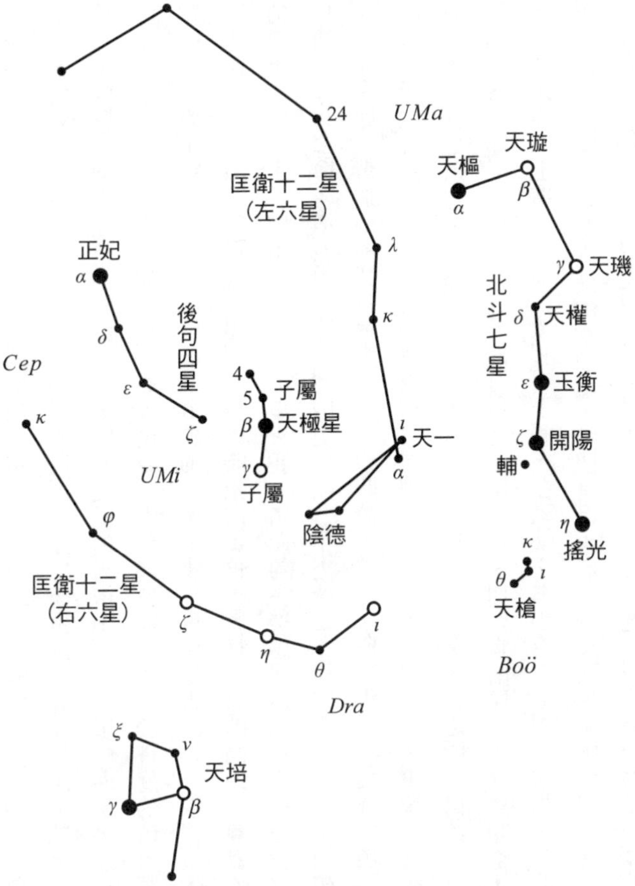

圖二　潘鼐《中國恆星觀測史》中所繪〈天官書〉中宮星圖

顆星叫作轄星。衿，又叫鉤鈐星。舝星，也作「轄星」。鉤鈐為馬車主開閉即鑰匙星。轄星為固定車輪與車架的鐵釘。㊵東北曲十二星曰旗二句　漢代以後的星座還發生很大的變化，與〈天官書〉中的星座已經不能完全對應。此處的旗十二星，可能就是指河鼓兩邊的左旗和右旗。但文中所述天市四星，便難以找到對應的星，因為後世的天市垣不是四星，而是多達十九個星座。㊶星眾者實二句　天市中星多，則市場繁榮，星少，則市場蕭條。㊷大角者　大角與角宿，均源於蒼龍的角。原本大角星與角宿一為龍的兩隻角，以後改以角宿一、二為角宿兩星。大角星成為單獨的一個星座。㊸攝提者四句　攝提星，正對著斗柄所指示的方向，它與斗柄同樣起到建立時節的作用，所以說，攝提星黃昏時指向寅位，就是一歲的開始。㊹箕為敖客三句　箕宿象徵撥弄是非的人，又是后妃的府第，它是主管口角爭吵的星。㊺火犯守角四句　熒惑星凌犯和守衛停留在角宿之時，將有戰事發生；熒惑星凌犯和守衛房宿、心宿之時，將有對王者不利的事發生。㊻朱鳥　又作「朱雀」。為黃道帶四方星之一，與蒼龍、白虎、玄武合為四方星。雀即是鳥。黃道帶的四方對應於四季和四色，故曰朱鳥。朱者赤色或紅色。㊼權衡　為南方朱鳥七宿中的主星，故在南宮中首先予以介紹，以後才逐漸將南宮主星轉移為柳、星、張三宿。㊽衡三句　衡，又稱為太微垣，是日月星三光的廷府。廷府者，居住之所也。由這個說法便可以知道它是日月五星必經之所。自此以下直至「士大夫」，均為介紹衡即太微垣中各個星座的。㊾筐衛十二星十二句　此處之筐衛十二星，與紫宮的匡衛十二星類似，為太微垣的垣牆。後世星圖中的太微垣只有十星：左垣為：上將、次將、次相、上相、左執法；右垣為：上相、次相、次將、上將、右執法。這裡所述之端門和掖門均不為星座。端門，指垣牆南端的空缺處，掖門是兩垣牆中的邊門。㊿掖門內六星二句　後世星圖太微垣中的諸侯星稱為五諸侯，僅為五星，在西上將的上方。(51)五帝坐　也作「五帝座」。以五帝命名的五個方位的帝座，均為帝王或天帝於不同季節的座位。五帝坐五星，位於太微垣內正中間，其中間的主星，為太微垣中最為明亮的一顆星。(52)哀烏郎位　即五帝坐後面（即北面）的十五星名叫郎位，郎位即郎官之位，為漢代宮廷中的侍衛官。「哀烏」二字，在〈天官書〉中作「蔚然」，可見哀烏為蔚然之誤寫。蔚然者，茂盛地積聚也。「哀烏」二字無解。(53)將位　即後世位於郎位星東的郎將星。(54)月五星順入軌道　月亮和五星順著軌道進入太微垣。(55)司其出　觀察它的出行狀態。(56)所守八句　五星進入太微垣之後，總是要順行向東出太微的。但在太微垣中的行程，可以是順行，也可以是逆行和留，並且不沿著軌道運動。所以要細心觀察。所守，為停留不動。天子所誅，天子命令加以討伐。討伐的對象為所守星座的分野地區。逆入若不軌道以所犯名之，如果星逆向運動，進入所犯的星座，並且不沿著軌道運動，那麼，其顯示出的行為依所犯星名來確定其人的罪行。中坐成形皆群下不從謀也，帝座必成其刑戮，都是諸臣下相從而謀上所致。(57)金火尤甚　以上占語對五星均適用，只是對金星和火星而言更為厲害。[58]有隨星四三句　在宮廷和藩臣的西面有下垂的星四顆，名叫少微星，它們象徵士大夫。士大夫象徵著處士，即在野的賢士。[59]權三句　權，又稱為軒轅星，軒轅為遠古最偉大的古帝黃帝的號。這個星座又稱為黃龍之體，即軒轅星又名為黃龍。在中國古代，既有將一年分為春夏秋冬四季，又有分為春、夏、季夏、秋、冬五季的。四季在黃道上的對應星為蒼龍、朱鳥、白虎、玄武，五季的對應星則為蒼龍、朱鳥、黃龍、白虎、玄武。所以，黃龍軒轅這個星座雖僅為一座，但其地位十分特殊且很重要。[60]前大星四句　星占家將軒轅星看作後宮的形象，並與各女主相對應。[61]五星守犯者二句　五星淩犯了軒轅星，與衡星各占相同。[62]兩河天闕間為關梁　南河戍星、北河戍星與闕邱星之間為銀河上的通道。關梁，關卡和橋梁。[63]輿鬼三句　輿鬼星即鬼宿，為敬事鬼神之事，鬼宿中見到的白色星點就是質星。古人所觀測到的這團鬼宿星氣，後人稱之為鬼星團。[64]故德成衡五句　所以，帝王施行了德政，就能從衡星表現出徵兆，衡是平準之器，表示著對一切事物持公平的態度；王者外出遊觀，就從天潢星表現出來，天潢星為天帝車舍，由此可以看出帝王的行蹤；帝王做了敗德之事，就能從戉星中顯示出來，戉星即本段第五句「東井西曲星曰戉」之星，也作「鉞星」。帝王遇到災禍，就會從井宿顯示出來；帝王有誅殺之事，就會從質星顯示出來。[65]柳為鳥喙　柳宿象徵朱鳥的嘴。[66]七星四句　七星，即星宿，其星座包含有七顆星。頸為員宮主急事，七星為朱鳥的脖子，是鳥的食道所經之處，所以主管危急之事。[67]主觴客　張宿為朱鳥的嗉囊，所以它主管廚房和招待客人之事。[68]翼為羽翮二句　翼宿為朱鳥的羽根或鳥的翅膀，翅膀善飛，故象徵著遠客。[69]軫為車二句　軫為車，其四星象徵車架之底座或四輪。由於車子行動迅速，故產生風，所以，軫宿不但主管車，還主管風。[70]軫南眾星曰天庫六句　在軫宿的南面有很多星名叫天庫，天庫中有五柱。柱星有芒角，顯示出車馬眾多，如果眾柱星不出現，則沒有車馬。這是判斷南方有無戰事發生的重要標誌。此處「庫有五車。車星角」，其中的車字當為柱字之誤。在南方朱雀的範圍內沒有五車星，五車更不靠近天庫星，所以知其車字必誤。在一些文獻中天庫稱為庫樓，為兵車的府庫。《石氏》曰：「庫樓十星，五柱十五星，衡四星，凡二十九星，左角南。」柱和衡均為兵車的部件。柱者，兵車上的旗桿也。五柱，象徵兵車之多。[71]西宮　黃道帶的四宮之一，與東宮、南宮、北宮合為四宮。每宮對應於一個大的星座，稱為東宮蒼龍、南宮朱鳥、西宮白虎、北宮玄武。此處西宮後缺漏「白虎」二字。因為其他三宮均有東宮蒼龍、南宮朱鳥、北宮玄武之名，而西宮則缺少對應的星名。有人將西宮咸池與東方蒼龍等相對應，這是不相稱的。首先，蒼龍、朱鳥、玄武都是能代表四方中每一方的名稱，它們各涵蓋七宿，咸池只能代表自身；其次，蒼龍、朱鳥、玄武都是動物，而咸池則是一個水池，它不是動物，與其他三方不相配合，它也不能代表包括西方七宿中的任何一宿，故曰西宮與咸池間缺漏「白虎」二字是可信的。[72]咸池四句　咸池又名天五潢，或名天淵、五潢，是天子的池塘，是水和魚的囿府。在中國的星空世界中，有北極附近的北斗星即帝車星，有角宿西面的軫宿即車星和角宿東南的陣車星，在參宿的西北有畢宿即罕車星，參宿的正北有五車星。另外還有以馬車部件命名的星座，如柱星、轄星等，還有一些與車子有關星座，如拉車之駟馬星，著名的馭手王良星、造父星，車子的發明人奚仲等。中國星座為什麼會使用如此多與車有關的名稱作為星名呢？原來中國星占的主要目的是為鞏固帝王的統治服務的，而戰爭和軍隊是鞏固其統治的主要手段。在先秦時代，車戰是決定戰爭勝負的主要手段，所以中國星占對軍車特別重視。車子按不同的功用，具有不同的分類，《孫子．作戰》曰：「凡用兵之法，馳車千駟，革車千乘。」梅堯臣注曰：「馳車，輕車也。革車，重車也。凡輕車一乘，甲士步卒二十五人，重車一乘，甲士步卒七十五人，舉二車各千乘，是帶甲者十萬人。」鄭玄注《周禮》五車曰：「此五者皆兵車，所謂五戎也。戎路，王在軍所乘也；廣車，橫陣之車也；闕車，所用補闕之車也；苹猶屏也，所用對敵自蔽隱之車也；輕車，所用馳敵致師之車也。」而郗萌曰：「五車，天子大澤也，主輕車。」所以，按《周禮》五車的分法，北斗的帝車當為五車中的戎路車。至於五車星之含義，當有兩解，一解如《周禮》之五種兵車，另一解如郗萌的輕車。中國星空所示有南方、北方、西北三個主戰場，南方有軫宿和陣車，西北方有罕車和五車，故罕車和陣車為重車，軫宿、五車為輕車。在戰場上，重車和輕車各有不同分工。73火入九句　正因為咸池又名五車，而五車又是天帝的車舍，故《石氏》曰：「五車五星，三柱九星，凡十四星，在畢東北。」故本文曰：火星入犯五車，則發生旱災，應著咸池為水池的占語上。若金星入犯五車，則有兵，應著五車為兵車、金星為兵的占語上。若水星入犯五潢，則有水災，應在水星為水、五潢也為水的占語上。又五車中有三柱，為兵車插軍旗的旗桿，當三柱不見之時，就象徵著兵起，有戰鬥發生。74昴曰旄頭三句　據「昴曰旄頭，胡星」的說法，它的直接含義就是昴為中國古代的少數民族。據記載，周武王伐紂時，曾聯合西方的八個少數民族出兵，其中就有建國於巴地的髳國。周代的髳人，以後可能不斷向西南遷移，唐代時在髳人的居地設有髳州，即今雲南牟定。古稱被髮先驅為旄頭，源出於西南少數民族被髮作戰勇猛的象徵。由於昴為西方白虎的一宿，白虎的主體在觜參二宿，大約星占家將髦與虎頭下披之長毛聯繫了起來，故有髦頭之稱。髳人為古羌人的一支，北方和西北方的少數民族統稱為胡人，故髳人也是胡人的一種。胡人以昴星作為自己的族星，在古代文獻中多有記載，也得到現今少數民族調研的印證，所有這些事實都證明了〈天官書〉昴為胡星是可信的。白衣會，因戰事而導致死喪的凶兆，實指辦喪事的聚會。75畢曰罕車　畢宿又為軍旗飛揚的軍車，故又曰為邊兵。罕，通「罕」。旄旗。76昴畢間為天街五句　在昴宿和畢宿之間為天街，故星圖上有天街一星，在天街的北面為陰國，在街南為陽國。77三星直者二句　參宿共有七星，中間三星與赤道平行，故稱為衡石，外面四星為白虎的左右肩股。(78)下有三星四句　在衡石的下方有下垂尖銳的三顆星，稱為罰星（又寫作伐），執行殺伐的使命。(79)其外四星二句　衡石三星和罰三星的外面四顆星，為白虎的左右肩和左右屁股。(80)小三星四句　另有小三星成鼎足之形，位於參宿之上方，稱為觜觿，是白虎的腦袋，主管軍隊中野生食物之事。(81)其南有四星七句　在參宿南面的四顆星稱為天廁，天廁的下面有一顆星叫作屎。屎的顏色是黃色時吉利，若是青、白、黑色時為凶象。此處天廁下一星曰「天矢」之「矢」字，當為「屎」字之借字，後世星圖作屎。(82)其東有大星五句　在參宿的東南方有一顆大星為天狼星，它若有芒角或者變色時，則社會多盜賊。其下方有四顆弧矢星，它的箭頭正對著天狼星。四星曰弧，在天狼星東南方的一組星稱為弧矢星，後世的星圖上，這組星共計九顆，其中一至三的三顆星為弓箭的箭頭，針對著天狼星，其餘六星成弦弧弓箭狀。直狼，對著天狼星。大星，天狼星為全天第一亮星，故稱為大星。(83)比地有大星七句　在天狼、弧矢星的下方靠近地面的地方有大星名曰南極老人星。老人星見，天下安定，如果看不見，就有戰亂發生。常在秋分時的黎明前的南郊見到它。比地有大星，在南方地平線以上有一顆大星叫老人星，為全天第二亮星，故曰大星，由於其緯度偏南，僅能在黃河流域以南的春分時的黃昏和秋分時的黎明短暫時刻見到它，因此全年見到的機會很少，只要出現時的這幾天有雨或為陰天，就會失去見到它的機會。曰南極老人，稱為南極老人星。所謂南極，是指靠近南極，並非就在南極，故有時見、時不見之別。常以秋分時候之南郊，漢唐之時，古代帝王對觀看老人星很重視，還把它作為一種儀式來舉行。每逢秋分日的早晨，帝王就帶著大臣到國都南郊的老人廟觀看老人星。若看到老人星時，則預示著國泰民安，大臣們便向帝王祝賀。觀看老人星也有提倡社會尊敬老人的作用。(84)玄武　中國星座中的黃道帶的四大動物星象之一。在四個動物星象中，其他三象稱為龍、虎、鳥都很具體，為什麼北方叫作玄武？玄武又是什麼動物？這是難以說清的問題。經研究，武古音作冥，玄武作玄冥，而玄冥為大禹之父鯀的號。夏人又以顓頊作為自己的遠祖。而這個支系的民族常以龜蛇作為自己的圖騰，故人們將北方玄武配以龜蛇。玄的含義為黑色，與五行中的五色相對應。(85)虛危　虛宿和危宿。《漢書．地理志》論述天文地理分野時說：北方玄武，濮陽「本顓頊之虛」。而四季對應的古帝中，北方又是與顓頊相對應的，那麼，這裡的虛宿的含義，當是顓頊一名的借詞。《爾雅．釋天》也說：「玄枵，虛也。顓頊之虛，虛也。北陸，虛也。」玄枵包含有虛宿，它又是顓頊之虛，故虛字當為頊字之借字。(86)其南有眾星六句　虛危二宿的南面有許多星，稱為羽林軍。羽林軍的西北為壘壁陣星，或叫作戉星。戉星旁有一顆大星為北落師門。在後世的星圖上，虛危以南的眾星組成了一個南方戰場。作戰的對象是北夷和匈奴。在女宿旁有天壘城，為北夷、匈奴的象徵。羽林軍則為中國軍隊的主要作戰力量，其南的北落星又叫北落師門，其意為北方的軍門。羽林軍旁還有供作戰用的兵器鈇鉞。再向南還有天綱星，它為天子親征駐紮的營帳。在北夷與羽林軍之間，有一條長長的兩軍作戰分界線，稱為壘壁陣。87北落若微亡十二句　北落星如果微弱或者消失；羽林軍如果動搖有芒角，或者更稀少；以及五星發生凌犯北落和羽林軍，就有軍隊興起，將有戰事發生。對於五星中的火、金、水三星來說，凌犯所造成的影響更大。火星進入有軍憂；水星進入有水患；木星、土星進入則吉利。88營室為清廟二句　營室是祭祖用的祠廟，又是帝王的離宮別室，是臨時休養的地方。這裡有一條輦道，通過銀河與紫宮相連接。89漢中四星六句　在營室以北的銀河之中有四顆星名叫天駟，在天駟四星的旁邊還有一顆星叫作王良。俗話說，王良策馬，車騎滿野。即當見到王良星鞭打馬時，就有戰事發生了。此處的天駟為四匹馬拉的軍車。王梁即王良的異寫，王良即《史記・趙世家》所載趙襄子的優秀馭手。策，原本是鞭打的意思，後世因此又設立了一顆策星。《黃帝占》曰：「駟馬參差，不行列，天下安。若駟馬齊行，王良舉策，天子自臨兵，國不安。」車騎滿野，即到處是兵。90天橫　按〈天官書〉舊注引宋均之說，天橫為天津星，此處為八星，後世天津星九顆。在〈天官書〉中作「天潢」。91天橫旁九句　江星為天江星，在尾宿以北；杵臼星在虛危以北（南為北之誤），營室以西。是為軍隊準備軍糧而設立。在河鼓的東面，有瓠瓜和敗瓜星座，是為軍隊準備的蔬菜和醬菜而設立。在北方玄武這個廣大天區，是為皇家提供糧餉和後勤支援的大後方。牛宿和女宿象徵男耕女織的農業社會，是國家的基礎。其上方的一些星座離珠、瓠瓜、敗瓜及杵臼所使用的糧食均是其勞作的產品。其生產的基地則是分布在牛宿、女宿以南的天田星。92南斗　即斗宿，六顆星，斗柄兩顆，指向西北，為二十八宿中的第一宿。為推算日月五星等天體行度的起點。93牽牛為犧牲十二句　牽牛為牛宿，婺女為女宿。河鼓亦稱牽牛。織女又稱為天帝的孫女。人們普遍認為，牛宿與河鼓，女宿與織女，有著密切的關係。甚至牛宿、女宿之名，也可能出自河鼓和織女。大概是，在天文學萌芽之時，尚無二十八宿的觀念，牛女二宿較為暗淡，不為人們所關注。而織女和河鼓均為全天最亮的大星之一，為人們所關注。正因為如此，才在這兩個星座的基礎上產生了牛郎織女的故事。而二十八宿產生之後，由於織女、河鼓均距黃道較遠，不宜充作二十八宿使用，才選用牛宿和女宿這兩個暗星座來代替織女和牽牛之星名。但兩兩不能混用，故將女宿改名婺女，為淺妾，以示與織女的貴族身分相區別，又將牽牛大星改名河鼓，河鼓之義為銀河邊的軍鼓，故在其旁邊還有天桴即鼓槌。至於牛宿之星，則專作牽牛星名使用。

【語　譯】凡是天上的星座，記錄在星圖和圖書典籍之中，明確可以知道的，中央常宿和黃道內外星官，總計一百一十八名，恆星統計之數為七百八十三顆，都有州、國、官、宮、物類與它們相對應。五星的出現、隱伏、早晨出現和傍晚出現，它們位置的正行和斜行、存在和亡失，星空之間的虛耗和充實，以及五星運動所處的狀態，如聚合、分散、冒犯、守衛、侵淩、掩過、爭鬥、相食等現象，還有彗星、孛星、飛星、流星、日月薄食、太陽上的暈、適、背、穴、抱、珥、虹、霓等現象，以及迅雷風妖、怪雲變氣等，都是陰陽的精氣，它們的根本都在地上而上發於天的。天子執政如有失誤，那麼天象就會顯現出來，就如日影象物，響聲以後出現的回聲。所以，聰明的君主見到天上出現的異常天象，就能省悟到其中的道理，進而整飭自身的行為和修養，公正地處理政事，思考自己的罪責，並採取改正措施，那麼，就能免除禍患，福氣就會降臨，這是自然的符應。

2 中宮　天極星，是中宮中一顆明亮的星，叫作泰一星，它的位置經常固定不動。它的旁邊有三顆星，名叫三公星，或者稱之為子屬，即天帝的子女。在它的左上方有後句四星，其中最末一顆大星為正妃，其餘三顆星為後宮中的嬪妃。在其左右圍繞輔助的十二星，為藩臣。這三組星座統稱為紫宮，即天帝居住的宮廷。

3 前面正對著北斗星斗口的三顆星，從北面下垂下來，前端尖銳，像有出現又似沒出現的名叫陰德星，或者叫作天一。紫宮左面的三顆星名叫天槍，右面的四顆星名叫天棓。它們後面的十七顆星，越過天河，直抵營室，稱閣道。

4 北斗七顆星，這就是所謂「璇、璣和玉衡互相配合運行，達到互相協調的狀態」。斗柄繫掛在龍角星上，衡星正對著南斗星，魁星則枕在參宿的雙肩上。當黃昏判斷季節時，就用斗柄的指向，它對應著華山西南地區；夜半判斷季節時，就用斗衡的指向，它對應著中原黃河、濟水之間的地區；黎明判斷季節時，就用斗魁的指向，它對應著東海、泰山和東北一帶。北斗星是天帝的坐車，它在中央運行，統制著四方。分判陰氣和陽氣，建立四時，均分五行，轉移節氣和度數，用以確定曆法中的各種週期，都借助於北斗星的作用。

5 斗魁的上方，有一組排列成筐形的六顆星，就如斗魁戴著的一頂帽子，名叫文昌星座：第一顆叫上將，第二顆叫次將，第三顆叫貴相，第四顆叫司命，第五顆叫司祿，第六顆叫司災。在斗魁當中是貴人的牢房。在斗魁的下方有六顆星，兩顆兩顆地並列著，名叫三能星。三能星顏色平和之時，君臣和睦；不平和，就象徵著君臣不一致。在斗柄第二顆星開陽星的旁邊，有一顆輔星，它是判斷君臣親和力的標準，輔星明亮而且與斗柄接近，表明皇帝的輔臣親近而且有能力；如果與斗柄遠離而且微弱，那麼大臣就疏遠而且無能。

6 斗柄的前端有兩顆星：與柄較接近的一顆名叫天矛星，又叫招搖星；較遠的一顆名叫天盾星，又名天蠭星。有如鉤環形狀的十五顆星，也附屬於斗杓，稱之為賤人之牢星。牢中星數眾多時，則帝皇牢房中的囚徒就多；牢中星數少，則表明帝皇牢房中的囚徒少。如果天一星、天槍星、天棓星、天矛星、天盾星發生動搖，顯現出大的芒角，社會上就將有兵災。

7 東宮　蒼龍，這個天區的主要星座為房宿和心宿。心宿為天帝的明堂，在心宿的三顆星中，大心為天王星，前後兩顆小星就是天帝的兩個兒子。這三顆星的排列方位不要它們直立，如果排列成一條直線之時，就意味著天子決策失誤。房宿又稱為天府，也叫作天駟星。天駟星即為天帝的馬車，所以在它的北面為左、右驂星。天駟星旁有兩顆星叫作鉤鈐星。在衿星北面的一顆星名叫天轄星。房宿東北成彎曲狀的十二顆星名叫天旗星。天旗星中有四顆星名叫天市星。如果天市星中的星數眾多之時，就象徵著經濟繁榮，如果星少就意味著經濟蕭條。房宿南面的許多星名叫騎官星。

8 在角宿兩星中，左面的一顆為大理星，右面的一顆為大將星。大角星，是天帝的座位。在它的兩旁各有三顆星，像三足鼎的腳立在那裡，名叫攝提星。攝提的含義是，直對著斗杓所指示的方向，用以確定時節，所以才稱為攝提的格。亢宿的象徵是宗廟，它掌管人間疾病。它的南邊有一南一北兩顆大星名叫南門星。氐宿象徵著天龍的根基，它掌管著人間的瘟疫。尾宿為天子的九個兒子，又象徵著君臣的關係。如果它們相距遠離，就表示君臣不和。箕宿象徵著撥弄是非的說客，又是后妃們居住的府第，象徵著口舌是非的爭吵。火星侵犯或守衛在角宿的周圍，就表示將有戰事發生。如果火星侵犯房宿或心宿，便是侵犯到帝座，將有對皇帝不利的事情發生。

9 南宮　朱鳥，這個天區的主要星座是權星和衡星。衡星就是太微垣，它是太陽、月亮和五星的廷府。圍繞著它的十二顆星是天帝的大臣和大將：西邊的是將軍，東邊的是宰相，南邊的四顆星是執法星，中間的門是端門，左右兩邊的門是左右掖門。掖門內有六顆星為諸侯星。中間的五顆星為五帝坐星。五帝坐後面聚集在一起的十五顆星名叫郎位星。旁邊有一顆較大的星，名叫將位，即郎將星。月亮與五星如果順行進入太微垣，並且在軌道上運行，就觀察它們出去所守衛的星座。這個星座所對應的官員，就是天子懲處的對象。如果月亮和五星逆行進入太微垣，並且不沿著軌道運行，就以所犯星座名所對應的官員加以定罪；當月亮和五星淩犯五帝坐時，表明犯罪事實已經形成，而且有許多官員勾結在一起犯上作亂。在五星的淩犯之中，金星、火星所造成的危害尤其嚴重。在太微垣垣牆西面有四顆下垂的星，名叫少微星，象徵著士大夫。權星，又名軒轅星，如黃龍的身體。前面的一顆大星象徵著皇后，旁邊的小星，為後宮中的嬪妃和侍女。如果月亮和五星對權星有了淩犯，占卜方法與衡星的占法一樣。

10 井宿主管著與水有關的事情。如果火星進入了井宿，而位於井宿的左或右方，天子將會遇到與火有關的災禍。東井的西面有一顆彎曲朝向西的星名叫戉星。在東井星宿的東南方有兩個星座，北面的為北河戍，南面的為南河戍。兩個河戍星座之間為天闕，天闕之間為關卡和橋梁。輿鬼星宿，主管祭祠鬼神的事情，其中成白絮狀的物質，為質星，又名為積屍氣。火星如果守衛在南河、北河附近，就預示著將有兵亂發生，穀物沒有收成。所以，帝王施行德政，就會事先從太微垣表現出徵兆；帝王外出遊覽，就會事先從天潢星中表現出徵兆；帝王如有傷害敗德之事，就會事先從戉星表現出徵兆；帝王如有災禍發生，就會事先從井宿表現出來；帝王如要執行誅殺之事，就會事先從鬼宿質星中表現出來。

11 柳宿是朱鳥的嘴，主管草木的事情。七星星宿，是朱鳥的脖子，為食道所經之處，主管緊急方面的事情。張宿是朱鳥的胃，所以，它主管炊事和招待客人方面的事情。翼宿為朱鳥的翅膀，主管遠方客人方面的事情。

12 軫宿是天上的軍車，主管風。在它旁邊有一顆小星，稱為長沙星，就星占的觀念來說，人們不希望它明亮；如果長沙星的亮度達到與軫宿四星相同的亮度之時，那麼就有戰爭大量出現了。軫宿南面有許多星稱為天庫星，天庫星中有五組天柱星。天柱星若出現芒角，並且星數增多；或者不出現，那麼社會上的軍車多得就無法安排了。

13 西宮　白虎，這個天區的主要星座是咸池星，它又稱為天五潢。五潢星，就是五帝的車舍。如果火星進入五帝車舍，就將出現乾旱災害；金星進入就有兵災；水星進入就有水災。五帝車舍星中有三柱星，如果三柱星不出現，就有戰爭出現。

14 奎宿是大豬的象徵，它主管溝瀆方面的事情。婁宿主管聚眾方面的事。胃宿則主管天倉。它南面的眾星稱為廥積星。

15 昴宿稱為髦頭，就是老虎頭上的長毛，昴宿是胡人之星，掌管死喪方面的事情。畢宿又名罕車星，是有邊兵的象徵，主管射獵方面的事情。畢宿中的大星旁邊有一顆小星名叫附耳星。當附耳星顯現出動搖現象的時候，就預言著有讒言和亂臣在帝王的身邊。在昴宿、畢宿的中間有天街星。在它的北面為陰國，即北方少數民族的政權；在它的南面為陽國，即中國。

16 參宿象徵白虎。它中間橫排成一條直線的三顆星，稱為衡石。在衡石下面下垂著成尖銳狀的三顆星名叫罰星，它主管斬殺方面的事情。在衡石和罰星外面包圍著的四顆星，為白虎的左右肩和左右屁股。在虎肩上方的三顆成三角鼎立狀的小星，名叫觜觿，為白虎的腦袋，它主管著軍需品的供給和運輸方面的事情。在參宿南面有四顆星，名叫天廁星。天廁下面又有一顆星名叫天矢。矢星呈黃色就吉利，如果為青、白、黑三種顏色時，都為凶險的年分。在參星的西邊有呈彎曲狀的九顆星，各三三羅列：一組稱為天旗星，二組稱為天苑星，三組稱為九斿星。在這些星再往東南方向看去，有一顆大星稱為天狼星。天狼星如果改變顏色，而且有芒角，就表現為盜賊多。天狼星的下面有四顆星為弧矢星，它針對著天狼星。緊挨著南方地平之上有一顆大星，名叫南極老人星。如果看到老人星，國家就平安無事；如果沒有見到老人星，就有戰爭興起。南極老人星經常在秋分黎明時的短暫時刻，才能見到它。

17 北宮　玄武，這個天區的主要星座為虛宿和危宿。危宿掌管建造宮室方面的事情；虛宿則掌管死喪和哭泣方面的事情。它們的南邊有許多星星，稱之為羽林軍星。羽林軍星的西面為壘壁陣星，或叫作戉星。羽林軍星的旁邊有一顆大星名叫北落師門星。北落師門星如果微弱或者看不見，又羽林軍星搖動而且有芒角，或者星數稀少，加上五星淩犯北落師門星和進入羽林軍星，就將發生軍事行動。如果淩犯的星是火星、金星或水星，那麼出現的軍情就更為嚴重。火星進入的時候，軍隊有憂患；水星進入則有水災；木星和土星進入，則軍隊吉利。危宿東面有六顆星，兩顆兩顆地排列，稱之為司寇星，又名土司空星。

18 營室星為帝王的祖廟，又是帝王的離宮別室，其旁還有閣道星，它通過銀河與紫宮相連。附近的銀河中有四顆星，名叫天駟星。再往北的一顆稱為王梁星。有星占的諺語說王梁旁的駟馬星如果排列位置齊同，而且附近的另一顆策星閃動著光芒，那就意味著到處是兵災了。在王梁星的旁邊有八星，叫作天橫星，又稱為天津星，它橫跨銀河兩岸。在天橫星的旁邊，有江星。江星如果動搖，就有人徒步涉水了。杵臼四星，在危宿的北邊。旁有匏瓜星，如果有青色或黑色的星守衛在它的旁邊，那麼該年的魚價和鹽價就貴了。

19 南斗為廟堂。南斗的北面是建星。建星就是天旗。牽牛星即牛宿，是主管犧牲的星座，牽牛之北為河鼓星。河鼓中的大星為上將軍；左邊的星為左將軍；右邊的星為右將軍。在女宿的北面是織女星。織女星是天帝的孫女。

1 歲星曰東方，春，木。於人五常，仁也；五事，貌也❶。仁虧貌失❷，逆春令，傷木氣，罰見歲星❸。歲星所在，國不可伐，可以伐人❹。超舍而前為贏，退舍為縮❺。贏，其國有兵不復❻；縮，其國有憂，其將死❼，國傾敗。所去，失地；所之，得地❽。一曰，當居不居，國亡；所之，國昌；已居之，又東西去之，國凶，不可舉事用兵。安靜中度，吉❾。出入不當其次，必有天祅見其舍也❿。

2 歲星贏而東南，石氏「見彗星」，甘氏「不出三月迺生彗，本類星，末類彗，長二丈」。贏東北，石氏「見覺星」，甘氏「不出三月迺生天棓，本類星，末銳，長四尺」。縮西南，石氏「見欃雲，如牛」，甘氏「不出三月迺生天槍，左右銳，長數丈」。縮西北，石氏「見槍雲，如馬」，甘氏「不出三月迺生天欃，本類星，末銳，長數丈」。石氏「槍、欃、棓、彗異狀⑪，其殃一也。必有破國亂君，伏死其辜，餘殃不盡，為旱、凶、饑、暴疾」。至日行一尺，出二十餘日迺入⑫，甘氏「其國凶，不可舉事用兵」。出而易，「所當之國，是受其殃」。又曰「祆星，不出三年，其下有軍，及失地，若國君喪」。

3 熒惑曰南方⑬，夏，火。禮也，視也。禮虧視失，逆夏令，傷火氣，罰見熒惑⑭。逆行一舍二舍為不祥⑮，居之三月國有殃，五月受兵，七月國半亡地，九月地太半亡。因與俱出入，國絕祀⑯。熒惑為亂為賊，為疾為喪，為饑為兵，所居之宿國受殃⑰。殃還至者，雖大當小⑱；居之久殃乃至者，當小反大⑲。已去復還居之，若居之而角者，若動者，繞環之，及乍前乍後，乍左乍右，殃愈甚⑳。一曰，熒惑出則有大兵，入則兵散。周還止息㉑，迺為其死喪。寇亂在其野者亡地，以戰不勝㉒。東行疾則兵聚于東方，西行疾則兵聚于西方；其南為丈夫喪，北為女子喪。熒惑，天子理也，故曰雖有明天子，必視熒惑所在㉓。

4 太白曰西方，秋，金。義也，言也。義虧言失，逆秋令，傷金氣，罰見太白[24]。日方南太白居其南，日方北太白居其北，為贏，侯王不寧，用兵進吉退凶。日方南太白居其北，日方北太白居其南，為縮，侯王有憂，用兵退吉進凶[25]。當出不出，當入不入為失舍，不有破軍，必有死王之墓，有亡國。一曰，天下匽兵，埜有兵者，所當之國大凶。當出不出，未當入而入，天下匽兵；兵在外，入。未當出而出，當入而不入，天下起兵，有至破國。未當出而出，未當入而入，天下舉兵，所當之國亡[26]。當期而出，其國昌。出東為東方，入為北方；出西為西方，入為南方。所居久，其國利[27]；易，其鄉凶。入七日復出，將軍戰死。入十日復出，相死之。入又復出，人君惡之。已出三日而復微入，三日迺復盛出，是為耎而伏，其下國有軍，其眾敗將北。已入三日，又復微出，三日迺復盛入，其下國有憂，帥師雖眾，敵食其糧，用其兵，虜其帥[28]。出西方，失其行，夷狄敗；出東方，失其行，中國敗[29]。一曰，出蚤為月食，晚為天祆及彗星，將發於亡道之國[30]。

5 太白出而留桑榆間，病其下國[31]。上而疾，未盡期日過參天，病其對國[32]。

太白經天，天下革，民更王，是為亂紀，人民流亡[33]。晝見與日爭明[34]，彊國弱，小國彊，女主昌。

6 太白，兵象也㉟。出而高，用兵深吉淺凶；埤，淺吉深凶。行疾，用兵疾吉遲凶；行遲，用兵遲吉疾凶。角，敢戰吉，不敢戰凶；擊角所指吉，逆之凶。進退左右，用兵進退左右吉，靜凶。圜以靜，用兵靜吉趮凶。出則兵出，入則兵入。象太白吉，反之凶。赤角，戰㊱。

7 太白者，猶軍也，而熒惑，憂也㊲。故熒惑從太白，軍憂㊳；離之，軍舒。出太白之陰，有分軍；出其陽，有偏將之戰；當其行，太白還之，破軍殺將㊴。

8 辰星，殺伐之氣，戰鬭之象也㊵。與太白俱出東方，皆赤而角，夷狄敗，中國勝；與太白俱出西方，皆赤而角，中國敗，夷狄勝㊶。五星分天之中，積于東方，中國大利；積于西方，夷狄用兵者利㊷。辰星不出，太白為客；辰星出，太白為主人。辰星與太白不相從，雖有軍不戰。辰星出東方，太白出西方；若辰星出西方，太白出東方，為格，野雖有兵，不戰㊸。辰星入太白中，五日乃出，及入而上出，破軍殺將，客勝；下出，客亡地。辰星來抵，太白不去，將死。正其上出，破軍殺將，客勝；下出，客亡地㊹。視其所指，以名破軍㊺。辰星繞環太白，若鬭，大戰，客勝，主人吏死。辰星過太白，間可椷劍㊻，小戰，客勝；居太白前旬三日，軍罷；出太白左，小戰；歷太白右，數萬人戰，主人吏死；出太白右，去三尺，軍急約戰。

9 凡太白所出所直之辰，其國為得位，得位者戰勝[47]。所直之辰順其色而角者勝，其色害者敗[48]。太白白比狼，赤比心，黃比參右肩，青比參左肩，黑比奎大星[49]。色勝位，行勝色，行得盡勝之[50]。

10 辰星曰北方，冬，水。知也，聽也。知虧聽失，逆冬令，傷水氣，罰見辰星[51]。出蚤為月食，晚為彗星及天祅。一時不出，其時不和[52]；四時不出，天下大饑[53]。失其時而出[54]，為當寒反溫，當溫反寒。當出不出，是謂擊卒，兵大起[55]。與它星遇而鬬，天下大亂。出於房、心間，地動。

11 填星曰中央，季夏，土[56]。信也，思心也。仁義禮智以信為主，貌言視聽以心為正，故四星皆失，填星迺為之動[57]。填星所居，國吉[58]。未當居而居之，若已去而復還居之，國得土，不乃得女子。當居不居，既已居之，又東西去之，國失土，不乃失女，不，有土事[59]若女之憂。居宿久，國福厚；易，福薄[60]。當居不居，為失填，其下國可伐；得者，不可伐[61]。其贏，為王不寧；縮，有軍不復。一曰，既已居之又東西去之，其國凶，不可舉事用兵。失次而上一舍三舍，有王命不成，不乃大水；失次而下二舍[62]，有后慼[63]，其歲不復[64]，不乃天裂若地動。

12 凡五星，歲與填合[65]則為內亂，與辰合則為變謀而更事[66]，與熒惑合則為饑，為旱，與太白合則為白衣之會，為水。太白在南，歲在北，名曰牝牡[67]，年穀大孰[68]。太白在北，歲在南，年或有或亡[69]。熒惑與太白合則為喪，不可舉事用兵；與填合則為憂，主孽卿[70]；與辰合則為北軍[71]，用兵舉事大敗。填與辰合則將有覆軍下師[72]；與太白合則為疾，為內兵。辰與太白合則為變謀，為兵憂。凡歲、熒惑、填、太白四星與辰鬬，皆為戰，兵不在外，皆為內亂。一曰，火與水合為淬，與金合為鑠[73]，不可舉事用兵。土與金合國亡地，與木合則國饑，與水合為雍沮，不可舉事用兵。木與金合鬬，國有內亂。同舍為合，相陵為鬬[74]。二星相近者其殃大，二星相遠者殃無傷也，從七寸以內必之。

13 凡月食五星，其國皆亡：歲以饑，熒惑以亂，填以殺，太白彊國以戰，辰以女亂[75]。月食大角，王者惡之[76]。

14 凡五星所聚宿，其國王天下：從歲以義，從熒惑以禮，從填以重，從太白以兵，從辰以法。以法者，以法致天下也。三星若合，是謂驚立絕行[77]，其國外內有兵與喪，民人乏饑，改立王公。四星若合，是謂大湯[78]，其國兵喪並起，君子憂，小人流。五星若合，是謂易行[79]：有德受慶，改立王者，掩有四方，子孫蕃昌；亡德受罰，離其國家，滅其宗廟，百姓離去，被滿四方[80]。五星皆大，其事亦大；皆小，其事亦小也。

15 凡五星色：皆圜[81]，白為喪為旱，赤中不平為兵，青為憂為水，黑為疾為多死，黃吉。皆角[82]，赤犯我城，黃地之爭，白哭泣之聲，青有兵憂，黑水。五星同色，天下偃兵[83]，百姓安寧，歌舞以行，不見災疾[84]，五穀蕃昌。

16 凡五星：歲，緩則不行，急則過分，逆則占[85]。熒惑，緩則不出，急則不入，違道[86]則占。填，緩則不建[87]，急則過舍，逆則占。太白，緩則不出，急則不入，逆則占。辰，緩則不出，急則不入，非時[88]則占。五星不失行，則年穀豐昌。

17 凡以宿星通下之變者[89]：維星散[90]，句星信[91]，則地動。有星守三淵[92]，天下大水，地動，海魚出。紀星散者山崩，不即有喪[93]。龜、鼈星不居漢中，川有易者。辰星入五車，大水。熒惑入積水，水，兵起；入積薪，旱，兵起。守之，亦然。極後有四星，名曰句星[94]。斗杓後有三星，名曰維星。散者，不相從也。三淵，蓋五車之三柱也。天紀屬貫索。積薪在北戍[95]西北。積水在北戍東北。

【章　旨】以上論述五星特性以及與社會災變的關係。其中包括五星犯恆星，二星、三星、四星互犯和五星聚引起的各種災變。

【注　釋】❶歲星曰東方七句　如《漢書·律曆志》所述，古人將五行與五季、五方、五星、五常、五事相配合。五行為木、火、土、金、水，五季為春、夏、季夏、秋、冬，五方為東、南、西、北、中，五星為歲星、熒惑星、填星、太白星、辰星，五常為儒家的五種道德規範：仁、義、禮、智、信，五事指古代統治者修身的五個方面：貌、言、視、聽、思。貌，就是容貌、儀表。❷仁虧貌失　如果天子的行為虧缺了仁，損失了貌。虧，欠缺；損害。失，過失；錯誤。❸逆春令三句　如果人虧損了仁和貌，就違反了春令，損喪了木氣，即木的德性，表現在罰見歲星上，即用歲星來警告他。❹歲星所在三句　歲星所在的星次所對應的國家和地域不可以去討伐，可以處罰個別人。❺超舍而前為贏二句　超過正常的天區一宿稱為贏，退後正常天區一宿稱為縮。一舍即一宿。一宿即一個二十八宿的範圍。❻不復　即國家得不到恢復。❼其將死　它的將軍將戰死。❽所去四句　木星離開當在的星宿，其對應的國家當失去土地；不當在而已經到達的星宿所對應的國家將得到土地。❾安靜中度二句　木星安靜，行度適中，則所對應的國家和地區吉利。❿出入不當其次二句　不當其次，木星出入不在應該所在的星次。天祆見其舍，有天祆星出現在那個星宿。天祆，即天妖星，祆即妖。⓫槍欃句　本節為歲星贏縮東南、東北、西南、西北所出現的各種不同的妖星，即彗星、天覺星、欃雲、槍雲。這些實際都是形態各異的彗星。⓬至日行一尺二句　出現後每天行一尺（即一度），出現二十餘天而隱沒不見。⓭熒惑曰南方　以下的五星占語，請注意直接摘錄了許多〈天官書〉的占語，但也有很多不同之處。⓮禮虧視失四句　天子的行為規範有虧缺，辨別是非有失誤，就違反夏令，損喪了火的德性，處罰顯現在熒惑上。⓯逆行一舍二舍為不祥　火星逆行一宿二宿，均為不吉祥的徵兆。這是〈律曆志〉的占語，〈天官書〉不說逆行而用「反道」二字。《尚書緯》說：「政失於夏，則熒惑逆行。」《鉤命決》曰：「天子失義不德，則白虎不出，熒惑逆行。」又《荊州占》曰：「熒惑逆行，環繞屈曲，成鉤巳，至三舍。名山崩，謀反諸侯王也。熒惑逆行，必有破軍死將，國軍若寄生，又曰夷將為王，敢誅者昌，不敢誅者亡。」⓰居之三月六句　居之，作停留解。言停留的時間越久殃越大。因與俱出入國絕祀，這是假設詞，如果全年火星都停留在恆星間不動，則對應的國家就斷絕祭祀即滅亡了。⓱熒惑為亂為賊四句　是說火星是災星，所對應的國家遇到它就要受殃。⓲殃還至者二句　災害隨即就到的，則災害雖大還是小的。還，隨即；立刻。⓳居之久殃乃至者二句　如果停留之後，很久才出現災殃，那麼災害即使是小的，但最終還是大的。⓴已去復還居之七

句　這是另一種運動狀態，說是經過此地之後，去了之後又回來，再停留此地，或作乍前乍後乍左乍右的移動，並且星出現芒角和跳動，那麼災害就更大。㉑周還止息　作環繞旋轉運動或停或動。㉒寇亂在其野者亡地二句　如果災殃發生在該分野之國，該國又發生了戰爭，那麼將不能戰勝，且將有失地。㉓熒惑四句　熒惑是天子的法官，所以說國家雖然有英明的天子，還是要用觀看火星所在來決定是非。㉔義虧言失四句　行動失宜、言語不當，為違反秋令，傷害了金的德性，天帝對他的懲處，顯示在太白星的天象上。㉕日方南十句　這是星占術上關於贏縮的特殊用語，與天體運行之贏縮觀念有別。日方南，太陽向南方運行。日方北，太陽向北方運行。《開元占經・太白占》注曰：「日方南，謂夏至後也；日方北，謂冬至後也。」其含義也與此一致。㉖當出不出十三句　此是金星當出不出、未當出而出的異常天象所出現的凶兆。由於金星是兵象，故這些異常天象出現時，均與戰鬥的形勢、勝負有關，也與國家的興亡、王、將的生死有關。㉗當期而出八句　當金星的行度正常時，即為當期而出，其國昌。久居即與長久停留星座對應之國有利。㉘易二十一句　均為金星不按期出入所導致的異常狀態下，所顯示的凶象，不是將相死、人君惡，就是國有憂。易其鄉凶，變動了位置，所對應的鄉土則凶。微入，慢慢地隱沒不見。盛出，突然明亮地出現。耎而伏，軟弱而伏行。眾敗將北，眾軍失敗將帥敗亡。帥師，帶領軍隊。㉙出西方六句　熒惑如果出現在西方而失去其行度，出沒反常，象徵夷狄失敗；若出現在東方而失去行度，則中國失敗。中國，指中原地區的中央統一王朝。㉚一曰四句　金星出現得早則有月食，出現得晚有天祅星和彗星，將出現在無道之國所對應的星座。亡道之國，無道之國。㉛留桑榆間二句　太白停留在桑樹、榆樹的枝葉之間時，對其所對應的國家不利。桑榆間，桑樹、榆樹的枝葉之間，言其所在的位置低矮不高。病其下國，對其所對應的國家不利。下國，金星所在星座所對應的國家和地區。病，有病，即不利。㉜未盡期日過參天二句　金星往上快速運行，沒有到應有的日期就過了三分之一的天空，那麼，與其所相對衝的國家不利。參天，三分之一的天空。對國，金星所在星座相對衝星座所對應的國家。㉝太白經天五句　金星如果運行到天頂，那麼將發生天下變革，改朝換代，稱為亂紀，人民將到處流亡。太白經天，金星為內行星，距日最大不能超過四十八度，所以不管是傍晚從西方或早晨從東方出現在天頂這個位置，都是亂了法紀。㉞晝見與日爭明　白天見到金星，就是與太陽爭奪照明。金星是全天最明亮的星星。太陽出現在天空時也能見到它，故曰與日爭明。㉟太白二句　金星是兵象，為有無戰事發生的象徵。故星占術上常用金星的出沒動態，來判斷戰爭中的戰場形勢。㊱出而高二十四句　是說金星為兵的象徵，所以指揮戰爭要摹仿金星的行為才能取得勝利。反之則凶。如星出則兵出，星入則兵入，星向右則軍向右擊，星向左則軍向左擊。㊲太白者四句　太白就如軍隊，熒惑，就如災害或瘟神。㊳故熒惑從太白二句　所以火星跟隨金星之時，這支軍隊就有憂患之事發生。[39]出太白之陰七句　火星出現在金星的北面，軍隊將分裂；出現在南面，將有局部地區的戰鬥發生；火星阻擋其行道，而金星又回來之時，將有破軍殺將的事發生。[40]辰星三句　水星為廝殺和討伐的星氣，是戰鬥的象徵。它與金星為兵象是有區別的。但又有互相配合的作用。故在言及金星星占時提及它。[41]與太白俱出東方八句　東方象徵中國，西方象徵夷狄。與前占金星出東西方「失其行」不同，此是正行，故出東方，中國勝，出西方，夷狄勝。辰星為戰鬥殺伐之象，與之俱出，可以加強它的作用。[42]五星五句　以上說及金星出東西方的占語，此處順便交代五星出東西方，其結果與上一致。[43]辰星與太白不相從九句　金星兵象與水星戰鬥之象「不相從」即不配合，在田野裡雖然有軍隊，但不會發生戰鬥。[44]辰星入十五句　但是，當水星進入金星的範圍之內時，就是兩星相配合了。其勝負還要看水星的動態，水星從上出則中國破軍殺將，下出則客亡地。[45]視其所指二句　看水星所指示星座對應的地名，給破軍命名。[46]間可椷劍　辰星與金星之間的距離可以容納一把劍。椷，通「含」。容納之義。[47]凡太白所出三句　太白星出現時所在辰位所對應的國家稱為得位，得位的國家將獲得勝利。[48]所直之辰二句　金星所對應的辰與其相應的顏色相合的國家獲得勝利，顏色不相合的國家失敗。[49]太白白比狼五句　太白星是白星，其顏色類似於天狼星；赤顏色類似於心大星，黃顏色就如參宿的右肩星（即參宿五），青顏色則如參宿的左肩星（參宿四），黑顏色就如奎宿大星（奎宿九）。[50]色勝位三句　星占上的作用大小，顏色勝於方位，行度又勝過顏色，得到了行度，全勝過其他狀態。[51]知虧聽失四句　天子虧缺了智慧和處理事物的才能，又不聽從他人的意見，就是違反了冬令，損傷了水的德性，懲罰顯現在辰星上。[52]一時不出二句　水星對應於四季，有一個季節見不到水星，這個季節就不調和順暢。[53]四時不出二句　如果一歲中四季都見不到水星出現，那麼天下就要發生饑荒了。[54]失其時而出　在不是其當出的時節出現。[55]是謂擊卒二句　表現為斬殺士兵，社會上到處是兵。[56]填星曰中央三句　填星對應於中央、季夏、土行。此處採用了傳統的說法，與劉歆土王四季的說法不同。[57]仁義禮智以信為主四句　仁、義、禮、智，以言行一致的誠信為主；貌、言、視、聽，以思想和觀察問題的方法為主。所以，以信和思為對應的填星，在星占上的作用是大的，只有當其餘四星都表現出喪失之時，填星才會為之聯動。[58]填星所居二句　凡是填星所處的星宿所對應的國家吉利。所以，填星是福星，吉利之星。[59]有土事　有動土之事。[60]居宿久四句　填星居留宿停長久所對應的國家福氣深厚；居留的時間短，又很快變動，所對應的國家福氣淺薄。[61]失填四句　失去填星所對應星宿的國家可以討伐，得到填星所在的國家不可以討伐。[62]失次而上一舍三舍四句　失次，為失去對應的星次。上，即贏、前進。下，即縮、後退。舍即宿，一個星次含二宿半，故失次可以是越一舍二舍和三舍。[63]有后慼　有皇后憂愁悲戚。[64]其歲不復　有兩處不復：前「縮，有軍不復」，為有軍不能復還。後「其歲不復」為該歲陰陽不調和。65歲與填合　歲星與填星相會合。兩星相處於一個星次內稱為合。66更事　更換服務的對象。67太白在南三句　木星象徵陽性，金星象徵陰性。牝，雌性。牡，雄性。68年穀大孰　該年穀物大豐收。孰，同「熟」。69年或有或亡　年成或好或壞。70孽卿　忤逆、罪惡的大臣。71北軍　戰敗的軍隊。72將有覆軍下師　將有覆沒的軍隊、失敗的軍隊。〈天官書〉僅載「有覆軍」三字，故王先謙認為「下師」二字衍。73火與水合為淬二句　火星與水星合稱為淬，與金星合稱為鑠。淬，鑄造刀劍時，將刀劍燒紅，浸入水中，使之堅剛的過程。鑠，熔化。金屬在火的高溫下能夠熔化。74相陵為鬬　即相淩為鬥。相陵，即欺淩之義，兩星相距一尺之內為陵。75辰以女亂　辰為內行星，內行星屬陰性，故曰「辰以女亂」。76月食大角二句　月亮掩食大角星，對帝王不利。《石氏》曰：「大角，貴人象也，主帝座。」《海中占》曰：「大角貫月，天子惡之。」說法與此相似。77驚立絕行　震驚大位，斷絕命運。立，同「位」。78是謂大湯　稱為大動盪。湯，通「蕩」。79易行　改變正常的運行。80被滿四方　及於四方。81皆圜　都為圓環狀。82皆角　都有芒角。83五星同色二句　五星都是同一種顏色，天下沒有兵馬行動，沒有戰事。84不見災疾　看不到災害和疾病。85凡五星等五句　對歲星而言，帝王行政遲緩，即施政寬厚，則歲星的運行沒有達到應有的星次；行政急躁，歲星的行度則越過了應有的度分。歲星發生了逆行，則就應進行占卜。對其他四星而言，以下的緩、急、占等用語意思相同。86違道　違背了通常的軌道。87緩則不建　按王先謙的觀念，建當作「還」。即帝王政緩，則填星不還回。也可作「達」字之誤。不達，沒有到達當在的星次。88非時　不按時。89以宿星通下之變者　宿星，二十八宿和宿外星官。通下之變者，聯繫地方和人類社會的變故。90維星散　維星分散，不追隨。其後曰：「斗杓後有三星，名曰維星。」後世星圖上無維星。王先謙以為維星就是三公星。91句星信　句星直。信，通「伸」。伸者伸直。巫咸曰：「鉤九星，如鉤狀，在造父北。」《荊州占》曰：「鉤星非其故，地動。」言鉤星本呈鉤狀，直了就是出現變動。92三淵　即後文所述之三淵。後文曰：「三淵，蓋五車之三柱也。」五車又名五潢，或曰天潢，為天子大澤。有星守衛大澤，故占曰：「天下大水，地動，海魚出。」93紀星散者山崩二句　天紀星分散，應在山崩，或者有喪事。《石氏》曰：「天紀九星，在貫索東。」《黃帝占》曰：「天紀星敗絕，山崩易政，有飢民，君不安。」94極後有四星二句　北極的後面有四顆星名叫句星。巫咸曰：「鉤九星，如鉤狀，在造父北。」即後世的鉤星為九星，與《漢書・天文志》所載不同。95北戍　即北河戍星。在井宿東北。

【語　譯】歲星對應於東方、春季、木行。對於人們五種道德規範來說，就象徵仁德；對於五項修身要領來說，它象徵著人的威儀。如果帝王的仁德有虧損，威儀有失誤，就違反了春季的規律，傷害了木氣，天帝對他的懲罰就顯現在木星上面。歲星所位於的星次，它所對應的國家不可以征伐，可以處罰個人。歲星如果運行越出了本該到達的星次而超出一宿到了前方，便稱為贏，退回一宿則稱為縮。當歲星出現了贏的狀態，所對應的國家就有兵災，國家得不到恢復；當歲星出現了縮的狀態，所對應的國家就有憂患的事情出現，國家的將軍將會死亡，國家傾敗。歲星如果離開了本該達到的地區，這個地區就將失去土地；不當在而已所到達的地區便得到土地。還有一種占法是，本該到達而沒有到達，所對應的國家將滅亡；所到達的國家就會昌盛；已經到達這個國家，之後又很快的離去，則這個國家凶險，不可以興辦大事或用兵作戰。如果歲星安靜，並且運行的狀態適度，所對應的國家就吉利。歲星的出入如果不在應當出現的星次，就必然有妖星出現在所對應的天區。

2 歲星如果超過了本該到達的天區而向東南運動，《石氏》說「就有彗星出現」，《甘氏》說「不出三個月就有彗星產生，它的頭像星，尾部就像彗星，尾巴長達二丈」。如果向東北運動，《石氏》說「就有覺星出現」，《甘氏》說「不出三個月，就會出現天棓星，它的頭部像星，尾端尖銳，長度達四尺」。如果歲星縮向西南，《石氏》說「將有欃雲出現，形狀如牛」，《甘氏》說「不出三個月，就會出現天槍星，它的形狀左右尖銳，長達數丈」。如果歲星縮向西北，《石氏》說「將有槍雲出現，形狀如馬」，《甘氏》說「不出三個月，就有天欃星出現，它的頭部像星，尾端尖銳，長度可達數丈」。《石氏》說「槍星、欃星、棓星、彗星的形狀不同，它們所產生的災禍是一致的。一定有破敗的國家，昏亂的國君出現，按照他的罪行處死，但是所產生的餘禍不能窮盡，變為旱災、凶險、饑荒、瘟疫」。對於出現日行一尺，出二十餘日又隱沒不見的星象，《甘氏》說「所對應的國家凶險，不可以興辦大事和對外用兵」。對於一出現便立即越過的那種天象，那麼「所對應的國家將受到災殃」。又說「見到妖星，不出三年，所對應的地域將有戰爭，並且失去土地，或者有國君喪亡」。

3 熒惑對應於南方、夏季、火行。對應於人們五種道德規範來說，就象徵禮法和觀察。帝王如果禮法有虧損，觀察出現了失誤，就違反了夏季的規律，傷害了火氣，天帝對他的懲處就顯現在火星上。火星逆行一舍兩舍之時，所顯示出的天象是不吉祥的，火星停留天區達到三個月時，所對應的國家就有災殃，停留五個月就會有兵災，停留七個月國家就會失去一半土地，停留九個月則會失去大部分土地。如果全年都停留在一個地區，則所對應的國家就會滅亡。熒惑是災星，它的出現，就預示著國家的混亂，社會上有盜賊，預示著疾病和死喪，饑荒和戰亂，所居留的國家有災殃。災禍隨即發生的，本來大的會變小；過了許久才發生的，應該小的反而變大。已經離開以後又返回停留在那裡的，停留在那裡並出現芒角的，出現跳動的，作環繞運動的，一會兒向前一會兒向後的，一會兒向左一會兒向右的，災禍更大。還有一種占語說，熒惑出現就有大兵，隱沒不見則戰爭停息。作周旋徘徊停留運動的，是預示著死亡。在那個分野發生寇亂，則那個國家將失去土地，作戰時也不能取得勝利。熒惑如果向東方運行迅速，則兵將聚集於東方，向西方運行迅速，那麼兵將聚集於西方；向南運行是男子死亡，向北運行則是女子死亡。熒惑是天子的法官，所以說，雖然天子聖明，也一定要審視熒惑所在的方向加以判斷。

4 太白星對應於西方、秋季和金行。象徵著人的正義和言論。如果正義虧損，語言失誤，就顯示出秋季的氣候不正常，傷害了金氣，天帝的懲罰顯示在太白星上。太陽剛剛運行到南方，金星就位於太陽的南方，太陽剛運行到北方，金星就位於太陽的北方，這就稱為贏，表現為侯王不得安寧，用兵時前進則吉利，退回則凶險。太陽剛運行到南方，金星就位於太陽的北方，太陽剛運行到北方，金星就位於太陽的南方，這就稱為縮，表現為侯王有憂患，用兵時退兵吉利，進兵時就凶險。金星當出現時不出現，當隱沒時不隱沒，就是失行，要不就有破敗的軍隊，要不就有死亡的侯王，有國家的滅亡。另一種占語說，天下停止戰爭，有兩軍對峙狀態的，所對應的國家有大的凶險。金星如果當出現時不出現，當隱沒時不隱沒，天下就會停止戰爭；有兵在外的也會回還。金星如果未當出而出現，當隱沒不見時而不隱沒，那麼天下就有戰爭，就有破敗的國家。金星未當出而出現，未當隱沒而隱沒不見，那麼天下將有戰事發生，所對應的國家將滅亡。金星在其本當出現的日期出現了，那麼所對應的國家昌盛。出現在東方則東方國家昌盛，隱沒時為北方國家昌盛；出現在西方則西方國家昌盛，隱沒時為南方國家昌盛。金星停留的時間長久，所對應的國家吉利；如果金星移居他處，那麼所對應的國家凶險。隱沒了七日而再次出現，有將軍戰死。隱沒十天再出現，有宰相死亡。隱沒後又再次出現，對君主有害。如果金星出現了三日又稍微隱沒不見，經過三日以後又再次光亮強盛地出現，這叫作軟弱和潛行，它所對應的國家有戰爭發生，導致兵敗將亡的結果。如果已經隱沒了三天，以後又微微出現，經過三日以後又突然隱沒，所對應的國家有憂患，將領帶領的軍隊雖然眾多，但敵人卻吃他們的糧食，使用他們的武器，俘虜他們的將帥。金星如果出現在西方時失去它的正常行度，就預示著夷狄將要失敗；如果出現在東方時失去了它的行度，就預示著中國失敗。另一種占語說，金星出現早了將發生月食，出現晚了有天祅星和彗星，這種現象都發生在無道的國家所對應的星座。

5 金星出現之後，停留在桑樹、榆樹的頂上，不再往上或往下運動，那麼，所對應的國家將有損害。如果在桑榆間很快地上升，沒有到達應有的日期就超過了三分之一的天空，那麼，它所對衝的國家不利。如果發生金星出現在中天的位置，天下就會發生革命，人民變更了國王，這就叫作亂紀，人民大批地流亡。如果發生金星白天與太陽爭奪光明的情況，即白天時既可看到太陽又可看到金星光輝的時候，世道就會顛倒過來，強國變弱，弱國變強，王后得勢。

6 金星是戰爭的象徵。金星的出現，如果位置高時，則用兵作戰深入吉利，進入敵境淺凶險；金星出現，如果位置低，則用兵進入敵境淺吉利，深入敵境則凶險。金星運行快速時，用兵作戰快速吉利，行動遲緩凶險；金星運行遲緩的時候，用兵作戰遲緩吉利，快速時凶險。當金星出現芒角的時候，敢於戰鬥就吉利，不敢戰鬥就凶險；向著芒角指向的方向出擊就吉利，反過來就凶險。當金星前進、後退、或向左、向右，用兵時就跟隨金星運動的方向出擊就吉利，安靜地等待則凶險。金星圓而且安靜，用兵作戰時穩紮穩打吉利，急躁冒進凶險。金星出現時就進兵，隱沒時就收兵。效法金星的行為就吉利，反過來則凶險。當金星出現紅色光芒之時，利於作戰。

7 金星是軍隊的象徵，火星象徵憂愁。所以火星跟隨金星時，軍隊就有憂愁；離開了以後，軍隊就舒展。火星在金星北面出現，有分裂的軍隊；火星出現在金星的南面，就會發生局部地區的戰鬥；在火星運行的過程中間，金星又回過來與它相遇，就會有破敗的軍隊，被殺死的將軍。

8 水星具有殺伐的特性，是戰鬥的象徵。水星如果與金星於早晨共同出現在東方，都呈紅色而且有芒角，就預示著夷狄失敗，中國勝利；如果水星與金星於傍晚共同出現在西方，也都呈赤色而且有芒角，就是中國失敗，夷狄勝利。如果五大行星分布在天空的一半地方，積聚在東方，就是中國有利；積聚在西方，就是夷狄用兵的人有利。水星如果不出現，只見到金星，金星是客人；水星與金星同時出現，金星就是主人。水星如果不跟隨金星，雖然有軍事行動卻不會發生戰鬥。如果水星出現在東方，金星出現在西方；或者水星出現在西方，金星出現在東方，稱為「格」，這個地區雖然有兵對峙，但是不會發生戰鬥。水星進入金星的區域，經過五天才離開，如果是從上面離開，就會有破敗的軍隊，被殺死的將軍，對方獲得勝利；如果水星從下面離開，就是對方失去土地。水星來接近金星，象徵戰鬥雙方發生了接觸，如果金星並不離去，就有將軍死亡。從正上方離去，會有破敗的軍隊，被殺的將軍，對方獲得勝利；從下方出去，就是對方失去土地。觀察金星離去時所指的方向，給破敗的軍隊命名。水星環繞金星運動，如果發生戰鬥，就是大戰，對方勝利，主方有將軍和官吏死亡。如果水星從金星處通過，兩星相距可以容納一把劍，就有小的戰鬥發生，客方獲勝；水星位於金星前十三天的時間，就將出現雙方不戰、退軍的現象；水星出行至金星的左方，有小的戰鬥發生；水星經過金星到達右邊，有數萬人投入戰鬥，主方有將軍和官吏死亡；水星出現在金星的右方，相距三尺遠，就是軍情緊急要趕快挑戰。

9 凡是金星出現所對應的星辰，所對應的國家就得到了好的星位，得到好星位的國家就能取得作戰勝利。只需向著所對應的方位、並且使用與該星相同的顏色而出兵的國家，就能取得勝利；軍隊所採用的顏色與該星不同的國家就失敗。五星和星辰各有不同的顏色，太白星為白色，有天狼星可以與它相比；熒惑星為赤色，有心宿大星可以與它相比；填星為黃色，有參宿右肩之星可以與它相比；歲星為青色，有參宿左肩的星可以與它相比；辰星為黑色，有奎宿大星可以與它相比。在星占學上，顏色的重要性大於方位，五星的行度又大於顏色，五星的行度適當，就會勝過其餘各項。

10 水星對應於北方、冬季和水行。象徵著人的智慧和聽斷。如果帝王的智慧有了虧損，聽斷出現了失誤，就會顯示出冬季的氣候不正常，傷害了水氣，天帝的懲罰就顯現在水星上。水星如果失行，早出就將有月食，晚出就有彗星和天祆星。水星如果有一個季節沒有出現，就將顯現在季節不調的上面；如果一年中的四季都沒有出現水星，天下就將發生大的饑荒。水星如果在它不該出現的時節出現，就將發生該冷的時候反而熱，該熱的時候反而冷的狀態。如果水星應當出現的時候不出現，就叫作「擊卒」，就將有大的戰爭興起。當水星與其他行星發生短距離接觸的時候，就稱為行星相鬥，顯現在天下大亂上面。水星出現在房宿、心宿之間，大地就將發生震動。

11 土星對應於中央、季夏和土行。象徵著人的誠信和思想。仁、義、禮、智，以信為最重要，貌、言、視、聽，以心為最重要，所以，木火金水四星的運動都失去常軌之時，土星才會發生動搖。土星所在之處，國家就吉利。不應當停留而停留的地方，或者已經離去而又回還的地方，所對應的國家得到土地，否則就獲得婦女。應當停留而不停留，已經停留在那裡，又向東或向西離去，那麼所對應的國家將失去土地，不然就失去婦女，不然就有土事和女事的擔憂。土星停留的地方越久，所對應國家的福就越深厚；如果土星停留後馬上又移動則福薄。如果應當停留而沒有停留，稱為失去填星，所對應的國家可以討伐；得到填星的國家不可以討伐。土星如果向前移動了，作帝王的不安寧；如果縮向西方，就有外出征戰的軍隊不得復還。另有占語說，既然土星已經位於這個方位了，但又向東、向西移去，所對應的國家凶險，不可以興辦大事和對外用兵。如果土星的行度失去了星次，向前達到一宿或三宿，就有帝王的命令得不到貫徹，不然就有大水災；失去星次而縮向西方達到二宿，就有皇后憂愁，這一年就沒有收成，或者天空出現開裂，大地出現震動。

12 關於五星的聚合，歲星與填星相合為內亂，與辰星相合就會改變計劃和工作，與熒惑相合就有饑荒，有旱災，與太白會合就有喪事，有水災。如果太白星在南方，歲星在北方，就稱為陰陽和合，公母相配，年成穀物大豐收。如果太白星在北方，歲星在南方，收成有可能好，有可能壞。熒惑與太白相合就有喪事發生，所對應的國家不可以興辦大事和對外用兵；熒惑與填星相合有憂愁的事情，預示著朝中出了罪惡的大臣；熒惑與辰星相合就有被打敗的軍隊，對外用兵和興辦大事都將失敗。填星與辰星相合就有覆滅的軍隊；填星與太白星相合就有疾病和內亂。辰星與太白星相合則有變亂和兵患。總之，木星、火星、土星、金星這四大行星與水星發生緊密接觸，就都有戰事發生，軍隊不在疆外，都是內亂。另一種占語說，火星與水星相合為淬磨，與金星相合為銷熔，不可以興辦大事和對外用兵。土星與金星相合，國家就會失去土地，土星與木星相合就預示著國內將有饑荒發生，土星與水星相合就將發生阻塞不通的狀態，也不可興辦大事和對外用兵。木星與金星相合相接觸，國家將有內亂發生。兩星位於同一宿稱為合，兩星淩犯稱為鬥。兩星相近時災殃大，相遠時的災禍就關係不大了。但兩星相距七寸之內就必有災殃。

13 凡是月亮掩蓋五星，所對應的國家都將滅亡：月亮掩蓋歲星時，國家將由於饑荒而滅亡；月亮掩蓋熒惑時，國家將以內亂滅亡；月亮掩蓋填星時，國家將以殺伐滅亡；月亮掩蓋太白時，國家將以強國的侵略戰爭滅亡；月亮掩蓋辰星時，國家將以女亂滅亡。月亮掩蓋大角星，對帝王也不吉利。

14 凡是五星聚集在一起，所在星宿對應的國家將稱王天下：五星跟隨歲星聚集時，將以義統一天下；五星跟隨熒惑聚集時，將以禮統一天下；五星跟隨填星聚集時，將以聲威統一天下；五星跟隨太白星聚集時，將以軍事統一天下；五星跟隨辰星聚集時，將憑藉法制統一天下。所謂憑藉法制，就是憑藉法律的手段，達到統一天下的目的。如果有三顆行星相合，就是驚震王位，斷絕國運，這個國家內外都有兵災和死喪，人民貧乏鬧饑荒，將要改立國君。如果有四顆行星聚集，就是大動盪，所對應的國家有戰爭和死喪，貴族憂愁，人民流亡。五星如果聚合，稱為革命：有德行的人得到成功，成為帝王，擁有天下，他的子孫從而興旺發達；失德的國君受到懲罰，將要離開他的國家，絕滅他的宗廟，百姓將離他而去，四處逃亡。如果聚集時五星都很明亮，那麼事情就大；如果五星暗弱，事情就小。

15 對於五星的顏色而言：如果五星都呈圓環之狀時，白色為死喪和乾旱，紅色不平靜為兵災，青色為憂患和水災，黑色為疾病和死亡，黃色為吉利。如果五星都有芒角，赤色為有兵侵犯我國的都城，黃色為有土地的爭議，白色為有哭泣之聲，青色為有兵侵犯的憂愁，黑色為有水災。如果五星顏色相同，那麼天下停止戰爭，百姓安寧，歌舞昇平，不見災害和疾病，五穀豐登。

16 凡是五星引起的災變有如下規律：對木星而言，政治寬和就行動遲緩，政治橫暴就運行急速，出現逆行就應進行占卜。對於火星而言，政治寬和就不出現，政治橫暴就不隱沒，越出正常運行的軌道就應進行占卜。對土星而言，政治寬和就會折返，政治橫暴就運行急速，出現逆行時就應進行占卜。對金星而言，政治寬和就不出現，政治橫暴就不隱沒，出現逆行時就應進行占卜。對水星而言，政治寬和就不出現，政治橫暴就不隱沒，不按時出沒就應進行占卜。如果五星都不違反正常的運行規律，那麼就五穀豐收，年成大好。

17 凡是五星與恆星星座連通發生變占的情況如下：天維星互相分散，天句星伸直，那麼就是發生地震的先兆。如果有星守衛在三淵星的周圍，天下就將發生大水，大地震動，海魚自動跳出水面。紀星呈現出分散，就是出現山崩的跡象，或者是有死喪的象徵。如果發現龜星和鼈星不位於銀河之中時，就將發生河川改道的現象。辰星進入五車之中時，就將出現大水災。熒惑進入積水星座時，就將發生水災和兵災；熒惑進入積薪星座，就將發生旱災和兵災。如果熒惑守衛積水星和積薪星時，所發生的變占也與以上一致。以上所涉及的星座，天句四星在北極星的後面。天維三星在斗杓的後面。所謂「散」，是互相不跟從的含義。三淵星，是指五車中的三柱。天紀星則與貫索星相連接。積薪星在北河戍星的西北方。積水星在北河戍星的東北方。

1 角、亢、氐，沇州❶。房、心，豫州。尾、箕，幽州。斗，江、湖。牽牛、婺女，揚州。虛、危，青州。營室、東壁，并州。奎、婁、胃，徐州。昴、畢，冀州。觜觿、參，益州。東井、輿鬼，雍州。柳、七星、張，三河。翼、軫，荊州。

2 甲乙，海外，日月不占；丙丁，江、淮、海、岱；戊己，中州河、濟；庚辛，華山以西；壬癸，常山以北❷。一曰，甲齊，乙東夷，丙楚，丁南夷，戊魏，己韓，庚秦，辛西夷，壬燕、趙，癸北夷❸。子周，丑翟，寅趙，卯鄭，辰邯鄲，巳衛，午秦，未中山，申齊，酉魯，戌吳、越，亥燕、代❹。

3 秦之疆，候太白，占狼、弧❺。吳、楚之疆，候熒惑，占鳥、衡❻。燕、齊之疆，候辰星，占虛、危❼。宋、鄭之疆，候歲星，占房、心❽。晉之疆，亦候辰星，占參、罰❾。及秦并吞三晉、燕、代，自河、山以南者中國。中國於四海內則在東南，為陽，陽則日、歲星、熒惑、填星，占於街南，畢主之。其西北則胡、貉、月氏❿，旃裘引弓之民⓫，為陰，陰則月、太白、辰星，占於街北，昴主之。故中國山川東北流，其維，首在隴、蜀，尾沒於勃海碣石⓬。是以秦、晉好用兵，復占太白⓭。太白主中國，而胡、貉數侵掠，獨占辰星。辰星出入趮疾，常主夷狄。其大經也⓮。

4 凡五星，早出為贏，贏為客；晚出為縮，縮為主人。五星贏縮，必有天應見杓。

5 太歲在寅曰攝提格⓯。歲星正月晨出東方，石氏曰名監德⓰，在斗、牽牛。

失次，杓，早水，晚旱。甘氏在建星、婺女。太初曆在營室、東壁⑰。在卯曰單閼⑱。二月出，石氏曰名降入，在婺女、虛、危。甘氏在虛、危。失次，杓，有水災。太初在奎、婁。在辰曰執徐。三月出，石氏曰名青章，在營室、東壁。失次，杓，早旱，晚水。甘氏同。太初在胃、昴。在巳曰大荒落。四月出，石氏曰名路踵，在奎、婁。甘氏同。太初在參、罰。在午曰敦牂。五月出，石氏曰名啟明，在胃、昴、畢。失次，杓，早旱，晚水。甘氏同。太初在東井、輿鬼。在未曰協洽。六月出，石氏曰名長烈，在觜觿、參。甘氏在參、罰。太初在注、張、七星。在申曰涒灘。七月出，石氏曰名天晉，在東井、輿鬼。甘氏在弧。太初在翼、軫。在酉曰作詻。八月出，石氏曰名長王，在柳、七星、張。失次，杓，有女喪，民疾。甘氏在注、張。失次，杓，有火。太初在角、亢。在戌曰掩茂。九月出，石氏曰名天睢，在翼、軫。失次，杓，水。甘氏在七星、翼。太初在氐、房、心。在亥曰大淵獻。十月出，石氏曰名天皇，在角、亢始。甘氏在軫、角、亢。太初在尾、箕。在子曰困敦。十一月出，石氏曰名天宗，在氐、房始⑲。甘氏同。太初在建星、牽牛。在丑曰赤奮若。十二月出，石氏曰名天昊，在尾、箕。甘氏在心、尾。太初在婺女、虛、危。

6 甘氏、太初曆所以不同者，以星贏縮在前，各錄後所見也⑳。其四星亦略如此㉑。

7 古曆五星之推，亡逆行者。至甘氏、石氏經，以熒惑、太白為有逆行㉒。夫曆者，正行也。古人有言曰：「天下太平，五星循度，亡有逆行。日不食朔，月不食望。」夏氏日月傳㉓曰：「日月食盡，主位也；不盡，臣位也。」星傳㉔曰：「日者德也，月者刑也，故曰日食修德，月食修刑㉕。」然而曆紀推月食，與二星之逆亡異。熒惑主內亂，太白主兵，月主刑。自周室衰，亂臣賊子師旅數起，刑罰失中，雖其亡亂臣賊子師旅之變，內臣猶不治，四夷猶不服，兵革猶不寢，刑罰猶不錯，故二星與月為之失度，三變常見。及有亂臣賊子伏尸流血之兵，大變乃出。甘、石氏見其常然，因以為紀，皆非正行也。詩云：「彼月而食，則惟其常；此日而食，于何不臧㉖。」詩傳㉗曰：「月食非常也，比之日食猶常也，日食則不臧矣。」謂之小變，可也；謂之正行，非也。故熒惑必行十六舍，去日遠而顓恣㉘。太白出西方，進在日前，氣盛乃逆行㉙。及月必食於望，亦誅盛也㉚。

【章　旨】以上載二十八宿對應的州郡分野、天干十日對應的分野和對應的國家分野三種，以及歲星紀年的方法。

【注　釋】❶角亢氐三句　角、亢、氐三宿對應於沇州。沇，又寫作「兗」。自此以下論述恆星地理分野。關於這種對應關係，在星占上十分重要，是星占理論賴以建立的基礎，在上古的各種天文著作中都有記載。關於這部分的內容，《淮南子·天文》稱為「星部地名」，《晉書·天文志》稱為「州郡躔次」，《漢書·地理志》稱為「恆星分野」，《開元占經》和《乙巳占》都簡稱為「分野」。分野有三種分法，一是恆星與國家，二是恆星與州郡，三是方位與州郡。後者實用價值不大。這三種分法《漢書·天文志》都有引述，只是沒有記載名稱。此處將州郡和國名分開記述，在《晉書·天文志》則合在一起。其實，恆星國名分野，大致反映了戰國時人的觀念，恆星州郡分野，反映了漢人的分野觀。秦漢統一以後，只有州名，雖有分封的諸侯國，但所占地域不大，也不齊全，不能代表廣大地域，故改用州郡名。漢代將全國分為十二州，故每方對應三個州。❷甲乙十一句　此是典型的方位占，甲乙木東方，丙丁火南方，對應於江淮海岱，海曰南海，岱曰魯。戊己土中方。對應於中州河濟。庚辛金西方，對應於華山以西。壬癸水北方，對應於常山以北，常山即北嶽恆山。有人說此處的丙丁、戊己等指天象變異的日期，實是誤導。❸一曰十一句　此處的甲乙等十天干仍然是指方位，但各自分開表述，甲為齊，乙為東夷，丙為楚，丁為南夷，戊為魏，己為韓，庚為秦，辛為西夷，壬為燕趙，癸為北夷。此處的東南西北夷各代表東南西北方的少數民族，並與十日的十個方位相對應。❹子周十二句　十二地支也代表十二方位，亥、子、丑為北方，寅、卯、辰為東方，巳、午、未為南方，申、酉、戌為西方，它們與國家的方位也大致對應。❺秦之疆三句　秦國的疆域，用太白星占卜，也用天狼星和弧矢星占卜。太白星對應於西方，秦國位於西方，故星占家將二者對應起來。天狼星和弧矢星在井宿的南面，故後世星占家將秦對應於井宿。此處秦不占井宿而占狼弧，與後世占法有異，這是古老的占法。下同此義。❻吳楚之疆三句　吳楚的疆域，用熒惑星占候，也用鳥星、衡星占卜。鳥指朱鳥，衡指太微垣，均為南方七宿星座。熒惑屬南方火，故與鳥衡相對應。吳楚為南方之國，故用南方星座為占。❼燕齊之疆三句　燕齊的疆域，用辰星和虛危為占卜。辰星為北方水，虛危為北方七宿的主星，燕齊為北方大國，故有此對應的占法。❽宋鄭之疆三句　宋、鄭的疆域，以歲星和房宿、心宿來占卜。宋鄭位於中國的中部和東部，歲星為東方木，房宿、心宿為東方蒼龍七宿的主星，所以宋鄭之地用歲星和房宿、心宿來占卜。❾晉之疆三句　晉國的疆域，以辰星和參宿、罰星進行占卜。晉占參星，與後世之分野一致，但占辰星之說，實際是將晉國分配在北方之國，與後世有異。實際上，晉國在戰國時分裂為趙魏韓三國，各有不同的分野。❿及秦七句　中國在四海的東南，所以為陽，與日、歲星、熒惑、填星相對應，以天街星的南面畢宿為占。西北則是胡人貉人和月氏等少數民族，為陰，與月、太白和辰星相對應，以天街星的北面昴宿為占。⓫旃裘引弓之民　以穿獸皮衣、食獸肉為生的人。旃裘，氈裘，用獸皮毛製成的衣服。引弓，指拉弓射箭以狩獵為生的游牧民族。⓬其維三句　山川自西向東流，起源於甘肅四川，尾在勃海的碣石山。⓭秦晉好用兵二句　太白主兵，秦晉好用兵，故以太白為占。⓮其大經也　這是大概的經過。⓯太歲在寅曰攝提格　太歲在寅位名叫攝提起始之歲。攝提為斗柄前指示時節的星，故有此叫法。太歲紀年的第一年就叫攝提格之歲。太歲，為創立太歲紀年法而設立的一個假想天體，其運行的速度與木星相等，方向相反。它每歲移動的方向，正好與十二地支的方向相對應，於是便可以十二地支紀年。⓰石氏曰名監德　這是歲星正月晨出東方之年的異名。歲星每年都有一個異名，二年為降入，三年為青章，四年為路踵，五年為啟明，六年為長烈，七年為天晉，八年為長王，九年為天睢，十年為天皇，十一年為天宗，十二年為天昊。⓱在斗牽牛七句　有多種不同的太歲紀年法，對應於在攝提格之歲，正月歲星所對應的方位各不相同，《石氏》說在斗牽牛，即用周正，《甘氏》在建星、婺女，也用周正，但對應星宿不同，《太初曆》在營室東壁，即用夏正。⓲在卯曰單閼　本段所言太歲紀年的一年歲名為寅攝提格，二年卯單閼，三年辰執徐，四年巳大荒落，五年午敦牂，六年未協洽，七年申涒灘，八年酉作詻，九年戌掩茂，十年亥大淵獻，十一年子困敦，十二年丑赤奮若。這些歲命的含義較為怪異，有人作過解釋，但難以確信，似是而非。大荒落又作大荒駱，路踵又作踥踵。長烈又作「長列」，注為柳宿的別名。天晉又作大音。作詻又作作噩或作鄂。長王又作長王。掩茂又作閹茂。天皇又作大章。天宗又作天泉。⓳在氐房始　始字無解，考下一年歲星在尾箕，〈天官書〉作氐房心，知始字為心字之誤。十月條的始字為衍字。⓴甘氏太初曆所以不同者三句　《甘氏》和《太初曆》太歲紀年法所以不同，指各月對應的歲星所在星宿不同，是由於歲星有運動快慢的原因，這些紀年法只是根據當時觀測到實際記錄。㉑其四星亦略如此　其他四星亦當如此。這個四星當為五星中的其餘四星，但其他四星並不用作紀年，說得含糊不清。㉒古曆五星之推等四句　古代曆法推算五星的行度，沒有作逆行運動的，一直要到了甘氏和石氏的《星經》，才有了熒惑和太白的逆行推算。意思是說，甘氏、石氏的《星經》，還沒有木星、土星和辰星逆行的推算，比起《三統曆》來說均要粗略。㉓夏氏日月傳　古書名，失傳。㉔星傳　後人輯錄《甘德》、《石申》、《巫咸》各派天文學家的記載的書，早已失傳。㉕日食修德二句　發生日食則施行德政，發生月食則審慎刑罰。㉖于何不臧　多麼不好。不臧，不好。詩出《詩經・小雅・十月之交》。㉗詩傳　書名。東漢荀爽撰。卷數佚。治《毛詩》，傳其家學。久佚。㉘熒惑必行十六舍二句　火星能夠運行到距太陽十六舍以上，即不受與太陽相對位置大小的限制，這是由於熒惑去日遠了之後，就可放縱地活動了。恣，任意。顓，通「專」。㉙進在日前二句　太白星在太陽前面運動，發現氣太盛了，所以又讓它逆行。㉚月必食於望二句　月亮一定要到滿月之時才發生月食，這是太陽誅殺月亮氣勢太盛的措施。

【語　譯】以下關於恆星的分野：東方七宿中，角宿、亢宿、氐宿的分野為兗州。房宿、心宿的分野為豫州。尾宿、箕宿的分野為幽州。北方七宿中，斗宿為長江下游和太湖地區。牛宿、女宿為揚州。虛宿、危宿為青州。營室、東壁為并州。在西方七宿中，奎宿、婁宿、胃宿為徐州。昴宿、畢宿為冀州。觜觿、參宿為益州。在南方七宿中，東井、輿鬼為雍州。柳宿、星宿、張宿為三河。翼宿、軫宿為荊州。

2 關於十天干的占辭，天干與方向是對應的：甲乙對應於東方，對應於海外，故與日月星辰不予以占卜；丙丁對應於南方的長江、淮河、南海、東海、泰山；戊己對應於中央的中州黃河、濟水一帶；庚辛對應於西方的華山以西；壬癸對應於北方的常山以北地區。它的另一種對應方法是，甲為齊國，乙為東夷，丙為楚國，丁為南夷，戊為魏國，己為韓國，庚為秦國，辛為西夷，壬為燕國和趙國，癸為北夷。十二地支的占辭，地支與方位也是對應的：子為周國，丑為翟國，寅為趙國，卯為鄭國，辰為邯鄲，巳為衛國，午為秦國，未為中山國，申為齊國，酉為魯國，戌為吳國和越國，亥為燕國和代國。

3 以下為國家與五星和星宿分野的占辭：秦國的疆界，用太白星來進行占候，它對應的星座為天狼星和弧矢星。吳國和楚國的疆界，用熒惑星來占候，它對應的星座為鳥星和衡星。燕國和齊國的疆界，用辰星來占候，所對應的星座為虛宿和危宿。宋國和鄭國的疆界，用歲星來占候，所對應的星座為房宿和心宿。晉國的疆界，也用辰星來占候，所對應的星座為參宿和罰星。當秦國吞併了魏、趙、韓三晉和燕國、代國之後，從黃河、太行山以南的地區稱為中國。中國位於四海之內的東南方，屬於陽性，它與太陽、歲星、熒惑、填星相對應，以天街之南進行占卜，所以用畢宿主宰它們。在黃河、太行山的西北為胡、貉、月氏等各個少數民族，他們以皮毛為衣，從事射獵為生，屬於陰性，它與月亮、太白星、辰星相對應，以天街之北進行占卜，用昴宿主宰它們。所以，中國的山脈河流都是東北走向，它們的體系，頭在隴、蜀地區，尾陷沒於勃海的碣石山一帶。所以秦國、晉國愛好打仗，又以太白進行占候。太白星主宰中國，而胡人、貉人經常進行侵掠，只以辰星占卜。辰星出現和隱沒顯得急躁迅速，通常主宰夷人和狄人。這是從事占卜的大致情況。

4 五星提早出現就是贏，贏就是冒進，冒進的是客人。推遲出現的是縮，退縮的就是落後，落後的是主人。

五星的早出或遲出，就一定會有異常天象作為應驗，從杓星顯現出來。

太歲在寅位，名叫攝提星的格。在這一年，歲星於正月早晨出現在東方，《石氏》將這年的歲星稱之為監德，位於斗宿和牛宿。歲星如果失次，將有斗柄的指向顯現出來，早期有水災，後期有旱災。《甘氏》說該年歲星在建星、女宿。《太初曆》說在營室和東壁。太歲在卯位，名叫單閼。在這一年，歲星在二月早晨出現在東方，《石氏》將這一年的歲星稱之為降入，位於女宿、虛宿和危宿。《甘氏》說該年歲星在虛宿和危宿。如果歲星失次，將有斗柄的指向顯現出來，有水災發生。《太初曆》說歲星在奎宿和婁宿。太歲在辰位，名叫執徐。在這一年，歲星於三月的早晨出現在東方，《石氏》說這一年歲星名叫青章，位於營室和東壁。歲星如果失次，將有斗柄的指向顯現出來，早期乾旱，晚期水災。《甘氏》的說法相同。《太初曆》說該年的歲星在胃宿和昴宿。太歲在巳位，名叫大荒落。歲星於四月晨出東方，《石氏》將這一年的歲星稱為路踵，歲星位於奎宿和婁宿。《甘氏》說法相同。《太初曆》說歲星在參宿和罰星。太歲在午位，名叫敦牂。歲星於五月晨出東方，《石氏》將這一年的歲星稱為啟明，位於胃宿、昴宿和畢宿。如果歲星失次，將有斗柄的指向顯現出來，早期有旱災，晚期有水災。《甘氏》的說法相同。《太初曆》說這一年的歲星在東井、輿鬼。太歲在未位，名叫協洽。歲星於六月晨出東方，《石氏》說這一年的歲星名叫長烈，位於觜觿和參宿。《甘氏》說歲星在參宿和罰星。《太初曆》說歲星在柳宿、張宿和七星。太歲在申位，名叫涒灘。歲星於七月晨出東方，《石氏》將這一年的歲星稱為天晉，位於東井和輿鬼。《甘氏》說在弧矢星。《太初曆》說歲星在翼宿和軫宿。太歲在酉位，名叫作詻。歲星於八月晨出東方，《石氏》說這一年的歲星名叫長王，位於柳宿、七星和張宿。歲星如果失次，將有斗柄的指向顯現出來，有婦女死喪，人民有疾病。《甘氏》說在柳宿和張宿。如果失次，有斗柄顯現，有火災。《太初曆》說在角宿、亢宿。太歲在戌位，名叫掩茂。在這一年，歲星於九月晨出東方，《石氏》將這一年的歲星稱之為天睢，位於翼宿和軫宿。歲星如果失次，將有斗柄的指向顯示出來，這一年有水災。《甘氏》說在七星和翼宿。《太初曆》說在氐宿、房宿和心宿。太歲在亥位，名叫大淵獻。在這一年，歲星於十月晨出東方，《石氏》說這一年的歲星名叫天皇，在角宿和亢宿。《甘氏》說在軫宿、角宿和亢宿。《太初曆》

說在尾宿、箕宿。太歲在子位，名叫困敦。在這一年，歲星於十一月晨出東方，《石氏》說這一年的歲星名叫天宗，在氐宿、房宿。《甘氏》說與它相同。《太初曆》說在建星和牛宿。太歲在丑位，名叫赤奮若。在這一年，歲星於十二月晨出東方，《石氏》說這一年歲星名叫天昊，在尾宿和箕宿。《甘氏》說在心宿和尾宿。《太初曆》說在女宿、虛宿和危宿。

6 《甘氏》、《太初曆》所以與《石氏》歲星的位置不同，是由於當年歲星實際有贏有縮，各家記錄了當時所見到的天象位置。其他四顆星的運動狀態，大略也是如此。

7 在古代曆法中，推算五星運動，沒有有關逆行的算法。直到《甘氏》、《石氏》的經文，才記載有關於熒惑、太白星有逆行。曆法推算，是正常的運行。古時候有人說：「天下太平，則五星遵守其行度運行，沒有逆行。日食不發生在朔，月食不發生在望，就是異常天象了。」《夏氏日月傳》說：「日月發生全食，應驗在國君身上；發生偏食，應驗在臣子身上。」《星傳》說：「太陽是德行的象徵，月亮是刑法的象徵。所以說，德性有了虧缺，發生日食，要修養德性；刑法失度，發生月食，要審慎刑罰。」然而，在曆法上推算月食，與推算熒惑、太白二星的逆行，在性質上沒有什麼差別。熒惑主管內亂，太白星主管戰爭，月亮主管刑法。自從周室衰落以來，亂臣賊子和戰爭多次發生，刑罰失度，雖然沒有亂臣賊子和戰爭的變亂，還有內臣不和洽，四夷不順服，刀兵還不停息，刑罰還不能減輕，所以，熒惑、太白與月亮出現失度，三種變動經常出現。等到亂臣賊子和殺人流血的戰爭發生，大的變化才開始出現。由於甘氏、石氏見到它經常發生，所以加以推算，但都不是正常的運行。《詩經》說：「那個月亮發生月食，那是經常可以見到的事情；這個太陽發生日食，是多麼不吉祥啊。」《詩傳》說：「月食不是經常發生的天象，但與日食相比，就是經常的天象了。日食這種天象的發生，對於社會而言，是不吉祥的預兆。」所以，說熒惑、太白逆行和月食為小的變化是可以的，說它們是正常的運行規律，那就不對了。因此，熒惑一定要運行離開太陽十六舍，離開太陽較遠時才發生逆行。太白出現在西方，運行到太陽的前面，氣勢旺盛時就有逆行。還有月亮一定要到合望時才會產生月食，這也是懲戒氣勢太盛的。

1 國皇星，大而赤，狀類南極❶。所出，其下起兵❷。兵彊，其衝不利❸。

2 昭明星，大而白，無角❹，乍上乍下。所出國，起兵多變。

3 五殘星❺，出正東，東方之星。其狀類辰，去地可六丈，大而黃。六賊星❻，出正南，南方之星。去地可六丈，大而赤，數動，有光。司詭星❼，出正西，西方之星。去地可六丈，大而白，類太白。咸漢星❽，出正北，北方之星。去地可六丈，大而赤，數動，察之中青。此四星所出非其方，其下有兵，衝不利。

4 四填星，出四隅，去地可四丈。地維，臧光❾，亦出四隅，去地可二丈，若月始出。所見下，有亂者亡，有德者昌。燭星，狀如太白，其出也不行，見則滅。所燭，城邑亂。如星非星，如雲非雲，名曰歸邪。歸邪出，必有歸國者。

5 星者，金之散氣，其本曰火❿。星眾，國吉，少則凶。漢者亦金散氣，其本曰水⓫。星多，多水，少則旱，其大經也。

6 天鼓，有音如雷非雷，音在地而下及地⓬。其所往者⓭，兵發其下。天狗，狀如大流星，有聲，其下止地，類狗。所墜及，望之如火光炎炎中天。其下圜如數頃田處，上銳見則有黃色，千里破軍殺將。格澤⓮者，如炎火之狀，黃白，起地而上，下大上銳。其見也，不種而穫。不有土功，必有大客。蚩尤之旗，類彗而後曲，象旗。見則王者征伐四方。旬始，出於北斗旁，狀如雄雞。其怒⑮，青黑色，象伏鼈。枉矢，狀類大流星，虵行而倉黑，望如有毛目然⑯。長庚，廣如一匹布著天。此星見，起兵。星磤至地，則石也。天暒⑰而見景星。景星者，德星也，其狀無常，常出於有道之國。

【章旨】以上載客星、妖星、彗星、流星的特性以及與社會災變的關係。

【注釋】❶國皇星三句　自此以下介紹妖星的特徵和形狀。大，指看起來很明亮。狀類南極，指它的形狀類似南極老人星。❷所出二句　它所出現的星座，所對應的國家有兵起。❸其衝不利　對應星座的對衝國家不利。❹無角　無芒角為星的正常狀態，通常不必描寫，據王先謙的意見為有角。昭明星的形狀，按《釋名》一書的描述，又為筆星，其氣有一枝，末銳似筆。❺五殘星　據《史記・天官書》注引孟康曰：「星表有青氣如暈有毛。」《正義》曰：「又名五鋒星。」❻六賊星　〈天官書〉作「大賊星」。❼司詭星　〈天官書〉作「司危星」。並引孟康曰：「星大而有尾，兩角。」❽咸漢星　〈天官書〉作「獄漢星」。並引孟康曰：「青中赤表，下有三彗縱橫。」❾臧光　隱藏著光輝。❿其本曰火　舊本作「其本曰人」，此據〈天官書〉作「其本為火」改。「曰人」不通，當作「為火」。人當為火字之誤寫。⓫漢者亦金散氣二句　銀河，它的本質也是金屬的散氣，由火組成。這符合古代人的想法。認為銀河與地上的大海相連。⓬天鼓三句　自此以下介紹妖星出現以後發生移動的異常天象。音在地而下及地，清代張文虎認為當作「音在天而下及地」，宜也。⓭所住者　〈天官書〉作「所往者」，以「往」為是。⓮格澤　在以上各類異常天象中，大多為凶星，僅格澤星為吉星，見者不種而有收穫，不然就得土。⓯其怒　形狀如發怒，光芒四射。⓰虵行而倉黑二句　言枉矢星如大流星，飛行過程中如蛇似地曲屈移動，為蒼黑色，看上去像有羽毛。虵，同「蛇」。毛目，〈天官書〉作「毛羽」。毛羽為是。⓱天暒　天晴；好天氣。暒，同「晴」。

【語譯】以下介紹妖星的特徵和形狀：國皇星，明亮而呈紅色，形狀類似於南極老人星。只要見到它出現，它所在天區對應的地方就有戰事發生。軍隊強大，所對衝的地域不吉利。

2 昭明星，明亮而呈白色，沒有芒角，作上下跳動。它所對應的國家有戰事發生，時局很不穩定。

3 五殘星，出現在正東方向，是東方妖星中的標誌星。它的形狀類似於水星，離開地面可達六丈高，星明亮，呈黃色。六賊星，出現在正南方，是南方妖星中的標誌星。離開地面可達六丈高，明亮而呈赤色，不斷跳動，有光輝。司詭星，出現在正西方向，是西方妖星中的標誌星。離開地面可達六丈高，明亮而且呈白色，類似於太白星。咸漢星，出現在正北方向，為北方妖星中的標誌星。離開地面可以高達六丈，明亮而且呈紅色，不斷地跳動，仔細地對它進行觀察，可以看出還隱隱地出現青色光芒。這四種星的出現，如果方位不正，它所對應的地區就有戰爭，所對衝的國家不吉利。

4 四填星，出現在天空的四角方位，離開地面可以高達四丈。地維星，隱藏著光芒，也出現在四角的方位，離開地面只有二丈高，就如月亮剛剛從地面升起的狀態。與所出天區對應的地方，出現混亂的國家滅亡，不然就是有德性的國家興盛。燭星，它的形狀像太白星，它出現以後並不行動，出現不久就隱沒了。被它所照耀過的國家和城市，將發生混亂。有一種像星又不像星，像雲又不是雲的天象名叫歸邪。當歸邪出現的時候，就有回歸本國的人。

5 星體是金屬的散氣，它的本質稱為火。星象出現得多時，國家就吉利，出現得少就凶險。銀河中的白色光芒也是金屬的散氣，它的根本稱為水。銀河中的星多，這個時期降的雨水就多，銀河中的星少，就將出現乾旱，這是妖星出現的大概情況。

6 以下是出現以後發生移動的異常天象：天鼓星，它出現時有聲音如打雷，但又不是打雷，它的聲音發自天上而下落到地面。它移動落下的方向，所對應的下方就有戰爭發生。天狗星，它的形狀如大流星，有聲響，它下落到地面的物質形狀像狗。當它下墜地面之時，看上去像炎炎的火光，照亮天空。它下落的周圍，形成如數頃田大的圓坑，它上部尖銳，有黃色物質，出現了這種情況，就有千里破軍殺將的事情發生。格澤星，它的形狀就如一團燃燒的火球，呈黃白色，從地面升起而上騰，底卻寬大而上端尖銳。如果有這種天象出現，當地的人民將不種莊稼就有收穫。對國家而言，即使沒有得到土地，也將有貴客到來。蚩尤旗星，像彗星，但尾部彎曲，像一面旗幟。如果出現這種天象，帝王就將征伐四方。旬始星，出現在北斗星的旁邊，它的形狀像雄雞。當它呈發怒狀態時，為青黑色，像一隻蟄伏狀態的鱉。枉矢星，形狀像大流星，它像蛇爬動那樣彎曲移動，呈蒼黑色，看上去就像有羽毛。長庚星，它的寬闊如一匹布掛在天空。見到它出現時，就有戰爭發生。天上的星星，如果降落到地上，就是一塊石頭。如果天空晴朗，就有景星出現。景星是德星，它沒有一定的形狀，經常出現在有德性的國家。

1 日有中道，月有九行❶。中道者，黃道，一曰光道❷。光道北至東井，去北極近；南至牽牛，去北極遠。東至角，西至婁，去極中❸。夏至至於東井，北近極，故晷短，立八尺之表，而晷景長尺五寸八分；冬至至於牽牛，遠極，故晷長，立八尺之表，而晷景長丈三尺一寸四分；春秋分日至婁、角，去極中，而晷中；立八尺之表，而晷景長七尺三寸六分❹。此日去極遠近之差，晷景長短之制也。去極遠近難知，要以晷景。晷景者，所以知日之南北也❺。

2 日，陽也。陽用事❻則日進而北，晝進而長，陽勝，故為溫暑；陰用事則日退而南，晝退而短，陰勝，故為涼寒也。故日進為暑，退為寒。若日之南北失節，晷過而長為常寒，退而短為常燠❼。此寒燠之表也❽，故曰為寒暑。一曰，晷長為潦，短為旱，奢為扶❾。扶者，邪臣進而正臣疏，君子不足，姦人有餘。

3 月有九行者：黑道二，出黃道北；赤道二，出黃道南；白道二，出黃道西；青道二，出黃道東⑩。立春、春分，月東從青道；立秋、秋分，西從白道；立冬、冬至，北從黑道；立夏、夏至，南從赤道⑪。然用之，一決房中道⑫。青赤出陽道，白黑出陰道。若月失節度而妄行，出陽道則旱風，出陰道則陰雨。

4 凡君行急，則日行疾，君行緩，則日行遲⑬。日行不可指而知也，故以二至二分之星為候。日東行，星西轉。冬至昏，奎八度中；夏至，氐十三度中；春分，柳一度中；秋分，牽牛三度七分中：此其正行也。日行疾，則星西轉疾，事勢然也。故過中則疾，君行急之感也；不及中則遲，君行緩之象也。至月行，則以晦朔決之。日冬則南，夏則北；冬至於牽牛，夏至於東井⑭。日之所行為中道，月、五星皆隨之也⑮。

【章旨】以上論述日行黃道和月行九道的概念及日占和月占。

【注釋】❶日有中道二句　太陽沿著中間的軌道運行，而月亮則有九種行度。❷中道者三句　中道就是黃道，另一名稱為光道。❸光道七句　黃道與赤道斜交，最北點在東井，離北極近，最南點在牽牛，離北極遠，東方到角宿，西方到婁宿，距離北極中等遠近，也就是與赤道的交點。❹夏至十五句　晷景，日晷影長。實際是圭表的影長。圭表，一根直立在地面高八尺的桿。用中午日影的長度來定季節。太陽距北極最近就是夏至，中午日影最短，太陽距北極最遠，也就是太陽運行到最南方，中午日影最長。春秋分則影長適中。❺去極遠近難知四句　太陽距離北極的遠近難以知道，在發明渾天儀之前，主要依靠圭表測影的方法來解決。以後一直保持沿用了這種傳統方法。圭表測影的目的，就是要知道太陽距離南北的位置，並用以確定季節。❻用事　當節令。陽用事則陽氣正當節令。陰則相反。❼燠　熱。❽此寒燠之表也　晷影長短，就是天氣寒熱的標誌。❾晷長為潦三句　晷影長了有水潦，短了就有乾旱，晷影過分了就水旱並行。奢，過分；過度。扶，幫助；助長。這些都是星占上的用語。❿月有九行者等九句　黑道二出黃道北，赤道二出黃道南，白道二出黃道西，青道二出黃道東。黑赤白青，各有二道，計為八道，與九道尚缺一道。這是怎麼回事呢？考查九道術創立發展的歷史，劉向《五紀論》最早，他的論述，確實如《漢書·天文志》所載，只有八條行道，但是，《河圖帝覽嬉》則有如下記載：「黃道一，青道二出黃道東，赤道二出黃道南，白道二出黃道西，黑道二出黃道北。」由此可見，第九條行道即為黃道。從排列順序來看，《漢書·天文志》的排列也不正確，正確的順序當如上引黃道一，青道二，赤道二，白道二，黑道二。(見圖三) ⓫立春春分八句　月行九道是如何運動呢？這一段記述，就是說明它的運動方向的：立春、春分之時，東從青道，立夏夏至之時，南從赤道，立秋秋分之時，西從白道，立冬冬至之時，北從黑道。〈天文志〉先述立春春分，立秋秋分，繼述立冬冬至，立夏夏至，可知沒有按順序描述，而《五紀論》則說：「立春春分，東從青道，立夏夏至，南從赤道，秋白冬黑，各隨其方。」這個順序的記載就正確了。⓬然用之二句　具體使用，從房中道開始。房中道，房宿中間的道。角宿、房宿，是二十八宿中的開頭二宿，故計算從房中道開始。九道術是一種什麼性質的方法，後世對此已經不大明白，不過當時卻為此爭論得很激烈。《後漢書·律曆志》記載了安帝延光二年的曆法辯論中，張衡等人都主張用九道術。賈逵也說：「率一月移故所疾處三度，九歲九道一復。」河南尹祉則指出：「用九道為朔，月比有三大二小。」從河南尹祉和賈逵的論述中可以得知，九道術是推算月行遲疾的新方法。後世人們常用近點月來推算月亮運動的準確位置，賈逵所述「一月移故所疾處三度」正合於月亮近地點位置移動的速度，以每月三度計，月亮近地點移動一周

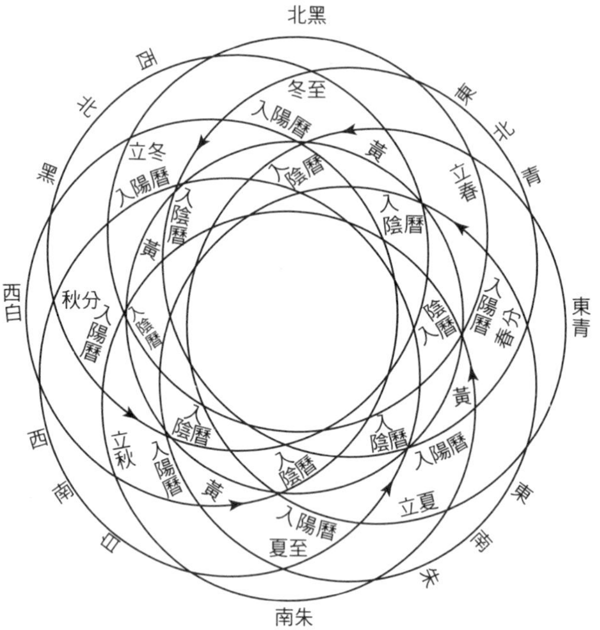

圖三　月行九道圖

為九・一八年，此正合於「九歲九道一復」的規律。如果將月行九道按月近地點每年移動一道來解釋，那麼，其近地點的運動週期正好為：第一年在立春，第二年在春分，第三年在立夏，第四年在夏至，第五年在立秋，第六年在秋分，第七年在立冬，第八年在冬至。其餘分落在第九年。第十年又回到立春。⓭君行急四句　述說天子執政所採取的行動與日行的對應關係。行政急，則日行疾；行政平緩，則日行遲。這是星占用語。⓮日行二十六句　這一段是專門講述四季中太陽所在位置的。由於不能直接測量太陽在恆星間的位置，所以只能用二至二分的恆星位置來表示：冬至的黃昏，奎宿八度中天；夏至氐十三度昏中，春分柳一度昏中，秋分牛三度昏中。冬季太陽的位置偏南方，夏至偏北方，冬至在牽牛，夏至在東井。⓯日之所行為中道二句　太陽運行的軌道為中道，也稱為黃道。中道者，中間之道，月和五星都追隨其周圍運動。或與其同道，或偏北，或偏南。

【語譯】太陽只能在中道上運動，但月亮則有九條行道。中道就是黃道，又叫光道。光道在星空中的位置，在北面達到東井附近，距離北極近；在南面到達牛宿附近，距離北極就遠。它東面靠近角宿，西面靠近婁宿，距離北極為遠近適中。夏至的時候太陽沿光道運行到東井的位置，靠近北極，所以日影短，如果在地面樹立一根八尺長的表，它取得的晷影長度為一尺五寸八分；冬至太陽沿著光道運行到牽牛星附近，距離北極就遠，所以晷影就長，在八尺表下觀看日影，長度為一丈三尺一寸四分；春秋分太陽運動到婁宿和角宿，距離北極中等，日影也適中，設立八尺長的表，得到的晷影長度為七尺三寸六分。這是太陽距離北極遠近所得日影長度的差別，是晷影長度所確立的制度。太陽在星空中距離北極的遠近難以知曉，只要用測量晷影長短的方法就能知道。晷影的制度，就是為了測定太陽南北位置而設立的。

2 太陽，為陽性。當陽氣強盛的時候，太陽就向北方運行，這時白天的時間就長，陽氣勝於陰氣，所以氣候溫暖；陰氣強盛的時候，太陽就退行於南方，這時白天的時間就短，陰氣勝於陽氣，所以氣候寒冷。因此太陽北進，天氣就熱，太陽南退，天氣就寒冷。如果太陽的南北運動失去調節，晷影過長就經常寒冷，過短就經常燠熱。這就是氣候寒熱的標誌，所以稱為寒暑。另有一種占法說，晷影過長時為水潦，過短時為乾旱，日影大了就寒暑混淆，善惡不分。善惡混淆了就奸臣進用，正直的臣子受到排斥，朝中忠臣少，奸臣多。

3 月亮的九條行道是：（第一條為黃道；）黑道有二條，在黃道的北面；赤道有兩條，在黃道的南面；白道有兩條，在黃道的西面；青道有兩條，在黃道的東面。在立春、春分這個位置，月亮在東方沿著青道運行；在立秋、秋分這個位置，月亮在西方沿著白道運行；在立冬、冬至這個位置，月亮在北方沿著黑道運行；在立夏、夏至這個位置，月亮在南方沿著赤道運行。然而具體使用，首先從房宿中間的行道開始。其中兩條青道和兩條赤道出在陽道，兩條白道和兩條黑道出在陰道。如果月亮失去節度而亂行，當其在陽道上運行時，就有旱災和大風；在陰道上運行時，就出現陰雨天氣。

4 凡是國君行政急躁，那麼太陽運行的速度就快速，國君行事寬和，太陽運行的速度就緩慢。太陽的行度難以通過直接測量得知，但可以通過二至二分的星位作為測候的標準。太陽向東運行，星座就向西轉動。冬至傍晚之時，太陽位於奎宿八度；夏至之時，太陽位於氐宿十三度；春分之時，太陽位於柳宿一度；秋分之時，太陽位於牛宿三度七分：這是它正常運行的行度。太陽運行快，那麼星座西轉的速度也就快，事情發展的形勢就是如此。所以，太陽的運動速度超過平均行度就是疾，是君主行事急躁的象徵；不到平均速度就是遲，就表示君主行事緩和。關於月亮的運行，就要以晦朔所位於的星座來判斷。太陽冬至位於南方，夏至位於北方；冬至在牽牛，夏至在東井。太陽運行的軌道為中道，月亮和五星的運動軌道，也都跟隨圍繞在它的周圍。

1 箕星為風，東北之星也。東北地事，天位也，故易曰「東北喪朋」。及巽在東南，為風。風，陽中之陰，大臣之象也，其星，軫也。月去中道，移而東北入箕，若東南入軫，則多風❶。西方為雨。雨，少陰之位也。月去中道，移而西入畢，則多雨。故詩云「月離于畢，俾滂沱矣」❷，言多雨也。星傳曰「月入畢則將相有以家犯罪者」，言陰盛也。書曰「星有好風，星有好雨，月之從星，則以風雨」❸，言失中道而東西也。故星傳曰「月南入牽牛南戒❹，民間疾疫；月北入太微，出坐北，若犯坐，則下人謀上❺」。

2 一曰，月為風雨，日為寒溫❻。冬至日南極，晷長，南不極則溫為害；夏至日北極，晷短，北不極則寒為害❼。故書曰「日月之行，則有冬有夏」也。政治變於下，日月運於上矣❽。月出房北，為雨為陰，為亂為兵；出房南，為旱為夭喪。水旱至衝而應❾。及五星之變，必然之效也。

3 兩軍相當❿，日暈等，力均⓫；厚長大，有勝；薄短小，亡勝⓬。重抱大破亡⓭。抱為和，背為不和，為分離相去⓮。直為自立，立兵破軍，若曰殺將⓯。抱且戴，有喜⓰。圍在中，中勝；在外，外勝⓱。青外赤中，以和相去；赤外青中，以惡相去。氣暈⓲先至而後去，居軍⓳勝。先至先去，前有利，後有病；後至後去，前病後利；後至先去，前後皆病，居軍不勝。見而去，其後發疾，雖勝亡功。見半日以上，功大。白虹屈短，上下銳，有者下大流血。日暈制勝⓴，近期三十日，遠期六十日。

4 其食㉑，食所不利，復生，生所利㉒。不然，食盡為主位㉓。以其直及日所躔加日時，用名其國㉔。

5 凡望雲氣㉕，仰而望之，三四百里；平望，在桑榆上，千餘里，二千里；登高而望之，下屬地者居三千里㉖。雲氣有獸居上者，勝。自華以南㉗，氣下黑上赤；嵩高、三河之郊㉘，氣正赤；常山以北㉙，氣下黑上青；勃、碣、海、岱之間㉚，氣皆黑；江、淮之間㉛，氣皆白。

6 徒氣白；土功氣黃㉜；車氣乍高乍下，往往而聚。騎氣卑而布；卒氣摶㉝。前卑而後高者，疾；前方而後高者，銳；後銳而卑者，卻。其氣平者其行徐。前高後卑者，不止而反㉞。氣相遇者，卑勝高，銳勝方。氣來卑而循車道者，不過三四日，去之五六里見。氣來高七八尺者，不過五六日，去之十餘二十里見。氣來高丈餘二丈者，不過三四十日，去之五六十里見。

7 捎雲精白者㉟，其將悍，其士怯。其大根而前絕遠者㊱，戰。精白，其芒低者，戰勝；其前赤而卬者㊲，戰不勝。陳雲㊳如立垣；杼雲㊴類杼；柚雲摶而耑銳㊵；杓雲如繩者，居前竟天，其半半天㊶；蜺雲者，類闕旗故㊷；鉤雲句曲㊸。諸此雲見，以五色占。而澤摶密，其見動人，迺有占㊹；兵必起，合鬭其直㊺。王朔所候，決於日旁。日旁雲氣，人主象。皆如其形以占。

8 故北夷之氣如群畜穹閭㊻，南夷之氣類舟船幡旗㊼。大水處，敗軍場，破國之虛，下有積泉金寶㊽，上皆有氣，不可不察。海旁蜃氣㊾象樓臺，廣野氣成宮闕然。雲氣各象其山川人民所聚積，故候息耗㊿者，入國邑(51)，視封畺田疇之整治(52)，城郭室屋門戶之潤澤，次至車服畜產精華。實息者吉；虛耗者凶(53)。若煙非煙，若雲非雲，郁郁紛紛，蕭索輪囷，是謂慶雲(54)。慶雲見，喜氣也。若霧非霧，衣冠不濡(55)，見則其城被甲而趨(56)。

9 夫雷電、蝦虹(57)、辟歷(58)、夜明(59)者，陽氣之動者也，春夏則發，秋冬則臧，故候書者亡不司(60)。天開縣物(61)，地動坼絕(62)。山崩及陁(63)，川塞谿垘(64)。水澹地長(65)，澤竭見象。城郭門閭，潤息槀枯。宮廟廊第，人民所次(66)。謠俗(67)車服，觀民飲食。五穀草木，觀其所屬。倉府廄庫，四通之路。六畜禽獸，所產去就；魚鼈鳥鼠，觀其所處。鬼哭若謼，與人逢遻(68)。訛言，誠然(69)。

【章旨】以上論述各類風雨雲氣特點及有關占辭。

【注釋】❶箕星為風十六句　這一段全部是講月亮與風雨關係的。其性質也為星占上的用語。認為東方的星宿為風，西方的星宿為雨。月行遇到東北星箕就有風，東南方的星軫也為風，遇到西方之星畢宿則為雨。其實，中國星占家的觀念，箕宿為風，是因為用簸箕簸揚穀糠時會產生風；軫宿為風，是因為車子飛速行進時也產生風。❷詩云二句　語出《詩經・小雅・漸漸之石》。是說月亮運行到畢宿，就將遇到滂沱大雨。❸書曰四句　語出《尚書・洪範》。是說有的星喜歡風，有的星則喜歡雨，月亮跟隨著星之時，也就出現了風雨。❹牽牛南戒　牽牛星的南面。王先謙以為戒當為戍字之誤。❺月北入太微四句　月亮在北面進入太微垣，出現在五帝坐的北面。正因為月亮侵犯了五帝坐，象徵月犯帝位，所以才有下文說「下人謀上」。上者皇上。❻月為風雨二句　月導致風雨、日導致寒溫的觀念，在上兩節已經具體充分說明和描述了。由於太陽不斷輻射光和熱，能為寒溫是顯而易見的。月為風雨，則是古人的主觀想像。❼南不極則溫為害四句　太陽冬至如果不能運行到極南方，就有熱的危害；夏至太陽如果不能運行到極北方，就有寒的危害。❽政治變於下二句　言政治的變化與日月運動的變化是相對應的。❾月出房北六句　月亮出現在房宿北面，則有風雨為陰天，社會動亂，發生戰爭；出現在房宿之南，則有乾旱和妖災。水旱的出現，是與星象的對衝為感應的。房宿與畢宿相距十二宿，為對衝之宿。故畢有風雨之時，房宿也有風雨。其北為陰，陰為陰性，故對應著陰天和雨天；其南為陽，陽為陽性，故對應著熱和乾旱和妖災。❿兩軍相當　作戰雙方兩軍相對立。⓫日暈二句　可以用日暈來判斷戰場的形勢。日暈光環四周相等，則兩軍勢均力敵。以下至「以惡相去」，均是述說日暈對應兩軍勝負的。《石氏》曰：「日傍有氣，圓而周匝，內赤外青，名為暈。」蔡伯喈曰：「氣見於日傍四周為暈。」郭璞曰：「即暈氣五色，覆日者。」那麼，日暈即陽光通過地球上雲層大氣的水氣而形成彩色光環的光學現象。⓬厚長大四句　日暈寬厚、長大，軍隊有勝利，日暈薄弱、短小，軍隊無勝利。⓭重抱大破亡　日暈出現重複相抱的現象，軍隊就有大的破亡。⓮抱為和三句　抱，雲氣環繞太陽。背，雲氣的光芒背向太陽。言如果日暈出現相抱，雙方的軍隊就會和解；日暈如果相背，兩軍就不和解，但雙方不戰分離而去。⓯直為自立三句　日暈出現光帶筆直的雲氣，就表示軍中出現自立，自立的軍隊破敗，有被殺的將軍。⓰抱且戴二句　日暈成抱狀，並在太陽的上方如戴帽，則軍隊有喜事。⓱圍在中四句　光氣圍在中間就中間的軍隊勝利，在外就外面的軍隊勝利。⓲氣暈　指發生日暈時，出現的光環、光帶。⓳居軍　駐守的軍隊。⓴日暈制勝　觀看日暈判斷取得勝利的時間。㉑其食　用日食來判斷兩軍的態勢。㉒食所不利三句　日食虧損方位所在星宿所對應的方位不利，日食復生時所在星宿所對應的方位有利。㉓不然二句　不然，就對應在全食發生時所在星宿對應的國君身上。㉔以其直及日所躔加日時二句　用日食發生時所對應的星宿，以及太陽所在的日期和時間，來判斷所在的國家。㉕望雲氣　觀察雲和氣。利用觀察雲和氣的方法，來附會人事，預報吉凶，這是星占迷信的占卜方法。㉖仰而望之八句　這是觀察雲氣的三種方法和結果。在地面上仰望，可看到三四百里的雲；爬到樹上觀看，可以看到千里之遠的雲；登上高山上觀看，可以看到三千里遠的雲。下屬地，向下注視地面上的雲。屬，同「矚」。㉗自華以南　自華山以南，這是南方之氣。㉘嵩高三河之郊　嵩山、三河之地。即河南登封的嵩山，山西南部和河南西部中部的三河地區，在分野上也屬南方。㉙常山以北　恆山以北，即古時稱為北方之地。㉚勃碣海岱之間　勃為渤海，碣指碣石，海指黃海、東海，岱指泰山。為中國的東部和北部。㉛江淮之間　長江、淮河的中間地帶。㉜徒氣白二句　步兵之氣為白色，土建之氣為黃色。土建即與土的建築有關的工事。其中作戰使用的防禦工事，也為其中的主要一項。㉝車氣乍高乍下四句　戰車的氣有時高有時低，往往聚集在一起，騎兵的氣低下而且展開，士卒的氣團聚在一起。㉞前卑九句　戰場形勢的雲氣，前面低後面高的雲氣，軍隊行動迅速；前面成方形後面高的雲氣，軍隊精銳；後面尖銳而且低的雲氣，士氣膽怯；平行展開的雲氣，軍隊行動遲緩；前面高而後面低的雲氣，軍隊不再停留而是回返。㉟捎雲精白者　捎雲，飄拂著的雲。精白，潔白的雲。㊱大根而前絕遠者　其基部大而前面又延伸很遠的雲氣。㊲卬者　向上仰起的仰雲。卬，同「仰」。㊳陳雲　形狀似戰陣的雲。陳，同「陣」。㊴杼雲　形狀像織杼的雲。杼，織布的梭子。㊵柚雲摶而耑銳　形狀像滾筒式的雲成團狀，它的端點尖銳。柚，通「軸」。耑，通「端」。㊶杓雲如繩者三句　似杓子狀的雲像一條繩子，向前面伸去達到整個天空，它的一半也有半個天空。㊷蜺雲者二句　蜺狀的雲，就像戰鬥的旗幟。故，緣故。㊸鉤雲句曲　似鉤狀的雲，成鉤曲的形狀。㊹澤摶密三句　光澤聚集緊密而且打動人心的雲氣，才能進行占卜。㊺兵必起二句　見到這種雲氣，軍事行動一定會發生，戰鬥就在它所對應的地方。合鬥，會合交戰。其直，所對應的地方。㊻群畜穹閭　像畜群和帳篷。㊼幡旗　直著掛的長方形旗幟。㊽大水處四句　在大水埋沒之地，敗兵留下的戰場，國家破敗的廢墟，它們的下面，都埋藏有金錢和財寶。積泉，當為積錢之誤。㊾海旁蜃氣　在海邊的蜃氣，即海市蜃樓的幻景。㊿候息耗　觀察好壞。息，積餘。耗，消耗。(51)入國邑　來到封國的居民區。(52)視封畺田疇之整治　觀看疆界田地的耕作狀況。畺，同「疆」。(53)實息者吉二句　充實的國邑吉利，空虛的國邑凶險。(54)蕭索輪囷二句　雲氣疏散、彎彎曲曲的形狀，叫作慶雲。輪囷，彎曲。慶雲，即喜氣之雲。(55)衣冠不濡　衣帽不沾溼。(56)被甲而趨　披著鎧甲奔走，兵荒馬亂之狀。被，通「披」。(57)𦁊蚕　即霞虹，彩霞和霓虹。𦁊，同「霞」。(58)辟歷　即霹靂，為驚雷。(59)夜明　夜間高層大氣的發光現象。即夜間高層大氣被太陽照亮而發出的微弱光輝。(60)候書者亡不司　觀察記錄的人沒有不觀察的。司，同「伺」。(61)天開縣物　夜空呈現天空開裂的景象，可以看到似有事物懸掛。(62)地動坼絕　大地震動斷絕。(63)山崩及陁　山體崩塌。陁，傾塌。(64)谿垪　溪流堵塞。(65)水澹地長　流水回還，土地隆起。(66)所次　人民止息居住的地方。(67)謠俗　民間歌謠和風俗。(68)逢遻　遇到。(69)訛言二句　謠言與實話。

【語　譯】箕星主宰風，是星空中東北方位的星宿。東北方居於天位，它遙控地上的事情，所以《易經》說「從東北向前發展，會喪失陰柔的朋輩」。又〈巽卦〉的方位在東南，象徵風。風為陽中的陰氣形成的，是大臣的象徵，所對應的星為軫宿。月亮偏離中道，向東北移動進入箕宿，向東南移動進入軫宿，天氣就多風。畢星主宰雨。西方為少陰之位。月亮偏離了中道向西運動到畢宿，天氣就多雨。所以《詩經》說「月行到畢宿，要下大雨了」，這是說天氣多雨。《星傳》說「月亮進入畢宿，將相有以家庭犯罪的」，這是說陰氣旺盛的緣故。《書經》說「有好風之星，有好雨之星，月亮跟從星，就有風雨」，是說月亮偏離了中道而東西移動。所以《星傳》說「月亮運行到南方的牽牛星，為民間有疾疫之應；運行到北方的太微垣，在帝座之北，犯帝座，為下人謀犯皇上」。

2 另有一種說法是，月亮象徵風和雨，太陽象徵著冷熱。冬至時太陽南行到最南點，晷影最長，如果冬至時太陽沒有到達最南點，溫暖就會發生為害；夏至時太陽北行到最北點，晷影最短，如果夏至太陽北行沒有到達最北點，就會是寒冷為害。所以《書經》說「太陽月亮的運行，有時到北方七宿，有時到南方七宿」。政治變革於地上，引起太陽、月亮運動的變化就顯示在天上。月亮出現於房宿的北面時，天氣就有雨，為陰天，為社會動亂，有戰爭；月亮出現於房宿的南面時，就有乾旱天氣和夭折、死亡。水旱的災害，到星宿對衝的方位應驗。關於五星的變化，這些都是必然的應驗。

3 兩支軍隊對陣，如果日暈勻稱，就表示雙方勢力均等；既厚且長又大，就有勝利；如果日暈薄弱短小，則不分勝負。如果日暈發生重疊環抱現象，軍隊就有大的破亡。有日暈相環抱，則兩軍議和，日暈相背，象徵兩軍不和解，但分開離去。日暈直立，象徵有自立的軍隊，自立的軍隊破敗，或者是將軍被殺。日暈相抱而且有頂戴著的日暈，就有喜事發生。日暈圍在中央，中央的軍隊取得勝利；日暈在外，外圍的軍隊獲得勝利。出現外部青中間赤的日暈，交戰雙方相和離去；外部赤色內部青色的日暈，互相交惡離去。氣狀的日暈先出現後散去，駐守的軍隊獲得勝利。日暈先出現後又消失，對守軍前期有利，後期不利；後出現又後離去，前期不利，後期有利；後出現又先消失，前期後期都不利，駐守的軍隊不能取勝。出現一下就消失了，發生的過程短暫，雖然有小勝，但是實際沒有功績。如果日暈出現半天以上，那就戰功巨大。日面如果有白色光帶，呈彎曲短小的狀態，上下兩端尖銳，地面將發生大的戰鬥。以日暈決斷戰爭勝負，近期三十天，遠期六十天。

4 日食，開始發生時所對應的地方不吉利，當它復生時，復生所對應的地方吉利。發生日全食，則應驗在所對應的國君身上。按照發生日食時所對應天區以及發生日食的日期和時辰，來確定它的分野。

5 觀望雲氣的方法，如果站在平地仰著頭向上觀看，可以看到三四百里的雲氣；爬到桑樹、榆樹上平望，可以看到一千多里到二千里遠的雲氣；登上高山觀望，可以看到三千里的雲氣。如果出現有動物狀的形象蹲在雲氣上面，戰爭就會取得勝利。各個地區的雲氣各不相同，華山以南的雲氣下面黑上面赤；嵩山、三河地區的雲氣為正赤色；常山以北的雲氣下面黑上面青；渤海、碣石山、黃海、東海、泰山一帶的雲氣都是黑色；長江、淮河之間的雲氣都是白色。

6 備戰的雲氣是白色；修築防禦工事的雲氣是黃色；戰車的雲氣忽高忽低，往往團聚在一起。騎兵的雲氣低矮平鋪；步兵的雲氣團聚在一起。前部低後部高的雲氣，軍隊行動迅速；前部平正後部高的雲氣，軍隊戰鬥力精銳；後部尖而且低矮的雲氣，軍隊士氣膽怯。雲氣平平的軍隊行動遲緩。前高後低的雲氣，軍隊來到之後不停留就回返。兩氣相遇，低下的雲氣戰勝高昂的，尖銳的雲氣戰勝方形的。雲氣行動起來，如果低矮沿著車道，大約三四天，相去只有五六里，預兆的事情就將發生。如果來的雲氣高七八尺，不過五六天，相距十幾二十里，所預兆的事情就將發生。如果來的雲氣高度有一丈多到二丈，要到三四十日，相距五六十里，所預兆的事情才會發生。

7 飄拂著的雲呈潔白的顏色，所對應的將領就強悍，他所帶領的士兵則怯弱。基部大而前部絕遠的雲，就有戰鬥發生。出現潔白光芒低的雲，所對應的交戰方就將獲勝；雲的前部是紅色而且向上翹起的，就不能獲勝。戰陣雲像聳立的城牆；織杼雲就像織梭；滾動雲團聚在一起而且兩端尖銳；杓子雲類似於繩子，擋在前面占據了整個天空，它的一半也綿延半個天空；彩雲類似於戰鬥的旗幟；鉤鑲雲彎曲似鉤。凡是這些雲出現，它們的勝負就要依據五種顏色來加以占候。通常來說，看到雲彩光潤、團聚、濃密，它的出現引人注目之時，才值得占候；出現了這種狀態的雲，一定有戰鬥發生，戰場就發生在雲彩所直對的地方。星占家王朔所觀測的方法，主要使用太陽旁邊的雲氣。它是帝王的象徵。都按照它們的形狀來進行占候。

8 所以，北方外族的氣就像牲畜和帳篷，南夷的氣就像舟船風帆。洪水氾濫的地方，敗軍的場地，破國的廢墟，在它們的下面大都埋藏有銅錢和金銀珠寶，它們的上面都有雲氣存在，不可不仔細加以觀察。大海邊的蜃景像樓臺，曠野中的氣呈宮殿的樣子。雲氣就像各地山川的形勢和人民的氣質，所以觀察一個社會是充實還是虛耗，就來到這個國家，觀看疆界的劃分明確與否？田地的耕作精細與否？城市房屋門戶光潔如何？下至車馬服飾是否華美？牛羊是否肥壯等等。凡是充實繁榮的，國家就吉利；空虛消耗的就凶險。另外，如果空氣中出現像煙又不是煙，像雲又不是雲，茂密眾多，疏散開來形狀彎彎曲曲的，稱之為慶雲。慶雲就是喜氣。如果空氣中出現像霧又不是霧，並不沾溼衣帽的物質，那麼這個城市就將忙於戰爭了。

9 那些雷電、虹霓、驚雷、夜光之類的現象，是陽氣在活動。春季、夏季就爆發，秋季、冬季就隱匿，所以作占候記錄的人，沒有不等待觀察它們的。天空開裂，顯現懸空物象，大地震動斷裂。山嶺崩塌和傾斜，江河溪澗填塞。流水回旋起伏，地面升起，湖沼乾涸，顯示出跡象。城郭里巷的門戶，有時潤澤，有時枯焦。宮殿館舍以及人民的居處也都相同。觀察人民的風俗習慣，使用的車馬和飲食。觀察莊稼草木的生長和種植的地方。觀察糧倉、金庫、馬棚和交通要道。也要觀察牲畜禽獸的生長、放牧和魚鱉鳥鼠往來棲息的場所。觀察野鬼的哭泣呼嚎，人民的遭遇。以及謠言與實話，都會得到應驗。

1 凡候歲美惡❶，謹候歲始。歲始或冬至日，產氣始萌；臘明日，人眾卒歲，壹會飲食，發陽氣，故曰初歲；正月旦，王者歲首；立春，四時之始也。四始者，候之日❷。

2 而漢魏鮮集臘明[3]正月旦決八風。風從南，大旱；西南，小旱；西方，有兵；西北，戎叔為[4]，小雨，趣兵[5]；北方，為中歲；東北，為上歲；東方，大水；東南，民有疾疫，歲惡。故八風各與其衝對，課多者為勝[6]。多勝少，久勝亟，疾勝徐。旦至食，為麥；食至日昳，為稷；昳至餔，為黍；餔至下餔，為叔；下餔至日入[7]，為麻。欲終日有雲，有風，有日，當其時，深而多實；亡雲，有風日，當其時，淺而少實；有雲風，亡日，當其時，深而少實；有日，亡雲，不風，當其時者稼有敗。如食頃[8]，小敗；孰五斗米頃[9]，大敗。風復起，有雲，其稼復起。各以其時用雲色占種所宜[10]。雨雪[11]，寒，歲惡。

3 是日光明，聽都邑人民之聲。聲宮，則歲美，吉；商，有兵；徵，旱；羽，水；角，歲惡。

4 或從正月旦比數雨[12]，率日食一升，至七升而極，過之，不占[13]。數至十二日，直其月，占水旱[14]。為其環域千里內占，即為天下候，竟正月[15]。月所離列宿，日、風、雲，占其國[16]。然必察太歲所在。金，穰；水，毀；木，饑；火，旱[17]。此其大經也。正月上甲[18]，風從東方來，宜蠶；從西方來，若旦有黃雲，惡。冬至短極[19]，縣土炭，炭動，麋鹿解角，蘭根出，泉水踊，略以知日至[20]。

要決晷景㉑。

【章　旨】以上論述測候每歲美惡的方法。包括候歲始的決八風、聽都邑人民之聲、正月旦比數雨等。

【注　釋】❶凡候歲美惡　候歲美惡之辭，均引自〈天官書〉。❷歲始十三句　以上介紹人們使用的四種歲始：一是冬至日，二為臘明日，三曰正月旦，四曰立春日。用哪種歲始，各地習慣不同。臘明日，臘日的第二天。即以臘日之後的一天為歲首。晉博士張亮議曰：「臘者，接也，祭宜在新故交接也，俗謂臘之明日為初歲，秦漢以來有賀此者，古之遺俗也。」王元啟認為：臘明日即立春日。此說不妥。《說文解字》曰：「冬至後三戌臘祭百神。」即冬至後三十六天以內為臘日，而非四十六天後的立春日，故臘非立春也。據前引張亮所述，臘即先秦新年之遺俗，好比今用陽曆而民間過春節也。產氣，即生長氣。卒歲，一歲之終結，即除夕。初歲，即一歲之初日。❸臘明　即臘明日，它與正月旦是對等的歲始，用這一天來判斷八風。❹戎叔為　戎菽豐收。戎菽，山戎所種植大豆，即蠶頭或豌豆。叔，通「菽」。為，即有為、成熟。❺小雨二句　如果風從西北起，又有小雨，那麼，將迅速發生戰爭。❻八風各與其衝對二句　用八風來決定歲之美惡，不但要看風向，同時也要觀看與風相對的方向，以應對多的應驗為準。❼旦至食九句　旦、食、日昳、晡、下晡、日入，均為漢以前的時間段稱呼，為一日十六時中的一個時段。食時又稱早食。昳，即眣，日偏西。晡，又作「餔」。❽食頃　一頓飯的時間。❾孰五斗米頃　煮熟五斗米所需時間。形容時間比食頃長。孰，同「熟」。❿占種所宜　占卜當年適宜栽種的莊稼品種。⓫雨雪　下雪。⓬比數雨　排比下雨之日的收成。⓭率日食一升四句　以下雨的日期，占卜年成的好壞：正月初一下雨，民食一升，初二下雨，民食二升，初七下雨，民食七升。七日以後就不再占卜了。⓮數至十二日三句　或者自正月一日至十二日占卜十二月的水旱狀況，一日雨則正月有雨，二日無雨則二月乾旱。⓯為其環域千里內占三句　以上僅為周圍千里以內的地域進行的占卜，如果要作普天之下的占卜，就要考慮整個正月。⓰月所離列宿三句　對各地占卜時，看正月每天月亮所經過星宿，是晴天、雲天、或風天、雨天，來占卜其所對應的國家。⓱然必察太歲所在九句　還必須觀察太歲的所在以定豐歉年歲，太歲在西方為豐收年，在北方為災年，在東方為飢餓年，在南方為旱年。⓲正月上甲　一個月三十天，甲即天干之甲，天干有十個，一個月有三個天干週，上甲為正月的前十天的甲日。⓳冬至短極　冬至白天時間最短。⓴縣土炭六句　冬至前後，在秤衡兩端放置土和炭。當見到秤衡置炭的一端下沉時，就可以知道冬至日到了。這是因為冬至日後，陽氣上升，陽氣增大，空氣中溼度加大，炭能吸收水氣，使重量增加，故衡器置炭的一端加重發生下沉而運動。夏至的情況則相反。㉑要決晷景　更準確精密的方法，則是以土圭測影來決定。

【語　譯】大凡要觀察判斷年成的好壞，都要謹慎地觀察一年的開頭。一年的開始有冬至日，生長之氣即陽氣開始萌發；臘祭的隔天，人民大眾慶祝歲末，大家都聚集在一起飲食，歡暢地度過這一天，這時陽氣初次產生，所以說是初歲；正月初一，是帝王所用的歲首；立春節氣，四季的開始。這四種開始日，就是觀察的日子。

2　漢代的星占家魏鮮，他曾用臘明日和正月初一，這兩個起始日期的風向，來判斷年成的好壞。風從南方來，是大旱之年；風從西南來，為小旱之年；風從西方來，就有戰事發生；風從西北來，大豆收成好，有小的水災，有局部快速的戰爭；風從北方來，有中等收成；風從東北來，是上等年成；風從東方來，有大水災；風從東南來，人民有瘟疫，年成壞。觀察八風時，同時還要關注與其相反的風向變化，以風向大的為準。風向多的勝過少的，長久的勝過短期的，快速的勝過慢速的。從寅時到早餐時間的辰時，與麥子有關；從辰時到未時，與糜子有關；從未時到申時，與黍子有關；從申時以後到下午的酉時，與豆類有關；酉時到日落，與麻類有關。歲始之日要整天有雲有風有太陽，如果三樣都有，莊稼就生長得嚴密而且果實飽滿；如果歲始之日無雲有風有太陽，那麼莊稼就稀疏而果實不夠充實；如果歲始之日有雲有風但沒有太陽，那麼莊稼雖然長得嚴密但果實卻不充實；如果歲始之日有太陽但無雲無風，那麼莊稼就沒有收成。如果無風無雲只有一頓飯的功夫，那麼只是小歉收；如果無風無雲有煮熟五斗米長的功夫時，就是大的歉收了。如果風又颳起來，天空也有了雲彩，那麼莊稼便又重新生長。都是按照那一天用雲彩和風向來判斷該年適宜於播種何種莊稼。如果這一天下雪並且寒冷，那麼年成就壞。

3　如果歲始之日太陽光明亮，就傾聽都市集鎮人民的聲音。如果發出的是宮聲，年成就好，吉利；發出的是商聲，那麼就有戰禍；發出的是徵聲，就有旱災；發出的是羽聲，就有水災；發出的是角聲，年成就壞。

4 或者從正月一日起，連續推算下雨的日數，多一天就多一升，以七升為限，過了這個期限就不占了。也可以從初一數到十二日，以日數對應於月數，判斷每月的水旱狀態。以上是千里的區域範圍內的占卜方法，如果要為普天之下占卜，就要用整個正月計算。以月亮每天所經過的各個星宿時顯示出的太陽、風、雲狀態，為它所對應的國家占卜。然而，要判斷年歲收成，就必須要觀察太歲所在的方位。在西方就豐收，在北方就歉收，在東方就饑荒，在南方就乾旱。這是判斷年景的大致情況。如果正月上旬的甲日有風從東方吹來，那麼該年就利於養蠶；如果風從西方吹來，早晨有黃雲出現，那麼這一年就是壞年成。冬至為白天極短的日子，在這幾天內，如果在秤衡一端放上砝碼，另一端放上土炭，使兩端平衡，當土炭的一端開始下沉，這時麋鹿脫角，蘭根萌發，泉水迸出，就可以大致知道冬至日到了。準確精密的方法就要使用日晷測影。

1 夫天運❶三十歲一小變，百年中變，五百年大變，三大變一紀，三紀而大備，此其大數也。

2 春秋二百四十二年間❷，日食三十六，彗星三見，夜常星不見❸，夜中星隕如雨者各一。當是時，禍亂輒應❹，周室微弱，上下交怨，殺君三十六，亡國五十二，諸侯奔走不得保其社稷者不可勝數。自是之後，眾暴寡，大并小。秦、楚、吳、粵，夷狄也，為彊伯。田氏篡齊，三家分晉，並為戰國。爭於攻取，兵革遞起，城邑數屠，因以饑饉疾疫愁苦，臣主共憂患，其察禨祥候星氣尤急❺。近世十二諸侯七國相王，言從橫者繼踵❻，而占天文者因時務論書傳，故其占驗鱗雜米鹽，亡可錄者[7]。周卒為秦所滅。

3 始皇之時，十五年間彗星四見，久者八十日，長或竟天。後秦遂以兵內兼六國，外攘四夷，死人如亂麻。又熒惑守心，及天市芒角[8]，色赤如雞血。始皇既死，適庶相殺[9]，二世即位，殘骨肉，戮將相，太白再經天。因以張楚[10]並興，兵相跆籍[11]，秦遂以亡。

4 項羽救鉅鹿，枉矢西流[12]。枉矢所觸，天下之所伐射，滅亡象也。物莫直於矢[13]，今蛇行不能直而枉者，執矢者亦不正，以象項羽執政亂也。羽遂合從[14]，阬秦人，屠咸陽。凡枉矢之流，以亂伐亂也[15]。

5 漢元年十月，五星聚於東井。以曆推之，從歲星也。此高皇帝受命之符也[16]。故客謂張耳曰：「東井秦地，漢王入秦，五星從歲星聚，當以義取天下。」秦王子嬰降於枳道，漢王以屬吏[17]，寶器婦女亡所取，閉宮封門，還軍次于霸上[18]，以候諸侯。與秦民約法三章，民亡不歸心者，可謂能行義矣，天之所予也。五年遂定天下，即帝位。此明歲星之崇義，東井為秦之地明效也。

6 三年秋，太白出西方。有光幾中[19]，乍北乍南，過期迺入。辰星出四孟[20]。是時，項羽為楚王，而漢已定三秦，與相距滎陽。太白出西方，有光幾中，是秦地戰將勝，而漢國將興也。辰星出四孟，易主之表也。後二年，漢滅楚。七年，月暈，圍參、畢七重㉑。占曰：「畢、昴間，天街也。街北，胡也；街南，中國也。昴為匈奴，參為趙，畢為邊兵。」是歲，高皇帝自將兵擊匈奴，至平城，為冒頓單于所圍，七日迺解。十二年春，熒惑守心。四月，宮車晏駕㉒。

7 孝惠二年，天開㉓東北，廣十餘丈，長二十餘丈。地動，陰有餘；天裂，陽不足：皆下盛彊將害上之變也。其後有呂氏之亂。

8 孝文後二年正月壬寅，天欃夕出西南。占曰：「為兵，喪亂。」其六年十一月，匈奴入上郡、雲中，漢起三軍以衛京師。其四月乙巳，水、木、火三合於東井。占曰：「外內有兵與喪，改立王公。東井，秦也。」八月，天狗下梁壄，是歲誅反者周殷長安市。其七年六月，文帝崩。其十一月戊戌，土、水合於危。占曰：「為雍沮㉔，所當之國不可舉事用兵，必受其殃。」一曰：「將覆軍。危，齊也。」其七月，火東行，行畢陽，環畢東北，出而西，逆行至昴，即南迺東行㉕。占曰：「為喪死寇亂。畢、昴，趙也。」

9 孝景元年正月癸酉，金、水合於婺女。占曰：「為變謀，為兵憂。婺女，粵也，又為齊㉖。」其七月乙丑，金、木、水三合於張。占曰：「外內有兵與喪，改立王公。張，周地，今之河南也，又為楚㉗。」其二年七月丙子，火與水晨出東方，因守斗。占曰：「其國絕祀。」至其十二月，水、火合於斗。占曰：「為淬，不可舉事用兵，必受其殃。」一曰：「為北軍，用兵舉事大敗。斗，吳也，又為粵。」是歲彗星出西南。其三月，立六皇子為王，王淮陽、汝南、河間、臨江、長沙、廣川。其三年，吳、楚、膠西、膠東、淄川、濟南、趙七國反。吳、楚兵先至攻梁，膠西、膠東、淄川三國攻圍齊。漢遣大將軍周亞夫等戍止河南，以候吳、楚之敝㉘，遂敗之。吳王亡走粵，粵攻而殺之。平陽侯敗三國之師于齊，咸伏其辜，齊王自殺。漢兵以水攻趙城，城壞，王自殺。六月，立皇子二人、楚元王子一人為王，王膠西、中山、楚。徙濟北為淄川王，淮陽為魯王，汝南為江都王。七月，兵罷。天狗下㉙，占為：「破軍殺將。狗，又守禦類也。天狗所降，以戒守禦。」吳、楚攻梁㉚，梁堅城守，遂伏尸流血其下。

10 三年，填星在婁，幾入，還居奎。奎，魯也。占曰：「其國得地為得填。」是歲魯為國㉛。

11 四年七月癸未，火入東井，行陰，又以九月己未入輿鬼，戊寅出。占曰：「為誅罰，又為火災。」後二年，有栗氏事。其後未央東闕災㉜。

12 中元年，填星當在觜觿、參，去居東井。占曰：「亡地，不迺有女憂。」其二年正月丁亥，金、木合於觜觿，為白衣之會。三月丁酉，彗星夜見西北，色白，長丈，在觜觿，且去益小，十五日不見。占曰：「必有破國亂君，伏死其辜。觜觿，梁也。」其五月甲午，金、木俱在東井。戊戌，金去木留，守之二十日。占曰：「傷成於戉。木為諸侯，誅將行於諸侯也。」其六月壬戌，蓬星㉝見西南，在房南，去房可二丈，大如二斗器，色白；癸亥，在心東北，可長丈所；甲子，在尾北，可六丈；丁卯，在箕北，近漢，稍小，且去時，大如桃。壬申去，凡十日。占曰：「蓬星出，必有亂臣。房、心間，天子宮也。」是時梁王欲為漢嗣，使人殺漢爭臣袁盎。漢按誅梁大臣，斧戉用。梁王恐懼，布車入關，伏斧戉謝罪，然後得免㉞。

13 中三年十一月庚午夕，金、火合於虛，相去一寸。占曰：「為鑠，為喪。虛，齊也。」四年四月丙申，金、木合於東井。占曰：「為白衣之會。井，秦也。」其五年四月乙巳，水、火合於參。占曰：「國不吉。參，梁也。」其六年四月，梁孝王死。五月，城陽王、濟陰王死。六月，成陽公主死。出入三月，天子四衣白，臨邸第㉟。

14 後元年五月壬午，火、金合於輿鬼之東北，不至柳，出輿鬼北可五寸。占曰：「為鑠，有喪。輿鬼，秦也。」丙戌，地大動，鈴鈴然，民大疫死，棺貴，至秋止。

15 孝武建元三年三月，有星孛於注、張[36]，歷太微，干紫宮[37]，至於天漢。春秋「星孛於北斗，齊、宋、晉之君皆將死亂」。今星孛歷五宿，其後濟東、膠西、江都王皆坐法削黜自殺，淮陽[38]、衡山[39]謀反而誅。三年四月，有星孛於天紀，至織女。占曰：「織女有女變，天紀為地震。」至四年十月而地動，其後陳皇后廢。六年，熒惑守輿鬼。占曰：「為火變，有喪。」是歲高園[40]有火災，竇太后崩。

16 元光元年六月，客星見于房。占曰：「為兵起。」其二年十一月，單于將十萬騎入武州，漢遣兵三十餘萬以待之。元光中，天星盡搖，上以問候星者。對曰：「星搖者，民勞也。」後伐四夷，百姓勞于兵革。

17 元鼎五年，太白入于天苑。占曰：「將以馬起兵也。」一曰：「馬將以軍而死耗。」其後以天馬故誅大宛，馬大死於軍。元鼎中，熒惑守南斗。占曰：「熒惑所守，為亂賊喪兵。守之久，其國絕祀。南斗，越分也。」其後越相呂嘉殺其王及太后，漢兵誅之，滅其國。元封中，星孛于河戍㊶。占曰：「南戍為越門，北戍為胡門。」其後漢兵擊拔朝鮮，以為樂浪、玄菟郡。朝鮮在海中，越之象也；居北方，胡之域也。太初中，星孛于招搖。星傳曰：「客星守招搖，蠻夷有亂，民死君。」其後漢兵擊大宛，斬其王。招搖，遠夷之分也。

18 孝昭始元中，漢宦者梁成恢及燕王候星者吳莫如見蓬星出西方天市東門，行過河鼓，入營室中。恢曰：「蓬星出六十日，不出三年，下有亂臣戮死於市。」後太白出西方，下行一舍，復上行二舍而下去㊷。太白主兵，上復下，將有戮死者。後太白出東方，入咸池，東下入東井㊸。人臣不忠，有謀上者。後太白入太微西藩第一星，北出東藩第一星，北東下去。太微者，天廷也，太白行其中，宮門當閉，大將被甲兵，邪臣伏誅。熒惑在婁，逆行至奎，法曰㊹「當有兵」。後太白入昴。莫如曰：「蓬星出西方，當有大臣戮死者。太白星入東井、太微廷，出東門，漢有死將。」後熒惑出東方，守太白。兵當起，主人不勝。後流星下燕萬載宮極㊺，東去，法曰「國恐，有誅」。其後左將軍桀、驃騎將軍安與長公主、燕刺王謀作亂，咸伏其辜。兵誅烏桓。

19 元鳳四年九月，客星在紫宮中斗樞極間㊻。占曰：「為兵。」其五年六月，發三輔郡國少年詣北軍。五年四月，燭星[47]見奎、婁間。占曰：「有土功，胡人死，邊城和。」其六年正月，築遼東、玄菟城。二月，度遼將軍范明友擊烏桓還。

20 元平元年正月庚子，日出時有黑雲，狀如猋風亂鬊[48]，轉出西北，東南行，轉而西，有頃亡。占曰：「有雲如眾風，是謂風師，法有大兵。」其後兵起烏孫，五將征匈奴。

21 二月甲申，晨有大星如月，有眾星隨而西行。乙酉，牂雲如狗，赤色，長尾三枚，夾漢西行[49]。大星如月，大臣之象。眾星隨之，眾皆隨從也。天文以東行為順，西行為逆，此大臣欲行權以安社稷。占曰：「太白散為天狗，為卒起。卒起見，禍無時，臣運柄。牂雲為亂君。」到其四月，昌邑王賀行淫辟[50]，立二十七日，大將軍霍光白皇太后廢賀。

22 三月丙戌，流星出翼、軫東北，干太微，入紫宮。始出小，且入大，有光。入有頃，聲如雷，三鳴止。占曰：「流星入紫宮，天下大凶。」其四月癸未，宮車晏駕。

23 孝宣本始元年四月壬戌甲夜，辰星與參出西方。其二年七月辛亥夕，辰星與翼出，皆為蚤。占曰：「大臣誅。」其後熒惑守房之鉤鈐。鉤鈐，天子之御也[51]。

占曰：「不太僕[52]，則奉車[53]，不黜即死也。房、心，天子宮也。房為將相，心為子屬也。其地宋，今楚彭城也。」四年七月甲辰，辰星在翼，月犯之。占曰：「兵起，上卿死將相也。」是日，熒惑入輿鬼天質[54]。占曰：「大臣有誅者，名曰天賊在大人之側。」

24 地節元年正月戊午乙夜，月食熒惑，熒惑在角、亢。占曰：「憂在宮中，非賊而盜也。有內亂，讒臣在旁。」其辛酉，熒惑入氐中。氐，天子之宮，熒惑入之，有賊臣。其六月戊戌甲夜，客星又居左右角間，東南指，長可二尺，色白。占曰：「有姦人在宮廷間。」其丙寅，又有客星見貫索東北，南行，至七月癸酉夜入天市，芒炎東南指[55]，其色白。占曰：「有戮卿。」一曰：「有戮王。期皆一年，遠二年。」是時，楚王延壽謀逆自殺。四年，故大將軍霍光夫人顯、將軍霍禹、范明友、奉車霍山及諸昆弟賓婚為侍中、諸曹、九卿、郡守皆謀反，咸伏其辜。

25 黃龍元年三月，客星居王梁[56]東北可九尺，長丈餘，西指，出閣道間，至紫宮。其十二月，宮車晏駕。

26 元帝初元元年四月，客星大如瓜，色青白，在南斗第二星東可四尺。占曰：

「為水饑。」[57]其五月，勃海水大溢。六月，關東大饑，民多餓死，琅邪郡人相食。二年五月，客星見昴分，居卷舌東可五尺，青白色，炎長三寸[58]。占曰：「天下有妄言者。」其十二月，鉅鹿都尉謝君男詐為神人，論死，父免官[59]。五年四月，彗星出西北，赤黃色，長八尺所，後數日長丈餘，東北指，在參分。後二歲餘，西羌反。

27 孝成建始元年九月戊子，有流星出文昌，色白，光燭地[60]，長可四丈，大一圍[61]，動搖如龍蛇行。有頃，長可五六丈，大四圍所，詘折[62]委曲，貫紫宮西，在斗西北子亥間[63]。後詘如環，北方不合，留一刻所[64]。占曰：「文昌為上將貴相。」是時，帝舅王鳳為大將軍，其後宣帝舅子王商為丞相，皆貴重任政。鳳妬商，譖而罷之。商自殺，親屬皆廢黜。

28 四年七月，熒惑隃歲星[65]，居其東北半寸所如連李[66]。時歲星在關星[67]西四尺所，熒惑初從畢口大星[68]東東北往，數日至，往疾去遲。占曰：「熒惑與歲星鬥，有病君饑歲。」至河平元年三月，旱，傷麥，民食榆皮[69]。二年十二月壬申，太皇太后避時昆明東觀[70]。

29 四年十一月乙卯，月食填星，星不見，時在輿鬼西北八九尺所。占曰：「月食填星，流民千里。」河平元年三月，流民入函谷關。

30 河平二年十月下旬，填星在東井軒轅南耑大星[71]尺餘，歲星在其西北尺所，熒惑在其西北二尺所，皆從西方來。填星貫輿鬼，先到歲星次，熒惑亦貫輿鬼。十一月上旬，歲星、熒惑西去填星，皆西北逆行。占曰：「三星若合，是謂驚位，是謂絕行，外內有兵與喪，改立王公。」其十一月丁巳，夜郎王歆大逆不道，牂柯太守立捕殺歆。三年九月甲戌，東郡莊平男子侯毋辟兄弟五人群黨為盜，攻燔官寺[72]，縛縣長吏，盜取印綬[73]，自稱將軍。三月辛卯，左將軍千秋卒[74]，右將軍史丹為左將軍。四年四月戊申，梁王賀薨。

31 陽朔元年七月壬子，月犯心星。占曰：「其國有憂，若有大喪。房、心為宋，今楚地。」十一月辛未，楚王友薨。

32 四年閏月庚午，飛星大如缶，出西南，入斗下。占曰：「漢使匈奴。」明年，鴻嘉元年正月，匈奴單于雕陶莫皋死。五月甲午，遣中郎將楊興使弔。

33 永始二年二月癸未夜，東方有赤色，大三四圍，長二三丈，索索如樹，南方有大四五圍，下行十餘丈，皆不至地滅。占曰：「東方客之變氣，狀如樹木，以此知四方欲動者。」明年十二月己卯，尉氏男子樊並等謀反，賊殺陳留太守嚴普及吏民，出囚徒，取庫兵，劫略令丞，自稱將軍，皆誅死。庚子，山陽鐵官亡徒[75]蘇令等殺傷吏民，篡出囚徒，取庫兵，聚黨數百人為大賊，踰年經歷郡國四十餘。一日有兩氣同時起，並見，而並、令等同月俱發也。

34 元延元年四月丁酉日餔時，天暒晏[76]，殷殷如雷聲，有流星頭大如缶，長十餘丈，皎然赤白色，從日下東南去。四面或大如盂，或如雞子，燿燿如雨下，至昏止。郡國皆言星隕。春秋星隕如雨為王者失勢諸侯起伯之異也。其後王莽遂顓國柄。王氏之興萌於成帝時，是以有星隕之變。後莽遂篡國。

35 綏和元年正月辛未，有流星從東南入北斗，長數十丈，二刻所息。占曰：「大臣有繫者[77]。」其年十一月庚子，定陵侯淳于長坐執左道[78]下獄死。二年春，熒惑守心。二月乙丑，丞相翟方進欲塞災異[79]，自殺。三月丙戌，宮車晏駕。

36 哀帝建平元年正月丁未日出時，有著天白氣[80]，廣如一匹布，長十餘丈。西南行[81]，讙如雷[82]，西南行一刻而止，名曰天狗。傳曰：「言之不從，則有犬禍詩妖[83]。」到其四年正月、二月、三月，民相驚動，讙譁奔走，傳行詔籌祠西王母[84]，又曰「從目人當來[85]」。十二月，白氣出西南，從地上至天，出參下，貫天廁[86]，廣如一疋布，長十餘丈，十餘日去。占曰：「天子有陰病[87]。」其三年十一月壬子，太皇太后詔曰：「皇帝寬仁孝順，奉承聖緒，靡有解怠，而久病未瘳。夙夜惟思，殆繼體之君不宜改作[88]。春秋大復古[89]，其復甘泉泰畤、汾陰后土如故[90]。」

37 二年二月，彗星出牽牛七十餘日。傳曰：「彗所以除舊布新也。牽牛，日、月、五星所從起，曆數之元，三正之始。彗而出之，改更之象也。其出久者，為其事大也。」其六月甲子，夏賀良等建言當改元易號，增漏刻。詔書改建平二年為太初元年，號曰陳聖劉太平皇帝，刻漏以百二十為度。八月丁巳，悉復蠲除之，賀良及黨與皆伏誅流放。其後卒有王莽篡國之禍。

38 元壽元年十一月，歲星入太微，逆行干右執法。占曰：「大臣有憂，執法者誅，若有罪。」二年十月戊寅，高安侯董賢免大司馬位，歸第自殺。

【章旨】以上記載秦、西漢各王朝及東漢光武帝時的天象紀錄，及相應的災變應驗。

【注釋】❶天運　自然界的運動變化。這句話從表面看是講自然界的運動變化，但實際上又是在講人類社會的變化。❷春秋二百四十二年間　根據魯國編年史《春秋》，自魯隱公元年（西元前七二二年）至魯哀公十四年（西元前四八一年），共二百四十二年，稱為春秋時代。❸夜常星不見　夜間發生恆星不見。❹禍亂輒應　禍亂總是應驗。❺察機祥候星氣尤急　觀察吉凶、看星象雲氣的人更多，更為注重。❻言從橫者繼踵　勸說縱橫的人接踵而至。從橫，指合縱連橫的外交鬥爭。❼而占天文者三句　占候天文的人針對當時的各種事物評論社會形勢的書傳很多，其占驗的論述微小瑣碎，沒有可以錄取的東西。

鱗雜米鹽，指所述淩亂錯雜。鱗雜，像魚鱗一樣瑣碎。米鹽，比喻瑣碎小事。❽熒惑守心二句　熒惑守衛心宿和在天市垣中出現芒角的異常天象。❾適庶相殺　嫡庶互相殘殺。指秦始皇少子胡亥殺害長兄扶蘇及其他兄姊之事。適，通「嫡」。正妻所生。❿張楚　張指秦末農民起義領袖陳勝建立的政權，以吳廣為假王。楚指項羽。⓫跆籍　踐踏。⓬枉矢西流　如前所述，枉矢類大流星。西流者，如伐西方之秦也。⓭物莫直於矢　一切事物都沒有矢直。⓮羽遂合從　項羽於是聯合許多反抗秦國的勢力。⓯凡枉矢之流二句　如枉矢西流曲屈蛇行之狀，以亂伐亂，指項羽執政紊亂。⓰五星聚於東井四句　五星聚於東井，應在改朝換代。東井為三秦之地，應在舊主將亡，新主當興。五星相從歲星聚於東井，按星占說，漢高祖劉邦當為以義取得天下，得到受天命的符應。⓱漢王以屬吏　漢王劉邦囑咐官吏。⓲還軍次于霸上　回軍駐紮在霸上。⓳有光幾中　太白有光芒，幾乎到達中天。⓴辰星出四孟　辰星都在四季中的第一個月出現。㉑月暈二句　月暈於參、畢七重，應在漢高祖劉邦在平城被冒頓圍七日也。㉒熒惑守心三句　熒惑守心，為宮車晏駕的徵兆。《春秋演孔圖》曰：「熒惑在心，則縞素麻衣。」宋均曰：「海內亡主，故縞素麻衣。」《石氏》曰：熒惑守心，「主命惡之」。晏駕，皇帝死的委婉說法。㉓天開　為天開眼或天開裂的省稱。為夜間地平以上出現的光亮，大都為北極光所致。㉔壅沮　壅塞。㉕火東行六句　火星向東行，到達畢宿的南面，又環繞畢宿行至東北，再回到畢宿的西邊，逆行到昴宿，然後再向東南順行。陽為南，畢陽，為畢宿之南。㉖婺女三句　婺女分野屬揚州；虛危分野屬青州，為齊。婺女、虛、危同屬北方七宿，且女虛相連，故占語說：「婺女，粵也，又為齊。」粵者越也。㉗張四句　張宿的分野為周地。周地，對應於東周時的洛陽附近地域。後為楚國所有。㉘以候吳楚之敝　以便等候吳王、楚王的困敗。㉙天狗下　這裡所述之天狗下，與下文所言之天狗降，均為天狗星降落之義。文中之狗，也是指天狗星。天狗星就是指大隕星。㉚吳楚攻梁　吳楚聯軍攻打梁國。㉛三年九句　這裡述說景帝三年的吳楚七國之亂以後，淮陽王劉餘徙封魯國之事。填星守奎，奎為魯，象徵魯國得地封王，故有此說。㉜火入東井十句　這是火星入東井引起的星占，占語為火災，以後發現未央宮果然發生了火災。按郗萌占曰：「熒惑入東井，國失火。」故有以上占語。㉝蓬星　《荊州占》曰：「蓬星，一名王星，狀如夜火之光，多即至四五，少即一二。一曰：蓬星在西南，脩數丈左右，銳出而移處。」《聖洽符》曰：「有星，其色黃白，方不過三尺，名曰蓬星。」由此可知，蓬星是一種在星空中能夠移動且有一定大小的異常天象，類似彗星而無尾。㉞梁王欲為漢嗣八句　梁王為漢景帝胞弟梁孝王劉武，他想要繼承帝位，遭到敢於直言規勸的大臣袁盎的反對，於是派人殺了袁盎。景帝用斧鉞殺了輔佐梁王的臣子，梁王恐懼了，坐了布車，伏在斧鉞上向皇帝謝罪，得到赦免。㉟中三年十一月至臨邸第　景帝中元三年出現了金火合於虛的天象，四年出現金火合於參宿的天象，按星占說，金火相合為喪。

虛宿為齊地，參宿為梁地。六年四月至六月，梁孝王、城陽王（山東沂南）、濟陰王（山東菏澤）和成陽公主相繼去世，天子四衣白（四次穿白色弔喪的衣服），臨邸第（到各郡國駐京辦事處弔喪）。據以上記載，這些占詞和異常天象的出現方位都是十分準確應驗的。㊱有星孛於注張　有彗星見於柳宿和張宿。柳宿又稱注，或稱咮。孛星，無尾之彗星。彗星的出現也稱孛。

㊲干紫宮　冒犯紫宮。由於紫宮為帝宮，故稱干犯。㊳淮陽　當為淮南之誤。㊴衡山　湖北、安徽、河南交界處的衡山國。

㊵高園　漢高祖的陵園。㊶星孛于河戍　有彗星見於河戍星。河戍星分北河戍、南河戍兩個星座。其下占曰「南戍為越門，北戍為胡門」，其中南戍即南河戍，北戍即北河戍。㊷太白出西方三句　太白出西方，為黃昏之時。下行一舍，為向西逆行。上行二舍，為向東順行。㊸太白出東方三句　太白出東方，為黎明時，咸池在東井西面，自咸池入下東井，為順行。㊹法曰即占曰，為占卜方法曰的省稱。下同此義。㊺流星下燕萬載宮極　流星下落在燕王的萬載宮屋脊。極，屋脊；正梁。㊻客星在紫宮中斗樞極間　客星出現在紫宮中的北斗、樞星和北極星之間。客星，偶然出現星象的統稱，主要是指彗星、新星等。

㊼燭星　據前言，狀如太白，其出不行，見則滅。類似於新星。㊽黑雲二句　黑雲的形狀如旋風亂髮。猋風，旋風；暴風。鬈，亂髮。㊾牂雲如狗四句　牂雲有三條長尾，夾著銀河，向西面行動。為彗星之狀。牂雲如狗，牂雲像狗。牂，母羊曰牂羊。㊿行淫辟　行為放縱邪惡。51其後熒惑三句　鉤鈐，天子的御用馬車或馬。《石氏》曰：「房四星，鉤鈐二星。」故鉤鈐也可看作是馬或車的象徵。熒惑凌犯了鉤鈐，就可看作侵犯了與帝車、帝馬及其有關的事情。52不太僕　熒惑犯了鉤鈐，占語說太僕死。太僕，九卿之一，管理帝車和馬政的官。53則奉車　不是太僕死，就是奉車死。奉車，即奉車都尉，掌御馬車。

54熒惑入輿鬼天質　熒惑進入了輿鬼中的天質星。天質，即輿鬼四星中的積屍氣，名為天質星，又名鑕星。55芒炎東南指　客星的光芒指向東南。56王梁　即王良星。57占曰二句　水星犯南斗，為有水災和饑荒。58客星見昴分四句　此星象似新星。見昴分，在昴宿的範圍。居卷舌東可五尺，具體位於卷舌正東方相距五尺的地方。炎長三寸，光芒長三寸。59鉅鹿都尉謝君男詐為神人三句　鉅鹿都尉謝君的兒子詐稱自己為神人，被論死罪，父親也因此而罷官。60光燭地　流星的光芒照亮了地面。

61大一圍　兩手合抱稱為一圍。62詘折　屈折。63子亥間　子位與亥位之間。正北為子位，北偏西為亥位。每一辰為三十度。

64留一刻所　停留大約一刻左右。古以一晝夜為一百刻，比現今的九十六刻略小。65熒惑踰歲星　熒惑與歲星都為順行，但由於熒惑運動快，故超越遠離歲星。踰，同「逾」。遠。66如連李　如連理的草木。李，同「理」。67關星　天關星，在參宿北。68畢口大星　畢宿大星，即畢宿五。69民食榆皮　人民吃榆樹皮，沒有糧吃。70太皇太后避時昆明東觀　皇帝的祖母避災禍於昆明池邊的東觀。東觀，池東的樓臺。71南耑大星　即南端大星。72攻燔官寺　攻打燒毀官署。73印綬　官印。74左

將軍千秋卒　左將軍名叫千秋的死了。(75)山陽鐵官亡徒　山陽郡管理冶煉鐵的官吏下面逃亡的勞役犯。(76)天曜晏　天空晴朗。(77)繫者　拘捕。(78)坐執左道　被判邪門歪道。(79)欲塞災異　要抵擋彌補災異。(80)著天白氣　布滿天空的白氣。(81)西南行　與下文之「西南行」重複，當刪。(82)讙如雷　喧譁如雷。(83)言之不從二句　言皇帝言語無人聽從，並有犬禍妖言發生。(84)傳行詔籌祠西王母　傳遞說奉天神的命令籌備祭祀西王母。(85)從目人當來　將有豎眼人出現。(86)白氣出西南四句　白氣從西南方的地面上升至天，出現在參宿的下方，並且橫著通過廁星。(87)陰病　隱病；暗疾。指漢哀帝患痿痺病，肢體萎縮，行動困難。(88)繼體之君不宜改作　繼承大統的天子不宜改變傳統的制度。(89)大復古　推崇復古。(90)其復甘泉泰畤汾陰后土如故　已經修復的甘泉山祭祀天神的祭壇泰畤和汾陰地區祭祀地神的后土廟仍然保留。

【語　譯】天道氣數的變化，三十年一小變，一百年一中變，五百年一大變，三個大變為一紀，三個紀就完成了一切變化，這就是天運變化運作的週期。

2　在春秋時代的二百四十二年中間，有日食三十六次，彗星出現三次，夜間發生恆星不見，在夜裡發生星體隕落如雨的現象各有一次。在當時，禍亂每每應驗，周朝國勢衰弱，上下交惡，發生殺君三十六次，亡國五十二個，諸侯逃亡不能保住自己國家的不可勝數。從此以後，人多的欺侮人少的，大國吞併小國。秦國、楚國、吳國、越國都是夷狄人，也都成為強大的霸主。田姓人奪取了齊國的政權，三家瓜分了晉國，並且都成為戰國的諸侯國。各國都爭相攻城略地，戰爭不斷發生，城鎮居民屢次遭到屠殺，因而引起饑荒、瘟疫、困苦，臣子和君主共同憂患，從而審察吉凶先兆、占候星象雲氣尤其迫切。當時十二諸侯紛爭，七國爭奪霸權，競相稱王，談論合縱連橫的人接踵而起，而占候天文的人針對時代形勢、談論文書典籍，所以他們的占候淩亂瑣碎，沒有值得記載的有價值的占文。周朝終於被秦國滅亡。

3　秦始皇的時代，在十五年中間出現了四次彗星，長久顯現的有八十天，長度布滿整個天空。以後秦終於以兵力兼併了六國，對外驅逐四夷，死人多得像亂麻無法計算。又出現熒惑守衛心宿，和天市星出現芒角的異常天象，星的顏色紅得像雞血一樣。秦始皇死後，長子和庶子互相殘殺，秦二世接位，殘害骨肉，殺戮將軍和宰相，於是又出現太白星再次運行到中天的異常天象。因此便有陳勝、項羽領兵起義，軍兵互相殘殺，秦朝便因此滅亡了。

4 項羽援救鉅鹿，枉矢星向西流動。枉矢星所觸及的政權，是天下人所討伐的對象，是滅亡的象徵。一切事物都沒有像箭矢那樣更直的，如今枉矢星不能直行而只能如蛇行似的彎曲運行，是由於拿箭的人也不正直，它象徵著項羽執政的紊亂。項羽聯合諸侯，坑埋秦國士卒數十萬，又屠殺咸陽城的平民百姓。枉矢星的這種流動，顯現出以亂伐亂的混亂狀態。

5 漢高祖元年十月，五星聚合於東井星宿。依據曆法推算，其他四星是跟隨歲星相聚合的，從歲星以義王天下，這是漢高祖受天命的符應。所以，門客曾對張耳說：「井宿的分野為秦地，漢王進入秦地，發生五星跟從歲星聚集的天象，漢王當以義取得天下。」這時，秦王子嬰來到枳道，投降了漢高祖，漢高祖囑咐官吏，不准掠取寶器、婦女，封閉了宮殿的大門，回軍駐紮於霸上，以便等候各路諸侯的到來。漢高祖與秦地人民約法三章，人民沒有不歸順的，可以說是能施行仁義的人，這是天帝派遣來的。漢高祖五年，天下平定，劉邦登皇帝位。這就表明了歲星崇尚仁義，東井為秦地的明證和效驗。

6 三年秋天，金星傍晚時出現在西方。金星放射出強烈的光芒，它的位置幾乎達到了中天，它一會兒出現在北方，一會兒又在南方，過了一段時間才隱沒不見。水星都出現在四季中的第一個月。在這時候，項羽自封為楚王，漢王劉邦也已經平定了三秦地區，與項羽在滎陽對峙。金星傍晚時在西方出現，放射出強烈的光芒，位置幾乎達到中天，是秦地將要戰勝、漢朝將要興起的徵兆。水星出現在四季中的第一個月分，也是更改帝王的表徵。兩年以後，漢國滅亡了楚國。七年，有月暈出現，在參宿、畢宿周圍顯示出七道月暈。對於這個異常天象，得到的占語說：「畢宿與昴宿之間為天街星。天街為胡人之星，街南為中國。昴宿為匈奴，參宿為趙國，畢宿為邊境有兵之象。」這一年，漢高祖親自領兵出擊匈奴，在平城被冒頓單于包圍，圍困了七天才得以解脫。十二年的春天，發生了熒惑守衛心宿的天象。當年四月，漢高祖就去世了。

7 漢惠帝二年，夜間天開裂東北方，寬達十多丈，長達二十餘丈。地震是陰氣有多餘的象徵；天開裂，是陽氣不足的象徵：都是臣下強盛、對皇上不利的象徵。以後不久，便出現了呂氏家族的變亂。

8 文帝後元二年正月壬寅那一天，天欃星傍晚時出現在西南方。占卜說：「有兵災，死喪、混亂。」六年十一月，匈奴入侵上郡和雲中郡，漢朝調動大軍保衛首都。當年四月乙巳，水星、木星和火星聚合於井宿。占語說：「境外境內有兵災和死喪，王公改立他人。東井星，其分野在秦地。」八月，天狗星下落在梁國的地面。就在這一年，在長安市捕殺了反賊周殷。七年六月，文帝去世。十一月戊戌這一天，土星與水星聚合於危宿。占語說：「為交通阻塞不通，對應的國家不可以辦大事和對外用兵，否則必有災殃。」又說：「將會全軍覆沒。危宿的分野在齊。」也是這一年的七月，火星向東運行到畢宿的南面，繞行到畢宿東北，又出現在西方，逆行到昴宿的南面，然後才向東方順行。占語說：「為死喪、賊盜和混亂。畢宿、昴宿的分野在趙。」

9 景帝元年正月癸酉那一天，金星和水星聚合於女宿。占語說：「為有陰謀變亂，有兵憂。婺女星，分野在粵地，另一說在齊地。」當年七月乙丑，金星、木星、水星又聚合在張宿。占語說：「境內境外有兵災和死喪，王公改立他人。張宿的分野在周地，即今天的河南，又一說分野為楚地。」景帝二年七月丙子那一天，火星與水星早晨出現在東方，並且守圍在斗宿。占語說：「這個國家斷絕了祭祀、滅亡了。」到了這一年的十二月，水星與火星再次聚合於斗宿。占語說：「水淬火，不可以辦大事和對外用兵，用了必受殃。」又說：「為失敗的軍隊，用兵、辦事都將失敗。斗宿分野在吳，又在粵地。」這一年，彗星出現在西南方。三月，景帝封他六個王子為王，為淮陽王、汝南王、河間王、臨江王、長沙王、廣川王。三年，吳國、楚國、膠西國、膠東國、淄川國、濟南國、趙國，七國聯合反叛。吳楚的兵馬先出發，攻打不參與叛亂的梁國，膠西、膠東、淄川三國則出兵圍攻齊國。漢皇派遣大將軍周亞夫等人領兵駐守在河南，以便等候吳國、楚國聯軍發生變亂，終於找到機會打敗了他們。吳王逃亡到東粵，東粵人襲擊殺死了他。平陽侯在齊地打敗了膠西等三國的軍隊，都伏法被殺，齊王也自殺了。漢朝的軍隊引水灌入趙國都城，終於打破趙城，趙王自殺。當年六月，又立王子二人和楚元王子一人為王，成為膠西王、中山王、楚王。又改封濟北王為淄川王，淮陽王為魯王，汝南王為江都王。到七月，戰事才平息下來。關於天狗星下落的異常天象，占語說：「軍隊失敗，將領戰死。狗星，屬守禦之類。天上降下天狗星，是對守禦之事的警戒。」吳國、楚國的兵攻打梁地，梁地軍民堅持守城，城下屍體遍地，血流成河。

10 三年，土星在婁宿，已經進入了婁宿，又退回奎宿。奎宿的分野為魯。占語說：「其國有填星守衛，為得地之象。」就是這一年，魯地建國。

11 四年七月癸未這一天，火星進入東井的範圍，在東井的北面，又在九月己未這一天進入鬼宿，戊寅這一天又出了鬼宿。占語說：「為誅殺處罰之象，又為火災。」過了兩年，就有栗太子被廢和栗姬死亡的事發生。隨後又發生了未央宮東門火災。

12 景帝中元元年，土星應該在觜宿和參宿，但是卻快速地到達了井宿。占語說：「將失去土地，不然女子就有憂愁之事。」第二年正月丁亥那一天，金星和木星聚合在觜宿，為有喪事的徵候。三月丁酉那一天，有彗星夜中出現在西北方向，白色，長達一丈，在觜宿，離去時越來越小，過了十五天隱沒不見。占語說：「必定有破敗的國家，昏亂的君主，伏罰處死。觜宿的分野為梁地。」五月甲午那一天，金星、木星都在井宿。戊戌那一天，金星離去了，但是木星仍然停留在井宿，守衛了二十天。占語說：「死喪形成於戌日。木為諸侯之象，象徵誅殺之事將施行於諸侯了。」六月壬戌那一天，有蓬星出現在西南方向，先在房宿的南面，離房宿有二丈遠，大小如二斗的容器，為白色；癸亥這一天，又移動到心宿的東北方向，約有一丈大小；甲子那一天，在尾宿的北面，有六丈長；丁卯這一天，在箕宿的北方，接近銀河，開始縮小，將要消失時，它的大小如桃子。壬申那一天消失不見，總共出現十天。占語說：「蓬星出現，為必有叛亂之臣的徵兆。房宿、心宿之間，為天子的宮殿。」這個時候，梁王想繼承天子的位置，派人殺掉了諍臣袁盎。朝廷追究責任，動用斧鉞，懲辦梁國的輔佐大臣。梁王害怕了，乘坐布車入函谷關，俯伏在斧鉞下向皇帝謝罪，然後得到了赦免。

13 中元三年十一月庚午日的傍晚，金星與火星聚合於虛宿，相距僅有一寸遠。占語說：「為熔化、削弱之象，又為死喪。虛宿的分野為齊地。」四年四月丙申那一天，金星又與木星聚合於井宿。占語說：「為有舉辦喪事的集會。井宿的分野為秦地。」又五年四月乙巳日，水星與火星合於參宿。占語說：「國家政治不清明。參宿的分野在梁地。」六年四月，梁孝王去世。五月，城陽王、濟陰王也都死了。六月，成陽公主也死了。前後三個月，天子四次穿上白衣登門弔喪。

14 後元元年五月壬午那一天，火星與金星會合於鬼宿東北方向，在鬼宿北方約五寸的地方，還不到柳宿。占語說：「為熔化、削弱之象，有死喪。鬼宿的分野為秦地。」丙戌那一天，大地震，響聲震天，很多人民患病死亡，導致棺材價錢飛漲，直到秋天才終止這一現象。

15 漢武帝建元三年三月期間，有一顆彗星出現在柳宿和張宿，經過太微垣，干犯了紫微垣，一直到達銀河。《春秋》說「星孛於北斗，齊、宋、晉之君皆將死於亂」。現在彗星經歷了五宿，以後濟東、膠西、江都三王都因犯罪被削地或廢黜而自殺，淮南王和衡山王都因謀反而被誅殺。三年四月，有彗星出現在天紀星座，移動到織女星座。占語說：「彗星犯織女為有女人變亂發生，天紀星為地震的徵兆。」四年十月果然發生了地震，隨後陳皇后也被罷廢了。六年，熒惑星守衛鬼宿。占語說：「為有火災之變，有死喪之事發生。」這一年高園發生火災，竇太后死了。

16 漢武帝元光元年六月，有客星出現於房宿。占語說：「為有兵聚集。」到了二年十一月，單于領兵十萬騎入侵武州，漢朝派遣三十餘萬兵馬加以守衛。元光年間，天上的星座全都搖動，皇帝詢問觀測星象的人，回答說：「有星搖動，是民眾疲勞之象。」隨後武帝征伐四夷，百姓疲憊於戰爭。

17 元鼎五年，太白星進入天苑星座。占語說：「將以馬事起兵。」又說：「馬將因為戰爭而死亡。」隨後便因為天馬的緣故而討伐大宛，馬匹大量死於戰爭。元鼎年間，熒惑星守衛南斗星，占語說：「熒惑守衛星宿的分野，為有賊亂、兵喪之災。熒惑守衛久了，對應的國家滅亡。斗宿的分野為越地。」隨後不久，越國的宰相呂嘉，殺了國王和太后，漢朝派兵將他殺死，並且滅掉了這個國家。元封年間，有彗星出現於河戍星座。占語說：「南河戍星為越地的門戶，北河戍星為胡地的門戶。」隨後漢朝出兵，征服了朝鮮，設立樂浪郡和玄菟郡。朝鮮在海中，屬於越的分野；居北方，又是胡人的地域。在太初年間，有彗星出現於招搖。《星傳》說：「客星鎮守在招搖星處，為蠻夷有變亂、君主死亡的徵兆。」隨後漢朝派兵征伐大宛，殺掉它的國王。招搖星，它的分野為遠夷。

18 漢昭帝始元期間，宦官梁成恢和燕王的星占家吳莫如，看到蓬星出現在西方的天市垣東門，向東方運行，過河鼓星，進入營室。梁成恢說：「蓬星出現，短則六十日，遠則不出三年，其分野有叛亂之臣被處死棄市之事。」以後太白星出現在西方天空，向西逆行一舍，又向東順行二舍，然後落下去。太白星是主宰戰爭的，上行又下行，預示出有被判處死刑的將軍。後來太白星出現在東方，進入咸池星座，向東方下行進入井宿。這個天象象徵臣子不忠，有陰謀犯上作亂的人。後來太白進入太微垣西垣牆的第一顆星即西上相，又在太微垣的北面向東行至太微垣東垣牆的第一顆星即西上將，再向東北運行到隱沒於地平之下不見。太微垣，是天王的帝廷，太白星行過其中，宮門就要關閉，大將將全身披甲，奸臣也要被處死。熒惑星出現在婁宿，向西逆行到奎宿，占語說「會有戰爭」。後來太白星又進入昴宿。吳莫如說：「蓬星出現在西方，當有大臣被處死的。太白星進入東井和太微宮廷，又行出東門，象徵漢軍中有戰死的將軍。」隨後熒惑星出現在東方，守衛在太白星附近。預示著有戰事發生，帝王的軍隊不利。以後流星下落到燕王的萬載宮的屋頂，再向東流去。占語說「燕國恐慌，有被處死的人」。隨後左將軍上官桀、驃騎將軍上官安和長公主、燕剌王陰謀造反，都依法處死。漢朝還派兵討伐烏桓。

19 元鳳四年九月期間，有客星出現在紫微垣的北斗、左右樞和北極星之間。占語說：「為有兵災之象。」五年六月，發動三輔地區和郡國的青年參加首都的警衛部隊。五年四月期間，有燭星出現在奎宿、婁宿之間。占語說：「有擴展疆土的功績，胡人死亡，邊境城市得到安定和平。」到六年正月，漢軍修築遼東城和玄菟城。二月間，度遼將軍范明友出擊烏桓回還。

20 元平元年正月庚子那一天，太陽出升時有烏雲遮蓋，形狀像狂風吹捲髮，轉向西北，又向東南進行，又轉向西，隨即消失。占語說：「有雲像眾多的風，叫作風神，按占法將有大的戰爭。」隨後爆發了對烏孫的戰爭，還有五將出擊匈奴的戰爭。

21 二月甲申那一天，早晨有大星像月亮，有許多星跟隨著它向西運行。乙酉那一天，牂雲的形狀像狗，紅色，有三條長長的尾巴，中間夾著銀河向西運行。大星像月亮，是大臣的象徵。有很多星跟隨它，是大家都順從的意思。天文的觀念以向東運行為順，向西運行為逆，這是大臣要運用權力來安定國家。占語說：「太白星分散開變為天狗星，為兵卒興起之象。當見到兵卒興起，禍患將隨時發生，大臣專權。牂雲為亂君之象。」到了四月，昌邑王劉賀行為放縱邪惡，在他被封王的第二十七天，大將軍霍光稟告了皇太后，將他廢黜了。

22 三月丙戌，流星出現在翼宿、軫宿，向東北方向流去，干犯了太微垣，進入了紫宮。開始出現時光小，逐漸增大，有亮光。至入地平時，聲響如雷，響了三次才停止。占語說：「流星進入紫微垣，為天下大凶之象。」四月癸未那一天，漢昭帝就去世了。

23 漢宣帝本始元年四月壬戌日的初更時分，辰星與參宿出現在西方。二年七月辛亥日的傍晚，辰星與翼宿出現在西方，都提早出現。占語說：「有大臣被殺。」隨後熒惑星守衛在房宿的鉤鈐星旁邊。鉤鈐，是天子的車駕。占語說：「不是太僕，就是奉車都尉被罷黜，或者被處死。房宿、心宿，是天帝的宮殿。房宿又為將相，心宿為天帝的子屬。所對應的地方是宋地，就是現今的彭城地區。」四年七月甲辰那一天，辰星在翼宿，當時月亮也犯翼宿。占語說：「有亂兵興起，將有上卿死亡，是將相之官。」這一天，熒惑進入鬼宿的天質星。占語說：「大臣有被處死的，說是天賊就在帝王的身邊。」

24 地節元年正月戊午日的二更時分，月亮掩蓋了熒惑星，熒惑位於角宿和亢宿之間。占語說：「為宮中有憂患之象，不是賊，就是盜。有內亂，是讒臣在旁所致。」辛酉那一天，熒惑星進入氐宿的中間。氐宿，是天帝的宮殿，熒惑星進入，就預示著有賊臣出現。六月戊戌日的初更時分，又有客星出現在左右角星的中間，指向東南方，約有二尺長，白色。占語說：「有奸臣在宮廷中。」丙寅那天，又有客星出現在貫索的東北方，向南運行，到七月癸酉日夜間，客星運行到天市垣中，它的芒角指向東南，為白色。占語說：「有被殺死的上卿。」又說：「有被殺死的國王。應驗的期限為一至二年。」在當時，楚王延壽因謀反被發現而自殺。四年，前大將軍霍光的夫人顯、將軍霍禹、范明友、奉車都尉霍山和許多兄弟親朋戚友，侍中、諸曹、九卿、郡守都參與謀反，全都論罪處死。

25 黃龍元年三月期間，有客星出現在王良星座的東北，相距九尺，長有一丈多，指向西方，並出行至閣道之間，達到紫宮。該年十二月，宣帝去世。

26 漢元帝初元元年四月期間，有客星大小像瓜，呈青白色，在南斗第二星以東四尺的地方。占語曰：「會有水災和饑荒。」五月期間，勃海的海水大氾濫。六月期間，關東地區有大的饑荒，很多人民都餓死了，琅邪郡發生人吃人的情況。二年五月期間，有客星出現在昴宿，位於卷舌星東約五尺的地方，呈青白色，它的光炎長達三寸。占語說：「天下有製造謠言的人。」當年十二月，鉅鹿都尉謝君的兒子詐稱自己是神，被判處死刑，他的父親也因此受到罷官的處分。初元五年四月期間，彗星出現在西北方向，呈紅黃色，長八尺左右，以後數日，又長一丈多，指向東北方，在參宿宿度。後二年多，西羌反叛。

27 漢成帝建始元年九月戊子那天，有流星出現在文昌星的位置，呈白色，火光能夠照亮地面，長約四丈，大約一圍，搖動著如龍似蛇向前行。隨後不久，流星變成五六丈，大四圍，曲曲折折，橫貫紫微垣西牆，在北斗星西北子亥間的方向隱沒。它彎曲如環形，只是北方沒有合攏，光芒在星空停留約一刻鐘左右。占語說：「文昌星為上將、貴相的象徵。」在那個時代，皇帝的舅舅王鳳為大將軍，後來宣帝的舅子王商又為丞相，都是地位尊貴顯要，掌握政務。王鳳妒忌王商，誣陷並且罷黜了他。王商自殺，結果親屬都被罷廢不用。

28 建始四年七月，熒惑運動得快，超過了歲星，居於歲星東北方向半寸的地方，如同連理樹。當時歲星在天關星西面四尺的地方，熒惑剛從畢宿開口的大星處向東北運動，經過數日後才到達這裡，來得快，去得慢。占語說：「熒惑與歲星相犯，為有生病的君主和饑荒之年的徵兆。」到了河平元年三月期間，發生旱災，損害了麥子，人民只能藉榆樹皮充飢。二年十二月壬申那一天，太皇太后為了躲避災禍暫住昆明池邊的東觀。

29 建始四年十一月乙卯那一天，月亮遮掩填星，填星隱沒在月亮後面不見，當時出現在鬼宿西北八九尺的地方。占語說：「月亮遮蓋填星，為流民千里之象。」河平元年三月，流民進入函谷關。

30 河平二年十月下旬，填星在井宿軒轅星座南端大星一尺多的地方，而歲星又在它的西北約一尺遠的地方，熒惑星又在歲星西北約二尺的地方，都從西方運行過來。填星通過鬼宿，先到歲星所在星次，熒惑星也通過鬼宿，與歲星、填星聚於東井。十一月上旬，歲星、熒惑星都離開填星，向西北逆行。占語說：「歲星、熒惑、填星三星如果聚在一起，稱為驚位，稱為絕行，應在境內外有兵災、死喪和改立王公之上。」這一年的十一月丁巳這一天，夜郎國王歆大逆不道，牂牁太守陳立捕殺了他。三年九月甲戌那一天，東郡莊平縣男子侯母辟兄弟五人結夥為盜，攻打、焚燒衙門，綑綁長官，盜取印綬，自稱將軍。三月辛卯那一天，左將軍任千秋去世，右將軍史丹擔任左將軍。四年四月戊申，梁王賀去世。

31 陽朔元年七月壬子那一天，月亮犯心宿。占語說：「心宿分野之地，國家有憂患，有大的死喪。房宿、心宿的分野為宋地，現今的楚地。」十一月辛未那一天，楚王友去世。

32 四年閏月庚午那一天，有流星大得像圓甕，出現在西南方，隱沒在北斗星的下方。占語說：「漢使匈奴。」第二年，也就是鴻嘉元年正月，匈奴單于雕陶莫皋去世。五月甲午，派遣中郎將楊興出使弔唁。

33 永始二年二月癸未那一天夜間，東方出現赤色雲彩，大三四圍，長二三丈，抖抖索索像樹幹搖動一樣，南方還有大四五圍，向下運行十多丈的赤色雲彩，都沒有運動到地面就消失了。占語說：「東方的客星變為雲氣，形狀像樹木，由此知道四方要動搖的。」第二年十二月己卯那一天，有尉氏縣男子樊並等人造反，殺害了陳留太守嚴普和官吏百姓，放出囚徒，奪取兵庫的兵器，抓捕縣令、縣丞，自稱將軍，平定以後都處死。庚子那一天，有山陽從事治鐵而從工地逃亡出來的刑徒蘇令等人，殺傷官吏和平民，篡奪放出其他囚徒，從兵庫取出兵器，聚集黨徒數百人，結成盜匪集團，前後經過一年，涉及郡國四十餘個。有一天有兩股氣同時升起，同時出現，就在那一個月，樊並、蘇令等人發動了暴亂。

34 元延元年四月丁酉那一天申時，天空晴朗無雲，突然發出霹靂雷聲轟響，有流星出現，頭大如圓甕，長十餘丈，鮮明地呈現紅白色，從太陽的下方向東南下落。四面又有大如缽盂、小如雞子的光點閃爍著，如下雨似地下落，直至黃昏時才停止。郡國都報告說有隕星下落。《春秋》記載，星隕如雨，為王者失勢，諸侯爭霸的奇異天象。隨後王莽便掌握國家的權力。王氏的興旺，萌發於成帝之時，所以有流星隕落之變的應驗。

隨後王莽終於篡奪國家政權。

35 綏和元年正月辛未那一天，有流星從東南方向飛向北斗星，長數十丈，經過二刻鐘的時間才熄滅。占語說：「有大臣被捕入獄。」當年十一月庚子那一天，定陵侯淳于長，由於邪門歪道的行為被捕下獄處死。第二年春天，熒惑星守衛心宿。二月乙丑，丞相翟方進想要抵消災異而自殺。三月丙戌那一天，成帝去世了。

36 漢哀帝建平元年正月丁未那一天日出時，有白氣布滿整個天空，闊如一匹布，長十餘丈。白氣向西南運行，喧譁如打雷，經過一刻鐘的時間才停止，這種現象名叫天狗。相傳說：「說話不能讓人聽從，就會有犬禍歌謠顯現出來。」直到四年正月、二月、三月，人民相繼驚駭騷動，大聲喊叫奔走，相互傳播說要詔令籌備祭祀西王母，還說「將有豎眼人出現」。十二月期間，有白氣出現在西南方，從地上升到天上，出現在參宿的下方，穿過天廁星，寬如一匹布，長十餘丈，經過十多天才散去。占語說：「天子私處有病。」三年十一月壬子，太皇太后下詔書說：「皇帝寬厚、仁愛、孝順，敬承先祖遺業，沒有絲毫懈怠，但久病不癒。我朝夕思考，大概是由於繼位的君主不宜改變傳統的制度。《春秋》推崇復古，應當恢復甘泉的泰畤、汾陰的后土祠的祭典，像以前那樣。」

37 建平二年二月期間，彗星從牽牛星出現，達七十多天。相傳說：「彗星的出現，象徵除舊布新。牽牛的位置，是太陽、月亮、五星運動的起算點，是曆法的曆元所在，三正的開始點。彗星從這個地方出現，是更改的象徵。出現的時間長久，表示事情至關重大。」六月甲子那一天，夏賀良等提議說，應當改正曆元，變換帝號，增加漏刻的數目。就下達詔書改建平二年為太初元年，帝號叫陳聖劉太平皇帝，漏刻改用每天一百二十刻。八月丁巳，又全部廢除了這些變革，夏賀良以及他的黨徒都被誅殺流放。自此以後，終於導致王莽篡國的災禍。

38 元壽元年十一月，歲星進入太微垣，逆行干犯右執法星。占語說：「大臣有憂患，執法者有被殺的，如犯了罪。」二年十月戊寅那一天，高安侯董賢被免去大司馬的職務，回到家就自殺了。

【研　析】〈天文志〉是記載天文知識和現象的專文。關於天文一詞的描述及含義，早在《周易》和《淮南子・天文》中就有記載。〈天文〉說：「文者象也。」所以，天文就是天象，是天空中發生的現象。那麼，天象可以分為兩大類，一類是關於日月星辰的現象，即星象；另一類則是地球大氣層內所發生的現象，即氣象。所以，中國古代的天文學，實際是包括星象和氣象兩大知識的。只是到近代，氣象學才從天文學中分出成為一門獨立的科學。因此，天文學的研究對象包括天體的位置，天體的運動，支配天體運動的規律，天體表面的情況，如形狀、大小、質量以及它們的變化，天體的構造和物理狀態，天體相互間的作用及影響，天體的起源和演化，以及利用天文知識為人類服務等。

對於中國古代〈天文志〉來說，它具體記載日月星辰等天體在宇宙間的分布和運動等現象，也包括風、雲、雨、霧、霜、雪等地文現象在內，並且在其中夾雜著很多占星、望氣、候歲、美惡之類的占卜術。其中除記載星座、星表以外，還著重記載了許多異常天象的出現時間和地點，以及對人類社會的影響，如日食、月食、彗星、流星、隕石等。這些天象紀錄，都是全人類的寶貴財富，有著重要的科學價值，值得珍視。